凤凰文库

PHOENIX LIBRARY

凤凰出版传媒集团

PHOENIX PUBLISHING & MEDIA GROUP

凤凰文库·历史研究系列

主　　编　钱乘旦

项目总监　刘　卫

项目执行　王保顶

凤凰文库·历史研究系列

SHIJIE XIANDAIHUA LICHENG

世界现代化历程

钱乘旦 总主编

俄罗斯东欧卷

本卷作者（以姓氏笔画为序）

马海英　王云龙　冯　雪　刘长江

余雄飞　陈吉庆　胡　鹏　崔　雨

江苏人民出版社

图书在版编目(CIP)数据

世界现代化历程. 俄罗斯东欧卷/王云龙,刘长江
著. 一南京:江苏人民出版社,2014.11
(凤凰文库. 历史研究系列)
ISBN 978 - 7 - 214 - 14121 - 7

Ⅰ.①世… Ⅱ.①王…②刘… Ⅲ.①现代化-历史
-世界②现代化-历史-俄罗斯③现代化-历史-东欧
Ⅳ.①K114②K51

中国版本图书馆 CIP 数据核字(2014)第 256782 号

世界现代化历程

总　主　编	钱乘旦
书　　　名	世界现代化历程·俄罗斯东欧卷

著　　　者	王云龙　刘长江　等
责 任 编 辑	王保顶　张晓薇
装 帧 设 计	黄　炜
出 版 发 行	凤凰出版传媒股份有限公司
	江苏人民出版社
出版社地址	南京市湖南路 1 号 A 楼,邮编:210009
出版社网址	http://www.jspph.com
	http://jspph.taobao.com
经　　　销	凤凰出版传媒股份有限公司
照　　　排	江苏凤凰制版有限公司
印　　　刷	江苏凤凰扬州鑫华印刷有限公司
开　　　本	652mm×960mm　1/16
印　　　张	32.5　插页 4
字　　　数	434 千字
版　　　次	2014 年 12 月第 1 版　2014 年 12 月第 1 次印刷
标 准 书 号	ISBN 978 - 7 - 214 - 14121 - 7
定　　　价	58.00 元

(江苏人民出版社图书凡印装错误可向承印厂调换)

出版说明

　　要支撑起一个强大的现代化国家,除了经济、政治、社会、制度等力量之外,还需要先进的、强有力的文化力量。凤凰文库的出版宗旨是:忠实记载当代国内外尤其是中国改革开放以来的学术、思想和理论成果,促进中外文化的交流,为推动我国先进文化建设和中国特色社会主义建设,提供丰富的实践总结、珍贵的价值理念、有益的学术参考和创新的思想理论资源。

　　凤凰文库将致力于人类文化的高端和前沿,放眼世界,具有全球胸怀和国际视野。经济全球化的背后是不同文化的冲撞与交融,是不同思想的激荡与扬弃,是不同文明的竞争和共存。从历史进化的角度来看,交融、扬弃、共存是大趋势,一个民族、一个国家总是在坚持自我特质的同时,向其他民族、其他国家吸取异质文化的养分,从而与时俱进,发展壮大。文库将积极采撷当今世界优秀文化成果,成为中外文化交流的桥梁。

　　凤凰文库将致力于中国特色社会主义和现代化的建设,面向全国,具有时代精神和中国气派。中国工业化、城市化、市场化、国际化的背后是国民素质的现代化,是现代文明的培育,是先进文化的发展。在建设中国特色社会主义的伟大进程中,中华民族必将展示新的实践,产生新的经验,形成新的学术、思想和理论成果。文库将展现中国现代化的新实践和新总结,成为中国学术界、思想界和理论界创新平台。

凤凰文库的基本特征是:围绕建设中国特色社会主义,实现社会主义现代化这个中心,立足传播新知识,介绍新思潮,树立新观念,建设新学科,着力出版当代国内外社会科学、人文学科的最新成果,同时也注重推出以新的形式、新的观念呈现我国传统思想文化和历史的优秀作品,从而把引进吸收和自主创新结合起来,并促进传统优秀文化的现代转型。

凤凰文库努力实现知识学术传播和思想理论创新的融合,以若干主题系列的形式呈现,并且是一个开放式的结构。它将围绕马克思主义研究及其中国化、政治学、哲学、宗教、人文与社会、海外中国研究、当代思想前沿、教育理论、艺术理论等领域设计规划主题系列,并不断在内容上加以充实;同时,文库还将围绕社会科学、人文学科、科学文化领域的新问题、新动向,分批设计规划出新的主题系列,增强文库思想的活力和学术的丰富性。

从中国由农业文明向工业文明转型、由传统社会走向现代社会这样一个大视角出发,从中国现代化在世界现代化浪潮中的独特性出发,中国已经并将更加鲜明地表现自己特有的实践、经验和路径,形成独特的学术和创新的思想、理论,这是我们出版凤凰文库的信心之所在。因此,我们相信,在全国学术界、思想界、理论界的支持和参与下,在广大读者的帮助和关心下,凤凰文库一定会成为深为社会各界欢迎的大型丛书,在中国经济建设、政治建设、文化建设、社会建设中,实现凤凰出版人的历史责任和使命。

《世界现代化历程》总序

钱乘旦

中国的现代化研究大约从二十多年前开始进入高潮,到现在已趋平静,不像前一段时间那样火爆了。这种情况在全世界都是一样的:上世纪六、七十年代,现代化研究在国际学术界高度走红,涌现出一大批国际知名学者,也引发了激烈的学术争论。后来,研究渐趋平稳,慢慢退隐成学术研究中的话语背景。但它的话语威力至今仍然强劲,现在,几乎每一个人文学科、社会科学学科,都会自觉或不自觉地使用现代化研究的话语逻辑,受到它的学术影响。有些人不一定赞成现代化研究的路径与方法,甚至不赞成现代化研究本身;但现代化研究的思维逻辑却深深隐藏在当代学术话语结构中,没有人能够忽视它,更没有人能够避开它的影响。

中国的情况也是这样,现代化研究的话语逻辑渗透在各个学科中,甚至渗透在许许多多普通人的日常思维方式中。之所以如此,是因为中国至今仍处在现代化的过程中,"现代化"仍然是无数中国人追求的目标。普通中国人也许并不明白理论上的"现代化"究竟是什么,但"现代化"对他们而言却是一种向往;在今天,现代化仍旧是国家的目标,是民族的追求,也是一种现实中的生活。

中国的向往与它近代的经历有密切关系。一百七十年前,中国的大门被西方打开,几千年的文明遭受严重冲击,而冲击最强烈之处,是中国历史自身运行的轨迹被打乱了,中国被迫面对世界,并且去适应那个世界。经过一百多年的摸索,在经受了最深重的苦难之后,今天,中国已重新屹立于世界,成了这个世界的有机组成部分、并且是最重要的组成部分之一。尽管已取得伟大的成就,但现代化仍旧在中国持续,它还有许多事没有做、而必须去做。这就是现代化研究在中国持续展开的时代背景与历史背景,一个学科的生命力就体现在这里:它一定要和历史与现实交融一体,体现出对时代的关怀。

因此,中国的现代化研究和西方的现代化研究就有很大区别了,最大的区别在于,中国的现代化研究是立足于本国的需要,因而着眼于本土;西方的现代化研究则把矛头指向别人,想通过学术方式把自己的判断传输给别人。我们都知道现代化研究起源于西方,二战后,西方面对一大批新出现的独立国家和新形成的世界格局,一方面想了解这些国家,另一方面想控制这个世界,就迫切需要创建一个新的学科,提供新的研究方式和新的视角,"现代化研究"于是应运而生。现代化研究是一个跨学科、多维度的新领域,综合着许多学科的共同努力;但西方的目标,是影响新形成国家的发展方向,用自己的形象去塑造世界。

但中国的现代化研究却是为中国服务的:上世纪 80 年代,中国全力以赴地投入现代化,它迫切需要了解外国,了解各国在现代化过程中的经验和教训;它希望知道各国曾经犯过的错误,也希望知道各国所积累的经验。所以,了解其他国家、为自己提供借鉴,这是中国现代化研究的出发点和归宿地,也是它最大的特点。由于中国的现代化研究是为本国服务的,所以它的观察就带有明显的批判性,其选题也具有强烈的现实性。它用批判的眼光观察发达国家的现代化,也从批判的角度考察发展中国家正在经历的现代化。

从宏观角度看,现代化是一个世界性的过程,时至今日,这一点已经很明白。几百年来世界的变化都可以用"现代化"这个词来概括,尽管人们对"现代化"有不同理解,词本身甚至文不达意、表意不明。但它所表达的内容和历史过程却是明了的,是任何人都否定不了。有些人因为"现代化"这个词表意不准确而不承认现代化过程的存在,这个逻辑很奇怪,因为任何一种语言中的任何一个词都会有同样的缺点,这正是人类语言的一大缺陷。事实上,"现代化"所表达的那个过程不仅存在,而且是世界性的历史现象,在过去几百年中,在世界各地,都有先有后地发生着类似的变化,变化的方向一样,变化的结果也基本雷同,这就是世界现代化。世界现代化首先表现出巨大的共性,即相似性,是共性使"世界现代化"得以成立。但现代化在世界各地又有不同——道路不同,经历不同,模式不同,表现方式不同,成功与失败不同,经验与教训不同——这些都是现代化的特殊性。特殊性在不同国家和地区都可能表现,由于其文化背景不同,历史传统不同,置身于其中的当事人不同,时代与社会环境各不相同,主观与客观的因素相互交织,就演绎了世界现代化的多种途径,也就是人们所说的不同"模式"。现代化研究离不开对"模式"的研究,而"模式"则既包括现代化过程中的共同性,也包括现代化过程中的特殊性,因此,现代化研究就是对现代化过程中的共同性和特殊性进行交叉和立体的研究,在研究中,共同性和特殊性都得到体现,从而使人们对现代化过程有完整的了解。

本书把着眼点放在"模式"上。各卷的分工,"总论卷"提供讨论的框架,对现代化研究的理论、学术演变过程进行梳理,回顾世界现代化的总体过程,并提出一些共同问题。其余各卷按地域分工,分别讨论一个地域的现代化"模式"问题。在一个地域中,可能因为存在着某些比较明显的共同性特征而生成一种地域性"模式";但也可能存在着几种不同的"模式",分别由若干不同国家为代表。必须说明:"模式"与地域可以没有直接的相关关系,处于不同地域、具有不同文化背景的国家也可以形成类同的"模式"。对"模式"的探讨使我们对世界现代化进程中地区与国家的情况有更深刻、更具体的理解;而通过对不同的"模式"进行分析和比较，又使我们对世界现代化的整体过程有更好的把握。以上这些，就是我们在《世界现代化历程》这部书中所作的研究工作。

通过这些研究，我们希望对中国的现代化事业提供某些借鉴；同时，也希望对二十多年来中国的现代化研究做一个阶段性总结。

参与本书写作的有国内许多所高校的学者，他们都曾对现代化问题有过探讨，并且对自己所研究的地区和国家有深刻的了解，是各自领域的出色专家。改革开放后，国内已涌现出一批区域·国别研究的专家，他们的研究覆盖着世界上相当大的地域范围，这是值得欣慰的，没有这样的人才准备，就不可能写出这部书。

凤凰出版传媒集团、江苏人民出版社为这部书的写作和出版做了重要的工作，所有作者都对此十分感谢。

本书是教育部重大攻关项目"世界现代化进程的不同模式研究"的最终成果，也是完整的成果。尽管按教育部要求我们还需要提交一个缩写本，但这里出版的却是详细的和完整的，体现着十年来数十位学者辛勤工作的成果。

我们希望这部书能够对中国的世界现代化研究做出一点贡献。

2009 年 12 月，于北京

目　录

导　论

　　苏联俄罗斯和东欧地区的现代化进程与现代化模式,既具有相近的共性,又具有各自的特质。共性是这些国家的现代化具有后发性,特质是这些国家的现代化具有个性化形态。由此,在解析这些国家的现代化时,易于陷入两种误区。一是强调共性,笼而统之地将这些国家的现代化归入一种大而化之的"模式";另一种是突出特质,千里莼羹地把这些国家的现代化罗列为多样性的"珍馐"。事实上,这些国家的现代化进程没有脱逸出现代化的普遍规律,相反这些国家在现代化进程中展现出来的特质,更加印证了现代化既是世界历史不可逾越的阶段,也是每个国家或地区以各自的方式必经的历史阶段。因此,用特质否定共性与用共性否定特质,都是片面的,都偏离了历史与逻辑辩证统一的历史唯物主义的科学立场。

　　从文献与学术积累的角度出发,我们选取俄国、捷克、波兰三个国家。这三个国家在现代化进程中互有交集,特别是第二次世界大战后,共同在社会主义阵营生活了四十多年。通过解析这三个国家的现代化进程,捕捉出其现代化特质,进而概括出它们的现代化模式,这是一项颇具挑战性的学术工作,对于这三个国家、特别是俄国,包括我国在内的国际学术界的研究成果灿若星汉。站在前辈与时贤的肩上,既不拾人牙慧,又能有所前进,把这三个国家现代化模式概括出来,是我们的任务。

一、俄、捷、波三国现代化模式的二律背反

俄、捷、波三国乃至整个东欧地域的现代化,都是以西欧的变化为背景的。在现代化历史运动的结构性形态,即国家与社会层面上,西欧现代化原发地域呈现为民族国家与市民社会的互动性推进。东欧是现代化大潮溢出西欧最先波及的地区之一,因而东欧国家现代化模式是现代化后发地域的原初形态,其中内蕴的传统性与现代化的异化与扭结,对于现代化进程的后来者,既是启示,也是警示。

自彼得大帝启动现代化进程以来,俄国一直在寻觅、尝试、实践一条与西欧不同的现代化道路。17 世纪末 18 世纪初,彼得大帝启动了以"西化"为特征的俄国现代化,但它在"以欧化俄"的同时,也"以俄化欧"。以欧化俄,研究成果汗牛充栋,以俄化欧,则冷僻一些。所谓以俄化欧,就是彼得大帝在"欧化"改革的同时,在政治、经济、社会等方面,利用西欧的技术、制度、物质与精神资源,构建出具有俄国特质的现代化样貌。17 世纪末 18 世纪初,政治方面,西欧国家正在由绝对主义君主制向立宪君主制过渡,而彼得大帝通过"欧化"改革,彻底消除了俄国延续近 800 年的等级君主制,建立起中央集权的专制君主制,把贵族制封建国家转变为君主制专制帝国;经济方面,西欧普遍已经废除农奴制,生产要素市场配置机制运作百余年以上,而彼得大帝大大地强化农奴制,建立起生产要素权力配置的沙皇国家资本主义体制;社会方面,西欧市民社会发育成形,由封建等级社会向资本主义阶级社会转型,而彼得大帝以农奴制为经济基础,用中央集权制国家取代社会,构建了官僚贵族主导的社会结构。彼得大帝成了俄国现代化的初始符号,也规定了俄国现代化的路径依赖。彼得大帝造就的俄国,既不是西欧意义上的民族国家,也没有西欧意义上的市民社会。彼得大帝的现代化举措,"化欧"的一面与"欧化"的一面同等重要,两者互为前提与结果。历史地看,彼得大帝的逻辑是在现代化后发地域,以强有力的中央政权推进现代化,用国家建设替代社会建设。彼得大帝的逻辑也是俄国现代化的逻辑,从此,"欧化"和

"化欧"以共性和特质的话语形态,贯穿俄国现代化进程迄今未了。

捷克现代化进程极为特殊,在民族国家未建成的条件下开启现代化,作为奥匈帝国最先进的一部分率先启动工业化,并一举在奥匈帝国范畴内拔得现代化的头筹。捷克现代化模式显示,在不具备民族国家的条件下,也有可能特定地域的现代化。捷克现代化与周边帝国、大国密不可分,其现代化既具有自生性,又具有外附性,自生性与外附性结合构成了捷克现代化的特质。捷克每一次克服外附性,现代化就发生路径转换,即由一种现代化的"共性"转换为另一种现代化的"共性"。今天的捷克共和国是波西米亚的继承者,波西米亚是中世纪东欧斯拉夫民族海洋中的拉丁文化孤岛,它曾经是西欧宗教改革的先声,15世纪初,捷克神学家胡斯发起宗教改革,成为16世纪宗教改革的前哨战,开始颠覆罗马教廷的普世权威。1618年,波西米亚新教徒举事,引发了"三十年战争",导致以《威斯特法利亚和约》为标志的现代国际关系体系创立。19世纪初,随着拿破仑解散神圣罗马帝国、法国大革命理念的传入,捷克逐渐滋生民族认同感;19世纪,捷克地区出现了两种取向的民族主义思潮,一种是上承胡斯改革的文化民族主义,另一种是利用沙皇俄国打击哈布斯堡王朝的泛斯拉夫主义。文化民族主义突出捷克的文化特质,泛斯拉夫主义强调捷克的斯拉夫民族属性。尽管两者着眼点不同,但是都彰显了捷克民族企图独立于奥匈帝国的意愿。作为第一次世界大战的结果,捷克独立了,走上了资本主义现代化道路,政治上实行代议制民主,经济上实行市场经济,两次世界大战之间,捷克经济突飞猛进地发展,进入到资本主义发达国家行列。但是,地缘政治区位决定了捷克现代化多舛的命运,通过《慕尼黑协定》,英、法放任纳粹德国攫取捷克,捷克又一次被纳入到德意志帝国范畴,民族国家得而复失。1945年5月8日,科涅夫元帅指挥的苏联红军打垮纳粹德国军队,解放布拉格,捷克民族国家光复了。在解放捷克的苏联红军中,有一位集团军政委叫勃列日涅夫,此人在1968年扼杀了"布拉格之春"。1945—1989年,在华沙条约的保护、亦是监护下,在"经互会"国家分工体系中,捷克现代化蜿蜒前行,照搬了苏联现代化模式的"共性"。尽管如此,捷克仍然在探索符合本国国情的现代化自生性,其标志是1968年"布拉格之春"。1989年东欧剧变后,捷克并没有像其他一些东欧国家那样完全照搬西方自由市场经济模式,而是从本国实际出发,采纳了社会民主主义的经济社会政策,以相对小的代价和相对平稳的方式完成了政治、经济和社会形态的过渡,在这一历史过程中,捷克与斯洛伐克和平分手。

波兰现代化一波三折,地处欧洲地缘政治的核心区间,其现代化进程与俄国和西欧形成鲜明对照。18世纪末波兰被瓜分前,政治方面实行贵族民主制下的君主制,而西欧普遍是绝对主义君主制,这从制度上决定了波兰亡国的命运。经济方面,封建贵族庄园经济加上重商主义,根本无法同俄国的沙皇资本主义和西欧的重商主义竞争。社会方面,波兰是典型的封建贵族等级社会,面对外来入侵势力一盘散沙,形不成全国抵抗力量,只能被列强肢解。亡国后,波兰民族意识逆势生长,反而异乎寻常地强烈起来,特别是对周边大国、主要是俄国与德意志的仇视与日俱增。波兰现代化首先表现为亡国条件下的民族意识空前高涨,是复国的民族认同。波兰现代化的首要特质是护国,在列强环伺中争取恢复国家独立。第一次世界大战后,波兰复国,实行远交近攻的国策,交好英、法,警惕德、苏,这使得两次世界大战之间的波兰现代化摇摆于英法模式与德苏模式之间,波兰愿意走英法式现代化道路,但是由于对亡国历史的集体记忆,波兰认识到必须加速现代化才能保障民族独立,于是它选择了与德苏模式接近的"萨纳齐"护国性现代化模式。但是,它未能避免再次亡国。1939年9月1日,纳粹德国进攻波兰,第二次世界大战爆发。9月17日,波兰政府出逃,德军占领波兰。同日,苏联按照《苏德密约》,占领波兰东部,将其划归白俄罗斯、乌克兰两个加盟共和国。

1945年,波兰裔苏联元帅罗科索夫斯基率领红军解放波兰,波兰无可选择地进入社会主义阵营。在苏联现代化模式的藩篱下,波兰仍会下意识地时常展现出自己的特质,从哥穆尔卡的"波兰式社会主义道路"到雅鲁泽尔斯基先发制人的"紧急状态",从"波兹南事件"到"团结工会",

波兰对苏联现代化模式时不时地表现出背离。1989 年上半年,雅鲁泽尔斯基领导的波兰统一工人党放弃国家领导权,由"团结工会"组阁。"团结工会"政府采纳西方理论家提供的新自由主义方案,全力推动波兰由计划经济向市场经济的转型,但结果是灾难性的,全民财富大幅度缩水,贫富差距日益拉大,民怨沸腾。1993 年大选,由统一工人党转化而来的社会民主党获胜并组阁。社会民主党采取社会民主主义的经济转型方案,稳定了局势,缓解了矛盾。1995 年总统大选,"团结工会"领袖瓦文萨被社会民主党领袖取代。从此至今,无论波兰政府如何更迭,社会民主主义的国策没有动摇。从亡国到复国,从"萨纳齐"到社会主义,从新自由主义到社会民主主义,波兰现代化九曲回肠。

二、俄国现代化模式的特质

"天下动之至易,安之至难。"①俄罗斯现代化自彼得大帝启动以来,既采纳西欧资本主义现代化模式,又兼顾俄罗斯的特质,进而内化为路径依赖。正如钱乘旦教授指出的那样:俄罗斯现代化标志着现代化浪潮第一次向"东方"挺进,进入一个"非西方"国家。俄罗斯的历史文化传统与西方不同,它形成以东正教和沙皇专制主义为特征的"俄罗斯文明",尽管在其他"非西方"国家眼中,它仍是一个"西方"国家,但俄罗斯自己却不这么看,因此它在接受西方传来的"现代化"时,它便无时无刻不在寻找"俄罗斯特殊性",并时时力图把它清楚地表达出来。尽管俄罗斯在寻找它的"特殊性",但在它的现代化进程中,我们却清楚地看到了这样一个"共性",即一切"非西方"国家,其现代化都表现出强烈的文化对抗特征,这种对抗不仅表现为"传统"与"现代"的对抗,而且表现为"本土"与"外来"的对抗。俄罗斯现代化就是在这两种对抗的激烈冲突中踯躅向前的,其激烈的程度,历时之长久,都是"西方"国家所无可比拟的。西方国家现代化也充斥着转型的冲突,但不会存在"本土"与"外

① 罗贯中:《三国演义》,上册,北京:人民文学出版社 1973 年版,第 50 页。

来"之争,也不会像俄罗斯那样始终困惑于是否应坚守一个"俄罗斯特殊性"。在坚持"本土特性"方面俄罗斯尚且如此,那么其他"非西方"国家就更不用说了。所以俄罗斯现代化至少表现出两大特别重要的意义:一方面,作为一个庞然大国,俄罗斯回避不了现代化的必然趋势——这是一个"共性";另一方面,作为有自身传统的真实文明,它又时时刻刻要表达自己,表现出自己的"特殊性"。这样,就使俄罗斯现代化道路漫长而曲折。①

世界历史范畴的现代化发端于西欧,西欧是现代化的原发地域。一般而言,欧美学术界对于现代化原发地域的研究,很少使用"现代化"一词,而是更加偏爱"现代性"。在现代性的话语背景下,欧美学术界的现代化研究是针对其他地区的,这本身就内置了现代化研究的偏好,异化了现代化研究的取向,使得无限丰富的人类现代化进程抽象为屈指可数的若干"范式"。即使在现代化原发地域,现代性的历史演进也不支持单一"范式"。而现代化越出原发区域,向其他地域推进时,就出现以"西方"与"本土"为表现形态的"现代与传统"之间的冲突,这样就使现代化驶入"中体西用"或"和魂洋才"的历史漩涡。随着时间的推移,传统性化解现代化的方式与手段渐趋高明,升华出另一种现代化的方式,它突出历史的传统或民族的特质,局部更改或整体替代西欧取向的现代化。俄罗斯在这方面表现得尤为引人注目,钱乘旦教授指出:"俄罗斯特殊性……揭示了一个普遍现象,即现代化向非'西方'文化地区推进时,将和当地固有文化发生冲突,因此现代化过程就会表现出种种多样性……但现代化的潮流是不可改变的,现代化总体方向也不可改变。俄国在这个问题上并没有什么特殊性,它必须服从现代化的共性。"②

俄国内蕴拜占庭的余绪与鞑靼蒙古的遗存,以"第三罗马"自居,以欧亚性(Еврозия)自诩。彼得大帝的西化改革打开了面向西欧的窗子,

---

① 钱乘旦:《现代化的特殊性道路·序》,北京:商务印书馆 2004 年版,第 2—3 页。
② 钱乘旦等:《世界现代化进程》,南京大学出版社,1997 年版,第 55—57 页。

叶卡捷琳娜二世的"开明专制"①洞开了俄国面向西欧的精神门户,也就在这时,西欧化与斯拉夫两种取向纠缠上了俄国,历经 300 余年,直至 21 世纪仍难解难分。三百多年来,无论沙皇俄国的现代化还是苏联时期的现代化,都具有历史与传统给定的特质。俄国在现代化进程中既不甘于平庸,也不认同于追随,而是独辟蹊径,历经百转千回,始终如一地追求特质,彰显特质,运用国家机器,强力地推进现代化。

19 世纪,通过对黑格尔唯心主义历史哲学与辩证法的批判性超越,马克思、恩格斯创立了历史唯物主义的"世界历史"学说体系。经典作家认为,在前资本主义时期,各个地区在自然经济基础上,相互隔绝是分散的。进入到资本主义时期,资产阶级通过开拓世界市场,在全球范围进行生产要素与非生产要素的利益最大化配置,彻底消除了自然经济基础上的相互隔绝与孤立,各个国家、地区与民族的物质生产和精神生产及其消费彻底变为世界性的。这为文明变迁与社会转型提供了物质基础、制度空间和精神资源,资产阶级作为这一历史进程的主体而出现了。"资产阶级,由于开拓了世界市场,使一切国家的生产和消费都成为世界性的了。不管反动派怎样惋惜,资产阶级还是挖掉了工业脚下的民族基础。过去那种地方的和民族的自给自足和闭关自守状态,被各民族的各方面的互相往来和各方面的互相依赖所代替了。物质的生产是如此,精神的生产也是如此。……民族的片面性和局限性日益成为不可能……(资产阶级)迫使一切民族——如果它们不想灭亡的话——采用资产阶级的生活方式;……一句话,它按照自己的面貌为自己创造一个世界。"②这就是现代化的全球拓展,从彼得大帝开始的俄国现代化进程就置身其中。

20 世纪苏联的现代化实践与社会主义经典理论之间存在差异,社会主义本质规定性并未充分体现出来,社会主义本质优越性也未充分发挥。按照马克思、恩格斯的社会主义理论,社会主义是资本主义高度成

---

① Enlightened Absolutism,直译应为:开明绝对主义,从中国学术界惯例,仍名之"开明专制"。
②《马克思恩格斯选集》,第 1 卷,北京:人民出版社 1995 年版,第 254—255 页。

熟后出现的社会,马克思、恩格斯立足于西欧,关注在新的、更高生产力的驱动下,资本主义通过何种途径、应用何种方法向共产主义社会转变。马克思、恩格斯认为,共产主义及其初级形态——社会主义,是社会物质生产与精神生产远高于资本主义的后资本主义社会,资本主义的历史使命是完成现代化,为共产主义及其初级阶段——社会主义社会提供物质基础、制度前提与精神铺垫。

但 20 世纪在苏联出现的社会主义实践并没有达到马克思主义经典作家所预言的共产主义第一阶段,相反,它是与资本主义同时存在的又一条现代化道路,也就是替代资本主义道路的另外一种现代化模式。俄国十月革命,标志着在资本主义一统天下的全球现代化格局中,出现了一种新的现代化形式,就是在经济、政治、文化落后的地域,不经过资本主义阶段,通过创造工农联合专政的政治前提及国有财产制度,在共产党领导下进行社会主义现代化建设。

苏联现代化模式在 20 世纪取得了辉煌的成就,仅在 20 世纪 30 年代,通过两个半五年计划(苏德战争打断了第三个五年计划的执行),苏联从落后的农业国一跃而成为世界第二大工业国,打败了法西斯,赢得了第二次世界大战的胜利,社会主义制度也扩展到东欧及亚洲、拉美、非洲一些国家。毋庸讳言,苏联现代化模式也存在这样、那样的问题,最大的问题是不能科学地审视自身制度中存在的问题,更没有形成一种机制从根本上解决问题。对于问题或是讳疾忌医,不许触及;或是只在技术层面上修修补补。这种解决问题的方式,治标不治本,造成了更大、更难化解的问题,致使问题层累叠加,最终压垮了制度本身。

从彼得改革到普京执政,对于俄国而言,改革既是现代化的驱动器,也是俄国特质的彰显机制。俄国现代化进程由彼得改革所启动,以后各种名目的改革纷至沓来,与俄国历史如影随形。这表明,俄国现代化内在的矛盾累积到一定程度时就需要由改革来解决,到了改革也无济于事的阶段,革命就不期而至,既有的一切推倒重来。如此往复,根源于俄国现代化的路径依赖。

第一部分
俄国现代化:寻找俄国特殊性

第一阶段
沙俄时期资本主义现代化

第一章　沙皇专制制度下的改革

第一节　彼得改革

一、彼得执政

在18世纪的历史语境中,现代化由空间特质来界定,现代化就是西欧化。彼得大帝发动的西欧化改革,是俄国现代化的肇始,却与西欧资产阶级民主革命的政治现代化大潮逆流而行,空前强化了沙皇专制主义制度。由于俄罗斯传统和既有利益格局,只有实行中央集权,克服等级君主制的羁绊,沙皇才能集中全社会资源,启动并推进现代化。

17世纪末18世纪初,俄国正处于"要日益提高社会成员通过公私机构动员和分配资源的能力,以期把随着知识的增长和技术的进步而出现的各种可能性变成现实。在所有的情况下,这一过程都需要越来越多地统一使用和控制人力和物力"[①]的关键性历史阶段,这是一个需要巨人并出现巨人的时段,这个巨人就是以"彼得大帝"尊号青史留名的彼得·阿列克塞耶维奇·罗曼诺夫(1672.5.20—1725.1.28)。彼得大帝是"一个

---

① 布莱克:《日本和俄国的现代化》,北京:商务印书馆1984年版,第19页。

事变性人物"①,所谓事变性人物就是:某一个人的行动影响了以后事变的发展;而如果没有他的行动,事变的发展进程将会因之而完全不同。②
彼得大帝是沙皇阿列克塞·米哈伊洛维奇的第二个妻子纳塔利娅·基里洛芙娜(出身于纳里什金家族)所生。1676年,沙皇阿列克塞病逝,由其长子、15岁的费多尔·阿列克塞耶维奇继位。费多尔政祚命短,在位不过六年,于1682年4月27日撒手人寰。费多尔母系的米洛斯拉夫斯基家族同纳里什金家族展开了激烈的争夺皇位的斗争。经过一个月的宫廷斗争,1682年5月26日,缙绅会议立彼得同父异母兄长伊凡·阿列克塞耶维奇为第一沙皇,称伊凡五世;彼得为第二沙皇,称彼得一世。彼得同父异母姐姐索菲娅摄政。彼得与其母避居克里姆林宫七俄里外的普列奥布拉任斯基村。伊凡五世有名无实地在克里姆林宫里做"沙皇",实权操于长袖善舞、专擅弄权的索菲娅之手。经过数年的生聚教训,1689年9月,彼得率亲信部队粉碎了索菲娅唆使射击军的谋害企图,索菲娅权力被褫夺净尽,人被送入修道院监禁。在血雨腥风中,彼得掌握了最高权力。

彼得一世以西欧化改革,成为"事变性"历史人物。彼得与启蒙运动的理性精神有着某种天然的契合,"彼得在理性时代初始阶段登上大位,这是西方历史上一个具有巨大影响力的时期,旧有的信条和统治者与被统治者关系受到质疑,宇宙物理法则的发现相继导致了科学、社会关系和政治的突破性进展。吸引彼得倾向启蒙运动观点,不是那些哲学原理,而是增强国力的实用性对策。"③而且,彼得大帝"主要是从直接和实际效用观点来看待启蒙运动的"④。彼得改革,强化了沙皇专制主义经济基础——农奴制,在"欧洲农奴制衰落时,俄国却反其道而行,利用国家力量加强农奴制"⑤。加强农奴制,巩固了沙皇专制制度的经济基础。"彼得统治的悲剧,在于他的欧化俄国政策,除了表面上增进了国家利益

---

①② 胡克:《历史中的英雄》,上海人民出版社1987年版,第110页。
③⑤ A. Blumberg, *Great Leaders, Great Tyrants?* Greenwood Press, 1995, p. 233.
④ 普列汉诺夫:《俄国社会思想史》,第3卷,北京:商务印书馆1996年版,第23页。

而外,其余一无所获。国家控制俄国改革的每个方面,妨碍了独立的利益集团的兴起,例如资产阶级全力捍卫自己的特权,反对国家的强权。彼得的统治巩固了农奴制,加强了专制统治的一切方面,时至今日,俄罗斯仍能感到他的铁拳的重量。"①尽管如此,"俄国在十八世纪初彼得大帝统治时期成了'西方文明'的一部分"②。

彼得大帝以独特的方式,开了现代化后发地域"西欧化"的先河。资本主义在西欧诞生并取得优势地位,"西方仍然被认为是决定性地取代着世界上其他各地的传统文化。……在近代的发展进程中,西欧民族和英语民族产生出了最适应现代生活方式的政治、经济和社会体制,这些制度是普遍适用的。这个论点的力量基于下述事实,即作为现代特征的知识迅速增长,首先发端于西欧,而西欧一些社会……一般地说是最成功地利用了这些知识去改进人们的生活。这些社会……已得到普遍的承认,作为一个群体,它们已经成为衡量其他社会的榜样。在这个意义上,它们是最'现代化'的社会。……认为它们的制度应当最适合于其他社会去仿效,也就毫不足奇了。"③资本主义新的生产方式以前无古人的壮阔规模,创造出此前时代无可比拟的物质与精神财富,时代大趋势的直觉判断和少年时期命运多舛的人生遭际,使得彼得大帝对于莫斯科弥漫的拜占庭式僵化氛围以及冷漠、低效、盲目自满、粗陋无知、内争不休、敌视变革的陈习陋俗深恶痛绝,"彼得推进俄罗斯西欧化的努力,使他成为沙皇中最具冒险精神和创世冲动的第一人。这不仅使得他在世时成为最不寻常的沙皇,也使他身后成为最具争议的君主。"④18 世纪历史语境中,"西欧化"的内涵是"西方或欧洲的制度本身是现代化的根本内容,其他社会可以忘掉自己的历史传统采纳西方或欧洲式的现代价值标准和制度,就像他们把牛车换成汽车或把土耳其帽换成大英帽一样。但事

---

① A. Blumberg, *Great Leaders*, *Great Tyrants*? Greenwood Press, 1995, p. 233.

② 布莱克:《比较现代化》,上海译文出版社 1996 年版,第 3 页。

③ 同上书,第 3—4 页。

④ L. Kochan, *The Making of Modern Russia*, Penguin, 1983, pp. 101—102.

实是,必须由每个社会的成员自己来改革他们的社会以前的制度。"①彼得大帝遭遇到改革领导者共同的"悖论"性困境:改革的中坚力量是改革的最终对象。同时,彼得大帝还面临更大的困境,俄罗斯各阶层普遍对"西欧化"隔膜、甚至敌视。

彼得大帝"西欧化"的现代化模式推动俄罗斯逐渐脱离传统社会的发展轨道,但是面临重重艰难险阻。彼得大帝的最大困境,是缺乏社会整合这一关键性操作环节。彼得大帝的"西欧化"改革引入外源性资本主义,不是俄罗斯社会的内在要求。彼得是俄罗斯社会转型的系统变量的源泉,彼得是系统论意义上的控制变量、输入变量、状态变量、信息变量,作为专制主义君主,彼得是专制主义绝对权力的人格化身,"专制系统的特点是在上级与下级(的行动者)之间具有领导与被领导的关系,也即是指下级行动者的目标可以从上级行动者的目标中派生出来。在专制系统中最高级的目标称为组织目标,系统中的全部成员都必须服从这个目标。"②

彼得大帝"西欧化"改革不是俄罗斯社会的共识性选择,而是其个人的偏好。由于从小就与所谓"德意志帮"的外国侨民孩子厮守、玩耍,加之对于玩具兵和各种现代化兵器的痴迷,导致彼得当政后,本能地选择了"西欧化"政策。彼得大帝儿时形成的向往西欧的冲动,变为改造俄罗斯的历史性实践,似乎印证了罗素关于"冲动比有意识的目标在形成人的生活方面有更大的影响"③的论断。

二、国家取代社会

彼得执政之前的俄罗斯,尽管沙皇专制制度已经建立起来,但是局限于国家政权领域,社会仍处于传统贵族主导之下,国家与社会尚未叠加,更谈不上国家取代社会。彼得为了强力推进现代化,克服抵制现代

---

① 布莱克:《日本和俄国的现代化》,北京:商务印书馆1983年版,第24页。
② 汉肯:《控制论与社会》,北京:商务印书馆1984年版,第65页。
③ 罗素:《社会改造原理》,上海人民出版社1987年版,第3页。

化的传统障碍,打破旧贵族与旧的社会结构的羁绊,致力于用国家取代社会。彼得大帝选择的突破口就是衣食住行,从日常生活领域切入,运用国家强力规制社会生活,进而把社会完全驯服。彼得开启了现代化的沙皇国家主义路径,强大的国家吞没社会,社会国家化,国家强权化,强权独占化。

易服色既是彼得用国家取代社会的初始路径,也是引入现代化的初始路径,更是现代化与传统交锋的最初战场。在镇压射击军的腥风血雨中,彼得大帝拉开"西欧化"改革的历史帷幕。彼得改革从"断须割袍"起步,从日常生活层面到政治制度层面,从衣食住行到宗教信仰,几乎无所不包。贵族与平民、农奴消极对待改革,甚至反抗。彼得从欧洲回到莫斯科,强迫男性臣民无论官阶大小、身份贵贱一律剃须,宣布:"剪胡子是全国居民应尽的义务。"①

胡子既成了传统俄罗斯的象征,也成了反对彼得"西欧化"改革的标志。蓄须是东正教信仰的象征,东正教认为,胡须是"上帝赐与的装饰品"。东正教"阿德里安大主教把没留胡子的人比做公猫、公狗和猴子,并宣布剪胡子的做法是一种大逆不道的罪孽"②。剃须与否成为改革与守旧斗争的焦点,不但僧俗两界对此不以为然,就连彼得的亲信集团也不赞同。彼得在全国开征"胡须税",迫使人们在纳税与蓄须之间做一抉择。若留须,富商每年纳税 100 卢布;官员和领主年纳税 60 卢布;城市居民每人纳税 30 卢布;农民进出城每次缴纳 1 戈比。③ 当时一个农民一年的赋税额为 6 个卢布。④ 彼得的"胡须税",一举两得,既打击了守旧意识,又增加了国库收入。但是,"胡须税"收入的增加,意味着改革阻力的加大。

彼得对于俄罗斯社会弥漫的东方传统,特别是服饰文化难以接受。

---

① 帕甫连科:《彼得大帝传》,北京:三联书店 1982 年版,第 77—78 页。
② 同上书,第 77 页。
③ Vernasky, *A Source book for Russian History*, Vol. 2., Yale, 1972, p. 342.
④ Ibid., p. 352.

更重要的是,这种东方传统是阻碍国家取代社会的抵制机制,是国家主义沙皇专制制度的敌人。1701 年,彼得发布法令,要求全国除僧侣外一律穿着西欧式服装:"(男性)上衣为法兰西或撒克逊式,下衣和袜子为德意志式;(女性)穿着西式(德意志式)的帽子、外套、紧身衣、裙子和鞋。从现在起,任何人不得再穿着俄式服装。禁止使用俄式马具,工匠不得制造之,不得在市场销售之。(注:法令规定在城门收取违禁罚金:赤足者罚 40 戈比,使用俄式马具罚 2 卢布。)"①以彼得为人格化身的沙皇国家铁拳,敲碎了传统社会的蚌壳,把社会掌握在自己的手中。

三、军事改革

彼得改革面临着来自贵族与农奴的双重挑战,在其改革的每个阶段都充满着矛盾和斗争,这种矛盾与斗争是社会转型的产物。彼得大帝对改革作过时段的划分:"改革是分三个阶段进行的,每一阶段为七年:1700 至 1707 年为积蓄力量阶段;1707 年至 1714 年为俄国荣跃兴盛的阶段;1714 年至 1721 年为建立良好秩序的阶段。"②彼得改革的全过程,始终存在着贵族利益与改革政策的矛盾。"18 世纪的欧洲社会仍然是贵族占统治地位的社会"③,俄罗斯更是如此,与西欧不同的是,俄国贵族大多是官僚贵族、军功勋贵。由于俄国贵族大多不赞同西欧化改革,彼得无奈只得启用来自社会下层或有外国血统的亲信,擢拔为贵族,用这些所谓的"事功贵族"取代"世袭贵族"。亲信贵族对于改革的理解,是从既得利益出发,有利的就拥护、执行,不利的就拖延乃至抗拒。由于被抛出权力圈外,旧贵族对于彼得改革拼命反对。旧贵族的反对是"明枪",而新贵族的拖沓则是防不胜防的"暗箭",对于改革的破坏性更大。

彼得在位的大多数时间,俄国处于战时状态。这在相当大程度上,

---

① Vernasky, *A Source book for Russian History*, Vol. 2., Yale, 1972, p. 347.

② 亨利·特鲁瓦亚:《彼得大帝传》,北京:世界知识出版社 1983 年版,第 304 页。

③ 林赛:《新编剑桥世界近代史》,第 7 卷,北京:中国社会科学出版社 1999 年版,第 2 页。

决定了彼得改革的性质、规模和成就。彼得亲政后,执行扩张性对外政策,四面出击,攻城掠地,拓展了俄国疆土,奠定了现代俄国的疆域轮廓。1685—1696年,彼得率军南下,亲征亚速夫,击败土耳其守军,占领之。1700—1721年,彼得挥军西征,与波罗的海霸主瑞典作战,夺取了爱沙兰、里夫兰等省和维堡、开克斯保耳姆等城,"彼得至少在这个地区只是夺得了对于他的国家的正常发展所绝对必需的东西"[1]。北方战争的胜利,不仅使俄国获取了多达812000平方俄里的土地,而且直接导致俄罗斯帝国的建立和彼得荣膺"大帝"称号。1721年10月22日,彼得被封为"全俄罗斯大帝"和"祖国之父"。波罗的海之滨的彼得堡成为俄罗斯帝国的首都。这标志着俄国作为欧洲大家庭的一员,站在欧罗巴的东大门。俄罗斯这艘艨艟巨舰,在扩张征服的战火中驶进世界历史。彼得东伐西伯利亚、中亚和波斯,取得了一些斩获,但未持久,死后得而复失大半。在这样严峻的局势中,社会转型很难保持整合的良性心理与物质状态,加之彼得本人对于社会整合缺乏理性的认识,使得整个改革进程困局连绵,危机丛生。

彼得西欧化改革,以"制度创新"为特征。这里所说的"制度"是广义的,也是功能性的。"制度创新"在旧的社会空间中,进行新制度的构建过程,是制度化的复杂过程,是社会转型的质的规定性。其主要结构性内容可概括为三个方面:第一,确立共同的价值理念;第二,制定规范;第三,建立机构。三者互动运作,形成新的制度功能,即运行功能、控制功能、组织功能。彼得的"制度创新",侧重于机制性建制,忽略或当时还不具备进行整体性重建俄罗斯社会的主客观条件。

彼得改革的起动点与切入点是军事改革,把军事制度创新作为政治制度重建的基础。只有通过战争,才能对国内和国际的既定秩序进行调整。因而,彼得统治时期大部分处于战争状态。由于战争和巩固沙皇专制制度的需要,军事改革列于所有改革之首,彼得大帝并没有军事改革

---

[1] 马克思:《十八世纪欧洲外交史内幕》,北京:人民出版社1979年版,第80页。

的预案,而是随着战争的发展而逐渐形成了军事改革的轮廓。纳尔瓦战役的失利,是彼得大帝创建新式西欧化陆海军的起点,"纳尔瓦会战是一个正在兴起的民族的第一次严重的失败,这个民族善于甚至把失败变成胜利的武器。"①军事改革的第一个举措是实行新的征兵制,1699年,彼得大帝颁布敕令,征招新兵,确定在一定数目的自由民中抽丁一人。1705年明确规定,在一般农户和工商户中每20至30户中抽丁一人。1699至1725年期间,总共征兵53次。这53次征兵,征得284187人入伍。彼得穷兵黩武,连年战争使得人民不堪其苦,也使贵族难逃军役之缚。彼得规定,"莫斯科和其他城市的贵族每50人出一名步兵,每100人出一名骑兵。"②

彼得大帝仿造西欧军制,建立一支职业化军队,有统一的组织建制、军服制式、武器配系和规范的后勤体系、垂直的指挥系统和科层的军衔制度。军队人事制度,打破平民与贵族界限,凭能力而非血统晋升。彼得"自1701年至1712年期间,在莫斯科开办了航海学校、炮兵学校、工程技术学校、医科学校。在彼得堡也建立了炮兵和海军学院(1715年)"③。彼得派遣年轻军官去法国、意大利、荷兰及其他西欧国家学习军事和相关知识。军事改革没有改变军旅生涯的残酷性,逃避服役率和逃兵发生率都很高,成千上万的士兵没有在战火中倒下,却死于饥饿、寒冷和上司的虐待。彼得在军队培养起勇敢、坚定、忍耐、勤勉的军事爱国英雄主义精神,这种俄罗斯军魂激励着将士在其后二百多年的抗击侵略者的战争中,先后粉碎了横扫欧陆的拿破仑、希特勒大军。"无论从何种意义上说,任何一个人都不能不赞叹俄军已经达到令人惊异的职业化水平,这应归功于沙皇。"④到1725年,俄罗斯陆军兵员达20万人,另有10万名哥萨克和其他非正规武装。俄罗斯陆军是当时欧洲最大的一支

---

①《马克思恩格斯全集》,第10卷,北京:人民出版社1956年版,第625页。

② Dmytryshyn, *A History of Russia*, Prentice-Hall, 1977, p. 258.

③ 孙成木等:《俄国通史简编》,上册,北京:人民出版社1986年版,第224页。

④ Vernadsky, *A Source book for Russian History*, Vol. 2., Yale, 1972, p. 332.

军队。

彼得创立陆军的同时,也缔造了海军。彼得大帝的"两手论"说得十分明白:"任何一个统治者,如果只有陆军,他就只有一只手,如果他也有海军舰队,他就有两只手了。"[1]彼得大帝之前,俄国没有海军。"到彼得大帝执政末年,俄国波罗的海舰队有 35 艘大舰、10 艘巡洋舰、约 200 艘帆桨战船,水兵 28000 人,而且在里海也建有舰队,约 100 艘小战艇。"[2]

按照西欧军队模式,彼得主持制订军队条令和军事章程。在 1716 至 1722 年期间,分别颁行了"军事法规"和"海军章程"。[3] 这两部军事法规,确定了陆、海军的编制编成、组织结构、战法原则、战术要领、官兵职责等。

四、君主专制制度

彼得建立君主专制的政治制度,是资本主义现代化模式的必然选择。彼得大帝分别对中央和地方两个层面的政权结构进行改革,打击旧贵族势力,稀释大官僚权力,提携、奖掖拥护改革的下层出身的官僚。这种努力遭到旧贵族和新官僚程度不同的反抗或抵制,因为改革是一柄双刃剑,既触犯旧贵族既定权益,也损害了新官僚既得利益。"彼得大帝也彻底改组了中央政府,用联合组织来替代政府机构重叠的混乱现象。但是,他在改革地方政府方面,收效甚微,他曾做过两次努力,但均告失败,结果省的行政管理机构主要掌握在驻扎在各地的团队指挥官的手中。"[4]

彼得大帝对中央政权机构改革,把应急功能性办事机构转变为常设职能性官僚机构。由于莫斯科中央权力机构——波雅尔杜马由旧贵族组成,他们反对改革。1699 年,彼得大帝建立"近臣办公厅",作为波雅尔杜马的办事机构,握有实权,把杜马悬置起来。俄罗斯政治权力从君主

---

① 帕甫连科:《彼得大帝传》,北京:三联书店 1982 年版,第 116 页。
② 孙成木等:《俄国通史简编》,上册,北京:人民出版社 1986 年版,第 225 页。
③ 同上书,第 224—225 页。
④ 林赛:《新编剑桥世界近代史》,第 7 卷,北京:中国社会科学出版社 1999 年版,第 16—17 页。

议会二元化向君主专制一元化方向发展。近臣办公厅只受彼得大帝的领导,统辖全俄军政要务。1721年2月22日,彼得大帝发布诏令建立参政院。[1] 同年3月2日,彼得大帝颁布诏令规定参政院的权力和职责,共有九项内容,从司法、税收到发展同中国、波斯的贸易。[2] 参政院由9名参政员组成,均为彼得大帝的亲信。为保障参政院这个最高行政机构绝对忠于自己,彼得大帝设立了凌驾其上的总检察官监督它的活动。

随着中央最高行政机关逐渐官僚化,中央衙门也开始职能化。1718—1721年,建立了11个委员会,实行委员会制,取消了近臣办公厅。每个委员会由10名成员组成,主席、副主席、四名委员和四名助理委员,重要问题投票决定。[3] 新机构重蹈了旧衙门的覆辙:扯皮不断,效率低下,官僚主义取代了旧贵族惰性。

地方行政改革分成两个阶段,第一阶段从1699年建立市政院到1708年第一次省政改革,是以城市自治为突破口的启动阶段;第二阶段从1709年到彼得逝世,为建立俄罗斯统一地方行政系统阶段。1699年,彼得大帝在莫斯科成立市政院,后改为市政厅,其他城市建立地方自治署。这些市政自治机构不隶属于地方行政长官和中央衙门,是管理市民机构,负责向民众征税,往往由地主豪强势力来把持。官方调动不灵,人民不堪其压榨。市政自治闹得民怨鼎沸。1710年后,彼得大帝不得已将城市自治机构划归省行政机构管辖,取消了市民民主自治的组织形式,使城市资产阶级和市民对其改革政策丧失信心。

1708年12月8日,彼得大帝把全国分为8个大省。省设总督,统掌军政大权,由亲信近臣充任。为制衡总督这些封疆大吏,彼得大帝设立省级参议会,地方贵族充任议员,监督总督施政。1713—1714年,又设立3个省,共11个省。由于俄罗斯幅员辽阔,省辖区域过大,1719年,彼得将全俄划为50个州,保留省,以州为主要地方建制。省总督掌管军事,

[1][2] Vernadsky, *A Source book for Russian History*, Vol. 2. , Yale, 1972, p. 336.
[3] Ibid. , p. 337.

类似后来的军区司令。州长执掌行政全权,对中央负责。随着行政建制呈几何级数膨胀,官僚激增,人民负担日重。彼得政治体制改革对于社会发展,由建设性力量转变为否定性力量,激起了人民的反抗,激化了统治集团内部的斗争。

资本主义现代化模式下,彼得大帝的中央集权从世俗领域扩展到宗教领域,囊括社会生活的各个方面。前彼得时代,俄罗斯以"第三罗马"自居,独尊东正教。教会享有至尊地位,还具有强大的经济实力,在18世纪的头二十年里,教会和修道院拥有的农业劳动力约占全国农业人口1/5,1718年在主教和其他高级僧侣领地上的农户增长37%,而在修道院领地上的农户增长36%。教会成为与国家并立的另一实体权威,这是彼得西欧化改革、建立世俗国家的政策所不能容纳的。1721年,彼得颁布宗教管理条例,废除总主教,设立中央政府宗教委员会,统管全俄宗教事务。① 教会从此依附于世俗政权,后来宗教委员会改称宗教事务管理总局,总局长由政府官僚充任。彼得坚持"教会的使命仅限于精神领域开展活动,绝不容许它干预政治。俄国的主人只有一个,即沙皇,而教会也必须听命于他"②。彼得大帝认为,"国家具有非宗教因素的性质,而且以人民的意志为基础"③。彼得认为僧侣是寄生虫,强迫他们交纳双倍人头税,没收教会的不动产与动产。僧侣阶层对于彼得大帝也充满了敌意与仇视,无论在下层人民起义,还是上层反改革势力中,都有僧侣混迹其间,煽风点火,激化矛盾。僧侣从宗教上否定西欧化改革的合法性与道义性,给彼得大帝造成很大的困扰。

制约贵族是资本主义现代化构建的制度性预付成本。1714年3月23日,彼得大帝颁布"一子继承法"。这项法令规定,贵族的不动产只能传给一个儿子,其他子女只能继承动产。贵族若无子女,可随意把不动

---

① Vernadsky, *A Source book for Russian History*, Vol. 2., Yale, 1972, p. 370.
② 特鲁瓦亚:《彼得大帝》,北京:世界知识出版社1983年版,第319页。
③ 苏联科学院:《苏联各民族的哲学与社会政治思想史纲》,第1卷,北京:科学出版社1959年版,第118页。

产传给他所认定的一个人,动产亦悉由其传给所欲给的人。[1] 未分得不动产的贵族子弟只能到政府服务或到陆、海军中服役,以维持生计。丧失继承权的旧贵族对西欧化改革颇多怨恨,认为彼得大帝剥夺自己的权益。在历次反对改革的斗争中,旧贵族子弟都是中坚力量。彼得不但限制旧贵族的经济特权,还限制他们政治上的垄断权。1722 年 1 月 24 日,彼得大帝颁布《官秩表》法令。法令把文武百官分为 14 个等级,文官从14 等文官到 1 等文官,武官从准尉到元帅。法令规定,无论俄国人,还是外国人,贵族、平民,一律从最低一级干起,非贵族出身的人任八品官衔,可获得贵族称号。[2] 旧贵族在政府中传统的特权地位被取消,彼得实行"量才施用"和"论功取仕"的官僚路线。这对俄罗斯传统社会结构造成了冲击,因为"只有历史资本主义制度下才按照个人的长处来分配职位"[3]。丧失特权的旧贵族与被淘汰的新官僚结合在一起,形成反对改革的障碍势力。

五、资本主义现代化的认同危机

彼得启动的资本主义现代化不仅旧贵族和官僚集团不认同,由于官僚重压、苛税重负和承担绝大部分改革成本,人民群众更加不认同。民欲求生,唯有揭竿而起。彼得统治期间,人民反抗斗争连绵不断,其中较大的有:1705—1706 年的阿斯特拉罕起义;1707—1708 年的布拉文起义和 1705—1711 年的巴基什尔起义。资本主义现代化的负面社会后果,集中体现在城乡人民起义上。阿斯特拉罕是俄罗斯东南部的港口,是工商业、政治、军事中心。人民和驻军遭到沙皇政府的残酷的重税盘剥和克扣粮饷的虐待。1705 年 6 月 29 日,由莫斯科流放至此的射击军和劳动者发动起义,1706 年 3 月 13 日,被政府军最终镇压下去,历时 8 个月,

---

[1] Vernadsky, *A Source book for Russian History*, Vol. 2., Yale, 1972, p. 351—352.

[2] Ibid., p. 344.

[3] 华勒斯坦:《历史资本主义》,北京:社会科学文献出版社 1999 年版,第 86 页。

起义者在政治上存在着复旧倾向，如要求蓄须、穿着传统服装等。

　　1707 年 10 月 9 日，哥萨克康德拉特·阿法纳西耶维奇·布拉文率领 200 多人在顿河流域发动起义。1708 年 7 月 7 日，布拉文自杀，起义失败。尽管如此，"布拉文领导的起义是拉辛起义之后最大的一次反封建起义，……乃是封建俄国的一次农民战争。……这次起义囊括广泛地区，席卷了广大的被压迫人民群众。"①巴什基尔是多民族聚居地区，彼得大帝推行民族掠夺和民族歧视政策，导致这一地区各族人民奋起反抗，从 1705—1711 年进行长达 6 年多的起义斗争。彼得大帝启动的资本主义现代化，造成了俄罗斯社会延续不断的分裂，"群众还停留在贫困愚昧状态中，固执于根深蒂固的保守心态，西化的上层说着完全不同的语言，想着完全不同的事情，追求完全不同的目标。"②

第二节　开明专制

一、资本主义现代化的时代精神

　　彼得大帝死后至叶卡捷琳娜二世登基之前，资本主义现代化陷入困局，俄罗斯宫廷政变频仍，皇冠几易其主。争夺王位的纷乱场景背后，是封建旧贵族与新官僚集团在整合中斗争，斗争中整合。彼得作为一个激进改革家，留给身后俄罗斯更多的是改革的激情，而非理性的变革，徒具西欧化的表象，而没有深入到俄罗斯心魂之中。在他身后，改革出现反复，既是历史的客观必然，也是彼得改革局限性的体现。

　　后彼得大帝时代终结于叶卡捷琳娜二世政变上台，同时开始"开明专制"为特质的资本主义现代化时代。这是一个充满了精神悖论与历史矛盾的时段，"叶卡捷琳娜的统治被看做是俄国贵族的黄金时代，帝国宫廷奢侈淫逸，广大社会下层穷困无比。为了赢得贵族的支持，叶卡捷琳

---

① 斯米尔诺夫：《十七至十八世纪俄国农民战争》，北京：人民出版社 1983 年版，第 230 页。
② L. Kochan, *The Making of Modern Russia*, Penguin, 1983, p. 125.

娜大力拓展令人憎恶的农奴制,她努力使俄国成为欧洲文化的一部分。她发起了公共关系攻势,为自己赢得欧洲著名人士的赞誉,确立起开明的、自由主义改革者声誉。"①从此,资本主义现代化在俄罗斯精神或者叫做俄罗斯心魂的深层次展现出极具特色的范式。

叶卡捷林娜二世以奉行"开明专制"著称于世界历史。叶卡特琳娜二世对于俄国的意义是巨大的,因为"这个国家最光荣的几页历史,正是靠叶卡捷林娜获得的"②。如果说彼得一世为资本主义现代化埋下奠基的巨石,叶卡特琳娜二世则为资本主义现代化大厦搭设了巨大的框架。

叶卡捷林娜二世出生于德意志,兼具德意志与俄罗斯两种文化的特质。叶卡捷林娜二世在普鲁士度过少女时光,沉浸在军国主义与开明专制的政治氛围和启蒙思潮风云际会的文化环境中。启蒙思潮对叶卡捷林娜的精神成长产生了不可低估的影响。启蒙运动在普鲁士受到官方的礼遇,而大多数著名启蒙思想家在自己的祖国——法国则受到官方的敌视。"法国启蒙时期作家只能匿名发表作品,直到大革命爆发前,这些人被视为从内部颠覆国家的特洛伊木马。"③

18世纪俄罗斯是历史内在张力与社会外在冲突的地缘文化带,"俄罗斯是矛盾的,是二律背反的。……而每个人都在按自己的方式信仰着俄罗斯,每个人都能在俄罗斯充满悖论性的存在中找到事例来支持自己的信仰。唯有立刻承认俄罗斯的悖论性,它那骇人的矛盾性,才有可能揭开隐藏在俄罗斯灵魂深处的那个秘密。"④俄罗斯的根本矛盾是传统与现代化的矛盾,始于彼得启动的资本主义现代化,"全部彼得大帝时期俄罗斯的历史就是西方与东方在俄罗斯灵魂中斗争的历史"⑤。在精神的空间维度上,还存在南北矛盾与上下矛盾。在基辅罗斯时期,存在着南

---

① Duffy, *Czars*, Facts On File, 1995, p. 240.
② 瓦利舍夫斯基:《俄国女皇——叶卡捷林娜二世传》,上海译文出版社1982年版,第3页。
③ 迪顿:《大革命前法国贫乏的生活》,载《昨与今》杂志1971年5月号,第51页。
④ 别尔嘉耶夫:《俄罗斯的命运》,昆明:云南人民出版社1999年版,第3页。
⑤ 同上书,第15页。

北两个中心的矛盾,南方以基辅为中心,受拜占庭文化影响,具有较强的东正教宗教文化意蕴,而北方以诺夫哥罗德为中心,受斯堪的纳维亚影响,具有强烈的世俗商业文化色彩,两大文化板块互相碰撞。由于鞑靼蒙古入侵和莫斯科公国的兴起,两种价值取向对立的文化共存于俄罗斯精神深处,构成了俄罗斯悖论性的精神性格。上下矛盾,是上层贵族与下层平民、特别是农奴的矛盾。这一对矛盾,在彼得改革后更加激化,彼得大帝及其后继者大力强化农奴制,把农奴劳动制度作为资本原始积累的主要形式,同时加强贵族阶级,将其作为国家依靠的力量。上下差距逐渐拉大,形成巨大的社会鸿沟,使俄罗斯社会处在矛盾性结构之中。俄罗斯的悖论性像巨大的历史旋涡,使人不由自主地裹挟进去。俄罗斯的悖论性的显性表象,就是空间内容与表现形式的矛盾,俄罗斯人对此安之若素:"形式的天才不是俄罗斯的天才,他难以和空间对俄罗斯灵魂的统治相配合。"①

叶卡捷林娜的"开明专制"有着感性的根源。1745 年,她同彼得三世做一次横穿俄罗斯西部旅行。这位被狄德罗喻为"奉献她那个时代之光的烛台"②的未来女皇在广袤的俄罗斯大平原上,看到了俄罗斯社会的症结所在。俄罗斯的专制制度登峰造极,"沙皇的统治似乎和古代亚述的国王一样专制,他对臣民的生命和财产,似乎可以随心所欲地处置,而臣民对他却像奴隶一样俯首听命。"③

叶卡捷林娜二世把启蒙思想视为精神之友,她登基后,写信给伏尔泰:"我可以告诉您,从我可以支配自己的时间以来,即从 1746 年以来,我在很多方面从您那里得到教益。在此以前,我只看小说,但由于一次偶然的机会,您的著作落到了我的手里。从此以后,我就不断地阅读您的著作,再也不想看写得不好的书籍了。"④她的阅读面是宽泛的,不限于

---

① 别尔嘉耶夫:《俄罗斯的命运》,昆明:云南人民出版社 1999 年版,第 55 页。
② 瓦利舍夫斯基:《俄国女皇——叶卡捷林娜二世传》,上海译文出版社 1982 年版,第 11 页。
③ 林赛:《新编剑桥世界近代史》,第 7 卷,北京:中国社会科学出版社 1999 年版,第 186 页。
④ 瓦利舍夫斯基:《俄国女皇——叶卡捷林娜二世传》,上海译文出版社 1982 年版,第 73 页。

伏尔泰,"叶卡捷林娜在登基前已经阅读孟德斯鸠的《法的精神》和伏尔泰的《论国家的风俗和精神》"①。《法的精神》使她了解了自由主义和民主主义思想,从《论国家的风俗和精神》中领悟了军国大事不可操之过急,要明辨慎行,行善攻心。叶卡捷林娜二世宣称,《法的精神》是"每个头脑健全的国君的案头必备书"②。伏尔泰"纯属理性的自由思想,使人得出结论,证明各种不遵守习惯和当代风俗的行为是正当的。伏尔泰世界观中的这一方面,也是他的思想得以风行的原因之一,这也吸引着叶卡捷林娜"③。同时,"叶卡捷林娜的一些好思想,也是从他(伏尔泰)那里取得的。…… 她当时从伏尔泰、孟德斯鸠……身上获得的主要东西,是她在处理巨大的社会问题和政治问题时的某种人道主义精神和灵活性"④。叶卡捷林娜二世不仅应用启蒙思想治理国政,而且在日常生活甚至情感生活中也深受启蒙思想的熏陶。18 世纪 50 年代中期,她遇到波兰贵族波尼亚托夫斯基。这个青年打动了她的芳心,因为"叶卡捷林娜读了伏尔泰……的著作之后曾经向往的精神文明和高贵风度,在他身上得到生动的体现。他到处旅游,是巴黎上流社会的一员;巴黎上流社会,正如当时还无人觊觎的国王威信一样,以其崇高的声望和迷人的魅力而誉满欧洲。……他的一举一动都使叶卡捷林娜倾倒"⑤。这位体现启蒙时代风范的情夫,后来被她扶上了波兰国王的宝座,又在瓜分波兰时被赶下了王位,女君主的情夫结局大都不妙。

叶卡捷林娜二世登基后,把启蒙思想的朋友与专制主义的女皇悖论性双重角色一并担当起来。她登基前精神上更加倾向于启蒙思想,执政后行动上则更偏向于专制主义。在一封致下属的信中,她阐述了专制主义治国理念和个人信念:"治理俄罗斯这样幅员辽阔的国家,只能用专制

① 林赛:《新编剑桥世界近代史》,第 7 卷,北京:中国社会科学出版社 1999 年版,第 426—427 页。
② 瓦利舍夫斯基:《俄国女皇——叶卡捷林娜二世传》,上海译文出版社 1982 年版,第 89 页。
③ 同上书,第 91 页。
④ 同上书,第 92 页。
⑤ 同上书,第 97 页。

君主制,舍此皆为下策。因为其他统治形式很难使皇命付诸实践,而且会为那些妄图使一个强大的国家四分五裂的野心活动者提供土壤。一个国家内部制度总应该适应本国国情。此外,俄罗斯政权机关里是很少有一个人敢于独立思考和采取果断行动的。我们国内某些官员中目前还存在的惰性也说明:完全有必要建立一个坚强的中央政权。"①

叶卡捷林娜二世不可能超越其所处时代俄罗斯社会发展水平、精神成长程度,但她在短短的时间就赢得了启蒙思想家的青睐。叶卡捷林娜二世对生计维艰的法国启蒙思想家多方关照,《百科全书》编者狄德罗晚年家境困难,打算变卖藏书,她闻讯后,立刻委派专人出资 16000 里佛,买下狄德罗出价 15000 里佛的藏书,并且附加一个条件,只要狄德罗健在,这些书就不从法国运到俄罗斯。② 这一小小的善举,居然让启蒙思想家们欣喜若狂。"《百科全书》主编感激涕零,伏尔泰和达朗贝尔祝贺有加。"③这出乎叶卡捷林娜二世的意料,从中她看到了启蒙思想家不但是精神上的朋友,而且也能够成为政治上的盟友,让他们在西欧吹捧自己,塑造俄罗斯女皇的新形象。俄国翻译出版狄德罗的《百科全书》、卢梭的《新爱洛绮丝》、爱尔维修《论精神》等法国启蒙运动的代表作,俄罗斯俨然成为启蒙运动的另一方重镇。俄罗斯的启蒙运动分为两个方面,一个是激进民主主义贵族知识分子启蒙运动,另一个是叶卡捷林娜二世的官方启蒙运动。官方启蒙运动担负着整饬国内思想秩序和影响欧洲舆论的双重使命,1762 年她即位时,俄国的启蒙运动已经如火如荼。女皇无法公然反对这种运动,她之所以登上宝座,不仅仰仗有反动农奴主撑腰的近卫军,而且还多亏了受到启蒙思想熏陶的贵族知识分子。叶卡捷林娜不得不两面讨好,既向自由派作一些模棱两可的许诺,同时又不采取会激起农奴主不满的行动。在她所玩弄的这套两面权术当中,关键的一点是,赢得欧洲进步舆论的支持,在俄国搞一个官方的启蒙运动,实质上

---

① Trans. by K. Anthony, *Memories of Catherine the Great*. New York: Knopf, 1927, p. 196.
② 比利:《狄德罗传》,北京:商务印书馆 1995 年版,第 333 页。
③ 同上书,第 334 页。

是为了对抗真正的启蒙运动,不仅是为了对抗民主的启蒙运动,而且是为了对抗激进贵族的启蒙运动。叶卡捷林娜在欧洲启蒙思想家面前,十分乖巧地扮成一个爱好自由的开明君主。

在争取启蒙思想家同情方面,叶卡捷林娜二世总体上是成功的,她的每个重大国策行动都会得到来自启蒙思想家的赞誉,甚至瓜分波兰这样的恶行也不例外。1768年,俄军进攻波兰。伏尔泰说:"俄罗斯女皇做出了当今世界上绝无仅有的表率。她慷慨地派出4万名俄罗斯军人开进波兰,手持上了刺刀的步枪,去宣扬她的宽容精神,恢复那里的秩序。女皇之所以让她的军队出动,是为了迫使那里的人民互相忍让。"①

二、资本主义现代化的立法构建

在叶卡捷林娜二世主导下,资本主义现代化走上了开明专制的历史路径。开明专制的实质是现代化与传统的妥协之道,通过专制君权,集中国家全部资源,不进行根本性变革,在给定的社会空间与利益格局中推进现代化。立法是国家重要的职能,立法彰显开明专制特质。叶卡捷林娜二世引进资本主义法理,同时又不能脱离俄罗斯的传统。由于1767年成立新法典编纂委员会及为该委员会工作发布的《指导书》,叶卡捷林娜二世被启蒙思想家欢呼为:"北方的塞米拉米达"②(塞米拉米达系传说中的亚述女王,她领导了亚述多次征服活动并建造了"空中花园")。

《指导书》体现了资本主义现代化的立法构想。法典编纂委员会不同于18世纪西欧国家出现的立法委员会,虽同为编制法典,但俄罗斯的法典编纂委员会充其量是一个秘书班子兼谘议机构,立法权操于叶卡捷林娜二世一人之手。这是开明专制君主与立宪君主制的根本性法理区别所在。

1766年12月14日,叶卡捷林娜二世发布《建立法典编纂委员会的

---

① G. P. Gooch, *Catherine the Great*. London: Longman, 1954, p. 169.
② 瓦利舍夫斯基:《俄国女皇——叶卡捷林娜二世传》,上海译文出版社1982年版,第1页。

诏令》，在陈述了旧法度的弊端后，她宣称："我们的根本目的是我国人民的福祉，为此我们需要更好地了解人民的需求与渴望。本诏令发表半年后，各个地区选一名代表，来到我国旧都莫斯科。每个地区选出代表后，应给代表成文的条陈和委托书。召集代表开会，不仅要听取他们关于各个地区的匮乏与需要的说明，而且要他们起草新法典，提交朕御批。这个委员会将在朕的指导与带领下开展工作。建立这个委员会，为帝国臣民提供一个检验自己的真诚及对祖国的热爱的机会。"[1]在这个诏令中，叶卡捷林娜二世使用了许多启蒙运动蛊惑人心的语句，"叶卡捷林娜召集法典编纂委员会不过是为她个人制定新法典，提供咨询"[2]。

法典编纂委员会的组成结构，以贵族阶级为主体，辅之以新兴的资产者、市民阶层、国有农民及自由农民的代表组成，"新法典编纂委员会经选举产生，具有等级性质。贵族（地主）代表每县一名，市民代表每个城市一名，国有农民分（乡、县、省）三级选举，每省两名，哥萨克和非俄罗斯族代表每省一名。教会由正教院派代表参加。此外，中央机关、参政院和各委员会都有代表参加。占全国人口一半以上的地主农民被剥夺选举权与被选举权。全体代表总数是596人。其中中央机关28人，贵族216人，农民24人，独户农43人，哥萨克45人，非俄罗斯族51人。……委托书共有1465份，反映了各个阶级的政治和经济要求。"[3]1767年8月10日，法典编纂委员会在莫斯科开幕。会议的第一项议程，与新法典无关，大主教季米特里提议授予叶卡捷林娜二世"英明伟大的皇帝和国母"称号，获得通过。叶卡捷林娜二世，继彼得一世是俄罗斯帝国历史上第二位大帝。[4] 叶卡捷林娜二世对于该委员会发布了多达500余条的指导意见，从立法目的到具体细则详加指令，反映了开明专制君主的绝对权威与事必躬亲的专制作风。针对俄罗斯内部东正教

① Vernadsky, *A Source book for Russian History*, Vol. 2., Yale, 1972, p. 405.

② L. Kochan, *The Making of Modern Russia*, Penguin, 1983, p. 129.

③ 孙成木等：《俄国通史简编》，上册，北京：人民出版社1986年版，第331页。

④ 同上书，第332页。

原教旨主义势力强调"第三罗马"的文化特性,与西欧分庭抗礼,实行"拜占庭化"的图谋,叶卡捷林娜二世在《指导书》第六、七条明确指出:"6.俄罗斯是欧洲大国。7.这一点已经为下列观察所证实:彼得大帝对俄罗斯改造之所以顺利取得成功,原因在于俄罗斯的旧俗已经不符合时代的潮流。彼得一世把欧洲的风尚与习俗引入俄罗斯,将俄国人改造成为欧洲民族,这一进程在他的时代进展顺利得超乎他的期望。"①这表明,叶卡捷林娜二世坚持资本主义现代化是以西欧为背景的。

叶卡捷林娜二世对于俄罗斯社会的皇权崇拜,有着深刻的洞察。她强调,专制君权是国家最高权力,是不可分割的,集于君主一身。她在《指导书》中以不容置疑的决断式语句写道:"9.最高权力是专制的。这项威权集于君主一身,权威所及遍于国事各个方面。10.国家的广袤疆域要求专制君权统御万民,统管万事。12.另一个(实行专制君权的重要)原因是,服从(君主)一人的律法要比服从多人的律法为好。"②叶卡捷林娜二世为专制主义涂上一层启蒙运动自由主义思想的油彩:"13.专制的目的是什么?不是剥夺人民的天赋自由,而是指导他们的行为,以便其获得最大的益处。15.专制的意旨和目标是市民的荣耀、国家的繁荣。"③

在罪与罚问题上,叶卡捷林娜二世表现出了启蒙运动的现代刑罚意识:"使用肉刑与健全的人类天性相抵触。人们对于这种刑罚怨声载道,特令全部废止肉刑……"④事实上,在叶卡捷林娜二世当政期间,俄罗斯的肉刑不但没有废止,反而更加严酷,具体情况后面述及。叶卡捷林娜二世在《指导书》中把理想与现实的诡辩论,玩弄得炉火纯青。这套诡辩论,把她推向了18世纪欧洲开明专制君主荣誉的高峰。叶卡捷林娜二世进一步阐述刑罚准则:"为了不使刑罚蜕变为对市民的暴力,刑罚应是公开的、必需的、适度的和迅疾奏效的,在条件可能的情况下温和一些,

---

① ② ③ ④ Vernadsky, *A Source book for Russian History*, Vol. 2. , Yale, 1972, p. 404.

刑罚要与所构成的犯罪相一致，罪名要在法律中详列之。"①

叶卡捷林娜二世在俄罗斯社会的痼疾——农奴制问题上，言辞之激进足以与 19 世纪民粹派相媲美："216. 法律应能够赋予奴隶拥有私有财产。"②但她为此设置了一个先决条件："260. 突然地、或经过一般法律使大批（奴隶或农奴）获得自由是不适当的。"③

叶卡捷林娜二世维护农奴制，一方面是其贵族君主的阶级本性使然，另一方面也是俄罗斯农业发展离不开农奴劳动力所决定的。尽管叶卡捷林娜号称"开明君主"，但正是在"叶卡捷林娜二世执政时期，人民终于落到农奴制的权力统治之下"④。叶卡捷林娜二世虽未对农奴制进行变更，但不主张对农奴竭泽而渔。她认为："295. 如果农业凋敝，就没有人还能拥有财富。"⑤为了避免出现这种危局，"299. 奖励那些把土地耕作得比其他人好的农民是很好的做法。"⑥叶卡捷林娜二世谙知启蒙思想，俄罗斯的社会现实使得她在农奴问题上很难有所作为，并在历史惯性作用下，把农奴制推向了高峰。农奴制与启蒙运动理念是冰火两重天，封建农奴制与资本主义现代化却在叶卡捷林娜二世那里兼容并蓄了。这就是开明专制的内在悖论。

贵族是开明专制的依靠力量，在《指导书》中对于贵族权益，给予多方面的界定。在贵族经济利益方面，《指导书》针对俄罗斯出现的资本主义货币关系，贵族地主肆意盘剥农奴货币租赋，指出："贵族使用新的收取租赋方式，削弱了俄罗斯农业和人民。贵族很少或根本不住在农村，向每个农奴征收一个、两个、甚至高达五个卢布的租赋，根本不考虑农奴能否拿得出这笔钱。"⑦俄罗斯是一个农奴制农业国，叶卡捷林娜二世不希望贵族地主的残酷压迫，导致农奴丧失生产积极性，起来反抗，威胁其统治和贵族集团的整体利益。《指导书》要求："220. 法律必须明确规定贵族向农民收取租赋数额，其数额应是公正和精确的，这是绝对必须的。

---

①②③⑤⑥⑦ Vernadsky, *A Source book for Russian History*, Vol. 2., Yale, 1972, p. 404.
④ 别尔嘉耶夫：《俄罗斯思想》，北京：三联书店 1995 年版，第 15 页。

惟其如此,农业才会发展,人口才能增长。"①

叶卡捷林娜二世在民族与宗教问题上,同样表现出了启蒙运动倾向,她写道:"494.在这样一个大国,统治如此众多的民族,如果错误地禁止或歧视不同的(宗教)信仰将极大地损害国民的安全与社会的稳定。"②叶卡捷林娜二世对于不同信仰做了理性的分析:"496.人类心智会被迫害激怒,应允许每个人根据自己的信仰缓和最僵化的想法,远离根深蒂固的偏执,抑制那些损害国家稳定和国民团结的争论。"③

叶卡捷林娜二世对于异端和民间巫术的立法态度也是很谨慎的,表现得比较理智:"497.应该十分审慎地审理涉及巫术和异端的案件。如果对于这两种行为酿成的犯罪不加以适当的法律约束,就会损害国民的自由与安宁,导致国家动乱。"④

叶卡捷林娜二世对于荒诞不经的封建迷信以及巫术魔法兴趣索然,但相信现代科学。18世纪后期,俄罗斯民众乃至宫廷都不愿意接种牛痘,叶卡捷林娜二世不顾冥顽的贵族大臣的阻拦,在法典编纂委员会开会期间,接种了牛痘,"1768年,她是彼得堡甚至是全俄国接种牛痘的第一个人。"⑤叶卡捷林娜二世对于代表们和贵族大臣赞美她接种牛痘的阿谀之词不以为然,她说:"我想,伦敦街头的任何一个小孩都有这样的勇气。"⑥在东正教传统深厚的俄罗斯,叶卡捷林娜二世虽皈依了东正教,对待现代科学的态度却不受东正教传统的羁绊。叶卡捷林娜二世对西欧最新科学成果贪婪地持拿来主义态度。器物层面的科学硕果,是专制君主的好朋友,科学发展的物化成果,有利于巩固君主专制。

叶卡捷林娜二世企图把自己的立法普及到全俄罗斯各个角落,她在《指导书》中要求:"158.法律应用通俗的语言写成,法典应把所有法律包

---

① Vernadsky, *A Source book for Russian History*, Vol. 2., Yale, 1972, p. 404.
②③④ Ibid. , p. 405.
⑤ 瓦利舍夫斯基:《俄国女皇——叶卡捷林娜二世传》,上海译文出版社1982年版,第224页。
⑥ 同上书,第225页。

容在一本书中,法典的售价应像小学课本一样低廉。"①叶卡捷林娜二世在《指导书》中,把开明专制的立法目的表述得天花乱坠:"520. 不能让那些整天吹捧自己君主的人得到恩宠。我庄严地宣告,人民不是为君主创造的,相反,君主是为人民所创造的。基于这样的原因,我必须实事求是地发表自己的意见。但愿我们的立法工作结束后,世界上再没有任何国家比俄罗斯更公正、更繁荣;如若不然,那就是我们的立法目的没有达到,我不希望出现这种不幸的局面。"②

《指导书》既是开明专制的政治宣言书,也是反映叶卡捷林娜二世精神境界的文本。理想与现实,超越与权势,使得叶卡捷林娜二世在悖论性的泥淖中越陷越深,以至完全丧失了自拔的自觉。叶卡捷林娜二世身上比较明显的启蒙思想特点,是一种立法狂热,"叶卡捷林娜毕生始终对法律知识感到兴趣。她本人也永远是一个立法者,不过是一个'即兴式'的立法者"③。《指导书》是开明专制悖论性质的标本,"渗透着伏尔泰关于专制制度的学说。这一学说,也给那个必须执行女皇旨意的委员会的工作打上了自己的烙印"④。《指导书》就是要用女皇的个人意志来代替俄国人民的集体意志,伏尔泰认为,"叶卡捷林娜一个人就比所有的代表都能胜任这项工作"⑤。叶卡捷林娜二世的《指导书》,使她赢得欧洲知识分子的尊重,在欧洲启蒙思想家的心目中,叶卡捷林娜二世是"开明专制"的代表。

开明专制条件下,"言论自由"是君主的恩赐,不是天赋的人权,取决于君主的"开明"程度。这种"言论自由"是由专制君主制向立宪君主制过渡的中间状态,既有别于专制君主制的"言论一律",又有别于立宪君主制的"言论自由"。贵族是法典编纂委员会的强势集团,在会议讨论中

---

① Vernadsky, *A Source book for Russian History*, Vol. 2., Yale, 1972, p. 404.

② 同上书, p. 405.

③ 瓦利舍夫斯基:《俄国女皇——叶卡捷林娜二世传》,上海译文出版社 1982 年版,第 362 页。

④ 同上书,第 355 页。

⑤ 同上书,第 356 页。

表达了维护和扩大贵族特权的要求。贵族要求兴办资本主义性质的制造业，表明贵族在一步一步地向新兴的生产关系靠拢，并力图用封建特权方式改造之。这种状况造就了开明专制的悖论性经济基础，先进的生产方式与落后的生产关系融合在一起，两种互为逆向的社会作用力在内耗，极大地损害了社会运行机制。这是沙皇专制制度的经济后果，也是资本主义现代化模式的内在症结。

新兴的资本主义商人和市民阶级对于社会现实是不满的，但他们把希望寄托于开明专制君主——叶卡捷林娜二世。这是俄国资产阶级形成时期就带有的妥协性。俄国资产阶级产生于农奴制社会结构之中，有着挥之不去的农奴制胎印，它是新的生产关系的阶级性代表，同时又是旧的社会结构的承载者，因为"在农奴制社会内，随着商业的发展和世界市场的出现，随着货币流通的发展，产生了一个新的阶级，即资本家阶级"①。俄国资产阶级对于开明专制是欢迎的，开明专制内蕴的悖论性质符合俄罗斯资产阶级的双重本性。

对于农奴制问题，叶卡捷林娜二世表现出了开明专制君主激进的一面，把顽固坚持农奴制的人直呼为"畜牲"。但是，她没有把这种想法转化为国策准则和施政举措。叶卡捷林娜二世的倾向，传染给了贵族激进势力。

法典编纂委员会于 1768 年 2 月从莫斯科迁到彼得堡，由于代表素质良莠混杂，参政议政能力参差不齐，在关乎农奴制、国家立法原则等重大问题争执不下，莫衷一是，会议成为清谈馆。叶卡捷林娜二世以俄土战争爆发为由，于 1769 年 1 月"暂时"解散该委员会，由其下设的专门委员会继续立法工作。1774 年 12 月 4 日，她下令专门委员会停止工作。尽管法典编纂委员会一事无成，但叶卡捷林娜二世却通过此举在西欧赢得了启蒙思想家和知识分子的好感，柏林科学院聘请她为院士。叶卡捷林娜二世的《指导书》没有变成法典编纂委员会通过的正式立法，代表们

---

① 《列宁选集》，第 4 卷，中文第二版，第 46 页。

在喧闹的争论中使它丧失了效用。《指导书》在启蒙思想家那里产生了震动,伏尔泰、狄德罗等人认为:《指导书》不仅是为俄罗斯起草的,也是为世界起草的,任何走向文明、开化的国家都可以直接利用它。普鲁士的腓特列大王对《指导书》赞扬备至。① 开明专制的立法理念与立法实践表明,俄罗斯沙皇主导的资本主义现代化的法理悖论。

三、资本主义现代化的贵族体制

叶卡捷林娜二世在其 34 年的执政生涯中,顺应俄罗斯社会的官僚贵族主导趋势,并将这种趋势推向高峰,建立起贵族专政的国家体制。叶卡捷林娜二世登基伊始,就对"有功"的贵族,大行封赏,比她的前任更为慷慨。在受奖的贵族中,原小俄罗斯统领基·拉祖莫夫伯爵得到 5000卢布,参政院成员尼·潘宁得到 5000 卢布,近卫军中尉格·奥尔洛夫得到 800 农奴,近卫军少校阿·奥尔洛夫得到 800 农奴,叶·达什科娃大公夫人得到 24000 卢布。叶卡捷林娜二世在这一次共赏赐了 18000 农奴和 186000 卢布。她在位 34 年里,共赏赐 80 万农奴。像奥尔洛夫兄弟、格·波将金、彼·鲁勉采夫等宠臣,都成为拥有数万农奴的大农奴主。

叶卡捷林娜二世不但对贵族给予农奴财物赏赐,扩大经济特权,还强化贵族的政治特权。首先,建立起贵族主导的地方政权体系。1775 年11 月 2 日,叶卡捷林娜二世为恢复被普加乔夫起义所摧毁的地方政权,更加有力地维持专制统治秩序,发布《全俄帝国省政管理法令》。该《法令》调整了地方政权建制,明确了行政、司法主官的权责及机构设置事项。《法令》取消了省、州、县三级政权建制,改为更有利于专制皇权直接统辖的省、县两级建制,减少了中间层次。全俄被划分为 50 个省,省下辖县,县级建制比原来翻了一番还多。省、县的设置,以人口规模为依据,每省为 30 万—40 万人,每县为 2 万—3 万人。这种区划的实质是

---

① 瓦利舍夫斯基:《俄国女皇——叶卡捷林娜二世传》,上海译文出版社 1982 年版,第 359 页。

"中世纪的、农奴制的、官僚行政的划分"①。

《法令》规定,省的行政主官是省长,另有副省长和两名参事辅佐。省长由沙皇任命。省长、副省长和参事组成省级权力机关——省行政管理局。省级财务机关是税务署,负责管理财政。省级民事管理机关是社会救济厅,负责国民教育、公共卫生、慈善事业,并兼行使警察职能。省级司法机关为刑事法院和民事法院,并设三个等级法院,即贵族的高等地方法院、市民的市政局、国有农民的高级农民法院。各法院院长由省长任命,陪审官按等级选举产生,每三年选举一次。另设有良心裁判法院,该法院监督法院的判决和警察的执法,有权释放无辜被捕者,并为被捕者作担保。②

由于俄罗斯地域辽阔,省级建制庞大,不便于沙皇逐个地具体掌握。为此,《法令》规定,沙皇任命的总督管理2—3个省,掌握辖区的全权,既是军队统帅,又是行政长官,在中央,他还是参政院成员。

县级主官是行使行政与治安双重职权的县警察局长。县级行政机关是初级地方法院,隶属于省行政管理局。县级司法机关是县法院和初级农民法院。法院的法官和陪审官分别由贵族和国有农民选举产生。只有拥有1万—3万名国有农民的县才能成立初级农民法院,并经省长批准。初级农民法院的领导权往往为当地贵族垄断,很难保护国有农民的利益。

《法令》规定,城市为独立的行政区划。一般城市的主官为市长或城防司令,两个首都彼得堡和莫斯科的主官为警察总监。城市的司法机关是市政局。市长和市政局,由商人和市民选举产生。

叶卡捷琳娜二世对中央政权进行改造,使之更加有利于沙皇专制统治。叶卡捷琳娜二世实行高度的中央集权,把权力把持在自己手中。叶卡捷琳娜二世撤销几个委员会,把它们的职能下放给省的相关署、厅。

---

① 《列宁全集》,第20卷,中文第2版,第33页。
② Vernadsky, *A Source book for Russian History*, Vol. 2., Yale, 1972, pp. 410—411.

参政院的作用大为削弱。女皇直接通过总检察官传达圣谕和听取汇报，而不通过参政院。重要委员会的主席直接参加参政院和最高宫廷会议。叶卡捷林娜二世从中央到地方，建立起一整套的贵族官僚机构，"沙皇的专制就是官吏的专制"[①]。

叶卡捷林娜二世不仅建立起完整的贵族官僚体系，而且通过立法把贵族的政治、经济等方面特权法规化、固定化。1785 年 4 月 21 日，叶卡捷林娜二世颁布《贵族宪章》。这个《宪章》是开明专制的贵族政治倾向的集中体现，从《指导书》的自由主义色彩到《贵族宪章》的贵族政治倾向，表明叶卡捷林娜二世无力超越俄罗斯社会强力结构作用下、界定给自己的历史方位。《贵族宪章》从维护贵族官僚帝国的基本利益出发，确认了贵族占有土地和农奴、享有免除肉刑和人头税等政治、经济、司法诸方面特权；县、省都要建立内部自治的贵族团体；县贵族每三年集会选举贵族理事。省贵族集会，从县贵族理事中推选省贵族理事，并推荐为省各衙门官署的候任人选。贵族有权把自己的要求提交总督，或通过特别代表呈交参政院或沙皇本人。

叶卡捷林娜二世在颁布《贵族宪章》的同日，发布《城市宪章》。这是18 世纪俄罗斯第一部系统地关于新生的资产阶级的法令。美籍俄裔历史学家维纳德斯基说："叶卡捷林娜特别希望资产阶级发展起来，因此，她把《城市宪章》和《贵族宪章》同时发表。"[②]《城市宪章》把市民分为六类。第一类是所谓"真正的市民"，包括所有在城市拥有不动产（房屋或其他建筑物、土地）的人，贵族、官僚和僧侣须在城市内有不动产方可列为"真正的市民"。第二类市民包括第一类行会商人（拥有 1 万—5 万卢布资本的商人）、第二类行会商人（拥有 5000—10000 卢布资本的商人）、第三类行会商人（拥有 1000—5000 卢布资本的商人）。第三类市民包括行会手工业者（工匠、助理工匠和学徒）。第四类市民包括在本地从事手

---

① 《列宁选集》，第 1 卷，中文第二版，第 395 页。

② Vernadsky, *A Source book for Russian History*, Vol. 2., Yale, 1972, p. 415.

工业或其他职业的外埠人和外国人。第五类市民包括拥有五万卢布以上的资本家、银行家和船主以及学者、艺术家、作曲家、建筑师等有名望的市民。第六类市民包括靠手工活、矿业、渔猎糊口的市民群众。"上述六类市民是严格按照财产资格划分的。……在城市经营工商业并拥有房产的农民,被排除在市民之外。"①

《城市宪章》规定城市实行市民自治,"29. 市民可召开市民大会,组建城市联合会,享有下述权益。30. 市民每三年的冬季,在得到总督或省长的允许后,选举市政长官,须听取总督或省长的推荐。31. 市长和高级市政官每三年由城市联合会投票选举产生;法官和陪审官由城市联合会每年投票选举。"②城市选举是有财产资格限制的,凡缴纳 50卢布以上资本税、年满 25 岁的市民才有权参加城市联合会。也就是说拥有 5000 卢布资本、年满 25 岁的市民才能成为城市联合会的成员。有限的选举制,特别是财产资格的限制,是开明专制的普遍特征。叶卡捷林娜二世道出了开明专制君主对于富人的共同看法:"富有者对于人类拥有惊人的权力,因为君主们自己归根结底也将尊敬那些发财致富的人。"③城市自治权实质上被富有商人和市民操纵着,他们与贵族官僚有着千丝万缕的联系。《城市宪章》提高了市民的政治地位,城市上层从中获益匪浅,城市中下层市民的状况并没有明显改善。叶卡捷林娜二世发布《城市宪章》的目的,在于调动市民、商人创造财富的积极性,为贵族官僚帝国提供物质支持,并扩大统治阶级的范围,巩固专制皇权与官僚贵族的政治体系。叶卡捷林娜二世时代,在社会结构、政治制度、意识形态层面,资本主义现代化进入既彰显俄罗斯特质,又融汇现代化共性的新境界。

---

① 孙成木等:《俄国通史简编》,上册,北京:人民出版社 1986 年版,第 351 页。

② Vernadsky, *A Source book for Russian History*, Vol. 2., Yale, 1972, p. 41.

③ 瓦利舍夫斯基:《俄国女皇——叶卡捷林娜二世传》,上海译文出版社 1982 年版,第251 页。

第三节 农奴制改革

一、改革启动

　　1861 年农奴制改革是资本主义现代化内蕴的资本主义与封建主义变频的历史产物。19 世纪,俄罗斯激进知识分子对于农奴制深恶痛绝,与之相映成趣的,还有官方知识分子。无论是否定性批判的激进知识分子,还是建设性批判的官方知识分子,两者在西欧的背景话语下,针对农奴制,展开持续的抨击。

　　亚历山大一世率领俄军及反法联军开进巴黎,结束了拿破仑一世的法兰西帝国,既为俄国赢得"革命终结者"的"反革命堡垒"的"殊荣",也为现代化观念形态渗透到其统治支柱——贵族军官集团洞开了闸门。19 世纪初,拉吉舍夫对于俄国贵族具有巨大的影响,许多青年贵族和青年军官,都认同于拉吉舍夫废除农奴制的理念。1812 年抗击拿破仑的卫国战争,使贵族先进分子认识到,农民群众是维护国家稳定与安全的支柱,农奴制是不利于巩固国本的,因而必须改革。随后追击法军,进入到中欧、西欧,贵族军官看到俄国落后的症结就在于农奴制。后来的"十二月党人"发出浩叹:"难道我们解放欧洲是为了把欧洲的脚镣手铐戴在自己身上吗?难道我们拿宪法给法国是为了我们提也不敢提到它吗?难道我们用鲜血换来了头等国际地位是为了在家里受凌辱么?"[①]"十二月党人"在俄罗斯知识分子中,第一次把批判的武器,变为武器的批判。1825 年 12 月 14 日,"十二月党人"发动起义,遭到沙皇当局的残酷镇压。"十二月党人"的"思想和斗争,甚至连他们的失败和死亡,都对俄罗斯社会的精神和文化生活产生了重大的影响"[②]。列宁中肯地指出:"这些革命者的圈子是狭小的。他们同人民的距离是非常远的。但是,他们的事

[①] 蒋相泽:《世界通史资料选辑·近代部分》,上册,北京:商务印书馆 1964 年版,第 205 页。
[②] 泽齐娜:《俄罗斯文化史》,上海译文出版社 1999 年版,第 164 页。

业没有落空。"①

  "十二月党人"失败后,俄国知识分子陷入深刻的反思与精神危机之中,撤出了武器批判的战场,重操起了批判的武器。对于俄罗斯走什么样现代化道路的分歧,使得知识分子分别被标识为"西欧派"和"斯拉夫派"。19世纪30—40年代,两派展开大论战,争论的焦点在于现代化路径和特殊性路径,何者为俄罗斯未来发展的道路。斯拉夫派认为,俄罗斯的历史发展道路完全不同于西欧,俄罗斯文化禀赋了"第三罗马"东正教基因,天然地优越于西方文化。斯拉夫派认为,"村社"是整合性、无阶级的俄罗斯社会的历史基因和现实基石,西欧社会处于阶级分裂、阶级对抗之中。村社避免了阶级分化,从根本上避免西欧资本主义社会的阶级斗争与革命局面的出现。斯拉夫派更激进地对农奴制持否定态度。他们认为,农奴制破坏了村社世界的和谐,导致阶级对立的出现,从根本上动摇了俄罗斯社会的稳定与和谐,必须废止。斯拉夫派留恋前彼得大帝的"纯粹罗斯",对其后的欧化改革多有指责,甚至彻底否定。尽管如此,斯拉夫派不是一般地反对现代化,而是试图充分利用俄罗斯传统的文化资产与精神资源,构筑一条俄罗斯资本主义现代化自我演进、自我完善的天使之路。斯拉夫派就其思想归旨而言,仍是现代化背景话语下,试图超越并替代西欧现代化模式的新的现代化模式。斯拉夫派追求的是替代资本主义的现代化模式,"第三罗马"是它的发生学源头,第三国际是它的类型学范式,两个阵营全球对峙是它的现象学界定。对于西欧派来说,俄罗斯特殊性是认识论命题;对于斯拉夫派来说,俄罗斯特殊性是本体论存在。斯拉夫派思想在后来分别被泛斯拉夫主义、民粹派、布尔什维克所传承。斯拉夫派成员大都是开明贵族出身,在精神上是"十二月党人"的后裔,但又与之不同——"十二月党人"是否定性贵族革命家,他们是建设性贵族派。斯拉夫派的政治思想更加接近于君主立宪制,而不是民主共和制。

----

① 《列宁全集》,第18卷,中文第2版,第15页。

斯拉夫派坚持"村社"理念的核心,在于否定农奴制。斯拉夫派理论家萨马林在 1856 年秋所作的《论农奴地位及其转向公民自由》札记中写道:"农奴制度已经过时,变成了累赘,人民不能再容忍了。"[1]另一位斯拉夫派活动家科谢列夫认为,"一种习惯,一种东方的(我不想说得更强烈些)惰性使得我们在摆脱农奴制度方面裹足不前。几乎所有人都相信自由劳动优于徭役劳动,自愿服役胜于被迫服役,但我们都抱残守缺,知善不从。"

斯拉夫派在改革农奴制问题上,主张分给农民土地,分给农民的份地是解除农民对地主人身依附关系的前提与结果。斯拉夫派改革农奴制的方案,是半封建主义与半资本主义的大杂烩。一方面,他们坚持连带土地解放农奴,为资本主义土地关系的形成和工业化创造条件;另一方面,他们主张,收取超市场价值的高额赎金,用封建主义超经济强制,掠夺本已一贫如洗的农民,使农民在改革后,既失去农奴人身依附关系所提供的最低限度的生存保障,又丧失独立开展生产经营活动的最基本的生产资料。斯拉夫派的主张,对于农民意味着资本主义剥夺和封建主义掠夺双重灾难。从已有社会结构既得利益集团本位出发的社会转型设计,其未来收益是以损害社会转型的主体支持力量——下层民众可能的获益为代价的。在这一点上,斯拉夫派与农奴主对待改革的想法殊途同归了。

有的农奴主甚至早在改革前,就自己解放农奴。如贵族 M. B. 彼得谢夫斯基在自己的领地,为农民建立了一个自我解放、自我管理的法郎吉庄园,而农奴们认为这是主人为抛弃他们设下的骗局,将其付之一炬。[2] 由于农奴主直接面对农奴,对于俄罗斯农民的封建依附性有着切身感受。农民与农奴主互为依存,是俄国农村封建性社会结构的主干。相对于农奴主来说,农民先天地缺乏自在自为的品质。农奴主是农民的

---

① 转引自王云龙《现代化的特殊性道路》,北京:商务印书馆 2004 年版,第 50—51 页。

② R. E. MacMaster, *Danilevski: A Russian Totalitarian Philosopher*, Cambridge, 1967, p. 50.

直接代表,沙皇政府是农民的最高主宰。

农奴制改革前俄罗斯农村的封建宗法性,由农民家庭这一社会基本细胞放大为专制国家,西方学者指出:"农民家庭是一个微型专制社会。"①俄罗斯农民封闭性的精神特征,是城市与农村二元分离的产物,"由于传统的对城市和市民的不信任,农民几乎都不愿意搭理城里来的各类官员。有教养的人,往往是城里人,如果他想改变农民的想法,使其了解新的政治理念和意识形态,几乎是对牛弹琴。"②农奴主利用农民处于自在状态,尚未有自为的觉悟,打着保护农民的旗号,提出改革,使本阶级利益在改革性利益结构调整中,不受损失或少受损失,并争取收益最大化。

农奴主的代言人一方面承认改革的必要性与迫切性,另一方面大谈农民与地主的宗法亲情,试图冲淡阶级压迫的残酷性质。创刊于1858年的《地主杂志》在改革前夜发表的文章中写道:"在开明和善意的地主那里,对改善自己农民生活的关怀占据业务经营的第一位。……不少农民承认他们完全满意自己的目前处境,他们不懂得文件,他们甚至不认为他们会从即将来到的变革或改进中得到更好的待遇。……很少地主利用自己对农民的所有权来为非作歹。……在农民生病时,谁是唯一帮助农民的人呢?当然,是地主和他们的妻子。"③农奴主阶层拼命洗刷农奴主的罪恶,同时顺水张帆,在改革中继续谋取强势地位,把自己的意志转化为官方的决策。

西欧派的代表契切林认为应该采用资本主义的劳动组织形式——雇佣劳动,取代俄罗斯封建主义的农奴制度,"我们努力达到的(改革)目的是:用以个人契约为基础的自由劳动代替中世纪权力基础上的强迫劳动。……目前经济方面农奴制度的实质在于:地主享有农奴的强制劳

---

① N. Vakar, *The Taproot of Soviet Society*, NewYork, 1961, p. 37.

② Vucinich, *The Peasant in 19 th-Century Russia*, Stanford University Press, 1993, p. xii.

③ 转引自王云龙《现代化的特殊性道路》,北京:商务印书馆2004年版,第56页。

动,为此他或者供给后者土地,或者供以糊口之资。"①契切林主张建立农业资本主义生产方式,实行农奴享有土地的解放方式。他认为,带土地的解放,为地主经济转为资本主义农业经济提供了前提条件。带土地的解放,为农民劳动的再生产提供了必要的资料,免除了地主维持农奴制所付出的经济与社会成本,使地主能够集中资源发展资本主义规模化农业生产。另一方面,带土地的解放通过赎买来进行,赎金构成地主经济转型的资本原始积累的货币形态。契切林主张以土地贵族的大地产的货币转移作为向资本主义农业生产方式转型的主要载体。

农奴制与沙皇制是孪生子,农奴制的危机就是沙皇制的危机,农奴制改革也就是沙皇制的改革。16世纪,莫斯科留里克王朝在服役贵族的大力支持下,建立起沙皇制,1547年,莫斯科大公伊凡四世始称"沙皇",史称"伊凡雷帝"。最初的沙皇制是君主与贵族博弈的结果,贵族为沙皇提供服务,以获取沙皇的封地赏赐或对其领地所有权的法律认可。沙皇并没有取得绝对高于贵族的、对于全部资源的绝对掌控,暴烈如伊凡四世这样史所罕见的沙皇,也在贵族的压力下,不得不暂时离开莫斯科,避居异地。16世纪,沙皇制确立的前提,是对贵族特权的认定,否则,沙皇制无以建立。贵族特权,集中体现为农奴制。任何特权,首先体现为经济上的特惠制度安排,否则,特权也不成其为特权。

农奴制是沙皇对于贵族在政治、军事、经济等社会各方面的服务的"赎买",不是沙皇单方面对贵族的"恩赐",是沙皇与贵族基于共同利益协调基础上的"契约"安排。伊凡四世称"沙皇"不久,在1550年法令中,规定农民离开一个领主的村子到另一个领主村子的"出走权",只限于尤里耶夫日(11月26日)前后的一周内,且必须完成田间耕作。这样,就把农民几乎年复一年地限制在了固定领主的势力范围之内。尽管如此,农民逃亡的事件频繁发生,伊凡雷帝统治末期的1580年,颁布"禁年法",规定从1581—1586年为"禁年",禁止农民在"尤里耶

---

① 转引自王云龙《现代化的特殊性道路》,北京:商务印书馆2004年版,第56—57页。

夫日"期间行使"出走权",出奔他处。莫斯科留里克王朝的末代沙皇费多尔把"禁年"永久化,农民沦为了农奴。"禁年"原为沙皇政府查明土地资源和劳动力资源,确定税额,编制土地劳动力清册。因此,须在调查的年份禁止农民流动,以便沙皇当局准确地掌握土地、人力资源状况。农民被登记为地主名下,便丧失了"出走权",地主有权追索逃亡农民。1597年,费多尔沙皇颁布法令,要求所有地主和世袭领主把过去5年内从他处迁来的农民送归原主,这一法令标志正式取消"尤里耶夫日"和农民沦为农奴。

在留里克王朝绝嗣后的大混乱(1598—1613年)期间,朝纲崩溃,内乱外扰,但农奴制未受影响,1607年,把持朝政的叔伊斯基颁布法令,规定追索逃亡农民的年限为15年。1613年2月7日,俄罗斯缙绅会议选举贵族罗曼诺夫家族17岁的米哈伊尔·费奥多罗维奇·罗曼诺夫为沙皇。前彼得大帝时期的罗曼诺夫王朝,是等级君主制的政治结构。贵族在国策制定中享有很大的权力,是罗曼诺夫家族登上皇位的选举者,也是其合法性的来源。贵族给罗曼诺夫家族戴上了皇冠,沙皇则回馈贵族土地和农奴。罗曼诺夫王朝为了扩大统治基础,抗衡大贵族势力,大肆封赏为之服务的中小贵族。1649年《法典》规定,世袭土地是所有者的私产,分为继承的、服务获致的和购买的,取消地主追索逃亡农民的年限,有无限期的追索权。地主对于农民的人身享有完全的宗法支配权。1714年,彼得大帝颁布的《一子继承法》,把世袭土地权与服务获封土地权统合为土地私有权。

在1812—1814年卫国战争中,农奴冲在抗击拿破仑军队的前线,愚昧的农奴把对异教徒和外族的仇视,狂热地发泄到了先进的法兰西民族头上。19世纪上半叶,尽管有"十二月党人起义"和"斯佩兰斯基改革方案",但尼古拉一世总的态势是全面反动。特别是在1848年欧洲革命期间,俄罗斯成了镇压欧洲资产阶级革命的宪兵,是反动势力的堡垒。沙皇尼古拉一世"是个自我陶醉的庸人,他的眼界永远超不过一个连级军官的眼界,他错误地把残酷当做毅力的表现,把任性执拗当做力量的表示"①。尼古拉一世(1825—1855 年在位)说"革命到了俄国的门槛,但我发誓,只要我还有一口气,绝不会让它闯进来"②。尼古拉一世从体制上全面加强反动性职能,撤开大臣会议和最高会议等程序化的政府机构,全面加强皇帝办公厅,其下分为六个厅,分别掌管公文、立法、警政、教育、农民和高加索。特别是"第三厅"专司监控革命人士、知识分子和持不同政见者。

国民教育大臣乌瓦罗夫提出的东正教、专制制度和国民性三位一体的教育纲领,被尼古拉一世采纳为官方的人民性意识形态。这是极大的倒退,从彼得大帝的"西欧化"政策、叶卡捷林娜二世的"开明专制",退回到前彼得时期的传统意识形态。这种官方人民性意识形态是绝大多数农奴的精神状态的反映,绝大多数农民具有浓郁的宗法和宗教情结,"俄国农民日常生活的重心是教堂,教堂是天堂、尘世、地狱的交汇处。从天堂、祭坛到地狱,是农民生命的轴线"③。

尼古拉一世对于改革农奴制的要求,并不是一概拒绝。"1826 年 12 月 6 日委员会"和"1835 年委员会",分别提出了带土地或不带土地、分阶段解放农奴的建议,尼古拉一世并未否决,但迫于土地贵族的压力而未予采纳。1846 年,迫于波兰人民的反抗斗争,尼古拉一世颁布了波兰农民法令,规定波兰无土地的自由农民,农民与地主订立契约,地主须为农民提供土地,农民须完成对地主的义务。这一法令预示着后来的农奴制改革。

民族失败是现代化后发地域社会转型的直接催化剂,克里米亚战争(1853—1856 年)的失败,对于尼古拉一世的打击是致命的。尼古拉一世的专制统治经受了"十二月党人起义"、"波兰独立起义"和 1848 年欧洲革命,走向了专制统治的高峰,"为了在国内实行专制统治,沙皇政府在

---

① 《马克思恩格斯全集》,第 22 卷,第 38 页。
② 孙成木等:《俄国通史简编》,北京:人民出版社 1986 年版,下册,第 27 页。
③ Vucinich, *The Peasant in 19th-Century Russia*, Stanford University Press, 1993, p. 265.

国外应该是绝对不可战胜的"①。尼古拉一世没有勇气面对败局,于1855年2月18日服毒自尽。其子亚历山大二世即位,但他给儿子留下的却是内外交困的烂摊子。

亚历山大二世上任伊始,接手令人沮丧的败局善后工作。这从执政的政绩方面,迫使他尽快地拿出震古烁今的创制,否则他的政治生涯将无法持续下去。亚历山大二世很明晰历史留给他多大的体制创新空间,那就是进行以农奴制改革为核心的大改革。1856年3月30日,他从巴黎签署完克里米亚战争结束和约,返回莫斯科,下车伊始对莫斯科贵族会议发表演说,指出:"你们大家都知道,现存的农奴制不改变是不可能的。自上而下地取消农奴制总比自下而上地进行要好。"②亚历山大二世为改革订下了基调——"自上而下"。

二、改革进程

以农奴制改革为核心的大改革虽然始于1861年,但基本原则是由亚历山大二世亲自制定、农民事务总委员会于1858年12月16日通过的七点改革原则:"一、自新的农民法规发布之日起,农民成为享有全权的农村自由等级,享有人身权、财产权、言论权;二、农民成为国家的自由农村等级;三、农民必须组成村社,进行行政管理;四、农民必须服从由其选举的村社管理人员的管理,不得违抗;五、地主只同村社发生联系,不得同农民个人发生关系;六、村社成员必须履行对国家和地主的义务;七、农民必须有序地成为土地的主人。"③亚历山大二世的开明之举得到知识分子的赞誉,"在俄国革命的准备时期起了伟大作用的作家"④——赫尔岑在其主办的《钟声》杂志上撰文说,亚历山大二世制定的农奴制改革原则,将被未来世代铭记。

---

① 《马克思恩格斯全集》,第22卷,1956年版,第44页。

② Vucinich, *The Peasant in 19 th-Century Russia*, Stanford University Press, 1993, p. 41.

③ Vernadsky, *A Source Book for Russian History*, Vol. 3, Yale, 1972, p. 592.

④ 《列宁选集》,第2卷,中文第二版,第416页。

　　1861 年 1 月 28 日,帝国国务会议讨论农奴制改革法案。亚历山大二世说:"解放农奴法案提交国务会议审议,我认为这是俄国最重大的事件,关系到国家未来的长治久安。再拖延下去,只会更加激起狂怒,并且只会给整个国家、特别是给地主造成有害的、灾难性的后果。……凡是为保障地主的利益能够做的,都做到了。"①沙皇一言九鼎,大改革的沉重帷幕徐徐开启。

　　1861 年 3 月 3 日,亚历山大二世颁布解放农奴法案,为此发表特别宣言。

　　《解放农奴法案》第一条宣布:"农奴对地主的财产和人身依附永久性地取消。"②法案第一条体现了资本主义立法精神,是对封建主义宗法关系的否定。第二条规定,则把第一条精神加以法权化:"农民和解放的农奴享有农村自由等级的人身权和财产权。"③在法理上农民与地主是平等的主体。农民生产和生活资料最重要的是土地,农民土地在改革中的获取方式,法案的规定既有资本主义的契约交易方式,又有封建主义的国家指定方式。第三条规定:"地主具有土地全部所有权,地主须分给农民永久所有的宅旁园地和耕种的份地,以便保障农民的生活和保障其履行对国家和地主的义务。农民获得土地资源的数量由各省制定标准,但不得与本法令相抵触。"在规定了农民取得土地的原则的同时,也规定了土地获取的办法,第四条规定:"农民从地主那里取得土地,必须以劳务或现金方式赎买,其额度由各省制定。"土地的所有者——地主,按照国家法令,把土地分给农民,是产权交易。法理上,产权交易是平等主体之间的等价交易,由于信息的不对称和既有利益格局的不平衡,地主与农民处于起点不平等的交易过程中,使得资本主义产权交易成为封建主义超经济剥夺的一种形式。地主农奴在未订立赎买契约前,称"暂时义务农",仍履行对地主的原有义务。地主不得与农民个人订立契约,只能

---

① Vernadsky, *A Source Book for Russian History*, Vol. 2, Yale,1972, p. 599.
②③ Ibid. , p. 600. 以下引述该法案皆出自于该书,不另注。

同村社集体订立契约。沙皇把农民从地主的超经济强制之中解脱出来，又放到村社这种传统的集体强制之中了。据刘祖熙先生统计，通过1861年3月3日的地主农民解放法案、1863年8月7日宫廷农民和1866年11月24日国有农民法令，农民改革使地主农民平均获得3.4俄亩份地，付出赎金8.67亿卢布，实际土地价格应为5.44亿卢布，赎金比实际价格高出3.22亿卢布。在非黑土地带，赎金高于市价120％，在黑土地带，高出市价56％。到1906年，地主农民已偿付15.65亿卢布（包括利息和各种费用）。宫廷农民平均获得4.2俄亩份地，偿付赎金1.15亿卢布。国有农民平均获得5.7俄亩份地，向国家支付赎金9.64亿卢布。三类农民共付出赎金26.44亿卢布。[1]

大改革对于农民是双重剥夺：一、剥夺了农民对地主的宗法依赖关系，及其最低限度生存保障；二、通过赎买把农民货币化或劳务化资源剥夺殆尽。地主经济摆脱掉了农奴的宗法依附关系，使土地经营由超经济的封建主义社会职能转变到纯经济的资本主义赢利职能，通过赎买方式，积聚资金；通过剥夺依附关系，整合资源。地主经济走上了保守的资本主义地主经济道路，即"普鲁士道路"。经济的"普鲁士道路"，必然在政治上导致民族失败。[2]

农民解放法案具有俄罗斯特质的举措，是建立"村社"体制。从此，村社由古老传统的遗存转变为现实社会的体制建制和思想资源。法案第43条规定："每乡人口为300—2000名男性公民，辖地原则上不得超过距乡治所12俄里。"乡是沙皇政权的基础建制，中央集权要求县与乡整齐划一，便于指令的直接下达，迅速落实，中央政府能够在成本最小化的前提下，保障全局的掌控能力。这是俄罗斯与西欧县、乡自治建制大相径庭之处，也是俄罗斯特质性的组织建制。乡由若干村社组成，村社是俄罗斯君父主义载体。村社之所以体现为君父主义，就在于解放农奴

---

① 刘祖熙：《改革与革命》，北京大学出版社2001年版，第25页。
② 参阅钱乘旦等《走向现代国家之路》，成都：四川人民出版社1987年版，第293—307页。

的目的,不是使其成为自有小农,而是由对地主个人化的人身依附,转变为对村社集体化的人身依附,村社成为社会组织形式与基本功能单位。沙皇是村社的最高保护人,也是农民的慈父。村社从基层保障了自上而下的社会转型不至于陷入无序、无政府状态,使沙皇政府获得农村社会稳定,其代价是伴随沙皇王朝始终的社会性肿痛。因为,村社实质上是反现代化的实体。法案第 46 条规定:"村社管理权由村民大会和长老共同行使。"村民大会由每个农户的户主组成,村民大会选举村长和公职人员(税务征收员、粮库管理员等),负责定税、征税、征兵、划分土地、调节纠纷等村务管理。一个村社通常由同属一个地主领地上的农民组成,为了更好地保持国家对村社的控制,使村社农民不致脱逸出秩序的轨道,法案强化了地主对村社的监管作用,第 149 条规定,地主"享有维护所属领地范围内的社会秩序和社会安全的监督权"。国家利用地主制衡村社,地主有权要求撤换村长和其他管理人员,有权把"危害秩序与安全"的农民开除出村社。但是,地主在改革后,大多把自己的寓所搬离农民聚居的村子,迁居城市,成为"不在地主",对村社的事务大多不关心,逐渐地富裕农民在村社中取得话语权与决策影响力。

"解放农奴这一改革本身就要求一些相应改革,取消农奴制就是消除地主的特权,因而要求新制度的建立。"①伴随农奴制改革的其他方面改革有:军事、财政、高等教育、司法、书刊检查和地方自治。

军事改革:俄罗斯军队的军官大多是贵族出身,"十二月党人"是其杰出代表,他们对改革"充满了热情"②。克里米亚战争结束后,老派军人舒克霍茨涅特将军任陆军大臣,他"接手军事事务中数百项自由化改革措施"③。民族失败的痛楚使冥顽的脑筋也开窍了,但是军事改革仍踟蹰不前。1861 年 11 月,亚历山大二世任命开明官僚季·米留亭为陆军大臣。

---

① G. Freeze ed. , *Russia: A History*, Oxford, 1997, p. 178.
②③ D. Saunders, *Russia in the Age of Reaction and Reform 1801－1881*, Longman, 1994, p. 245.

　　米留亭按照现代军制,从军令和兵役两方面进行改革,把全俄划分为 16 个军区,由陆军部管辖;把兵役期由 25 年缩短为 16 年,废除士兵的体罚。1874 年 1 月 13 日,米留亭主持制定的义务兵役条例颁行。条例规定:"保卫沙皇和祖国是每个俄罗斯人的神圣职责。所有男性成年人,不分阶级,一律应服兵役。"①服役期,陆军现役为 6 年,预备役为 9 年;海军现役 7 年,预备役 3 年。现役或预备役期满人员编入民军,直到 40 岁。②和平时期,军队员额少于应征人数,服现役人员只占应服役人员总数的 30%。③ 新的兵役制和军令制,是现代军事制度在俄罗斯的雏形,但是贵族仍是军官的主体,1893 年数据显示,贵族在近卫骑兵军官中占 96.3%,在近卫步兵军官中占 90.5%,在近卫炮兵军官中占 88.7%。④

　　财政改革:统一定制的财政体系是现代国家的构成要素之一,也是现代国家与传统社会的本质区别所在。1860 年,亚历山大二世设立帝国银行。1862 年,实行"预算统一"、"收支统一"的统一财政制度,取消各部门、各地区的财政独立权限。一切预决算由财政部审理,国务会议批准,定期公布国家收支状况。1864 年,财政监督制度改革,在各省建立国家财政监督局,每月检查所有地方权力机构的财务状况。1868 年起,定期公布国家财政稽查员报告。沙皇通过财政状况公布,加强了对各地区、各部门的财政监管力度,强化了统一集中的财政权,减少了国家财产流失和贪污公款,但加大了体制监督的社会成本,使本已臃肿不堪的官僚机构楼上架屋,由此造成的支出远大于监督的收益。冗员冗吏的负担,迫使沙皇政府在入不敷出的情况下,大肆举借外债,"俄国所欠外债从 1861 年的 53700 万卢布增加到 1900 年的 396600 万卢布"⑤。冗员是封建主义的痼疾,是人身依附关系的"官本位"的必然产物。"官本位"的人身依附,呈层级递进动态结构,下级依附上级,上级依附总督、大臣,总

---

①② Vernadsky,*A Source Book for Russian History*, Vol. 2, Yale,1972, p. 625.

③ D. Saunders, *Russia in the Age of Reaction and Reform 1801 −1881*, Longman, p. 247.

④ Ibid, p. 248.

⑤ 苏联科学院:《英法德俄历史》,下册,北京:商务印书馆 1972 年版,第 346 页。

督、大臣依附沙皇。沙皇为了扩大统治的阶级基础，大肆封官晋爵。上行下效，依此类推，层层增设官位，招亲纳故，形成一个个的官官相护的圈子，花国家俸禄，养自己亲信。1796 年，俄罗斯人口 3600 万，官吏约16000 人，2250 个居民中有 1 个官吏；1851 年人口 6900 万，官吏 74330人，929 人中有 1 名官吏；1897 年人口 1.29 亿，官吏 385000 人，即 335 人中有 1 名官吏。在 19 世纪官吏增长是人口增长的 7 倍，其中大改革后，增长近 4 倍。①

司法改革：农奴制改革是法律关系的调整与变革，因而司法改革势在必行。司法改革体现现代化的法理准则，在应用法律时，强调程序法与实体法的普遍性准则。对所有人依照同一法律，遵循同一秩序，在同一类法院审理。一般刑事案件由区（省）法院审理，如不服，可上诉至区（省）法院的高等司法厅。高等司法厅的判决为终局裁定。只有在违背程序法的情况下，才可上诉至终审法院——参政院。民事诉讼或轻度刑事犯罪，归地方治安裁判所审理。

确立了现代程序法的法庭控辩规则，由传统的究辩式"有罪推定"转变为现代化的抗辩式"无罪推定"。建立陪审员与律师制度，法庭陪审员须达 12 人，才可开庭审理案件，由陪审员投票决定是否定罪，再由法院院长和两名法官量刑。律师必须受过法律专业高等教育并有 5 年以上司法实践经验的人士充任，不是国家官员，但在业务上受高等司法厅的监管。司法独立，法官不受行政机构的任免，审判完全在程序法的规定下进行，不受行政权力支配。

司法改革仍留有俄罗斯特质的空间，1864 年 12 月 2 日颁布的司法改革章程第 204 条规定："案件涉及到反对国家罪行，由高等司法厅和参政院审理。"为了迅速地扑灭人民反抗的革命火焰，该章程第 1051 条规定："高等司法厅的任一成员均可独立地审理反对国家的案件。"②

---

① 转引自王云龙《现代化的特殊性道路》，北京：商务印书馆 2004 年版，第 88 页。

② Vernadsky, *A Source Book for Russian History*, Vol. 2, Yale, 1972, pp. 615 – 616.

大学改革:高等教育是现代国家的培养基,是社会进步的晴雨表。1863年6月30日,亚历山大二世颁布《大学章程》,授予大学自治权。章程第4条规定:"大学校长(在大学内部)行使全权。"大学管理机构包括:"(第5条)除了系外,校务会议、行政管理委员会、校内纪律法庭和副校长或监察员。"大学教学与科研的核心是系,该章程参照普鲁士大学的做法,在第6条中规定:"每一个系由系主任、教授、副教授、讲师,讲座讲师按组织机构表组成。另可聘用不受机构表数量限制的无薪讲师。"大学自治的基础是管理人员的选举制,第8条规定:"系主任每三年由全系大会选举产生,除特殊情况,系主任人选须为教授,选举结果报教育部长批复方可生效。"大学章程特殊强调了外语语种教育的重要性,第19条规定:"所有大学均须设立现代外语的讲座讲师,语种为德语、法语、英语、意大利语。"语种的排序,反映了俄罗斯官方与知识界对欧洲的感知程度。西欧对俄罗斯官方的影响以普鲁士为大,对知识分子的影响以法兰西为巨。大学章程把教授治校观念加以俄罗斯化,第24条规定:"校长每4年由全体教授大会选举产生,报沙皇批准。"章程还有一些开放办学的内容,第90条规定:"除在校生外,大学应允许外来人旁听。"章程规定了普适性学位获得制度,第114条规定:"俄国籍和外国籍学生均可获得学位。"章程规定大学自治不受侵犯,大学用图书资料不受书刊检查。可以自由地从国外输入,第130条规定:"大学从国外进口的图书、期刊资料不受书刊检查。"

书刊审查制度改革:沙皇政府对待书刊的态度是矛盾的,一方面希望借重舆论力量推进改革,另一方面又希望舆论能够限制在许可的范围。1865年4月18日,颁布《书刊法案》,第一条规定:"下列出版物免于书刊检查:A. 两个首都(彼得堡与莫斯科),1. 所有表达出版者观点的期刊;2. 长度不超过160页的手稿;B. 全国,1. 所有政府出版物;2. 所有大学、学术团体及机构出版物;3. 所有古典语言及其译本出版物;4. 图画、图表、地图。"①法案接着在"出版自由"的头上,加上紧箍咒,第二条规

---

① Vernadsky, *A Source Book for Russian History*, Vol. 2, Yale, 1972, p. 616.

定："免于书刊检查的期刊或其他出版物发表触犯刑律的文章,书刊出版者要受到连带的行政处罚。"①法案把书刊检查权集中于中央,第三条规定："书刊检查事宜集中于内务部新设的专职部门负责,由内务大臣直接领导。"②沙皇政府一方面扯起"出版自由"的大旗,另一方面,在加以诸多政策性限制的同时,提高出版界的市场准入门槛。第 15 条规定："期刊出版者欲免于书刊检查,必须向内务部交纳保证金。"第 16 条具体规定保证金的数额："日报须交纳 5000 卢布,其他期刊须缴 2500 卢布。"第 19条规定保证金的用途："保证金主要用作对刊发违规文章的罚金,直接上缴国库。"③法案还规定,内务部主管部门和大臣有权警告发表违规文章的期刊,直至查封。④

大改革的各项措施兼具资本主义与封建主义两重性质,特别是农奴制改革,沙皇利用宗法建制——村社来整合农业社会,使农民从地主的超经济强制中解脱出来,又落入到村社的宗法强制之中。现代化后发地域的社会转型,往往跨过改革对象的制度设施,从传统遗存中发掘可资利用的资源。这既是客观给定的制度创新的空间限制与文化局限使然,又是改革中制度设计的价值取向导致的必然结果。改革是人类历史上无法破解的悖论性道路:改革是利益调整过程,其最大利益受损者恰恰是操作、实行改革的中坚力量——既得利益集团,从直观上和可预期的成本——收益比较来看,他们的利益将受到具体的损失。但是改革的逻辑结论在此之上,还把由此引发的整体性秩序解体的危局加诸其身,改革者集团就不能考虑改革体制的根本目的问题了。改革不是要彻底革除旧体制,而是改掉其不合时宜的部分,是既有体制的调整与完善。如果改革导致社会利益格局的解体与秩序体系的崩溃,改革者集团面临这样的危险趋势,必须做出预防性制度安排。村社就是这样一种控制改革所可能产生的无序动荡的制度安排,也是适合宗法农民价值诉求的现实

①　G. Vernadsky, *A Source Book for Russian History*, Vol. 2, Yale,1972, p. 616.

②　lbid. , pp. 616 - 617.

③④　lbid. , p. 617

形式。"村社被设计为防止农民反对从前的地主,但也不是地主专横的替代物,它倾向于防范农民的自发的无序的反抗。"①村社是宗法条件下传统的组织形态,也是现代化的解构对象。

第四节　斯托雷平改革

一、解散村社

进入 20 世纪,俄罗斯在"特质"与现代化"共性"的缠斗中彳亍,村社作为"特质"社会建制,成为俄罗斯现代化亟待破解的症结,也就是说,俄罗斯要用资本主义现代化的"共性"去除这一"特质"。由此,斯托雷平改革应运而生。

村社顽固地坚持宗法制集体主义生产方式。1892 年,在欧俄粮食产区 5 个县土地租种情况调查数据显示,村社是土地租种大户。在切尔尼戈夫省科泽列茨县,村社租种土地为 2304 俄亩,农民个人(以富农为主)租种土地为 481 俄亩;塔夫利达省第聂伯县,村社租地 38391 俄亩,个人租地 7476 俄亩;塔夫利达省别尔坚斯克县,村社种地 9452 俄亩,个人租地 3459 俄亩;塔夫利达省梅利托波尔县,村社租地 32163 俄亩,个人租地 16422 俄亩;喀山省亚历山大里县,村社租地 10040 俄亩,个人租地 1457 俄亩。② 村社通过租种土地,扩大村社的耕作面积,应付农业人口的增长和农业生产商品化率的提高,并拴住农民。

村社对农民进行集体主义宗法控制的政治前提是土地,经济基础也是土地。1905 年,欧俄 12297950 户农民,拥有土地 138767587 俄亩,其中村社农民 9479912 户,拥有份地 115390383 俄亩,占农户总数的 77.2% 和土地总量的 83.4%。③1900—1905 年,20 世纪头 5 年,欧俄地区村社大举购置土地,共购买 536890 俄亩,农民个人购买 95159 俄亩土

---

① D. Saunders, *Russia in the Age of Reaction and Reform 1801 -1881* , Longman, p. 264.
②③ 转引自王云龙《现代化的特殊性道路》,北京:商务印书馆 2004 年版,第 245 页。

地,村社购地量是农民 6 倍。①

村社占有的土地越多,它对农民实行宗法制集体主义控制的能力就越强,阻碍富农经济向资本主义农业经济转变的力量就越大。20 世纪初,沙皇政府认为村社不但在经济上效率低下,而且在政治上成为农民命运的主宰,是对沙皇权威的"分割"。"村社严重妨害农民经济更进一步发展,同时它又保护农民经济,使其无破产之虞。由于一户农民的条田分布在不同地块,农民每年都可以获得中等的收成,旱年在低洼地带得到收获,涝年则从高地取得收成。"②沙皇官方农业经济学家李梯恩指出:"村社不仅在经济是无效的,而且它是一个强制性组织,把国家与农民的直接联系给分割开来。正是这种'分割',使得村社农民不能高效地进行农业生产,也不能进入亟需劳动力的工业领域。"③1904 年,时任萨拉托夫省省长的斯托雷平,向尼古拉二世呈递奏章,要求取消村社制。他指出:"村社丧失应用先进农业生产技术的能力,也丧失了对于农民生活的基本保障作用。……农民一旦可以自由地退出村社,他就会成为独立的、拥有财产的、为国家尽义务的公民。村社已经丧失了存在的理由。"④

斯托雷平出身于西欧化贵族家庭,虽醉心于现代化,却毫无顾忌地使用传统手段来达到目的。同为"西欧派"大臣的维特讥评他道:"斯托雷平的力量在于他有一个无可置疑的优点,那就是他的气质,就气质来说,斯托雷平是一个治国之才,……斯托雷平尽管具有高度的气质,但他的思考极为肤浅,几乎完全没有从事国政的修养和教育。斯托雷平的这些品质很不平衡,就所受教育和思考能力来说,他只有一个士官的水平。然而,皇上和宫廷人士显然赏识他那种毫不畏惧的勇敢精神,至于别的品质,没有人能做出足够的评判。"⑤斯托雷平改革的目的,通过强制解散

①② 转引自王云龙《现代化的特殊性道路》,北京:商务印书馆 2004 年版,第 246 页。
③ Vernadsky, *A Source Book for Russian History*, Vol. 2, Yale,1972, p. 763.
④ lbid, p. 802.
⑤ 维特:《末代沙皇尼古拉二世》,续集,北京:新华出版社 1985 年版,第 394 页。

村社,从社会经济基础上,消除宗法制的君父主义建制,建立农村资本主义体制。沙皇尼古拉二世对此很清楚,全权授予斯托雷平推行农村资本主义改革。

斯托雷平把他的改革方案提交给第二届国家杜马审议时,"俄罗斯所有政党毫无例外地反对他的改革。保守政党和革命政党都要求保存村社。前者从斯拉夫派的理念出发,把日趋衰落的村社作为俄罗斯古老传统的一部分加以保留。社会主义党派认为村社土地占有制比千百万小农土地占有制更容易过渡到社会主义。社会民主党的两派都反对斯托雷平改革,因为这一改革将造就出强大的约曼(yeomanry)阶层,危及革命进程。他们认为,改革不能局限于解决土地问题,还应解决更深层次的贫富差距问题,因为只有少数人有能力按市场价格购买土地。社会革命党坚持土地交给村社,由村社租给农民耕种。立宪民主党批评改革不够激进,斯托雷平方案为广大的自耕农提供了反对给地主提供适当赔偿的法律文件。立宪民主党参加到左翼批评阵营,因为他们需要左翼支持其政治改革计划,即把不健全的君主立宪改造为真正意义上的国会君主制。"[1]

农民以暴动方式,表达渴求土地的绝望心情,仅1905年秋,全俄1/3以上的县份发生农民起义。1905年10—12月,农民起义达1590次,相当于1905年全俄农民起义总数的一半,农民捣毁地主庄园达2000个。[2]农村呈现出爆炸性局面。第二届杜马拒绝审议斯托雷平的改革方案,左派在第二届杜马占优势,在全部528个席位中,由社会民主党、社会革命党、人民社会党、劳动派组成的左派,共获222个席位,占总数的43%。左派阵营,在社会发展取向上不尽一致,社会革命党是19世纪后期民粹派的继承者,主张以村社为载体,经过革命,直接进入到社会主义阶段。社会革命党组建于1901年,以土地社会化和建立联邦政府为政治纲领。

---

① M. Dziewanoski, *A History of Soviet Union*, Prentice-Hall, 1985, pp. 71 - 72.
② 孙成木等:《俄国通史简编》,下册,北京:人民出版社1986年版,第318页。

社会革命党更加具有吸引广大贫苦农民的亲和力,坚决主张实行以村社为载体的土地社会化或国有化,以农民利益代表自居。社会革命党在反对沙皇政府的斗争中是坚决的,继承了民粹派的革命恐怖主义斗争路线,对沙皇政府要员进行过几百次成功与未遂的刺杀活动。

　　社会革命党同社会民主党都是信奉马克思主义学说的政党,但是社会革命党认为马克思主义历史唯物论不适合俄罗斯实际情况。此时的社会民主党则在列宁领导下,全面地实践着马克思主义关于社会主义革命的基本理论,认为俄罗斯与其说是受资本主义之苦,不如说是受资本主义不发达之苦(列宁语)。社会民主党对于一切可能导致增强沙皇政权力量的图谋都予以反对,因此,可以说,虽然社会民主党和社会革命党同样对斯托雷平改革方案持反对态度,但出发点完全不同。社会革命党坚持村社立场,反对斯托雷平改革。社会民主党反对斯托雷平改革,是认为这种改革举措将在农业领域极大地拓展资本主义生产方式,从而增强沙皇政权力量和合法性。因为斯托雷平改革前的俄罗斯土地制度,"不仅地主土地占有制是中世纪式的,而且农民份地占有制也是中世纪式的。"①"要在俄国建立起真正自由的农场主经济,必须'废除'全部土地——无论是地主的土地或是份地——的'地界'。必须打破一切中世纪的土地占有制,必须为自由的业主经营自由的土地铲除一切土地方面的特权。"②斯托雷平改革正是为了达成这样的目的,这是俄罗斯现代化的必由之路。

　　斯托雷平用暴力的强制手段,来推行农村资本主义改革方案,并得到尼古拉二世的首肯。1907年6月3日(俄历),斯托雷平迫令55名社会民主党代表离开杜马,逮捕其中16位著名的代表。他的借口社会民主党企图发动起义,推翻沙皇政权。斯托雷平的指控是缺乏法理依据和事实根据的,维特指出:这一指控是"为解散杜马找个借口。……在很大

①《列宁选集》,第1卷,中文第二版,第770页。
② 同上书,第771页。

程度上是故意炮制出来的,是有夸大的,不存在这样的图谋,这一切在很大程度上是内务部搞的。……这样做是为了造成一个国家面临危险的假象,为了使舆论更容易接受 1907 年 6 月 3 日的国家政变"①。维特认为这次国家政变是不合法的,"这次政变从形式来看,完全违反了 1905 年 10 月 17 日以后我在任时颁布的国家根本法"②。

同日,沙皇颁布了解散第二届国家杜马诏书。尼古拉二世煞有介事地在《诏书》中表示:"我痛惜地获知,第二届国家杜马中某些代表彻底地辜负了人民和我的期望。许多人民选出的代表,没有热情为增进人民的福利,增强俄罗斯国力,改善俄罗斯社会而努力工作,相反却执着于分裂国家,制造动乱。……沙皇有权撤销本届杜马,进行另一次杜马选举取代它。"③沙皇认为,第二届国家杜马给斯托雷平内阁进行改革的工作,造成"难以逾越的障碍"④。

1906 年 10 月 5 日,帝国政府在斯托雷平主持下,发布《农民权利法案》,揭开了斯托雷平改革的帷幕。斯托雷平改革之所以是国家资本主义取向,就在于他通过国家政权的暴力力量,强制实现资本主义农业的两个前提条件——土地自由积聚,农民与生产资料自由地直接结合。该法案规定,农民在权利上与社会其他等级一律平等,免除村社对农民人身自由和基本权利的任何形式的限制,农民有脱离和继续留在村社的自主决定权,农民有选择村社的权力,农民有自由迁徙的权力,废除村社法庭对农民的司法管辖权等。

斯托雷平内阁把改革的利益动员转到土地上。1906 年 11 月 6 日,斯托雷平内阁发布《农民份地法案》。该法案第一条规定:农民有权在任何时候、任何情况下将其所占有的村社份地,作为自己的私有土地。法案还规定,农民可以自由地、不受任何限制地退出村社,其所占有的份

---

① 维特:《末代沙皇尼古拉二世》,续集,北京:新华出版社 1985 年版,第 398 页。
② 同上书,第 399 页。
③④ 同上书,第 788 页。

地,应确认为私有地,村社无权收回。① 该法案是一项国家强制推行的土地私有化方案。斯托雷平土地改革方案,只是解决村社土地占有制问题。在该法案发布前几个月,斯托雷平为了避免出现夺取贵族、地主私有土地的革命态势,通过政府公报,昭示天下:"在农村居民中散布这种观念,要求将一切私有土地强制国有化,政府认为这是完全错误的。政府保护所有的人和每一个人的合法权利,同时认为,私有土地强制国有化,将使农民受到损害。"② 该法案经修改后,在第三届国家杜马获得通过,1910 年 6 月 7 日,尼古拉二世正式签署颁布,成为帝国法律。

斯托雷平认识到,光靠沙皇颁布法令是无济于事的,必须使用国家强力工具去推行。他派出军队,到农村强迫农民退社。但是,农民退社比例仍然不高,俄罗斯农民宗法情结难以在短时间内解开。M. 杜冈—巴拉诺夫斯基在《政治经济学原理》一书中披露:截至 1913 年 5 月 1 日,全俄份地已私有化的农户为 178.7 万多户,已申请份地私有化的农户为 250.6 万户,加上 350 万户因所在村社长期未实行土地重分而被 1910 年法令确定为"自行私有化"农民。"总的说来,村社社员的人数由于推行 1906 年和 1910 年法令大约减少了一半。1906 年前,农民约有 75% 占有归村社所有的土地,而现在占有归私人所有的土地的农民人数却大大地超过了占有村社土地的人数。"③ 巴拉诺夫斯基这部著作撰写于第一次世界大战期间,由于战时研究条件的限制,将退社农民的数量估计过高。

其后陆续发表的数字更接近于实际,1929 年,C. 斯达诺维奇在《布尔什维克》杂志上发表题为《村苏维埃与土地公社》的论文,指出,在 1917 年初,欧俄 47 个省 800 万户农民实现了土地私有化,另外 740 万户农民仍留在村社。④ 20 世纪 60 年代,苏联学者整理出较为客观、准确的数字,到 1916 年初,总共退社的农民为 2478224 户,占有土地 15919208 俄

---

①② Vernadsky, *A Source Book for Russian History*, Vol. 2, Yale, 1972, p. 804.

③ M. 杜冈-巴拉诺夫斯基:《政治经济学原理》,上册,北京:商务印书馆 1989 年版,第 245 页。

④ M. Lewin, *Russian Peasants and Soviet Power*, London, 1968, p. 30.

亩,占村社农户的 26.1%,占村社土地的 13.8%。[1] 斯托雷平改革随着时间的推移,改革成效呈边际递减,社会成本呈绝对增大的趋势。改革初衷是保存国体的制度性创新,在实际运作过程中,却从制度基础上,解构了国体的合法性,把改革的成效,转化为社会成本,迫使制度吸纳,改革持续时间越长,社会成本就越大。改革无法解决社会成本居高不下的问题,因为改革恰恰是造成这种困境的根本原因所在。

1907 年"6·3"政变后,斯托雷平完全甩开了第二届国家杜马的制约,强力推动农民退社。农民退社,1907 年,全俄仅有 4.83 万户,1908年,激增至 50.83 万户;1909 年,再攀新高,达 57.94 万户;其后至 1915年,逐年回落。截至 1915 年年末,农民共有 200.93 万户退社,1908、1909 两个年度退社农户占其中 54%。在斯托雷平遇刺后,1911—1915年,农民退社户数仅占 1907—1915 年总退社户的 25%。[2]

二、贫农抵制改革

斯托雷平改革把村社集体土地占有,转变为个体农民私有土地,同时维护业已存在的贵族、地主、商人私有土地的合法性。但是,宗法制农民天然地缺乏资本主义私有财产观念,农民自发地抵制斯托雷平摧毁村社的改革,围攻退社的农民,维护村社的集体主义宗法建制。斯托雷平改革,解放的对象,恰恰是最广大的反对力量。斯托雷平改革头 4 年,农民反抗活动由 1890—1906 年的平均每年 80 次,陡增至平均每年 3000次,增加 38 倍。[3] 农民反抗斯托雷平改革,集中在主要粮食产区中央黑土地带和非黑土地带,这一地区粮食商品化程度高,对国内外市场依存度大,个体农民以家庭为单位进行生产,由于规模小、成本高,难以为继,因而村社组织生产,具有生产规模和基本生活保障的优势,绝大多数农

---

① 转引自王云龙《现代化的特殊性道路》,北京:商务印书馆 2004 年版,第 250 页。
② 同上书,第 251 页。
③ 同上书,第 252 页。

民,除富农外,都依赖于村社。斯托雷平打碎村社的改革,等于打碎了贫下中农在资本主义商品经济汪洋大海中栖身的舢板,把他们完全抛入资本主义市场经济的惊涛骇浪之中。农民运动的反改革性质,是农民经济宗法性质决定的,也是资本主义农业改革残酷的资本原始积累性质所迫使的。一方面,农民反改革的反抗不利于俄罗斯的社会转型;另一方面,斯托雷平改革具有反人民性。正是这种体现资本主义原始积累"羊吃人"本质的反人民性改革,迫使农民起来反抗。在以沃罗涅日为代表的黑土产粮区,反改革的农民运动在农民骚动总数中逐年上升,由 1907 年的 1.6% 升至 1910 年的 64.3%,其他地域农民反抗斗争大多由斯托雷平改革引发,因此,可以说绝大多数农民反抗都具有对抗改革的性质。

在非黑土地带,1907 年农民反改革的斗争占农民运动总数的 50%,1909 年增至 67%,1910 年及其后诸年份达 100%,所有农民反抗斗争都是针对斯托雷平改革。在伏尔加河流域,农民反改革斗争由 1907 年的 7.7%,升至 1911 年的 50%。[①] 斯托雷平改革,破坏了平均主义的农村生活世界,引发农民内部的尖锐冲突,贫下中农与富农矛盾突凸出来,1907—1914 年,反对富农的起义占农民起义总数的 34%。[②]

斯托雷平改革,引发了保卫村社运动。贫农对富农退社的要求予以制止。截至 1914 年 9 月 1 日,向村社递交占有份地转为私有(即退社)申请的 269 万农户,只有 71.8 万户得到村社的允许,占总数的 26.6%。183 万户不经村社允许,自行退社,占 67.8%。另有 10% 的申请者害怕村社的迫害,撤回申请。[③] 虽然斯托雷平改革法令明确赋予农民自由退社的权利,但是强大的村社宗法力量对于农民的束缚,使得农民对于送门上的自由,有如烫手的山芋拿不住。斯托雷平可以给农民与西欧农民同样的自由与权利,却给不了实现这些自由与权利的物质条件、制度空间、精神资源。

---

① 转引自王云龙《现代化的特殊性道路》,北京:商务印书馆 2004 年版,第 252—253 页。
② 孙成木等:《俄国通史简编》,下册,北京:人民出版社 1986 年版,第 349 页。
③ 转引自王云龙《现代化的特殊性道路》,北京:商务印书馆 2004 年版,第 253 页。

从 1904 年上奏尼古拉二世,倡议废除村社,到 1911 年 6 月 11 日,沙皇颁布土地规划条例,宣布凡在实行土地规划地区,农民份地自动成为其私有土地。斯托雷平改革历时 7 年,斯托雷平为其倡导的改革,付出了生命的代价。1911 年 9 月 1 日,斯托雷平陪同尼古拉二世在基辅大剧院观看演出,遭到枪手的射伤,不治而亡。维特就其遇刺,不无幸灾乐祸地写道:"过去也有国务活动家死于革命者之手,但从来没有哪一个人像斯托雷平那样树敌之多。尽管如此,他还是受到丧失正义感的人的尊重。"①

列宁指出:斯托雷平改革"是很彻底的,因为它是在彻底摧毁俄国的旧村社和旧土地制度"②。列宁把斯托雷平改革与农奴制改革作比较,说斯托雷平改革"贯穿着纯粹资产阶级的精神"③。列宁认为:斯托雷平改革"丝毫没有提到要维护前资本主义的经济形式,……丝毫没有赞扬宗法式的农业等等"④。"用暴力来摧毁陈腐不堪的中世纪的土地占有形式,……为俄国的发展扫清道路。"⑤列宁肯定道:"斯托雷平和地主勇敢地走上革命的道路,最无情地摧毁了旧制度。"⑥世界历史对于斯托雷平改革综合症的诊断:打破宗法制社会建制的改革,必须同时保障绝大多数下层群众的生存无虞,把改革的成本以适当的限度,在新构建的社会二次分配机制中予以化解。否则,改革必将踏入摧毁既得利益集团的革命大潮。历史与逻辑的对立统一规律决定了斯托雷平改革将俄罗斯带入 1917 年革命,这是沙皇主导的资本主义现代化模式无法挣脱的政治宿命。

---

① 维特:《末代沙皇尼古拉二世》,续集,新华出版社 1985 年版,第 487 页。
②《列宁全集》,第 17 卷,中文第二版,第 23 页。
③《列宁全集》,第 16 卷,中文第二版,第 209 页。
④ 同上书,第 335 页。
⑤ 同上书,第 338 页。
⑥ 同上书,第 428 页。

第二章　国家资本主义的经济发展

第一节　彼得大帝时期的经济状态

俄罗斯资本主义现代化是以西欧为赶超目标的,因此,它的经济模式必须比西欧经济模式更具有积聚效应。沙皇专制主义中央集权的经济职能是合法性的源泉,沙皇国家资本主义就成了必由之路。

彼得大帝在第一次访问西欧期间,招募了数百名外国技工和工程师到俄罗斯,同时派遣几百个自己名下的青年农奴去西欧学习各种实业科目。依靠西欧专家的帮助,彼得在俄罗斯欧洲部分和西伯利亚发现了工业矿藏。彼得劝业工商,激赏实业。彼得对于发展工商业"抱有下列的目标:1)应减少外货输入俄国的数量,同时又增加国货输出的数量;2)防止偷税、漏税,把税收搞得最妥善与最合理;3)应把海上贸易从外国人的控制下夺取过来,并鼓励俄国人用本国的商船把货物运到外国去。"①为刺激工商实业发展,彼得采取了国家资本主义的举措,"为了达到第一个目的,他选择了一条最简单的途径,即在国内发展矿业和创办有如外国

---

① 蒋相泽:《世界通史资料选辑》(近代部分上册),北京:商务印书馆 1964 年版,第 72 页。

通常开设的那些工厂企业"。①

西欧现代化起步于轻纺工业,而彼得大帝是一位不自觉的重工业优先论者。当时,重工业与军事工业内涵大致吻合。彼得优先发展冶矿业,实现区域经济结构重工业化,使得俄罗斯将冶矿业重心放在乌拉尔地区。"到1725年,俄国的铁产量已达2万吨,其中一半以上出自乌拉尔。"②"彼得大力开发乌拉尔矿区,发展冶金工业,铸造大炮,加强军事实力,1701—1702年,俄国铸造大炮368门。"③彼得大帝时代工场手工业有三种基本形式:使用农奴的官营手工业企业;私营的,主要是商办的工业企业;贵族的世袭领地工业企业。彼得沿用落后的生产关系——农奴制,推进工业化。这从经济基础上决定了彼得西欧化改革的困局在所难免。手工工场大量使用工资价格低廉的农奴劳力,莫斯科官营帆布制造手工工场有1162名工人,官营米克廉耶夫制呢手工工场有742名工人,谢郭林制呢手工工场有730名工人。④

彼得大帝奉行重商主义政策,1724年颁布进口贸易关税法,实行关税壁垒政策,抑制贵族奢侈消费品的进口,鼓励出口。彼得大帝强调:"如果国内某种商品的生产超过了该商品的输入额,则对这种输入品应按其输入价格的75%课税,如果国内某种商品的生产达到了输入额的25%,则对这种商品按25%课进口税等等。"⑤俄国对外贸易顺差激增,"到彼得执政的晚年,俄国每年输入商品额约为210万卢布,而输出商品额则达420万卢布"⑥。俄罗斯经济畸形化,偏重于军事工业和原材料、半成品加工业。"彼得统治时期,近180家新工业企业建立起来,包括冶铁、有色金属、军事工业、纺织业、皮革、火药、木材、造纸、糖业、玻璃和烟草。"⑦

① 蒋相泽:《世界通史资料选辑》(近代部分上册),北京:商务印书馆1964年版,第72页。
② 林赛:《新编剑桥世界近代史》,第7卷,北京:中国社会科学出版社1999年版,第406页。
③ 孙成木等:《俄国通史简编》,上册,北京:人民出版社1986年版,第246页。
④ 梁士琴科:《苏联国民经济史》,第1卷,北京:人民出版社1959年版,第414页。
⑤ 同上书,第394—395页。
⑥ 同上书,第238页。
⑦ Dmytryshyn, *A History of Russia*, Prentice-Hall, 1977, p. 259.

广大民众没有从彼得工业化中得到好处,只是在农奴制枷锁上又添加了一道资本主义原始积累的残酷盘剥,导致农奴工人的反抗,"在很多情形下,农奴工人起来反抗施于他们的非人待遇,都遭到政府的残酷镇压。总而言之,俄罗斯人民为彼得的国家工业化付出了惨重的代价"①。俄罗斯各阶层民众承受着巨大的税赋负担。1723 年,政府规定家用奴仆同农奴一样,也必须交纳人丁税。按规定,地主农民每人课税 40 戈比,国家农民为 1 卢布 14 戈比,城郊居民为 1 卢布 20 戈比。1701 年,国家收入只有 250 万卢布。1724 年,国家收入达 850 万卢布,其中 460 万卢布来自人丁税。

第二节　开明专制时期的经济状态

叶卡捷林娜二世在不触及农奴制的根基的前提下,实行所谓"自由经济"政策。这是资本主义现代化的路径,也是开明专制在社会经济生活中的体现,更是 18 世纪下半叶俄罗斯经济基础新旧因素斗争与妥协的产物。"一切社会变迁和政治变革的终极原因,……应当在有关的时代的经济学中去寻找。"②开明专制内蕴的悖论,在经济领域得到了解答。18 世纪俄罗斯社会阶级结构由三个主干构成:贵族、市民、农民和农奴,其中强势集团由贵族和少数富裕市民、农民构成。

18 世纪俄罗斯,特别是叶卡捷林娜二世执政时期,贵族既是举足轻重的政治集团,又是翘楚硕望的经济势力。1785 年 4 月 21 日,颁布的《贵族宪章》中规定:"28. 贵族可支配在其土地上的作坊与工厂;29. 贵族可在其世袭领地上建立交易中心,……但其开市日期应与邻近市场错开;30. 贵族有权在城市拥有、建筑或购置住房与工厂……32. 贵族可销售符合法律规定的任何货物……不得禁止贵族拥有或建立各种作坊、工厂……36. 贵族免缴人头税。"③

---

① Dmytryshyn, *A History of Russia*, Prentice-Hall 1977, p. 259.
②《马克思恩格斯选集》,第 3 卷,1995 年版,第 425 页。
③ Vernadsky, *A Source book for Russian History*, Vol. 2., Yale, 1972, p. 414.

叶卡捷林娜二世不仅在立法上保护贵族经济特权,而且为贵族集团经济利益提供财政支持。国家设立专门为贵族服务的银行,"一七八六年开设新的贷款银行,它向贵族提供期限二十年的贷款,年息为百分之八,但如借高利贷,年息高达百分之二十,甚至更多。银行的资本由国家预算中拨款"①。叶卡捷林娜二世大力扶植贵族经济,使国家的物质资源和人力资源向贵族集团集中。当时,俄罗斯最富有的贵族切列梅捷夫"拥有 100 万英亩土地和近 19 万名农奴"②,与其富裕程度相似的还有奥尔洛夫兄弟等女皇的宠臣。"衡量每个俄罗斯贵族的地位与财富,不是根据其官阶与世系,而是依据其拥有的土地和农奴的数量"③,"中等贵族拥有 1 万英亩土地和 1000 名农奴,下中等贵族拥有 1000 英亩土地和100 名农奴。成千上万的下等贵族其财富为不超过 100 人的农奴"④。在叶卡捷林娜二世时期,贵族地主拥有农奴的数量,有了巨大的增长,根据第三次人口调查(1762—1766 年)的资料,俄国人口为 1800 万—1900万。在第五次人口调查(1794—1796 年)时,俄国人口为 3600 万。这一时期,人口增长一倍,贵族拥有农奴的数量则增长了两倍。1762 年,贵族为 49777 人,农奴为 3783327 人;1795 年贵族为 193132 人,农奴为9997625 人。⑤ 同时,出现了大贵族地主积聚农奴的现象,少数大地主占有 80% 的农奴。中等地主和小地主,各占农奴的 15% 和 5%。

整个叶卡捷林娜二世统治时期,贵族控制着俄罗斯的农业。这一时期,农业仍然是主要经济部门。到 18 世纪末,农民占人口的 96%。同时,农村人口基本是农奴。俄国农村的劳动资源主要由贵族支配。贵族通过控制农村,进而控制了俄罗斯国家的经济基础,巩固了在政治上的权势和经济上的地位。贵族的经济地位是由开明专制政策性质所决定,由于贵族在农业经济中的垄断地位不断加强,从农业生产中获取的剩余价值也就越多,加之俄罗斯资本主义生产与交换关系的不断扩大,贵族

---

① 诺索夫:《苏联简史》,第一卷上册,北京:三联书店,1977 年版,第 262 页。
②③④ Dmytryshyn, *A History of Russia*, *Prentice-Hall* 1977, p. 309.
⑤ A. Kahan, The Cost of "Westernization" in Russia, *Slavic Review*, 1966[1], p. 42.

集团出现了"自由经济"的要求,"贵族因为已控制了大量土地,巩固了自己对于土地与农奴劳动的垄断权,也就非常愿意使自己的农奴制经济去适应市场商品流转的条件,愿意使自己的农产品在市场销售,并且愿意将这些农产品在自己的世袭领地工厂加工以便出卖。所以,贵族领导集团的要求,归根到底是要工商自由"①。贵族的"自由经济"是要"工商业自由",而不是触及其垄断地位的整个经济领域的"自由"。

叶卡捷林娜二世所禀持的启蒙思想的经济理念,也要求实行工商业自由。法国启蒙运动的经济学家布阿吉尔贝尔主张遵从经济的自然规律,反对封建主义的工商业限制政策,要求实行自由竞争的工商业政策。俄罗斯贵族阶层要求工商业自由的主张与叶卡捷林娜二世的理念不谋而合。因而,叶卡捷林娜二世"取缔了垄断权,主张工商业自由"②。她在1767年的敕令中要求:"任何与商业和工厂有关的事宜都不得使用强迫手段,要物价降低先要有大批贩卖商品的人而且数量要能自由增加。……在任何场合下,都要避免垄断。"③

叶卡捷林娜二世鼓励经济理论研究,为了改善农业和国内经济,于1765年建立自由经济学会。这个组织一直存续到1917年俄国革命。维纳德斯基教授把"自由经济学会",称为"18世纪俄罗斯科研机构的奠基性标志之一"。④ 1766年,叶卡捷林娜二世匿名地为学会设计了一个有奖征文活动,主题是:"农民拥有土地或只拥有动产,何者对社会更有利?"这个主题激起了农奴主的愤怒,却引起了西欧学者的兴趣。贵族农奴主萨马罗科夫应征论文的观点,代表了贵族集团对这一问题的基本立场。他写道:"俄罗斯农民是否可以拥有土地?(土地所有权)是贵族的权力。如果农民和土地都不拥有了,那么贵族成什么了,还有什么留给贵族?农民解放对于社会来说,不仅有害,简直是致命的。因而,这个问

---

①② 梁士琴科:《苏联国民经济史》,第一卷,北京:人民出版社1959年版,第442页。

③ 同上书,第442—443页。

④ Vernadsky:*A History of Russia*,Yale,1961,p.185.

题没有讨论的必要。"①这种论调虽有悖于叶卡捷林娜二世的初衷,但真实地表达了贵族农奴主阶级的切身利益。来自西欧的应征论文,合乎叶卡捷林娜二世的胃口。欧洲各国寄来了160篇应征论文,其中法国第戎科学院院士阿比约的论文获得这次征文的最高奖。阿比约的论文反映了新兴资产阶级的雇佣劳动观和人身自由的理念,他写道:"如果只拥有动产,这几乎不能叫做产权。这样是不能够吸引农民的,还必须给他土地。但是农民必须是自由的,自由与产权是不可分割的整体。……农民在强迫劳动环境中总是设法逃避艰辛的劳作。"②

"自由经济学会"成立之初的几年里,在叶卡捷林娜二世的授意下,围绕着"自由经济"这个主题展开了学术研究,形成了一大批学术成果。"自由经济学会"的领导之一冯·克林施迪特在1770年出版的学会文集中,发了一篇题为《扩展激励农学家的方法是一项艰苦的工作》的论文。在该文中,克林施迪特论述了人身自由对于发展工商业的作用。他写道:"自由与财产所有权无疑是人类实业最好的刺激物。"③18世纪后半叶,围绕在"自由经济学会"周围的人大多数是贵族,还有少数资产阶级代表人士。他们在增强俄罗斯经济实力这一点上是一致的,但在具体刺激经济增长的方法上严重对立。贵族主张巩固农奴制,用超经济强制,无代价地榨取农奴劳动的剩余产品,进行血腥的资本原始积累。资产阶级代表人士则认为,"发展生产力问题的症结还在于农奴制问题"④,主张改革农奴制。

叶卡捷林娜二世在1775年《贵族自由书》中宣布工商业自由,允许"一切人创办各种作坊并生产各种各样的手工业品"⑤。这种以"自由经济"为名的经济政策,实质并不是资本主义意义上的自由市场经济,而是一种鼓励贵族并使其领地经济适应资本主义的措施。贵族要求保留并

---

① Vernadsky, *A Source book for Russian History*, Vol. 2., Yale, 1972, p. 461.

②③ Ibid., p. 462.

④ 梁士琴科:《苏联国民经济史》,第1卷,北京:人民出版社1959年版,第452页。

⑤ 同上书,第443页。

保护其农奴制贵族工业及庄园产品贸易的权利和经济特权。这些措施并没有带来真正的资本主义经济自由，相反，保护贵族及其企业利益的政策仍在继续实行，并日益加强。在18世纪历史条件下，叶卡捷琳娜二世宣称的"自由经济"政策，客观上只把"自由"赋予了贵族农奴主和新生的资产阶级，农奴和下层市民不但未受其惠，相反却承受农奴制压迫与资本主义剥削的双重负载。叶卡捷琳娜二世在社会经济领域，也贯穿着开明专制的悖论性。她一方面高喊"自由"，另一方面又强化垄断。苏联历史学家诺索夫针对此种状况指出："政府的政策与国内的经济发展存在着明显的矛盾。"[①]"叶卡捷琳娜一方面否定了工业垄断权，一方面又实行这样一种重要的阶级垄断权，即例外地规定贵族有酿酒权（见一七六五年的酿酒章程）。"[②]叶卡捷琳娜二世把俄罗斯社会日常消费的大宗商品酒类垄断权交给贵族，1765年，157名贵族酿酒生产者提供了供应全国的1859857桶酒。[③] 这些贵族从酒类专卖中，大获其利。

贵族为增加收入，大规模兴办实业，开展贸易活动。贵族依仗特权，养尊处优，荒时废业，缺少经营本领，其兴办的实业大多采取以下三种形式："① 如果贵族个人具有经营才能，可以毫不困难地借到资金，兴办实业；② 如果资金和其他资料齐备，贵族就会利用地产从事制造业；③ 地主与能够提供他所缺少的资金、经营经验的商人或农民合伙办实业。"[④]在叶卡捷琳娜二世的经济政策鼓励下，贵族实业有了长足的发展，1773年全俄328个手工工场中，有66个贵族的手工工场，即约占总数的20.1%。1787年，贵族手工工场使用工人的人数占工人总数的60.7%。由此可见，贵族手工业在俄罗斯经济生活中占有的重要地位。

贵族在经济领域追求特权地位，这势必导致贵族与新兴的资产阶级的矛盾。资产阶级的经济实力和政治影响力处于上升阶段，贵族利用俄

---

① 诺索夫：《苏联简史》，第一卷上册，北京：三联书店1977年版，第262页。

② 梁士琴科：《苏联国民经济史》，第1卷，北京：人民出版社1959年版，第445页。

③ A. Kahan, The Cost of "Westernization" in Russia, *Slavic Review*, 1966[1], p. 59.

④ Ibid. , p. 55.

罗斯资产阶级的弱点，在经济领域实行垄断，严重阻碍了俄国资本主义的发育、成长。其代表性的领域，是酿酒权与农奴贸易权。

酿酒是贵族从事农产品加工业的最普遍的形式，酿酒业要求的工艺水平不是很高，也不需要熟练劳动力，成年农奴都可以从事这项工作。原料是农产品，包括大麦、麦芽、黑麦等。政府承包酒税制度为酿酒业主带来稳定的市场和收入，使酿酒业成为无风险的高赢利行业。商人与贵族在酿酒业的竞争，从 18 世纪 50 年代初开始加剧，双方各有优势。贵族有廉价的原料和劳动力的优势；商人生产更有效益，组织得更好，更灵活。"大约在 1750 年酿酒业实际生产能力是市场需求的 1 倍。商人生产 170 万桶酒，满足俄罗斯全部需求尚有余富。贵族生产酒的能力是 100 多万桶，也可以满足全部市场需求。"①迫于贵族的压力，叶卡捷林娜二世于 1765 年颁布《酿酒章程》，把酿酒垄断权赋予贵族，取缔商人的酿酒作坊。

贵族享有酿酒特许权的人数从 1765 年的 157 人上升到 1783 年的 211 人，酒类产量从 1765 年的 1859857 桶增到 1783 年的 2153159 桶。② 1795—1796 年，俄罗斯 567 名贵族从事酿、贩酒业，提供 3348278 桶酒。③贵族一方面通过酿、贩酒，增加了收入，使土地产出的粮食商品化程度提高，进行资本原始积累；另一方面，抵消新兴资产阶级在经济领域带来的竞争压力。

如果说在酿酒业问题上贵族集团取得垄断的胜利，那么在农奴参与贸易问题上，贵族赢得了打破垄断的胜利。贵族阶层为了获取更多的现金收入，鼓励农奴参与零售业，要求取消国内关税壁垒，打破商人阶层的垄断贸易的特权。1754 年，叶丽萨维塔女皇取消了国内关税。1766 年 4 月 12 日，叶卡捷林娜二世颁布敕令，宣布地主可以免税 6 年向国外输出小麦和面粉。叶卡捷林娜二世赋予贵族集团"不受限制地批发和零售自

---

① A. Kahan, The Cost of "Westernization" in Russia, *Slavic Review*, 1966[1], pp. 58 - 59.
②③ Ibid., p. 59.

己庄园和农民的产品的权利和在口岸从事批发的权利"④。名义上,对于农民从事贸易活动有商品品种的限制,由于缺乏有效地监控,这种限制有名无实。叶卡捷林娜二世这一敕令,打破了限制贵族与农奴经商的禁令。从此,贵族及其属下的农奴可以自由经商。贵族与农民建立的市场遍及俄罗斯农村地区,贵族控制了国内贸易额的大半和对外贸易额的一半左右。贵族与其属下的农奴合伙做生意,少数农奴因而暴富。农奴由于没有支配自己财富的合法身份,往往把财产寄托于其依附的贵族名下。18世纪80年代,大商人巴雷什尼克拥有10万俄亩土地和9000个男性农奴,在1786年获得贵族证书以前一直把财产登记在莫斯科显贵伊·格·奥尔洛夫的名下。舍烈米杰夫伯爵名下"发财的"农民,虽是农奴,却拥有几万俄亩土地和几百个农奴。"这些新富翁在法律面前仍是农奴"⑤。这些农奴出身的"新富翁",不是向着实业资产阶级方向发展,而是出巨资购买一个贵族身份,成为贵族阶层的一员。俄罗斯农民具有浓厚的封建宗法意识,正如马克思所说:农民"不能代表自己,一定要别人来代表他们"⑥。

在开明专制的经济政策影响下,俄罗斯工业中的资本主义有机构成的比重逐渐加大。1762年,手工工场为663家,1799年增加到1200家。⑦ 在这些手工工场中,广泛使用雇佣劳动。应该说,这些手工工场具有了资本主义生产的基本特性。据苏联学者梁士琴科统计,在叶卡捷林娜二世执政最初的几年,仅1767年手工工场有45500工人,其中农奴、编入的农民和买来的农民共占工人总数的60.7%,雇佣工人约占39%。⑧ 由于叶卡捷林娜二世的维护贵族农奴制的垄断政策,使得手工业工场的资本主义雇佣关系的发展受到一定程度的抑制,但仍达到近

---

④ A. Kahan, The Cost of "Westernization" in Russia, *Slavic Review*, 1966[1], p. 60.
⑤ 布罗代尔:《15到18世纪物质、文明、经济和资本主义》,第3卷,北京:三联书店1993年版,第519页。
⑥《马克思恩格斯全集》,第8卷,1956年版,第217页。
⑦ 琼图洛夫:《苏联经济史》,长春:吉林大学出版社1988年版,第39页。
⑧ 梁士琴科:《苏联国民经济史》,第1卷,北京:人民出版社1959年版,第478页。

40%。1767年，叶卡捷林娜二世政府负责手工业的部门已经发现，"许多'工厂'都只用雇佣工人做工"，断定"将来一切工厂都会这么做"。①

18世纪后半叶，俄罗斯手工工场主要有四种类型：国家手工工场、世袭领地手工工场、商人私营手工工场、农民手工工场。国家手工工场大多为军工、矿山、冶金等大规模企业；世袭领地企业，大多为贵族农奴主开办的纺织、酿酒、呢绒等部类企业；商人私营手工工场，除国家和贵族垄断与特许行业外，商人按照法令允许的范围开办的各种部类企业；农民手工工场，是一种特殊类型的企业，虽然这种工场使用的是雇佣劳动，并且实质上是资本主义的手工工场，但却是与农奴制关系紧密联系着的一种手工工场，是农民家庭工业逐渐向资本主义手工工场转变的典型形式。

冶金是俄罗斯的基础工业。1750年，俄罗斯生产200万普特的生铁；1790年生铁产量增长到795万普特，同年英国生产生铁480万普特；在整个18世纪下半期，俄国的冶金业一直居世界第一位。乌拉尔地区是俄罗斯的冶金业基地，18世纪80年代，在该地区投产的炼钢厂、炼铁厂和铁工厂共84家，产出的铜占全俄产量的90%，铁占65%。从此，乌拉尔地区成为沙皇俄国和前苏联的重工业基地区域。乌拉尔地区不仅在生产规模居世界前列，而且在生产技术水平和劳动率生产方面也居世界前列。当时，乌拉尔有世界最大的炼铁炉，高达13米，直径4米，每周产铁2000—3000公担，1800年，乌拉尔炼铁炉平均产出为9万普特，英国熔铁炉则为65000普特。②

18世纪，在开明专制政策的影响下，俄罗斯工业发展与同期西欧情况有所不同。西欧在重商主义政策支配下，偏重于轻工业。俄罗斯则既有轻工业，又有重工业，其中以冶金业的高度发展为特征。但是，俄罗斯没有在这一时期发生工业革命，冶金业仍停留于手工业阶段。英国所有

---

① 梁士琴科：《苏联国民经济史》，第1卷，北京：人民出版社1959年版，第480—481页。
② 同上书，第287页。

工业部门,从18世纪末就已开始迅速地由工场手工业向工厂过渡。在俄国,18世纪末,工场手工业的生产装备仍很简陋,手工劳动占主要地位。18世纪末,俄罗斯工业衰退的原因在于,农奴制经济在新兴的工业方面已充分暴露出消极作用。

叶卡捷林娜二世对于农业生产比较关切,劝课农桑,巩固农本。叶卡捷林娜二世信奉启蒙运动的经济学思想——重农主义,并与农奴制封建生产关系相结合,使农奴制在新的理论基础上得到强化。重农主义是18世纪法国启蒙思想家的经济学分支。重农主义反对当时欧洲各国普遍奉行的重商主义政策,认为土地或农业是一切财富的源泉。重农主义认为,只有农业才能创造超过生产费用的净剩余,而其他生产形式只是将农产品改变为可供消费的形式,非农行业的生产都是非生产形式;农产品应该高价出售,而工业品应该低价出售,因为农业收入增加就是净产值增加,国家就会进一步繁荣。重农主义承认地主本人及其先辈是开拓土地使其适于耕种的人们,他们是有权出租土地的合法阶级。重农主义重视自然规则,坚持"自然经济法则必胜"的信条,主张自由放任的经济政策。叶卡捷林娜二世在工商业领域标榜的"自由经济"政策,其理论源于重农主义。俄罗斯贵族集团,甚至开明的自由贵族也认为重农主义是俄罗斯封建生产关系的理论守护神。开明贵族哥利津说:"社稷、王位、财产,总之,这(重农主义)原则是最贤明、思想是最公正的、最为众人所深刻了解的。"[①]农奴制严重地阻碍了俄罗斯农业生产的发展,压抑了广大农民的生产积极性。农业生产的衰退,不是叶卡捷林娜二世的主观愿望,但却是她强化农奴制政策所带来的必然的客观结果。

根据俄罗斯全国土地测量资料(1766—1798年数字),农地与农作物分布情况如下:中央黑土地带北方各省,耕地面积占41%—67%,草地面积为7.5%—12%;中央黑土地带新移民区各省,耕地面积为35%—38%,草地面积为26%—38%;非黑土地带的各工业省,耕地面积占

---

① 梁士琴科:《苏联国民经济史》,第1卷,北京:人民出版社1959年版,第460页。

33%,草地面积为 4%—8%;森林地带各省,耕地面积为 10%—19%,草地为 2%—6%。耕地主要播种黑麦,小麦只在极少数地区占据首位。①在丰年的情况下,可获得种籽的 2—4 倍,如遇歉收,全国就会发生严重的饥荒。1778 年和 1786—1787 年的歉收是 18 世纪下半期最严重的两次歉收。俄罗斯农业在农奴制生产关系的制约下,尽管土地资源丰富,但农业生产技术"比荷兰和英国的农作技术落后得多,三圃制在各地都占有统治地位,粗犁和耙仍然是耕田人的主要工具。撂荒耕作制和伐林耕作制还在实行。许多土地荒闲着,或者灌木丛生"②。

叶卡捷林娜二世在经济领域也向新兴的资产阶级倾斜。资产阶级化商人和富裕市民大多集中在商业和贸易领域。18 世纪下半叶全俄市场最大的中心是旧都莫斯科,在这里集中了 3700 名商人,其中 93 人专司对外贸易,新都彼得堡是第二市场中心,有 1868 名商人,其中仅 8 人专司对外贸易。③ 俄罗斯国内商业通过店铺、集市和市场来进行,在商业流通领域,商人大获其利,"1795 年,商人资本总额估计为 7140 万卢布(不算潜在资本)"④。

叶卡捷林娜二世在对外领域,执行重商主义政策。叶卡捷林娜二世的开明专制在经济领域也充满了悖论性,是重农主义和重商主义的大杂烩。重商主义坚持一国的财富必不可少的是贵重金属,对外贸易必须保持"顺差",也就是出口必须超过进口。在整个叶卡捷林娜二世执政时期,俄罗斯对外贸易一直保持顺差:1761—1765 年,每年平均顺差为 200万卢布;1791—1795 年,每年平均顺差为 950 万卢布;1762 年,俄罗斯出口约 1273 万卢布,进口约 817 万卢布,贸易额约为 2100 万卢布;1793—1795 年,出口约 4363 万卢布,进口为 2789 万卢布,贸易额约为 7116万卢布。在这 20 年中,贸易额增长 3.5 倍,扣除货币贬值因素,实增额

---

① 梁士琴科:《苏联国民经济史》,第 1 卷,北京:人民出版社 1959 年版,第 465—466 页。
② 波梁斯基:《苏联国民经济史讲义》,上册,北京:三联书店 1964 年版,第 165 页。
③ 孙成木等:《俄国通史简编》,上册,北京:人民出版社 1986 年版,第 313—314 页。
④ 波梁斯基:《苏联国民经济史讲义》,上册,北京:三联书店 1964 年版,第 184 页。

为 2.5 倍。在贸易领域出现垄断积聚现象,93 个从事对外贸易的莫斯科商人,拥有的资本近 1175800 卢布,约为 18 世纪末全年对外贸易额的 2%。

叶卡捷林娜二世的开明专制寅吃卯粮,在财政赤字的泥潭中越陷越深,无法自拔。财政收入在 1763 年为 1850 万卢布,1796 年增加到 7310 万卢布,即增加 4 倍,而同时期全国人口只增加一倍。国家的财政支出在 1763 年为 1723 万卢布。从 1769 年起,国家财政开始出现赤字,在 1787 年至 1791 年的第二次俄土战争期间,财政赤字达到顶峰。1787 年收入为 5490 万卢布,支出为 6674 万卢布,1791 年收入为 5940 万卢布,支出为 8487 万卢布。1791 年的财政赤字达到 2547 万卢布。为弥补巨额财政赤字,叶卡捷林娜二世采取货币贬值、举借外债、增加赋税等办法。"十七年中叶卡捷林娜发行了一亿五千七百七十万卢布纸币。"①叶卡捷林娜二世举借内外债,肆意使货币贬值,18 世纪 90 年代中期,俄国外债总额达到 3310 万卢布。从 1769 年发行纸币以来,纸币发行额逐年增加。1796 年,纸币发行额已达 15680 万卢布。1 个卢布已贬低到银币的 68.5 戈比。全部内债(包括纸币的发行在内)达 21600 万卢布。1781—1796 年期间,(国家支出)行政费用占 48%,陆军和海军总支出占 40.7%,宫廷开支占 11%,而国民教育的开支只有 54 万—130 万卢布,占 1.7%。开明专制使人民群众一贫如洗,使专制国家靠借债度日,使权贵利益集团坐大自肥。

第三节　农奴制改革后的经济变化

农业:农奴制改革至 1905 年,资本主义现代化导致俄罗斯农村中资本主义因素滋长,现代化"共性"在农业领域侵蚀俄罗斯的"特质"。俄罗斯农民由宗法制村社社员向自耕农(yeomanry)转型,农业生产方式由集

---

① 瓦利舍夫斯基:《俄国女皇——叶卡捷林娜二世传》,上海译文出版社 1982 年版,第 379 页。

体劳动向个体劳动转换。但是,农村资本主义因素受到村社体制强有力的遏止。随着人口增长,农民从农业生产中剥离出来的比例增加。1863年,全俄人口为69959500人,到1897年增至12564万人,翻一番。同期,城市人口由1863年610万人增至1680万人,增加近3倍。城市人口占总人口的比例由1863年的8%增至1897年近14%。农业人口仍是全俄的主体,占76%,达9700万人。

人口压力迫使农业加快发展。1861—1890年,欧俄农业区粮食播种面积由8250万俄亩增至10380万俄亩,净增25%。这一时期,俄罗斯粮食增产,主要是靠外延式再生产方式取得,扩大播种面积,加大人力、畜力的投入。同期,每俄亩粮食产量由29普特增至39普特。年均粮食总产量由19亿普特增至33亿普特。农民人均粮食产量,19世纪60年代为20普特,90年代增至25普特。同期,畜牧业也有了一定程度的发展,马由1550万匹增加到1970万匹,牛由2100万头增到3090万头,羊由4420万只增加到4630万只,猪由940万头增到1300万头。

农业生产商品化率提高,参与国际市场分工。19世纪50年代后期至20世纪初,俄罗斯农业生产结构的商品化与外向度逐年提高。1855年,俄罗斯出口谷物为6900万普特,到1875年增至25700万普特。1876—1880年,谷物出口量为28700万普特;1896—1900年,出口量增至44400万普特。在不到半个世纪的时间里,俄罗斯谷物出口增加近7倍。

农业高涨带动了相关产业的发展,畜产品的商品化与外向度同样大幅提高,1866—1894年,黄油出口由189700普特增至367800普特。1901年,欧俄地区铁路运送的奶及其制成品达700万普特。

农业高涨刺激了机械化应用水平的提高,1876—1894年,全俄农机消费量增长2倍多,俄制农机产量增长3倍多。俄罗斯农田辽阔,收获季节人工不够,因而收割机广泛应用,1870年全俄有780台收割机,1895年增至27000台。农业发动机由1878年的1351台增至1901年的12091台。人工打谷,每天脱粒不超过200普特,马拉脱粒机日脱粒量不超过 800 普特,10 匹马力的蒸汽脱粒机日脱粒量最高达 2500 普特。机械化是俄罗斯农业生产在 19 世纪后半叶至 20 世纪初期高涨的重要支柱。

农业生产方式在村社体制下,发生了"悄悄的革命性"变化。雇佣劳动成为日益普遍的农业生产方式,资本主义因素渗透进村社,19 世纪 60—90 年代,农业生产中雇工由 70 万人增至 360 万人,占农业男性劳动力的 20%。大批农民转入商品化农业产区当雇工,每天劳动最多达 15 个小时,工资比在村社的报酬高 20%,而"业主从工人身上'榨取'的劳动量要高 50%"[①]。

农业中的资本主义因素增长与农民分化成正比,农奴制改革头 20 年,村社势力强大,农民分化并不十分明显。进入到 19 世纪 80 年代,随着农业商品化程度提高,生产全面高涨,农民的分化加快、加深了。农民分化为富农、贫农及游移其间的中农。据 1890 年抽样统计,全俄富农户占全体农户的 20%,贫农户占 50%。20% 的富农户占份地总量的 32%,50% 的贫农户只占 37%。购买土地的农民中,富农户占 74%,贫农户仅占 9%。租地户中,富农占 60%,贫农占 11%。富农是资本主义农业生产方式的承载者,富农生产转变为资本主义农场生产经营,需要有两个前提条件:第一,自由购买土地,积聚土地;第二,自由雇佣劳力,集约生产。

村社制度是富农进行土地积聚与劳动积聚的资本主义生产经营活动的瓶颈。1877 年,欧俄土地总量为 39100 万俄亩,其中 13100 万俄亩为村社中的农民份地,9340 万俄亩为私有土地,其余为国有土地。9340 万俄亩私有土地中,贵族地主在 1865 年占有 7910 万俄亩,1905 年减持到 5320 万俄亩。40 年内贵族地主出卖了近 2600 万俄亩土地,这些土地落到了商人和富农手中。贫农人口增加,人均占有土地却在减少。1861 年,欧俄农民男性人口为 2360 万,人均占有土地为 5.1 俄亩;1900 年增至 4420 万人,人均占有土地缩减为 2.7 俄亩。农民与土地的矛盾十分突

---

① 《列宁全集》,第 3 卷,中文第二版,第 211 页。

出,富农经济的发展已不可逆转。村社体制既保护不了贫农的利益,又阻碍富农经济的集约化、规模化发展。

斯托雷平改革造就了俄罗斯历史上前所未有的私有小农群体,2478224个退社农户取得了法律认可的16919203俄亩的私有土地,成为个体小生产的自耕农(yeomanry)。这样庞大的小农群体,"是经常地、每日每时地、自发地和大批地产生着资本主义和资产阶级的"①。斯托雷平改革,既造就了农村资本主义生产关系,又促使农业生产达到一个新境界,总产量、人均产量、亩产量均有大幅提高,农业生产资本有机构成也大为提高,农产品出口量居世界市场优势地位。农业生产增长得益于私有自耕农的大幅增长。1912年,普斯科夫省同一县三个乡统计,黑麦,私有自耕农(约曼,yeomanry)65普特/俄亩,村社44.6普特/俄亩;燕麦,约曼88.6普特/俄亩,村社72.8普特/俄亩;黍,约曼84.7普特/俄亩,村社39.4普特/俄亩;荞麦,约曼64.1普特/俄亩,村社48.2普特/俄亩;豌豆,约曼46.5普特/俄亩,村社30.2普特/俄亩;土豆,约曼730.9普特/俄亩,村社632.1普特/俄亩。② 由此可见,约曼的农业劳动生产率远高于村社,单位产出量居优势。

在农业生产有机构成方面,自耕农虽是个体,但比村社有优势。1913年对欧俄12个县统计调查显示,每百户农民在村社只有播种机1.7台,退社后有3.4台,筛分机由19.8台增至26.2台,脱粒机由3.1台增值5.1台,铁耙由6.1张增至12张,收割与割草机由8.3台升至11.9台。在普斯科夫省的农田施肥面积,自耕农为68.3%,村社仅为7%。自耕农的粮食生产商品率远高于村社。③ 19世纪,地主生产90%的商品粮。1913年,50%的商品粮由富农生产。

斯托雷平改革促进了农业生产的高涨,带动了土地利用率的提高与播种面积的扩大。俄罗斯由于地域广袤,农业生产方式比较粗放,生产

①《列宁全集》,第31卷,中文第二版,第6页。
②转引自王云龙《现代化的特殊性道路》,北京:商务印书馆2004年版,第254页。
③同上书,第254—255页。

技术比较低下。斯托雷平改革前,没有改善农业生产技术的政策性推动,粗放式生产,效率不高。斯托雷平改革后,引入市场导向,刺激农业生产迅猛攀升。1901—1905 年,全俄播种面积 8830 万俄亩,1911—1913 年增至 9760 万俄亩。同期,俄罗斯中亚地区播种面积增加最为引人注目,由 510 万俄亩增至 950 万俄亩。播种面积扩大与单位产量提高同时出现,黍由 1895 年的 27.6 普特/俄亩增至 1915 年的 47.1 普特/俄亩,荞麦由 1895 年 25 普特/俄亩增至 1915 年的 30 普特/俄亩。商品化农作物增产迅猛,用于出口的小麦增产 11.8%,大麦增加 33.7%;经济作物增长更快,甜菜增幅达 46%,油料作物增幅高达 165.4%。[1]

　　农业高涨带动农业机械工业的增长,农业机械购买力由 1906 年的 2790 万卢布激增至 1912 年的 13116 万卢布,增幅达 342.4%。化肥使用量,由 1905 年的 1470 万普特增至 1912 年的 3890 万普特,其中磷肥增加 35 倍。[2] 农民的资本积累有了大幅增加,主体为富农,村社的经济实力也有所增长,在银行存款总额由 1912 年的 16.13 亿卢布增至 1916 年 27.94 亿卢布,增长 71.3%,同期贷款储备金由 1.55 亿卢布增至 2.27 亿卢布,增长 50%,农业信贷合作社储备金总额由 0.38 亿卢布激增至 30.31 亿卢布,增幅高达 8 倍。[3] 农业中的商品化、市场化、资本化倾向大大高于改革前,农村全面资本主义化似乎指日可待。

　　斯托雷平改革,使俄国成为世界上最大的粮食输出国。1901—1905 年,俄罗斯粮食出口额为 7.01 亿卢布,1911—1913 年增至 11.26 亿卢布,增幅达 61%,其中谷物出口居世界第一位,达 5 亿卢布。[4] 1904—1908 年,谷物年均出口额为 4.7 亿卢布,1909—1913 年增至 6.73 亿卢布,增加 46%。[5] 同期,俄罗斯小麦出口量由 2.05 亿普特增至 2.59 亿

① 转引自王云龙《现代化的特殊性道路》,北京:商务印书馆 2004 年版,第 255 页。
② 梁士琴科:《苏联国民经济史》,第 2 卷,北京:人民出版社 1959 年版,第 387 页。
③ 转引自王云龙《现代化的特殊性道路》,北京:商务印书馆 2004 年版,第 256 页。
④ 梁士琴科:《苏联国民经济史》,第 2 卷,北京:人民出版社 1959 年版,第 378 页。
⑤ 转引自王云龙《现代化的特殊性道路》,北京:商务印书馆 2004 年版,第 256 页。

普特,大麦出口由 1.47 亿普特激增至 2.6 亿普特。经济作物出口增长更为迅猛,亚麻出口量提高 75%。出口谷物的货运量占铁路总运能的50%。[①] 1913 年,俄罗斯小麦产量占世界总产量的 25%,黑麦占 50%,大麦占 34%,俄罗斯农业生产总量居世界第二位,仅次于美国。[②] 农业成为俄罗斯财富的主要创造源泉,为工业化提供了原始积累的资本。

工业:农业高涨拉动了工业生产的增长,这一时期俄罗斯国民经济增长循着农业牵动的良性轨道前行,工业发展稳健,工农业比例趋于协调。工业生产体现出了较明显的农业拉动倾向,农民由于退社独立生产,改善居住条件的能力得到提高,工业生产的屋顶用铁的总量,在农民购买力的刺激下,由 1905 年的 22 万吨增至 1913 年的 42 万吨,几乎增加1 倍。由于农产品商品化程度提高和出口量增加,铁路运输总额由1905—1909 年的 1740 万吨,增至 1910—1914 年的 2000 万吨,增幅达23%。俄罗斯基础工业、重工业也有所增长,同期炼铁量由 2630 万吨增至 3630 万吨。[③]

俄罗斯 19 世纪后半叶的经济高涨,既有大改革后的国家推动,又有大改革前的产业基础。19 世纪下半叶,俄罗斯经济是机器装备工业主导的起飞,是工业革命的产物,是手工业完成历史使命、机器工业登上历史舞台的必然结果。俄罗斯在工业化基础上的经济高涨,循着现代化产业层次性递进的规律。纺织工业是工业化的第一主导产业形态,俄罗斯亦不例外。纺织工业大机器化是社会转型的产业标志。纺织业是人类由自在转向自为的关键性产业,人类只有掌握纺织术,才能进入文明社会。纺织对于人的意义,是类的规定性上的。人们常说"衣食住行",衣——纺织被排在人类文明基本需求的第一位,纺织决定着人类社会层次性递进的面貌。手工纺织术使人类进入到前资本主义农业文明社会,机器纺织业使人类进入到资本主义工业文明社会。纺织工业开启了现代化进

---

① 梁士琴科:《苏联国民经济史》,第 2 卷,北京:人民出版社 1959 年版,第 377 页。
② 转引自王云龙《现代化的特殊性道路》,北京:商务印书馆 2004 年版,第 256 页。
③ 波克罗夫斯基:《俄国历史概要》,下册,三联书店 1978 年版,第 830 页。

程,因为"在这一进程中,纺织品……的制造是在以蒸汽为动力、效率大为改进的工厂里进行的"①。

俄罗斯的工业革命始于 19 世纪上半叶的纺织业,动力由以人手、畜力等自然力为主转向以机器为主。彼得堡城郊的亚历山大国有手工工场设立于 1798 年,1805 年装备第一台蒸汽机,1808 年安装第一台织布机,成为俄罗斯最早装备机器的工厂。该厂有棉纱、织布、织袜、漂白、染色、机器制造和维修车间。由于应用机器生产,1810—1828 年,棉纱产量增加 1.3 倍,其产量占全俄总产量的 55% 以上。1834—1835 年,该厂达到鼎盛,拥有 3000 名工人,其中雇佣工人占 53.7%。②

俄罗斯工业化是官民并举,由于俄国参加拿破仑大陆封锁体系,英国的廉价纺织品进口被阻断。进口替代型的民营企业趁势脱颖而出。1808 年,莫斯科出现第一家私营机器纺织厂,到 1812 年莫斯科一地此类工厂增加到 11 家。1812 年拿破仑入侵,莫斯科大火,使得这些企业被付之一炬,纺织企业元气大损,1822 年前,俄国每年需进口 5 万普特原棉和 25 万普特棉纱。1822 年实施保护性关税,刺激棉纺业的复苏,但到 1834 年俄国自产棉纱只能满足国内需求的 12%。俄国棉纱业发展受到沙皇政策的鼓励,1835 年成立第一家机器纺纱股份公司,股本金为 350 万卢布,股东为皇亲国戚、达官显贵、工商人士和英国资本家。1841 年,为保护国内幼稚产业——机器棉纺业,沙皇政府将棉纱进口关税提高到 30%。1842 年,英国解除机器设备出口限制,俄罗斯可以自由地进口英国的纺织机。俄国政府对于纺织机器的进口予以免税。1847 年,俄国有 64 家棉纺机器化工厂、76.5 万纱锭,棉纱实现完全自给。③

棉纱机器化是纺织工业机械化的基础,印花机器是纺织工业产业链条中的重要一环。沙皇政府为了维持其资源垄断的特权,对印花业实行特许权制度。1815 年,彼得堡资本家维别尔等从沙皇政府取得了独家使

---

① 道·诺思:《经济史上的结构和变革》,北京:商务印书馆 1992 年版,第 157—158 页。
② 转引自王云龙《现代化的特殊性道路》,北京:商务印书馆 2004 年版,第 161 页。
③ 同上书,第 162 页。

用机器印花布的特许权。这种特权遭到了莫斯科资本家的强烈反对。1827年,沙皇政府迫于资产阶级的压力,取消机器印花布的特许权。

机器印花布产业的最大对手,不是沙皇政府的特许权,而是遍布农村的手工印花布。手工印花布无法同机器印花布竞争,这是一个常识。机器效率高于手工100倍,机器印花每昼夜可印300块布(每块长35.5米),手工则只能印同样大小的布3块。机器印花挤压了手工印花的生存空间,1820年,弗拉基米尔省伊凡诺夫村有7000名印花匠。1850年,整个弗拉基米尔省才有2000名印花匠。手工印花之所以绵延不绝,原因在于劳动力廉价。伊凡诺夫村就是一个典型例证,这里有5家机器印花工厂,占全村总产量的36%,其余产量皆为手工产出。1849年该村印花布企业采用手工、机器或两者并用的分别为61家、19家和20家,总产量占全俄的39.2%,居全国第二位。农村手工印花成本远低于机器印花,1843年,农村家庭手工生产平纹布每俄尺成本为4戈比,莫斯科机器工厂为6—8戈比,家庭手工纺织长盛不衰导致全行业工人劳动报酬下降80%。

俄罗斯纺织业工业化,在19世纪上半叶遇到的最大障碍是封建宗法自然经济的制度性桎梏。同一时段,是工业化在全球经济结构中,取得压倒性优势时期。1850—1860年,世界工业生产,英国占36%,成为名至实归的"世界工厂";法国、德国、美国合占45%,其他所有国家占19%。俄国纺织工业通过大规模应用机器,成为俄罗斯工业革命的前导行业。1850—1860年,机器纱锭达160万枚,增加1.5倍。棉纱工厂数量只增加21%,工人数量增长85%,产值猛增150%。

俄罗斯纺织工业呈现出特殊性的性状,即积聚与低效并存。生产数量规模积聚化,大型工厂(工人数量超过1600名)激增,1860年大型工厂共有54个,拥有机器纱锭153.5万枚,占全俄总锭数的96%。平均每家工厂拥有机器纱锭为28400枚,蒸汽动力10万马力。俄罗斯棉纱厂纱锭的原棉消耗比美国、德国高4—5倍,比法国高7—8倍,比英国高1.5倍。[①]

---

① 王云龙:《现代化的特殊性道路》,北京:商务印书馆2004年版,第163—164页。

彼得堡在工业化中再次起到引领的作用。彼得堡纺织工业大多实现了现代企业制度建制——股份化,机械化程度为全俄首位。工人人均拥有机械纱锭比莫斯科同类企业高 2.6 倍,蒸汽动力指标比全俄平均水平高 9 倍。彼得堡棉纱工厂都装备了蒸汽机,莫斯科省和弗拉基米尔省棉纱厂水力传动的比例还很高。彼得堡棉纱厂年人均产值为 1150 卢布,比莫斯科同类企业人均产值高 2.6 倍。19 世纪 50 年代全俄 2000 台机械织布机半数集中在彼得堡,彼得堡棉纱生产工人和产值分别占全俄的 22% 和 39%。

莫斯科是俄罗斯政治、经济、文化的中心。1850—1860 年,莫斯科纺织行业进行规模化积聚,棉纱厂数量减少 30%,产量提高 30%。1860 年,莫斯科省棉纱工人和产值分别占全俄的 37% 和 24%。

1861 年农奴制改革开始,全俄已拥有机械织布机近万台,彼得堡和莫斯科分别占有 39% 和 22%。机械织布机对手工织布机形成了强大的压力,但手工织布生产方式仍以顽强的生命力存在着。1860 年,莫斯科省 522 家织布企业,有 34877 台手工织布机、2275 台机械织布机、33305 名工人,产值 770 万卢布,每台手工织布机和机械织布机创造产值分别为 250 卢布和 1602 卢布。

19 世纪 50 年代,弗拉基米尔省和科斯特罗马省手工织布工人 15 万名,生产 300 万匹布(每匹长 35.5 米),机器织布只有 15 万匹。手工织布比机械织布成本低 85%,手工织布之所以成本低廉,这是手工劳动的宗法自然经济性质决定的,它的可计算成本起点远低于资本化大机器生产的成本起点。1862 年,俄罗斯棉布产量为 230 万普特,其中机械织布量仅为 20%。

棉纱生产机械化牵动了印花生产的机械化,莫斯科省和弗拉基米尔省是全俄印花和色染中心,19 世纪 50 年代集中了这一行业 54% 的企业、87% 的工人和 91% 的产量。机械印花对产业积聚、降低成本起到了决定性作用。1830 年降至 2 卢布,1860 年降至 80 戈比。1830—1860 年,机器印花工人劳动消耗下降近 90%。

农奴制改革后,纺织工业成为俄罗斯产业结构的支柱。1861 年,纺织工业占全俄加工工业产值的 36%、工人数的 49.3%,1879 年,分别为 55.4% 和 51%。俄罗斯纺织业主要从美国南方进口原棉,1861—1864 年美国内战,南方原棉产地遭受重创,导致国际市场原棉价格居高不下,使得俄罗斯未形成规模效益的中小棉纺织企业大批倒闭,大型企业更加壮大。1860—1863 年,40% 的棉纱和棉布企业破产;1863 年,注册的 659 家棉布企业仅存 388 家,棉纱和棉布产量分别下降了 10% 和 15%,棉纱和棉布价格上涨 75%—100%。国际市场原棉危机,引发了俄罗斯手工织布的反弹。1866 年,科斯特罗马和弗拉基米尔省手工织布产量分别占本省棉布产量的 71% 和 30%。手工织布比机械化大生产直观可计算成本要低得多,因而手工织布又大行其道。大型企业把机器停下来,采用手工织布。莫罗佐夫棉纺厂采用机械织布的工人有 2000 人,1878 年,该厂另外雇佣 5000 名手工织布工人,后者生产成本比前者低 30%。当时一位官方经济学家评论说:"在目前极低工资情况下,任何机器都不能与廉价的手工织布抗衡。"①

从总体态势上看,机械织布逐渐占居主导地位。1866—1879 年手工织布机减少 33%,手工织品减少 53%。1879 年,欧俄地区棉纺织工厂有 50500 台织布机,生产布 432.4 万匹,占全俄产量的 58.4%。同年度,俄罗斯全部注册的棉纺企业有 76200 台纺织机,机械织机和手工织机分别为 58100 台和 18100 台,1859—1879 年间机械织机增长 46 倍,手工织机减少 23%,两种生产设备的比例为 3.2∶1。统计数字表明,无论落后的生产方式如何廉价,一旦新的生产方式突破稀缺的价值瓶颈,落后的手工生产方式就将隐没在历史地平线的深处。俄罗斯纺织工业克服原棉危机带来的不利影响后,向着产业结构综合化方向发展。1866—1879 年,欧俄地区综合型棉纺厂由 18 家增至 32 家,加工棉纱由 11 万普特增加至 235 万普特。所谓综合型棉纺企业,即纺纱、织布、印染、修整一体

---

① 转引自王云龙《现代化的特殊性道路》,北京:商务印书馆 2004 年版,第 166 页。

化完成。

俄罗斯纺织企业工业化,既有与世界纺织工业率先机械化的共性特征,又有其落后的个性特质。纺织业是日常消费品生产部门,长期积累了可供本行业工业化的启动资本,拥有技术人员与熟练工人,国内市场需求巨大,资金回笼快、回报率高,比起重工业和交通运输业,资本有机构成低,活劳动消耗高,劳动力又很廉价。这些有利因素导致纺织业成为工业化的启动产业。但俄罗斯纺织业也存在一些制约因素,体制上,沙皇政府对纺织品实行高额保护性关税,使整个行业丧失了进入国际市场的冲动和接受国际市场竞争考验的条件;国内消费市场的主体——农民和工人购买力低下,无法成为支撑纺织工业扩大生产规模的需求支柱,从需求渠道无法获得工业化深度发展的资金;纺织企业普遍资本构成与机械构成偏低,仍侧重于低廉的活劳动投入的粗放式扩大再生产。1874—1879 年,俄国棉纺织业总产值增加 8.5%,工人数量增加 75.5%,人均棉花加工量减少 23%,人均产值下降 38%。

重工业是工业化的装备工业,俄罗斯的重工业是由机械装备工业起步的,受到社会经济条件的局限,农奴制改革前长期缓慢发展。直到 19世纪 50 年代,俄罗斯机器制造业还处在萌芽状态。彼得堡是萌发中的机器制造业的中心,19 世纪初,国有彼得堡铸造和机械工厂(普梯洛夫工厂前身)为制呢和棉纺织企业生产蒸汽机和机械设备。1842 年,这家工厂有 6 台蒸汽机,总功率 126 马力,117 台机械化车床。这家工厂的王牌产品是船舶蒸汽机,1827—1837 年为各种船舶制造 45 台蒸汽机,总功率达 1600 马力。

私人资本、外国资本纷纷涌入机器制造业中。彼得堡别尔德机器制造厂是该行业第一家私营企业。1804 年,该厂开始生产蒸汽机。1820年,该厂有 3 台蒸汽机,总功率为 42 马力,年产船舶蒸汽机 10 台。1833年,英国工程师麦克尔在莫斯科创立机器制造厂,生产纺织设备和零部件。19 世纪 40 年代,该厂有 80 名工人和 2 台小型蒸汽机。1833—1842年 10 年间,该厂为纺织企业生产 1000 余台机器设备,价值达 122 万卢布。仅伊凡诺夫村商人巴布林就向该厂订制了 90 余种机器,价值达 10 余万卢布。

19 世纪 40 年代中期,英国政府取消机器出口限制,英国制造的机械设备潮水般涌入俄罗斯,使得俄国机器制造业面对英国先进机器设备的竞争步履维艰,加之农奴制的制约,更是雪上加霜。1830—1850 年,全俄俄国资本的机器制造企业从 7 家仅增至 25 家,多为小型企业,工人总数 1475 万人,产值为 42.3 万卢布。1826—1860 年,俄国进口机器设备增长 86 倍。

19 世纪 50 年代是俄罗斯机器加工工业历史性转折时期。1854 年,全俄只有 29 家机器制造工厂,3813 名工人,产值 200 万卢布。到 1860 年,全俄机器制造企业增加 3 倍,工人数量增加 7 倍,产值增加 18 倍。1860 年,彼得堡作为全俄机器制造业中心,该行业工人占全俄总数的 56%,产量占 91%。同期,莫斯科该行业工人数和产量只相当于彼得堡的 17% 和 11%。机器制造业的增长,为工业化提供了物质基础,使大规模应用机器生产成为可能,机器价格降至普遍应用所必需的程度。1860 年蒸汽机价格只相当于 1830 年的 20%。但是,国产机器远远满足不了工业化的需求,1850—1860 年国产机器增长 2.3 倍,进口机器增长 1.4 倍。

冶金工业是工业化的基础行业,19 世纪工业化从物质形态来看,就是冶金制品的广泛应用,装备国民经济各部门。从 18 世纪下半期叶卡捷林娜二世“开明专制”时期始,直至农奴制改革前,历代沙皇政府奉行重商主义政策,对生铁及相关产品征收惩罚性高额保护关税,使得俄罗斯冶金业处于与国际市场隔绝的缓慢发展之中。1800 年,俄国冶金高炉数量和产量与英国基本持平,俄国为 142 座,英国为 150 座;生铁产量,俄国为 9971 千普特,英国略低,为 9836 千普特。1860 年,俄国已经落后了一大截:俄国高炉只增加 3 座,达 145 座,比 1800 年增长 2.1%,而英国高炉增至 565 座,增幅达 276.7%;生铁产量,俄国增加到 18198 千普特,增幅达 82.5%,而英国增至 241900 千普特,增幅达 2359.3%。19 世

纪 50 年代,由于工业化和克里米亚战争,导致冶金制品需求激增。沙皇
政府分别于 1850 年、1857 年和 1859 年三次调低冶金制品的进口关税税
率。1852—1860 年,生铁进口从 375 普特增至 547000 普特,8 年间增幅
达 1500 倍。

进口产品的涌入,迫使俄罗斯国内冶金企业采用新技术,提高生产
效率。19 世纪中期,冶金生产应用搅拌法炼铁技术。1840—1860 年,乌
拉尔应用该法的冶金企业由 2 家增至 35 家,高炉数量仅增 6.4%,生铁
产量增加 33.4%。乌拉尔是俄罗斯黑色冶金工业基地,集中了 85%以
上的高炉,产量占全俄 90%以上。乌拉尔地区森林茂密,水力充沛。乌
拉尔黑色冶金工业的动力以木制水力磨轮为主,1861 年该地区冶金企业
动力容量为 37000 马力,蒸汽机容量为 2600 马力,仅占 7%。乌拉尔黑
色冶金企业的体制,早在 18 世纪初彼得大帝时期就初步形成,后经历代
沙皇政府的完善,这种体现俄罗斯特殊性的工厂区体制,将森林、矿产和
农奴工人编入企业,使劳动、土地和工厂结为一体。丰足的矿产、森林资
源和廉价的劳动力,乌拉尔冶金企业使用木制燃料达 200 年,保护性关
税措施使厂主对技术进步毫不敏感,根本不关心。

农奴制改革后,俄罗斯重工业没有受到改革的牵动而高涨,主要由
于旧体制的惯性,使改革产生的产业牵动效益降至负数。农奴制改革
后,乌拉尔黑色冶金企业不但没有出现生产高涨,反而陷入长达 20 余年
的危机。原因在于,改革后冶金企业主仍集厂主与地主于一身。1883
年,乌拉尔 27 个大地主拥有 729.6 万俄亩土地,土地与工厂一体化体制
未随大改革而破除。厂主向工人和农民提供宅旁园地,不要求以现金赎
取,以到工厂做工的劳务形式换取。厂主通过这种途径,稳定地获得了
廉价的劳动力,陷入简单扩大再生产的低水平循环,靠加大活劳动的投
入来提高产量,导致资本有机构成极度低下。1880 年前,乌拉尔黑色冶
金企业沿用木炭加热、水力驱动的"中世纪"技术,1860—1879 年,该地区
冶金企业蒸汽容量仅从 7%增加到 23%。乌拉尔远离欧俄工业中心区
域,对欧俄地区工业化的需求不敏感,相对封闭,阻塞了扩大市场份额的

可能性。欧俄在农奴制改革后 20 年的工业化中,大量进口冶金制品,使得 1860—1877 年乌拉尔生铁产量仅增加 20%。

乌拉尔冶金企业的落后状态,使整个工业化的产业联动、效益递进的链条出现断档。西欧、北美铁路建设热潮导致冶金业产量增加 250%—300%,而俄国铁路建设热潮(1870—1875 年)仅使生铁产量增加 24%。1870 年,全俄冶金产品产量仅为 2190 万普特,是国内需求总量的 33%。1875 年前,俄罗斯铁路建设所需冶金制品自给率仅为 9%。1875—1878 年,在冶金基地乌拉尔地区建设铁路,所需的 70% 钢轨、54% 的货车车厢、50% 的客车车厢和绝大部分的铁轨零配件全靠进口。①

尽管冶金工业发展滞后,但农奴制改革后俄罗斯机器制造业仍取得长足进步。这得益于工业化进程加快,铁路建设和工业技术升级需要大量机器设备,为机器制造业提供巨大发展的需求空间。沙皇政府鼓励工业化,1861—1875 年共特许 141 家机器制造企业免税进口冶金制品。1860—1879 年,全俄机器设备制造企业增加 1 倍,产值增加 5.5 倍,平均每家企业产值增长 7 倍。②这一时期俄罗斯制造业集中于彼得堡和莫斯科等欧俄中部地区,大多制造业工厂资本有机构成低,技术含量不高。由于冶金、机器制造业等生产资料生产骨干行业发展水平不高,俄罗斯工业化的外向依存度始终居高不下。列宁说,俄国居于"一等国,但是不是完全独立的"③。俄罗斯金属、机器、煤炭的自给率只有 33%—50% 不等,工业生产依赖进口,19 世纪 70 年代,重工业产品进口总值达 10 亿银卢布。④

铁路是工业化的大动脉,在 19 世纪历史语境中,没有铁路的工业化是不可想象的。俄罗斯地域广袤,铁路成为沙皇政府号令全境的现代化工具,因而沙皇政府对于修建铁路有着异乎寻常的热情。1857 年 1 月

---

①② 转引自王云龙《现代化的特殊性道路》,北京:商务印书馆 2004 年版,第 172 页。
③《列宁全集》,第 39 卷,第 202 页。
④ 转引自王云龙《现代化的特殊性道路》,北京:商务印书馆 2004 年版,第 173 页。

26 日,亚历山大二世颁布《铁路法令》。该法令指出:"在过去 10 年中,铁路的重要性经常被质疑,现在社会各阶层都认识到了铁路对于国家、民族的极端重要性。为社稷及全民福祉计,修筑铁路应为不可动摇之国策。"①沙皇亚历山大二世接着在法令中勾廓铁路网的宏大远景:"铁路网:从彼得堡,经华沙,抵达普鲁士边境;莫斯科至尼兹雅—诺夫哥罗德;莫斯科经库尔斯克,沿第涅伯河低地,至菲奥罗波尔;从库尔斯克或奥廖尔,至奥德萨。这样,无间断伸展的铁路网,把 26 个省联结起来了。联结起三个首都(彼得堡、莫斯科、基辅——引者注)、可通航的主要河流、富庶的产粮区、黑海和波罗的海两个不冻港。"②

铁路网的拓展是现代化的客观要求,1860—1880 年,世界铁路长度从 10.8 万里增加到 37.3 万公里。同一时期,美国铁路建设速度最快,铁路长度从 1860 年的 4.9 万公里增到 1880 年的 15 万公里。铁路带动美国经济的起飞,使美国在较短的时期内克服了内战的创伤。1870 年美国工业产值占世界总产值的 23%,排第二位;英国占 32%,居第一位。到 1885 年,美国跃居第一位,占 29%;英国退居次席,占 27%。1870 年俄罗斯占 4%,到 1885 年,仅占 3%。③

农奴制改革后的 20 年,共时性横向比较,俄罗斯工业经济在世界工业产值所占份额微不足道。农奴制改革启动的 60 年代,俄罗斯工业生产受到社会经济体制调整的影响,不升反降。生铁产量由 18 世纪末占世界总产量的 32%跌至仅占 4%。煤炭开采量,仅占世界开采总量的 1%。由于铁路建设的滞后,大宗货物只能依靠水路和畜力运输。从莫斯科到彼得堡,经水路运输生铁,运输成本占其总成本的 70%以上。畜力运输粮食在 200—400 公里内,其运费与成本持平。19 世纪60 年代,顿涅茨克的煤炭,运往 350 公里以外地方的运费超过成本的 5倍。交通运输的落后,制约着工业化进程,阻碍经济高涨,加大了农奴

---

① ② Vernadsky,*A Source Book for Russian History*,Vol. 2,Yale,1972,p. 607.
③ 宋则行等:《世界经济史》,上卷,北京:经济科学出版社 1998 年版,第 238 页。

制改革的社会成本,侵蚀了农奴制改革的合法性与现代化的合理性。

铁路建设成为带动俄罗斯经济走出困境的"火车头",沙皇政府认识到"铁路建设缓慢将对国家构成严重的政治威胁,建设铁路是俄国的迫切需要,在这方面越拖延就越落后于西欧,国家的完整与统一将受到严重威胁"[1]。1865年,沙皇政府设立专门委员会制定铁路建设政策。该委员会主张,鼓励私人投资建设铁路,国家资本与私人资本并重。1867年,沙皇政府设立私人建设铁路的专项基金,为私人资本提供贷款、贴息与国外融资服务。允许外国资本投资于铁路。1861—1880年,俄国铁路长度增加13倍,达到21000俄里,形成了以莫斯科为中心的欧俄铁路网。莫斯科、彼得堡、基辅三个工业中心同欧俄农业产区、港口、河流、矿区,通过铁路网联结起来。1880年,铁路连结欧俄、南俄、乌拉尔、高加索等59个省区,铁路运营里程覆盖欧俄45%的面积。

铁路网打破了封建自然经济的封闭孤立状态,用铁轨编织出全俄统一市场,为资本主义市场经济取代封建主义宗法经济的社会转型提供了物质前提。铁路网使城市的功能复合化,不再是单纯的政治中心,而是物质集散地、工业制造中心与人员流动中心。彼得堡地区铁路网络发达,彼得堡至华沙、柏林、巴黎的国际干线以这里为起点,彼得堡至莫斯科、至基辅等地国内干线。铁路把其周边20%的居民点联结起来,带来工业产值达100万卢布以上。

铁路运输以其货运量大、速度快捷、交货准时、运费低廉、受气候影响小等的比较优势,迅速成为陆上运输的主要工具。西欧早期铁路使陆上运输量提高5倍,运费比畜力低15%—25%,货运保全率提高10倍。欧俄铁路网的建成,使货物运输成本大幅下降。1875年,铁路运输煤炭的运费仅为成本的25%,到1895年更降至15%。便捷的运输与低廉的运费,刺激了煤炭工业的迅猛发展。1860年,全俄煤炭开采量为2000万普特,1880年为2亿普特,1900年激增到9.86亿普特。

---

[1] Vernadsky, *A Source Book for Russian History*, Vol. 2, Yale, 1972, p. 607.

铁路网使农业生产在农奴制改革后商品化和市场化速度加快。欧俄铁路网把中部产粮、产棉区同国内加工工业中心、波罗的海、里海港口联结起来，便于粮棉的深加工和出口。1862—1879 年，俄罗斯粮食出口增长 4 倍；1879 年，粮食出口占全俄出口总额的 56.2%。

铁路的迅猛发展，导致内河航运衰落。1861—1877 年，铁路货运量增长 24 倍，内河航运则仅增长 81.5%，1879 年铁路货运量就增长 81.5%。铁路运输业成为俄罗斯工业化的骨干行业，是由其地域广大的特质所决定。铁路建设面临着一个基本矛盾——广袤的地域与短缺的资金。沙皇政府在铁路建设中，推行国家资本、私人资本、外国资本"三资并举"。俄国的铁路网络建设在 19 世纪末基本形成，这得益于"三资并举"的决策。但是，同时也存在一些严重的问题。铁路不同于其他行业，它是一个要求高度组织化、高度精确化、高度标准化的行业。由于投资主体的多元化，19 世纪 80 年代后期，全俄有 52 个铁路公司，各家铁路公司设计标准千差万别，路基、铁轨、站场设备等五花八门，根本无法统一起来运行。各家公司为尽快收回投资，画地为牢，恶性竞争，导致全俄铁路网络不能充分发挥效用。从 19 世纪 80 年代开始，沙皇政府有步骤地将铁路实行国有化，到 1895 年，国有铁路占铁路总量的 60%。铁路总长度在 1861—1891 年间，由 1488 俄里增加到 28093 俄里，猛增到 1900 年 47800 俄里。沙皇政府的财政支持是铁路建设的主要支柱，1857 年颁布《铁路法案》的当年，政府财政支出 6163.3 万卢布支持铁路建设，1892 年增加到 10088.8 万卢布，占国家总支出的 10%。

沙皇俄国是陆地扩张型帝国主义，经过克里米亚战争，俄罗斯向欧洲和西南方向的扩张基本停止，它最大的扩张所得在于西伯利亚和中亚细亚，这些地域资源不能说不丰富，但受当时技术条件局限，直接转化为有价值的资源比例不大，因而农奴制改革开启的社会转型，所需的经济起飞的启动资金，只能寄希望西欧资本主义国家的外资来填充。如果没有外资的净流入，俄罗斯社会转型将会更加步履维艰。1861—1917 年，俄罗斯利用外资由 5.47 亿卢布增加到 156.67 亿卢布。外资流入的形式,依俄罗斯国内局势的状况而变化。在社会政治经济形势稳定时期,外资以直接投资为主;在俄罗斯形势不稳定时期,则以贷款为主。由于俄罗斯社会整体发展水平同西欧差距较大,外资以投资办厂形式出现的直接投资,回报率很不稳定,因而,直接投资在外资总额最高未超过26%;1914—1917 年世界大战期间,外资贷款增长 77.5 亿卢布,直接投资降至外资总额的 14.3%。

由于铁路是建设周期长、资金回报率高、资金投入额度大的基本建设项目,俄罗斯急于在较短的时期内建成覆盖欧俄的基本路网,因而在沙皇政府的财政担保下,大量外资涌入铁路建设。1861—1917 年,全俄铁路建设投资额度为 48.16 亿卢布,外资占 75%。在铁路建设高涨的两个时段,1861—1881 年间,外资占 92%;1883—1900 年间,外资占 83%。1901—1914 年,欧俄地区铁路网络大规模建设基本完成,外资在俄罗斯铁路的投资额度占全俄铁路总资产的 50%。

外资对于沙皇政府的日常财政支持是极端重要的。1769 年叶卡捷林娜二世首次向荷兰提出财政借款,从此,向外国借款成为"维护专制制度的最重要条件"。1801—1913 年,沙皇政府有 82 年是财政预决算赤字年,1845—1872 年连续 28 年出现赤字。沙皇政府举借外债,是其维系非生产性、庞大的军费开支所致的。1802—1889 年,军费开支始终占国家财政预算的 35%。1903—1913 年,俄国军费占财政支出的 29%,共 90 亿卢布,其中日俄战争耗费 25 亿卢布。1861—1914 年,外资生产性资金投入额度为 57.76 亿卢布,其中直接投资为 19.6 亿卢布,其余被沙皇政府用作填补财政赤字的转移支付手段。1904 年、1905 年、1906 年、1907 年 4 个财政年度,沙皇政府举借外债总额达 19 亿卢布。到 1914 年,财政性外债占俄罗斯外资总额的 20%以上。①

1861 年农奴制改革直至 1917 年 2 月覆灭,沙皇政府奉行赤字拉动型财政政策,使国家深陷在外债的泥潭,最终丧失了偿付能力,导致沙皇

---

① 王云龙:《现代化的特殊性道路》,北京:商务印书馆 2004 年版,第 178—179 页。

国家资本主义破产。1917 年 10 月革命后,布尔什维克领导的苏维埃政权正式宣布废除沙皇政府的外国债务,对外债不予继承和承认。这固然是革命政府合法性与沙皇政府没有继承关系的体现,更实际的原因是新生的苏维埃政权实在无力继承这样巨额的债务。这也是 14 个帝国主义国家武装干涉苏维埃俄国的原因之一。

外资大举进入俄国的股份制企业。1861—1914 年,俄罗斯股份制企业股本金总额为 47.08 亿卢布,外国资本占 41.6%,俄国资本占 58.4%。在信贷、保险、商贸、运输业,俄国资本占优势,外国资本主要投向生产资料生产行业。外国资本在参与俄国股份制企业的过程,与俄国资本不断融合,"外国资本家没有熟悉本国情况和善于适应这种情况的俄国资本家与行政当局的配合,在俄国寸步难行"①。外资企业在 1900—1903 年俄罗斯经济危机中蒙受重创,这一时期 164 家外资企业,分布在 17 个行业,盈利的为 84 家,盈亏相抵的为 17 家,亏损的为 63 家,盈利与不盈利的企业数基本相当。分布在电力、煤气、化工、运输业的外资企业,盈利的较多;在煤炭开采和冶金工业中,亏损较多。英国资本的企业 40%亏损,法国资本企业 33%亏损,俄罗斯的普鲁士道路的原型——德意志资本的企业表现突出,适应俄罗斯特殊性国情,仅有 20%亏损。

俄国资本通过与外资的合作,参与国际市场,在国外设立子公司。资本合作的载体是金融合作。1895 年,巴黎-尼德兰银行、巴黎国际银行同彼得堡国际银行、彼得堡贴现银行联合成立俄国黄金总公司,1896 年又创立了乌拉尔冶金公司。1898 年,巴黎洛希尔私人银行与彼得堡国际银行合作创立"马祖特"公司,该行还分别同德国和法国的银行在彼得堡创立两家股份合作公司。

金融合作,使俄国取得了进入国际金融市场融资的路径。俄罗斯开始大规模地使用金融衍生工具,俄国金融机构与外资金融机构合作组建证券公司。1897 年,法国银行总行与俄国工商银行、彼得堡亚速银行合

---

① 转引自王云龙《现代化的特殊性道路》,北京:商务印书馆 2004 年版,第 179—180 页。

资在比利时组建俄罗斯采矿和冶金股份有限公司,股本金为 2500 万法郎,法国银行总行占普通股的 66% 和优先股的 50%。该公司主要业务是购买俄罗斯工业证券,第二年,拥有俄国企业股票 4120 万法郎。1899年 2 月,以财政金融手段扶持俄罗斯电力企业的多国银行财团"俄罗斯大辛迪加"创立。法国银行把购买到的俄国企业股份和债券投入到巴黎证券市场,套现获利,但巴黎证券市场很快大量推出俄国企业股票,超过了购买力。这些跨国银行财团不甘心自己受损失,便在英国组建新的合资公司,把这些证券投入到伦敦股票市场。至第一次世界大战爆发,俄国企业股票在西欧的保有量,比在俄罗斯还高。持有俄国股票的除了大财团和大证券商,就是广大的中产阶级。十月革命后,苏维埃政府对这些股票不予承认,遭受打击最惨重的是西欧中产阶级,这也是西欧社会在很长时间里敌视苏维埃政权的重要原因。

俄国资本与外国资本在金融领域的融合,金融合作的重点领域是基础建设项目,铁路建设是重中之重。1860—1914 年,银行发行铁路债券,仅平价外汇债券达 125 笔,17 家俄国银行和 45 家西欧各国银行参与其中,总金额达 23.09 亿卢布。20 世纪初,俄国银行开始涉足外资居主导地位的电力行业和铁路电气化工程,彼得堡国际银行和俄亚银行在俄国电力工业领域取代外资银行,居主导地位。俄国银行财团主导的俄国石油垄断集团,在国际市场上向老牌西方石油垄断集团发起竞争攻势,迫使美国洛克菲勒石油公司让出其占有的 28% 的世界市场份额。

俄罗斯银行财团把东方作为资本输出的重点。1914 年俄国向东方各国输出资本达 7.49 亿卢布,投入到西欧金融市场的外汇储备约为 6亿卢布。俄罗斯金融业外资参与度是很高的,很难找到没有外资介入的银行,但可以找到外资不居主导地位的所谓"俄国资本的银行"。20 世纪头十几年,俄罗斯"商业股份银行资本的 42% 在外国人手中。当时彼得堡有外资参与的银行地位步步升高,而俄国资本的银行则被排挤:伏尔加-卡马银行从第一位降到 1913 年的第六位,莫斯科商人银行从第二位降到第八位"①。1917 年,俄国数个银行财团完全控制了铁路运输业、机器制造业,还控制了 60％的冶金工业、石油开采、森林工业等。

工业化导致社会结构细分化,既为社会转型创造了结构性前提,又为社会转型注入新的结构性矛盾因素。资本积聚以股份制的方式实现。1831—1856 年,全俄共有 74 家股份公司,股本金为 6670 万卢布;1857—1860 年,又创立 108 家股份公司,股本金 3.17 亿卢布。农奴制改革前的这些股份制公司,13 家主营铁路和轮船航运,占全部股本金的 65％;52 家主要从事工业加工领域,仅占全部股本金的 12.4％。农奴制改革前,俄罗斯的股份制企业,股本金偏低,数量较少,行业领域限制较大,与西欧国家差距较明显。1859 年,俄国股本金总量只相当于德国的一半,俄罗斯在金融领域没有一家股份制企业,德国有 55 家股份制银行,法国有 12 家股份制商业银行。

农奴制改革前,俄罗斯国家信贷银行掌握的 10 亿卢布资金,不向工商业投入,专门面向国家财政投向和官僚贵族借贷。商人和厂主无法取得低息的国家信贷,为了日常周转和扩大再生产,只得求助于高利贷,工商业发展在资金上受到极大的限制。1860 年,沙皇政府设立资本主义金融机构——国家银行,沙皇政府为国家银行规定了信贷投资方向——投资铁路建设,发展工业生产能力,资助进口替代的国产化工业品,资助采矿业,资助机器制造业。

社会经济结构的变化是社会转型的基础性要素。农奴制改革前,在工业经济领域,随着工业化的深化,资本主义生产关系逐步取代封建主义生产关系,成为工业生产方式的主导形式。工业劳动者与土地脱离了宗法依附关系,成为自由的雇佣工人,工业部门的劳动形式以自由雇佣劳动取代了宗法强制劳动。1825—1860 年,工业领域自由雇佣工人由114500 人增长到 456000 人,1860 年自由雇佣工人占工人总数的 80％。乌拉尔冶金企业工人仍处于强制劳动状态,这是一个例外。

---

① 波梁斯基等:《苏联国民经济史讲义》,上册,北京:三联书店 1964 年版,第 407 页。

　　生产工具的质的跃升是社会转型的物质保障,机器生产方式是解除宗法强制劳动的历史进步工具。在手工劳动条件下,宗法强制劳动的手工工场与自由雇佣劳动的手工工场,势均力敌,甚至更具有优势。因为宗法强制劳动手工工场,直接的产品成本比自由雇佣手工工场低得多。但应用机器生产方式后,强制劳动丧失优势。1833—1861 年,宗法强制劳动手工工场由 132 个降到 43 个,农奴工人由 46000 人减至 26500 人。1800—1860 年,农奴工人占工人总数由 41.1%减至 4.7%。

　　生产方式是社会结构性分化的催化剂,工业大机器生产方式使宗法的自赋社会分层转变为自由的自致社会分层,俄罗斯出现资产阶级和无产阶级。这是因为,"手推磨产生的是封建主为首的社会,蒸汽磨产生的是工业资本家为首的社会"①。俄罗斯大多数资产阶级与无产阶级都出自于改革前的农奴阶层,这是俄罗斯独特的社会分层的发生学来源。农民出身的资本家一是具有雄厚的资本,二是从事实体性工商业。旧式城市商人已不再是城市资产阶级的中坚力量,而被移居城市的农民资本家取而代之。莫斯科是俄罗斯政治、经济、文化中心,农奴出身的资本家在取得自由身份后,大都迁居这里。莫斯科在农奴制改革前,63 个大工商业家族中 33 个是农奴出身,并且都从事工业生产活动。1850 年,莫斯科 90%以上的商人拥有工业企业。俄罗斯资产阶级对沙皇政权的依附,是其发财致富的保障。沙皇政府制定高额保护性关税,使资产阶级的工业产品免遭西欧同类产品的竞争压力。沙皇政府通过大量的国家订货,给资产阶级带来了稳定的利润。沙皇政府在农奴制改革后的反动时期,政治高压措施使工人运动受到压制,资产阶级可以比西欧的同侪更加残酷无情地榨取剩余价值。资产阶级成为沙皇政权的最大受惠者和坚决的拥护者。沙皇政权通过农奴制改革,自己统治的阶级基础不但没有缩小,反而扩大了,资产阶级作为整体被整合进改革后俄罗斯的既得利益集团中去。社会转型创设的主导集团,同时也是既得利益集团。改革是

---

①《马克思恩格斯选集》,第 1 卷,第 108 页。

既存利益结构的调整和解构——重构,但是主导集团的利益不是绝对的削减,而是绝对的同比增大。

农奴制改革后,无产阶级形成并壮大,主体来自于农民。1860年,300万人外出打工,农民占90%。农奴制改革使手工工场的农奴工人摆脱了宗法依附关系,成为自由雇佣工人,这类工人总数达100多万人,直接转为工人阶级。农奴制改革后,农民外出打工,补充进工人阶级,1861—1880年,政府颁发的农民外出务工证增长3倍,达500万件。大机器生产使工人阶级,克服了小农的分散孤立性,有机地组织起来,不允许工人亦工亦农,农闲来厂,农忙回乡,这类现象在工业中心基本被杜绝。彼得堡工人总数的90%是外来的农民,但是这些工人基本脱离了农业生产。在矿区,季节工现象还存在。顿涅斯克煤矿季节工占70%,农忙季节,矿井停产。

俄罗斯无产阶级在空间上比较集中,这是社会转型的空间不平衡的必然结果。1879年,欧俄40座城市集中了35%的产业工人,彼得堡的工人数量占全俄工人总数的12%。1880年,全俄产业工人达125万,其中91%以上集中在欧俄工业城市。俄罗斯资本主义机器工业的原始积累的残酷性体现在大量使用童工和女工,使无产阶级队伍遭受的痛苦比西欧更深重。农奴制改革后的20年,彼得堡和莫斯科的女工稳定在占工人总数的20%左右,童工则无法统计。在群众的反抗和西欧人道主义组织的压力下,1882年沙皇政府颁布法令,限制工厂使用12岁以下的童工。由于俄罗斯工业化的非均衡性,农奴制改革后,手工工人不但没有消失,反而略有上升1860—1880年手工工人增加0.9倍,达150万人。

农奴制改革后,社会经济经历20年的调整与徘徊。从19世纪80年代开始出现高涨,一直持续到20世纪来临。铁路是经济高涨的火车头,1893—1900年,俄罗斯平均每年建设2800多公里铁路,1898年,欧俄所有省份、芬兰8省和亚洲部分的7个大区及44%的城市都通铁路。铁路网络的建设牵动工业经济的全面高涨。工业基础行业广泛使用蒸汽动力,活劳动的比例绝对地下降。冶金工厂1900年比1890年增多20个,蒸汽动力功率增长 489％,生铁产量增加 216％,工人员额仅增加 65％。冶金工业的工艺技术水平有了飞跃性提高,矿物燃料代替木质燃料,采用热吹与平炉炼钢法。新技术促进了冶金工业生产能力的大幅攀升,生铁产量从 1860 年的 2010 万普特激增到 1900 年的 1.79 亿普特,增长 8 倍。钢产量从 1890 年的 2400 万普特增长到 1900 年的 1.35 亿普特,比同时段世界炼钢生产增长率高出 3 倍。

蒸汽动力的广泛使用,使煤炭、石油等能源基础行业劳动生产率迅猛提高。煤炭开采量从 1860 年的 1820 万普特猛增到 1900 年的 9 亿普特,增长 48 倍。石油工业的工艺技术装备大为更新,广泛采用了一系列新技术,俄罗斯石油采出量大幅攀升,从 1890 年占世界总产油量的 38％上升到 1990 年的 51％,同一时段,美国则从 68％降至 43％,把头号产油国的金交椅让给了俄罗斯。

能源工业、基础工业的高涨,带动了整个工业产业链条的全面高涨。但是,重工业在动力资源配置比例上远高于轻工业,由此导致其后一个世纪俄罗斯重工业畸重、轻工业畸轻的沉重的产业结构。1890—1900 年,重工业蒸汽动力功率增长 345％,轻工业只增长 190％,重工业和轻工业动力设备人均指标分别为 0.7 马力和 0.5 马力。轻、重工业部门的劳动生产率,受此影响而产生出较大差异。重工业人均产量提高 83％,轻工业则只有 30％。

生产资料生产的重工业部门比生活资料生产的轻工业部门发展得更加迅猛。1896—1900 年重工业产值增长 53％,轻工业只增长 14％。1900 年,俄罗斯工业产值,重工业占 40％,轻工业占 60％,重工业的支柱冶金业占其中的 23％,轻工业的支柱产业纺织业占其中的 26％。冶金业的迅猛发展,使俄罗斯金属制品自给率由 1890 年的 47％增加到 1900 年的 80％。建立在冶金基础上的俄罗斯经济,振动着沉重的钢铁之翼,向着未知的前方飞去。在世纪之交,俄罗斯随着资本积聚而出现大规模的产业积聚趋势。1890 年,8 大工业部类中年产值在 10 万卢布以上大企业的产值占全俄工业总产值的 43％。1908 年,23 个工业部类中的大企业产值占全俄工业总产值的 87.1％。大企业在工业生产中的垄断地位已经确立起来了。

在工业内部,轻、重工业比例失调。在工、农业之间,也是比例失调的。1890—1900 年,俄罗斯工业增长速度比农业高出 8 倍,工业增长 130％,而农业只有 17％。从此,农业在一个世纪之内都是困扰俄罗斯的经济坎陷。由农业引发的政治斗争、政策争论、革命、叛乱层出不穷,从"静静的顿河"到"未开垦的处女地",恬适旷达的俄罗斯田野风情笼罩着腥风血雨的灰色云幔。

俄罗斯在 19 世纪末、20 世纪初的经济高涨,改变了世界经济地图的格局,俄罗斯铁路总里程居世界第二位,钢铁产量居世界第四位,1885—1900 年工业年均增长率超过西欧北美地区,达 6.7％。[1] 俄罗斯"工业总产量已居世界第五位"[2]。1861—1913 年,俄罗斯工业产值增加 11.5 倍,同期,德国增加 6 倍,法国增加 2 倍。[3] 俄罗斯经济对外依存度较低,1909—1913 年,年均进口额为 11.39 亿卢布,占世界进口总额的 3.5％,年均出口额为 15.02 亿卢布,占世界出口总额的 4.2％。

工业高涨,带动社会经济的全面发展,有力地推动了社会结构的转型。1860—1900 年,工人人数由 300 万增加到 1400 万人,增长 3.4 倍;同期,全俄人口增加 90％。20 世纪初占全俄企业总数 18％的大企业,集中了 80％的工人,11 个工业中心城市集中了工人总数的 40％。

在工业高涨时期,全俄的产业分布得到进一步优化,更趋于合理。19 世纪 80 年代前,重工业主要集中在乌拉尔地区。进入到 90 年代,南俄第涅伯河流域成为新的重工业中心,产值超过了乌拉尔地区。1902 年,南俄生铁产量占全俄总产量的 53.1％,乌拉尔则占 28.12％。20 世纪初,乌克兰顿巴斯成为全俄最大的煤炭开采中心,其产出量占全俄的 60％以上。这里的煤矿工人具有悠久的革命传统。20 世纪,后斯大林时

---

[1] 西·布莱克:《日本和俄国的现代化》,北京:商务印书馆 1984 年版,第 219 页表。
[2] 布莱克:《日本和俄国的现代化》,北京:商务印书馆 1984 年版,第 222 页。
[3] 琼图洛夫:《苏联经济史》,长春:吉林大学出版社 1988 年版,第 80 页。

代的开创者——尼·赫鲁晓夫就曾在这里做过矿工,正是对井下工人艰苦生活的体验,使得赫鲁晓夫在 20 世纪 50 年代后期,在世界上率先实行每天 5 天工作、每天工作 7 小时的劳动作息制度。亲身经历是塑造政治领袖最好的学校。里海之滨的巴库成为石油开采中心。1900 年,其石油开采量占全俄总产量的 95%。这里同样是布尔什维克的摇篮,巴库"26 委员"和奥尔忠尼启泽这些彪炳联共(布)党史的名字,因巴库而熠熠生辉。巴库林立的钻塔、永不熄灭的天然气,象征着俄国无产阶级创造未来新世界的永不止歇的探索。第一代布尔什维克,既出自大学、神学院的书斋、西欧流亡者之家,更出自彼得堡的工厂、莫斯科的车间、顿巴斯的矿井、巴库的油田。经济高涨的社会后果,是造就了一大批新型工人运动领袖,使工人运动成为 20 世纪沙皇俄国一支不可忽视的政治力量。

经济高涨使俄罗斯工业化程度有所提高,人均工业化水平由 1880 年的 10,提高到 1900 年的 15,[1]人均国民生产总值由 1860 年的 178 美元,提高到 1890 年 182 美元,[2]俄国在世界工业产量中的比重由 1860 年的 7.0 提升至 1900 年的 8.8。[3] 经济高涨尽管有诸多的问题与不足,但却把沙皇俄国推上了市场经济的不归路,使得残存的宗法制社会经济形态难以为继,同时,也为沙皇政府培植了新的强大的否定力量。这一否定力量在发展中分化,在分化中强化,在强化中走向极端化。这一否定力量在 20 世纪前 17 年,对沙皇政权屡屡施以重拳击打,最终把僭称"恺撒"的罗曼诺夫王朝小丑送回到尘土归处。

1917 年前的 20 世纪俄罗斯,从人口分布、产业结构等硬件指标和精神文化等软件指标来看,都是一个发展中的工业大国。斯托雷平改革实行 5 年以后,俄罗斯资本主义化程度仍不高。1913 年俄罗斯国民收入比 1900 年增长 78.8%,工业中国民收入增长为 83%,农业中国民收入增长

---

① 保罗·肯尼迪:《大国的兴衰》,北京:世界知识出版社 1990 年版,第 233 页。
② 同上书,第 202 页。
③ 同上书,第 176 页。

为89％。资本主义经济基本规律是工业中国民收入增长高于平均增长率，农业中国民收入增长低于平均增长率。[1] 沙皇俄国国民经济总量增长落后于西方国家，1900—1913 年，俄罗斯人口增长 22.3％，钢铁产量增长 48％，煤炭增长 121％，棉花增长 62％，出口总额增长 112％。[2] 1907—1915 年，全俄资本性投资总额由 26 亿卢布增至 51 亿卢布，其中外贸额度由 9 亿增至 19 亿卢布。[3] 俄罗斯经济增长具有后发型特点，起点低，增幅大，总量小，持续时间长，人均值低。1913 年，俄罗斯工业总量居世界第 5 位，工业总产出只相当于法国的 40％、英国的 22％、德国的 17％、美国的 10％。[4] 1913 年，全俄产出生铁 28300 万普特、煤 22 亿普特，生铁产量相当于美国的 13％，煤产量只及英国的 20％。俄罗斯工业单位产出量也远低于西方国家，人均产煤量只为美国和英国的 3％，生铁为美国的 8％，织布为英国的 7％。横向共时性比较，俄罗斯工业劳动生产率极为低下，1900—1913 年，全俄劳动生产率虽然提高 50％，但也只相当于美国同期水平的 10％。人均工业产量分享率，远远低于西方国家。电气化是 20 世纪初期衡量一个国家工业化水平的核心指标。1913 年，全俄发电量 19 亿千瓦时，人均 11 千瓦时，美国人均千瓦时同期高于俄罗斯 20 倍以上。[5]

　　从产业链条比较来看，斯托雷平改革对工业的拉动作用不明显，是典型的"富农导向"，使以农业为原材料的轻工业得到长足发展。加加夫索夫伯爵在《回忆录》中说："纤维纺织业产量由 1905 年 1500 万普特增至 1913 年 2300 万普特，棉花同期由 1300 万普特增至 2000 万普特。1905 年—1913 年，糖产量由 5000 万普特增至 18000 万普特。香烟由 1905 年的 120 亿只增至 1913 年的 260 亿只。"[6]

---

① T. Shanin：*Russia as Developing Soviety*，London，1985，p. 113.

② Ibid. p. 114.

③ Ibid. p. 115.

④ 波梁斯基等：《苏联国民经济史讲义》，北京：三联书店 1964 年版，第 396 页。

⑤ 同上书，第 395、396、397 页。

⑥ Vernadsky，*A Source Book for Russian History*，Vol. 2，Yale，1972，p. 825.

　　俄罗斯工业由于劳动生产率低下,资本有机构成不高,加之斯托雷平改革导致大批农民被从土地上剥离出来,需要工业来吸纳。因而,工业的劳动力积聚现象与俄罗斯工业发展水平不匹配。这反过来,更加降低了劳动生产率,使工业扩大再生产,只得使用投入活劳动的外延式方法,极大地损害了俄罗斯企业应用新技术,提高国际竞争力的努力。1910 年,全俄拥有 500 人以上的企业,拥有工人占全体工人的 53.4%,同年美国仅为 33%。全俄拥有 1000 名工人以上的大型企业,1900—1910 年增加 50%,1910 年大企业的工人有 70 万人。在棉纺织行业,1000 人以上大企业,占 1913 年工人总数的 75%。1900 年,南俄 3500 名工人以上的大企业只有 3 家,1912 年增至 9 家。这 9 家企业占南俄冶金工业动力设备总量的 80%,生铁产量的 75%,工人总数的 80%,占全俄生铁总产量的 50% 以上。① 第一次世界大战前,俄国工业虽有一定程度的发展,但在工农业总产值中,农业占 57.9%,工业占 42.1%。②

　　斯托雷平改革只侧重解决农业中宗法制度桎梏问题,没有同时推进国家工业化。工业落后,使得俄罗斯经济的总体水平与西方国家差距巨大。这是斯托雷平改革症候的社会性后果,改革创造出的社会效益没有物化为工业化,反而积淀为体制的社会成本。这种后果直接表现为国家工业经济水平的低下。第一次世界大战前,俄国工业设备的总马力,只有美国的 1/15、德国的 1/8。1913 年,俄国工业劳动生产率水平只有美国的 10%。人均国民收入,1914 年,俄国为 94 卢布,美国为 680 卢布,英国为 473 卢布,法国为 360 卢布,德国为 284 卢布。俄国人均国民收入,只及美国的 13.9%、英国的 20%、法国的 25%、德国的 33%。③ 俄国工业经济在 1917 年前,严重依赖西方资本。外国资本对俄罗斯主要工业部门控制的比率,由能源部门到装备工业部门,对工业的产业链条实行全程控制,黄金开采 100%,化学工业几乎 100%,顿巴顿煤田的 95.4%,

---

① 波梁斯基等:《苏联国民经济史讲义》,北京:三联书店 1964 年版,第 397、398 页。
② 宋则行等:《世界经济史》,北京:经济科学出版社 1998 年版,第 437 页。
③ 同上书,第 438 页。

电力和电机制造业的 90％，五金工业的 75％，石油总产量的 60％。西方资本不但控制工业，而且操控俄罗斯的金融业，从财政源头上控制了俄罗斯的经济命脉。20 世纪初期，俄罗斯商业银行职能资本约有 40 亿卢布，其中外资占有 30 亿卢布。截至 1913 年，外资在俄罗斯工业投资额达 13.22 亿卢布，占全俄工业基金总额的 34％。外资中，英国、法国资本比重较大，在俄罗斯全部外资总额中，法国占 33％，英国占 23％，比利时占 14％，美国占 5％，四国合计共占 75％。另外，德国占 20％。外资对经济的控制，直接影响到沙皇政府的战略抉择。由于英法两国资本在俄罗斯工业、金融中居主导地位，当然还有其他的地缘政治方面的因素，俄罗斯在第一次世界大战中，与英、法协约国集团并肩作战，对抗德奥集团。

波克罗夫斯基认为，斯托雷平改革的结局是部分农民脱离了土地，也就是农民部分地无产阶级化。[①] 农民无产阶级化是资本原始积累的前提条件和社会后果，农民被从土地剥离出来，导致两方面的积聚，土地向大土地经营的农场积聚，无地的、自由的农民向工业积聚。

在中央农业区，出卖自己土地的农户占退社农户的 20％，在新俄罗斯占退社农户的 34％，出卖土地的都是贫农。里亚赞省的农民说，改革"使富裕农民有可能购买份地从而更加富裕，也使贫苦农民有可能出卖份地，因而从贫农变成穷光蛋，而这并不是因为挥霍或愚蠢，只是因为倒霉"。康波夫省农民说："出卖份地往往使全家一点土地也不剩，出卖了份地的农民使得他们的两三个儿子连同家属既没有大田，也没有了园地。"[②]出卖土地的农民，自有土地不超过 5 公顷的占 58.2％，占有 10 公顷以上的农户为 18％。图拉省三个乡的农村调查显示，自有土地 12 公顷以上的农户出卖土地的不到 1％，自有土地不到 3 公顷的农户出卖土地的高达 64.4％。萨马拉省的一个县，全部卖出的农民土地的 86％被自有土地 10 公顷以上的富农买去。农民土地售价比地主土地售价低得

①波克罗夫斯基：《俄国历史概要》，北京：商务印书馆 1994 年版，第 822 页。
②同上书，第 822—823 页。

多,地主土地每公顷 121 卢布,农民土地则为 79 卢布。[1] 农民占有生活资料的平均额度,改革后比改革前降低了。农民每百人 1905—1914 年拥有马匹由 22 匹降至 20 匹,牛由 35 头降至 29 头,羊由 45 只降至 32 只,猪由 11 头减为 10 头。对于贫农来说,虽然摆脱了村社的宗法集体主义束缚,但生活水平却"自由地"下降了。斯托雷平改革造成了沙皇政体主导下的社会转型的死结,只有用革命的利剑才能将其斩开。1906—1910 年曾任斯托雷平内阁外长的伊萨沃尔斯基说:"斯托雷平农业改革取得了非同凡响的成就,……这些成就使俄罗斯在极短的时间建立起农业经济体系的坚实基础。但是,革命无情地摧毁了这些成就。"[2]

---

[1] 波克罗夫斯基:《俄国历史概要》,北京:商务印书馆 1994 年版,第 823—824 页。
[2] G. Vernadsky, *A Source Book for Russian History*, Vol. 2, Yale, 1972, p. 792.

第三章　民粹派与白银时代

第一节　知识分子阶层兴起

　　卡特林娜二世统治时期,俄国知识分子阶层出现了,这是资本主义现代化的精神文化标志。由于卡特林娜二世倡导启蒙思想,推崇法国启蒙思想家,使得"上层贵族社会法语甚至开始代替了俄语。青年贵族法语说得很流利,……在贵族家庭的家庭教育中,还要读外国书,主要是法语书"①。从 18 世纪 80 年代开始,贵族中的少数先进分子在开明专制的自由主义基础上,走向了革命的民主主义,其中杰出的代表是"俄国第一个贵族革命家、天才的作家和思想家亚历山大·尼古拉耶维奇·拉吉舍夫"②。他因革命民主主义思想,惨遭叶卡捷林娜二世迫害。他对于叶卡捷林娜二世的开明专制有这样的评价:"(叶卡捷林娜二世)将通过她在《指导书》中所揭示的社会建设的基本准则,而名垂青史。她希望统治恭顺的人民,往好里说,希望人民能够自我管理,她只承担监督一切的任

---

① 潘克拉托娃:《苏联通史》,第 2 卷,北京:三联书店,1980 年版,第 137 页。
② 同上书,第 154 页。

务。"①正是在贵族中"叶卡捷林娜二世帮助培养了后来以俄罗斯知识分子闻名于世"②的激进革命家,这是开明专制结出的革命性硕果。这个知识分子阶层受西欧思想的影响,对俄国的落后状态十分不满,对于社会持批判态度,并把言论的批判转化为行动的批判,为 19 世纪改革和 20 世纪的革命准备了意识形态的基础。

在叶卡捷林娜二世开明专制政策影响下,18 世纪俄罗斯文化发展也呈现出悖论性状况。叶卡捷林娜二世以启蒙思想的信奉者自居,深刻地影响着俄罗斯社会上层贵族集团。"叶卡捷林娜认为自己及其宫廷是俄罗斯欧化的媒介。她比独断的彼得有知识得多,积极地赞助文学、艺术、戏剧和报刊。她虽然不是有创见的思想家,但乐意吸收其他人的思想,尤其是哲人们的思想。事实上,她以自己是一个开明的专制君主而自豪,并常常引用启蒙运动的箴言。在她统治期间,俄罗斯高等贵族已经开始欧化到脱离民族传统的程度。"③在叶卡捷林娜二世的默许下,法国启蒙思想家的著作在俄罗斯得到广泛的传播。18 世纪 60 年代,这些著作已开始被译成俄文出版。1767—1777 年,翻译出版百科全书学派的单独文集,收进的文章达 400 篇以上。影响最大的是伏尔泰的著作,18 世纪最后 30 年内,伏尔泰的著作译成俄文的达 60 种以上。此外,俄国还翻译了孟德斯鸠的《法意》(《法的精神》)、狄德罗的戏剧著作,卢梭的著作亦被介绍给俄国读者。

在叶卡捷林娜二世和法国启蒙思想的影响下,俄罗斯出现了"启蒙运动"。俄罗斯启蒙运动有着独特的品格,正如苏联学者所说:"在俄国,启蒙运动反映了 18 世纪中期开始出现的农奴制的危机。在俄国的启蒙运动中没有出现像法国启蒙运动那样反对封建农奴制基础的激烈言行。俄国的启蒙运动者除拉吉舍夫以外,揭露农奴制祸根所用的语调远不及法国哲学家和政治家作品中那么愤慨,那么尖刻。这是因为处于革命前

---

①② L. Kochan, *The Making of Modern Russia*, Penguin, 1983, p. 143.

③ 斯塔夫里阿诺斯:《全球通史 1500 年以后的世界》,上海社会科学院出版社 1992 年版,第 378 页。

夜的法国专制政权的危机比在俄国深刻得多。"①俄国启蒙运动人士借重的法国启蒙思想家,多为政治理念上接近开明专制的人士,其中伏尔泰最受推崇。"俄国启蒙运动者在反对农奴制的斗争中,为了形成自己的意识形态,常常求教于伏尔泰,俄国有一个反对农奴制国家的社会政治派别干脆就称为伏尔泰派。"②但是,"俄国的启蒙运动思想是由远离沙皇的集团传播的"③,对农奴制国家颇多批评。俄国启蒙思想家创办了大量讽刺性杂志,其中著名者有 H. N. 诺维科夫(1744—1818 年)出版的《雄蜂》和《画家》杂志。这两份杂志"在讽刺的深度上和尖锐程度上都居于首位"④。

诺维科夫杂志的抨击矛头直指叶卡捷林娜二世的统治,在一篇题为《出卖》的短文中写道:"一个新近被任命为省长的官员在赴任前,想出售他的良心。那些想要购买新省长良心的人发现,他就在本城(莫斯科)。"⑤19 世纪俄罗斯革命民主主义评论家杜勃罗留波夫认为,诺维科夫的杂志"抨击的不是罪恶的渊薮,不是罪恶的基础,而只是人们自然而然认为是罪过的恶行"⑥。

俄国启蒙运动活动家和思想家把农奴制度作为批判的靶子,他们认为农奴制是俄罗斯发展的最大障碍。俄罗斯启蒙运动最激进的批评家是拉吉舍夫,他的"社会政治观点比西方的启蒙学派更富于革命性。他的出发点是:必须进行农民革命和推翻专制制度"⑦。1790 年,拉吉舍夫出版批判农奴制的激进著作《从彼得堡到莫斯科旅行记》。

拉吉舍夫在这部书的序言中写道:"我环顾自己的周围,我的心已为人类的痛苦刺伤。"⑧他在书中淋漓尽致地揭露了农奴主对农奴的剥削与压迫:"贪婪的野兽,贪得无厌的吸血虫,我们给农民留下的只有拿不走

---

① ② 苏联科学院:《俄国文化史纲》,北京:商务印书馆 1994 年版,第 219 页。

③ ④ 同上书,第 220 页。

⑤ Vernadsky, *A Source book for Russian History*, Vol. 2., Yale, 1972, p. 463.

⑥ 苏联科学院:《俄国文化史纲》,北京:商务印书馆 1994 年版,第 220 页。

⑦ 潘克拉托娃:《苏联通史》,第 2 卷,三联书店 1980 年版,第 155 页。

⑧ 同上书,第 156 页。

的空气。是的,只有空气。……就对农民的关系来说,地主就是立法者,法官,判决的执行者;原告可以随心所欲,被告不敢口出一言。"①拉吉舍夫在书中表达了推翻农奴制沙皇政府的革命愿望,"他在《旅行记》中的一首《自由颂》里写道:人民要起来,成为严厉的复仇者,砸烂'铁宝座'。……在书中表现出他是第一个贵族革命者,共和政体的拥护者和启蒙主义者。他热烈地主张农奴制的俄国走进步的资本主义和文明的道路。"②"拉吉舍夫把对农奴制的明确谴责同哲学的、社会的、政治的和经济的观念结合起来,深刻地影响到《旅行记》和其他作品。"③

　　1789 年法国大革命爆发后,叶卡捷林娜二世在俄罗斯撒下了意识形态禁锢的罗网。她对启蒙运动的故乡爆发的资产阶级大革命,怕得要命,恨得要死。法国大革命为叶卡捷林娜二世精神世界的二元对抗——启蒙思想与专制主义的矛盾,提供了解决的出路,那就是抛弃启蒙主义,固守专制主义。她诅咒大革命的精神源泉启蒙思想,她在风烛残年之际彻底地蜕化为一个专制君主。"除伏尔泰以外,她咒骂了 18 世纪所有的作家。她也没有放过狄德罗、达兰贝尔,甚至孟德斯鸠。"④叶卡捷林娜二世对革命法国充满仇恨,她在日记中写道:"这些强盗夺取了法国政府,要把法国变成恺撒时代的高卢。但是恺撒当时征服了他们! 这位恺撒什么时候再来呢? 啊,请不要怀疑,他是要来。"⑤叶卡捷林娜二世试图充当镇压法国资产阶级革命的 18 世纪"恺撒",她认为,"干涉法国革命是欧洲各国君主的责任。她同普鲁士、奥国、瑞典的君主进行谈判,讨论共同向法国革命发动进攻,……俄国同法国的通商协定被废除了,法国船只禁止进入俄国港口。齐恰戈夫海军上将的舰队也被派往北海去制止革命,封锁法国。"⑥叶卡捷林娜二世鼓噪消灭法国革命,她写道:"如果法

---

① 潘克拉托娃:《苏联通史》,第 2 卷,北京:三联书店 1980 年版,第 156 页。
② 同上书,第 156—157 页。
③ Riasanovsky, *A History of Russia*, Oxford University Press, 1977, p. 328.
④ 瓦利舍夫斯基:《俄国女皇——叶卡捷林娜二世传》,上海译文出版社 1982 年版,第 290 页。
⑤ 同上书,第 291 页。
⑥ 潘克拉托娃:《苏联通史》,第 2 卷,北京:三联书店 1980 年版,第 153—154 页。

国革命在欧洲得到传播,那就会出现新的成吉思汗或帖木儿来教训它,这就是它的命运。"①1793 年 1 月 21 日,法国资产阶级革命政府处死了国王路易十六。这一"噩耗"使叶卡捷林娜二世惊吓得卧病在床,但她仍不忘诅咒革命。她狂叫:"必须永远铲除掉法国人这个名称!"②1793 年 2 月 8 日,叶卡捷林娜二世发表"同法国决裂的声明"。该声明宣布,废除同路易十六国王达成的俄法通商条约;禁止法国船只进入俄国港口;仍效忠革命政府的旅俄法国人即刻离境;禁止俄国人去法国旅行;禁止法国出版物在俄国销售等。③ 叶卡捷林娜二世反对法国革命的言词多于行动。18 世纪 80 年代末至 90 年代初,俄瑞(典)战争(1788—1790 年)和第二次俄土战争(1782—1791 年),使得俄罗斯没有余力远征革命的法兰西。

叶卡捷林娜二世虽未兵燹法兰西,却对俄罗斯启蒙运动大加围剿。拉吉舍夫因《从彼得堡到莫斯科旅行记》一书获罪,叶卡捷林娜二世认为他"沾染了法兰西的谬论","传播法兰西瘟疫",是一个"比普加乔夫更加厉害的恶棍","十恶不赦"。④ 叶卡捷林娜二世下令,销毁拉吉舍夫的全部著作。法院判处拉吉舍夫死刑,后改为流放西伯利亚十年。⑤ 多年的牢狱之灾和流放生活,严重地损害拉吉舍夫的健康。因不堪忍受专制政权的迫害和身体病疼的折磨,拉吉舍夫于 1802 年服毒自尽,年仅 53 岁。

另一位著名的俄国启蒙运动活动家诺维科夫也受到了叶卡捷林娜二世的"关照","诺维科夫积极而广泛的活动,引起了叶卡捷林娜的注意,她开始以各种限制和禁令对他进行迫害。法国大革命促进了事态的发展,1792 年诺维科夫被关进了施吕瑟尔堡要塞,直到叶卡捷林娜死后获释。"⑥

---

① 瓦利舍夫斯基:《俄国女皇——叶卡捷林娜二世传》,上海译文出版社 1982 年版,第 292 页。

② 同上书,第 293 页。

③ Vernadsky, *A Source book for Russian History*, Vol. 2., Yale, 1972, p. 422.

④ 潘克拉托娃:《苏联通史》,第 2 卷,北京:三联书店 1980 年版,第 156—157 页。

⑤ 同上书,第 157 页。

⑥ 苏联科学院:《俄国文化史纲》,北京:商务印书馆 1994 年版,第 221 页。

18世纪下半叶俄罗斯启蒙运动活动家的出现标志着知识分子阶层开始形成。拉吉舍夫是俄罗斯知识分子特质的人格化身,"拉吉舍夫的献身精神,成为其后一代又一代知识分子的主题。逐渐地,他们不把自己看作是不富裕的贵族或牧师的儿女,而是作为解放俄罗斯人民的新阶级的一员。"①知识分子(intelligentsia)出现于18世纪末,他们对俄罗斯落后状态极度不满,对于改造社会经济、政治、文化有强烈的使命感,而中央集权沙皇国家对其排斥、镇压。理想境界与现实境遇的巨大反差,使得俄罗斯知识分子同样具有那个时代的悖论性禀赋。俄罗斯知识分子对于社会现状的积极批判,与对专制统治的消极应对同时并存。拉吉舍夫以自杀抗争,诺维科夫则把刑期服完。这些俄罗斯启蒙活动家仍处在自发地反抗专制统治阶段,不能够苛责这些可敬的俄罗斯知识分子,这是他们所处时代的局限性的体现。恩格斯准确地指出他们悲剧性命运的症结所在:他们"只能在……时代的条件下进行认识,而且这些条件达到什么程度,……便认识到什么程度"②。

第二节　知识分子的现代化方案

农奴制改革之后,由于受到西欧社会主义、特别是马克思主义的影响,大多数俄罗斯知识分子都把社会主义作为俄罗斯未来的发展方向,而不是资本主义。俄罗斯知识分子认识到自己的使命在于实践,首要的是解放农民,践行人民至上的理念,形成民粹主义。德意志著名学者阿·卡茨格乌兹男爵在游历俄罗斯后,于1843年出版了关于俄国村社的专著,这部著作深刻地影响了民粹主义者。民粹主义者坚信,村社能够使俄国避免西欧资本主义血与火的痛苦煎熬。

首先,民粹主义提出通过村社形式,跨越资本主义"卡夫丁峡谷"的方案,至今仍有常思常新的理论价值。这涉及立论的前提,农村公社是

---

① L. Kochan, *The Making of Modern Russia*, Penguin, 1983, p. 147.
②《马克思恩格斯选集》,第3卷,1995年版,第562页。

不是俄罗斯独有的特殊性,古代社会是否还有类似现象。对此,马克思做出了科学的解答:"近来流传着一种可笑的偏见,认为原始的公社所有制是斯拉夫族特有的形式,甚至只是俄罗斯的形式。这种原始形式我们在罗马人、日耳曼人、克尔特人那里都可以见到,直到现在我们还能在印度人那里遇到这种形式的一整套图样,虽然其中一部分只留下残迹了。仔细研究一下亚细亚的、尤其是印度的公社所有制形式,就会得到证明,从原始的公社所有制的不同形式中,怎样产生出它的解体的各种形式。例如,罗马和日耳曼的私人所有制的各种原型,就可以从印度的公社所有制的各种形式中推出来。"[①]马克思认为,俄国村社是前资本主义时期普遍存在着的一种劳动与分工的原始形式,西欧生产形式亦可前溯至此,俄罗斯和其他非西方地域,农村公社也会自然地步入前资本主义更高级的生产形态。资本主义现代化把传统的依托——意识形态、宗教、道德统统予以解构,还把前现代的社会纽带——宗法性的自然关系予以拆解。

村社被民粹主义用作解决资本主义弊病、超越资本主义阶段的载体,作为替代资本主义现代化的工具,需要满足一系列充分必要条件,而这些条件的满足,又是客观历史发展进程所无法提供的。

村社"一方面,土地公有制使它有可能直接地、逐步地把小块个体耕作转化为集体耕作,并且俄国农民已经在没有进行分配的草地上实行着集体耕作。俄国土地的天然地势适合于大规模地使用机器。农民习惯于劳动组合关系,这有助于他们从小地块劳动向合作劳动过渡;最后,长久以来靠农民维持生存的俄国社会,也有义务给予农民必要的垫款,来实现这一过渡。另一方面,和控制着世界市场的西方生产同时存在,就使得俄国可以不通过资本主义的卡夫丁峡谷,而把资本主义制度所创造的一切积极成果用到公社中来"[②]。经典作家在这里为村社超越资本主

---

① 《马克思恩格斯全集》,第13卷,1965年版,第22页。
② 《马克思恩格斯选集》,第3卷,1995年版,第765页。

义阶段,规定内部与外部的充分必要条件,这些要件缺一不可。否则,这种超越将产生灾难深重的历史悲剧,俄罗斯的历程证明了这一点。

19世纪后半叶,资本主义已经发展出社会主义经济基础所需要的大工业生产力,以无产阶级与资产阶级的阶级斗争日趋尖锐,"这时,在西欧不仅一般的商品生产,甚至连它的最后和最高的形式——资本主义生产都同它本身所创造的生产力发生了矛盾,它不能再继续支配这种生产力,它正是由于这些内部矛盾及其造成的阶级冲突而走向灭亡。"①经典作家与民粹主义知识分子在村社问题上,有着本质的区别。经典作家为村社超越资本主义,规定了充分必要条件,而民粹主义从替代资本主义现代化的角度出发,盲目肯定村社作用。经典作家一方面指出:"在俄国公社面前,资本主义正经历着危机,这种危机只能随着资本主义的消灭,随着现代社会回复到'古代'类型的公有制而告终。"②另一方面,经典作家否定村社作为社会主义社会形态的可能性,指出:"在商品生产和单个交换以前出现的一切形式的氏族社会同未来的社会主义社会只有一个共同点,就是一定的东西即生产资料由一定的集团共同所有和共同使用。但是单单这一个共同性并不会使较低的社会形式能够从自己本身产生出未来的社会主义社会,后者是资本主义最独特的最后产物。每一种特定的经济形态都应当解决它自己的、从它本身产生的问题;如果要去解决另一种完全不同的经济形态的问题,那是十分荒谬的。这一点对于俄国的公社,也同对于南方斯拉夫人的扎德鲁加、印度的氏族公社、或者任何其他以生产资料公有为特点的蒙昧时期或野蛮的社会形式一样,是完全适用的。"③经典作家明确指出社会主义革命只能发生于高度发达的资本主义阶段:"在资本主义社会本身完成这一革命以前,俄国公社如何能够把资本主义社会的巨大生产力作为社会财产和社会工具而掌握起来呢? 在俄国公社已经不再按照公有原则耕种自己的土地之后,它又

---

① 《马克思恩格斯选集》,第4卷,1995年版,第441页。
② 《马克思恩格斯选集》,第3卷,1995年版,第763页。
③ 《马克思恩格斯选集》,第4卷,1995年版,第442—443页。

怎么能向世界指明如何按照公社原则管理大工业呢?"①经典作家的结论是:"目前的俄国无论从公社那里还是从资本主义那里,都不可能达到社会主义的改造。"②

民粹主义把村社作为超越资本主义的载体,只能是水中月、镜中花。马克思指出:"俄国想要遵照西欧各国的先例成为一个资本主义国家,——它最近几年已经在这方面费了很大的精力,——它不先把很大一部分农民变成无产者就达不到这个目的;而它一旦倒进资本主义怀抱以后,它就会和尘世间的其他民族一样地受那些铁面无情的规律的支配。"③农奴制改革的双重悖论性取向,使得"俄国继续走它在1861年所开始走的道路,那它将会失去当时历史所能提供给一个民族的最好的机会,而遭受资本主义制度所带来的一切极端不幸的灾难"④。马克思明白无误地指出了农奴制改革后的俄罗斯困境的根源:封建主义宗法制超经济强制性的灾难与资本主义原始积累的灾难,同时压在绝大多数人民头上。经典作家寄希望于在俄罗斯发生以农民群众为主体的法兰西式革命,"如果发生这种情形,俄国的1793年就会来到;这些半亚洲式农奴的恐怖统治将是历史上空前的现象,然而它将是俄国历史上的第二个转折点,最终将以真正的普遍的文明来代替彼得大帝所推行的虚假的文明"⑤。

村社作为俄罗斯的社会建制特质,经典作家予以的关注是超乎寻常的,对其做出的具体判断却是十分谨慎的。马克思在致俄国民粹主义女革命家维拉·查苏利奇的信中说:"在《资本论》中所做的分析,既不包括赞成俄国农村公社有生命力的证据,也不包括反对农村公社有生命力的证据,但是,从我根据自己找到的原始材料所进行的专门研究中,我深

---

① 《马克思恩格斯选集》,第4卷,1995年版,第442页。
② 同上书,第450—451页。
③ 《马克思恩格斯全集》,第19卷,1956年版,第130页。
④ 同上书,第129页。
⑤ 同上书,第12卷,1956年版,第725页。

信:这种农村公社是俄国新生的支点;可是要使它能发挥这种作用,首先必须肃清从各方面向它袭来的破坏性影响,然后保证它所具备自由发展所必需的正常条件。"①马克思在这里并未改变经典作家关于村社的结论性看法,而是说利用村社的形式,消除掉以宗法集权主义为核心的前资本主义形态对它的"破坏性影响",并且保证它自由发展的必要条件。在这种前提下,村社有可能成为超越资本主义的载体。

"米尔"是村社的俄文口语称谓。民粹主义者认为,米尔是超越资本主义现代化的精神资源。民粹主义者阿·普·夏波夫写道:"古老的、不朽的、永恒的农民米尔,即整个俄国米尔的支柱是我们自我发展的本原和初型。……我们什么也不需要,只需要米尔的联合、接近与和解的精神,只需要米尔的会议和协商的精神,只需要米尔的主动精神和米尔的连环保精神……"②由人民至上的民粹主义蜕变为文化至上的民粹主义。村社是前资本主义宗法制的基层建构,是文化民粹主义坚持俄罗斯特质的精神载体。村社已不再是本体论意义上的存在,在文化民粹主义话语中,承载着超越资本主义现代化的语境。早期的普列汉诺夫信奉民粹主义,认为资本主义在俄国的发展是一种倒退,村社是俄国消灭专制制度后,超越资本主义,跃迁到社会主义的现实载体。他从民粹主义立场出发,质疑马克思主义社会发展规律学说。普列汉诺夫这篇写于1879年民粹主义运动高潮期间的著作,是他后来思想发展的否定性前提。普列汉诺夫这时代表了民粹派知识分子的普遍倾向,既然资本主义是封建主义的否定性替代,社会主义是资本主义否定性替代,那么为什么不利用传统村社这种传统载体,超越资本主义阶段,直接进入到社会主义阶段,避免遭受资本主义的灾难。应当说,这种设想的人文关怀是正当的,但问题的症结在于社会历史发展阶段是不能够人为的省略的,这是世界历史的史实性结论,也是马克思主义历史唯物论的基本原理。

---

①《马克思恩格斯全集》,第19卷,1956年版,第269页。
②《俄国民粹派文选》,北京:人民出版社1983年版,第33—41页。

民粹主义批判资本主义现代化的精神资源,是意识形态化了的古风遗存,是一种纯粹的真善美的统一体的"托古幽思",是民粹派知识分子普遍认同的意识形态语境,民俗学与人类学的考证在这里是不起作用的。民粹主义神化土地与人民,圣化古风,在深化臆造中设计超越资本主义的捷径。

如何避免资本主义现代化的痼疾,米哈伊洛夫斯基给出一剂传统宗法式生产消费组织形式包治百病的灵丹妙药:"(资本主义)生产形式同大多数人的需要的这种不相适应,对于居民和整个国家有可能造成有害的后果,以致除了以下的办法外没有别的办法,这就是依靠从过去的历史遗留给我们的生产的物质条件来停止摧毁我国数世纪以来形成的,建立在直接生产者自己占有生产工具基础上的生产方式,'以便消除正在威胁准备走上放弃'自身福利的'古老'根基的'道路的那些人民的危险',集中全副力量把农业和加工工业统一在直接生产者的手里,但不是在分散的小生产单位的基础上的统一,……而是在公共的、社会化的大生产的基础上的统一,这种大生产将建立在自由发展社会生产力、应用科学和技术并旨在满足真正的需要和为全体居民谋福利的基础上。"[1]民粹主义知识分子明确否认社会历史发展阶段的规律性。民粹主义思想家瓦·巴·沃龙佐夫运用古典经济学方法论,引证大量经济统计数据,论证俄罗斯特质,反对马克思主义政治经济学的基本原理,并援引丹尼尔逊的论点,说:"他的结论同我的结论相一致,……他的研究结果同样是对资本主义生产在我国布下的罗网的广泛性和巩固性表示怀疑,那么这就十分有力地证明,所谓一切民族的工业都不可避免地要经过资本主义发展阶段的理论是错误的。……马克思本人假如着手对俄国资本主义的命运进行研究的话,也不可能选择更好的研究方法,并且也未必会比本文作者研究得更加透彻。"[2]民粹主义制造了超越资本主义现代化的

---

[1]《俄国民粹派文选》,北京:人民出版社 1983 年版,第 812—813 页。
[2] 同上书,第 716—717 页。

神话,并沉溺于这个神话之中。

民粹主义提出了超越资本主义代议制民主的纲领。民粹主义政党——民意党在其《工人党员纲领》中宣布:"国家制度应建立在所有村社的联盟条约的基础之上。每个村社在处理内部事务方面享有充分的独立的自由。村社的每个成员在信仰和个人生活方面享有充分的自由;这种自由只有在变成暴力侵犯本村社的其他成员或其他村社的成员时才会受到限制。"[①]村社被民粹主义者作为超越资本主义制度的新型政权结构性基础,民意党在此基础上进一步阐释了政治结构变革思想:"用人民政权来取代俄国的沙皇政权,即政府由人民代表组成;人民自己可以任命和撤换代表;选举时人民详细地指示代表们应当做什么,并要求他们汇报自己的活动。按照居民的生活特点和生活条件,俄罗斯国家划分成一些在内部事务方面各自独立的州,这些州联合成一个全俄罗斯联盟。州内事务由州执行委员会管理,全国事务由联盟政府管理。用暴力强行并入沙皇俄国的各个民族,有脱离或留在全俄罗斯联盟内的自由。"[②]民粹派在俄罗斯历史上第一次提出了建立人民性民族联盟国家政权思想和少数民族享有民族自决权的主张,这是超前性思维的结晶,是民粹主义思想在现代世界中具有恒久魅力的闪光点。民粹主义主张的人民至上、人民联盟国家、民族自决至上等超越特定历史阶段的华彩思想,是人类精神宝库的瑰宝。人们可以不同意民粹主义具体的论断,但如果连民粹主义的人民至上的人文关怀取向也予否定的话,就彻底地站到专制主义官方意识形态立场上去了。这是区别学术立场与人文立场的试金石。人民性民族联盟国家在 20 世纪的俄罗斯大地上终于出现了,但只是徒具形式,在它开始向着实质性内涵自我变革时轰然解体。因为这个联盟的基本价值取向,不是人民至上。

在社会经济领域,民粹主义强调:"制度的变革应当使生活更接近于

---

① 《俄国民粹派文选》,北京:人民出版社 1983 年版,第 533 页。
② 同上书,第 537 页。

社会主义制度。"①民粹主义的传统理念不是拒绝大工业,而是以公社为核心的,实现社会生活公社化,其基础是农业与工业中的公社建制:"村社(村庄、农村、城郊、工厂劳动组合等)在全体大会上决定自己的事务,并通过选举出来的负责人员……付诸执行。全部土地归劳动人民所有,并视为全体人民的财产。各种工厂都视为人民的财产,交给工厂公社使用,收入归这些公社所有。……凡成年人都有选举联盟政府和州执行委员会代表的权力;同样,凡成年人也都可以被选入联盟政府和州执行委员会。所有俄国人都平等地享有宗教自由、言论与出版自由、结社自由、集会自由与竞选宣传自由。人人享有免费初等和高等国民教育的权利。现在的军队和一切部队都由地方民兵代替。建立俄罗斯国家银行并在俄国各地设立分行,以使支持和帮助工厂的、农业的和一切工业的、文教的公社、劳动组合和团体。"②民粹主义富于幻想的全面公社化,存在着内在的悖论,一方面充分肯定人民的个体主权,享有一系列自由及其实行权力,另一方面又把集体主义公社建制,作为制度上的权力主体。这样两个主体势必在实际生活中发生矛盾,终局的裁决由集体主义的人格化身公社负责人乃至联盟负责人做出,使理念上的人民平等转变为事实上的不平等。

　　民粹主义在现代化后发地域,第一次提出了农民是社会变革主力军,只有工农联盟,革命才能取得才能取得胜利的思想。民意党明确提出:"城市工人更应牢记,如果脱离农民,他们将总是受到政府、厂主和富农的镇压,因为人民的主力不在他们而在农民之中。如果他们能永远和农民在一切,把农民吸引到自己一边并向他们证明,只要团结一致,共同努力,那么全体劳动人民一定会成为一支坚不可摧的力量。"③

　　经典作家从理论与实践两个方面,对民粹主义做出了思辨性结论。恩格斯在1894年所著的《"论俄国的社会问题"跋》一文中,指出:"在俄

①《俄国民粹派文选》,北京:人民出版社1983年版,第537页。
② 同上书,第537—538页。
③ 同上书,第538—539页。

国,我们看见,除了狂热发展的资本主义制度和刚开始形成的资产阶级土地所有制外,大半土地仍归农民公共占有。那么试问:俄国公社,这一固然已经大遭破坏的原始土地公共所有制形式,是能直接过渡到高级的共产主义的土地所有制呢? 或者,他还须先经历西方的历史发展所经历的那个解体过程呢? 对于这个问题,目前唯一可能的答复是:假如俄国革命将成为西方无产阶级革命的信号而双方互相补充的话,那么现今的俄国公共所有制便能成为共产主义发展的起点。"①恩格斯认为,如果没有经历过西欧式社会经济发展阶段和政治革命的洗礼,村社不会自然地成为超越资本主义的载体。在这一点上,经典作家同民粹派有着本质的分歧的。恩格斯接着指出:"一个由德国开创的新的时期,即自上而下的革命的时期,同时也就是社会主义在所有欧洲国家迅速成长的时期到来了。俄国参加了共同的运动。正如预期的那样,这一运动在这里采取了坚决进攻的形式,其目的在于推翻沙皇专制制度、争得民族的文化发展和政治发展的自由。对于农民公社的深处能够而且应该实现社会新生的信念……起了自己的作用,它鼓舞起了英勇的俄国先进战士的热情和毅力。这些战士虽然不过几百人,但由于他们的自我牺牲和大无畏精神,竟然弄得沙皇专制制度也不得不考虑投降的可能性和条件了,——对于这些人,我们并不因为他们把俄国人民看作社会革命的天之骄子而去同他们争论。但是我们完全没有义务去跟他们抱同样的空想。天之骄子的时代一去不复返了。……资本主义在俄国迅速前进而且愈来愈接近恐怖主义者所未能达到的目的:迫使沙皇制度投降。"②恩格斯完全不赞成民粹派把农民作为推翻沙皇制度的主力军以及把农民宗法社会主义载体——村社,作为超越资本主义阶段的替代物。恩格斯在这里明白无误地指出,既不是农民斗争,也不是民粹派的恐怖主义行动,而是俄国内部迅速发展的资本主义迫使沙皇制度不得不考虑投降。经典作家

---

① 《马克思恩格斯全集》,第 22 卷,1956 年版,第 503 页。
② 同上书,第 508 页。

明确地规定了对俄国村社历史性改造的主体不是农民,而是西欧意义上的工业无产阶级。"对俄国公社的这样的一种可能的改造的首创因素只能来自西方的工业无产阶级,而不是来自公社本身。西欧无产阶级对资产阶级的胜利以及与这俱来的以社会管理的生产代替资本主义生产,这就是俄国公社上升到同样的阶段所必需的先决条件。"[1]马克思主义是科学社会主义,既不赞同民粹主义,也不能溶解于民粹主义。凡是民粹主义大行其道的地方,马克思主义必然遭到扭曲、甚至阉割。由于思想内蕴的多样性与悖论性,民粹主义预示着 20 世纪俄罗斯现代化的曲折进程。

第三节　白银时代

在沙皇俄国最后 20 多年的精神文化领域,出现了白银时代。西方学者说:"俄国学研究者一直在积极地寻找思考和描述本(20)世纪初形成的种种文化模式的新方法。……19 世纪 90 年代到 20 世纪 20 年代这一时期被看作是一个独一无二的时代,其间曾发生了一场文化上的革命。在最通常意义上,这一时期——西方文化总体发展上的一个独特时期——是作为现代主义时期而被提及的,而白银时代这个习语常常用来标志俄罗斯的 20 世纪初。"[2]这一时期的俄罗斯知识分子"重新发现俄国的历史并迅速与西方融合"[3]。俄罗斯知识分子走出书斋和思辨的象牙塔,把理念付诸实践,"对于创造了我们所谓的白银时代的精英来说,精致的唯美主义与社会关怀和革命精神共存"[4]。

白银时代是俄罗斯时代精神变异、演化的时段,是资本主义现代化的文化胜景。俄罗斯特质丧失了原质态的合法性,它的合法性话语策略发生重大转折性变化,即应用现代化"共性"的话语与言说方式,精心构

---

[1]《马克思恩格斯选集》,第 4 卷,1995 年版,第 441 页。
[2] 林精华主编:《西方视野中的白银时代》,北京:东方出版社 2001 年版,第 1 页。
[3][4] 同上书,第 9 页。

造俄罗斯资本主义现代化的实体语境,即具有俄罗斯特质的现代性。因为,"现代性是一个特殊的文明形态,它不同于传统,即不同于先前的或传统的文化:传统文化在地理上和符号上是异质的;而现代性发轫于西方,然后传遍全世界,世界由此成为同质的世界"①。

白银时代知识分子的工作,具有巨大的艰巨性。俄罗斯传统精神文化是复杂的矛盾综合体。从空间形态来看,俄罗斯文化既非西方文化,亦非东方文化,而是处于两者之间、兼容两种文化的一种特质文化。俄罗斯地域广阔,横跨欧亚,兼通东西。在中世纪,从9世纪基辅罗斯建立到16世纪伊凡四世称"沙皇",俄罗斯受到拜占庭文化的洗礼和东方游牧民族——鞑靼蒙古的征服,东方化是从基辅罗斯到莫斯科公国的文化基调,如果没有彼得大帝启始的、历经300年至今反反复复的西欧化进程,俄罗斯可能就是一个东方专制主义帝国。俄罗斯的西欧化也是其向西领土扩张导致的必然结果,西欧化反过来强化了俄罗斯把自己特质普世化的顽强信念。这种信念是俄罗斯地缘政治地位的逻辑延伸,19世纪与20世纪之交,英国地缘政治学家麦金德提出了著名的"麦金德"定律。这一定律把全球分为两大岛:由亚、非、欧大陆构成的世界岛,美洲大陆构成的美洲岛,西伯利亚至东欧平原是世界岛的核心地带。谁控核心地带,谁就控制了世界岛;谁控制了世界岛,谁就控制了全世界。俄罗斯恰好坐落于世界岛的核心地带,地缘政治的天然区位优势,使其油然而起联结世界,以自己为轴心充当东西方桥梁的崇高使命感。在19世纪与20世纪之交,"俄罗斯就其历史地位和民族特征而言,它既不是纯亚洲式的,也不是纯欧洲式的。东西方两种世界之流在这里碰撞,使俄罗斯成为世界的一个完整部分"②。俄罗斯站在自身特质的立场上,对西欧正在进行的现代性普世化进程,充满悲悯之情:"谁一旦进入内部,在欧洲认识发展过程的最深层,而不是从虔诚的角度来观察,他就可以理解欧洲

---

① J. Baudrillard, *Forget Foucault*, New York, 1987, P. 63.
② G. Vernadsky, lbid. P. 719.

理性和欧洲科学的内在悲剧性,它的深刻危机,令人痛苦的贪婪,对新道路的探索。"①

    针对俄罗斯特质普世化的图谋,大文豪高尔基坚持必须从特质性道路转换到现代性道路。他指出:"我们认为,历史庄严地要求正直而理智的人们去对这种独特的存在进行全面研究和大胆地批判的时间已经来临。我们需要和我们心理结构中的亚细亚积层进行斗争。"②俄罗斯民族精神的内在要素结构,决定了特质性与现代性的斗争具有绵亘的文化张力与灵活的互易能力。"俄罗斯是矛盾的,是二律背反的。俄罗斯精神是任何学说所无法解释的。丘特切夫如是评述自己的俄罗斯:俄罗斯并非理智可以悟解,普通的尺度无法对之衡量:它具有的是特殊的性格——唯一适用于俄罗斯的是信仰。……而每个人都在按自己的方式信仰着俄罗斯,每个人都能在俄罗斯充满悖论的存在中找到事例来支持自己的信仰。"③俄罗斯特质性普世化的目标是:"俄罗斯的创造精神终究会在世界精神舞台上赢得伟大强国的地位。在俄罗斯精神内部所发生的东西,将不再是地方性、个别的和闭塞的,而要成为世界的和全人类的,既是东方的,也是西方的。对此,俄罗斯潜在的精神力量早已有了准备。"④

    广袤的空间,造就俄罗斯文化品格。别尔嘉耶夫指出:"俄罗斯民族轻易地接受了一个巨大的空间,……俄罗斯人民已为此付出了大部分精力。俄罗斯国家的规模赋予了俄罗斯人民几乎难以承受的重任,使他们处于过度的紧张状态中。……俄罗斯无边的空间依然像一个沉重的负担,压迫着俄罗斯民族的灵魂。俄罗斯国家的无界性与俄罗斯土地的无界性进入了它的心理结构。俄罗斯灵魂被辽阔所重创,它看不到边界,这种无界性不是解放,而是奴役着它。由此,俄罗斯人的精神能量就向内转,走向直觉,走向内省;它不能转向总是与构形有联系,与标示出界

---

① 别尔嘉耶夫:《俄罗斯灵魂》,昆明:云南人民出版社1999年版,第52页。
② 转引自别尔嘉耶夫《俄罗斯灵魂》,昆明:云南人民出版社1999年版,第50页。
③ 别尔嘉耶夫:《俄罗斯灵魂》,昆明:云南人民出版社1999年版,第3页。
④ 同上书,第2页。

限的道路有联系的历史。……俄罗斯的惰性、满不在乎、缺乏首创精神、责任感薄弱，都与此有关。……恰恰是俄罗斯大地统治着俄罗斯人，而不是他统治着它。"①白银时代著名思想家别尔嘉耶夫，深刻地揭示出俄罗斯特质的成因与基因。

俄罗斯特质性替代的是现代性，现代性理念肇始于文艺复兴，勃兴于启蒙运动，从19世纪开始随着资本主义全球化力量的推进，成为话语霸权。现代性的机理是以理性统摄一切，在自然界，人类借助理性工具认识自然，改造自然，征服自然，崇尚"知识就是力量"的进取主义，用理性手段控制自然界，为人类服务。在社会领域，坚持线性进步观念，历史发展是以进步为目的的进化过程，主张把资产阶级平等主体的契约意识从经济范畴推广至政治制度等社会生活的诸领域。以社会契约形式，建立君主立宪制和代议共和制两种形态的民族国家。现代性是现代化的观念形态和目标指向。现代性是内在超越与外在泛化的精神运动，它秉持"进步"的线性理念，认为现在比过去要进步，将来比现在更进步。它的内在超越性，是超越自己既存的状态。它的外在泛化性，是用现代化的方式改造与之相对的、作为消极否定力量的特殊化传统性。因而，现代性是积极否定性的进步思维机制与价值取向。

白银时代思想家强调人的主体性。"别尔嘉耶夫认为，社会、民族、国家并不是个性，人的个性是比社会、民族和国家更高的整体性。因此人有权利也有义务捍卫自己的精神自由，对抗国家和社会。在国家、民族和社会的生活中，我们经常可以遇到黑暗的恶魔般的自发力量，想要使人的个性服从自己，并把它贬低到仅仅充当自己的工具的水平。"②别尔嘉耶夫深刻地揭示俄罗斯特质性及其社会机制对于人的摧残，针对俄罗斯特质性善于制造崇拜偶像，并将其作为对人实行精神控制的有效手段。俄罗斯特质的社会践行是残酷的。那么为什么包括许多知识分子

---

① 别尔嘉耶夫：《俄罗斯灵魂》，昆明：云南人民出版社1999年版，第31页。
② H. 洛斯基：《俄国哲学史》，杭州：浙江人民出版社1999年版，第307页。

在内的广大俄罗斯人没有自觉地抛弃之呢？因为，传统宗法制为农民提供保护，使其免受资本主义化原始积累的剥夺和市场经济竞争的威胁，以民粹派为代表的俄罗斯知识分子对于资本主义的恐惧远大于对于俄罗斯特质性残酷体制的憎恶。别尔嘉耶夫道出这些知识分子的心理成因："在俄国知识阶层的意识和情感中，对分配和平等的需求总是凌驾于对生产和创造的需求之上的。这一表述无论是对于物质层面，还是对于精神层面都是同样正确的：……知识阶层总是乐于接受一种意识形态，在这一意识形态中分配和平等问题处于主导地位，与此同时所有的创造活动都被摒弃。在此，他们充满无限的信任。对于将创造和价值置于主导地位的意识形态，他们总是持怀疑的态度。并且，在意志上早已决定对之加以驳斥和揭露。"①俄罗斯知识分子天然地倾向于分配与平等的取向，是现代化后发地域知识分子的共性倾向。这是宗法制集体主义基因积淀的精神特质，别尔嘉耶夫说："由于自身的历史地位，俄国知识阶层存在着某种不幸：对平均主义的公正、社会之善和民众利益的崇高消解了对真理的崇尚，甚至近乎扼杀了对于真理的兴趣。"②

俄罗斯知识分子在与专制主义做斗争的过程中，同时受到现代性取向与俄罗斯特质性价值内在冲突性的煎熬，他们不得不把现代性与俄罗斯特质性协调起来。别尔嘉耶夫指出："俄国历史造就了具有如此精神结构的知识阶层。这种精神结构与客观主义和普遍主义相悖离，具有这种精神结构则不可能去崇尚客观的宇宙真理和价值。俄国知识阶层不太相信普遍法则……俄国知识阶层这种与生俱来的品质造就了他们悲剧的历史。……俄国知识阶层的品质导致他们对欧洲哲学学说的误读，同时也使得这些哲学学说成为迎合知识分子特别需要的手段。与此同时，最为杰出的哲学思想却完全被置于一边。在我们这里，科学实证主义、经济唯物主义、经验批判主义、新康德主义和尼采主义均受到歪曲，

---

① 基斯嘉柯夫斯基等：《路标集》，昆明：云南人民出版社 1999 年版，第 2—3 页。
② 同上书，第 7 页。

并与当下的具体情境取得了一致。"①

别尔嘉耶夫是俄罗斯知识分子从特质性观念转变为现代性取向的典范,他的精神世界充满艰辛与痛楚,社会民主主义革命活动是完成了这一质的转变的触媒。他说:"当我作为社会民主主义者从事革命时,实质上我一直也没有成为彻底超出宗法制度、贵族世界的人。以后我就自觉地与这个世界断绝了关系。"②别尔嘉耶夫比较彻底地克服了俄罗斯特质性的精神异化,以明晰的现代性取向,判断白银时代俄罗斯精神结构由特质性位移到现代性。在这一取向性变迁过程中,俄罗斯特质性的异化与对现代性的误读交织纠缠在一起。他以俄国马克思主义者为剖析对象,揭示出了马克思主义与前资本主义社会或不发达资本主义社会相遇而出现的某些共性现象。他说:"我们的马克思主义知识阶层,正是在生物唯物主义这一特殊层面上对阿芬那留斯的经验批判主义进行接受和解释。因为,这有利于对历史上的唯物主义范畴进行确证。经验批判主义不仅成为社会民主主义者的哲学,而且甚至成为'布尔什维克'的社会民主主义者的哲学。"③别尔嘉耶夫的这段阐述,充分展现了俄罗斯马克思主义知识分子对于现代性精神产品的误读,以及结合俄罗斯特质加以简单化的应用所带有的一系列问题。

俄罗斯知识分子对现代性精神的内在对立——唯物主义与唯心主义不甚明了,包括卢那察尔斯基等早期布尔什维克理论家,像别尔嘉耶夫所谈到的那样,对现代性精神产品作出依据特质性语境的话语移入与重构,闹出了变唯心主义为唯物主义的笑话。列宁指出:"马赫和阿芬那留斯都是 19 世纪 70 年代出现于哲学舞台的,当时德国教授中间的时髦口号是:'回到康德那里去!'这两位经验批判主义创始人在哲学上的发展正是从康德那里出发的。"④康德是德国唯心主义哲学大家,阿芬那留

① 基斯嘉柯夫斯基等:《路标集》,昆明:云南人民出版社 1999 年版,第 9—10 页。
② 别尔嘉耶夫:《自我认识》,南宁:广西师范大学出版社 2001 年版,第 12 页。
③ 基斯嘉柯夫斯基等:《路标集》,昆明:云南人民出版社 1999 年版,第 13—14 页。
④ 《列宁选集》,第 2 卷,第 196 页。

斯的经验批判主义是康德唯心主义思想体系的发展。他以实证话语,论证唯心主义的实质结论。他强调经验的哲学作用,让俄罗斯相当一部分马克思主义知识分子误以为他是唯物论者。列宁指出:"马赫和阿芬那留斯的整个学派愈来愈明确地走向唯心主义。"①别尔嘉耶夫从另一个角度,得出与列宁一致的结论,资本主义现代化的文化胜景由此可见一斑。

①《列宁选集》,第 2 卷,第 364 页。

第二阶段
苏联时期社会主义现代化

引言　边缘帝国的遗产与苏联现代化的特殊道路

　　1917 年 10 月革命后的俄国,虽然政权性质已经发生了根本性变化,但它的边缘帝国性质却不会因此改变。俄国具有所有边缘国家的特点,也具有俄国才可能具有的独特性。

　　尽管已经向着现代化努力了 200 年,1917 年的俄国,其经济具有所有边缘国家的特点。这些特点首先表现为,农业是国民经济的主要成分,人口的绝对多数依赖农业生产生活。1927 年的俄国,农业总产值占国民经济的比例高达 70％以上,农业劳动力占全部劳动力的比例更高达 80％以上。按照西欧或者美国标准衡量,俄国的农业体系和农业生产方式极端落后。在俄国的绝大多数地区,农业耕作、管理与农产品收获基本依靠畜力和人力,农业机械在农村数量有限。这就决定了农业的劳动生产率低下,农民的生活条件与中世纪没有根本差别。

　　与其他边缘国家不同的,是俄国经过 200 年的努力,已经建立了一个高度集中的工业,工业部门规模不大却资本高度集中,在农业俄国的汪洋大海中形成了几个工业集中的孤岛。俄国工业的独特性在于,它的主要部分属于国防工业,而且从来不缺国家订货。俄国自 17 世纪开始,每个世纪初期都会遭遇外敌入侵,而地跨 11 个时区的领土使得国防问题始终是俄国统治者不能不关注的第一问题。俄国的工业从彼得大帝开始即以服务国防为目标。虽然俄国的工业发展起步远远早于大多数边缘国家,但在一战之前的 50 年间,俄国的发展速度不仅慢于西欧诸国,也慢于原来落后于它的边缘国家如德国、奥匈帝国、日本。"俄国明显地落后了,这就意味着在形成中的新的国际分工中,它将处于极为不利的地位。"①越是努力追赶就落后得越多,似乎已经成为俄国现代化努力的魔咒。即使发展缓慢的工业,也被外国资本控制,形成对中心国家的依附,因此,俄国的工业的发展实际上却在为外国资本的积累服务,依附与落后构成俄国现代化的必须克服的两大难题。

发展缓慢的工业意味着低水平的城市化。在 1917 年,俄国 85% 以上的居民居住在农村,而农村依然保持着古老的村社制度。村社已经存在了几百年,长期在村社环境中的生活,使农民形成了对它的依赖,斯托雷平领导的改革,下了极大决心要瓦解农民对农村公社的依赖,结果遭到农民顽强的抵抗。即使被移民到西伯利亚的农民,不久也加入了村社。"俄国农村的社会生活以落后为特点。农民的视野非常狭隘,他对于发生在村庄外部的一切几乎没有兴趣,他对外部世界和俄国各地发生的各种事件,只有极其微弱又含糊不清的理解。"②这是一种反对农村生活发生剧烈变化和一切重大社会变革的保守主义意识形态,一种抗拒现代化进程中必然发生的社会变迁的保守思想力量,是俄国现代化最难克服的障碍。

工业落后伴随着俄国基础设施的落后,这包括:交通运输、教育、城市基础设施建设、卫生保健、文化设施、城市住房、通讯等等。其结果是,在 1917 年,俄国人口的 80% 以上是文盲。但与大多数边缘国家不同的,是俄国建立现代学校与科学研究机构的时间比日本、中国和印度等边缘国家要早一个多世纪。这又构成俄国这个边缘国家的独特性:在一

---

① Кагарлицкий Б. Ю, *Периферийная империя: циклы русской истории*. Алгоритм, Эксмо, 2009. с383.

② Stephen P, 'Simple folk, savage customs?', *Journal of Social History*, Summer 92, Vol. 25.

个到处都是文盲的社会中,存在着一个其学识和教养绝不亚于西欧国家的文化精英阶层。与西欧国家不同的,是这个精英阶层一方面内部对俄国未来走向何方存在尖锐分歧与激烈争论,彼此间毫不妥协;另一方面与普通知识群体和底层社会出现了文化断裂,即文化精英的活动既不能被普通知识群体和底层社会所理解,也基本上不能对他们发生重大影响。"俄国人生活在不同的层次甚至不同的世纪里。"20世纪初的创造性思想不仅没有吸引人民群众,而且也没有吸引更广泛的知识分子。"在俄国革命中,高文化阶层与低文化阶层的知识分子和人民之间的断裂,与法国革命比起来是无比地大。"①尽管存在着文化断裂,从皈依东正教开始,在俄国形成的弥赛亚传统却一代又一代继承下来,并被用于为国家利益服务。

1917年的革命推翻了沙俄帝国,帝国随之分崩离析,但帝国传统并没有因此消失。与西欧国家现代化进程不同的,是俄国在彼得大帝开始现代化进程以后,并没有形成新的民族国家,反而通过领土扩张形成了地跨欧亚大陆的帝国。虽然布尔什维克党的主要领导人倡导国际主义与民族自决,但俄国人民内心的帝国情感却不会因此而改变,当布尔什维克党希望建立一个新国家时,他们将面对革命与帝国遗产的矛盾。

在政治上,俄国人对政治强人的崇拜,并没有随着国家的现代化进程有所减弱,而是继续牢固地存在于俄国人的心灵深处。俄国人将专制主义、国家至上与无政府主义、自由放纵,个人主义、强烈的个人意识与无个性的集体主义这些对立的价值集于一身。政治宽容与理性一直未能在俄国社会中扎下跟,绝大多数民众习惯于被动地听从政府的命令,"除了无政府主义,农民宁可选择专制主义而不是别的政府形式"②。虽然俄国较早引进了西欧的司法体系,整个社会藐视法规以及社会对违反法规行为的宽容并没有改善。

---

① 别尔嘉耶夫:《自我认识:思想自传》,南宁:广西师范大学出版社2001年版,第157页。
② Gordon Smith, *Soviet Politics: Struggling with Change*, Macmillan 1992, c12.

　　取得政权的布尔什维克党如同其他欧洲社会主义政党一样,对社会主义的追求坚定不移并充满了信心。当他们满怀自信地在俄国建设社会主义时,遭遇的却是马克思主义与欧洲社会主义理论中从来没有分析过的另一种经济、政治与社会文化环境。他们希望创造新的历史,但他们却无法超越作为边缘帝国的俄国留给他们的遗产。"人们自己创造自己的历史,但是他们并不是随心所欲地创造,并不是在他们自己选定的条件下创造,而是在直接碰到的、既定的、从过去继承下来的条件下创造。一切已死的先辈们的传统,像梦魇一样纠缠着活人的头脑。"①布尔什维克党希望创造社会主义新社会,但他们无法脱离俄国的条件来建设社会主义,苏联的社会主义现代化道路实际也是基于对俄国条件的认识形成的。

---

① 《马克思恩格斯全集》,第 10 卷,第 121 页。

第四章 苏联政治体制的兴衰

当十月革命胜利,布尔什维克党着手建设一个历史上从来没有过的由无产阶级当家作主的国家政权时,他们充满了理想也充满了信心,但他们却面临着与理想相去太远的政治环境,面临着各种各样的政治思潮的挑战与党内对苏维埃政权建设不同主张之间的斗争。这些都对苏维埃政权政治制度的形成发生了影响,而国内战争与通过计划经济实现国家现代化的努力,则使苏联的政治制度远离了布尔什维克党建立新型民主的政治理想。

第一节 苏联政治体制的最初形态

列宁在十月革命前写作的《国家与革命》中强调,未来的苏维埃政权,"把全体公民变成一个大'辛迪加'即整个国家的工作者和职员,并使这整个辛迪加的工作完全服从真正民主的国家,即工兵代表苏维埃"①。列宁的这一设想实际上带有极大的空想成分,在革命后却立即进行了苏维埃式的直接民主的试验。在工厂建立了由工人组成的工人委员会,工

---

① 《列宁选集》,第 3 卷,第 203 页。

人委员会可以讨论或者审查工厂内部的一切事务。大量优秀的工人、士兵和农民群众被吸收进国家的管理和领导机关。旧制度下将人区分为不同等级的一切称号被"公民"、"同志"的称号所取代。而新的苏维埃政权的领袖们,"总是平易近人地对待地位最低的工人、水兵及记者"①。然而,事实很快就证明,在当时的俄国完全不具备实行这种直接民主的条件。内战的爆发以及社会革命党的敌对行动,使苏维埃政权的制度建设迅速转向权力的集中制。

国内战争与苏维埃政权体制的初步形成

在十月革命后召开的全俄苏维埃大会上形成的苏维埃政权,实际上是一个多党联合政权。大会选举产生的中央执行委员会由 62 名布尔什维克、29 名左派社会革命党人和 10 名其他社会主义者组成。全俄苏维埃代表大会在最后一次会议上,通过成立人民委员会即第一个工农政府。第一届人民委员会完全由布尔什维克组成,政府成员都由布尔什维克指定。与社会革命党和孟什维克建立联合政府的谈判一直在进行,"但由于各方面坚持强硬路线者的不妥协态度而告吹"②。最后,7 名左派社会革命党人参加了人民委员会。执行委员会与人民委员会实际上构成了权力的双重化,这两个权力机构的运行方式不同:执行委员会通过选举产生,它是工农兵苏维埃的代表机构,按照自下而上的方式参与政治过程;人民委员会是指定的,它实际履行的是政府的功能,因而按照自上而下的方式参与政治过程,其矛盾自然难免。特别是因为农民代表苏维埃的加入,执行委员会人数达到 366 人,效率问题因此产生。内战爆发后,为了应对战争,必须提高政府效率,权力向中央集中,人民委员会逐渐凌驾于执行委员会之上,"人民委员会日益单方面进行活动,颠覆

---

① 伊萨克·多伊彻:《武装的先知:托洛茨基,1879—1921》,北京:中央编译出版社 1998 年版,第380 页。

② Edited by R. G. Suny, *Cambridge History of Russia*: *Twentieth Century*, Cambridge university Press, 2007, p. 137.

了'全部权力归苏维埃'的所有理念"①。十月革命所追求的工农大众直接民主的理想,不得不让位于现实的需要。

关于在新的政治制度下,资产阶级政党和其他政党应该占据什么地位,列宁在《国家与革命》里完全没有涉及,马克思的所有著作也没有论述。布尔什维克党在革命后采取的措施,是继续允许俄国过去的政党与各种政治派别进行活动。当时的俄国,除了布尔什维克党,还有立宪民主党、社会革命党、左派社会革命党、孟什维克等政党。

立宪民主党是资产阶级政党,十月革命后没有立即取缔它,1917年11月底由于该党公开支持卡列金进行叛乱的准备工作,被宣布为"人民敌人"的政党,并依据人民委员会的法令禁止其进行活动。"尽管政府发布了禁令,立宪民主党在1918年春季前仍然可以充分自由地活动。党的中央委员会可以召开会议,出版报刊。在这个时期,立宪民主党的基本活动就是为反布尔什维克政权的武装斗争进行组织工作。"②

社会革命党虽然是以农民为社会基础的政党,但在1917年2月—10月期间,该党的政治立场越来越接近立宪民主党。他们反对给农民分土地,公开参加反苏维埃政权的政府,进行反苏维埃政权的活动。但直到内战初期,社会革命党还在参加苏维埃政府的工作。

左派社会革命党参加了苏维埃政府,孟什维克虽然退出了苏维埃,但一直能够公开活动,并参加苏维埃的工作。

在十月革命后的一段时间内,苏维埃俄国实际上存在一个多党制,而且苏维埃政权也具有某种多党合作的性质。

内战的爆发与其他政党对苏维埃政权态度的变化,改变了整个形势。

在内战刚爆发时,孟什维克中央委员会发表声明,表示:坚持对反苏维埃政权的捷克人的友好态度与对布尔什维克的敌视态度。左派社会

---

① Mark Sandle, *A Short History of Soviet Socialism*, UCL Press Limited, 1999, p. 55.

② Барабанов М. В, *Из истории становления и развития политических партий и многопартийности в России*. М. : МГОУ, 2010. c70.

革命党则在第五次全俄苏维埃代表大会上号召造反,并表示对军队破坏纪律行为的支持。"布尔什维克的政治回应是在 1918 年 6 月,将孟什维克与左派社会革命党的成员,从苏维埃驱逐出去。随着在 1918 年 11 月 30 日解散了 1918 年 6 月 14 日成立的全俄中央执行委员会,它们对俄国政治进程的影响就消失了。"①

不过,即使这些政党在政治上与布尔什维克党对立,他们之间甚至存在着武装对抗,但这些党派仍然可以继续存在,并进行活动。特别是孟什维克党,它的活动一直持续到内战结束,而且,它在莫斯科和彼得格勒的活动在内战时期还得到了发展,继续发行一些小报等等。1920 年 8 月,它在莫斯科召开了一次代表大会,苏维埃的报纸还报道了这次大会的情况。在 1920 年的地方苏维埃选举中,孟什维克获得几百个席位。

内战时期,苏维埃俄国政治发展的基本态势是,其他政党已经被出政权中驱逐出去,但这些政党并没有被消灭。布尔什维克党一党执政的政治格局已经形成,其他政党仍然在活动,只是再无法进入国家政权。

内战除了改变了俄国的政党格局外,还对布尔什维克党的内部组织结构、领导方式等方面产生了根本影响,苏联未来的政治体制,就由内战时期形成的体制发展演变而来。

布尔什维克党在这个时期新建或者发展的体制主要有:民主集中制、宣传动员体制和契卡(全俄肃清反革命、打击投机与怠工非常委员会)。

民主集中制是列宁提出的布尔什维克党的组织制度,但在十月革命前,这个制度并没有形成完整的运行机制,而且,由于党内长期存在的派别斗争,这个制度的执行也不理想。在苏维埃政权形成后,所有的实际工作都落到人民委员会主席列宁和中央执行委员会主席斯维尔德洛夫身上,这样的领导状况,正是布尔什维克党内机制与苏维埃政权机制不健全的反映。这种状况既不符合民主的原则,也影响到效率。在俄共

---

① Красильников Д. Г.,*Власть и политические партии в переходные периоды отечест-венной истории* (1917 - 1918; 1985 - 1993),Изд-во Перм. ун-та, 1998. c68.

(布)八次代表大会上,奥辛斯基在发言中批评了中央工作,他说,地方党组织从来就不了解中央委员会下达的政治路线,作为一个集体机关,中央委员会显然实际上并不存在,决策完全依靠少数几个人,如列宁和斯维尔德洛夫,也许还有其他几个官员。[1] 奥辛斯基提出的问题,得到大会的重视。大会作出决议,决定设立中央政治局,专门负责重大问题的决策;设立中央组织局,负责干部选拔与党的发展工作;设立中央书记处,负责处理党的日常工作。在八大以后,俄共(布)的领导体制逐步建立完整,理顺了内部关系,提高了党的领导效率,也保证了民主集中制的执行。同时,权力集中到中央机关,极严格的集中制和铁的纪律也逐步建立起来。

宣传与群众组织工作,在布尔什维克党建党初期就受到特别重视,但在内战时期,才形成了一个较为完整的宣传与组织群众的动员体制。这个体制包括:设立专门的宣传鼓动机构(后来的宣传部),出版发行进行宣传动员的报刊、传单、宣传画、标语等等;组织各种文艺表演,将宣传动员的内容贯穿到文艺表演中;在红军内部各个层级建立党的组织,设立军事委员一职,专门负责军队政治工作;在社会基层各个领域建立党组织,设立宣传鼓动员等。在内战中,布尔什维克能够在极短的时间内建立一支500万人的红军,即是布尔什维克党的宣传组织与动员能力最好的体现。

"契卡也对布尔什维克的胜利作出了贡献。恐怖在红白双方都是血腥的,双方都表现出令人难以想象的野蛮。"[2]契卡曾经被布尔什维克党称为保卫革命的利剑,在苏维埃政权中占据了特殊的重要地位。在内战中,它负责打击一切被认为是破坏秩序的活动,特别是反苏维埃的地下活动,具有独立的特别行动权。

上述体制的建立以及人民委员会取代中央执行委员会,形成了苏联

---

[1] *8-й съезд РКП(б)(март 1919 года)*:*Протоколы*. М.:Госполитиздат,1959,c164-166.

[2] Peter Kenez, *A History of Soviet Union from The Beginning to The End*, Cambridge university Press,2006,p. 39.

体制的最初形态。苏维埃政权在内战中获得胜利,依靠的就是这个政治体制。

内战对苏联后来发展的最大影响,就是对无产阶级民主的追求让位于极严格的集中制、铁的纪律和无产阶级专政。这就像一位俄国历史学家所说:"我们年轻的苏维埃国家从一开始就是建立在严格的集中化的基础之上的。这是因为苏联人民当时抵抗帝国主义侵略,他们必须把被已经消耗殆尽的遭到破坏的国家的全部资源动员起来,以对付敌人,在这时期政权的集中和对民主的某种限制不仅是自然而然产生的,而且是必须的。"①

内战结束之际与内战结束后,其他政党的厄运接连降临。立宪民主党与苏维埃政权的武装斗争,在白卫运动失败后,失去了可以依靠的势力,又缺乏群众基础,其成员只好逃亡国外,从此结束了它15年的历史。

在内战时期孟什维克与社会革命党的一些成员被捕,但他们仍然可以活动。在1920年与1921年之交的冬天,他们因为颠覆活动招来了对他们的镇压,苏维埃政权不但限制他们的组织活动,也开始限制他们报刊的出版发行。

在与孟什维克党参与鼓动、组织了坦波夫省和喀琅施塔得暴动以后,许多社会革命党的领导成员被捕,苏维埃政权在1922年6月对他们进行了审判,其中许多人被判刑。但这些政党并没有完全丧失生存的机会,全俄中央执行委员会的一项法令含蓄地承认了这些政党存在的合法性。从此,这些政党的合法存在逐渐成为一种梦想,虽然他们没有被正式解散,却越来越难以活动,他们的领导人不断被捕,其他人大多数逃亡国外。没有逃亡的后来都加入了布尔什维克党。"在已经建立的无产阶级专政的政治关系中给予这些'民主'政党一席之地的设想最终失败了。""在新经济政策初期,俄国变成了'一党执政'的国家。"②布尔什维克

---

① 罗·亚·麦德维杰夫:《让历史来审判》,北京:人民出版社1983年版,第627页。
② Charles Bettelheim. *Class Struggles in the USSR：1917 - 1923*，Monthly Review Press，1976，p. 270.

最初的设想未能成功,原因之一,或者说主要原因也许是双方都缺乏妥协精神,相互间绝不宽容,而这恰恰是俄国的政治遗产,也是俄国知识分子的特点——俄国所有的政党,不论其社会基础有多大差别,但所有政党的创立者与领导集团,却都是知识分子。"如果说布尔什维克政权在最初几个月后,确实不准备宽容有组织的反对党,那么同样毫无疑问的是,没有反对党准备在法律限度内行动,专政的前提在争论的双方都是相同的。"①建立新型民主的设想与努力的失败,说明了在俄国的社会环境中,建立一种西方式或者从理论上看比西方式民主更先进的民主,实际上只是一种革命的想象,只要遭遇现实,这种革命想象的乌托邦性质立刻显示出来,并在现实的政治斗争中被迫放弃,真正起作用的,是从历史经验中获得的灵感,而这种灵感与基于理论的革命想象往往完全相反。

执政后苏共的第一次党内危机与列宁的"政治遗嘱"

俄共(布)历史上曾经长期存在派别活动,这些派别活动对俄共(布)的消极影响表现为,在十月革命前党多次发生分裂。即使在俄共(布)执政初期,党内不同派别的争论造成的最大不良后果,是延误了与德国的和谈,最后不得不签订让步更多的布列斯特条约。

在1920年11月,当内战结束,国家面临经济破产、人民的忍耐已经达到极限,需要对党的路线和政策进行根本转变时,党内却发生了围绕工会问题的争论。这场争论导致党内形成了八个政治派别,引发了列宁格勒与莫斯科两个苏共最大地方党委之间的公开对立,反对派在中央到基层的各个组织层面都进行了大量活动,全党的注意力都集中到派别斗争,党实际上处于一种组织分裂状态,党陷入了执政后的第一次严重的组织危机之中,并把党的实力消耗在空想色彩极浓的争论中。列宁后来把这次激烈的争论看作是党发了一场"高烧",是党的"致命之症",认为

① E. H. Carr, *The Bolshevik's Revolution 1917 -1923*, Vol. 2, Macmillan Ltd, 1952, p. 183.

其在政治上具有极大的危害性。他指出："任何分歧,甚至是微不足道的分歧,如果有可能发展成为分裂,发展成为严重的分裂而足以动摇和破坏整个政治大厦。"①英国学者李博曼也认为,反对派有组织的鼓动,"严重动摇了党的统一"。而且,"工人反对派观点的根本弱点在于他们的愿望与实现这些愿望之间存在着巨大矛盾"。他们也没有提出解决问题的可行方案。②

这次党内危机使得列宁认识到党内意见分歧如果演变为派别斗争,将对党构成致命打击并可能导致党的分裂,而党的分裂则有可能造成党的瓦解,他在对矿工代表的讲话中就指出:"如果由于我们的过错而造成了分裂,那就一切都完了。"③派别斗争总是会按照自身的逻辑演变为无原则的煽动,一旦派别斗争演变为无原则煽动,正常的意见与路线分歧将非常可能演变为基于利益得失甚至个人恩怨的政治对抗,这种政治对抗一旦从中央蔓延到全党,党的分裂并最终瓦解将不可避免。正是基于这样的认识,列宁坚持要通过一个关于保障党的统一、禁止派别活动的决议。在俄共(布)十大,列宁亲自起草并提议通过了《关于党的统一》的决议。该决议在俄共(布)历史上第一次明确规定:责成中央委员会彻底消灭任何派别活动。"立即毫无例外地解散一切不论按何种政纲组成的集团,并责成所有组织密切注意,消灭任何派别活动。""不执行大会这个决议的,应无条件地立即开除出党。"④

然而不同的认识、思想永远会在各种政党内部存在,在苏共党内,派别活动长期存在并被许多领导人认为是党内民主的一种形式。因此,在苏共十大通过禁止派别活动的决议后,仍然有许多人表达了反对或者保留意见,即使投票同意该决议的一些代表也心存疑虑。列宁的回答是:

---

①《列宁全集》,第40卷,第269页。

② Marchel Liebman, *Leninism Under Lenin*, The Merlin Press Ltd, 1975, pp. 289 - 292.

③《列宁全集》,第40卷,第249页。

④ *10 - й съезд РКП(б) (март 1921 года)*: Протоколы. М. : Партиздат, 1933, с586 - 587.

"对革命的适宜性高于形式上的民主。"①经历了苏共执政以后的第一次严重组织危机后，列宁显然对党内民主有了新的认识，即过分注重形式上的民主，至少会带来两大问题：第一，在需要党迅速作出决策时，转移全党的注意力，浪费党的精力，使党无法对已经降临的危机及时作出反应；第二，造成党内派别林立，最终导致党的分裂，对于像苏维埃俄国这样的刚刚建立了新的社会制度的国家，党的分裂则意味着国家的瓦解乃至分裂。当然，列宁并非认为形式上的民主不重要，相反，列宁认为，党内发生分歧并不是多么大的问题，但分歧演变为派别，则是大错误。对于围绕工会问题发生的争论，列宁也认为，其错误在于过早进入了派别斗争。

　　克服党内危机以在党内建立起更严格的纪律，而不是给党内民主以更大的空间而结束，再次反映了在俄国的条件下，革命的想象一旦遇到革命的现实，想象只能让位于现实，来自西方的现代性不得不让位于俄国的现实条件，让位于对革命前途的考虑，让位于革命现代性。

　　列宁在1922年12月23日到25日口授了《给代表大会的信》，在这封信中，列宁对当时苏共中央政治局的所有成员进行了评价。因为这是列宁留下的最后几篇文献之一，故它与列宁口授的另外三篇文献被认为是列宁的政治遗嘱。在1923年1月4日，列宁对这封信进行了最后补充。在最后补充的内容中，列宁表示："斯大林太粗暴"：建议将他调离总书记的岗位。英国苏联学家摩舍·莱文在对列宁"遗嘱"的研究中将"撤换"斯大林作为列宁最后所关心的核心问题之一，同时认为：列宁在生命的最后时期已经准备进行改革，而这个改革一定会遭遇反对，"国内的反对将来自官僚机构，即由组织局任命的官员们。但如果像列宁所打算的，通过撤换斯大林集团，这种反对至少会暂时受到削弱"②。

　　莱文的研究的确富有想象力，但他对列宁"政治遗嘱"的解读却忽略

---

① 《列宁全集》，第40卷，第246页。

② Moshe Lewin, *Lenin's Last Struggle*, The University of Michigan Press, 2005. pp. 133 - 138.

了最为重要的内容,因而是片面的。列宁在《给代表大会的信》中所关注的核心问题并非斯大林或者实际上当时并不存在的斯大林集团对列宁改革设想的反对,而是如何防止党的分裂。因为斯大林粗暴而建议撤换斯大林,列宁的理由是:"这一点看起来是微不足道的小事,但是我想,从防止分裂来看,从我前面所说的斯大林和托洛茨基的关系来看,这不是小事,或者说,这可能是具有决定意义的小事。"在列宁看来,当时最有可能引起党分裂的因素是斯大林与托洛茨基的关系。列宁对他们两人的评价是为了说明两位杰出领袖的特点"会出人意料地导致分裂","分裂的危险一大半是由他们之间的关系构成的"。所以,列宁在《给代表大会的信》中,一开始即提出增加中央委员的数量,目的在于,"防止中央委员会一小部分人的冲突对党的前途产生过大的影响"。列宁还谈到:一个白卫分子说得对,"第一,在他们反对苏维埃俄国的赌博中他把赌注押在我们党的分裂上,第二,在这种分裂方面他又把赌注押在党内最严重的意见分歧上。"列宁还特别强调,他所提出的建议,"指的是能够采取的防止分裂的措施"①。

列宁在《给代表大会的信》中将防止党分裂的行为寄托于增加中央委员会的人数,而没有提出党内派别问题,是一个比较令人费解的问题,但从他提出的第三个问题又可以看出,他对党内派别活动特别是有组织有纲领的派别活动所造成的消极影响仍然没有遗忘。

基于对党内民主的新认识,列宁在其"政治遗嘱"中将防止党的分裂作为核心问题提出来。提出这个问题具有预警性质,苏共当时已经建立了以民主集中制为根本的组织和领导制度、党委选拔和委派干部的干部制度、禁止党内有组织派别活动的制度与相关的纪律。只要这三个制度能够发挥作用,党的统一就可以得到维护,任何人包括曾经在党员和干部中具有崇高威信的领导人要在组织上分裂党,都是不可能的。列宁没有预见到的,是苏共已经建立的制度,防止了党的分裂,却最终将苏共引

———————————

① 《列宁全集》,第43卷,第237—240页。

向了党内权力高度集中的方向。

苏联的形成

沙俄是一个庞大的帝国,在沙俄帝国晚期,帝国的统治危机悄然显现。"其最引人注目之处,是缺乏帝国对意识形态明确的并能被广泛接受的解释。"对俄罗斯帝国主义的解释,从民族主义到泛斯拉夫主义,再到欧亚主义和西方派等等。"这种含混不清,使得帝国秩序在面临危机时,更加脆弱,也更容易用一种新的方式恢复它,即帝国想象可以适应新的战略与新的结构。"[①]在革命前的俄国,俄罗斯民族主义与非俄罗斯的民族主义同时获得了发展。在十月革命前,只有少数民族地区的知识分子期待建立独立国家。然而,"在帝国失败与1917年革命过程中,中央政权解体,局势迅速发生了变化,少数民族突然成为潜在的力量"[②]。

从过程看,俄国革命经历了2月与10月两次革命,如果从革命性质分析,俄国革命实际上经历了三种革命:即发生在彼得格勒与莫斯科等工业中心的无产阶级革命,发生在广大农村的以农民夺取土地为主要方式的农民革命,发生在民族地区的民族革命。在内战中,布尔什维克党之所以在力量对比不利的形势下获得最终胜利,除了其体制优势,还在于它采取了支持农民革命与民族革命的政策,赢得了多数农民和民族地区人民的支持。布尔什维克颁布的土地法令以及俄国各族人民权力宣言,肯定并推动了农民革命与民族革命,这些政策有效地分化了敌人的阵营。这两种革命进程,使原有的帝国秩序完全解体,出现了乡村极力摆脱国家和民族地区摆脱中央的趋势。内战结束时,乡村与民族地区都获得了自治或者独立。内战中,乌克兰的局势最为复杂。民族主义在乌克兰具有广泛的社会基础,乌克兰政权在内战中数次易手。1919年3

---

① Johann P. Arnason, *The Future that Failed*, *Origins and Destinies of the Soviet Model*, Routledge, 2005, p. 77.

② Peter Kenez, *A History of Soviet Union from the Beginning to the End*, Cambridge University Press, 2006, p. 53.

月,布尔什维克党起草了乌克兰宪法,宣布了乌克兰的"主权与独立"。于是,"布尔什维克党接过了旧秩序遗留下来,在1917年使他们获得极大收益的两个至关重要的难题:难以驯服的乡村社会与不平衡发展的多民族政策"①。如何解决这两个难题,实际上关系到苏联的社会主义政治体制能否巩固。

内战的最后阶段是苏维埃俄国与波兰之间的战争,在与波兰的战争中,"布尔什维克党痛苦而失望地发现,绝大多数工人首先是波兰人,而具有阶级意识的工人根本没有","俄国与波兰的战争激起了双方的民族主义热情"。② 布尔什维克党提出的民族自决政策面临挑战。

1920年底,内战基本结束时,原沙俄帝国的领土上波兰、芬兰和波罗的海沿岸三国已经取得完全独立。在沙俄帝国余下的领土上,存在着六个苏维埃社会主义共和国:俄罗斯联邦、乌克兰、白俄罗斯、阿塞拜疆、格鲁吉亚、亚美尼亚;在中亚建立了两个苏维埃人民共和国:布哈拉和花剌子模(即后来的乌兹别克共和国);在远东地区成立了远东苏维埃共和国。在这些独立的共和国中,格鲁吉亚、阿塞拜疆和亚美尼亚组成了外高加索联邦。在俄罗斯联邦内部也成立了一些自治共和国:巴什基尔、鞑靼、吉尔吉斯-哈萨克、达格斯坦等。这些共和国和自治共和国与中央的联系,主要通过布尔什维克党的系统来维系。1919年夏季,加米涅夫被指定负责联邦建设,他建议将各共和国与俄罗斯联邦的一些行政机构统一起来,以便更好地协调工作。经过协商,国防、经济事务与对外关系等方面的权力集中到中央。但在其他领域,地区仍然希望保持已经获得的权力,这就与俄罗斯联邦发生了摩擦。

所以,当内战完全结束后,苏维埃俄国或者说布尔什维克党面临的首要任务,就是如何在新的苏维埃国家建设中,超越苏维埃俄国的地域,

---

① Johann P. Arnason, *The Future that Failed*, *Origins and Destinies of the Soviet Model*, Routledge, 2005, p. 83.

② Peter Kenez, *A History of Soviet Union from the Beginning to the End*, Cambridge University Press, 2006, p. 55, 37.

在原帝国领土上建立一个新的统一的苏维埃国家,而不是维持在内战中形成的民族地区相对独立于中央的格局。布尔什维克党因此又面临帝国传统与社会主义理想之间的冲突。

在1921年3月召开的俄共(布)第十次代表大会上,斯大林作了民族问题的报告。在报告中,斯大林赞扬了俄罗斯苏维埃社会主义共和国联邦的辉煌成就,并认为这是共和国联盟的理想形态。斯大林认为,非俄罗斯民族的苏维埃社会主义共和国,与自治共和国和各州一起,必须在布尔什维克党的领导下,与伟大的俄罗斯苏维埃社会主义共和国联邦统一在一起。他还强调,这个过程在1918—1920年间已经在顺利进行,现在布尔什维克党需要做的,就是采取措施,使落后民族的群众能够享受先进民族的政治、经济与文化成就,使他们能够赶上走在前面的中心的无产阶级的俄罗斯。[1] 来自土耳其斯坦的代表萨法洛夫在发言中则认为,中央一直无视民族问题,在中亚已经犯了许多错误。意见的分歧,反映出俄共(布)由于党员数量的增加以及红军的壮大,沙俄的帝国传统在党内已经较为广泛地存在,而已经在内战中获得独立或者至少是自治的民族地区,不愿意返回帝国时代的状况。这就决定了建立新的苏维埃社会主义共和国联盟,将是一个充满矛盾的过程。

1922年8月10日,俄共(布)中央委员会建立以斯大林为主席的联盟条约起草委员会。其任务是在俄联邦与其他共和国的关系方面提出一个切实可行的规则,以作为起草联盟条约的基础。斯大林领导起草的决议草案的基本原则是:"独立的苏维埃共和国:乌克兰、白俄罗斯、阿塞拜疆、格鲁吉亚和亚美尼亚,采取适当的方式,成为俄罗斯苏维埃社会主义联邦共和国的组成部分。"[2]关于布哈拉、花剌子模和远东共和国的各种问题,留待以后解决。斯大林的方案遭到除了阿塞拜疆之外的其他共

---

[1] *10 - й съезд РКП(б) (8 - 16 марта 1921 года)*:*Протоколы*,М.:Партиздат,1933,с193 - 195.

[2] Киселев А. Ф.,Щагин Э. М. (ред.),*Новейшая история Отечества. XX век*,Книга1,М.:Владос,2002,с399.

和国的强烈反对,斯大林将方案送交所有中央委员,中央委员会决定10月5日开会讨论这个草案。

列宁对这个方案提出了严厉的批评,他坚持建立一个新联盟,所有的共和国包括俄联邦在内,均以平等地位参加。斯大林对列宁的批评进行了同样措辞严厉的反驳,他写道:"几乎毫无疑问,这种轻率只能为'鼓吹独立的人火上加油'。"①经历了反复的争论与冲突之后,斯大林接受了列宁的建议。俄共(布)中央决定按照列宁的建议,起草新的联盟条约。

1922年12月30日,包括四个主要共和国的第一届苏维埃大会召开,批准了新的国家联盟:苏维埃社会主义共和国联盟宣言。在莫斯科的中央政府,获得了国防、国家预算、国家安全、边界控制、国际代表、对外贸易和交通运输方面的权力,共和国保留了内务、医疗保健、教育和司法方面的权力。

按照列宁设想建立的苏联,从一开始就出现了矛盾。民族人民委员会成员苏丹·卡利耶夫注意到,新联盟的建立,将苏联的各个民族划分为两部分:"一些民族有权进入联盟中央执行委员会,另一部分民族无权进入联盟中央执行委员会,各个民族因此被划分为亲儿子与继子两部分。毫无疑问,出现这种情况是不正常的。"②

苏维埃社会主义共和国联盟的形成,在1922年12月仅仅是起步,还有一些共和国没有加入联盟,而党内思想并没有真正统一。在1923年1月提交给中央政治局的特别说明中,斯大林再次表示,对于在苏联形成过程中,共和国是通过现存的联邦形式(俄罗斯苏维埃社会主义共和国联邦和外高加索联邦),还是以独立国家的方式加入联盟的问题,不要给予明确的答复。这个问题显然是针对需要平衡各个共和国的地位提出的。

---

① 伊恩·格雷:《斯大林:历史人物》,北京:新华出版社1981年版,第202页。
② Киселев А. Ф. , Щагин Э. М. (ред.),*Новейшая история Отечества*, XX век,Книга1,М. : Владос,2002,с396.

　　然而,争论并没有就此结束,在俄共(布)十二大,相关的争论仍然在继续。俄共(布)十二大批判了俄罗斯大国主义,这就鼓励了希望更多权利的加盟共和国代表。在代表大会上,主张独立的共和国的代表,要求改组联盟结构,以更有利于共和国。乌克兰代表拉科夫斯基认为,对苏联1.4亿人民来说,真正理解国际主义的人非常少。大多数的农民所了解的是民族文化。他在发言中指出:在会议上难道没有流露出俄罗斯人的强权情感? 他们从来就不理解民族压迫,难道不是已经压迫了数百年? 最后他直截了当地表示:"联盟建设走上了一条错误的道路,也许我们还会通过10个决议,但除了充实图书馆和档案馆,没有任何用处。应该走上正确的道路,应该坚决地走下去,应该取消全联盟共产党90％的权力,将它们移交给民族共和国。"①这说明,虽然具有共同的政治理想,但由于不同的民族经历带来的对帝国遗产完全不同的理解,各方对建设新的联盟国家的思考也会存在巨大差别。这显然是革命现代性遭遇帝国现代化遗产必然会发生的矛盾与冲突。

　　会议经过激烈的争论,最后,斯大林的主张得到大会绝大多数代表包括加盟共和国代表的支持。会议转而批判"资产阶级民族主义",主张共和国获得更多权利甚至主张共和国独立的拉科夫斯基被解除了乌克兰政府首脑的职务。在俄国(布)十二大以后,苏联形成的过程得以继续,已经建立的联盟结构也得到了巩固。

　　从1924年到1929年,中亚各共和国陆续加入联盟,苏联的形成才基本结束。1924年1月31日召开的全联盟第二届苏维埃大会,通过苏联宪法,宪法第二条规定,苏联各加盟共和国有权退出苏联。1924年的苏联宪法,是按照革命能够逐步扩大到其他国家的设想制定的,它表明,苏联是一个国际主义的国家。宪法的精神就是在未来建立世界苏维埃社会主义共和国联盟,宪法将《国际歌》作为苏联国歌,也体现了苏联宪

----

① *12 - й съезд РКП*（*б*）（*17 - 22 апреля 1923 года*）：*Стенографический отчет*，М.：Госполитиздат，1959，c576 - 582.

法的国际主义与世界革命的理想。这强化了苏联社会主义现代化的自身特点：以世界社会主义胜利为目标的革命现代性。

苏联的形成，开始了原沙俄帝国的民族化过程。在各个加盟共和国与民族地区，实行宽松的民族政策，干部本土化成为民族化的主要内容。民族文化得到尊重，民族语言开始作为正式的官方用语。在一些没有文字的民族地区，语言学专家甚至帮助这些民族建立了文字体系。在旧帝国基础上形成的苏联，进入到一个民族间关系较为良好的时期。

苏联的形成和苏联第一部宪法，巩固了 1917 年开始的进程，也结束了战争与革命的动荡时期。革命与战争带来的旧秩序的崩溃及其影响，以苏联的形成基本消除了。但新的矛盾也随之出现，即按照列宁思想形成的苏联，各个加盟共和国虽然形式上拥有更大的独立性，但俄共（布）却是按照列宁提出的，并在内战时期以更加严厉纪律约束的民主集中制原则进行领导活动的，即执政党的极严格的集中制与加盟共和国的相对自由之间，总是存在矛盾。实际上，通过党的民主集中制，联盟中央可以有效地防止共和国和民族地区的民族主义倾向的发展，苏联的统一在很大程度上是建立在高度统一的党这个基础上的。一旦党的统一被破坏，苏联形成的原则将成为苏联解体的重要原因。

苏联宣传动员机制的最终形成及其向农村的延伸

在解决了革命遗留下来的第一个难题以后，苏维埃政权着手解决第二个问题，即如何在难以驯服的农村为新政权建立广泛的社会基础。为了解决这个问题，加强苏维埃在农村的政治基础，苏共首先从意识形态领域开始，即首先取得在乡村的文化领导权，通过文化领导权加强对农民的思想影响，以便潜移默化，让新常识最终战胜旧常识。在这个过程中苏共的宣传动员机制从城市向农村扩展，形成了完整的宣传动员机制。

文化领导权的实现需要有效的手段，"俄国文化围绕东正教而形成，其核心是对已写成文字的极端尊重"。基于对俄国文化这一特点的清醒认识,苏共认为,报纸就是文化领导权的最重要体现。[1] 针对不同人群创办不同报纸,成为苏共宣传动员机制的主要内容。在新经济政策初期,苏共为了扩大在农村的政治与意识形态影响,所采取的重大措施之一是在 1923 年创办了一份专门面向农民的报纸《农民报》。《农民报》的读者对象是那些"没有能力阅读更严肃材料的读者"。对《农民报》的要求是,充分考虑到农民的文化水平,特别是农民表达自己利益和愿望的特点。为了帮助农民更好地理解报刊传播的信息,编辑部注意将那些农民无法理解的词汇专门列表解释,有效解决了这些问题。[2]《农民报》在当时苏联的中央报刊中发行量高居榜首,其订户在 1923 年就超过 50 万,最多时达到 300 万份。

与创办《农民报》相呼应,苏共在 1923—1924 年,发动了农村通讯员运动。运动的主要目的,是要建立一支在农村扩大苏共政治和意识形态影响的"引导与组织力量"。苏共要求农村通讯员要支持党的总目标并促进这些目标在农村的实现。组织这个运动的苏共中央组织局要求农村通讯员,协助党组织和苏维埃扩大自己的影响,加强对劳动群众的政治领导。同时,苏共还要求农村通讯员批评地方干部的错误,反映农村的真实情况特别是阴暗面。农村通讯员运动是苏共针对农村的特点而形成的宣传动员机制的有机组成部分。

随着农村通讯员队伍的建立,《农民报》形成自己引人注目的特点。除了传达苏共的政策与思想理论等相关信息外,一方面,报纸大量发表来自农村通讯员的报道与各类文章,包括对村、区领导机关的批评,另一方面报纸专门开辟了农村读者来信的专栏,每一期报纸的读者来信专栏都要刊登农民来信。结果,《农民报》因此成为农村与农民情况和思想状况的信息集中地。在新经济政策期间,《农民报》共收到农民来信约 80

---

[1] H. Hudson, *Shaping peasant political discourse during the new economic policy*, Journal of Social History, Winter, 2002.

[2] J Brook, Thank You, *Comrade Stalin*!, Princeton University Press, 2000, p. 12‒13.

万封。从《农民报》收到的农民来信可以发现,几百万份《农民报》进入到过去近乎与世隔绝的村庄,在将普通人的现实感和活生生的新的意义价值观体系传播到村庄内部的同时,也将苏共的政治、政策主张与社会主义意识形态传播到村庄内部,逐渐寻找到接受者和进一步的传播者。

为了在农村扩大政治与意识形态影响,苏共还在每一个村庄建立了小型图书馆或者读报室(阅览室),这就为了农村青年提供了一个不同于过去的聚会与活动场所。在这里青年人谈论的不再是那些在村庄谈论了几百年的话题,而是过去为农民所不知道、不了解的话题,这些话题已经远远超出了村庄的范围甚至区和县的范围。一个人只要经常到这样的场所,其思想意识的变化就不过是时间与程度问题了。

鉴于在农村中组织力量的薄弱,加强党在农村的发展成为苏共的主要工作之一。由于多方面的原因,农村党员队伍的发展始终缓慢。在这种情况下,大力发展共青团在农村中的组织,就成为苏共壮大在农村的力量的基本任务,因为青年人的思想受传统意识形态的影响要小得多,而且比较容易接受新的观念。发展共青团组织还有更长远的思考:为未来的农村变革做好干部准备。由于得到苏共的重视,也由于农村青年已经不满意农村单调乏味的生活,共青团在农村的发展远远超过共产党的组织。到 1927 年,共青团在农村的团员总数已经超过了 100 万,占当时全部共青团员总数的 50%,而在 1927 年,苏共在农村的党员不到 17 万人,其在党员总数中比例仍然只有 10%。苏共在农村的党员多数集中在各级政权机关、学校和国营农场等,而共青团员则大多数存在于各个村庄。① 因此,苏共在农村的政治与意识形态存在主要是通过共青团组织实现的,共青团成为苏共动员机制重要的组织环节。

苏共所采取的这些措施,都是为了改变仍然存在于农村的传统的政治与意识形态关系,但苏共也认识到,传统形式同样也可以在形成新的

---

① Charles Bettelheim, *Class Struggles in the USSR*:1923 - 1930, Monthly Review Press, 1978, p. 336.

社会关系中发挥不可替代的作用。举行节日庆祝活动并进行戏剧演出，是俄国人民的传统。罗曼洛夫王朝曾经以其庆典的雄伟和礼仪的丰富而闻名于世。苏共认为，"传统被证明可以与社会主义意识形态相适应"。使苏共领导人入迷的庆典政治可以扩大党的政治与思想影响，也可以将国家与社会主义的欢乐融为一体。通过节日庆典和其他的宣传媒体，党就能够使新的政治认同逐渐发展，从而奠定苏维埃政权的合法性基础。① 苏维埃政权建立初期，就确定了新的与革命相联系的节日，并每年都举行盛大的节日庆祝活动。传统的东正教等节日庆祝活动首先在城市被取消，随着与新制度相联系的节日庆祝活动在农村的展开，这些庆典在农村被削弱。新的节日庆典的戏剧演出，主题发生了有利于苏共扩大意识形态影响的根本性变化，但在语言与演出风格上却保留了过去的传统，从俄国历史中选取的恰当主题，被重新解读，从而建立起革命与历史的连续性。

政治宣传画作为一种视觉宣传手段，苏共的创新是显而易见的。苏共在政治宣传中运用了各种方式，但宣传画却被给予了特别的重视。除了视觉宣传具有更直接的冲击力外，当时俄国绝大多数人是文盲也是一个重要原因。所以，苏共领导人认为："在现在和不久的将来，农民通过视觉榜样所学到的就可以帮助他改善生产。农民更多地是根据形象而不是抽象的公式进行思考。"②在新经济政策时期，由艺术家创作的新型工人和农民形象的宣传画进入到每一个村庄，以新的偶像替代了过去农村常见的宗教偶像。虽然其实际效果在今天已经难以估价，但作为苏共在农村扩大政治与意识形态影响的方式，显然不能说毫无效果。

到新经济政策晚期，苏共的宣传动员机制已经基本形成，其在农村取得的成效表现为，一批具有新的观念、希望过新生活的青年人在村庄中出现聚集，虽然其中也混进了一些乡村的小流氓，但共青团在农村的

---

① J Geldern, *Bolshevik Festivals*, University of California Press, 1993, p. 12, 176.

② V E Bonnell, *Iconography of Power*, University of California Press, 1998, p. 5.

组织已经可以发挥联系和团结青年的作用。受共青团影响的青年人使用着新的政治话语,用新政治概念思考苏联的社会生活,向往着更美好的生活。社会主义的意识形态已经潜移默化地对这些仍然生活在农村环境中的人们发生影响,在他们身上,新的常识正在取代旧的常识。这个群体的集体认同建立在对传统的拒绝与对苏维埃国家、党和共青团认同的基础之上。他们对更美好生活的向往与对社会流动的期待紧密联系在一起。如果农村的状况不发生根本性的变革,村庄内部实际上没有什么向上流动的机会,而国家如果不发生经济社会方面的巨大变化,也不能给他们提供向村庄外世界流动的机会。当苏联农村青年中越来越多的人接受了新思想观念时,他们对苏共政治认同与实现向上的社会流动的期待同时加强,这是斯大林实行"大转变"时,在农村中可以依靠的有组织的力量与可以使用的干部储备,而这种宣传动员机制后来被大批第三世界国家的革命政党学习借鉴。

第二节 苏联政治体制的定型与转变

1924 年 1 月 21 日晚,列宁逝世。此时,苏联的政治体制与苏联社会仍然处于演化过程中,国家正在实行新经济政策,但关于国家未来的发展道路仍然没有确定。与此同时,对于世界革命的期盼与想象,在党内仍然盛行。世界和苏联的现实却与这种期盼和想象完全相反,未来国家的发展方向成为党内争论乃至斗争的焦点。苏联政治体制的最终定型,正是在期盼和想象与现实的矛盾和冲突中逐步实现的。这一过程充满了激烈的斗争,不管如何认识这个过程,"所有这一切,都是建设一个新的、特殊的社会主义式现代性这一宏大历史使命的组成部分"[①]。苏联党和国家领导人真诚地追求建设一个新的社会主义的理想社会,他们的行动却依然受到俄国现实条件的约束,他们的行动也必然充满矛盾。

[①] Edited by R. G. Suny, *Cambridge History of Russia: Twentieth Century*, Cambridge university Press, 2007, p. 193.

基层诉求、党内斗争与党内权力集中

　　列宁去世后,苏共开展了"为纪念列宁吸收党员运动",在很短时间内,苏共党员人数增加了25万多人,占当时苏共党员总数的1/3,到1928年,苏共党员中有80万名党员是在1924年开展的吸收党员运动以后入党的。新加入苏共的党员,大多数都是新工人。苏共开展吸收党员运动的目的,是通过扩大党的队伍为日益增加的对干部的需求提供组织基础,也是为了体现苏共的工人阶级性质。但这些新党员的诉求,在很大程度上与苏共的想象并不一致,但却成为影响苏共党内斗争结果的重要因素。

　　在"为纪念列宁吸收党员运动"结束后,各个地方党委给苏共中央的报告显示,新吸收的党员,与经历了革命和内战的党员存在非常明显的差别,即新加入苏共的党员入党动机多种多样。一份报告中写道:"新吸收的党员中有一半入党是因为害怕被裁员,而技术熟练的工人,很少有入党的。"布良斯克州委的报告也谈到了同样的问题:"还有一些新党员,是为了保证自己不会被裁员或者失业。"几乎所有地方党委给中央的报告都谈到,有许多党员入党是为了改善生活条件,莫斯科州委书记扎斯拉夫斯基说:"'为纪念列宁吸收党员运动'吸收了一些最贫困的工人,因为他们对谁生活得好更敏感。"①而内战结束后开始执行的新经济政策,在老党员中激起了强烈的不满。扎斯拉夫斯基在给中央的报告中写道:"政策转变太突然,企业又还给了以前的老板。而且,创造重工业基础的计划已经被毁了。"②新经济政策也引起了工人对苏共的普遍不满。一位失业冶金工人写道:"今天有两个阶级:工人阶级和共产党人。共产党人

---

① Vladimir Brovkin, Russia after Lenin, Politics, *Culture and Society*, *1921 - 1929*, Routledge, 2005, p. 192.

② David Priestland, *Stalinism and The Politics of Mobilization*, Oxford University Press, 2007, p. 158.

已经取代了过去的贵族和大公。"①许多新党员则根本不理解新经济政策的意义到底是什么。

由于新经济政策时期,除了具有专业技术的熟练工人外,大多数工人的收入并没有得到提高,在有的企业工人收入还出现了下降,工人的不满也同样强烈。特维尔省的工人表示:"给我们面包,也不要引入所谓的'合理化管理',你们用它制造了无情的失业。我们不需要你们的代表,这些代表从来就不保护我们。"②

新经济政策时期苏共面对的主要政治难题,已经是如何继续赢得工人阶级的支持。赢得工人阶级的支持不能停留在给予工人阶级更高的社会地位,执行工人阶级优先的社会政策,也不能停留在给工人阶级前所未有的政治地位,将工人阶级作为党员和干部的主要来源。如果要得到工人阶级的支持,必须解决就业问题,并提高工人的生活水平。在实行新经济政策并使国民经济恢复以后,苏联的就业形势没有好转反而恶化。因为,无论是私人企业,还是国营企业,只要进入市场,只要进行合理化管理,就会有极强的成本意识,减少用工常常成为企业降低成本的主要手段。当城市就业形势恶化时,农村也出现了劳动力过剩,特别是接受了新思想的农村青年,由于农村没有流动的机会,开始大量涌向城市,使得城市的失业问题更加严重,就业问题转变成为政权稳定问题。新党员、老党员与工人阶级大多数的共同诉求实际是相同的,即工人阶级的政治与社会地位,需要通过经济地位来体现,需要通过稳定的工作与不断提高的生活水平来实现。这恰恰是革命曾经做出的承诺。

不过,苏共在政治上仍然高度重视工人阶级的作用,在大批吸收新党员后,为了提高新党员的政治意识,也为了提高所有党员的知识与文化水平,苏联政府专门拨款建立了政治教育体系,这些学校专门培养宣

---

① David Priestland, *Stalinism and The Politics of Mobilization*, Oxford University Press, 2007, p. 155 - 156.

② Vladimir Brovkin, Russia after Lenin, Politics, *Culture and Society*, *1921 -1929*, Routledge, 2005, p. 143.

传鼓动员以及党与国家的中层干部。苏联政府还建立了工人夜校,对工人进行业余培训,以提高他们的技能水平。工人夜校的退学率很高,只有少数人能够坚持下来。但无论如何,这些学校对培养新的知识分子和鼓励社会流动做出了贡献,而这些学校,特别是政治教育体系构成苏联政治体制的一部分。

虽然苏共采取了一些措施,以给工人阶级更多的机会,包括主要从工人阶级中选拔干部等,但这毕竟只能解决工人阶级中有雄心也有能力的工人寻求发展的问题,对于大多数工人,这些措施与他们没有任何直接联系。而在苏联报刊上不断出现的对社会主义的描述,再次激起了一部分工人的革命想象。这正如西伯利亚一位工人所说:"我们必须进行第二次革命,列宁没有完成这项工作。"①当时发生的一些罢工,也表明工人阶级的不满正在增强。

对于工人阶级与普通党员的诉求,苏共领导人当然不会一无所知。斯大林在 1927 年就认为,工人罢工是因为他们希望从企业利润中得到更多份额,他们的要求没有得到充分的注意。② 然而,被战争破坏的经济,即使得到恢复,也无法满足工人阶级的诉求,党内占据统治地位的通过世界革命实现社会主义在苏联胜利的期盼与想象,使得苏共无法在短期内确定国家工业化的道路,而不断发生的党内斗争,也白白耗费了苏共大量的时间与精力。

从列宁逝世到斯大林开启加速工业化进程的五年时间内,苏共党内共发生了三次严重的理论争论与政治斗争,争论与斗争的中心问题,都是苏联应该如何实现社会主义现代化。

第一次争论发生在 1925 年的苏共十四次到十五次代表大会前后,斯大林在依靠党的组织原则和纪律回击左翼反对派的进攻,并取得组织

---

① Vladimir Brovkin, Russia after Lenin, Politics, *Culture and Society*, *1921 -1929*, Routledge, 2005, p. 201.

② David Priestland, *Stalinism and The Politics of Mobilization*, Oxford University Press, 2007, p. 186.

上的胜利后,在十五大提出"一国首先建成社会主义"的理论,取得了理论上对左翼反对派的胜利,并将世界革命的想象暂时搁置一边,为按照自己的设想实现苏联的社会主义现代化创造了有利的组织和思想条件。1924 年通过的苏联宪法体现的仍然是世界革命的想象,而实际上,在内战结束后,苏联的革命势头已经失去了动力,新经济政策显现的是革命的退却,党内与工人阶级的不满日益明显。国家需要新的理论和政策来指明方向,激发革命的想象力。这个理论就是"一国首先建成社会主义论",这个政策就是斯大林阐述的苏联工业化道路与工业化战略,"它在党内激起了新的热情,而且,这种干革命光荣的热情还扩大了党外。它宣告不依赖西方,相信自己的国家有能力前进,独立自主地创造自己的未来"①。斯大林提出"一国首先建成社会主义论",考虑的不是苏联当时是否具有建成社会主义的条件,而是为了使苏联摆脱世界革命的想象,使党和国家的注意力转移到国内问题上来,将精力和资源集中于解决工业发展问题。这一理论的提出并被全党接受,斯大林就成功地将苏联从对世界革命的依赖中解放出来。在这方面,斯大林更近似于斯拉夫派,他本能地反对对任何外国的依赖,包括对世界革命的依赖。

而且,斯大林也许是苏共领导人中第一个认识到工人阶级的多数对发生在中央的争论没有兴趣的人,当时的实际上情况也的确如此。"80万新党员中的大多数既不能理解,也不关心在老布尔什维克中间发生的理论争论。"而且,"布尔什维克高层中间发生的争论,对于外省的干部而言,也无重要意义"。其原因在于,反对派的纲领已经脱离苏联社会实际,正如一位反对派成员所说:"不可能在一国内建成社会主义,你们已经忘记了世界革命。"②这种不切实际的想象显然与基层的诉求相去太远。但苏共党内的反对派特别是托洛茨基为首的左翼反对派和联合反动派,从 1923 年到 1927 年 11 月,与苏共中央基本上一直处于争论和斗

① 伊恩·格雷:《斯大林——历史人物》,北京:新华出版社 1981 年版,第 268 页。
② Vladimir Brovkin,Russia after Lenin,Politics,*Culture and Society*,*1921 -1929*,Routledge,2005,p. 199 - 202.

争之中,并自以为能够得到工人阶级的支持。虽然他们提出的问题并非没有道理,他们的理论观点也并非没有意义,但他们解决问题的方案,是依据世界革命胜利为前提的,因而逐渐失去了工人阶级与基层党员的支持。在每一次各级党组织会议上,都会出现绝大多数党员抨击个别左翼反对派的情况。"我们党已经极端厌倦从1923年开始的没完没了的争吵,经济在增长,情况在好转,但分歧并没有因此趋于减少,相反是越来越多,而且激化为争吵。大家的厌烦情绪已到了极点。"①

当然,对于苏共而言,党内存在反对派可能是党内民主得以存在的条件,问题在于,苏共党内的左翼反对派,与俄国历史上的知识分子一脉相承,继承了不妥协同时蔑视法规的俄国传统,这使得左翼反对派走上了挑战和破坏既定的党内纪律和规则的道路。斯大林最终击败左翼反对派和联合反动派,依据的恰恰是列宁制定的党内制度和纪律,坚持的是列宁在政治遗嘱中提出的防止党分裂的原则。但斯大林在与联合反动派的争论与斗争中,又走向了另一个极端。除了将所有主要的反对派领导人开除党,还将其骨干分子流放到遥远的中亚。对联合反对派的斗争,保持了党的统一,符合绝大多数党员与干部的意愿,却使得处理党内矛盾走上了逐步升级的道路,最后发展到残酷斗争、无情打击的极端方式。在打垮布哈林为代表的右翼后,党内的不同声音也逐渐消失了。反对派失败的根本原因在于苏联社会在多年的动荡后需要的是秩序和安定,"事实上,这个国家的主流政治气氛是非政治化的"②。

在右翼还没有被完全打垮的1928年底,苏联全国庆祝斯大林50大寿,盛况空前。虽然没有实际制度,但从这一刻开始,党内权力已经实际上集中于斯大林个人,而对斯大林的个人崇拜,也在这个时期形成了。

---

① 《苏联历史档案选编》第7卷,北京:中国社会科学出版社2002年版,第417。
② Vladimir Brovkin,Russia after Lenin,Politics,*Culture and Society*,*1921 -1929* ,Routledge,2005,p.202.

大转变与苏联政治体制的定型

1929 年 11 月 7 日,《真理报》发表斯大林的文章《大转变的一年》,标志着新经济政策时期的正式结束。苏联转变到以计划经济方式加速实现国家工业化时期,苏联政治体制的各个环节随之按照计划经济的要求,发生了转变或者得到进一步发展,在革命初期与内战时期初步形成的苏联政治体制,在大转变的年代最终定型。由于苏联最终定型的政治体制,是按照斯大林的设想并在斯大林领导下形成的,因此被称为"斯大林模式"。

首先发生转变的,是苏共的宣传动员体制。在新经济政策时期,苏联报刊追求的是重塑大众的语言、文化与思维过程,并将他们转变为具有政治意识的社会主义国家公民,塑造新的苏维埃人这一极其严肃的任务。因此,报刊在新经济政策时期发挥的作用是对苏联人民进行社会主义的启蒙。为了实现这一目标,报刊的形式和内容就必须多样化以满足不同社会群体的需要。"在新经济政策时期,《真理报》和《消息报》的版面所刊载的新闻题材对今日西方的读者很熟悉,文章与通讯报道体现了'客观'的风格,编者按语、经济分析以及关于日常生活的短小精干的讽刺作品等。"大转变开始后,党的中央委员会决定将塑造新的苏维埃人这一任务暂时搁置一边,所有的文化工作与资源都被用于动员人民特别是党的积极分子,投身于加速国家工业化的紧迫任务。这一转变,按照列宁主义的术语,"这是从启蒙转向了动员"。转变后的报刊版面上,不断出现的是,"惊叹号、命令、军事象征和党的领导人对工厂超额完成生产计划的祝贺","黑体的通栏大标题,工人突击队的胜利,'动员'青年共产党人奔赴建设工地,以及'生产战线的其他胜利'"。[①] 正是从大转变开始,苏联的媒体完成了从社会主义启蒙到社会主义动员的转变,其内容基本由党的宣传动员部门确定。

---

① Matthew Lenoe,*Closer to The Masses*,Harvard University Press,2004,p. 2,11.

在大转变时期,苏联政治体制使苏共领导地位得到进一步强化的变化之一是,苏共终于在难以驯服的农村普遍建立起党的基层组织体系。在新经济政策时期,苏共主要通过宣传机制,将新的思想观念灌输到乡村社会,接受新思想的主要是青年农民。在组织基础方面,苏共在农村建立起完整的共青团体系,但村苏维埃多数并没有被苏共所掌握,许多村庄仍然按照传统的村社习惯管理,即经过多年的意识形态渗透,乡村依然具有相当程度的自治,国家力量依然未进入村庄。大转变开始后,"有二万五千名'有充分的政治和组织经验'的工人作为突击队被派到农村"①。这些被派到农村去的具有政治与组织经验的工人,与内战时期被派往农村的工人征粮队不同,他们的任务不是临时性的,即不仅仅是在农村建立集体农庄,然后返回城市。他们的主要任务,是长期留在农村,在集体农庄建立后,担任当地基层政权与集体农庄的领导,并协助地方党委在每一个村庄建立党的基层组织。运用这种方式,苏共与苏维埃国家打破了乡村社会的自治,使国家力量延伸到乡村社会基层,也使国家的动员组织能力能够达到国家的每一个角落,苏共的动员能力得到极大的扩展。

大转变使苏联所有的经济活动基本上都纳入到国家经济计划,国家管理体制也按照计划经济的要求实行重建。1929 年 12 月 7 日,成立了新的土地人民委员部,其职能是领导农业集体化,并对农业与林业生产进行长期领导。苏联国家计划委员会在 1921 年即已成立,在新经济政策时期,它的主要工作是对经济形势进行预测并制定工业部门的计划。大转变开始后,苏联国家计委的职能由预测转变为对经济进行计划指导。1931 年,国家计委的地位得到提高,它被赋予制定法令的权力,其机构也得到极大的扩张。苏联国家计委成为实际的经济内阁,拥有极大的经济权力。与此同时,重要工业部门的管理权限,也从共和国转移到联盟中央,形成了统一的全联盟国民经济联合体,地方经济管理权限被削

---

① 伊恩·格雷:《斯大林:历史人物》,北京:新华出版社 1981 年版,第 309 页。

弱,经济权力进一步向中央集中。部门管理得到强化,而职能管理被弱化,巩固了人民委员部对企业的直接领导。最高国民经济委员会被改组分拆为重工业人民委员部、轻工业人民委员部和森林工业人民委员部。1936年,从重工业人民委员部中分拆出国防工业人民委员部,1937年,又分拆出建筑工业人民委员部。到1940年8月,苏联政府包括全联盟经济管理部门24个,全联盟-共和国经济管理部门16个。为了改善对国民经济的管理,苏联人民委员会在1940年又建立了6个经济委员会,这些委员会拥有对人民委员部发号施令的权力。苏联劳动人民委员部从全苏工会理事会中分拆出来,负责社会保险、疗养、休假、科研机构等部门管理。这样,苏联就建立起世界上最为庞大的政府,对经济社会与文化等进行全面管理。在1930年代形成的国家机关与机构系统,一直存在到1989年。

庞大的政府机关,在政治上与重大决策、重要人事任免等方面并不具有充分的权力,它要根据苏共中央的决议或者决定来制定国民经济与社会、文化发展计划。这些部门和机构的权力,集中在对经济、社会与文化发展的具体管理方面。当苏联政府机构新建与改组完毕,并通过组织渠道接受苏共中央的领导,苏共组织体系在生活各个领域形成完整的网络,苏共的所有机构完成了转变,苏联的政治体制就基本定型了。已经定型的苏联政治体制的特点是,权力高度集中,运用行政命令方式管理经济活动,运用动员方式调动社会力量和资源,在短时间内完成国家面临的紧迫任务,这是它最为突出的优势。这个体制的核心是执政的苏联共产党,这时的苏共,既不是革命前后也不是内战时期的党,而是政权系统中的党,甚至更广一些说,是社会相互联系中的党。国家各个方面的发展,都来自于党的主动性。

权力高度集中与行政命令式的管理方式,一方面具有极强的组织动员能力,另一方面产生的是官僚主义与办事拖拉。到1930年代中期,官僚主义在更大范围内发生,而且具有更多的形式。"苏联领导人对官僚主义的批评比任何其他人都多得多。斯大林对官员队伍的批评体现出对官僚主义进行全方位批评的特点，'官僚主义'这个词在苏联词汇学中总是具有特殊的含义。"①即苏联出现的官僚主义并不完全是一个作风问题，而是伴随加速工业化出现的各种混乱和不合理现象，当然也不能排除作风问题。美国工程师维特金，在苏联工业化时期到苏联工作了几年。他在回忆录描写了他所见到的官僚主义的主要表现形式：十多种不同类型的墙体构件被运送到同一个建筑工地，导致造好的墙出现强度与隔热性不同的问题，门窗与建筑物的框架不一样。"数以百计的类似的未能协调好的发展，随处可见。"当工地一个工作人员对自己的岗位表示出不满意时，工地领导立刻要解除他的工作。直到维特金找到党委书记，问题才得到解决。②

斯大林解决官僚主义的方法是，加强计划工作的科学化，包括提倡在经济建设中开展合理化建议活动。维特金曾经就建筑工业发展给相关刊物写过文章，文章发表后，建筑工业发展中的问题迅速减少。斯大林对付官僚主义的另外一种方法就是，在基层定期开展对领导工作的批评，而领导人则必须接受批评并进行自我批评。"在会议上，在企业内部和在苏联的出版物上，开展'批评与自我批评'，官僚们被贴上了各种有损声誉的标签。"③虽然这些方法不能解决由于体制导致的官僚主义，但也的确可以暂时抑制官僚主义的膨胀，而更重要的在于，它给工人与基层党员一种前所未有的感觉，即自己并不完全是上级命令的被动接受者，而是具有一定权利的参与者。"许多老共产党员在回忆过去的党内生活并理智地承认曾经存在的过去的体制的一切消极特征时，常常谈到党的集体生活的生气勃勃的创造精神，常常谈到党员关心党的工作等等。这就是说，那种体制曾经允许甚至培育了不久之前称之为'群众的生气勃勃的创造力'，而现在却把似乎互不相容的特征——组织的僵化、

① Фицпатрик Ш. , *Повседневный сталинизм* , М. : РОССПЭН. 2008. c39.

② *An American Engineer in Stalin's Russia : The Memoirs of Zara Witkin* , Taylor & Francis, Ltd,1992,p. 99.

③ Фицпатрик Ш. , *Повседневный сталинизм* , М. : РОССПЭН. 2008. c39.

死板和个人的自我实现的可能性连接在一起。"①出现这种情况,实际并不奇怪,俄国文化传统的一大特征,就是经常将各种对立的事物集于一身。斯大林模式也不例外,它是社会主义的革命现代性与俄国文化传统结合的典型之一。作为斯大林模式核心的苏共,既可以是苏联一切创造性活动的发源地,也可以成为扼杀创造性因素的机器,苏联的社会主义现代化进程反复证明了这一点。由于斯大林最初提出的方法不能真正克服官僚主义,他从1934年开始思考政治体制改革问题,这一改革对苏联后来的发展起了决定性作用。

大转变时期,苏联政治发展中的另一个特点,即阶级原则的激进化。新经济政策时期,苏联执行了阶级歧视政策,即苏维埃政权颁布法令,剥夺富农、耐普曼和教士的选举权。同时,针对富农、教士和耐普曼的子女入学、参军和入党等,都制定了歧视性规则,这些社会群体都被污名化,成为事实上的"不可接触群体"。大转变时期,这些群体成为社会主义革命——集体化、经济全盘国有化与文化革命的对象。集体化的政治目标,是消灭作为阶级的富农;经济全盘国有化取缔了耐普曼的经济活动,其中一些人被驱逐或者被逮捕;文化革命打击了教士以及在各个部门的旧知识分子。这些行动持续到1931年。

斯大林的宪法改革与大清洗

1935—1938年,是苏联政治发展最为复杂也最为矛盾的时期,一些发展方向看似完全相反的事件,集中在这一时期发生。

在1935年1月召开的全苏斯达汉诺夫运动大会上,一个来自农村的斯达汉诺夫工作者抱怨说,因为其富农出身而受到歧视。苏联人民委员会主席莫洛托夫在讲话中表示,现在应该朝着所有公民平等,取消一切阶级限制的方向发展,他还指出,当初采取的这些措施都是临时措施,是为了防止剥削者维护与恢复自己的特权。一位苏联监察委

---

① 李宗禹主编:《国外学者论斯大林模式》,北京:中央编译出版社1995年版,第775页。

员会委员在发言中指出：为了使一个人忘记他的社会出身，富农的后代就不应该因此受到责难，所以，现在应该说，一个人不应该因为其社会出身而受到困扰。斯大林插话说："儿子不应该因为父亲而受到惩罚。"苏联 1936 年的宪法，恢复了富农、教士以及其他被污名化和被剥夺选举权的所有那些人的选举权和被选举权。然而，为这些社会群体正名的政策，在整个 1930 年代，面临各种抵制。地方干部没有系统地执行这项政策，基层社会对这项政策也充满了疑虑。在 1935 年召开的集体农庄积极分子大会上，苏共中央负责农业问题的书记在会议上提出允许曾经被强制迁走的富农返回故居，但大会对这个建议的反应极其冷淡。① 这项政策的遭遇，说明了苏联社会经过多次革命，已经形成了新的社会关系和利益关系，任何新的政策如果触及到已经形成的利益关系，都难以贯彻到底。

斯大林在 1935 年提出对曾经的阶级敌人正名，恰恰是他正在准备的政治体制改革的必要组成部分，他准备进行的改革俄罗斯历史学家称之为宪法改革。在此之前的 1934 年 5 月 27 日，已经进行局部特赦，恢复了部分富农曾经被剥夺的权利。在 1930 年代中期，已经取消了十月革命后对过去的统治阶级成员在教育领域受到的限制。

1934 年 6 月 25 日，苏共中央政治局通过两个决议，其中关于国内事务的决议，中心问题就是宪法问题。1935 年 1 月 25 日，斯大林给政治局委员和候补委员以及最高苏维埃领导人叶努基泽等送去自己的一封信，在信中斯大林写道："我认为，宪法问题比最初的设想要复杂得多。选举体制的改变，不仅应该取消多级选举，而且还应该从公开投票改变为秘密投票。在这方面，我们能够也应该走到底，不要半途而废。"②1935 年 2 月 7 日，苏联中央执行委员会第一次会议决定成立以斯大林为主席的宪法委员会，起草苏联宪法修改草案。

---

① Sheila Fitzpatrick, *Stalinism New Direction*, Routledge, 2000, p. 30 - 32.
② Жуков Ю. Н., *Настольная книга сталиниста*, М.：Эксмо, 2010. c54.

斯大林宪法改革的核心理念是,所有苏联公民权利平等,以此为基础,"实现普遍、平等、直接与秘密的选举"。俄罗斯历史学家认为,斯大林的宪法改革与苏联新 1936 年宪法,是苏联政治民主化的开端。"自1917 年以来,新宪法第一次给予全体苏联公民以平等的权利","从苏联各民族利益出发,斯大林引入以差额选举为基础的自由选举,真正开始了国家民主化的进程"。① 斯大林的认识非常清楚:"民主不能自上而下的强加,也不能作为礼物赠送。对于民主,人民应该逐步学会它,特别是在我们国家。在起草宪法时,斯大林积极地学习。按照他的计划,经过一段时间,人民就可以掌握民主的基本知识。""最重要的是,斯大林建议引入差额选举,他建议,最高苏维埃的选举应该预先对每一个职位推选 2—3 名候选人。他想和平地、不流血地使政权摆脱党官僚。"②所以,斯大林的宪法改革还有一个目的,即打击官僚主义。对此,莫洛托夫指出,改革选举制度,"是为了给官僚主义者以强有力的打击,给他们以有益的震动"。斯大林也表示:"选举斗争将非常活跃","在苏联实行的普遍的、平等的、直接与秘密的选举,将给居民们抽打政权机关工作恶劣者的鞭子。"③

宪法改革采取了直接诉诸人民的方式,宪法草案在报纸、杂志上发表,在党和苏维埃机关里宣读,有 55％的苏联居民提出了修改意见。200万人给宪法委员会写信。绝大多数人建议要使社会制度真正确立起来,确定公民的权利与义务,选举制度的原则,解决民族问题以及宗教问题和教会的地位,保障公民的工作权、休息权、社会保障、教育等。

在宪法起草与讨论的过程中,苏共与苏联政府开始了对革命、内战和集体化时期斗争对象大规模的平反工作。1935 年 7 月 26 日,苏共中央政治局做出决定,恢复曾经被剥夺选举权的一些群体的选举权,7 个月后,有 76 万名农民和哥萨克被撤销了过去的法庭判决。在此期间,检察

---

① Мартиросян А. Б. , *200 мифов о Сталине -2 . Сталин и репрессии 1920 -х -1930 - х гг* , М. : Вече, 2008. с24 - 25.

② Бондаренко А. Ю. , *Утаенные страницы советской истории* , М. : Кучково поле, 2008. с40 - 41.

③ Жуков Ю. Н. , *Настольная книга сталиниста* , М. : Эксмо, 2010. с56. 61.

机关重新审查了 11 万多件案件,认定其中 9 万多件的判决不公正而被撤销。1936 年 5 月 8 日,苏共中央政治局再次要求北高加索边疆区、列宁格勒和伊万诺夫斯克州检察长尽快采取措施,撤销对正在服刑农民的法庭判决。"当时的大规模平反并不仅仅限于农民与哥萨克",1936 年 4 月 4 日,苏共中央政治局通过决议,要求纠正在第一个五年计划期间对知识分子的错误处理。"斯大林希望通过所有这些决定和决议,实现自己的主要目标,从根本上改变选民的群众基础。"[①]

斯大林的宪法改革及其准备工作,在党内遭到来自两个方面的反对:"列宁的老近卫军"对斯大林以坚定的措施引入新宪法的最主要设想惊恐万分,"因为,他们认识到,他们的时间不多了,而且是以最和平、最民主的方式结束他们的政治生命"。[②] "如果新宪法提出的措施付诸实施,他们在 10 月剧变后得到的所有特权,将付之东流。当然,最主要的,是他们将失去权力。"[③]同时,"在新的选举体制下,许多以前的地方领导人,'领袖的第二梯队'可能在选举中失败,无法进入新的政权机关。这就使得和平的、合法的、不采用强制手段更新执政精英成为可能。可以消除地方精英与领导人谈交易,并可以用有才干的青年人替换他们。"地方领导人很清楚地认识到,如果进行秘密的差额选举,他们将面临被投反对票,并失去政权与特权。"正是地方党的领导人,正是在现在,在普遍的、平等的、直接的、秘密的、而且是差额的选举中,产生了最为巨大的恐惧,他们可能失去两个职务中的一个:苏维埃的职务。这个职务保证他们以前所具有的全面领导权,保障他们无限的权力。"[④]

因此,一系列的密谋活动就开始了,"根据一些当代历史学家的研究,正是在 1933—1936 年,斯大林以前的一些支持者,开始寻找与过去的反对派活动家接近的途径"。这样,在准备起草宪法和 1937 年选举期

① Жуков Ю. Н. , *Настольная книга сталиниста* , М. : Эксмо, 2010. С59‐68.

② Мартиросян А. Б. , *Сталин и репрессии 1920‐х‐1930‐х гг* , М. : Вече, 2008. С24‐25.

③ Мартиросян А. Б. , *200 мифов о Сталине ‐3 . Сталин: биография вождя* , М. : Вече, 2008. с49.

④ Жуков Ю. Н. , *Иной Сталин* , М. : ВАГРИУС, 2005. с439.

间,不仅苏联社会在民主化,而且高层秘密斗争也在激化。1935年1月,对斯大林宪法改革概念的替代方案,从另一位苏联领导人叶努基泽身边的工作人员中传递出来。他反对放弃宪法的革命原则,也反对举行秘密选举。托洛茨基也在国外抨击新宪法偏离了十月革命的共产主义原则,而基洛夫被刺杀后开始的清洗规模相对有限,而且,目标针对的都是前反对派集团的代表人物。①

为了阻止即将实行的新选举制度,"列宁的老近卫军"和地方主义领导干部,分别采取了不同的方式。出于不同利益考虑的各方,会合在一起,不但阻止了苏联的宪法改革,也使得因基洛夫被刺杀而开始的小范围针对原反对派的清洗,转变为无法控制的大清洗,造成了苏联历史上最大的悲剧。

俄罗斯著名历史学家朱可夫通过对档案的研究,认为的确存在针对斯大林的阴谋,或者准确地说,是针对五个人:斯大林、莫洛托夫、奥尔忠尼启则、伏罗希洛夫和卡冈诺维奇的阴谋。这个由苏联中央执行委员会书记叶努基泽为首的集团,计划逮捕斯大林等五人,并任命图哈切夫斯基元帅为国家临时首脑。②"正是在这个时期,出现了不同层次的具有反斯大林特点的政治与军事反对派。"然而,叶努基泽的计划被破获。1936年12月苏共中央全会在这个时期苏联政治演变中具有重大意义,因为这次全会既要论新宪法问题,又要讨论与清洗有关的问题,"很遗憾,12月中央全会的基本材料,仍然没有开放"③。

由于发生了叶努基泽事件,清洗的范围就扩大到在任的党政军领导层。而且,俄罗斯历史学家的研究说明,进行大清洗的倡议来自地方领导人,而他们的目的,就是破坏即将按照新规则进行的选举。"在1937年春末,无论是斯大林,还是政治局,都没有强调清洗。而是地方党的工

---

① Э. Щагин, Д. Чураков, В. Цветков., *Становлениесоветской политической системы*, МПГУ. 2011c167 - 169.

② Бондаренко А. Ю., *Утаенные страницы советской истории*, М. : Кучково поле, 2008. c45.

③ Жуков Ю. Н., *Настольная книга сталиниста*, М. : Эксмо, 2010. C76.

作者,要求中央委员会采取预防性措施,即把那些被他们认为在下一年的选举中可能妨碍选举的人,更准确地说,是那些妨碍他们使自己人当选的人,关入监狱,并处决。第一个提出具体清洗要求的,是西西伯利亚州委第一书记罗伯特·埃赫,紧接着,其他共和国、边疆区和州委书记也提出了这样的要求。"①埃赫在给苏共中央的书面报告中强调:"到处都有狂热的敌人,试图使用一切手段进行斗争。"②埃赫在 1937 年 6 月 29 日要求苏共中央赋予他特别行动权。紧跟埃赫给苏共中央提出类似要求的,包括后来以大反斯大林闻名的赫鲁晓夫。时任莫斯科州委第一书记的赫鲁晓夫在给中央的报告中写到:"毫无疑问,在城市和农村,活跃着一些敌对集团。在梁赞,不久前出现了社会革命党分子。他们正准备参加以新宪法为基础的选举。"③实际上,在苏共中央给予正式答复之前,有些地方领导人已经开始大清洗了。在莫斯科州,赫鲁晓夫居然找到了 2 万名富农,并提议将他们处决。"在一年多前,这些人刚被斯大林通过法律,撤销了法庭判决,赋予了选举权。他们得到苏维埃政权的宽恕,正准备投票支持新的宪法制度。"④"对于许多地方党委第一书记来说,与埃赫很容易找到共同语言,必须尽快消灭那些可能会投自己反对票的人。"⑤

　　1937 年 7 月 1—2 日,斯大林在去外地巡视时,一些地区的领导人再次要求赋予他们特别行动全权,于是就产生了叶若夫的第 00447 号命令。"因此,'大恐怖'的发动者,不是斯大林,而是那些害怕在选举中失去权力的地方领导人。"⑥俄罗斯历史学家叶里谢耶夫也指出:"发生在1937—1938 年间的大规模政治镇压,无论如何都不能认为斯大林是发动

①　Мухин Ю. И. , *Почему народ за Сталина* ,СПб. : Питер,2011. c82.

②　Жуков Ю. Н. , *Иной Сталин* ,М. : ВАГРИУС, 2005. c433.

③　Жуков Ю. Н. , *Иной Сталин*. М. : ВАГРИУС, 2005. c346.

④　Прудникова Е. А. Хрущев. , *Творцы террора* ,М. : ЗАО《ОЛМА Медиа Групп》, 2007. c283 – 284.

⑤　Жуков Ю. Н. , *Иной Сталин* ,М. : ВАГРИУС, 2005. c439.

⑥　Э. Щагин, Д. Чураков, В. Цветков, *Становлениесоветской политической системы*, МПГУ. 2011, c173.

者。'大恐怖'是不同政治集团党内斗争极端尖锐化的结果。"斯大林集团希望加速从政治舞台上清除各类反对派,"他们并不喜欢以理论争论的方式进行斗争,于是诉诸以选举方式实现政治更新的体制"。地方领导人加入斗争,却对自由选举不感兴趣,"因为这会削弱他们的地位","地区领导人集团拥护对布哈林分子采取具有镇压性质的措施"。[①]

被任命为内务人民委员部领导人的叶若夫,恰恰是一个从党务部门成长起来的官僚,在担任内务人民委员后,他选择了与地方领导人保持一致的立场,并在大清洗中推波助澜。7月30日,第00447号命令发出,清洗就是从这一天升级为大清洗。

由于获得了特别行动全权,地方领导人不断扩大打击面,造成了越来越多的无辜牺牲者。按照俄罗斯历史学家的统计,在大清洗中受到镇压的人中,仅仅应该由赫鲁晓夫个人负责的人数达到161833人,其中,在莫斯科担任党委第一书记期间,他就清洗了55714人,在乌克兰工作期间,清洗了106119人。[②] 地方领导人之所以扩大打击面,不仅因为他们害怕普遍的、平等的、直接的秘密选举,还因为他们希望用大清洗恐吓人民。"就如许多历史学家客观指出的那样,在大清洗达到高潮时,选举运动最重要的参与者早已惊恐万分了。尽管大清洗对选举造成影响的规模和程度的评价仍然没有进行,但是,在大清洗的环境下,再谈进行真正的竞选辩论,已经不现实了。在这种矛盾中,苏联'被掐头去尾'的选举制度,一直保持到1980年代前半期。"[③]

在清洗开始的一段时间内,斯大林还能控制整个事态,在1937年7月以后,他已经无法控制事态的发展。"在1937年3月,斯大林还能够对不分青红皂白地将人开除出党并处决的行为进行严厉的斥责,那么,

---

① Елисеев А. В. , *Разгадка 1937 года. 《Преступление века》или спасение страны?* , М. : Яуза : Эксмо, 2009. c376.

② Мартиросян А. Б. , *200 мифов о Сталине -2. Сталин и репрессии 1920-х-1930-х гг*, М. : Вече, 2008. c134.

③ Э. Щагин, Д. Чураков, В. Цветков, *Становлениесоветской политической системы*, МПГУ. 2011c173.

到 1937 年夏季,这种方式被用于镇压对手就已司空见惯了。这证明,以斯大林为首的国家领导人在很大程度上对正在发生的事件已经失去了控制。"德国历史学家里特尔斯本通过对斯摩棱斯克档案的研究,也认为,"斯大林并不总是能够控制事件的过程"。他确定,"在这一年,斯大林遭遇了政治失败"。"实际上,这一年,在政权结构内的各个集团之间发生了内斗。内务人民委员部被作为清除对手的工具。"[①]在这个过程中形成的内务人民委员部领导集团,"获得了真正的独立性,他们认为,大规模清洗可以使他们获得国家政治权力"。"内务人民委员部的部分领导人也认识到,已经形成的局势使他们面临危险,他们思考了对斯大林采取预防性打击的可能性。"针对斯大林的罪名已经制定出来,按照该计划,将把斯大林与沙皇暗探局联系起来。"可以说,在 1938 年,内务人民委员部的领导人已经摆脱了斯大林的控制。"[②]所以,俄罗斯历史学家洛莫夫认为,大清洗实际分为"大清洗"与"大恐怖"。如果说大清洗是政治局实际可控的,那么对大恐怖的控制,就纯粹是形式上的,它实际是不可控制的。可以认为,"大清洗"是党内斗争的武器。由地方领导人实行的"大恐怖",就是要从整体上压制整个社会。只有这样,才能使苏联的政治体制改革名存实亡,他们就可以尽量地保住权力。[③]

　　"就这样,斯大林集团力图实现的苏联政治体制改革,完全失败了。过了两个月,他们不得不绝望地采取措施,试图停止大规模镇压。"[④]协助斯大林准备宪法改革的雅科夫列夫、斯捷茨基和塔利亚也在这个时期被清洗。1937 年底,当时实际领导党的机关的马林科夫准备了一份关于镇压达到如此大的规模、威胁到国家未来的报告,并准备起草给全党的密

---

① Емельянов Ю. В. ,*Европа судит Россию*,М. :Вече,2007. 300.

② Наумов Л. ,*《Кровавый карлик》 против Вождя народов. Заговор Ежова*,М. :Яуза;Эксмо,2009. c55 - 56.

③ Э. Щагин, Д. Чураков, В. Цветков, *Становлениесоветской политической системы*,МПГУ. 2011. c173.

④ Жуков Ю. Н. ,*Иной Сталин*. М. :ВАГРИУС,2005. c491.

信。斯大林回答说:"不能写密信,应该召开中央全会,讨论镇压问题。"①
1938 年 1 月 11—20 日,召开了苏共中央全会,讨论了令人难以置信的大
规模的、难以想象的镇压,但全会并没有能够使大清洗停止下来。"克里
姆林宫也无法停止大清洗,尽管在 1937 年底和 1938 年初,曾经两次试
图停止大清洗。"②

俄罗斯历史学家雷巴斯认为:斯大林的宪法改革失败,对苏联造成
了毁灭性后果。"扼杀了斯大林的政治体制改革,党阀们就冻结了经济
的未来发展,而且也未能形成可以协调不同群体利益的政治机制。苏联
1991 年的崩溃,是从 1937 年的悲剧开始的。"而这个悲剧首先是斯大林
的宪法改革被扼杀。"众所周知,苏联的极权性,一方面,既是保存国家
的最有效的形式,另一方面,它又需要具备自我发展能力。"③斯大林的宪
法改革如果成功,无疑将消除或者至少缓和其体制的缺陷,给苏联提供
自我发展能力。

在矛盾中转变的苏联政治体制

1938 年 11 月 17 日,苏联人民委员会与苏共中央通过《关于逮捕、检
察官监督与侦查行动的决议》,指出,内务人民委员部在 1937—1938 年
的行动中,由于简化了侦查与审判程序,"不能不导致一系列最为严重的
缺陷与扭曲"④。在更换护法机关的领导人,并任命贝利亚担任内务人民
委员部领导以后,开始了对被清洗者的平反过程。

大清洗最充分地暴露了苏联政治体制的缺陷,或者说,曾经保证苏
共在内战中胜利的体制以及其他条件的共同作用,使得最初的小范围清
洗发展成为大清洗。

---

① Бондаренко А. Ю. , *Утаенные страницы советской истории* , М. : Кучково поле, 2008. c49.
② Э. Щагин, Д. Чураков, В, Цветков, *Становлениесоветской политической системы*, МПГУ. 2011c173.
③ Рыбас С. Ю. , *Сталин*, М. : Молодая гвардия. 2009. c497.
④ Киселев А. Ф. , Щагин Э. М. (ред.),*Новейшая история Отечества*, ХХ век, Книга2,М. : Владос, 2002,c524.

　　苏共胜利的第一个条件是极严格的集中制和铁的纪律。在内战结束后,这个制度并没有发生变化,反而在工业化时期进一步强化,权力进一步集中。由于苏联是一个大国,在中央的斯大林虽然权力集中,但每一个地方的党委第一书记同样权力集中。在没有权力制约机制的情况下,权力被随意使用的可能性随时存在。到1936年,当斯大林准备进行宪法改革时,地方党的领导人已经担任各种领导职务近20年之久。革命后,特别是在内战后,苏联出现了一个从事政治、军事领导活动的阶层。这个阶层拥有巨大的权力,在社会中享有盛誉,甚至还具有传奇色彩,他们的名字被用于命名城市和集体农庄。围绕这些人,逐渐分别形成了类部落的支持者,不同的支持者完全依靠不同的领导人。这些领导人的权力随着党的权力不断集中而日益巩固,其影响不断增强。由于他们在地下工作或者内战时被委托独立行使权力并负全部责任,其纪律性与独立性同样强烈。关键是,这些领导人,"一部分已经背叛了自己的事业,但他们的功劳在党和国家面前,仍然是实实在在的功劳"[1]。居功自傲,官僚主义乃至腐败,在他们中间发生已经不是个别现象了。而苏联的政治体制并没有提供自然选择的可能,执政精英的更新就成为最大的难题,因为每一个寡头只可能选拔自己信得过的人,即自己的支持者。斯大林显然看到了这一点,他进行宪法改革,目的之一就是解决执政精英的更新问题。虽然他们仍然有极强的纪律性,但如果国家进行的改革与他们的思想或者利益发生冲突,他们将会以各种方式进行不同程度的抵制。权力高度集中的中央,事实上并不能控制地方的所有行动。清洗转变为大清洗,就是体制中的所有这些因素同时发挥作用的结果。当这些领导人中的劣迹斑斑者被清洗时,民众表现出对清洗的支持,"因为他们把顶头上司和官僚们的突然垮台看作'受害者梦寐以求的借助于上级判决的报应'"[2]。俄罗斯历史学家科尔杜斯科也认为,1936—1938年

---

① Аксёненко С. И. , *Зачем нужен Сталин* , М. : Эксмо, 2010. c77.

② 斯蒂芬·科恩:《苏联经验重探:1917年以来的政治与历史》,北京:东方出版社1987年版,第76页。

间,在乌拉尔发生的干部选拔制度革命,"在这个时期形成的干部入口,是摧毁以前在地方形成的整个组织体系,摧毁传统的类部落体制的结果"①。实际上,当时的苏联社会整体上对苏共党内发生的清洗持支持态度。"如果没有苏联社会所有阶层的支持,清洗不会发展到如此大的规模。"②这种支持,当然不全是出于对某些劣迹斑斑者的痛恨,而是因为,工业化为数百万的青年人打开了流动的大门,其中一些希望在政治上获得发展的青年人,也梦想着快速上升,而大清洗为他们创造了条件。这实际也是苏联体制不能为青年人提供自然选择机会的结果。

苏共在内战中胜利的第二个体制是建立了具有独立特别行动权的契卡。苏共中央对由契卡演变来的人民委员部的行动失去控制,是苏联政治体制致命缺陷的另一个标志。契卡-内务人民委员部,在内战时期,即形成了以红色恐怖对付白色恐怖的传统,而且将俄国革命中的恐怖主义传统进一步发展。在俄国革命中,一直存在着由民意党开启,由社会革命党和无政府主义者继承下来的恐怖主义传统。1905年革命失败后,社会革命党与无政府主义者进行的暗杀活动导致了12000人丧生,其中包括俄国首相斯托雷平的儿女。内战中红白双方的恐怖主义都达到惊人的程度。契卡在内战中的经历,后来被用各种方式加以歌颂、宣传,使得由契卡演变而来的内务人民委员部不但在苏共党内和苏联政府内是一个具有特殊地位的部门,而且在民众中享有名望。契卡建立时,就有一个原则,即它是对外进行斗争的部门,其工作人员不得卷入党内斗争。这毫无疑问是一个约束掌握强力大权的契卡的机制。问题在于,内战结束十多年后,契卡的名称虽然改为内务人民委员部,其地位并未降低,权限不断扩大,其内部形成了不同的政治派别,深深地卷入到党内斗争,而且其工作人员甚至产生了进入政治领导层的强烈冲动。叶若夫的前任雅戈达,成为布哈林与左翼反对派之间的联系人,"而且具有自己特殊的

---

① Наумов Л. ,《Кровавый карлик》против Вождя народов. Заговор Ежова ,М. : Яуза; Эксмо,2009. C28.

② Емельянов Ю. В. , Европа судит Россию ,М. : Вече, 2007. c298.

非常强烈的野心"①。雅戈达被揭露,强化了高层领导人的警觉。叶若夫暗中整理斯大林的罪名,当这份材料摆到斯大林办公桌上时,斯大林的心情如何是不难想象的。正是由于国家安全机构享有非同一般的权力,如同苏共地方干部中一部分人早已背叛了自己的事业,契卡当中这样的人也不在少数。出于自己的利益和野心,他们就会利用清洗的机会,为自己创造进入政治领导层的机会。只有使国家安全机关与政治斗争隔离,才能使政治斗争以和平方式进行,理论争论、选举等等都是和平斗争的方式。而且,在内战结束后,内部人民委员部已经逐渐发展成为一个巨大的经济帝国,这就是著名的古拉格(劳动改造营管理局的缩写)。在1940年,在古拉格中关押了168万多人,其中47万人是大清洗时被判处反革命罪送入古拉格的。贝利亚接管内务部后,经过平反释放了23万多人,但还有47万多人未平反。

斯大林的宪法改革失败了,但俄罗斯历史学家认为,苏联1936年宪法的制定并实施,是苏联制度演化的真正的转折点。"从1936年宪法实施那一刻起,就开始了缓慢的、矛盾的但却坚定不移的,将中央政权从党转移到苏维埃(国家)机关的进程。"这一转变,意味着在苏共中央政治局与苏联人民委员会之间进行了权力的重新配置,人民委员会在形成国家政治与经济方针上的权力大大增强。对于苏联政治体制的这种变化,俄罗斯学者也是在过去保密的档案开放后才认识到的,这就引起了对1930年代苏联政治体制的重新研究与认识。这些学者注意到,当时的苏联实际出现了双重权力。在这种情况下,曾经在1934年苏共十七大拒绝担任人民委员会主席的斯大林,在1941年5月出任苏联人民委员会主席,形成个人专权。学者们普遍注意到,正是在大清洗年代,各级党委权力被极大地削弱。"可以确信,从1917年布尔什维克党掌握政权,到1941年法西斯入侵,苏联政治体制,经历了从阶级专政向传统的公民民主的

---

① Елисеев А. В., Разгадка 1937 года. 《*Преступление века*》*или спасение страны?*, М.: Яуза: Эксмо, 2009. c376.

演变。这个过程是艰难的,经常伴随着大张旗鼓的强制。""正是这个深层的矛盾,说明了在我们国家确立的社会所具有的独特性。"①

重要的是,1936 年宪法,实际上废除了自 1917 年开始执行的阶级原则。"就为数以百万计的苏联人提供了改变自己社会地位的可能性,展现或者实现自己的创造才能,使自己从底层进入到国家、艺术、科学界的关键岗位。"对于 1936 年宪法,俄罗斯历史学家认为,它的作用在于唤起了人民对未来生活的乐观主义。"正是由于历史上前所未有的社会乐观主义与人民各个阶层的主动性,1930 年代的社会气氛,才不仅充满了悲剧色彩,而且也充满了由那些在创造性岗位上工作,具有健康世界观的人们建功立业的激情。"②"在 1930 年代下半期,对苏联社会一部分人的压制伴随着源于苏联新宪法的改革,就促进了苏联社会思想与政治上的团结。因此,这个改革具有巨大的积极作用,伟大卫国战争时期,苏联人民表现出的爱国主义就证明了这一点。"③

苏联政治体制变化的这种趋势,一直持续到斯大林逝世。而且,苏联政治体制变化的总趋势,是强制逐渐减少,控制逐渐放松。这个趋势也扩大到其他领域。"斯大林采取了一些了措施来反对由革命产生的虚无主义,恢复了爱国主义的地位,促进了艺术特别是采用古典形式的建筑艺术的发展。……他采取措施巩固了家庭制度。为许多俄国过去的历史活动家'正名',停止了对教会的调查。"当然,与此同时,对"人民的敌人"的惩罚也一直在进行。

战争是对苏联政治体制可靠性与有效性的检验。历史证明,苏联政治体制经受住了检验。这不是因为苏联政治体制加强了强制性,而是因为从 1936 年宪法改革开始,苏联政治体制变化的总趋势给了人民以希

---

① Э. Щагин, Д. Чураков, В. Цветков, *Становлениесоветской политической системы*, МПГУ. 2011c177 – 179.

② Киселев А. Ф., Щагин Э. М. (ред.), *Новейшая история Отечества. XX век*, Книга1, М.: Владос, 2002, c527 – 528.

③ Емельянов Ю. В., *Европа судит Россию*, М.: Вече, 2007. c302.

望,而对俄国历史传统的重新肯定,也激发了人民的历史自豪感。"苏联的社会主义制度经受住了战争的考验。没有在 1930 年代建立的巩固的经济与政治基础,要取得战争胜利是不可能的。""苏联集中化的行政命令体制,在战争的极端条件下,具有充分的效率,在'一切为了前线''一切为了胜利'的口号下,能够将国家的所有力量、所有资源动员起来投入到战争中。"①在战争期间,东正教会获得了更多的活动自由。

战争结束后,苏联社会进入了一个新的时期。胜利感使人民产生了巨大的、统一的、对光明未来的期盼。然而,与美国不同,苏联遭受的战争损失太大,人民的期盼与国家现实之间的差距,就是潜在的危险,1945年 7—9 月,在西伯利亚发生了工人骚动,工人们要求改善劳动条件。为庆祝胜利,苏联政府实行大赦,也带来了犯罪上升的问题。从西欧战场返回的官兵们,带回来自由思想。这一切都与国家重建的艰巨任务相冲突,也与当时苏联的政治体制相矛盾。"毫无疑问,1946—1953 年,存在着各种各样的残酷行为、不公正行为和强制行为。但正如事实所证明的,国家的'政治气候'比战前年代要宽松,更不要说比集体化年代和革命年代宽松多了。"②实际上,战后苏联社会出现的改革要求,并不是因为社会环境更严厉了,而是苏联人民的需要经过战争发生了变化,但改革的阻力已经来自各个方面。

1948 年,斯大林准备在莫斯科举行俄国东正教教会自主 500 年庆典,这引发了党的基层组织的不安,因为这将出现思想竞争。"所有这一切,在高层导致了一次不大的冲突。""重新开放的教堂又被关闭了。直到斯大林逝世,没有再开放新的东正教堂。至于赫鲁晓夫,他就是进攻教会了。"③这说明,苏联政治体制已经出现固化现象,对其进行改革绝非易事。

① П. Гурьев, В. Ю. Жуков, С. Ю. Каргапольцев, И. А. Кольцов *с. Отечественная история с древнейших времен до наших дней*,Санкт-Петербург. 2008. 109－110.

② *Кожинов В. В. Россия，Век XX-й (1939－1964)*，М.：Алгоритм, 1999. c187.

③ Рыбас С. Ю，*Сталин*，М.：Молодая гвардия. 2009. c785－786.

战后年代先后发生了"列宁格勒案件"和"医生案件",使得社会又开始出现紧张气氛。但俄罗斯历史学家的研究说明,这两个案件都是战争时期形成的新的党内派别争夺领袖继承权而展开斗争的结果。对于"医生案件","斯大林并不倾向于开始调查,因为他知道日丹诺夫得了重病"。通过"医生案件","形成了新的政权中心:马林科夫、贝利亚与赫鲁晓夫。""医生案件"对于新的权力中心的意义在于,苏共中央可以控制国家安全部的工作。根据《关于国家安全部的决议》,"第一书记'应该知道所有特工的名单',这就破坏了特工工作的基本原则:所有特工都要尽可能地匿名"①。权力争夺能够造出社会紧张,但并不意味着社会仍然停留在 1930 年代,再出现大清洗的社会条件实际已经不存在。

斯大林晚年发表了两部著作:《马克思主义与语言学问题》和《苏联社会主义经济问题》。这两部著作理论价值如何,并不是问题的关键,关键在于他为什么要发表这两部著作,特别是第一部。俄罗斯历史学家巴兰金认为,《马克思主义与语言学》的出版,大多数苏联学者,首先是人文学者的理解是,斯大林的见解,使学者们摆脱了当前由于意识形态教条造成的学术研究中的谨小慎微。"这说明,斯大林非常不满意由党的机关和大量'书呆子'与'学究'所进行的意识形态工作。他试图激发他们的生机与活力,使他们摆脱停滞状态。"②而《苏联社会主义经济问题》,按照俄罗斯学者的研究,这是在为经济改革进行理论准备,因为这部著作提出了重视价值规律问题,即提出了价格在生产中的作用问题。

1952 年 10 月,苏共召开了第十九次代表大会。马林科夫代表中央作了报告,在政治部分,他用了 1/3 的篇幅批评了苏联社会和苏共党内存在的种种弊端,提出了反对腐败的问题;在经济部分提出了调整经济比例问题,强调了注意发展生活资料工业;在文化部分,提出了要有苏维埃的果戈里与谢德林,即文艺要干预生活的问题。在大会后召开的苏共

---

① Рыбас С. Ю, *Сталин*, М. : Молодая гвардия. 2009. c835 – 837.
② Баландин Р. К. , *Завещание Сталина*, М. : Алгоритм: Эксмо, 2009. c27 – 28.

中央全会上,斯大林建议将苏共中央政治局改为苏共中央主席团,并建议增加主席团成员。最后,斯大林提出,他太老了,不能履行所有的职责。他可以担任部长会议主席并参加政治局会议,但不再担任总书记,也不参加中央书记处会议。在斯大林提出这个要求后,"克里姆林宫斯维尔德洛夫大厅一片喊声:'请留任!''不要离开!'"①,更有中央委员泪流满面,哭喊着要求斯大林留下。个人崇拜是俄国历史传统的一部分,实际上也是苏联体制不可缺少的一部分,在苏联的政治发展中,个人崇拜始终存在,甚至延续到普京时期,其差别仅在于程度而已。

实际上,苏共十九大前后,斯大林又在思考改革问题。马林科夫的报告已经提出了问题,批评了党内各个方面的弊端。既然问题提出来了,必然要提出解决问题的办法,但斯大林已经没有时间了。晚年斯大林是否回忆起宪法改革的失败,无人知晓,但他显然希望继续进行改革,这正如俄罗斯历史学家雷巴斯所说:"斯大林回到改革苏联政治体制的思想,是在他既没有时间,也没有力量时,即他的生命将要完结时。"②但斯大林一直没有采取措施来纠正大清洗的遗留问题,这就留下了许多矛盾。由于宪法改革的失败,斯大林留下的就是一个弊端已经充分暴露,而政治体制始终在矛盾进程中变化的遗产。

第三节　在改革与稳定中走向衰败的苏联政治体制

斯大林去世时,苏联政治体制的弊端已经充分暴露,虽然苏共十九大提出了初步的改革设想,但改革进程还没有启动。由于苏共十九大没有解决斯大林身后的继承问题,在改革迫在眉睫的形势下,苏共领导集团却首先陷入了争夺最高领导权的斗争。

---

① Рыбас С. Ю, *Сталин*, М.：Молодая гвардия. 2009. c845.

② Рыбас С. Ю, *Сталин*, М.：Молодая гвардия. 2009. c497.

两次政治密谋与被延误的改革

斯大林去世后的第二天,1953 年 3 月 6 日,苏联部长会议与最高苏维埃主席团举行联席会议。会上,贝利亚提名马林科夫出任部长会议主席,会议顺利通过了这一建议,马林科夫当选为苏联新的部长会议主席。会议选举贝利亚、莫洛托夫、布尔加林和卡冈诺维奇为部长会议副主席。但苏联的继承问题并没有解决,因为苏共中央总书记仍然没有产生。

曾经担任苏共中央书记处书记的谢皮洛夫在回忆录中写道,当时最有可能当选为苏共中央总书记的是莫洛托夫和马林科夫。"在党内和国内,没有一个人认为,无论是赫鲁晓夫,还是贝利亚,将可能成为斯大林的继承人担任苏联部长会议主席或者担任苏共中央总书记。当然,他们使用了其他方法:许愿、阿谀奉承、阴谋和诽谤,朝着一个确定的方向行动。""在领袖去世的那天,所有人,除了赫鲁晓夫和贝利亚——他们正在谋划自己的路线图,都认为,应该防止在党和国家体制中再次出现个人专权的现象。不过,经验告诉我们,需要做好准备,不要贸然行事,这样才能在行动上而不是在口头上恢复党、国家和社会生活的列宁主义原则。"[①]所以,必须实行改革实际是当时所有苏联党政领导人的共识,包括贝利亚在内,而并非是后来被称为改革者的赫鲁晓夫。而且,贝利亚和赫鲁晓夫都希望能够成为党的领导人,但两人的行动方式表面不一样,目的却是一样的。而且,他们都准备通过非斯大林化来达到目的,他们当然都知道宪法改革是如何失败的,但似乎都不准备说明真相。

在 3 月 9 日斯大林葬礼后,苏联领导人立即开会讨论如何对待斯大林及其政策的问题,会议持续近一周。会议上多数人都提出了政策需要大幅调整与体制改革问题。

会议结束后,"贝利亚发起了一系列自由化与非斯大林化的改革,特别是非俄罗斯化的民族政策。这些改革有一部分是为使新领导人获得

---

① Дмитрий Шепилов,*Непримкнувший*,Вагриус,2004,c13,24.

广泛支持而提出的"①。他还明确向其他领导人表示，要恢复法制，要限制国家政权机关滥用权力，不能平白无故地将人关进劳教营，要缩减安全部门的编制；比马林科夫更明确地提出反对个人迷信；主张给加盟共和国更多的权限，更多地使用民族干部；主张缓和国际局势，不要强迫东欧国家建设社会主义，至少速度不要那么快；他还主张削减军费，将更多资金用于人民生活等等。而且，贝利亚认为，所有领导人都必须坦诚地向人民讲清楚 30 年代、40 年代和 50 年代初国内到底发生了什么，自己在大清洗中的表现，那时一切才能真正开始。

斯大林葬礼后不到半个月，新领导人对斯大林的态度就发生了明显的变化。从 3 月 22 日起，斯大林的名字从报纸上消失了，不久，"斯大林宪法"被改称为"苏联宪法"。在贝利亚主持下，苏联发布大赦令，大赦判刑 5 年以下的犯人，100 多万犯人被释放。几天后，报纸发布内务部公告，宣布"医生的阴谋"不存在，为所谓的"医生谋杀案"平反。"贝利亚开始了摧毁古拉格系统的行动，致力于使人获得自由，尽管是部分自由。根据贝利亚 1953 年的建议，古拉格系统实际上被摧毁。"②这些都表明，贝利亚准备在对苏共的历史遗留问题进行清理的基础上进行政治改革，但他以非斯大林化入手，表明他的改革不会走得太远。

在贝利亚采取实际措施来解决斯大林遗留下来的问题，缓和国内紧张局面时，赫鲁晓夫却不断地在其他领导人之间进行密谋反对贝利亚的活动。通过一系列的私下交谈，赫鲁晓夫成功地使马林科夫、莫洛托夫两位苏联主要领导人以及国防部长布尔加林支持自己清洗贝利亚的计划。然后，赫鲁晓夫成功地说服朱可夫等苏联高级将领动用国防军来实现自己的计划。作为国家安全机关首脑的贝利亚，对这些密谋毫无所知。

6 月 26 日，当贝利亚完成平息东德骚乱从柏林返回时，立即被清除。

---

① Derek Watson, *Molotov: A Biography*, Palgrave Macmillan, 2005, p. 244.

② Кобба Д. В., *Государственная деятельность Л. П. Берия (1939–1953 гг.)* Москва, МПГУ, 2002, c172.

这就是在俄罗斯至今仍是悬案的贝利亚案件,他到底被使用什么手段、在什么时间被处决的,至今没有可靠的说法。赫鲁晓夫对贝利亚的指控可以分为两部分。一部分是捏造罪名,比如指控贝利亚是英国间谍、贝利亚准备搞政变。长期从事情报工作的贝利亚如果要搞政变,不可能对针对自己的阴谋毫无所知。苏联解体后开放的档案文件也说明,对贝利亚的指控中没有发动政变的具体内容。对贝利亚的其他指控全部涉及贝利亚的改革和对斯大林个人迷信的批判。苏共中央1953年7月全会对贝利亚进行了全面批判,恰恰这些批判使后人得以了解贝利亚提出的那些改革举措。苏共中央主席团成员安德列耶夫在7月全会上的发言中说道:"千百万人都知道,天才的个人具有什么样的作用,我们也都知道,列宁与斯大林的作用是什么。现在居然提出什么个人迷信问题,这就是贝利亚的招数。"①这充分地说明了,对贝利亚的清除与批判恰恰与当时苏联的发展要求背道而驰,但也说明,贝利亚并不准备说明全部真相。

从斯大林去世到贝利亚被清除掉,时间共113天。对贝利亚在这113天中的改革,俄罗斯历史学家洛莫夫写道:"一批当代作者积极评价贝利亚在斯大林去世后的行动,贝利亚的行为被看作是非斯大林化的第一个尝试,是走向解冻的第一步。"②而美国历史学家陶博曼也认为:"他的改革预示了赫鲁晓夫甚至是戈尔巴乔夫的行动。"③问题在于,贝利亚长期情报工作的经历,使他对问题的判断更准确,行动也更严密,类似赫鲁晓夫后来那样的草率行动,可能不会发生。而且,由于要除掉贝利亚,贝利亚提出的改革要求就必须停止,因为这些要求已经在苏共中央7月全会上受到全面批判,于是,苏联的改革被延误了三年。清除作为苏联第二号领导人的贝利亚,同时清洗了一批安全机关的工作人员,其手法

---

① В. Наумов,Ю.,*Сигачев Лаврентий Берия 1953*,Международный фонд "Демократия",1999,с344.

② Кремлев С.,*Если бы Берию не убили...Вечная память!*,М.:Яуза:Эксмо,2012.с23 - 24.

③ Уильям Таубман,*Хрущев*,М.:Молодая гвардия,2008,с271.

与大清洗一样,这就再一次将苏联政治体制的致命缺陷暴露出来,即苏共和苏联政府包括军方最高领导人完全不受任何制约,几乎所有政治行为包括决定国家最高领导人命运这样的政治行为,都可以由个人意志所决定,蔑视法律的俄国传统,在苏共领导人身上鲜明地表现出来。

除掉贝利亚,赫鲁晓夫向着获得苏共的最高领导权接近了一步,但他并没有完全的把握,他面临的下一个障碍就是部长会议主席马林科夫。按照斯大林时期形成的分工,苏共中央主要从事政治、宣传与组织工作,部长会议主要抓经济建设。马林科夫成为部长会议主席后,立即提出调整经济政策,减轻农民负担,注重发展轻工业等等,在民间有了良好的口碑。1953 年 11 月,赫鲁晓夫的朋友、国防部长布尔加林向马林科夫建议,选举赫鲁晓夫担任苏共中央第一书记,马林科夫无法拒绝,因为当时苏共党内和苏联国内已经对一人兼任党和国家最高领导职务的个人专权现象不满。于是,在随后召开的苏共中央全会上,赫鲁晓夫终于如愿以偿地当选为苏共中央第一书记。从 1954 年开始,在莫斯科和外省,召开了一系列领导干部和专家参加的会议,这些会议不但讨论农业问题,也讨论国民经济各个部门的问题。赫鲁晓夫马不停蹄地走遍苏联各地,到处发表讲话,干预地方领导工作。这样,赫鲁晓夫就成功确立了自己的声望。他明确宣布,要将党的职能转变到对所有国家与社会机关实行绝对领导方面来。马林科夫被排挤到第二位,他已经明白,自己厄运难逃。

对马林科夫的第一次打击很快就来了。1954 年 1 月 24 日的《真理报》发表了谢皮洛夫的文章《党的总路线与对马克思主义的庸俗化》,文章强调了党在所有重要生活领域的领导作用,并将优先发展轻工业和消费品工业的政策定性为修正主义,是一种右倾思想。谢皮洛夫批判的思想正是马林科夫在 1953 年提出,并受到欢迎的思想,当时也未发生争论。在第二天召开的苏共中央全会上,会议一开始就直接对马林科夫提出批评,马林科夫被迫辞去部长会议主席职务。在 1 月 31 日的报告中,赫鲁晓夫说,马林科夫作为政府首脑,缺乏足够的政治敏锐性和布尔什维克领导者的坚定性。马林科夫提出加快轻工业发展,在理论上是错误的,在政治上是有害的。"所以,一些无能的经济学家抓住马林科夫同志的错误讲话,就苏联经济发展的根本问题,提出了反马克思主义的、反斯大林主义的、右倾机会主义的观点:优先发展轻工业。"①马林科夫辞职后,赫鲁晓夫的朋友布尔加林出任部长会议主席,曾经在关键时刻支持他清洗贝利亚的朱可夫重新当上国防部长。从布尔加林建议赫鲁晓夫出任苏共中央第一书记,到布尔加林当上部长会议主席,包括谢皮洛夫的文章,显然都不是毫无关联的偶然事件。赫鲁晓夫在自己的报告中将斯大林优先发展重工业的方针等同于马克思主义,将斯大林主义与马克思主义并列,其政治形象显得更是一个坚定的斯大林主义者,而不是改革者。不论其动机是什么,他扳倒马林科夫的第二次密谋,使得经济改革和经济发展方向的转变被推迟了,而且特别有害的,是此后的苏联没有人再敢于提出优先发展轻工业的思想,苏联经济因此长期不能摆脱加速工业化时期确立的发展战略。他将斯大林宪法改革后已经实行的党政分工重新转变为党领导一切,不但扭转了斯大林开始的符合国家政治发展趋势的改革,使苏联政治体制特别是领导体制重新回到 1936 年以前,实际上也就将苏联的政治改革引入了死胡同,同时,也对后来苏联经济的发展造成不良影响。"勃列日涅夫时期的经济停滞,在很大程度上是苏共对经济生活过严监督造成的。"②

从苏共二十大到苏共二十二大:非斯大林化及其困境

赫鲁晓夫通过密谋,如愿以偿地登上苏联的权力顶峰,并重新将苏联的经济社会生活各个方面都置于苏共的领导之下,而且让对自己言听计从的布尔加林当上部长会议主席。密谋活动可以获得权力,却不

---

① Баландин Р. К. Маленков, *Третий вождь Страны Советов*, М. : Вече, 2007. c229.

② Peter Rutaln, *The Politics of Economic Stagnation in The Soviet Union*, Cambridge University Press, 1993, p. 218.

能解决苏联面临的紧迫的政治问题。从 1953 年到 1955 年 12 月,苏联政治经历了一个缓慢的变化时期。在这个时期,一些大清洗时被处理的党员干部得到平反,但数量不多。斯大林在苏联报刊上的宣传又回到 1953 年 3 月 22 日以前的状况。尽管苏共领导人将大清洗的责任全部推倒贝利亚头上,然而,许多受害者及其亲友却清楚地知道情况并非如此。要求说出真相,给受害者以公正的信件在党政机关堆积如山。赫鲁晓夫及其盟友虽然夺得了苏联的党政大权,却没有在政治与社会生活方面取得令人信服的成就,这种情况如果继续下去,势必影响到他们权力的稳定性。赫鲁晓夫并不打算也不可能说出全部真相,他的选择就是将所有的责任推到斯大林头上,而回避清洗如何发展为大清洗的问题。

在决定要否定大清洗后,赫鲁晓夫采取的方式一如既往,即在极小的圈子内进行准备工作。所需要的材料准备就绪后,在苏共二十大召开前,召开了一个参加人数不到十人的历史学家会议,就起草完毕的报告讨论了三天。在苏共二十大前的苏共中央主席团会议上,赫鲁晓夫准备的报告遇到了不同意见。在苏共二十大实际上已经结束的当天晚上,在只有苏共代表参加的会议上,赫鲁晓夫作了一个令所有代表震惊的报告。在这个报告中,赫鲁晓夫透露了 30 年代大清洗以及后来几次清洗的细节,描述了斯大林的粗暴,斯大林被指责为白痴,对军事一窍不通等等,但对于斯大林的动机、大清洗能够发生的原因、苏共各级干部在大清洗中的作用却没有涉及,特别是斯大林宪法改革前后发生的事件,赫鲁晓夫只字未提。而且,报告也有不少伪造的内容。美国新泽西蒙特克莱尔州立大学历史学教授格罗夫·弗尔对赫鲁晓夫的报告与其他档案文献进行对比研究后指出,赫鲁晓夫"为了获得自己希望的'结论',只能借助欺骗与伪造"。他还指出,"赫鲁晓夫的谎言给西方提供了丰富的想象"①,而

---

① Ферр Г. , *Бобров В. 1937 . Правосудие Сталина. Обжалованию не подлежит* !, М. : Яуза: Эксмо, 2010. c6.

且,"争夺权力的斗争,在促使赫鲁晓夫决定在苏共二十大作揭露斯大林个人迷信的报告起了不小的作用"①。由于赫鲁晓夫根本不敢说出真相,而是想将大清洗的责任完全推到斯大林身上,他要进行的所有改革,都不可能达到斯大林宪法改革的程度。而且,他提出的恢复列宁主义原则,恰恰不符合苏联政治发展的要求。因为列宁主义的政治原则,带有浓厚的革命现代性的想象,其与现代国家建设之间的矛盾,已经被苏联1930年代的历史证明。

二十大后,仅在一年内,就有数以百万计的人走出劳改营,大批大清洗的受害者被恢复了名誉。但事态的演变马上使赫鲁晓夫陷入困境,一方面,在党组织的会议上,对赫鲁晓夫报告的讨论,"很快就从对斯大林的批判转变到对苏联体制的批判。在莫斯科热电实验室、科学院社会科学部、东方与民族学研究所和列宁格勒作家协会,讨论了苏联体制的失败"②。另一方面,在斯大林的故乡格鲁吉亚近万名群众举着斯大林画像示威,反对赫鲁晓夫对斯大林的指控,在党内对赫鲁晓夫报告的指责也以不同方式表现出来,作家柯切托夫在小说《叶尔绍夫兄弟》中直接指责二十大后活跃的都是那些拉关系、搞阴谋和一心向上爬的野心家。而了解内情的受害者并不领情,而是要求说出真正的真相。从集中营获释的罗莎·特雷沃斯在克里姆林宫遇到赫鲁晓夫后说:"是你,而不是斯大林要为处决我叔叔,将我关进集中营负责,是你,而不是斯大林要对大清洗负责。"③波兰和匈牙利发生的动荡与中国共产党的不同意见,西欧国家共产党出现的党员大批退党等情况,使得赫鲁晓夫不得不向后退缩。

在1957年1月苏共中央全会讨论了赫鲁晓夫提出的改革工业管理体制的方案,即撤销绝大多数联盟与共和国的工业部,代之以地方经济委员会,而且要在极短时间内完成改革。由于分歧太大,全会未能通过

---

① 格·阿·阿尔巴托夫:《苏联政治内幕:知情者的见证》,北京:新华出版社1998年版,第58页。

② Edited by Polly Jones, *The Dilemmas of De-Stalinization*, Routledge, 2006, p.44.

③ Мартиросян А. Б., *200 мифов о Сталине -2. Сталин и репрессии 1920-х-1930-х гг.* М.: Вече, 2008. C134.

这个方案。在继续讨论的过程中,莫洛托夫准备了一份说明,特别强调要注意中央的监督。在 3 月全会上,赫鲁晓夫批评莫洛托夫"不相信这个事业,完全脱离了生活"。赫鲁晓夫要求全会谴责莫洛托夫,罪名是"不尊重集体"。①　这表明,赫鲁晓夫不能接受不同意见,而后来的发展却说明,莫洛托夫的说明具有相当的合理性,如果采纳其中的合理部分,苏联的工业管理体制改革中出现的混乱可能就不会那么严重。

1957 年 6 月 18 日,马林科夫、莫洛托夫等在苏共中央主席团会议上提出,由于赫鲁晓夫专横粗暴,个人说了算,改革措施轻率,建议撤销赫鲁晓夫的职务。主席团中 7 人反对赫鲁晓夫,3 人支持赫鲁晓夫。利用会议争论不休的机会,赫鲁晓夫召集书记处会议,认定反党集团已经形成。赫鲁晓夫通过其支持者将在莫斯科的中央委员集中到克里姆林宫,又通过朱可夫用军用飞机将外地的中央委员集中到莫斯科。于 6 月 22—29 日召开中央全会,会议主题——讨论赫鲁晓夫在第一书记岗位上的工作。这一次,赫鲁晓夫又通过密谋转危为安。会议第一天,首先发言的是朱可夫元帅。他在发言中避而不谈会议主题的内容,而是转而指责莫洛托夫、马林科夫等人在大清洗中的责任。于是,会议讨论从预定的针对赫鲁晓夫的话题,转向对莫洛托夫、马林科夫等人的批判。最后,会议通过关于马林科夫等人反党集团的决议,以撤销马林科夫、莫洛托夫等人苏共中央主席团成员和中央委员职务而结束,赫鲁晓夫信任的人填补了新的空缺。原来准备在会议上发言批评赫鲁晓夫的中央委员,一见风向已转,立即转变立场。而朱可夫得到的回报是,进入苏共中央主席团。一位与会的中央委员许多年后写道:"不公正是显而易见的,想一想'反党集团'这个谎言的标签。难道能够称这些人为反党集团? 他们许多年来就是著名的党务工作者。他们中一些人与赫鲁晓夫不同,在革命前就已经入党了。"②对不同意见予以无情打击,表明赫鲁晓夫并不具

① Емельянов Ю. В. Хрущев, *Смутьян в Кремле*, М. : Вече, 2005. c78 – 79.
② Баландин Р. К. Маленков, *Третий вождь Страны Советов*, М. : Вече, 2007. c239.

备领导苏联改革的基本素养,而且是一个新的环境中的独断专行者。1958年,曾经帮助赫鲁晓夫登上权力顶峰的布尔加林被撤职,赫鲁晓夫亲自担任部长会议主席。在斯大林刚去世时苏共党内形成的不能再次形成个人专权的理念,被赫鲁晓夫完全破坏,而且没有人提出反对意见。在此基础上,赫鲁晓夫一方面大力反对对斯大林的个人迷信,同时又在制造对自己的个人迷信。这是苏共走向衰败的第一个迹象。

因为没有人敢于对赫鲁晓夫提出批评,加上赫鲁晓夫行事轻率的作风,从1957年开始,赫鲁晓夫的几乎每一个决策都存在问题,有的决策则根本错误。工业管理体制改革导致了经济混乱,造成消费品供应紧张;五年内在肉类生产方面赶超美国的口号导致了弄虚作假之风的蔓延,他树立的肉类产量一年翻一番的典型——梁赞州委书记因造假无法继续自杀,成为影响巨大的丑闻,食品供应出现下降。这使得赫鲁晓夫的个人威望在1961年急剧下降。

不满情绪的蔓延,使赫鲁晓夫担心已经被打倒的莫洛托夫等人在即将召开的苏共二十二大提出审查党的路线,"以便对6月全会进行反攻倒算"①。面对政治上的困境,赫鲁晓夫再次乞灵于非斯大林化,以转移全党和公众对其政策的不满。他再一次擅自修改已经过苏共中央主席团讨论通过的大会报告,加上了揭露大清洗中斯大林行为的内容,并将莫洛托夫等人拉出来批判。本来主题是讨论新的苏共党纲的二十二大,再次变成了谴责斯大林的大会。"所有的人赶忙改写已经准备好的发言稿"②,紧跟赫鲁晓夫谴责斯大林。最后,苏共二十二大通过决议,将斯大林的遗体迁出列宁墓,葬在克里姆林宫的墙下。

二十二大以后,苏联再次进入非斯大林化的高潮。所有的报刊都在发表回忆录和对斯大林进行批判的文章,全国各地的斯大林塑像都被拆除,斯大林格勒被改名为伏尔加格勒。但非斯大林化再次陷入困境。

---

① 格·阿·阿尔巴托夫:《苏联政治内幕:知情者的见证》,北京:新华出版社1998年版,第59页。
② 罗伊·麦德维杰夫:《让历史来审判续篇》,长春:吉林人民出版社1983年版,第199页。

"在斯大林格勒,重新命名城市遭到了广泛的抗议"。"使用了多种手段之后,抗议才被平息"①。在 1962 年 6 月,因为食用油涨价而引发的诺沃切尔卡斯克的工人罢工中,罢工工人散发的题为《论假列宁主义者》的传单,指责赫鲁晓夫是骗子、假仁假义者,许诺改善人民生活,却降低了工人的实际工资。传单写道:"斯大林和他的追随者,全心全意地奔向共产主义,不像你们这些整天只知道指手画脚的骗子。"②另一方面,对苏联体制的质疑比 1956 年更加强烈,赫鲁晓夫不得不再次后退。

非斯大林化再次陷入困境,除了没有抓住关键外,根本原因还在于,赫鲁晓夫使用的仍然是苏共从 1917 年来一直使用的革命动员的方式。对于普通人来说,他们更关心的是日常生活水平能否得到提高。从这个角度进行分析,可以说,赫鲁晓夫仍然是革命现代性的体现者,而苏联人民现在需要的是另一种现代性。

在苏共二十二大以后,赫鲁晓夫在政治领域推出了两项改革措施,恰恰是这两项改革措施,最终成为他下台的主要推动力。

苏共在二十二大以后进行的第一项改革是实行干部轮换制,即在每次例行选举中,苏共中央委员和主席团成员,每次更换 1/4,加盟共和国、边疆区和州一级的党委,每次更换 1/3,其他各级党委每次更换一半。赫鲁晓夫进行这项改革的动机同样复杂。曾任苏共中央政治局委员的格里申认为:"赫鲁晓夫总是对人充满怀疑,不相信干部,害怕有人取代他在政权中的地位。"改革的结果是:"在领导机关同时在地方开始了无休止的干部轮换,中央书记处书记、政府成员、州委书记和其他干部经常更换。这造成了干部地位的不稳定,降低了他们工作的积极性和主动性。人们习惯于按照上级命令办事。"③

赫鲁晓夫的另一项改革也许是世界上最为奇特的改革,将地方各级党委,按照生产原则改组为工业党委和农业党委,即除了中央之外,所有

---

① Edited by Polly Jones, *The Dilemmas of De-Stalinization*, Routledge, 2006, p. 58.

② Пыхалов И. В., *СССР без Сталина: путь к катастрофе*, М.: Яуза-пресс, 2009. с208.

③ Гришин В. В. Катастрофа, *От Хрущева до Горбачева*, М.: Алгоритм; Эксмо, 2010. с18.

的地方党委都一分为二,地方各级苏维埃也按照这个原则进行改革。同时,在苏共中央和共和国中央成立中央工业生产领导局和中央农业生产领导局。苏共自立党开始,擅长的就是宣传、组织与政治决策,而不是具体的行政管理。将地区的党委分为工业党委和农业党委,带来的另一个问题是:文教卫生、司法等部门如何领导? 所以,这项改革实行不久,苏联就在已经出现经济混乱的同时,出现了政治混乱。"将州委划分为工业党委与农业党委同样产生了许多冲突,集体农庄和国营农场失去了工业企业的支持,不同党组织之间出现了相互推诿的现象。党自身出现了不稳定。"①

经济与政治混乱,使苏共党内对赫鲁晓夫的不满与日俱增。"形势的急剧恶化,产生了更换党和国家高层领导的必要性。在苏共中央形成了一个领导人的集团,准备实施一项艰巨的任务,撤换赫鲁晓夫中央第一书记和部长会议主席的职务。这是一项有风险的任务,如果失败,将承担极严重的后果。"②

1964年10月12日,当赫鲁晓夫正在皮聪大度假时,苏共中央主席团在克里姆林宫开会,同时通知苏共中央委员、候补委员和中央监察委员会委员到克里姆林宫大厅开会。主席团会议仍在进行时,中央全会同时召开。当会议达成一致意见后,勃列日涅夫通过电话通知赫鲁晓夫前来参加会议。在会议上,勃列日涅夫建议赫鲁晓夫退休。赫鲁晓夫仍然希望用过去的手段搬回局面,但除了米高扬,所有的中央委员都对他的工作提出批评并建议他退休。最后赫鲁晓夫不得不接受既成事实,表示愿意签署一份退休声明。声明很快起草完毕,赫鲁晓夫签字后,从此离开了苏联的政治舞台。以政治密谋上台并以政治密谋击败一个又一个对手的赫鲁晓夫,在他人的政治密谋中黯然下台,反映出赫鲁晓夫的非斯大林化与所有改革并没有改变苏联的政治生态,俄国政治传统仍在继

---

① Гришин В. В. Катастрофа, *От Хрущева до Горбачева*, М. : Алгоритм; Эксмо, 2010. c18.

② Гришин В. В. Катастрофа, *От Хрущева до Горбачева*, М. : Алгоритм; Эксмо, 2010. c19.

续起作用。

赫鲁晓夫签署退休声明后，苏共中央全会继续召开。会议选举勃列日涅夫接任赫鲁晓夫的职务，同时召开的最高苏维埃主席团会议选举柯西金出任部长会议主席。苏联在赫鲁晓夫不断失败的改革后，进入到政治稳定时期。

干部稳定政策与苏联的政治稳定期

勃列日涅夫曾经被研究者认为是一个平庸的行政领导人，但新的研究证明，并非如此。尽管勃列日涅夫和其他人迫使赫鲁晓夫下台，却没有在上任后不久召开的苏共二十三大上批评赫鲁晓夫的错误，"但又寻求克服赫鲁晓夫'唯意志论'在各个重要方面的表现"。勃列日涅夫不认为自己什么都懂，重视更有知识更有经验的人的意见。二十三大报告的草稿在定稿前送给领导干部们讨论，政策顾问的作用和地位都大大提高了。勃列日涅夫追求通过协商而不是个人创意来制定政策，"这为他赢得了来自地区领导人的支持，他与这些领导人保持着密切接触"。"勃列日涅夫领导风格的一个重要方面是避免走极端"。[①]

勃列日涅夫领导作风的这些特点，决定了他担任苏共中央总书记后，既纠正赫鲁晓夫那些造成混乱的政策，同时又明确表示将继续坚持苏共二十大以来的路线，并且否定了那些要求全面恢复斯大林时期政策与继续更加深入的非斯大林化的建议，这种平衡策略使勃列日涅夫获得了党内多数人的支持。

勃列日涅夫首先采取的措施，是纠正赫鲁晓夫那些不得人心又造成混乱的改革与政策。将地方党委划分为工业党委与农业党委的改革、干部轮换的制度等政治体制方面的改革措施被废除。造成经济混乱的工业管理体制改革也被取消，重新恢复了中央经济计划的统一管理。在苏

---

① Edited by Edwin Bacon and Mark Sandle, *Brezhnev Reconsidered*, Palgrave Macmillan Ltd 2002, p. 27.

共中央的领导中,自斯大林以来第一次形成了真正的集体领导,所有重大问题都要拿到政治局会议上讨论。"他是一个注意团队作用的人,而不是一个个人主义者。勃列日涅夫行事谨慎,不急不慢,习惯于听取同事的意见。"①在政治局或者书记处开会时,勃列日涅夫几乎从来不首先发言,如果会议上发生较为严重的意见分歧,他也不会立即表态结束争论,而是将争论放到下一次会议继续。这一切似乎都显示出勃列日涅夫是一个具有良好民主作风的领导人,其消极后果也逐渐显现,即没完没了的争论导致一个问题讨论十几次仍然不能达成一致,影响工作效率。随着时间的推移,苏共中央政治局的这种集体领导实际上变成了一种不负责任的对一些棘手问题陷入没完没了空谈的工作作风。

在对赫鲁晓夫改革造成混乱解决完毕之后,勃列日涅夫采取了干部稳定的政策,即在废除干部轮换制以后,对于干部队伍的主体保持稳定,既不轮换,也不频繁调动工作。从苏共二十三大到苏共二十五大,苏共领导干部的更换率不到 10%。自苏共执政以来,苏共干部队伍第一次保持了长期的稳定,消除了自革命以来,在党政机关中始终存在的紧张状态,体制具有了稳定性。在体制稳定的情况下,勃列日涅夫也对党政关系、党与群众组织的关系、党与苏维埃的关系进行改革。这些改革中,特别强调发挥苏维埃的作用。苏联为此颁布了一系列法律,不管这些改革的效果如何,但改革对这些关系的调整,也起到了稳定体制的作用。

勃列日涅夫稳定干部队伍的政策,使苏共领导干部第一次可以在没有政治恐惧和人事焦虑中安心地开展工作。干部心态的这种转变,对于1965—1973 年间苏联经济再次出现较高速增长,无疑起到了组织保障作用。

如同对待党内关系以稳定为主一样,勃列日涅夫对国家治理的思考也与斯大林和赫鲁晓夫完全不同。勃列日涅夫将自己的国内政策概括为一句话:"保障苏联人民的平静生活。"他认为:"斯大林的清洗与赫鲁

---

① Anatoly Dobrynin, *In Confidence*, Random House, 1995, 134.

晓夫的改革,使人民不能确定明天会怎样,现在必须使人民能够确定地看到未来。"①基于这种认识,在勃列日涅夫时期,苏联再也没有出现过大规模的全民动员以实现某个目标的情况,苏共也没有再提类似于赫鲁晓夫提出的 20 年内建成共产主义的口号。保持社会稳定,同时使苏联人民享有更多的工作选择自由、社会迁移与流动自由,就成为勃列日涅夫时期主要的政治特点。

在勃列日涅夫时期,对居民自由流动的限制虽然还没有完全取消,但已大大放松了。到了 1970 年代中期,苏联公民每年出国的人数已经达到 270 万,其中 175 万前往社会主义国家,其余的前往发达资本主义国家或者第三世界国家。社会流动的程度也大大提高了,任何人只要具有应有的才能与需要,都有可能沿着社会阶梯向上流动,甚至也有可能进入党政机关,其开放程度超过了英国。这些变化部分是苏共政策改变的结果,部分是社会发展的结果。同时,经济的继续发展,也使得苏联的社会福利体系更加全面,苏联人民第一次可以平静安逸地生活且没有后顾之忧。

俄罗斯历史学家认为,勃列日涅夫时期,"对于苏联普通劳动者,那些在 20 世纪的大多数时间内,饱受磨难的大多数人,是最有利的时期,是他们的天堂。没有战争,没有革命,没有动荡,没有饥荒,生活悠闲"。因此,他们将勃列日涅夫称为黄金时期的领导者。② 当然,这个评价只能适用于 1964—1975 年的苏联,而不能用于评价 1980 年的苏联。

如果从现代性角度来认识勃列日涅夫时期,对其理解可能更准确。从 1917 年革命,到赫鲁晓夫的非斯大林化,都是不断革命的过程,没有转变为普通人的日常生活,具有革命现代性的特点。苏联人民的日常生活一直受到苏共为实现其目标所进行的革命的影响。但革命现代性并没有成为苏联人民期待的日常生活的自然的组成部分,相反,其日常生

---

① Киселев А. Ф. , Щагин Э. М. （ред.）,*Новейшая история Отечества. XX век*,Книга2,М. ：Владос,2002,с307.

② Сергей Семанов, *Брежнев-правитель Золотого века*,Вече, 2002,с1.

活还经常受到革命现代性的影响。长期的革命动员,到了1960年代,已经不被新一代所理解。赫鲁晓夫并不理解这一点,仍然大规模使用革命时期形成的动员机制,其所有努力最终使社会反感。勃列日涅夫的政策出发点,就是从满足普通苏联人的日常生活需要出发,苏联的革命现代性,在勃列日涅夫时期,转而体现为普通苏联人安详的日常生活。"这样,勃列日涅夫时期作为革命现代性日常生活化的标志,就可以得到最准确的理解。"[1]

苏联政治体制的衰败

勃列日涅夫实行的稳定政策,虽然实现了革命现代性的转变,但也使得苏联的日常生活逐渐与革命现代性的制度体现之间出现脱节,或者说断裂。这不仅体现在苏共的意识形态未能发生相应的转变,渐渐失去了对苏联人民曾经具有的号召力,而且也体现在苏联的政治体制越来越难以满足注重日常生活的苏联人民的政治需要。相反,由于长期执行稳定干部队伍的政策,苏共的干部队伍随着时间的推移,出现整体性的保守化趋势,但稳定政策并不能自动消除苏联政治体制存在的缺陷或者说弊端。如果说,在革命现代性占据支配地位时,这些缺陷有时可以被革命现代性激起的热情所减轻甚至暂时克服,那么,在革命现代性日常化后,苏联体制的缺陷,将因为干部队伍的整体保守化而成倍放大。由于勃列日涅夫对进行根本性的政治体制改革缺乏认识,苏联政治在1975年以后,逐渐走向衰败。

苏联政治衰败的第一个迹象是,苏共的意识形态到1970年代后期,已经基本上失去了对客观世界的分析和符合实际的说明,对苏联人民特别是对苏联青年已经完全失去了影响力。勃列日涅夫为了纠正赫鲁晓夫20年实现共产主义的不切实际的口号,在干部队伍稳定以后,提出了

---

[1] Edited by R. G. Suny, *Cambridge History of Russia: Twentieth Century*, Cambridge university Press, 2007, p. 296.

发达社会主义理论。但发达社会主义理论仍然缺乏对世界发展的总体趋势和苏联社会变化的实际分析,因而在最初发挥了纠正赫鲁晓夫错误、重新确定苏联社会主义建设任务的功能外,在绝大对数时间内,这个理论基本上属于自说自话。当然,这并不妨碍一些学者和理论家继续鼓吹"发达社会主义理论"。用两种理论说话,是他们的行为准则。理论能力的衰退,使苏共失去对苏联人民的影响力的同时也不能正确认识变化不断加快的世界与苏联社会,其对社会变化的回应,越来越脱离实际。

勃列日涅夫时期,苏联设立了更多的国家荣誉奖。在 1975 年以后,在长期的稳定与苏联制度缺陷的共同作用下,勃列日涅夫的虚荣心迅速膨胀,而初期谨慎的作风被追求虚名所取代。于是,对勃列日涅夫的个人迷信又被制造出来,而勃列日涅夫也开始热衷于对自己的个人迷信,并热烈地追求各种国家荣誉。1976 年,在勃列日涅夫 70 岁生日时,勃列日涅夫获得了梦寐以求的元帅军衔。同时,他不断给自己颁发各种荣誉勋章。在执政 18 年的时间里,勃列日涅夫共获得勋章 64 枚,其中包括文学奖和苏联科学院颁发的专门表彰学术与理论贡献的卡尔·马克思金质奖章。这些现象的出现,"对个人迷信及其对苏联政治生活的消极作用,是赫鲁晓夫批判斯大林的关键问题。赫鲁晓夫以及后来的苏联领导人鼓励对自己的个人迷信,说明对领导人的迷信是苏联政治体制的必要条件"①。

勃列日涅夫执政初期,在执行干部稳定政策的同时,恢复了曾经被取消的干部特权。"1970—1980 年间,国家形成了一个特殊的群体,这个群体被称为职官名录:一群能够进入领导集团的精英。"②权贵集团享有各个方面的特权:国家为他们建立了专门的内部商品,商店里各种商品应有尽有;他们不但在市内拥有住房,而且还在郊区拥有别墅;他们的子女比普通人的子女更容易进入教育质量高的学校;他们最大的特权,是

---

① Edited by Edwin Bacon and Mark Sandle, *Brezhnev Reconsidered*, Palgrave Macmillan Ltd 2002, p. 29.

② Поликарпов В. С., *Лысак И. В. История России в XX веке*. Изд-во ТРТУ, 2003, c156.

可以定期到西方国家旅行,返程时可以带回各种外国商品。到 1970 年代中期,仅莫斯科就已经开设了 100 多家这样的商店。职官名录上的干部特权并不一样,它以干部级别进行分配,级别越高,特权就越多。这个概念最初并没有政治含义,而且,苏共各级干部也自称是这个名录上的成员。这是一个俄国特有的名词,在苏联时期出版的多种词典中都收录了这个词汇,它成为一个贬义词是普通苏联人对特权制度不满的反映。在勃列日涅夫时期,列入权贵榜的干部一共有大约 50 万名。苏联科学院院士萨哈罗夫认为,"在 20—30 年代,最终在战后年代,我国已经形成了按照其自称的'职官名录制',按照吉拉斯所说,即'新阶级'。"[1]

　　特权与职官名录上的职务相联系,而不是与特定的个人相联系。要想得到特权,就必须进入职官名录,要想保住已经得到的特权,就必须保住已经获得的职务。在勃列日涅夫时期,获得与保持职务的最佳途径,就是找到一个上级保护人。这就导致了裙带关系、庇护与依附关系和腐败的迅速蔓延。勃列日涅夫在干部任免中首先开了这个头,到 1981 年,苏共中央政治局 13 名成员中,有 8 名曾经与他有上下级关系。

　　这种做法在苏共一些领导干部中流行。干部稳定的政策,使得苏共的大多数干部长期在一个地区或者部门工作,1970 年代末的一次调查显示,苏共 70％的干部一生只在一个州工作。这就使得一些干部逐渐将自己主持工作的地区或者部门变成了个人势力范围。他们出于自身利益考虑,挑选了能力很差但很听话的人,目的在于在党的例行选举中保住职务,个人势力范围由此形成。在个人势力范围内,形成一种庇护与依附的关系:以一个高级干部为中心,形成一个类似于家族的私利集团,在这个集团内,这个高级干部庇护他的下属,其下属反过来也保护他。苏共政治局候补委员拉西多夫在乌兹别克担任了 20 年党的第一书记,乌兹别克所有领导部门的干部选拔,主要依据对他个人的态度。他的亲属

---

[1] Восленский М, Номенклатура, *Господствующий класс Советского Союза*, Советская Россия, 1991, c13.

有 14 人在乌兹别克党中央机关中任职。尽管拉西多夫领导下的乌兹别克出现了许多问题,但由于勃列日涅夫对他的信任,拉西多夫在乌兹别克的地位就无法动摇。虽然苏共中央收到了大量乌兹别克的群众来信反映乌兹别克的各种问题,拉西多夫仍然因"工作出色"获得了多达 12 枚勋章。

个人势力范围的形成,瓦解着苏联的社会与政治稳定。它使领导集体中特定利益与地区利益的代表开始形成自己的势力基础,地方主义(在加盟共和国则是民族主义)开始顽强地表示自己,苏联谋求政治与民族关系稳定的努力都受到威胁。

最终,干部稳定政策与势力范围的形成,导致腐败无法遏制。"没有任何政治体制会对腐败网开一面,但在勃列日涅夫时期的苏联,对腐败的鼓励达到了令人难以置信的程度。失去了崇高信仰的这些人,在尽可能地利用自己的权位获得个人利益时,没有心理障碍。""这是一个为了达到实用目标,普遍使用欺骗与贿赂手段的社会。"[1]腐败在中亚各共和国和高加索各共和国特别严重,一些党的领导人已经变成了百万富翁,而且他们的财富都已兑换成美元。腐败在苏联政权的中枢苏共中央也蔓延开来。勃列日涅夫的女儿、女婿都卷入了腐败。"这是苏共历史上新的一页,肮脏的恶性疾病削弱并毁坏了党的免疫系统,破坏了党的巩固。许多州委书记、边疆区委书记和中央委员都卷入了不同类型的欺诈活动。赠送昂贵的礼品,包括向总书记赠送礼品,都被看作是正常的。""这种现象在勃列日涅夫时期特别流行。"[2]

当腐败在苏共与苏联国家机关的各个层面蔓延时,自然规律也在苏联的政治衰败中发挥作用了。长期的干部稳定政策,导致的另一个不良后果是苏共干部队伍的老化。到 1980 年,苏共中央政治局委员的平均

[1] P. Kenez, *A History of Soviet Union from The Beginning to The End*, Cambridge university Press, 2006, p. 218.

[2] Болдин В. И., *Крушение пьедестала. Штрихи к портрету М. С. Горбачева*, М.: Республика, 1995, c409.

年龄已经超过 70 岁,是苏共建党以来年龄最高的中央政治局。苏共领导层的老化使苏联政治迅速衰败。苏联的体制决定了没有来自中央的推动,地方就会逐渐陷入无所事事的状态。已经老化的苏共中央政治局成员的大多数已经没有了任何进取心,也就没有任何长远的国家发展的设想,更没有改革的念头。在政治情况下,党和国家的各个机关都采取了官僚体制在过渡时期最常用的方法,他们谨慎小心地等待新的领导人提出新的方针。苏联精英们的态度又一次与普通苏联人一致了,"每一个人都在等待勃列日涅夫的去世"①。苏联政治走到这种险境,其根源在于,自斯大林的宪法改革失败之后,苏联所有领导人的改革,都没有能够达到宪法改革设想的高度。

---

① Gordon Smith, *Soviet Politics : Struggling with Change*, Macmillan 1992, c57.

第五章　苏联社会主义经济发展

　　取得政权后的苏共,在经济方面面临着两个任务:建设一个人类历史上未曾出现过的社会主义经济制度与实现国家的现代化(工业化)。苏共面临的难题在于,是首先建设社会主义,还是首先实现国家的现代化。经过 12 年的探索和争论,最终苏共选择了将两个目标在一个过程中完成的战略:将国家现代化目标的实现纳入到社会主义建设的范畴,即用社会主义生产方式来实现国家的现代化,又通过现代化提供建成社会主义社会所必需的物质基础。这个战略在人类历史上同样是没有先例的,没有可供借鉴的路径与经验。为了实现这个战略,苏共建立了世界上第一个计划经济体制,通过国家力量迅速实现了国家工业化,并由此创造了完全不同于西欧北美国家的现代化模式。

第一节　社会主义经济体制的最初试验

　　1918 年 3 月 8 日,列宁表示:"要论述一下社会主义,我们还办不到;达到完备形式的社会主义社会是个什么样子,——这我们不知道,也无法说。"①列宁的话反映了苏共执政后面临的窘境,只有实现社会主义理想的激情却没有具体的路线图。由于缺乏理论上明晰的路线图,也因为需要不断应付国内外形势的变化,苏共执政后的最初 12 年,在经济领域的政策选择一直带有试验的性质,其政策选择经常发生矛盾。

从战时共产主义到新经济政策

苏共一掌握政权,"立即开始了'向社会主义的直接过渡',他们力图消灭私有制,将分配中的商品货币关系改变为配给制"②。通过一系列国有化法令,俄国所有最重要的经济资源已经被国家所控制。一个专门从事经济管理的国家机构——最高经济委员会建立起来,以对全国的经济进行集中统一的指令性管理。此前,苏维埃政权已经在工厂建立起工人监督制度,赋予工人监督生产的权力。在取得政权后仅仅七个多月,苏共已经在俄国建立起一个在宏观和微观两个层面都完全不同于资本主义的经济体制。在新的经济体制建立的过程中,内战爆发。到 1918 年夏秋,反苏维埃力量已经占领俄国 75% 的领土,苏维埃政权同主要经济区的联系被切断。1918 年 9 月 2 日,苏维埃政权宣布全国进入战时状态,所有的人力物力都要用于战争。战争在导致产品极度稀缺的同时,也导致了卢布的完全崩溃,在国家控制的工业部门出现了"无货币"经济,企业间进行易货贸易。为了保证对产品交换的控制,使稀缺的产品能够有效地用于战争,苏维埃政权宣布取缔私人贸易,实行国家对贸易的垄断,配给制、固定价格、易货贸易、交通邮政等服务的免费获得和居民免费居住房屋等成为苏维埃俄国日常经济生活的组成部分,商品货币关系在经济生活中不复存在,苏维埃政权已经宣布的要实现分配平等化的政策现在真正成为现实的制度和俄国人民生活的组成部分。这就是后来被称为"战时共产主义"的经济形式,"'战时共产主义'是对由世界战争和国内战

---

① 《列宁全集》,第 33 卷,第 60 页。

② Андрей Зубов,*История России* XX век. 1894 - 1939,АСТ,Астрель,2010,c496.

争带来的严峻环境的回应,它是战争时期造成的一种非常经济形式,其目的是保证在极端尖锐的社会矛盾中形成的苏维埃政权的胜利"①。

因为粮食在所有战争物质中具有头等意义,而苏维埃政权所掌握的粮食储备不能保证对军队和城市居民的供应,即使实行保证最低需求的粮食配给制,也往往不能保证及时供给。为了保证军队与城市的粮食供应,苏维埃政权建立了余粮征集制。按照余粮征集制的法令,国家所需要的粮食以指令性计划下达到各省,再由各省苏维埃按比例下达到下一级政权,最终下达到村。国家所需的粮食指标按阶级原则落实到户,主要由富农和中农承担。到1919年1月,国家向农民征集的农产品范围从粮食、草料扩大到糖、土豆、肉类、鱼、蔬菜等。为保证征收到所需的农产品,苏维埃政权派出由工人和贫苦农民组成的征粮队直接进入村庄征收农产品。仅1919年1月,彼得堡市就派出共由7200人组成的189支征粮队,莫斯科市派出的征粮队与彼得堡大体相近,全国派出的征粮队多达2700支。

余粮征集制使苏共与农民的关系出现复杂的矛盾。农民因为苏维埃政权的土地法令使他们获得了土地而在内战中支持苏维埃政权,然而,苏维埃政权的余粮征集制,从一开始就在农村遇到了农民的抵抗,这种抵抗有时采取了暴力形式。而且,即使站在苏维埃政权一边同白卫军作战的农民也对余粮征集制不满。

在实行余粮征集制的同时,苏共还开始进行另外一种试验。在1919年2月15日,苏维埃政权颁布法令,授权国有企业、企业集团、市苏维埃和工会获得土地,组建苏维埃农场并生产供自己使用的农产品。采取这一措施的原因之一,是因为出现了工人为了逃离饥饿从城市返回农村的情况。到1920年,仅俄罗斯就已建立了4000个苏维埃农场。虽然建立苏维埃农场,"是为了解决紧迫的问题,但它也粗略地揭示了这样一个事

---

① Киселев А. Ф. , Щагин Э. М. （ред. ）, *Новейшая история Отечества*. XX век, Книга1, М. ：Владос,2002,c343.

实:依靠小农经济体系是无法最终解决城市粮食供应的。"①这个试验对后来苏共制定农村经济政策影响巨大。

苏共在企业中实行工业民主的决策带来了消极后果,"工人感觉自己是企业和工厂的主人,他们就不再工作"。一位外国工程师估计:"工人花费在工作上的时间,不超过法定工作时间的20％。"为了加强劳动纪律,苏共决定在企业建立一长制。建立一长制的主张在苏共党内引发激烈的争论②,最终,一长制的主张在苏共党内占据了上风,一长制在企业中普遍建立起来。确立一长制对苏共产生了深远影响,"它意味着专家治国论者的决定性胜利","也为后来兼顾'红专'从党内,而不是从无产阶级中选拔专家铺平了道路"。③

几乎与建立一长制同时,苏维埃政权开始实行劳动军事化管理。1919年12月,托洛茨基建议,为了解决即将到来的战后重建所面临的劳动力短缺问题,在俄国建立类似军事征用的劳动动员体制。此前苏维埃政权已经颁布了年龄16—50岁的公民有义务参加劳动的法令,根据托洛茨基建议颁布的法令在将大批红军转为劳动大军的同时,使强制劳动成为一种制度。托洛茨基自己也承认:建立这样的制度,"不可避免地要靠强制措施来支持"。相关法令规定,蓄意旷工者将立即予以纪律处分,在极端情况下,可将旷工者送交革命法庭审判。④

"战时共产主义"的许多制度是为了应对各种意外情况而建立的,但其中也有一些与社会主义理论对未来社会的想象高度一致,加上这个制度保证了苏共在极端困难的内外环境中取得了战争的胜利,虽然这个制度的许多措施不可持续,但苏共领导人却未能看到这一点。相反,苏共在战场上的胜利使他们高估了自己的能力和经济战线上的成就,他们相

---

① E H Carr, *The Bolshevik's Revolution 1917 -1923 Vol.2*, Macmillan Ltd, 1952, p. 156.

② Андрей Зубов, *История России XX век. 1894 - 1939*, ACT, Астрель, 2010, c496.

③ Mark Sandle, *A Short History of Soviet Socialism*, UCL Press Limited, 1999, p. 76.

④ Richard B. Day, *Leon Trotsky and The Politics of Economics Isolation*, Cambridge University Press, 1973, p. 23.

信可以使用在内战中用过的方式来建设社会主义,他们认为俄国已经走在社会主义建设的道路上。

与苏共领导层的乐观情绪相反,苏维埃俄国此时的经济社会形势已经极度严峻,社会政治关系极度紧张。国家在结束内战以后,已经处于新的危机边缘,而"战时共产主义"的继续,导致苏维埃俄国出现一次新的政治危机。

1920年春季播种面积大幅下降,在中部农业区播种面积下降一半。余粮征集制对于农民来说已经越来越难以忍受,它导致农民政治情绪恶化。在内战基本结束后,农村经济政策仍然未能及时调整,从而引发了新的政治危机。

1920年8月15日,坦波夫省爆发了农民暴动。暴动的农民喊出"废除余粮征集制"和"自由贸易万岁"的口号。暴动蔓延到沃罗列日省,参加暴动的农民最多时达到5万人。坦波夫省发生的农民暴动,是农民政治情绪恶化的标志,也是新的政治危机的表现。暴动农民的口号说明"战时共产主义"在农村已经无法继续。

坦波夫农民暴动后,苏维埃政权本来应该立刻对政策进行根本调整,但此时的苏共却因为工会问题爆发了激烈的派别斗争,党因此陷入执政后最严重的党内危机,无法集中力量研究新的问题并提出解决危机的新方案。

与此同时,农民关于以粮食税取代余粮征集制的建议通过各种方式提交到苏维埃政权的各级领导机关,包括一些农民亲自拜访列宁提出这类建议,而新的政策却迟迟没有出台。一位在1921年2月登门拜访列宁的农民得出结论:"这一切说明,轮子还不到转向的时候。"[1]

政策转变的延误最终引发了更为严重的政治危机。从1920底开始,工人中间的政治不满情绪日益强烈,在苏共十次代表大会之前,危机终于爆发:1921年3月位于彼得堡的喀琅施塔得要塞发生了水兵暴动。

---

[1]《回忆列宁》,第四卷,北京:人民出版社1982年版,第377页。

喀琅施塔得要塞的水兵在十月革命和内战时期,都是苏维埃政权最可信赖的力量,喀琅施塔得要塞暴动后成立的革命委员会提出的要求是:"取消国家对食品供应的垄断,废除劳动军事化制度,工人有权与农民交换产品,赋予工人自由选择工作的权力,给农民充分的权利等等。"①一直是苏维埃政权依靠力量的喀琅施塔得水兵进行暴动,提出了与坦波夫暴动农民一样的要求,说明"战时共产主义"再也无法继续了。

在喀琅施塔得炮声隆隆的气氛中,苏共第十次代表大会召开,这次代表大会决定以粮食税取代余粮征集制,这是苏共进行经济政策根本转变的开始。在随后的一年中,一系列新的政策法律出台,其中包括:创立稳定的货币体系平衡预算,在一切企业中实行经济核算,在国家监督下实行国内贸易自由化,将中小国营企业租给私人与合作社经营,允许私人开办小型工商企业,发展对外经济关系。同时,继续保持土地、大型企业、运输业和信贷的国有化,实行对外贸易的国家垄断。这些法令和政策使得苏维埃俄国再次出现了一个新的经济体制,它既不同于"战时共产主义",也不同于当时资本主义国家的经济体制,却又同时包含了这些体制若干要素的经济体制,这个新的经济体制被称为"新经济政策"。

新经济政策导向的是一个混合的货币经济,在这个经济中,国有工业企业与私有的农民通过市场进行贸易,国家将制定农民可以接受的价格,同时限制资本主义的发展。"市场经济在一个严格的政治结构中运行。"②所以,苏共转向新经济政策,是为了让它为社会主义服务,或者说运用资本主义的方法建立社会主义,一旦它不再能够为社会主义服务,经济体制或者政策的根本转变将是不可避免的。新经济政策的这些特点决定了,当制定具体政策时因为要同时满足两方面的要求,这些政策总是会存在矛盾。

虽然已经转向新经济政策,但"战时共产主义"的影响仍然巨大而且

---

① О. А. Платонов, *История Русского народа в XX веке. Т. I.*, Родник, 1997. с643.

② R. Davies, *Soviet Economics Development From Lenin to Khrushchev*, Cambridge University Press, 1998, p. 25.

是多方面的,这些影响的存在,是新经济政策时期苏共政策选择与制定经常存在内在矛盾的原因之一。

新经济政策时期的宏观经济

1921 年 4 月,苏联建立了国家计划委员会。国家计委被授权制定全国性计划并协调各部门的计划,监督计划的执行情况。在农业仍然是农民个体农户经济,其产品依靠市场交换的情况下,国家计委的工作对象主要是国有大型工业企业,因而,它成为工业发展的主要倡导者和推动者,也成为国有企业生产经营计划的制定者和执行情况的监督者。在新经济政策初期,苏联出现了工业主要按照计划经济方式运行,农业主要按照市场经济方式运行,两种经济运行方式并存的局面。这就带来了苏联政府中两个最为重要的机构,"工业的主要维护者国家计委与对新经济政策兴趣极大的财政人民委员会之间的激烈竞争"①。竞争的焦点是加强经济的计划性还是进一步利用市场来调节经济。两个主要的经济管理部门之间的竞争,不但在党内激起争论,也带来新的经济矛盾,给宏观经济稳定带来困难。

实行新经济政策以后,苏联经济迅速恢复。这使许多共产党人开始相信,不受管制的市场是可以和社会主义相结合的。但是,1923 年发生的危机使苏联共产党对新经济政策实际效果的认识发生了变化。1923年,苏联经济出现了极高的通货膨胀,而且没有能够进行有效的价格控制。"在有些省,一双鞋的价格相当于 44 普特粮食的价格,农民不可能按照这个价格购买工业产品。"②工业制成品价格相对于农产品价格急剧上升,市场上的食品减少,城市的工人罢工则充分说明了粮食供应对于政治稳定的重要性,保证粮食供应成为苏共最关心的问题。危机对苏联

---

① E H Carr, *The Bolshevik's Revolution 1917 - 1923 Vol.2*, Macmillan Ltd, 1952, p.379.

② Киселев А. Ф. , Щагин Э. М. （ред.）, *Новейшая история Отечества. XX век*, Книга1, М. : *Владос*, 2002, c421.

共产党产生了深刻影响,一个工作小组开始对市场的作用重新进行评估。1923 年 12 月,工作小组建议,为了使农民从新经济政策中继续获益,应该对商品的批发价格和食盐等商品的零售价进行管制,即实行产品定价的计划性。危机对后来苏联发展的影响在于,苏共认为,不受控制的市场将与农民的利益相抵触。为此苏联共产党建立了一个专门的价格控制机构,对国有部门的产品实行价格控制,但这个控制的效果仅限于城市。苏共之所以采取这样的措施,是因为新经济政策被看作是实现工农联盟的有效途径,工业产品价格也必须为加强工农联盟服务。但是,在国家计划范围以外的商品价格实际上如何变化以及变化的原因,政府却无法掌握。为苏联政府完成这一任务的是经济学家康德拉季耶夫。

当 1923 年危机发生时,康德拉季耶夫认为,危机发生的原因除了货币流通量的增加,还因为商品流通水平的下降,这两个因素共同导致了价格的上升。而且,由于许多工业企业在价格形成中的垄断地位和政府采取的宽松的信贷政策,这促使工业品价格比农产品价格上升得更快,并可能对农民出售农产品造成消极影响,甚至对农业生产造成消极影响。康德拉季耶夫的分析对政府为克服危机而采取的政策起到了一定作用。与此同时,在 1923 年 9 月,苏维埃政权还采取政治措施来稳定物价,从莫斯科和其他大城市,"驱逐了投机者、走私者、货币交易商和'其他社会危险分子'。在 1924 年 2 月,莫斯科有一千多名被指控为投机者的耐普曼被放逐到北方"[1]。

新的措施采取以后,经济形势暂时恢复了正常,但到 1925 底,通货膨胀压力再次出现。而苏联农业在 1925 年以后几乎进入停滞状态,工业的快速发展却要求更多的农产品。整个国民经济在 1927 年前后遇到新的严重困难。

经济困难在苏联共产党内部引起了激烈的争论,但争论的双方仅仅

---

[1] Киселев А. Ф. , Щагин Э. М. （ред.）,*Новейшая история Отечества*. XX век,Книга1,М. : *Владос*,2002,c422.

停留在党的路线与政策是否正确方面,争论的双方都没有对经济形势进行真正科学的分析,即便被认为是经济学家的布哈林也没有(实际上是不可能)提出一个真正建立在经济学分析上的意见,所以党内的争论更多地带有意识形态的色彩,而缺乏足够的科学精神。对于 1926 年秋季出现的工业品零售价格上涨,苏联共产党认为是"投机"的结果,几乎没有人思考宏观经济的变化。从宏观经济角度对苏联面临的经济困难进行了研究并提出政策建议的是康德拉季耶夫建立的行情研究所。

从 1925 年 9 月开始,行情研究所将注意力集中到苏联货币政策对经济的影响,并在 1926 年提出自己的分析结论:农产品价格的下降应该归因于对货币供应的限制和商品市场均衡的恢复。但是,苏联共产党对经济问题的注意力却集中在对工业产品价格的控制上,而且在 1926 年 12 月,苏共中央政治局决定进一步降低工业产品价格。当时负责农村工作的米高扬认为,如果要维护工农联盟,使工业产品的价格有利于农业就是非常关键的。行情研究所在 1927 年 2—3 月的报告指出,国有企业与合作社的价格在下降,但私营企业的价格在上升,与农业生产相关的贸易条件在恶化。在 1927 年 5 月,研究所的报告更加明确地指出,价格运动证明,国家采取的降低价格的政策虽然取得了一些效果,但没有达到预期的目标。

降低工业产品价格的政策的后果是,这些产品中的大多数分配给小商人,他们将这些产品运到农村,再以高价卖出去。所以,农民抱怨说,农村的工业产品价格并没有下降,反而大幅上升,"物价上涨和不断提高的税负,被认为是农民生活水平下降的主要原因"。农民因此认为:"苏维埃政权对工人和农民实际并不一样。"[1]在引起政治消极后果的同时,工业产品价格上涨还对农业造成了新的压力,而这个压力实际上是苏联的宏观经济可能再次失控的警报,但苏联政府的政策反应仍然是降低工

---

[1] *Кознова И. Е.*, *XX век в социальной памяти российского крестьянства*, М. : ИФРАН, 2000, с46.

业产品价格,进一步控制私营商业活动,增加货币发行量。所有这些措施导致的结果是对商品的需求进一步加强。

1927年经济波动的深层原因是苏联经济工农业发展比例失调,即工业发展过快。工业发展需要投入大量资金,同时工业发展又需要大量增加劳动力,新增劳动力需要发放工资,其必然结果只能是货币发行不断增加。与此同时,为了实现工农联盟,产品出厂价并不能完全根据市场供需关系进行调节,而只能由国家定价出厂。又因为国有企业无法直接与每一个农户进行交易,只能通过私人贸易商将产品运送到农村,但私人贸易商在拿到产品以后,无论从哪个角度出发,都会将产品提价出售,获取高额利润。所以,出现新的经济危机,其根本原因正是新经济政策两种体制并存的制度安排,导致了宏观经济难以实现平衡,即工业按照计划经济运行,农业和贸易按照市场经济运行,两者之间无法实现有效对接。

宏观经济难以平衡,显然只能加强苏共领导人对经济计划的信赖。他们的经验是,计划总是可以控制的,而市场却经常出现无法控制的局面,资本主义国家周期性发生的经济危机,他们已经从书本读到或亲身经历过。眼前出现的难以控制的经济困难,无疑强化了他们的这种认识。"社会主义的本质就是计划,如果我们放任工业由市场支配,它一定会触礁。"[1]这种在新经济政策初期就已在党内盛行的观点,由于宏观经济不断出现的危机大大强化了。

农村经济政策的内在矛盾对农业发展的制约

鉴于当时苏联是一个农业国,农民占人口的比例在80%以上,农业产出占国内总产出的比例在70%以上,因此,苏共对农村经济政策的制定给予了特别关注。由于新经济政策是作为一种为社会主义服务的手段而提出的,即列宁和苏共其他领导人都将它看作是为社会主义制度的建立创造条件的一种方法。从这个认识出发,苏共在制定农村政策时,

---

[1] E H Carr, *The Bolshevik's Revolution 1917 –1923*, Vol. 2, Macmillan Ltd, 1952, p. 382.

就必须考虑采取何种经济形式更有利于向社会主义过渡。已经形成的小农经济被认为更可能向社会主义过渡。当时苏联农村中贫农和中农的比例(包括人数和所拥有的土地数)占绝对优势,苏共的几乎所有领导人都认为,这是建立工农联盟的基础。通过工农联盟,在苏维埃政权的引导下,将最终在农村解决谁战胜谁的问题。因此,新经济政策并不仅仅是一个"经济"政策,还包含着更为深刻的政治目标,新经济政策首先是工农联盟的一种特殊形式。基于这种认识,苏共决定,在农村恢复小农经济,同时保持土地国有化。为形成以个体农户为主的农业经济,苏维埃政府在1922年11月15日制定了土地法,这个法令主要致力于创造一些满足个体耕种发展的条件,因为这种个体耕种在农村中已经占绝对的统治地位。

苏共采取的政策从经济角度分析,显然没有达到预期的目标,这些政策只是推动了农业生产的恢复。1925—1928年,苏联的粮食总产量一直在1913年的水平上下波动,除了1926年略略超过1913年水平外,其他年份的粮食总产量都略低于1913年。这说明,苏共所选择的农村和农业政策,仅仅起到了恢复农业生产而非促进了农业发展的作用,却推动苏联农村的社会结构发生了符合苏共目标的变化,而这一变化就是后来粮食危机发生的根源。

新经济政策实行六年以后,在市场的自发作用下,苏联农村发生了迅速的社会分化,但这个变化却与资本主义发展过程中农村的社会分化几乎完全不同。到1924—1925年,农村中的贫农人数大约占25.9%。在农村中人数最多的是中农,他们的比例为61.1%,富农的数量为3.%,其余的为农业无产者。但1927年,农村中贫农的数量下降为22.1%,中农的数量上升为62.7%,富农的数量也有略微上升,为3.9%,农业无产者的数量为11.3%。[1] 这是限制富农经济发展为核心的农村

---

[1] Киселев А. Ф. , Щагин Э. М. (ред.),*Новейшая история Отечества. XX век, Книга 1*, М.: Владос,2002, c424.

经济政策的必然结果。

由于中农和贫农占据人口的绝大多数,他们因此成为农产品的主要产生者和商品化农产品的主要提供者。在 1925 年,贫农和中农提供了全部商品粮的 88% 还要多,而富农提供的商品粮不到 12%。贫农和中农在商品粮销售中的地位和作用是非常重要的,但他们往往缺乏现金,而苏联已改粮食税为货币税,为了纳税和购买必需的生活与生产用品,他们不得不将一切可以节省出来的粮食出售,而小农人数的剧增也消费了大量的粮食。这就使得贫农和相当一部分中农很难有剩余产品用于积累,因而他们只能维持简单再生产。苏联的农业生产在 1926 年超过 1913 年的水平后,连续几年产量徘徊,原因就在于苏联当时形成的小农经济基本上是一个自给自足的农业经济,其农产品的商品率大大低于 1913 年以前的俄国。

苏共在整个新经济政策期间的农业税政策是服务于限制富农,保持一个小农为主的经济这个目标的。苏联的农业税根据土地耕作面积来区别确定税率。耕作面积越多,税率就越高。在 1924 年,苏联农村中纳税最高与最低者之间的差距达到 10 倍之多。对富农进行限制的同时,苏共对农村无产阶级和贫农采取了免税或者降低赋税的政策,这些政策虽然对于恢复农业生产和加强苏维埃政权在农村的影响起到积极作用,但在 1925 年以后,这些政策的消极作用逐步显现出来。为了避免纳税,许多农民选择在满足自己需要的情况下尽可能少耕作土地,农民收入也因此增长缓慢。按照俄罗斯联邦的统计数据,在 1928—1929 年度,有 56% 的农户年收入为 250 卢布,人均为 36 卢布,略低于 1913 年农民的人均收入。[①]

虽然受到政策与制度的限制,但富农利用自己拥有生产工具和更高文化水平的优势,想方设法扩大自己的影响并力图进入苏维埃基层政权,以维护甚至扩大自己的利益。在 1925 年的基层苏维埃选举中,"在

---

① Залесский М. Я. , *Налоговая политика Советского государства в деревне*. Hayka,1970,c82.

一些地方,强有力的富裕农民和哥萨克,有的甚至是真正的富农,牢牢地掌握了领导权"。这引起了苏共的不安,为了防止富农在基层苏维埃选举掌握政权,苏共采取的措施是剥夺富农的选举权。在 1924—1925 年的选举中,有 54.1 万人被剥夺选举权,占全部农村选民的 1.3%。[1] 新经济政策允许富农存在,但富农却被视为敌人。尽管富农受到政治与经济多方面的限制,但仍然有农民对新经济政策表示难以理解,一位农民给《农民报》的信中,非常认真地讨论了苏联是不是社会主义的问题。他根据自己对社会主义的判断发现,在他去过的所有地方都没有看到社会主义,他认为,可能是弄错了,本来应该是苏维埃资本主义共和国联盟,结果错写为苏维埃社会主义共和国联盟。[2] 在农民中出现这样的认识,原因在于,经历了革命与内战,大多数农民按照"公平与不公平的原则来评价政权的行动"。他们在写给苏共中央和各级党委的信中表示,苏维埃政权对农村的政策是不公平的,当时在苏联农村一种有代表性的呼声是,"把土地拿走吧,让我们像工人一样,每天工作 8 小时,只要保证我们的衣食就行"[3]。

限制富农的政策与取消富农选举权的行动对那些有能力通过发展生产进一步富裕的中农产生了影响,使他们不愿意尽全力发展生产,以避免成为富农。因此,苏联在出现了一个贫农和中农占绝对优势的小农经济的同时,也使苏联的农业生产在超过 1913 年的水平以后,就陷入停滞。当然,这并不意味着苏联农业经济的潜力已经耗尽,但已形成的农村经济政策却无法释放这些潜力。随着国家工业化战略的确立,农业的作用亦被确定为服务于国家工业化的资本积累,服务于在苏联确立社会主义制度的目标,在这样的大趋势下,农村经济政策选择的回旋余地较 1920 年要小得多,因为对政策选择的限制性条件更多也更严厉了。

① E. Carr, *Socialism in One Country : 1924 - 1926*, Macmillan Press Ltd, 1978, p. 347.

②《苏联历史档案选编》第六卷,北京:中国社会科学出版社 2002 年版,第 461 页。

③ Кознова И. Е., *XX век в социальной памяти российского крестьянства*, М. : ИФРАН, 2000, c47 - 48.

苏联工业化道路与斯大林的国家工业化战略

转向新经济政策并取得农业的初步恢复后,如何恢复被战争破坏的工业就成为苏维埃政权更为关注的问题。恢复农业只需要对政策进行调整就可以收到立竿见影的效果,恢复工业首先需要解决的是资金问题。苏联外贸人民委员克拉辛认为,鉴于恢复工业所需的资金数量巨大,只能通过引进外资才能恢复被破坏的工业。"如果没有来自外国的信贷和借款,经济恢复将是漫长而痛苦的过程,同时,俄国将面临变为一个纯粹农业国的危险。"[1]为了加快工业恢复,苏共决定引进外资。

为了实现引进外资以加快工业恢复的目的,苏联政府代表团参加了热那亚会议,并派出代表团前往主要的西欧大国商讨如何安排这些国家到苏联投资的问题。由于主要的西欧大国将苏联政府偿还沙俄政府所欠国家债务和补偿被国有化的外国私人投资作为先决条件,苏联政府认为,没有必要为实现引入外资的目的作出如此重大的让步,即使作出了重大让步,也不一定能够与资本主义国家建立起真正的互利关系,因而无法保证西方国家会提供信贷并消除贸易歧视。经济独立被置于优先位置,"实现经济独立的目的在于,保证国民经济免受外国资本的干涉"[2]。新经济政策时期,苏联的对外经济关系仅限于与欧美国家建立了贸易关系。这种贸易关系基本上与沙俄时期相同,即苏联出口原材料和粮食,从欧美国家进口机械等工业制成品。因为与西方大国的经济交往并未达到预期的目的,苏联却很快实现了工业重建的目标并在 1924 年生产出俄国历史上第一辆拖拉机和第一辆汽车,经济孤立主义就在苏共领导人中逐渐占据上风。在多种因素的共同作用下,从这种经济孤立主义中演变出关于苏联工业化道路的理论和斯大林的国家工业化战略。

---

[1] *12-й съезд РКП（6）（17 - 22 апреля 1923 года）: Стенографический отчет*，М.：Госполитиздат，1968，с194.

[2] Касьяненко В. И.，*Завоевание экономической независимости СССР*，М.：Политиздат，1972.с3.

1925 年 6 月 21—28 日的《真理报》连载了斯大林与斯维尔德洛夫大学学员的谈话,在这个谈话与后来的文章中,斯大林集中论述了苏联实现工业化的道路问题。斯大林认为,历史上强大工业国的形成与发展有过三条道路,即侵占与掠夺殖民地的英国道路;一个国家对另一个国家实行军事破坏和索取赔款的德国道路;资本主义落后国家在奴役性的条件下将经营权租让给资本主义发达国家并在奴役性条件下向这些国家借款的沙皇俄国道路。斯大林还认为,这三条道路并不是截然分开的,而是相互交错的,美国的发展历史就是几条道路相互交错在一起的例子。尽管三条道路不同,却都导向资本主义,同时,都是以采取某种方法从外面流入"追加资本"为前提。与三条发展道路相联系的是资本积累的三种方法:英国的工业化靠数十年数百年掠夺殖民地,收集"追加资本"投入本国工业;德国由于 19 世纪 70 年代对法战争的胜利获得 50 亿法郎赔款而加速了工业化;俄国通过借款来积累资本,结果是成为半殖民地。在对世界工业化强国的不同发展道路进行分析后,斯大林明确提出,既然苏维埃国家不能走旧的国家工业化道路,而要在不受奴役的条件下流入新的资本又不可能,那么苏维埃国家究竟有什么道路可走呢?"剩下来的只有一条新的发展道路,这是一条别的国家完全没有经历过的道路,不靠外来的贷款而发展大工业的道路,不一定要流入外国的资本来使国家工业化的道路",这就是"第四条工业化的道路,依靠本国节约来发展工业的道路,即社会主义的积累道路"。[①] 斯大林对苏联工业化道路的分析,将苏共需要实现的两个目标——国家工业化与建成社会主义紧密结合在一起,即通过社会主义方式来实现国家工业化,通过国家工业化来实现社会主义的其他目标。

斯大林对主要大国工业化道路的分析,不管是否具有学理依据,但他能够看到各国现代化走过的不同道路,看到了沙俄现代化道路的致命弱点,就把握住了苏联工业化道路选择的关键。在许多人看来,不能获

[①]《斯大林选集》上卷,第 383、464 页。

得来自发达资本主义国家的贷款,构成苏联工业化的巨大困难,但在斯大林看来,如果这些贷款是奴役性的,那么无法获得这些贷款反而是苏联工业化的优势,因为这将迫使苏联寻求新的工业化道路,而且也摆脱了沙俄在经济上所处的被外国资本奴役给国家现代化带来的限制,即边缘国家的发展实际上在为中心国家的资本积累服务。"被从资本主义世界体系中排除出去,俄国从一个边缘国家转变为仅仅是一个落后国家。"①对苏联而言,摆脱了边缘国家对中心国家的依附,需要解决的问题只剩下一个——落后。

既然苏联需要解决的问题是"落后",如何使苏联从一个落后的国家成为一个先进的国家,就成为斯大林制定苏联工业化战略的核心问题。

斯大林认为,由于资本主义国家拥有先进得多的现代化工业技术,苏联要取得社会主义的最终胜利,就必须赶上和超过发达资本主义国家的先进技术,在资本主义包围下,为了建立足够的国防基础,就必须高速度发展工业。"延缓速度就要落后。而落后者是要挨打的。""我们比先进国家落后了五十至一百年。我们应当在十年内跑完这一段距离。或者我们做到这一点,或者我们被人打倒。"②将发展速度放在第一位是斯大林工业化战略的主要特点。

对先进技术的强调是斯大林工业化战略的第二个特点,也是斯大林所认识的社会主义制度先进性的特点,"当我们使苏联坐上汽车,使农夫坐上拖拉机的时候","我们还要看看,到那时哪些国家可以'评定'为落后的国家,哪些国家可以'评定'为先进国家。"③

优先发展重工业是斯大林工业化战略的核心。斯大林认为,工业化的基础就是发展重工业,归根到底,就是发展生产资料的生产,就是发展

---

① Кагарлицкий Б. Ю. , *Периферийная империя : циклы русской истории*, Алгоритм, Эксмо, 2009. c448.

②《斯大林选集》下卷,第273—274页。

③《斯大林选集》下卷,第209页。

本国的机器制造业。其目的在于保障苏联不至于成为资本主义国家的附庸,保持苏联经济的独立性。[1]

无论是高速度的发展,还是优先发展重工业,都无法通过市场经济来实现,而只能通过国家制定发展计划,由国家决定投资方向,由国家进行动员,将一切可以节约的资金和资源都集中于国家手中,投入到国家最需要的工业部门,为此,需要在一段时间内实行高积累,并且将资金主要投入到生产资料部门。

斯大林的苏联工业化战略,最为突出的特点是,以高速度发展实现赶超目标,以国家控制资源决定投资方向,以计划经济作为完成上述两项任务的具体方式。这种现代化模式后来被概括为"赶超型发展"与"国家主导型发展",实际上这两种发展是无法分开的,即要想实现赶超,必须国家主导。二战以后许多第三世界国家的发展基本上都是模仿斯大林的苏联工业化或者说现代化模式,其差别仅在于国家主导的范围和程度。

1927 年 9 月召开的苏共十五次代表大会决定加快工业化速度,1928 年召开的苏共第十次代表会议,批准了苏联第一个五年计划。这说明,苏共已经接受了斯大林选择的苏联工业化道路与工业化战略,但对于何时全面落实这一战略,斯大林也没有具体时间表。最后决定实施斯大林工业化战略的,是国际形势的突然变化与新经济政策的内在矛盾引发的粮食危机。

第二节　苏联社会主义经济体制的确立与扩张

1928 年发生的粮食危机成为苏联历史的转折点。在危机初期,斯大林重申继续坚持新经济政策。在进行多方面的权衡并研究专家建议后,斯大林选择了结束新经济政策,开始推进苏联农业集体化和加速工业

---

[1]《斯大林选集》上卷,第 462 页。

化。苏联从此进入"大转变"时期。斯大林发动的这一"大转变","首先是一场经济革命,是残酷的强迫命令、难忘的英雄主义、灾难性的愚蠢行为和蔚然壮观的成就的大杂烩。"[①]"大转变"的十年奠定了苏联社会主义经济的基础,取得了惊人的成就,也付出了惊人的代价。正是在苏联实现国家工业化的两个五年计划期间,苏联的社会主义经济体制定型。苏联加速国家工业化起步时,恰逢西方各国普遍陷入大萧条,因此,苏联工业化的成就引起了包括西方国家在内的世界各国的广泛关注。第二次世界大战检验了苏联体制的有效性,二战结束后,苏联经济体制和经验在世界范围得到扩张。

新经济政策的危机与斯大林新的政策选择

苏联新经济政策时期形成的小农经济,受政策的约束,在 1926 年以后已无法取得粮食产量大幅增长。而在这个时期,苏联工业建设的加速和城市发展都需要提供更多农产品。与 1913 年相比,1927 年苏联的城市人口增加了 20%,伴随城市人口增加的是农产品商品化率下降到仅为 1913 年的 50%,其结果是农产品供应不能满足城市的需要。由于当时农业产值占苏联国民产值的约 70%,农业生产陷入徘徊就对整个国家的经济特别是工业发展造成直接的影响,导致城市出现大量失业人口。农村经济发展缓慢,不能吸收农村的全部青年参加农业生产,大批农村青年离开农村,来到城市。整个国民经济在 1927 年前后遇到新的严重困难,到 1927 年底,国家陷入了深刻的危机,危机在 1928 年以粮食危机的爆发达到顶点。

为了全盘研究和解决农村与农业发展问题,苏共于 1927 年 10 月建立了由莫洛托夫担任主席的农村发展委员会。莫洛托夫上任后开展的一项工作便是就农村与农业问题征求苏联经济学家的意见。恰亚诺夫、康德拉季耶夫等苏联当时最著名的经济学家都及时提交了对农业发展

---

① 斯蒂芬·科恩:《布哈林与布尔什维克革命》,北京:人民出版社 1982 年版,第 405 页。

的意见。他们两人都认为高商品性生产在农户中的消失,是苏联农业发展遇到的严重问题。同时,苏联农业发展中刺激因素太弱,而扩大对农户的刺激因素,是经济最起码的要素之一。恰亚诺夫认为苏联农村出现了严重的社会分化,要以不同形式促进社会主义成分的增长。康德拉季耶夫则认为苏联农业发展主要取决于市场条件和农业机械化程度。[①]

对斯大林进行新的政策选择产生了决定性影响的,是当时苏联著名的经济学家、统计学家涅姆钦诺夫。涅姆钦诺夫运用统计方法对革命前后农产品的粮食商品率进行分析后指出:在 1917 年前,70％的商品粮是由使用大量雇佣工人(1913 年人数为 450 万)的大经济提供的。革命以后,这个经济的土地被分割,家庭农户的数量增加了 800 万—900 万。1928 年家庭农户生产的粮食比革命前增加了差不多 40％,但这些粮食几乎全被他们自己消费了,家庭农户出售的粮食仅为其产量的 11.2％。涅姆钦诺夫通过计算指出,在 1917 年前,农民所生产的粮食的商品率只有14.7％,而现在农民生产的粮食的商品率比革命前还下降了 3.5％。革命前大地主经济的粮食商品率为 47％,已经在苏联建立的国营农场和集体农庄的粮食商品率更达到 47.2％。[②] 所以,当时经济困难的真正原因不是小农有粮食,却由于种种原因不想出售,而是因为小农没有多少可以出售的粮食。

在认真研究了涅姆钦诺夫的报告后,斯大林提出了问题:"出路究竟何在呢?"回答是,首先出路在于从分散的小农户转变为能生产最大量商品粮的联合的公共的大农庄;其次在于扩大和巩固原有的国营农场,建立和发展新的大规模国营农场;最后,出路在于不断提高中小农户的单位面积产量。[③] 在反复对比了各种政策建议以后,斯大林决定采纳涅姆钦诺夫的建议作为新的经济政策选择的基础,同时也采纳了恰亚诺夫、康德拉季耶夫建议中的个别观点,形成了苏共新的经济政策:推行农业

① 《苏联历史档案选编》第九卷,北京:中国社会科学出版社 2002 年版,第 484—534 页。

② Кожинов, Россия, Век XX-й, М. : Алгоритм, 1999. c238.

③ 《斯大林全集》第十一卷,北京:人民出版社 1955 年版,第 77—79 页。

集体化,建立能够实行机械化作业的大农业,以保证为即将开始的加速工业化提供必需的农产品。

在1928年斯大林面临的是如何为苏联建立一个能够提供最大量商品粮的农业经济的选择。经济学家的研究都证明,苏联当时农村经济存在的问题是农产品商品率过低,革命前以大地主为代表的"资本主义"大经济和苏联为数不多的以国营农场和集体农庄为代表的"社会主义"大经济,都拥有远远高于小农的粮食商品率。作为革命者,斯大林不可能选择已经被革命否定的大地主经济。他的政治立场和当时的政治形势都决定了,他只能选择另一种被部分经济学家认为能够提供最大量商品粮的农业生产方式——农业集体化。实践证明了苏共过去的农村经济政策不能提供最大量的商品粮,没有最大量的商品粮就不能尽快实现工业化,而社会主义在苏联的命运取决于苏联的工业化已经成为全党的共识,正是在这个意义上,如何实现粮食商品率最大化就成为斯大林进行政策选择首先要考虑的问题。对于继续保持小农经济,提高其劳动生产率的政策方案,斯大林也曾经作为可供选择的政策提出过。然而,这个政策的实现需要一个完整的农业服务体系,但只有实现国家工业化并在此基础上建立完整的农业科学技术研究体系,这样的农业服务体系才有可靠的物质技术基础,历史显然没有为这种选择提供机遇。所以,结束新经济政策的决定,是俄国"历史进程的产物(正如涅姆钦诺夫的研究所揭示的),而不是斯大林个人的行为"①。

新经济政策时期是一个留下了无比宝贵教益的试验时期。因为是试验时期,苏共对许多问题的解决就处于探索中。在整个1920年代,有许多创新,政治、经济和社会生活中革命热情依然激昂,这构成了苏共政策选择时不能逾越的政治正确性的底线。其政策设计既要考虑现有的条件,又不能放弃党的理想,而且政策选择的后果不可能马上表现出来。到1920年代末,党内外都产生了广泛的迅速实现革命承诺的强烈要求,

① Кожинов, *Россия, Век XX-й.* М. : Алгоритм, 1999. c239.

"他们召唤党的革命英雄主义传统,呼唤十月的列宁而不是 1921 年的列宁"。农村经济的停滞也产生了对新经济政策的强烈反应,"因为新经济政策并没有快速实现经济现代化,社会主义迟迟没有到来"①,这两者都在斯大林实行的大转变中发挥了关键作用。所以,当斯大林决定结束新经济政策时,他绝不是孤立无援的,他的决策反映了党内多数人的要求,也代表了工人阶级和部分农民特别是已经接受了新观念、渴望过上新生活的农村青年的愿望,恰恰是党内外的这些群体构成了斯大林实行"大转变"的支持力量。依靠这些力量的支持,斯大林开始了一场新的革命:通过社会主义道路快速实现苏联的现代化,一种人类历史上从未有过的经济制度在苏联形成,在后来的几十年中,这个制度将产生广泛影响,受到广泛关注,得到广泛研究。

社会主义进攻:农业集体化与农村中的革命

"1930—1934 年间,充满了具有非凡意义的历史事件。布尔什维克党在这个时期完成了社会主义革命最为艰巨的任务——农业集体化。在农村全面展开了社会主义建设。"②这是苏共在 1930 年代末对农业集体化的认识,它既说明了农业集体化对苏共之重要,也说明了农业集体化实际上进行的非常艰难,其艰难程度,在斯大林与丘吉尔会谈中得到了的披露。斯大林说:集体化政策是一场艰难的斗争。丘吉尔说:我想这对你是非常困难的,因为你们没有数万个贵族或者大地主,只有数百万小农。斯大林说:这是非常可怕的,它持续了四年。为了摆脱周期性的饥荒,俄国必须用拖拉机耕作土地。我们不得不这样做。③

苏联的农业集体化最初以温和的形式缓慢推进,它变成了一场可怕

---

① Edited by R. G. Suny, *Cambridge History of Russia：Twentieth Century*, Cambridge university Press, 2007, p. 189.

② А. И. Анчишкина И. А. Анчишкин. и др, *Развитие советской экономики*, Соцэкгиз, 1940, с331.

③ О. А. Платонов, *История Русского народа в XX веке*. Т. I. Родник, 1997, с705.

的斗争出乎斯大林的预料。1927年召开的苏共十五大提出了发展各种形式的农业合作社,在新的技术基础上逐步地将农业转为集体耕作。按照第一个五年计划的指标,到1932年第一个五年计划结束时,吸引23％的农户加入集体农庄。起初,苏共认为,通过运用各种宣传方式,将说服农民自愿实行农业集体化。在使用各种宣传方式进行了大规模的关于农业集体化优越性的宣传运动之后,农民自愿加入集体农庄的人数仍然十分有限,到1928年末,一共只有1.8％的农户加入了集体农庄。农业集体化推进方式的转变是1928年的粮食收购危机和斯大林的工业化战略全面落实而带来的苏联工业化的加速。粮食危机减少了国家的粮食采购数量,工业化加速从两个方面提出了增加国家粮食储备的要求:满足工业化带来的城市人口增加对食品需求的增加;增加粮食出口以换取外汇,工业化加速要求国家拥有更多外汇以购买必需的工业设备。

1929年4月,苏联的农业集体化开始全面推进,尽管这时一些强制措施已经被运用于农业集体化,但总体来说,采用的仍然主要是宣传方式,而且苏共领导人考虑的还不是全盘集体化,而是部分农户的集体化,到1929年9月,7.4％的农户实现了集体化。

农业集体化转变为一场可怕斗争的转折点是1929年11月苏共中央全会。在会上,莫洛托夫提出,对于集体化,"我们现在不应该按照五年的时间来考虑,而是应作为明年的任务来考虑"[①]。苏共1930年1月中央全会决定,到1930年春季,最迟到1931年春季,在苏联最重要的地区实行全盘集体化。在1929年12月27日,斯大林建议,将农村政策从限制富农的剥削倾向转向消灭作为阶级的富农。1930年2月4日苏共中央和苏联人民委员会向地方党和政府机关发出秘密指示,将富农分为三种类型:第一类,从事反革命活动,参与暴力袭击;第二类,没有参与反革命活动,但剥削程度很高;第三类,忠于苏维埃政权。对于第一类富农将逮捕并进行审判,第二类将被强制迁移到西伯利亚和哈萨克斯坦,第

① Люкс Л., *История России и Советского Союза*, РОССПЭН, 2009, c212.

三类将在本地区进行迁移。所有富农的财产将被剥夺。1930 年 3—5 月必须完成非富农化的任务。①

1929 年 11 月至 1930 年 1 月，农业集体化的任务、目标和方式已经完全明确：实现社会主义关系在农村的胜利，消灭私有制，建立起大规模农业生产企业，用现代农业机械装备实现农业生产现代化；保障对城市的农产品供应；依靠粮食出口，形成新的资本积累项目；最终将农业纳入到计划经济体制。

为了保证全盘农业集体化目标的实现，苏共动员了 2.5 万名城市共产党员到农村，与苏共在农村的基层组织和苏维埃基层政权、农村的共青团组织一起推进农业集体化。斯大林所说的大转变，即社会主义的进攻，准确地讲，应该是从 1930 年 1 月才真正开始。

来自城市的共产党员中，"许多人充满了当时正达到高潮的文化革命精神，他们充满进行变革的热情，却又蔑视农民群众的愚昧和落后。他们认为自己肩负在农村进行社会主义改造的使命，而且采取最极端的措施来实现这个目标"②。其结果是，在建立集体农庄的同时，经常伴随着激烈的广泛的反东正教斗争，强制关闭乡村教堂，当众毁坏农民敬畏的宗教偶像。出现这样的情况，是因为苏共认为："完成经济任务与解决文化革命的问题紧密相联。""而文化革命首先是社会精神生活的巨大改变，是社会意识的重构。"③所以，当集体化强力推进时，作为现代工业文明体现的拖拉机、农业技术、医疗卫生机构与相关的文化教育机构也先后被带进农村。集体化不但要以拖拉机耕作土地，"且要同时打破当地的迷信宗教禁令和习俗"。农业科技与现代机器这些俄国历史上闻所未闻的事物，"竟被应用到一群原始的全无教养的人民头上来，破坏了一切他们所熟悉的。它重重地打击了他们的所谓财产本能，破坏了他们的宗

---

① Верт Н. ，*История советского государства*. 1900 - 991，Весь мир，2008，209 - 210.

② Фицпатрик Ш，*Сталинские крестьяне*，РОССПЭН，2008，c10.

③ Мунчаев Ш. М. ，Устинов В. М. ，*История Советского государства*，М. ：Норма，2008，c349.

教社会之习惯。它惹起贫农和青年们的兴趣和热心"。当然,也同时激起了传统观念更强烈的农民们的不满、反对和抵抗,激起了"富农之决死抵抗"[①]。

然而,真正激起富农之决死抵抗的,最后使集体化转变为可怕的斗争的,主要是苏维埃政权消灭富农的政策。这一政策在 1930 年初正式实施以后,地方党政机关,在乡村无产阶级、半无产阶级和共青团员的支持下,使用屡试不爽的口号"剥夺这些骗子们",将这一政策贯彻到极端,而且很快就越出了苏共中央和苏联人民委员会划定的界限。根据苏共中央的估计,富农数量约 100 万户,占苏联农户总数约 3.8%,其中需要强制迁移的为 21 万户,占农户总数不到 1%。在集体化的过程中,被强制迁移到西伯利亚等荒凉地区的农户达到 31 万多户。"在强制农业集体化过程中,被作为富农处理的不仅有富农,而且还有那些不愿意加入集体农庄的中农。在有些地区,非富农化涉及的农户达到农户总数的 10—15%。"[②]随意抓人、抢劫等胡作非为不断出现,地方党的领导人想限制这些过分行为,却无人理睬。在一些地区还出现了不但将生产资料集体化,而且将农民的生活资料比如住宅、宅旁的菜园、家畜等都集体化的现象。强制集体化,使集体化的农户数量以极快的速度上升,到 1930 年 3 月,已经有 50% 的农户实现的集体化。

以强制手段推进集体化,引起了农民的激烈抗议和抵抗。这些抗议或抵抗在苏联中部地区表现为武装对抗,包括武装袭击党政干部、暴乱等形式。在某些地区,农民以盲目的疯狂破坏来表达对集体化的抗议和抵抗,谋杀案和纵火案大量发生。农民的武装抵抗遭到苏维埃政权的严厉镇压。更多的农民,主要是在集体化中受到损害的中农采取斯科特所说的"弱者的反抗"来抵制农业集体化。其表现形式为将牲畜大量杀掉,在加速集体化的最初几个月,就有 1400 万头牛和 1800 万匹马被杀掉;

---

① 赫克:《俄国革命前后的宗教》,上海:学林出版社 1999 年版,第 342 页。

② Ратьковский И. С., Ходяков М. В., *История Советской России*, СПб.：Издательство "Лань", 2001, c195.

同时农民在农田耕作中表现消极,这造成了农产品产量在集体化初期的下降并直接影响到城市的农产品供应,苏维埃政权与农民的关系再次处于极度紧张状态,苏共不得不采取措施纠正集体化中的极端行为。

1930年3月2日和3月15日的《真理报》发表了斯大林的《胜利冲昏头脑》与《答集体农庄庄员同志们》两篇文章,文章阐述了苏共农业集体化的方针,强调在集体化中坚持自愿原则,批评了使用行政强制手段的做法,提出要通过给集体农民提供个体农民无法享受的经济优惠措施来推进集体化。在3月14日,苏共中央做出决议,要求立即停止强制集体化的行为,允许农民退出集体农庄,保留农民宅旁的自留地、自留畜以及果树等私有财产。苏共中央的决议下达后,已经加入集体农庄的农民有一半退出了集体农庄。从1930年3月开始,苏联的农业集体化进入到以经济手段推进的过程,到1937年末,93%的农户已经加入集体农庄,90%以上的土地已经纳入到国家计划经济之内。与此同时,以现代技术手段改变农业生产方式的目标也基本实现。到1938年,苏联农村已经装备了48万台拖拉机、近16万台联合收割机和近20万辆运输卡车,苏联的农业生产已经基本实现了现代化。

农业集体化初期的强制措施给农业生产造成了破坏,使得苏联的粮食总产量在1931—1932年出现下降,经历了1933—1937年的增长,在1937年达到俄国历史上的最高点。从1938年又开始下降,1940年的粮食总产量比1928年仅有10%的增长,此后直到1953年,粮食总产量都没有实质性增长。[①] 其间除了战争年代需要排除,可以说,集体化与斯大林的在1929年以后的农村政策对苏联农业的消极影响是长期的、巨大的。但斯大林推进集体化的其他目标应该说都实现了,当然,这些目标的实现是以牺牲农民利益为代价的。

集体化的主要目的是提高苏联粮食的商品率,保障城市食品供应,

---

① В. М. Симчера, *Развитие экономики России за 100 лет：1900 - 2000* , Издательство Экономика, 2007. c167.

形成新的资本积累项目,这些目标应该说都实现了。国家收购粮食的问题解决了。1930 年收获了 7720 万吨粮食,出口 480 万吨粮食;1931 年只收获 6820 万吨粮食,却出口了 520 万吨粮食。"1929—1934 年间,出口粮食 1417 万吨,获得了价值 17 亿 8 千万卢布的外汇。"[①]这些外汇对苏联的工业化极其重要,因为大萧条,国际市场上各类为苏联工业化急需的机械装备价格下降了 30% 以上,斯大林认为这是稍纵即逝的机遇,要求加大出口换取外汇以进口装备。集体化完成以后,苏联城市再也没有遇到过食品供应危机,而在这个时间内城市人口增加了 3000 万以上。此外,在农业集体化时期,在西伯利亚建设了新的农业生产基地,使苏联除了传统的粮食产区外有了新的粮食生产基地。可以说,没有农业集体化,就不可能有苏联的加速工业化。

集体化与加速工业化也给接受了新思想的农村青年以更多的社会流动机会。1928—1937 年的两个五年计划期间,一共有 2500 万农村居民其中大多数是农村青年,进入新建立的工业中心甚至是莫斯科、列宁格勒等大城市,他们中的出类拔萃者进入大学或其他学校学习。当集体化严重损害部分农民利益时,它也为接受了新的思想观念又迫切希望改变生活状况的农村青年开启了社会流动的大门并提供了机会。进入工业企业、大学和各类学校及基层领导岗位的农村青年成为集体化的获益者,他们也因此成为苏维埃政权的坚定支持者。

斯大林改造苏联农民的目标也在一定程度上实现了,在农村中开展的文化革命将科学技术、现代教育和苏共的意识形态强行灌输到数百年不变的农村,"的确是把农民从几千年的惰性中唤醒来","革命在农民身上发生了,打破了他的财产本能和他的生活基础,他永远不能再回到旧的去了"。[②] 这就意味着,曾经是俄国历史上对现代化抗拒最强烈的社会力量被强力推入了现代化并进行现代化改造,俄国再也不可能回到过

---

① Верхотуров Д. Н. Сталин, *Экономическая революция*, М. : Олма-Пресс, 2006. c308.
② 赫克:《俄国革命前后的宗教》,上海:学林出版社 1999 年版,第 347 页。

去,尽管为此付出了巨大的代价。"伴随工业化而发生的农民生活的破坏,与英国的圈地运动有着某些相似性,只不过它不是花费数十乃至数百年的时间,而是压缩在几年时间里完成的。"①

计划经济与苏联的工业革命

使用经济计划发展苏联的国民经济,是苏共一贯的追求。但如何使用经济计划发展国民经济,在一段时间内苏共并不清楚。1921 年 4 月建立的苏联国家计划委员会在一段时间内主要任务是负责已建立的工业企业的生产经营,所以它还不是严格意义上的计划委员会。1926 年,苏共提出了推进工业化的任务,于是如何建设新的工业企业成为新的问题,国家计委的地位迅速上升为实际上的经济内阁。1926 年苏联开始编制国民经济发展的第一个五年计划,与过去的经济形式不同的,是经济计划强调"指标控制"。由于此前世界上还没有过计划经济,如何编制经济计划成为一个大难题。在广泛收集资料和专家研讨的基础上,苏联国家计委第一任主席克尔日扎诺夫斯基对经济计划给出了精确和完整的定义:"年度计划主要是经营计划,跨度为 10—15 年的总体计划首先是建设概念的计划,五年计划部分是经营计划部分是建设计划。"②费时两年,苏联的第一个五年计划在 1928 年制定完成。当然,所有类型的计划虽然都被称为经济计划,但实际上也包括文教、科技和社会发展计划。

经济计划的整个概念被假设为体现了对经济过程的自觉和理性的控制,它为经济决策提供短期、中期和长期的科学构想,以克服市场所存在的非理性的、自发的浪费行为。在苏联经济计划的制定过程是,苏共中央和苏联人民委员会制定经济发展的总方针,确定需要优先实现的目标;国家计委根据收集的经济和其他数据,按照总方针的要求进行协调

---

① R. W. Davies, *Soviet economic development from Lenin to Khrushchev*, Cambridge University Press, 1998, p. 47.

② May B. A. , *Реформы и догмы. 1914 -1929* , М. : Дело. 1993. c180.

制定国民经济五年计划;苏联人民委员会下属各经济管理部门制定企业的年度和月度生产计划。

在 1928 年,虽然苏联工业发展已经超过了沙俄帝国在 1913 年的水平,但与西欧和美国相比,苏联工业的差距不但没有缩小,反而进一步拉大。按不变价格计算,苏联在 1913 年的工业总产值为美国的 8.4%,到 1927 年下降为美国的 5.6%。而且,对国家工业化最为主要的装备制造业,在苏联基本上属于空白,工业发展所需要的装备基本依赖进口。因此,速度和重工业的地位在制定第一个五年计划时已经成为关注的重点。在第一个五年计划执行一年后,因为国际形势的变化,斯大林提出必须加速国家工业化。1929 年 4 月 23 日,苏联人民委员会执行委员会批准了经过修订的新的五年计划。新的五年计划预计总投资 645 亿卢布,相比于最初制定的五年计划,投资额增加了 3 倍,其中 1/3 将投入到工业的 1500 个重点建设项目。第一个五年计划的所有指标都在报纸上发表,第一个五年计划向苏联人民承诺,当五年计划完成时,苏联将从落后的农业国变为先进的工业强国并扫除文盲。以计划经济为手段,以加速工业化为特点的苏联工业革命就此开始。注重增长速度、建设大型项目、以最先进技术建设新的工业中心,成为苏联第一个五年计划的主要特点。

苏联的加速工业化为许多苏联人带来了希望,"年轻的一代早就梦想俄国成为'另一个美国',一个社会主义的美国"。而五年计划所描绘的蓝图"就像魔法一样在他们面前招来了新文明的远景。大量的青年工人,特别是共青团员,都自愿去不毛之地打先锋"[1]。苏联第一个五年计划的实现恰恰需要大批这样的青年人。苏联第一个五年计划将工业在全国范围内进行合理布局作为经济建设的主要任务之一,大量新建设的工业企业将布局于过去荒凉的乌拉尔山以东地区、西伯利亚、中亚、高加索各共和国和远东地区。这些地区人烟稀少,如果不能动员大量的年轻

---

[1] 艾萨克·多伊彻:《斯大林政治传记》,成都:四川人民出版社 1982 年版,第 377 页。

人到这些地方去,工业化将遭遇劳动力短缺问题。加速工业化的资本来源完全依赖于节约,在加速工业化初期,所有新建工业中心物质条件极度艰苦,在这种情况下,工业建设的推进很大程度上依靠对青年人热情的激发,而苏联青年和工人在加速工业化的最初年代表现出极大热情。《剑桥二十世纪俄国史》写道:"苏联工业革命的那些年是以世界上一些最大的建设项目名称闻名于世的,这是马格尼托哥尔斯克——一个拥有10万名工人及其家庭的冶金城市——的时代。""结果是一个历史规模的、激动人心的、真正的英勇行为。"[①]

马格尼托哥尔斯克的建设集中体现了苏联计划经济在第一个五年计划时期的特点:

一、工业化与工业城市建设相结合,马格尼托哥尔斯克是计划建设的钢铁工业中心,制定建设计划时,也确定了未来的城市建设计划:包括学校、科研中心、图书馆、剧院、露天舞场、工人与居民住宅区、医院等等的建设。其他新建工业中心都按照这样的计划来建设。

二、在艰苦条件下依靠激发工人的热情来完成建设任务。一个从美国来到马格尼托哥尔斯克的专家斯科特,"毫无疑问地为原始的生活条件所震惊,但他同样被无处不在的热情和目的感所震惊。在马格尼托哥尔斯克,他看到目不识丁的工人在学习阅读,缺乏技术的工人在学习操作机器。他看到了,在冰冻的条件下,食不果腹、衣难御寒却在工作岗位上连续工作16个小时的工人。热情!"[②]在1929年4月,由列宁格勒工人倡议最终在全国形成的社会主义竞赛,成为一种主要的动员方式。

三、利用大萧条,从发达国家引进为工业化所必需的工业装备和技术。1944年,斯大林告诉美国驻苏联大使哈里曼,苏联2/3的大型工业企业是用美国技术建设的。苏联领导人认真研究了西方技术,选择最好

---

① Edited by R. G. Suny, *Cambridge History of Russia : Twentieth Century*, Cambridge university Press, 2007, p. 193.

② John Scott, *Behind The Ural : An American Worker in Russia's City of Steel*, Indiana University Press, 1989, p XV.

的产品作为在苏联大规模生产的样本。与西方公司签订的合同,要求提供使企业能够运转的所有要件包括管理方式和全套技术,然后,在有限的外国帮助下,开始复制这些工厂。苏联的技术研究部门在这个过程中建立起来。在与外国公司进行贸易的同时,苏联仍然保持经济上的独立性。"第一个五年计划的成就是由这个事实决定的,即苏联没有参与资本积累的国际过程,正是与世界体系的隔绝或者说脱钩,使得苏联能够集中资源去完成工业化的主要任务。"[①]

工业的迅速发展使大批农民成为工人,但这些工人大多数目不识丁,更不要说能够熟练地操作机械设备,包括一些干部也不懂技术,建设中不时发生各类事故。在这种情况下,斯大林提出"技术决定一切"的口号,各类速成班和技术学校被建立起来以尽快解决新难题。

工业的迅速发展使农民以每年 280 万人的数量从农村向城市流动,给城市带来了一系列需要尽快解决的经济与社会问题。"城市居民的迅速增加,要求制定城市发展计划,1931 年,莫斯科提出了第一个城市发展计划,1935 年这个计划被批准实施。"[②]随后,明斯克、新西伯利亚等城市都制定了城市建设计划。改善城市交通运输条件,建设更多的学校、住宅、文化设施等一系列任务被列入经济计划。1932 年莫斯科开始修建第一条地铁并在 1935 年营运。

第一个五年计划在实际执行中,特别是新建工厂的建设,由于交通运输条件和员工素质等方面的差异,出现建设进度不同步的情况,这就导致了某个大型工厂完工却因为配套工厂还未建成不能投产的结果。1930 年 6 月 17 日,斯大林格勒拖拉机厂建成并举行了建成投产庆典,但在庆典结束后却发现无法生产出整机,原因是为拖拉机厂提供发动机的工厂仍然处于建设之中。同时,大批新的工厂建成,特别是使用引进技术建成的工厂,其技术和管理要求对许多干部包括技术干部都是他们没

---

① Кагарлицкий Б. Ю. , *Периферийная империя: циклы русской истории*, Алгоритм, Эксмо, 2009. c480.

② Андрей Зубов, *История России XX век. 1894 - 1939*, ACT, Астрель, 2010, c908.

有见过的新奇事物,如何管理成为工业化不能不解决的问题,于是,加强计划的科学性和干部决定一切的要求被提了出来,加强对技术干部、管理干部的培养促使苏联政府新建了大量各类工农业技术类院校。

工业发展明显的改变了苏联工业的地理分布,在乌克兰、白俄罗斯、阿塞拜疆、哈萨克斯坦、格鲁吉亚都建立起新的工业中心。在乌拉尔和库茨涅茨克建立起大型工业城市,在西伯利亚和远东地区建立了数以百计的工业城镇。工业空间的扩张要求改善运输条件,交通建设于是成为重点。1932 年一年,苏联修建了 5300 公里铁路和 12800 公里硬路面公路。

根据工业化过程中遇到的新的难题,采取紧急应对措施,说明第一个五年计划在诸多方面都具有即兴之作的特点,因此,它还不能看作是严格根据事先制定的经济计划来推进国家的工业化。但从第二个五年计划开始,情况就有了好转,其原因在于指标降低了。但从第二个五年计划开始,长期的艰苦条件下的工作使得工人的热情逐步降低,在工厂建立起一长制和等级工资制,开展以注重工人劳动效率的斯达汉诺夫运动,将个人收入与劳动成果紧密联系。这个运动调动了有技术能力的工人的积极性,"斯达汉诺夫工作者祖耶夫在 1936 年获得劳动报酬 18524 卢布,而当时工人的月均收入为 170 卢布"。祖耶夫和他的三个儿子(也是斯达汉诺夫工作者)一年共挣了 54000 卢布。[1] 平等主义不得不让位于效率原则。

尽管遭遇到各种未预料到的难题,苏联的工业化仍然加速前进,而苏联在国际经济中的地位亦逐渐改变。由于大量新建机器制造企业投产,苏联机械装备的进口在进口总额中比重从 1928—1931 年间的32.5％下降到 1932 年的 17％,而在 1913 年,这个比重为 64％。[2] 从彼得大帝以来俄国的现代化基本依靠西方提供工业技术装备的局面已经

---

[1] Киселев А. Ф.，Щагин Э. М.（ред.）,*Новейшая история Отечества. XX век*,*Книга 1*,М.：Владос，2002，c472.

[2] Самохин Ю. М,*Экономическая история России*,ГУ ВШЭ，2001，c247.

出现根本性改变。到 1940 年,即苏联第三个五年计划执行的第三年,苏联已从落后的农业国成为欧洲第一大世界第二大工业国。在 13 年间期间,苏联新建了 9000 个大型工业企业。在这期间,除了继续扩大原有的钢铁、煤炭、纺织、石油等工业,苏联还新建了化学工业、汽车拖拉机工业、航空工业、电子工业、大型工业装备制造业等新的工业部门。到 1940 年,苏联已经建立起一个完备的工业体系,各类工业产品的数量都成倍增长。与 1913 年相比,1940 年,苏联生产的石油增长了 25 倍,钢铁增长了 7.7 倍,整个生产资料生产增长了 13.4 倍,消费资料生产增长了 4.6 倍。1940 年苏联的工业总产值从 1927 年相当于美国的 5.6% 上升到 30.3%。[①]

当然,苏联加速工业化的成就是以牺牲农民利益和在加速工业化初期降低人民生活水平为代价取得的。在 1929—1931 年间,对社会与文化领域的投资被忽视;优先发展重工业使得消费品生产的投资下降,即使计划规定的轻工业产品生产计划也仅仅完成了 80%,导致消费品供应不足;高投资导致了通货膨胀,人民的实际购买力下降;最突出的问题是这期间劳动生产率没有提高,反而下降了 8%。从 1928 年开始,城市各类商品供应紧张,不得不再次实行商品配给制,这种情况一致持续到 1935 年才得到根本改善。从 1935 年开始,商品逐渐丰富,人民生活水平重新开始得到提高,一些新的消费品进入苏联人民的生活。

尽管存在各种严重的问题,但以计划经济的方式,加速国家工业化所取得的成就却是史无前例的,这不仅表现为苏联工业的迅速增长,还表现为更合理地在全国范围进行工业布局,在促进落后地区工业发展的同时,也保障了苏联的经济安全。"无论用什么样的历史标准来衡量,这都是无比辉煌的成就。尽管资本主义大国的工业发展具备更好的外部融资条件与更有利的外部政治条件,但世界所有国家中的资本主义工业化都未能达到近似的速度。在整个世界都处于'大萧条'之中时,苏维埃

---

① Абалкин Л. И. ,Экономическая история СССР, М. : ИНФРА. 2007. c414.

国家的成就显得特别令人震惊。"①

　　苏联能够实现加速国家工业化的目标,与计划经济的特有的优势分不开。苏联计划经济的优势是:国家能够集中国民生产总值的大部分用于建设对国家未来发展和国防具有重大意义的工业部门;中央计划控制可以保证先进技术迅速的在苏联所有工业部门得到扩散,在极短时间内极大程度地提高国家的工业技术水平;重要领域的规模经济可以通过国家强制的产品标准化来实现。当然,计划经济的缺陷在苏联加速工业化时期已经表现出来:资源集中投入重工业短期内乃至长时期都会损害农业与轻工业的发展;如果领导人或者计划制定者犯了错误,经济上的损失将成倍增加,因为计划是在全国范围内执行的;集中的经济计划天生对消费者的需求反应迟钝,难以充分满足消费者的需要;由于企业没有生产自主权,在热情消失后,企业发展的动力逐渐消失。因此从长期发展看,计划经济缺乏可持续性。苏联以计划经济实现国家的现代化在很大程度上与苏联的落后和孤立分不开,即苏联加速工业化取得的成就,是苏联在特定时期特殊国情的产物,然而,苏联领导人却将其看作是可以替代市场经济的一种新的代表未来的经济体制,这就妨碍了他们对计划经济的缺陷进行研究并加以克服。

战时经济与战后经济恢复和重建

　　1941 年 6 月 22 日,纳粹德国军队入侵苏联,苏联进入长达四年的卫国战争。战争是对苏联战前加速工业化和优先发展重工业战略实际效果的检验,也是对苏联社会主义经济制度有效性的考验。第二次世界大战是人类历史上第一次依靠国家的重工业基础进行的战争,一个国家的整体经济实力特别是其最重要的部门——武器与军事装备的生产能力构成军事行动的物质基础,国家最大限度动员经济资源用于战争的能力对于战争的结局具有决定性的意义。对此,德军统帅部有着清醒的认

---

① *Самохин Ю. М,Экономическая история России* ,ГУ ВШЭ, 2001, c249.

识,所以,在战争初期,德军迅速占领了集中了苏联 33% 工业和素有欧洲粮仓之称出产苏联 38% 粮食的苏联西部地区。德军统帅部认为,占领了苏联西部的工业与农业地区,就消除了苏联进行长期的大规模军事行动的能力。在四年的卫国战争中,"苏军平均每天损失 30 架飞机、68 辆坦克、224 门火炮和 1 万 1 千支枪械。在重大战役期间,这个平均数还会翻几番。"仅仅在战争开始后的 18 天里,苏军就损失了 3500 架飞机、6000 辆坦克和 9500 门火炮。① 这一切都构成了对苏联的经济体制和国家领导体制的严峻挑战,结果证明,"指令性经济尽管带有各种缺陷,却最适应战时环境。与其他交战国相比,苏联最迅速、最彻底地将整个经济动员起来,为战争服务"②。

战争一爆发,苏联经济转向战时经济的行动就开始了。1941 年 6 月 23 日,加速弹药生产的动员计划就被付诸实施。6 月 24 日,苏联组建了疏散委员会,其任务是将位于苏联西部边境地区的工业企业以及相应的工程技术人员、农业技术人员和数以百万计的技术工人以及艺术品和文物紧急疏散到乌拉尔、西伯利亚、伏尔加、中亚等地区,并在这些地区建立新的工业中心。在 1941 年夏秋两个季度,疏散委员会从苏联西部地区向东部地区转移约 1000 万各类人才、2600 家工业企业(其中有 1523 家大型企业)和 240 万头牲畜。整个疏散转移工作,共动用 91 万节火车皮,通过内河航运运输了 87 万吨物质和设备。在如此短时间内完成如此大规模的疏散转移工作,"使所有各方都认为,这个体系运转非常出色"③。

1941 年 6 月 30 日,苏联建立以斯大林为首的国防委员会,苏维埃国家的所有权力都集中于国防委员会。国防委员会决定,将国民经济转入

---

① Сахаров А. Н. , Боханов А. Н. и др. , *История России XX век* , М. : Издательство Аст, 1996, c442, 435.

② P. Kenez, *A History of Soviet Union from The Beginning to The End* , Cambridge university Press, 2006, p. 144.

③ David Marples, *Motherland Russia in the 20 Century* , Pearson Education Limited 2002, p. 154.

战时轨道,在东部地区大规模展开武器与军事装备生产,一批生产民用产品的工厂转为生产军事装备。为了适应战时经济的需要,苏联国家机构也进行了相应改变,根据军事工业的特点,分别成立了坦克工业人民委员会、迫击炮工业人民委员会等。战前苏联经济计划都按照年度制定生产计划,转入战时经济后,经济计划按照年度、季度和月度编制并经国防委员会批准,主要军工企业的生产按照日进度表组织生产。由于战争已经达到千万人参加的规模,国家的资源越来越多地集中于军事工业部门,战前的 1940 年,军工生产在工业中比例不足 15％,到 1942 年已经达到 50％。

虽然苏联转入战时经济的速度比英美快三到四倍,但无论是转移到东部的企业,还是新建的企业或者转产的企业,它们要达到最大生产能力都需要时间,加上德军占领或破坏了苏联工业 20％的工业生产能力,这一切都导致苏联在 1941 年末工业生产包括军工生产能力的急剧下降。"在 1941 年 8 月,苏联生产了 500 万发炮弹,到 11 月就下降到 320 万发;8 月生产作战飞机 2046 架,11 月下降到 448 架;冲锋枪则从 22100 支下降到 3345 支。"①这是苏联战时经济形势最严峻的时期,也是战场上苏军形势最危险的时期。在这个时期,苏军能够坚持下来,依靠的恰恰是第一和第二个五年计划时期在乌拉尔、西伯利亚和远东地区建立的重工业基地生产的武器和军事装备,依靠的是在农业集体化时期在西伯利亚建设的新的粮食生产基地。如果没有两个五年计划在苏联东部部署建设的重工业和粮食基地,苏联在 1941 年的战争中可能就完全失败了。

到 1942 年初,苏联国民经济向战时经济的转变基本完成,苏联军事工业能力迅速超过德国,并最终取得了压倒优势。如果将苏联军事工业生产能力的变化与苏德战场形势的变化进行比较,可以发现,两者呈现正相关关系:即随着苏联战时经济开始充分发挥作用,苏军亦开始由防

---

① Сахаров А. Н. , Боханов А. Н. и др, *История России XX век*, М. : Издательство Аст, 1996, c439.

御转入进攻;当苏联军事工业的生产能力取得对德国的压倒优势,德军连防御作战的能力都基本丧失。1941 年,苏联生产火炮和迫击炮 53600门、作战飞机 11500 架、坦克 4700 辆。1942 年生产火炮和迫击炮 28 万多门,增加 4 倍以上;生产作战飞机 2.5 万架,增加一倍半;生产坦克 2.4万辆,增加近 4 倍。在整个战争期间,苏联战时经济体系共生产火炮和迫击炮 52 万门,坦克近 10 万辆,作战飞机 12 万架。[①] 在所有主要的武器和军事技术装备的生产方面,苏联的产量都超过德国一倍以上。转为战时经济后,苏联在工业化时期建立的科研部门的作用得到充分发挥,苏联不但能够生产数量远远超过德国的各类武器和技术装备,而且能够迅速研发出新的武器和军事技术装备,其性能大多超过德国同类装备。"加速工业增长终于在第二次世界大战期间显示出效果,在对 1928—1940 年间工业化的结果与 1900—1913 年间工业增长的结果进行比较后,自由派社会学家戈登和克罗波夫得出的结论是,斯大林的现代化远比维特和斯托雷平的改革成功"[②]。

与第一次世界大战导致俄国经济崩溃形成鲜明对比的,是苏联在战争时期,工业生产经历了战争初期短暂的下降之后就逐步增长,在战争结束前,苏联的工业生产能力与技术水平都得到进一步发展。在进行军事科技研究的过程中,苏联不但在军事科技一些领域迅速赶超德国,而且形成了许多未来可以用于民用工业的技术,包括航空技术、化学工业技术、机械加工技术。对苏联未来成为超级大国最为重要的,是在战争期间建立了原子能研究机构和原子能工业。在战争期间工业和科技得到进一步发展,在俄国史无前例。苏联在俄国历史上第一次依靠经济制度和经济实力的优势取得规模在世界上没有先例的战争胜利,证明了苏联社会主义经济制度的有效性。即便苏联已不复存在,当代俄罗斯学者

① Сахаров А. Н. , Боханов А. Н. и др. История России XX век , М. : Издательство Аст,1996,с441.

② Кагарлицкий Б. Ю. , Периферийная империя : циклы русской истории , Алгоритм, Эксмо,2009. с479.

依然认为:"在这场斗争中取得胜利的,是苏联的社会主义经济与苏联的社会制度。"①

当战争以苏军攻占柏林而告结束时,苏联面临极其艰巨的战后经济恢复与重建的任务。战争使苏联损失了 2700 万人口,相当于战前苏联总人口的 14%强;1710 座城镇、7 万个村庄、3.2 万家工业企业和 600 万座建筑物以及大量的交通、电力和通讯等基础设施在战争中被毁。战争给苏联造成的物质损失相当于苏联国民总财富的 30%。另一方面,战争也促进苏联的技术水平大大提高,这使得苏联的战后重建并不是简单地将苏联经济恢复到战前水平,而是将重建变为新工业化。战争时期对军事技术的大量投资,"促进了科学思想的发展,大批在秘密实验室里形成的科学观念,可以成功地运用于和平时期的经济建设。1950 年代,所有工业国包括苏联经历的经济高速发展,就是运用这些科学技术潜力的结果"②。

1946 年 3 月 18 日,苏联最高苏维埃批准了第四个五年计划。第四个五年计划要求 1946—1950 年,不但要恢复国民经济,而且工业产生水平要超过战前水平 48%,计划向国民经济投资 2500 亿卢布,相当于前三个五年计划的投资总额。这又是一个看起来无法实现的高指标,而且又一次没有外援。苏联雄心勃勃的第四个五年计划引起广泛关注,更有观察家认为:"俄国利用苏联体制的优势,可以在一切领域包括技术领域超过资本主义国家。"③尽管第四个五年计划的指标已经高得惊人,但到1950 年,苏联的工业生产却超过战前水平 73%,比计划确定的指标还要高出 25%。为了更好完成地新的五年计划,起初苏共和苏联政府强调需要加强经济杠杆(价格、货币、信贷、利润和奖金)在组织生产和分配中的

---

① Ольштынский Л. И. и др, *Курс отечественной истории IX - XX веков*, М.: ИТРК, 2002. c385.

② Сахаров А. Н., *Боханов А. Н. и др, История России XX век*, М.: Издательство Аст, 1996, c476.

③ Киселев А. Ф., *Щагин Э. М. (ред.), Новейшая история Отечества. XX век, Книга 2*, М.: Владос, 2002, c237.

作用,但在五年计划实际开始执行后,又更多地回到加速工业化年代的动员方法。在经济建设中广泛开展了不同的社会主义竞赛运动,如生产能手、优秀生产者运动等。在物质条件艰苦的情况下,苏联工业的高速增长,很大程度上依靠的是精神激励。"整个民族勒紧裤腰带,平静地忍受生活的艰辛。青年人和前线返回的士兵,表现出高度的劳动热情。"①但由于没有相应的足够的物质激励,精神激励的效果随时间推移呈递减趋势,因此难以长期持续。

在战后重建时期,苏联不但在短时间内使工业生产大大超过战前水平,而且重新进行了工业布局,建立起新的工业部门。在工业重建中,苏联取得的最重要的技术进步,是原子能技术的突破与原子能工业的建立。1949年8月29日,苏联成功地爆炸了第一颗原子弹,成为世界第二个核大国。此前,苏联已于1947年成功发射了远程火箭,1950年苏军组建了战略导弹部队。俄国千年历史上不断受到外部强国军事入侵的威胁因此永远结束了。

不过,苏联的经济重建仍然同加速工业化时期一样,存在严重的比例失调。第四个五年计划将工业投资的88%投入到重工业,"轻工业和食品工业仍然依照剩余原则投资,远远不能满足人民的基本需要。"1946—1950年,苏联工业翻了一番,轻工业和食品工业仅增长23%。具有积极意义的趋势是,基于军事技术转型批量生产的新商品出现在苏联人的生活中,"胜利"牌和"莫斯科人牌"小汽车、摩托车、照相机、电视机和收音机等。②到1950年,城市居民的生活水平才达到1940年的水平,但由于城市人口剧增,住房问题成为战后城市最严重的社会问题,几户人家合住一套住房的情况在城市较为普遍。

农业发展依旧是苏联经济最薄弱的环节,苏联农村遭受的战争破坏不仅表现为农业基础设施的严重破坏:13万台拖拉机和近5万台联合收

---

① Ольштынский Л. И. и др, *Курс отечественной истории IX - XX веков*, М.: ИТРК, 2002. c440.

② Перепелицын А. И,*История России*(*XII - XX вв*),Кавказская здравница, 2000, c532.

割机被毁，马匹损失 700 万匹，牲畜损失 1700 万头。农村与农业遭受的破坏并不比城市与工业轻，但第四个五年计划对农业的投资安排却极少，仅占总投资的 7%。战前苏联农村还没实现电气化，由于对农业的投资安排过低，到 1953 年，只有 15% 的集体农庄用上了电。农业生产条件艰苦繁重，但农民的负担却比战前更加沉重。"通过税负和其他义务交售方式，国家将集体农庄和国营农场 50% 以上的农产品拿走。自 1928 年以后，农产品的收购价就没有变过，同期工业产品的价格上涨了 20 倍。集体农庄庄员一年的劳动收入比工人一个月的工资还低。"[1]到 1940 年代末，农业税又进一步提高。这些都严重挫伤了农民的生产积极性，大批农民离开农村到建筑工地、工厂或者林场工作。1950 年的农村人口比 1940 年减少了一半，农业生产的局面因此更加严峻了，农村政策已经到了必须进行根本性调整的关键时刻。

　　苏联经济重建中的比例失调问题终于引起了苏共的关注，1952 年 8 月召开的苏十九大，在提出建设共产主义社会任务的同时，"在苏联历史上第一次确定了生产资料生产（A 类）和生活资料生产（B 类）几乎相同的增长速度，分别为 13% 和 12%。更为符合逻辑的是，大会提出了建设人民福利增长的物质基础的任务"[2]。1953 年 2 月，一个关于提高农产品收购价格的决议草案已经起草完毕，该草案提出，提高国家的农产品收购价格以增加对集体农庄的物质激励是必不可少的。[3] 斯大林在其领导生涯的最后时期已经认识到苏联经济建设中存在的比例严重失调，并组织力量开始进行相应的研究，准备进行相应的政策调整乃至进行必要的改革。这意味着，苏联领导人包括斯大林已经认识到苏联经济存在的问题，因此，无论是有限的政策调整或者更大范围的改革实际已经提上苏联领导人的议事日程了。

① Личман Б. В., *История России. Том 2*，Уральский государственный технический университет，1995，c227.

② Кремлев С.，*Зачем убили Сталина*，М.：Яуза；Эксмо，2008，c253.

③ Edited by William Taubman，*Nikita Khrushchev*，Yale University Press，2000，p. 78.

苏联社会主义经济体制与影响的扩张

在第二次世界大战中,苏联与英美等西方大国形成了盟友关系,美国与苏联的关系大大改善。在战争即将结束时,美苏两国都形成了自己的构建新的世界体系的设想。

美国的设想是,将西半球主要是西欧以及西欧大国的前殖民地整合进美国主导的体系,同时,这个体系不应该将苏联排除在外。按照美国的设想,将与苏联达成全面的政治经济安排,以将苏联拉入资本主义经济体系,缓和苏联的外交政策,抑制苏联的意识形态狂热。

而苏联的设想是,第二次世界大战的结局为苏联彻底打破国际孤立,形成社会主义世界体系创造了条件,这个条件就是苏军在东南欧履行的解放者使命。对此,斯大林非常明确地表示:"这次战争和以往战争不同,谁解放领土,谁就把自己的社会制度推行到他们军队所到之处。绝不可能不是这样。"①当然,苏联的设想并不包含与美国立即进行直接的对抗,相反,它非常希望得到来自美国的援助,但前提是,这个援助不能附加政治条件。

1944—1945年间,苏联红军在进军柏林时,沿路解放了波兰、保加利亚、匈牙利、罗马利亚、捷克斯洛伐克,占领了德国东部地区。上述各国共产党的领导成员随苏军回国。同时,南斯拉夫和阿尔巴利亚共产党则依靠自己的力量取得了政权。到二战结束时,在东南欧已经有八个国家的共产党直接或者间接地掌握了政权。这八个共产党与苏共的关系复杂,虽然他们之间现在互称兄弟党,却并无真正的平等关系。到二战结束时,苏联的影响已经到达中欧地区,西方大国明显地感觉到来自苏联的威胁不是军事威胁,而是经济、心理的威胁。

二战结束后,苏联为了巩固在东南欧已经获得的地位,在经济遭到严重破坏的情况下,仍然向这些国家提供了大量援助。由于战前东南欧

---

① 米诺凡·杰拉斯:《同斯大林的谈话》,长春:吉林人民出版社1983年版,第79页。

国家与西方国家形成了密切的经济联系,因此他们希望继续从西方国家获得援助。1947 年,美国提出了帮助欧洲经济复兴的"马歇尔计划"。苏联起初参加了相关会议,在弄清该计划的真正目的是控制受援国后,拒绝参与该计划并阻止波兰和捷克斯洛伐克参与该计划。于是美国开始实行对苏联东欧国家的经济封锁,并迫使西欧盟国一起参加对苏联东欧国家经济封锁,政治冷战升级为经济冷战。

作为对冷战的回应,共产党在所有苏军解放的国家直接掌握了政权,苏联的政治经济体制在这些国家全面建立。1949 年 1 月,苏联与保加利亚等五国决定成立经济互助委员会。1949 年 8 月,经互会第二次会议作出了限制与资本主义国家贸易的决定,斯大林则提出两个世界市场的理论对此予以支持。斯大林认为,第二次世界大战以后,出现了社会主义阵营和资本主义阵营,"两个对立的阵营的存在所造成的经济结果就是统一的无所不包的世界市场瓦解了,因而就有了两个平行的、也是互相对立的世界市场"①。1949 年后,亚洲的中国、朝鲜和越南新建立的经济体制,也都以苏联模式为样本。到 1953 年,苏联经济体制已扩张到从中欧到东亚的 12 个国家,世界 1/3 的人口生活在苏联式经济体制下,社会主义世界体系形成。社会主义世界体系的形成,对于苏联和经济落后国家都是具有积极意义的事件。因为苏联通过社会主义世界体系获得了新的市场,而经济落后的国家可以从苏联获得无法从西方国家获得的对国家安全极其重要的技术援助,从而迅速提高本国的技术能力和国防能力,比如中国。对于经济更为发达国家的部分民众,他们认为社会主义世界体系是苏联强加于他们的,所以,这些国家内始终存在不满和抵抗,比如民主德国、匈牙利、波兰等。

苏联经济体制的扩张并未止步于被苏联承认的社会主义国家,它在二战以后兴起的第三世界国家中获得了更为广泛的扩张。印度独立后的第一任总理尼赫鲁在回忆印度对独立后经济体制进行选择时曾经写

---

① 《斯大林选集》下卷,第 561 页。

道:"我们想到了美国,甚至也想到了正在前进的东方国家,但是,最重要的是我们有苏联这个榜样。"①在1950年代获得独立的第三世界国家多数都建立了计划经济,当然,这些国家的计划经济与苏联的计划经济并不完全相同,但他们都有一个共同的来源——苏联的计划经济体制。因而,在战后一段时期内,大批第三世界国家派出留学生前往苏联学习苏联的经济体制和经济建设经验,于是,出现了各种不同的"第三世界社会主义"。第三世界新独立国家对苏联体制和经验的学习乃至照搬,实际上反映了资本主义世界体系中边缘国家的分化,对于这些国家来说,苏联的社会主义经济体制,"代表着从国际市场经济的第一次脱离,并且是取代西方资本主义的第一个可行的模式"②。

苏联经济体制在二战后开始向世界其他国家扩张,但苏联以计划经济实现工业化的努力,在二战前已经引起了发达资本主义国家学者的关注。"1931年夏天,在阿姆斯特丹召开了大规模的国际计划编制问题代表大会。在议事日程的主要问题中列有一项:苏联的计划工作经验。苏联代表团处于注意的中心,它所带来的报告和资料在会议参加者中间很快就散发一空。"③二战前,在一些资本主义国家已经开始采用经济计划的方式来解决国家的发展问题,甚至罗斯福新政在某种意义上也受到苏联工业化经验的影响。二战结束后,受到战争破坏最大的西欧国家和日本广泛采用经济计划来恢复经济。战后日本专门建立了经济计划局。经济计划局负责制定五年计划,确定日本经济发展的重点,其所制定的经济计划中最为著名的是池田政府宣布的"日本国民收入倍增计划"。法国在1946年建立了中央计划署,"它成功地使法国经济摆脱了战后的困境,并确定了法国1950年代和1960年代的发展路径"④。当然,日本

---

① Jawaharl Nehru, *The Discovery of India*, Oxford University Press, 1989, p. 372.
② 斯塔夫里亚诺斯:《全球分裂:第三世界的历史进程》,北京:商务印书馆1995年版,第552页。
③ B. G. 列利丘克:《苏联的工业化》,北京:商务印书馆2004年版,第209页。
④ Jean-Pierre Dormois, *The French Economy in the Twentieth Century*, Cambridge university Press, 2004, p. 58.

与法国的经济计划与苏联完全不同,它是基于市场经济的一种指导性计划,而不是苏联式的指令性计划。但这种区别并不能否定苏联计划经济思想对发达国家的影响,这恰如英国历史学家卡尔所说:"苏联对世界其他地方的经济影响可以概括为一个词:'计划'。"①

如果将苏联经济体制及其经济计划思想的扩张放在自彼得大帝以来俄国的现代化历程中来认识,毫无疑问,它使得俄国200多年来对外部世界的影响力达到顶点:自彼得大帝甚至从俄罗斯国家形成开始,俄国都是从外国进口制度和思想,但第二次世界大战后,俄国开始向其他国家出口制度和思想,这样的国际影响力在俄国史无前例。俄罗斯自国家形成以来,第一次成为一个国际性体系的中心,成为学习的对象,这无疑使得苏联领导人自信膨胀,并认为苏联的一切都是世界上最好的,这种心态使苏联领导人无法对苏联存在的问题进行深入的研究和分析,当体制与发展的矛盾日益明显时,无法取得理论与实践的突破。

第三节　发展与体制的矛盾:走向困境的苏联经济

斯大林去世时,苏联已经是工业实力仅次于美国的世界级大国。新的苏联领导人提出在经济上赶超发达资本主义国家特别是美国的口号,而且还以肯定的口气表示,苏联一定会在不长的时间里超过美国。因为苏联领导人对苏联的体制有充分的自信,即使以反斯大林著称的赫鲁晓夫,也"坚信苏联政治经济体制的优越性"。当然,他们也非常明白,他们从斯大林手中接过的遗产,是一个比例严重失调的经济,苏联人民的生活水平仍然十分低下。所以,"在斯大林以后的苏联领导人对经济体制的绩效是非常不满意的"②。于是,苏联新领导人本身就是矛盾的,对经济绩效不满意却又坚信苏联经济体制的优越性,这种矛盾决定了,即使

---

① E. Carr, *The Soviet Impart on The Western World*, Macmillan Company, 1947, p. 20.

② P Sutela, *Economic Thought and Economic Reform in the Soviet Union*, Cambridge university Press, 1991, p. 49.

发展面临体制性障碍,其解决发展难题的方法也仅仅是政策调整或者是有限的改革。

农村政策调整与农业经济形势的好转

1953 年的苏联经济各个部门中,农业的形势最为严峻。斯大林去世不久,一份关于农村税收政策的报告就被送交当时苏联实际上的一号领导人、苏联部长会议主席马林科夫。这份报告分析了 1949—1953 年苏联农村的税收变化,指出,农业税的大幅增加从经济角度看,是没有理由的。根据苏共十九大已经提出的调整重工业和轻工业比例的精神,从解决苏联经济存在的突出问题出发,在 1953 年 8 月召开的最高苏维埃会议上,马林科夫提出了对苏联经济政策进行调整并对农业税进行改革的报告,马林科夫报告是苏联经济改革的第一份正式文献。马林科夫提出:改变经济建设的重点,将整个国民经济转到面向人民的方向;调整重工业和消费品工业的增长速度和比例,将更多资源投入到轻工业;发展公共事业,包括发展住房建设、贸易和加强公共卫生设施建设,降低农业税,提高国家收购农产品的价格并鼓励农民个人开垦更多的土地等。正是在这次会议上,最高苏维埃通过了关于农业税的新法律,这是苏联自 1929 年大转变以来,经济体制改革的第一个举措。

马林科夫的讲话立即在苏联社会特别是农民中得到广泛的呼应,在村庄里,人们贪婪地读着刊有马林科夫讲话的报纸。在一封寄往苏共中央的农村来信中,农民说:"这家伙,是咱们自己人。"也就是在这个时期,苏联农村流传着一种说法:"马林科夫来了,咱们吃到煎饼了。"①马林科夫的讲话受到苏联社会特别是农民的欢迎,却成为他下台的原因。

马林科夫的讲话发表后,在苏共党内引起了激烈的反对意见。赫鲁晓夫对马林科夫的行为非常愤怒,他"既不会忘记也不能原谅马林科夫

---

① Edited by William Taubman, *Nikita Khrushchev*, Yale University Press, 2000, p. 78.

获得的'荣耀'"①。1955 年 1 月召开的苏共中央全会解除了马林科夫部长会议主席的职务,理由是马林科夫犯了政治上的重大错误,歪曲了列宁主义的优先发展重工业的路线。

马林科夫虽然作为苏联事实上的第一领导人仅仅主政两年,但这两年开启了苏共十九大已经提出的经济改革,正如贝利亚开启了苏共十九大已经提出的政治改革一样。"马林科夫在提出农业新方针时,他绝对不是一个人在单独行动。这条新的路线得到主席团的支持,从 1950 年开始的农业困难是任何一个稍微了解农村情况的人都清楚的。"②

对农村经济政策的调整在 1953 年 9 月开始:包括降低农民自留地、自留树和自留畜的各种税收,提高农产品价格,增加化肥和农机生产,提高拖拉机站工人的工资,提高对轻工业的投资比例等等。这些措施对苏联经济特别是对农业的积极作用几年以后就表现出来了,苏联农业生产情况因此得到好转。1953 年,苏联的消费品生产增长率自 1929 年以来,第一次超过重工业的增长率。到 1956 年,苏联农村平均每头奶牛的产奶量从 1953 年的 1016 公斤提高到 1611 公斤。粮食总产量从 1953 年的 8000 万吨提高到 1958 年的 1.38 亿吨,粮食单位面积产量也提高了 50%。农产品产量的增加和农产品价格的提高,使得苏联农民的生活水平自工业化以来第一次接近低水平的城市工人的生活水平。

马林科夫改革涉及的是已经耕作的土地,要大幅度提高粮食产量需要时间。在这种情况下,赫鲁晓夫提出了一个可以立竿见影的发展农业的方案——开垦生荒地。这是一个大胆而缺乏深思熟虑的计划,虽然遭到莫洛托夫的反对,赫鲁晓夫仍然在 1954 年发起了开垦生荒地运动,他使用的方法是工业化时期的动员方法。赫鲁晓夫向苏联青年发出号召,号召他们去条件艰苦的哈萨克斯坦和西伯利亚开垦荒地。当时的苏联青年充满了理想主义和英雄主义,单纯、天真,仅在 1954 年一年就有 30

---

① Edited by R. G. Suny, *Cambridge History of Russia: Twentieth Century*, Cambridge University Press, 2007, p. 275.

② Edited by William Taubman, *Nikita Khrushchev*, Yale University Press, 2000, p. 78.

万青年人参加到垦荒大军中。"这是一种大规模的英雄主义事业,是为了美好的未来号召人民作出牺牲的群众动员,在很大程度上,它体现出一种寻常的苏联风格。"[1]五年后,苏联共青团中央第一书记前往一个垦荒者集中的农场,发现"他们中许多人已经失掉信心,眼睛里充满沮丧表情,他们缺少生活必需品,——样样都缺","把持那里大权的是工人供应处的头头——经常喝得烂醉,而且胡作非为"。[2] 这样的情况即使不是普遍现象,也绝对不会是个别现象。它实际上反映出,制约苏联农业发展的根本因素是农业生产体制问题,赫鲁晓夫解决农业问题的方法却是继续使用工业化时期的群众动员方式,在短期内可以取得一些显著的成效,从长远看却是不可持续的。赫鲁晓夫的第一个重大经济决策已经说明,他熟悉的是工业化时期依靠群众动员的领导方法,在他这一代干部把持各级领导权的情况下,要对苏联的经济体制进行全面的改革,是完全不可能的,何况计划经济的潜力还未耗尽,只要进行政策调整就能够取得新的经济增长。

开垦生荒地运动,在初期取得了巨大成效,3000 万公顷新开垦的耕地急剧地提高了苏联的粮食储备,从而使苏联避免了 1956 年恶劣气候导致的苏联传统产粮区粮食减产可能引起的饥荒。然而,10 年后,被开垦的生荒地因为缺乏水源,气候恶劣,最终出现了大规模沙漠化。许多被开垦的土地不得不重新抛荒。但在生荒地刚被开垦时,带给苏联的是粮食产量的大幅度增加。开垦生荒地与政策调整带来的苏联农业的变化,使苏联在 1953—1956 年期间,农产品生产每年增长 25%,这无疑使苏联领导人认为,苏联农业终于出现了奇迹,这进一步大大强化了苏联领导人的自信。在 1957 年 1 月,苏共领导人赫鲁晓夫提出了"赶上并超过美国"的目标。

---

[1] P. Kenez, *A History of Soviet Union from The Beginning to The End*, Cambridge university Press, 2006, p. 178.

[2] 尤·阿克秀金:《赫鲁晓夫——同时代人的回忆》,北京:东方出版社 1990 年版,第 76 页。

赫鲁晓夫的改革:新的高速增长与经济混乱

政策调整改善了农业经济状况,苏联经济的内在矛盾却未解决。在苏联领导人不断宣称苏联将赶超美国的情况下,维持大大高于美国的经济增长速度不仅是一个经济问题,而且是一个政治问题。到1950年,虽然苏联已经成为世界第二大工业国,但其国民生产总值仍然仅为美国的33%。为了尽快赶超美国,苏联必须保持经济的高速发展。由于经济中矛盾日益尖锐,这就迫使苏联新的领导人不能不在计划经济体制的范围内进行有限的改革。由于苏联工业化初期对民生工业投入有限,同时由于社会主义世界体系的形成,只要进行政策调整,计划经济也有继续发展的空间,这就使得苏联领导人进行以改革管理体制为主要内容的有限改革加上某些政策调整就带来了新的经济快速增长。

1957年2月的 苏共中央全会决定,改组国民经济管理体制,撤销原来管理工业和建筑业的各联盟部和共和国部,将苏联划分为105个经济区,在每个经济区设立国民经济委员会,接管原属联盟部与共和国部的职权,领导地方的经济工作。经此改革,除了国防等少数工业外,其他工业企业全部下放到地方管理。这项改革使地方获得了直接的经济权力,刺激了地方领导人的积极性,使苏联经济有了新的发展动力,同时,苏联领导人对工业经济发展进行了政策调整。改革与政策调整推动苏联经济出现了一个新的高速增长时期。到1960年,苏联的工业总产值年平均增长速度达到10.4%以上,工业总产值相当于1950年苏联工业总产值的三倍,农业总产值年均增长6%,其中纺织工业、建材工业和食品工业的增长速度高于工业的平均增长速度。[①] 这是更多资金投入到民生工业的结果。因为更多的资金投入到住房建设、民生工业和农业,苏联城市居民的生活水平自二战以来有了实质性的大幅提高,1956—1965年共有1亿零8百万苏联人住进了新建的住宅楼。对苏联领导人来说,最令

---

① *Народное хозяйство СССР в 1960 г*, M. : Госстатиздат ЦСУ СССР, 1961, c225.

人鼓舞的，是苏联在 1960 年，经过 10 年的追赶，与美国的差距进一步缩小。1960 年，苏联的国民收入已相当于美国的 58％。所以，1950—1960 年的 10 年，是苏联经济发展的黄金 10 年，这 10 年不但经济增长速度不亚于大转变的 10 年，年均增长达到 10.3％，大大高于同期美国的增长速度，也高于被认为创造了奇迹的联邦德国和日本的增长速度，而且还是苏联人民生活水平大幅提高的 10 年。新的经济高速增长和人民生活水平大幅提高，极大地增强了苏联领导人追赶美国的信心，他们在没有进行认真研究的情况下，提出了赶超美国的具体时间表。

在国民经济管理体制改革方案通过仅仅 8 个月，苏联成功发射了人类历史上第一个人造地球卫星，引起全球轰动，令世界不敢小瞧苏联的工业与科技实力。又过了一个月，在莫斯科召开的世界共产党与工人党会议上，中国共产党宣布接受并劝说其他国家的共产党接受苏联共产党在国际共运中的为首地位，赫鲁晓夫的自信进一步膨胀。他对经济改革中已经出现的问题无暇顾及，而是急急忙忙地在 1957 年 5 月向苏联人民也是向全世界宣布，在 3—4 年间，按人均计算，苏联的肉类、奶和黄油产量要超过美国，"开始了在肉类和奶制品生产方面与美国的竞争，这显然是一个无法实现的目标"①。因为 1957 年苏联的人均肉类产量为 36 公斤，而美国的人均肉类产量为 96 公斤，如果要在 3 年内赶超美国，苏联肉类产量的年增长速度必须达到 40％以上，这样的增长速度是无法实现的。当莫洛托夫提醒赫鲁晓夫注意计算问题时，赫鲁晓夫说："这些怎么能用数字计算，这是个政治奇迹。"②

到 1957 年 11 月世界各国共产党齐集莫斯科时，赫鲁晓夫宣布了更为雄心勃勃的目标：在 15 年内，苏联在主要产品的生产方面要赶上并超过美国。在 1958 年 1 月，赫鲁晓夫又宣布：苏联"正在科技进步领域超过最大的资本主义国家美国"，在 4 月，他进一步补充说："现在该美国想

---

① Поликарпов В. С. , Лысак И. В. ,*История России в ХХ веке*. Изд-во ТРТУ, 2003, с146.
② Harry Schwartz, *The Soviet economy since Stalin*, Lippincott, 1965, p. 109.

一想了，它将如何追赶苏联。"为了将赶超美国目标正式确定为党和国家的目标，赫鲁晓夫决定将这个目标写进党纲。一个专家小组专门对苏美两国在未来 10—15 年的发展前景进行了比较研究，专家组成员、曾任苏联国家计委副主席的经济学家斯特鲁米林反对"在不具备条件的情况下试图匆忙解决问题的做法"①。尽管遭到专家反对，赫鲁晓夫还是在 1959 年召开的苏共二十一大宣布，苏联大概在 1970 年就能超过美国。

就在赫鲁晓夫将赶超美国的时间不断提前时，他推行的改革却遇到了麻烦。改革虽然激发了地方的积极性，给经济发展提供了新的动力，但破坏了经济秩序，带来了经济混乱。因为地方领导并不关注全国问题，他们关注的是地方利益。同时，工业化时期建立的大型工业企业，需要在全国范围内解决产品生产的配套问题，它涉及的是部门与部门、企业与企业之间的联系，而赫鲁晓夫的改革结果是，破坏了几十年时间内建立起来的企业间的生产联系，破坏了很久以前就已在不同地区建立的企业与部门之间的联系。这就使得作为经济发展主体的企业要解决问题比改革前更加困难。

不过，在 1958 年，虽然改革带来的新矛盾开始显现，但经济仍然在继续增长，赫鲁晓夫等苏联领导人暂时还顾不上对改革的后果进行认真的评估，他们首先考虑的是如何尽快赶超美国。在已有改革并未稳定推进的同时，赫鲁晓夫又在 1958 年底推出了一项重大改革：撤销拖拉机站，合并集体农庄，发展国营农场。在相关的改革决议通过后仅三个月，大多数机器拖拉机站已经被撤销，它们的所有机器和拖拉机都要求集体农庄买下来。于是，新的矛盾出现了：集体农庄买下了机器和拖拉机，就没有资金用于再生产；苏联的农机产业因此遭遇灾难，因为农机生产企业生产的农业机械，一直是向拖拉机站供货，现在拖拉机站没有了，只能卖给集体农庄，但集体农庄却无力再购买新的农业机械，因此，在一年内，苏联各类农机销售量下降了 60%—96% 不等。特别严重的，是随着

---

① Уильям Таубман，*Хрущев*，М.：Молодая гвардия，2008，c415，552 - 553.

机器拖拉机站的撤销,训练有素的农机手中有 50％离开了农村,集体农庄无法提供足够的技术熟练的农机手,农机由于使用不当而损害率不断上升,农机大量损坏。这一切都使得已经好转的农业又开始走下坡路。这次改革的结果再次证明,赫鲁晓夫的改革,总是操之过急,缺乏对细节的研究。"这种未进行经济分析,缺乏试点的改革,最终不但未能使国民经济获益,反而给它造成危害。"①

到了 1959 年,苏联经济的混乱已经达到极为严重的程度,苏联领导人不得不采取补救措施。一些下方给地方的权力被中央收回,规定要坚决制止地方主义。国家计委重新担负起协调地方经济的责任却无法对资源进行调配,于是一些不同的委员会建立起来,行使以前各部的职能,地方经济委员会的权力逐渐减少。在赫鲁晓夫下台后,地方经济委员会就被撤销了,中央计划机构又重新接管了经济管理的权力,一切又回到改革前的状态。

在工业管理体制改革出现混乱的同时,赫鲁晓夫在农业领域采取了一系列措施,不仅将农村政策调整和改革取得的成果一笔勾销,而且将苏联农业引向困境。

提出在肉类产量赶超美国的目标以后,苏共向各地方党委发出要求高度重视肉类生产的通知。梁赞州党委第一书记保证使当地的肉类产量在 1959 年翻一番。梁赞州的保证立刻引起了赫鲁晓夫的关注,其他地区被要求以梁赞为榜样。但梁赞州党委第一书记知道这样的目标是无法达到的,于是在全州出现了造假行为,包括农民购买肉类然后再卖给国家。1959 年,梁赞的肉类产量终于翻了一番,州委书记获得嘉奖,他承诺 1960 年将继续翻番。但是,到 1960 年底,造假终于无法继续,梁赞州党委第一书记自杀。此后数年,直到 1964 年赫鲁晓夫下台,苏联的肉类产量一直未能达到 1959 年的水平。

受到美国经验启发,赫鲁晓夫决定对农业管理体制进行根本改革。

---

① Медведев Рой,Н. С. ,*Хрущёв*:*Политическая биография*,Москва;1990,c120.

1961 年 2 月,苏共中央全会决定,改组农业部,缩小其权限,规定其工作主要是技术性的。于是整个农业部被迁往农村。整个改革没有达到预期的目标,反而导致了农业生产的混乱,这就对农业生产产生了不利影响。但赫鲁晓夫及其支持者却认为,这是农民花在自留地上的时间太多、在集体土地上工作时间太少造成的,所以,对农民销售自留地产品的限制加强了,到后来,在自由市场上出售自留地产品的农民被视为投机倒把者,遭到禁止。到 1962 年,自 1953 年开始的政策调整与改革的成果基本被取消了。

　　严峻的经济形势使得赫鲁晓夫决定采取经济手段刺激农业生产,1962 年 5 月 17 日,苏共中央主席团采纳了赫鲁晓夫的提议,将肉产品价格提高 35%,食用油价格提高 25%。对于苏联民众,食品价格的大幅上涨是难以接受的,涨价很快变为一次政治危机。涨价消息一公布,莫斯科就出现了内容为"今天涨价,明天我们指望什么"的传单,类似的传单很快出现在苏联其他城市。[①] 到了 6 月,民众的不满引发了诺沃切尔卡斯克电力建设工厂的工人罢工。罢工工人要求增加工资,改善食品供应,不久罢工浪潮席卷整个城市。起初,罢工工人进行和平示威,但很快就转变为占领政府大楼。受命前往解决问题的政治局委员米高扬发现无法"和平调解",最后出动军队才平息了事件。"参与示威的民众大多数都是社会主义的支持者,他们高举红旗和列宁画像,唱着国际歌。"[②]肉产品和油料涨价引发的政治危机真切地说明,赫鲁晓夫在 1958 年以后进行的改革已经在民间失去了支持,激发了强烈的不满。

　　几乎所有的改革都没有达到预期的目标,赫鲁晓夫的改革热情却没有丝毫下降,也未对已实施的改革措施及结果进行冷静思考和总结。在 1964 年,他又提出了一项重大改革方案,在莫斯科建立 12 个专门委员会,分别对粮食、畜牧业、农机等 12 个领域的生产进行指导。赫鲁晓夫

① Емельянов Ю. В. Хрущев, *Смутьян в Кремле*, М. : Вече, 2005. c270.

② Пыхалов И. В. , *СССР без Сталина : путь к катастрофе*, М. : Яуза-пресс, 2009. c207.

希望通过这些改革加强领导机关的专业化,但他显然没有意识到,这项改革将彻底瓦解原有的管理体制,给苏联农业造成新的混乱。这项改革原定在 1964 年 11 月的苏共中央全会通过,然而,他永远等不到该方案通过了,因为各级领导干部都心知肚明,他的这项改革带来的只能是新的混乱,苏共干部队伍中他的支持者锐减,他不得不黯然下台了。

从掌握全部实权到下台的九年间,赫鲁晓夫一直在改革,除了初期政策调整带来的经济新的高速增长,1958 年以后的改革基本都失败了,还造成了经济混乱。这当然不是赫鲁晓夫的本意,而是因为他认识不到,苏联完成了工业化初期的任务以后,计划经济的优势正逐渐递减,如果要继续保持经济高速发展,对经济体制的改革就不能停留在对计划经济的修补,而需要引入市场机制,赫鲁晓夫一代人显然没有能力认识到这一点。但无法否定的是,赫鲁晓夫办事轻率的作风是其改革失败的重要原因之一。恰恰是赫鲁晓夫在农业领域的轻率举措,"造成了苏联1962—1963 年间的经济危机和生态危机"[1]。

稳定时期的改革与经济增长

由于赫鲁晓夫改革导致的经济混乱,苏联经济在经历了 1950—1960 年的高速增长以后,经济增速从 1961 年开始下降,1961—1965 年,苏联的工业年均增长速度从 1951—1960 年的 11.8% 下降到 8.6%,国民收入年均增长速度从 1951—1960 年的 10.4% 下降到 6.5%;同时,劳动生产率和人均实际收入,相比于 1951—1960 年,也下降了两个百分点。[2] 虽然苏联的经济增长速度在当时的世界经济中属于较高增长速度,但要实现赶超美国的目标,就需要更高的经济增长速度。为了实现赶超美国的目标,苏联新的领导人,在执行稳定干部政策的同时,也在考虑经济改革问题。一旦干部稳定政策见效,苏联领导人就开始了新一轮的改革。

---

① Поликарпов В. С. ，Лысак И. В. ，*История России в XX веке*，Изд-во ТРТУ, 2003，c146.
② *Народное хозяйство СССР за 70 лет*，М. ：Финансы и статистика，1987. c58 - 59.

1965 年 9 月,苏共中央全会决定对经济体制(主要是工业管理体制)进行改革,因为改革由苏联总理柯西金主持,故被称为"柯西金改革"。作为赫鲁晓夫的同时代人,与赫鲁晓夫不同的是,柯西金非常熟悉国民经济中存在的各种问题,具有良好的经济工作经验与素养;与赫鲁晓夫相同的是,柯西金对计划经济体制的优越性充满信心。所以,柯西金主持的改革克服了改革的随意性,赫鲁晓夫时期不断发生的经济混乱随着被克服。但柯西金的个人特点也决定了他主持的改革要么浅尝辄止,要么各项改革措施之间将出现矛盾。

柯西金改革的主要内容是:改革国民经济管理体制,撤销地方国民经济委员会,恢复工业管理的部门原则;建立计划矫正机制,依据产品销售而不是产品产量来评价企业经济活动的结果;加强企业的经济核算,将更多利润留给企业支配,建立企业基金;改革工资体制,提高工资在企业收益中的比例,部分收益可以用于生产刺激;改革价格形成机制;建立产品供货方与需求方的直接联系;企业建设所需资金由过去的国家拨款改为银行的长期贷款;减少企业计划中固定项目的数量,从过去的 20 项减少为 8 项。与赫鲁晓夫的改革相比,柯西金改革的重点在于经济的微观层面,将企业运行方式作为改革的主要方向。

柯西金改革汲取了赫鲁晓夫改革的教训,在改革方案通过后,首先进行试点,然后逐步在全国推进。从 1966 年第一批企业试点开始,到 1972 年在全国基本实现改革的目标,花了 6 年时间。因此,柯西金改革没有引起宏观经济的动荡,反而在改革推进的同时实现了苏联经济新的快速增长。1966—1970 年,苏联国民收入的年均增长速度达到 7.8%,比 1961—1965 年的年均国民收入增长率提高 1.3 个百分点。在 1970 年,苏联的铁矿、拖拉机、煤、石油产量超过了美国。在工业自动化、原子能科学与技术、空间技术、电力建设技术等领域,苏联也取得了巨大进步,达到世界先进水平。"1966—1970 年间,苏联在国民收入、劳动生产率和生活水平方面的迅速增长非常引人注目。普通城市居民普遍拥有了电视机、电冰箱等耐用消费品,而享有某些特权的人甚至开始拥有小汽车。"①

　　然而,柯西金的改革虽然相比于赫鲁晓夫的改革更为稳健,也具有更多的刺激经济增长的因素,但这次改革本身就包含着矛盾:在引入市场因素、赋予企业一定自主权的同时,宏观经济仍然完全由经济计划调节;决定企业行为的关键环节——价格确定机制并没有真正进行改革,企业不能根据市场供求关系来对产品进行定价。"1965 年的经济改革,将生产效率的指标定为利润而不是价格(成本),就在社会主义条件下形成了一种对立的局面。从国家利益出发,就应该降低商品的价格(成本),从企业利益出发,则需要扩大利润。结果在社会主义计划经济中出现了失调。"②这种失调表现为,企业负责人总是想方设法提高利润,却对降低成本缺乏兴趣;为了保证能够完成计划指标,企业负责人总是设法降低计划指标,有时甚至造假;由于企业没有定价权,也就没有真正意义的商品竞争,所以,苏联企业生产的耐用消费品不但外观粗糙,而且产品质量不稳定。同时,因为企业仍然不能决定生产什么,苏联尽管实现了经济快速增长,人民的生活水平也有大幅提高,但某些商品的短缺始终是苏联经济未能解决的问题。于是,苏联经济又出现了新的矛盾,收入的增加并未伴随商品的极大丰富,民众手中的货币没有足够的商品可以购买,如何实行商品与货币的平衡成为苏联政府不能不面对的新难题。"柯西金小心谨慎地尽力保持商品与货币的严格的平衡。"③但他所做的仍然是通过政府部门采取措施来保证为苏联人手中的货币提供足够量的商品,而不是通过企业根据市场价格的变动进行生产以满足市场需求,从长期看,这是不可持续的。

　　柯西金改革并未突破苏联计划经济体制,它的效果因此具有时间

---

① David Marples, *Motherland Russia in the 20 Century*, Pearson Education Limited 2002, p. 233.

② Голенков А. Н., *Империя СССР. Народная сверхдержава*. М.: Эксмо: Алгоритм, 2010. c74.

③ Гришин В. В. Катастрофа, *От Хрущева до Горбачева*, М.: Алгоритм; Эксмо, 2010. c62.

性,如果要保持苏联经济继续较高速度增长,就需要继续推进改革。在当时的苏联,沿着柯西金改革的方向继续改革缺乏政治基础,而且柯西金的改革也引起了激烈的争论。在苏联出兵捷克斯洛伐克镇压了"布拉格之春"后,勃列日涅夫等苏共领导的思想日益保守,继续深化改革的可能性已经不复存在。当柯西金因为健康原因离开总理岗位后,不但继续改革不可能,连已经进行的改革也无疾而终。到苏共二十五大以后,苏联工业经济又基本上回到了原来的轨道上。

无论是柯西金改革时期,还是改革结束以后,苏联的经济发展战略都没有放弃优先发展重工业这一从 1928 年开始坚持的发展战略。1966—1979 年间,苏联对重工业的投资始终占工业总投资的 85% 以上,重工业的总产值也始终占工业总产值的 74% 以上。到 1976 年,苏联的工业总产值达到美国的 80%,在军事工业的一些领域,苏联甚至取得对美国的优势,苏联还在数控机床等 20 多种产品的产量方面超过了美国。这是苏联经济的鼎盛时期。

在柯西金主持工业经济改革的同时,勃列日涅夫领导制定了苏联农业新的发展战略,这个战略的基本方针是,实现农业的工业化。根据农业工业化的方针,1965—1980 年间,国家对农业投资的平均水平增长 4倍,投资总额达到 5000 亿卢布,农业投资占国民经济投资总额的比例从 1965 年的 20% 上升到 1976 年的 27%。1965—1980 年,国家向集体农庄提供了 600 万台拖拉机,集体农庄平均拥有的拖拉机数量增加了 3 倍。同期,苏联耕地使用的化肥数量增加了两倍。[1] 到 1970 年代末,苏联农业生产的机械化与化学化已经基本完成,农村生活的电气化目标基本实现,大多数村庄已经用上了天然气。

缩小城乡收入差距是勃列日涅夫农业发展战略的主要目标之一。为了实现这一目标,1966 年 5 月召开的苏共中央全会决定对集体农庄庄员实行有保障的劳动报酬制。"古老的日工制度被废除,月度工资制替

---

[1] *Народное хозяйство СССР за 70 лет.* М. : Финансы и статистика,1987. c257.

代了日工制度。对于超时工作将支付奖金。集体农庄庄员还获得了城市工人所享有的权利,拥有护照,享受养老金和社会保险。"①此外,国家还大幅度提高了农产品收购价,零售价仍保持不变,超计划交售的农产品价格还要增加 50%。提高农产品收购价的目的同样是为了增加农民收入,刺激农产品生产。1965—1980 年间,苏联农民的月收入从 40 卢布上升到 118 卢布,增加了近两倍。到 1980 年代初,如果再加上自留地的收入,苏联农民的收入与城市职工的收入已经相差无几。

为了清除农业发展的障碍,勃列日涅夫的农业发展战略大幅调整了农民自留地和个人副业政策,增加农民自留地的面积,每户农民最多可以拥有 0.5 公顷自留地;取消对个人副业的所有限制,要求相关部门对个人副业提供帮助,农民个人出售的农产品可以自由定价。到 1980 年,农民拥有的自留地总面积已达苏联耕地面积的 3%,提供的农产品则高达苏联农产品总量的 25%,1965—1980 年间,自由市场上销售的农产品增加了两倍。农民从自留地获得的收入,到 1980 年户均达到 1114 卢布。政策调整对于增加农民收入效果明显。

增加对农业的投入、提高农产品收购价和放宽对农民个人经营活动的限制,取得了明显的效果,也出现了严重的新问题。政府增加对农业的投入,使苏联 1980 年的粮食总产量比 1960 年增加 50%以上,同期肉类产量增加了 78%,但投资却增加了 3 倍。巨额投资没有产生相应的投资效益,反而降低了投资收益率,大大提高了农产品生产成本。1970 年,集体农庄生产一吨羊肉的成本为 1166 卢布,到 1980 年就上升到 2117 卢布,10 年间成本上升近一倍,羊肉销售价格却没有提高,其他农产品的生产和销售也存在类似情况。这导致了农业债务的上升与国家补贴的剧增,到 1980 年代中期,农业债务达到 144 亿卢布,国家每年至少要对集体农庄和国营农场给予至少 70 亿至 75 亿卢布的补贴。到 1970 年,苏联

---

① David Marples,*Motherland Russia in the 20 Century*, Pearson Education Limited 2002, p. 232.

民众的饮食结构发生根本性的转变,即转变为以肉类消费为主的饮食结构。尽管苏联粮食产量有了明显的增长,却仍然不能满足以肉类为主的饮食结构,因为随着居民对肉类消费需求的不断增长,农业对饲料需求的增长速度快于粮食的增长速度。与此同时,苏联的农业生产尽管仍然在增长,但增速却呈现递减趋势:1966—1970 年的五年,农产品总量增长了 21%,1971—1975 年的五年农产品总量只增长了 13%,1976—1980 年的五年,农产品总量仅仅增长了 9%。为了保证食品供应,苏联政府只能从国际市场大量进口粮食、肉类产品、食用油、糖等农产品。在 1980 年代中期,苏联城市出售的面包中有 30% 以上是由进口粮食生产的,而苏联人民消费的植物油和糖的 25% 都依靠进口。[①] 苏联拥有足够的土地和发达的农业科技体系,却不能充分满足人民对农产品的需求,说明勃列日涅夫的农业发展战略虽然对农民利益给予了高度重视,但其具体政策并未创造农业持续健康发展的条件。

赶超美国目标的落空与陷入困境的苏联经济

1973 年是苏联经济发展的转折点。“1928 年—1973 年的长期发展过程表明,尽管美国因为没有遭受战争损失而具有巨大优势,但苏联经济正走在有朝一日赶超美国的道路上。”[②]在这 45 年的时间里,苏联的经济增长速度一直大大高于美国的经济增长速度。在 1973 年以前,苏联每完成一个五年计划的指标,它与美国的差距就有了较为明显的缩小。然而,从 1973 年开始,苏联经济增长速度开始下滑。虽然 1973 年也是战后全球经济下滑的起点,但苏联经济下滑的幅度比西欧和美国严重得多。苏联的国民总收入在经历 1966—1970 年的高速增长后,一直呈逐年下降趋势:1971—1975 年的国民总收入年均增长率为 5.7%,1976—

---

① В. А. Поцелуев, *История России ХХ столетия*, М. : Гуманит. изд. центр ВЛАДОС, 1997. с410 - 411.

② Edited by Edwin Bacon and Mark Sandle, *Brezhnev Reconsidered*, Palgrave Macmillan Ltd 2002, p. 45 - 46.

1980 年为 4.3％,1981—1985 年仅为 3.6％。实际年人均收入增长速度也从 1966—1970 年的 5.9％下降到 1981—985 年的 2.1％。[①] 面对经济增长速度下滑的严峻局面,苏共领导人每年都通过决议,这些决议谈到了科学技术进步,谈到了提高劳动生产率,谈到了生产效率,不过却未采取实际步骤来落实这些决议。1979 年 6 月的苏共中央全会终于再次通过了经济改革的决议,但这个决议随后便被束之高阁。

当苏共面对经济增长速度下滑的局面犹豫不决时,即在 1970—1980 年间,世界范围内的科技革命进入新阶段,这场革命被称为"微电子革命"或者新技术革命。在微电子革命时代,衡量一个国家经济发展水平的,不再是煤炭开采量和钢铁产量,而是微电子技术在经济活动与日常生活中的运用。"如果按照这个标准来衡量,苏联不仅落后于西方国家,而且落后于新型工业国(韩国等)十年以上。"[②]1980 年的苏联经济结构与 1940 年相比几乎没有变化,它仍然集中注意力于那些早已在世界上取得产量第一的产品,完全没有注意到"微电子革命"将带来新的经济革命,更没有认识到新技术革命对计划经济将构成最为严峻的挑战。实际上,在世界所有大国中,苏联是对迎接新技术革命挑战准备最不充分的国家,在随着新技术革命所产生的每一个新的高技术产业中,苏联基本上都处于落后状态。在苏联仍然停留在以传统工业增长为主体的经济发展阶段时,美国已经通过新技术革命建成了信息社会。当苏联与美国处于经济和技术发展的两个不同阶段时,同时因为苏联经济增长速度的不断下滑,而美国借助于新技术革命,其经济增长速度甚至超过苏联时,苏联追赶美国的梦想就彻底落空了。如果使用人均 GDP 来进行比较,就可以发现,1973 年以后,苏联的人均 GDP 与美国的比例基本上未发生值得关注的变化。从 1929 年到 1973 年,苏联的人均 GDP 从 1386 美元增加到 6058 美元,增加了近 3 倍,与美国的差距大幅缩小。到 1989 年,

---

① *Народное хозяйство СССР за 70 лет*,М.：Финансы и статистика,1987. с58 - 59.

② Сахаров А. Н.，Боханов А. Н. и др,*История России XX век*,М.：Издательство Аст,1996,с581.

苏联的人均 GDP 为 7032 美元,16 年共增加 15％左右,同期美国的经济增长速度与苏联大体相当,在这 16 年期间,苏联按人均 GDP 计算与美国的差距基本没有变化①。

赶超美国目标的落空,是因为计划经济体制与新技术革命的要求相对立。计划经济本质上是动员型经济,其突出的是经济活动的统一,个人对整体利益的服从,要求的是大工业所特有的命令、纪律和服从。新技术革命时代,个人的创造性、个人获得新知识和信息的能力,成为发展的主要源泉。动员型经济与新技术革命的这一要求显然是对立的,苏联在 1973 年以后与美国的差距重新拉大的真正原因就是计划经济无法应对新技术革命的挑战,计划经济体制被证明不能满足新技术革命的需要,它能够使苏联在 1930 年代实现工业化,并且能够与此后的工业增长相适应,但在新技术革命时代,当进步主要依靠人的创造性、主动性和创新的时候,这个体制就无法实现自己的目标了。新技术革命必然使计划经济陷入困境。

坚持从斯大林时期形成的优先发展重工业的发展战略,而且在重工业中又优先发展军事工业,是苏联在 1973 年后人均 GDP 与美国的差距无法进一步缩小的根源。因为只有消费品工业的发展才能带动第三产业的发展,从而形成新的经济增长空间。在勃列日涅夫执政时期,特别是 1973 年以后,"苏联经济是在军事动员体制下运行的:科技进步首先服务于军事需要,大量的技术手段和最好的技术力量都被投入到军事工业,80％的工业生产服从于军事工业综合体。""国家将国民收入的34％—36％投入到军事需要,而美国相应的投入仅占国民收入的9％。"②苏联对军事科技和工业的投入产生了大量科研成果,但这些成果90％以上无法转化为苏联经济增长的技术基础,也无法增加苏联人民的

---

① Edited by Edwin Bacon and Mark Sandle, *Brezhnev Reconsidered*, Palgrave Macmillan Ltd 2002, p. 46.

② Ольштынский Л. И. и др, *Курс отечественной истории IX - XX веков*, М.：ИТРК, 2002. c485 - 486.

福利,不能形成新的经济增长点。

苏联农业改革中的一些具体措施,从中长期看,由于没有真正赋予农民支配土地与农业生产结果的权力,最终成为苏联经济发展的障碍,导致苏联在农业生产方面无法实现赶超美国的目标。苏共和苏联政府为了提高农民的生产积极性与生活水平,在农村实行与城市一样的工资制,包括建立起与城市一样的福利制度,对农产品实行巨额补贴,在短期内起到了正向激励作用,但最后却形成反向激励,即农民责任心的下降和"搭便车"行为的普遍化。这些问题的存在,决定了苏联农产品的增长无法满足苏联饮食结构变化带来的对农产品需求的增长,也使得苏联无法在农产品生产方面赶超美国,苏联人民的生活水平在一度接近美国以后,与美国人民的生活水平相比,差距又开始进一步拉大。

赶超美国目标的落空与苏联经济陷入困境是相辅相成的,或者说这两个现象是同一事物的两种表现。1981 年,苏联经济仅仅增长1.5%,这样的增长速度以任何标准来衡量,都可以看做是低速增长。恰恰在苏联经济进入停滞时期后,苏联的影子经济却发展迅速。苏联的影子经济是经济官僚与党政官僚合谋,利用国有资产(机器和厂房)进行地下生产的一种经济形式。它是"在与国家经济的紧密结合中形成的特殊的'犯罪性质的市场',即事实上的'犯罪性质的资本主义关系',它对'现实存在的社会主义'的摧毁力比持不同政见的人权运动要强大 100 倍"[①]。影子经济的形成,是计划经济体制严重失灵并陷入严重困境的体现。

当苏联的计划经济体制陷入困境时,苏联社会的变化使得几乎所有的社会阶层都产生了实行变革的要求。"大多数工人和职员都希望进行与改善劳动组织和劳动报酬相联系、更公平地分配社会财富的变革,部

---

① Поликарпов В. С. , *Лысак И. В. История России в XX веке* ,Изд-во ТРТУ, 2003, с151.

分农民则希望成为土地和自己劳动成果的真正主人。"①这些要求变革的愿望实际表达了苏联社会大部分成员对经济现状的失望,也是苏联经济陷入困境的一种社会反映。曾经使苏联迅速缩小与美国差距并对世界产生巨大影响的社会主义经济体制,已经无法继续实现过去的高速增长,要实现赶超美国的目标,就必须进行真正的改革。

---

① Сахаров А. Н. , Боханов А. Н. и др, *История России XX век* , М. : Издательство Аст, 1996, с584.

第六章　社会主义文化的形成与演变

　　1917 年 10 月革命以后，俄国文化经历了翻天覆地的变化。苏共在建设社会主义的国家政权与社会主义经济，实现苏联的社会主义现代化的同时，还以极大的努力进行了一场文化革命，力图在苏联建设社会主义的文化。

第一节　从无产阶级文化派到社会主义现实主义

　　取得政权的苏共，其社会基础是无产阶级。在革命胜利后，俄国的无产阶级立即进军文化领域，开始建设一种他们认为是代表未来的文化——无产阶级文化。从无产阶级文化派到社会主义现实主义，体现的正是苏联革命现代性在文化领域的追求。

无产阶级文化派与新经济政策时期的苏维埃文化

　　1919 年 10 月，在军事形势危急的彼得格勒，一个受人尊敬的剧院导演正在一个名为"无产阶级文化派"的组织举行关于艺术史的系列讲座，他的听众因为军事行动而不断发生变动。同时，无产阶级文化派的剧院还在准备上演一出由一位红军战士创作的戏剧来纪念十月革命两周年。

"这种政治动荡、物质贫乏和文化创作引人注目地混合在一起的现象，在革命俄国比比皆是。类似的现象可以很容易地在当时的杂志、报纸和文化工作者的回忆录里发现。它们生动地描绘了，革命的支持者们并不打算将其目标限制在建立新的政治和经济秩序，它们还希望创造新的文化秩序。"①无产阶级文化派就是为实现这种理想而形成的文化组织，它是成立于1917年10月的"无产阶级文化协会"的俗称。

1918年召开了全俄无产阶级文化组织大会，会议确定了建设苏维埃文化的方法与路径。其纲领的原则是：艺术家独立于党和国家，新文化只能通过摧毁旧文化才能形成。1920年，成立了"全俄无产阶级作家协会"，后来该组织改称为"俄罗斯无产阶级作家协会"，简称为"拉普派"。在革命初期和新经济政策时期，"精神文明是由两种不同文学流派之间的矛盾决定的，这两种不同的文学流派分别叫做'拉普派'（即苏联群众性文学团体——'俄罗斯无产阶级作家协会'）和'山隘派'"。"从某种意义上来看，'拉普派'和'山隘派'都是20年代文学艺术整个过程中的两个极端"。② 无产阶级文化派则是拉普派的文化思想先驱，而且，无产阶级文化派因为成立在前，到拉普派成立时，它已经有了巨大发展。在1920年代初，无产阶级文化派已经在全国建立起1381个文学和艺术协会，全盛时期拥有会员40万人，出版杂志20种，还有自己的出版社，其中《号角》、《工厂的霞光》和《无产阶级文化》在群众中具有强大影响力。无产阶级文化派提倡绝对的人道主义，符合广大群众了解文化与创作的要求，但其领导者的文化虚无主义，却将无产阶级文化派引向了死胡同。

无产阶级文化派的领导人波格丹诺夫等人认为，任何一种艺术都只能反映某一个阶级的经验与世界观，而不适合其他阶级。按照这一理论，所有前人创造的文学艺术作品都不属于无产阶级，所以必须建立崭新的无产阶级文化。无产阶级文化派成员的创作基本上反映了这一观

① Lynn Mally，*Culture of the Future*，University of California Press，1990，p. 1.
② 格奥尔吉耶娃：《俄罗斯文化史：历史与现代》，北京：商务印书馆2006年版，第550页。

念,诗人基里洛夫写道:"以我们明天的名义——我们要把拉斐尔烧成灰,把博物馆统统捣毁,把那艺术之花踏得粉碎。"①还有的无产阶级文化活动家提出要把普希金、托尔斯泰、格林卡、柴可夫斯基和列宾的作品统统抛弃。

无产阶级文化派是在与临时政府的对抗中形成的,在布尔什维克党取得政权以后,他们仍然希望保持自治,不愿意接受苏共的领导,而且坚持认为,独立的无产阶级文化派将增强无产阶级在新的政治秩序中的地位。它的领导人还认为,无产阶级有四个组织,党、工会、合作社与文化组织,而这四个组织同样重要。

无产阶级文化派对文化艺术创作充满空想,他们认为,只要接受适当的教育,每一个工人都可以成为作家和艺术家。因此,无产阶级文化派为工人开办了许多形式的艺术讲座。

1920年12月,在受到苏共中央的公开批评并被撤换领导人之后,无产阶级文化派开始走向衰落,其成员不断减少,其对苏联文化的影响被"拉普派"取代。"无产阶级文化派未能创建一种未来的文化,然而,它体现了革命初期令人欢欣鼓舞的乐观主义,这种乐观主义培育出一种信念:任何一个厨师都可以管理国家,任何一个组织都可以管理经济,任何一个工人都可以写出十四行诗。这种乌托邦观念未能熬过1920年代,但它是寻求政治、经济与文化转变而进行的革命重要的组成部分。"②

"拉普派"在思想上与无产阶级文化派并无太大区别,有时他们甚至走得更远,高尔基都曾经是他们批判的对象。他们与无产阶级文化派的区别在于,他们自觉接受苏共的领导,不寻求无产阶级的文化自治。

与"拉普派"对立的"山隘派"是1924年围绕杂志《红色处女地》而形成的一个文化派别,这个派别吸引了后来在苏联文学界成就非凡的卡达耶夫、马雷什金等作家。这个派别坚持俄国文学与世界文学传统的继承

① 郑异凡编译:《苏联"无产阶级文化派"论争资料》,北京:人民出版社1980年版,第53页。
② Lynn Mally, *Culture of the Future*, University of California Press,1990,p. 259.

性,同时,"他们号召同时代人要面向未来,使他们对未来产生非常专一的兴趣,而少对眼下的现代性感兴趣"①。他们的文艺理论自相矛盾,他们认为艺术与科学一样,都能认识生活,却又将文学艺术都看作是生产和日常生活的附属品。

1921 年 2 月,彼得格勒出现了一个新的文艺流派——谢拉皮翁派。谢皮拉翁派坚持传统的艺术思想,传统的创作价值和文学为全人类服务的思想。

新经济政策时期,苏联的文化环境相对宽松,革命前已经存在的文学艺术流派仍然在继续进行创作,新的作品也在不断推出。革命前即以《彼得堡》等作品闻名的象征派作家别雷创作了新的作品《处于危险境地的莫斯科》,创办了杂志《思想家论丛》。现实主义作家柯罗连科完成了长篇自传体小说《我的同时代人的故事》,象征主义和形式主义的作品得到了广泛传播。"他们继续以自己所固有的风格,遵循自己过去的创作原则进行创作。"先锋派艺术在这个时期甚至还得到了发展,1926 年在列宁格勒成立了一个名为"真实艺术协会"的文艺团体,它是由列宁格勒一批作家建立的。这个文艺团体,"在 1920 年代晚期,是苏联文学中先锋派最后的、当然也是最奇异的,无可争议的也是最重要的展示"②。这个团体之所以被认为是奇异的,是因为他们的创作方法在当时根本无法被人们所理解,后来的研究认为这个团体所运用的创作方法实际上处于现代主义与后现代主义之间。

在新经济政策时期,尽管不同的文学艺术流派依然可以进行创作,但毕竟俄国—苏联已经是一个不同于过去的国家了,它需要新的文艺作品来反映过去不久的革命与内战,反映新的社会制度下新的观念。这样的作品除了无产阶级文化派的参与者所创作的作品之外,具有艺术感染力的新型文艺作品在这个时期崭露头角,并深刻影响了后来苏联的社会

---

① 格奥尔吉耶娃:《俄罗斯文化史:历史与现代》,北京:商务印书馆 2006 年版,第 550 页。
② Graham Robers, *The last Soviet Avand-Garde*, Cambridge University Press, 1997, p. 1.

主义文化。

1923 年,伊万诺夫创作了以一个人在革命前后的发展线路鲜明的长篇小说《蓝色的沙滩》,这部小说被认为是第一部关于革命时代的史诗性作品。此后,绥拉菲莫维奇根据内战经历写成的长篇小说《铁流》,革拉特科夫根据内战结束后经济建设状况写成的《水泥》,富尔曼诺夫的《恰巴耶夫》,费定的《城与年》、《兄弟们》和拉夫列里约夫的《第四十一个》,都是不同于以往俄国文学的新型的文学。而法捷耶夫根据内战经历创作的长篇小说《毁灭》,开始了苏联文学创造的新阶段。从伊万诺夫到费定、法捷耶夫,这些属于真正意义的苏联文学作品,经历了从注重环境、事件到注重个人心理刻画和生活道德论证的转变,这个变化可以看做是新的苏联文学形成并正在走向成熟的标志。同时,苏联的讽刺文学也逐渐成熟,伊利夫和彼得罗夫的《十二把椅子》,作品"依据果戈里的经验,独创性地发扬了世界文学中描写骗子活动小说的传统"①,这篇小说讽刺的是从旧制度进入新社会后,仍然梦想通过意外之财一夜暴富的各种类型的冒险家,却在结尾与工人的形象进行对比,其暗含的对传统思想的批判与对新的思想的肯定,恰恰是后来的苏联社会主义现实主义所表现的主题。

文化革命与社会主义现实主义

文化革命是苏共用革命现代性改造俄国文化的方式,它在苏维埃政权建立之初就开始了。"文化的基本指标是识字率。在革命前的俄国,75％以上的居民既不能阅读,也不能书写。"②有些地区文盲率更高达95％以上。苏共领导人认为,高文盲率是社会主义建设道路上最危险的障碍,消灭苏联人中间广泛存在的文盲成为文化革命初期的首要任务。

---

① 列·费·叶尔绍夫:《苏联文学史》,北京:北京师范大学出版社 1987 年版,第 114 页。
② Поцелуев В. А., *История России XX столетия*, М.：Гуманит. изд. центр ВЛАДОС, 1997. с236.

在新经济政策初期,尽管经济遭到严重破坏,国家财政紧张,苏维埃政权仍然将大量资金投入到教育发展之中,而且很快就收到成效。到1925年,全苏联的识字率已经达到55%。"在一些民族共和国,取得了令人印象深刻的成就,1925年与1922年比,乌克兰的在校学生人数增加了28倍,格鲁吉亚增加了15倍,哈萨克斯坦增加了5倍。"同时,还建立了工农速成中学和工厂子弟学校,以提高成年工人农民的文化水平。苏维埃政权在1918年即在大学实行免费教育,还专门为生活贫困的大学生提供奖学金。"图书馆、俱乐部、小组、工厂集会、报告会、生产与技术会议、妇女代表大会、出版物和电影都被广泛用于传播新的技术和政治学说。"1924年有1050万人次到俱乐部参加活动,到1925年增加到3200万人次。到1925年,全苏联共建立了约3.2万个俱乐部。①

苏共对教育的改造首先是清除宗教内容和被认为是资产阶级思想的内容,将共产主义思想作为教育的基本内容。苏维埃政权建立初期就对教会实行非常强硬的政策,除了做礼拜之外的其他宗教活动都被禁止。许多宗教人士被捕,大批教堂被毁,剩下的教堂中一部分被辟为"无神论博物馆",一部分改为仓库或者礼堂。在1925年,创办了拥有广大读者的《无神论者》和《反宗教者》杂志,成立无神论战斗者联盟。1925年,这个联盟已经拥有25万人。对于俄国过去的知识分子,苏共的政策是较为复杂的、矛盾的。苏共希望更多的知识分子与苏维埃政权合作,也随时对政策进行调整。在内战时期,对参加白卫运动的知识分子,苏维埃政权予以镇压。在内战结束后,苏维埃政权对于参加过白卫运动,在白卫运动失败后逃亡国外,最终接受苏维埃政权现实的"路标转换派"采取了宽容乃至欢迎的政策,允许其代表人物回国演讲并在政府中安排工作。但对当时仍然留在国内的一些坚持独立立场的知识分子,苏维埃政权将其驱逐出国。这其中最著名的事件,是在1922年,将200多名俄

① Мунчаев Ш. М.，Устинов В. М. История Советского государства，М.：Норма，2008，c350－351.

国人文学者驱逐出境的"哲学船事件"。由于缺乏苏共认为合适的历史学教科书,大学的历史系被停办。同时,苏共创办了《无产阶级革命》、《苦役和流放》、《新东方》和《红色档案》等历史刊物,并于1926年经苏共中央批准创办了专业史学期刊《马克思主义历史学家》。"新的杂志是第一份既研究祖国史,又研究世界史的马克思主义期刊。""杂志是作为科学中心而创办的。"①这显示了苏共建立以马克思主义历史观为指导的新的历史学科的雄心。

为了加强对工农大众的政治教育,苏共创办了针对不同社会群体的报纸和杂志,如《农民报》、《工人报》、《共青团真理报》等。为了增强报刊内容的通俗性可读性,苏共在基层开展了工农通讯员活动。在大学开设了历史唯物主义、无产阶级革命史、苏维埃国家史和司法史等新的课程。由于大学没有这方面的师资,苏共中央派出一批著名的党务活动家去大学授课,并在1921年设立了红色教授学院,专门为高等院校培养马克思主义专业人才。1929年开始的加速工业化是伴随着新的文化革命开始的,这一次的文化革命仍然首先从教育入手,但范围更广,力度更大,并由此决定了后来苏联社会主义文化的演变方向。

加速工业化对专业技术人员和管理人员的需要迅速增加,这时的文化革命在发展基础教育的同时,将高等教育置于更重要的位置,并对建立为工业化服务的国家科学技术研究体系给予了高度重视。随着工业化推进而带来的国家经济实力的提升,苏联在很短的时间内就建立了规模宏大的高等教育体系和国家的科学研究体系。到1939年,全苏联已经建立760所大学,在以前没有大学的民族共和国都建立起综合性大学和专业院校。从1928年到1940年,苏联受过高度教育的专业人才从23万人增加到近91万人,受过中的专业教育的专业人员从18万人增加到150万人。"到第二个五年计划末,苏联在校中小学生和大学生人数都跃居世界第一。""1933—1937年共新建了2万多所中小学,相当于沙俄

① Алаторцева А. И. ,Журнал《Историк-марксист》1926 - 1941 гг ,Наука,1979,с22,276.

200 年所开办的学校。"5—10 年级的学生从 1927 年的 150 万人增加到 1940 年的 3500 万人,在校大学生从 35 万人增加到 180 万人。[①] 1930 年,所有儿童都可以免费享受四年制教育,1937 年,所有七年制的学生开始享受免费教育。1940 年,苏联已经基本上实现了文盲率为零的计划。在高等教育中,苏共与苏联政府同样实行阶级政策,在大学招生时尽可能为工农子弟创造有利条件。"这样一来,苏联第一代知识分子就诞生了,他们在政治上思想上都特别忠实于苏维埃政权和布尔什维克党。"而且,"对广大民众的共产主义思想教育任务也就顺利完成了"[②]。1934 年,大学开始恢复历史课,原来分散的隶属于不同部门的历史研究机构合并为苏联科学院历史研究所。莫斯科大学和列宁格勒大学恢复了历史系。到 1930 年代末,中学和大学都增设了历史课,更多的大学开设了历史系。苏联开始形成以马克思主义为理论基础的历史研究。

苏联的科学研究体系也在这个时期建立,苏联科学院是苏联科学思想的中心,同时,在加速工业化时期,苏联各加盟共和国也建立了各自的科学院。到 1930 年代末,苏联已经建立起 1800 个科研机构,拥有科研人员 9.8 万人,而在 1914 年,俄国一个才有 1 万名科研人员,289 个科研单位。而且,苏联学者在 1929 年就出版了《载人宇宙火箭》的著作,这是世界第一部航天火箭技术方面的专著,苏联在许多学科已经走在世界前列。

苏联的社会保障体系也在这个时期开始形成。到 1930 年,苏联基本已经消灭了失业现象。1913 年,一个医生要负责 5700 人的医疗和健康,到 1940 年,平均 1200 个人就有了一个医生;1913 年,750 个人才有一张病床,到 1940 年,已达到 250 人一张病床。

苏联还建立了一个覆盖所有城市和村庄的图书馆网络,每一个村都建立了阅览室。到 1939 年,苏联全国建立了 11 万个图书馆,相当于革

---

① Перепелицын А. И. , *История России*(*XII - XX вв*),Кавказская здравница,2000,c404 - 405.

② 格奥尔吉耶娃:《俄罗斯文化史:历史与现代》,北京:商务印书馆 2006 年版,第 532—533 页。

命前俄国的 500 倍。

与革命初期的文化革命一样,工业化时期的文化革命继续开展了反宗教斗争。在继续以前做法的同时,这一次的反宗教斗争还采取了其他更能收到效果的方法。1929 年 6 月召开了全苏联反宗教团体大会,并正式改名为无神论战斗者联盟,到 1931 年,该组织发展到 550 万人,比苏共全体党员人数还要多得多。随着现代机械在在农业与工业中的大量运用,无论工人还是农民都希望搞清楚这到底是怎么回事,于是,苏共通过加强科学普及来推进反宗教运动。"莫斯科省有 20 个农民,走 18 英里路,去一个乡镇听讲座,问一位共产主义讲师,人与宗教怎样到世上来的? 在另一个地方,几百个工人在听完一堂生物学演讲后,列队去看显微镜,直到半夜两点才看完。"[1]东正教会受到了更严重的打击。

在文化革命高潮中,社会主义现实主义作为苏联社会主义文化创作的方法被提了出来。1932 年 4 月 23 日苏共中央通过了《关于改组文艺团体的决议》,按照这个决议的精神,所有民间自发的文艺团体都被取消,成立统一的在苏共领导下的全苏作家协会以及其他各类文艺协会,苏联的文艺创作也被全面纳入到苏联的社会主义体制之下并受专门的部门管理,一切个人的出版机构都被取消。在全苏作家协会的章程中规定:"社会主义的现实主义,作为苏联文学和文学批评的基本方法,要求艺术家从革命的现实发展中真实地、历史具体地去描写现实。"[2]文艺创作必须与用社会主义精神教育和改造劳动人民的任务结合起来。苏共提出社会主义的现实主义,目的无疑是为了使文艺成为社会主义建设的一部分,即文艺创作也必须为社会主义建设服务,其出发点显然与无产阶级文化运动是一致的。不同之处在于,从此之后,苏联的文艺创作被置于社会主义体制之中,成为体制的一部分。

社会主义现实主义的提出,无疑使那些无法接受马克思主义的有才

---

[1] 赫克:《俄国革命前后的宗教》,上海:学林出版社 1998 年版,343 页。
[2] 列·费·叶尔绍夫:《苏联文学史》,北京师范大学出版社 1987 年版,第 195 页。

华的作家和艺术家的创作更深地陷入困境,如布尔加科夫等作家;也使那些在新经济政策时期仍然能够进行自由创作的作家无法继续进行创作,比如先锋派等等,新经济政策时期存在各种文艺流派从此被统一于社会主义现实主义。从这个角度看,"斯大林的体制是为了将社会变为一个在思想上政治上一元化的社会"。然而,对被认为是苏联文艺创作受到最严厉压制的斯大林时代,"体制的一元化,也未能扼杀丰富性"①。实际上,社会主义现实主义提出后,苏联的文艺创作呈现出矛盾的现象,即它是封闭的又是开放的,后来对社会主义现实主义的定义就成为:"真实地再现生活的历史性的开放美学体系。"所以,"超越对苏联官方艺术的反讽解读,曾经产生了作品数量巨大的苏联文学,其文学实践中开放与封闭的问题,就值得重新评价"②。

俄罗斯当代历史学家认为,在社会主义现实主义被正式确立前,许多艺术家已经开始使用这种方法进行创作了,他们还创作出真正的不朽之作。"在30年代的文学界,有一个在苏联体制下成长起来的时期的焦点人物。"这个新人就是小说《钢铁是怎样炼成的》一书的作者 H. A. 奥斯特洛夫斯基,他根据自身经历写成的这本小说,"塑造了一个把自己的全部精力和生命无私奉献给革命事业的年轻的共产党员的形象","小说一经出版,立刻在社会上引起了强烈的反响"。在1930年代按照社会主义现实主义方法创作的不朽作品还有马雷什金的《来自穷乡僻壤的人们》,这部小说以令人折服的心理描写,"揭示了社会主义建设中复杂的思想改造过程,尤其是对这些早已习惯了工业生产的'来自穷乡僻壤的人们'的思想改造过程进行了描写"。苏联著名教育家、作家马卡连柯根据自己改造违法儿童经历写成的《教育诗》,展示了对违法儿童进行群众性改造的教学实践,使那些儿童第一次真正认识到在社会生活中的责任。③

---

① Александр Шубин, *Диссиденты，неформалы и свобода в СССР*，Вече,c5.
② Edited by T Lahusen and E Dobrenk, *Socialist Realism Without Shore*, Duke University Press，1997,p. 5.
③ 格奥尔吉耶娃:《俄罗斯文化史:历史与现代》,北京:商务印书馆2006年版,第562页。

除了这些作品,在当时苏联产生巨大社会影响的还有卡达耶夫的《前进吧,时间!》、克雷莫夫的《油船"德宾特号"》等运用社会主义现实主义方法创作的小说。

当然,运用社会主义现实主义方法创作的作品中,更多的还是那些粉饰现实,应景的、口号多于内容的粗制滥造之作。比如伊林的《大传送带》,描写的是当时大型工业企业生产线的建设情况,全书给人的感觉更像新闻报道,而不是文学创作。

正如苏联的计划经济曾经影响了世界一样,虽然社会主义现实主义的提出压制乃至取消了苏联国内文艺创作的其他方法和流派,但它也产生了世界影响。法国作家巴比塞、阿拉贡,德国诗人贝希尔、戏剧家布莱希特、作家西格斯以及智利作家聂鲁达,都被认为是运用社会主义现实主义方法进行创作的著名作家、戏剧家或者诗人。

社会主义现实主义的方法在本质上是苏共为了在社会主义建设中完成人的转变,即培养社会主义新人而提出的一种文艺创作方法,它与苏共所设想的社会主义的未来图景相一致,因此,社会主义现实主义作为文艺创作的方法,实际也是当时世界历史进程与苏联社会主义现代化历史进程的产物,对它的认识和判断,不能脱离 1930—1940 年代的历史语境。正如普林斯顿大学斯拉夫学专家艾默生所说:"我们倾向于忘记,在 1930—1940 年,因为其世界范围的萧条、不可阻止的军事侵略和令人厌恶的种族关系,西方的资本主义看起来是多么的恶劣。我们也倾向于忘记,苏联在全新的文学与政治文化的基础上,不断创造出鼓舞人心、引人注目而又令人耳目一新的人物形象和故事情节。"①

1920 年代到 1930 年代,"是苏联史诗小说的全盛时期"。国内战争刚刚结束,"苏联文学家就开始了向史诗小说的顽强挺进的历程"。这一时期,史诗小说在文学中占据了主导地位。② 在这些作品中,高尔基的

---

① Caryl Emerson, *The Cambridge Introduction to Russian Literature*, Cambridge University Press, 2008, p. 191 - 192.
② 柳鸣九主编:《从现代主义到后现代主义》,北京:中国社会科学出版社 1994 年版,第 335 页。

《克里姆·萨姆金的一生》、肖洛霍夫的《静静的顿河》、阿·托尔斯泰的《苦难的历程》最具代表性。这些作品很难被看作是社会主义现实主义作品，如《静静的顿河》中的主角格里高利，显然与经典社会主义现实主义作品的主角完全不一样，到小说结尾，他也没有转变为一个社会主义新人，而仅仅是一个旧制度或者说是一个反抗新制度的失败者。《苦难的历程》第一卷创作开始于1917年，并在国外出版，作者当时并未接受苏维埃政权。作者回国后，对第一卷进行了修改，但书中的文雅之气，却是当时许多按照社会主义现实主义方法创作的作品难以企及的。

　　儿童文艺在文化革命时期得到迅速发展。苏联建立了世界上第一个儿童剧院，苏联作家则创作了大量优秀的儿童文艺作品。所以，1920—1930年代被当代俄罗斯学者认为是苏联儿童文学大发展时期。[1] 阿·托尔斯泰创作的《布拉吉诺历险记》、奥列沙的《三个胖子》、卡达耶夫的《雾海孤帆》、卡维林的《船长与大尉》、巴诺夫的《孔雀石箱》等，都是儿童文学的精品。而且，这些作品中有的也难以归入社会主义现实主义。比如《孔雀石箱》，对乌拉尔民间艺术艺术形象进行了独特的创造。

　　苏联电影在这个时期发展迅速，苏联电影艺术家还首创了蒙太奇的电影拍摄方法，并形成了与好莱坞的商业电影、欧洲的艺术电影并立并产生世界影响的独特的苏联风格的政治艺术电影，即按照社会主义现实主义方法拍摄的艺术电影，《战舰波将金号》和《夏伯阳》是苏联政治艺术电影具有划时代意义的作品。而且，爱森斯坦和普多夫金等苏联电影艺术家还对电影理论进行了研究，出版了研究性专著。

　　苏共确立社会主义现实主义方法的领导地位，并不仅仅是为了对国内的文艺创作进行控制，虽然在苏联政权对文艺创作的控制更严厉了，但另一方面，"斯大林和许多文化官僚以及许多知识分子都是弥赛亚传统的继承者，他们渴望创造一种优越的文明，使自己的祖国在其所处的

---

① 格奥尔吉耶娃：《俄罗斯文化史：历史与现代》，北京：商务印书馆2006年版，第564页。

世界——欧洲大陆能够占据首要地位"。这就决定了,苏共必然在文化方面保持一定程度的开放。在 1934 年召开的苏联作协第一次代表大会邀请了许多外国作家参加,大会发言人表达了"形成世界文学宝库的目的",并表示,苏联文学的目标是培养社会主义建设者,将他们转变为全世界文化的继承者。苏联公民将生活在美好的事物之中,他们熟悉"世界文化"最伟大的成就,这包括建筑、城市设计、与民族叙事相联系的修辞等等。正是在这个时期,"苏联的文化世界变得更为世界主义,对来自西方的作品也更为开放"。"在大清洗的年代,西方文学在俄国占据了显著地位。"①西欧和美国主要作家的作品被苏联大量翻译出版,苏联科学院成立了世界上最早的世界文学研究所。这个时期苏联翻译的外国作家文学作品的数量和发行数量在当时的世界上绝无仅有:左拉 300 万册、雨果 300 万册、莫泊桑 300 万册以上、巴尔扎克 200 万册、狄更斯 200 万册、莎士比亚 120 万册等。西方现代派如普鲁斯特、乔伊斯的作品也被翻译出版。"也许还没有一个国家像苏联那样,青年们对于别的民族的古典作品怀着最大的崇敬和喜爱。"而这与斯大林对"西方文化遗产"鼓励和提倡学习是分不开的。普希金、果戈里、托尔斯泰、契诃夫等人的作品,"其中对于过去的专制的讽刺和批评,和今天的情况经常是相同的,却照印数百万册交给青年阅读"②。

1930 年代下半叶,随着工业化的实现,苏联文学中的主角也开始发生变化,历史小说和电影开始兴盛。阿·托尔斯泰在《苦难的历程》第三部未完成的情况下,写作了《彼得大帝》、《伊凡雷帝》、《沙皇鲍里斯》。曾经参加过对马海战的诺维科夫写作了《对马》。苏沃诺夫、库图佐夫和涅夫斯基等都成为苏联文学中的主角,对这些俄国历史人物的描写,显然已经偏离了社会主义现实主义。"在 1930 年代下半叶,苏联的报刊与文化明显地转向大俄罗斯民族主义,专门面向大众消费的《真理报》的文章

---

① Katerina Clark, *Moscow, the Fourth Rome*, Harvard University Press, 2011, pp. 10 - 17.
② 艾萨克·多伊彻:《斯大林政治传记》,成都:四川人民出版社 1982 年版,第 651 页。

和电影里甚至出现了俄罗斯精神独特性的概念。"而那些更多是面向知识分子的报刊,如《文学报》、《苏联艺术》、特别是那些以世界主义为特色的《文学批评》、《文学艺术》以及《国际文学》,发表的是民族主义或者俄罗斯复兴色彩更浓厚的文章,它们与对西方人物和动态表示同情的文章充斥着这些报刊。①

1938 年,由斯大林亲自主持编写并修改的《联共(布)党史简明教程》出版,这本作为对党员进行马克思主义理论基础的教材出版后,苏联社会科学界对马克思主义和苏共历史的研究都必须按照这本教材确定的基调进行,苏联社会科学研究的教条化趋势日渐严重。

所以,在社会主义现实主义旗帜下,尽管苏共对文艺界严格管控,但苏联文化并非社会主义现实主义的一统天下,而是在社会主义现实主义旗号下,具有一定程度的文化多样性。苏共对创作自由的限制集中于对苏联社会现实、苏共历史等题材,在这些方面,苏共不能允许任何与苏共认识不一致的作品出现,对文学艺术家的压制也主要集中在这些领域,而且时常以矛盾的方式出现。比如布尔加科夫的《大师与玛格丽特》等作品禁止出版,但《白卫军》却可以出版,而根据《白卫军》改编的话剧《图尔宾》经过磨难也允许公开上演。苏共对文艺创作的限制甚至压制,对于那些有才华又有独立思想的作家、诗人和戏剧家是痛苦的。但如果将社会主义现实主义置于苏联现代化的语境进行分析,从苏联工业化的特定历史语境出发,就可以发现,苏共的文艺政策弥合了文化精英与大众之间的文化断裂,当然这里指的是运用社会主义现实主义进行创作的文化精英,从而为苏联的现代化创造了必要的社会文化条件,没有这个条件,苏联的工业化特别是在西伯利亚和远东建设新的工业中心的计划基本无法实现。维特与斯托雷平改革失败的主要原因之一,就是他们未能得到草根社会的支持,也无法将其动员起来。苏联工业化能够成功,从社会文化角度分析,就是苏共使社

---

① Katerina Clark,Moscow,*the Fourth Rome*,Harvard University Press,2011,p. 310.

会大众认识到工业化对国家和他们自身的意义,从而能够成功地进行社会动员,这其中,苏联社会主义文化起了重要作用。1937 年 2 月 5 日,《共青团真理报》发表了一个在远东地区工作的苏共领导干部的妻子赫塔古诺娃的来信,这封信呼吁单身女青年们到远东那片神奇的土地去。其真实原因在于,工业化初期大批苏联西部的男青年响应苏共的号召来到远东建设新的工业基地,几年以后因为女青年太少,出现了婚姻难以解决的问题。这封信发表后,有 30 万人报名要求去远东,其中不但有女青年,也有男青年,甚至还有已婚的夫妻。最终,有 2 万名女青年和 5000 名男青年去了远东。"这不仅是对苏联出版物中边疆神奇描写的回应,也突出反映了妇女参与国家建设的志向。"①这恰恰反映了革命现代性对苏联普通人的影响。

使文化服务和服从于苏联的社会主义现代化是文化革命的出发点,俄罗斯军事科学院教授克列姆廖夫认为:"阿基米德需要一个支点以翻转世界,改造即工业化、农业集体化和文化革命,这就是斯大林和俄国人民能够在短时间内,即五年内翻转俄国的支点。"②

当然,使文化服务于政治目标必然会压制文化的多元化与文化的创造力。本来就严厉的文化控制,在 1946 年苏共组织对期刊《星》与《列宁格勒》的批判以后,变得更加严厉了,文学只能对现实进行美化,如巴巴耶夫斯基的《金星英雄》等描写农村的作品,完全无视农村的艰苦生活与农民所承受的严重的经济负担,展现的是实际不存在的农民的幸福生活。而且批判之风蔓延到其他文化领域,接着蔓延到社会科学各个领域,最终自然科学的一些领域也兴起了批判之风。整个文化与科学界真正出现了死水一潭的状况,苏联的文化科学生态急剧恶化,苏共的文化政策也到了不能不进行大幅度调整的时期。

---

① Edited by N B. Breyfogle, A. Schrader, W. Sunderland, *Peopling the Russian Periphery*, Ruotledge, 2007, 215.

② Сергей Кремлев, *Имя России. Сталин*, М.: Яуза, Эксмо, 2008, c211.

第二节　社会主义文化中的矛盾与冲突

斯大林去世后,苏联共产党在政治上非斯大林化之前,已经开始对文化政策进行调整。在苏共 20 大以后,随着非斯大林化的进程,苏联的社会主义文化进入到文化思想冲突不断的时期,这些冲突反映了苏共内部的矛盾和冲突,也影响到苏共的政策。

从"第一滴融化的水"到"解冻"

"解冻"是苏联作家用于形容赫鲁晓夫时期苏联社会与文艺界所发生变化的一个概念,一般都认为这个时期从 1956 年开始,但实际情况并非如此。

"解冻"本身也是一个渐变的过程,它从斯大林去世前即已开始。1952 年 4 月 7 日,《真理报》载文批评文学作品一味粉饰现实的现象。1952 年 10 月召开的苏共十九大上,在苏共中央的报告中,几乎用了 1/3 的篇幅批评苏联社会中存在的弊端,提出文学家艺术家应该运用批评的武器,揭露生活中的矛盾与冲突。"我们需要苏维埃的果戈里和谢德林,他们运用讽刺的烈火,将生活中那些消极的、腐朽的、垂死的和一切阻碍进步的东西都烧毁。"①就在 1952 年,作家奥维奇金发表的特写《区里的日常生活》,既描写了积极工作的苏共基层领导干部,也描写了官僚主义者的种种不良行为。这篇特写,"坦率而大胆地批评了农村的社会与经济状况,明确地指责了政府机构的行为,在斯大林仍然在世时,是一个极富勇气的行动"。作品在苏联社会和文学界引起强烈反响,从此,"农村官员消极的形象与积极的形象这两种角色,就长期并列出现在苏联文学中"②。

---

① XIX съезд ВКП(б) - КПСС (5 - 14 октября 1952 г.), *Документы и материалы*,Большевик (№ 18),1952.

② Deming Brown, *Soviet Literature since Stalin*, Cambridge University Press, 1978,p. 230.

1954 年,作家阿布拉莫维奇发表题为《战后苏联文学中的集体化村庄中的人》一文,抨击战后以来苏联文学中对农村生活描写的虚假性,他还特别挑选出著名的社会主义现实主义的作家巴巴耶夫斯基进行批评。波梅兰切夫发表《文学中的真诚》一文,拒绝文学中的意识形态特权,坚持将作家的直觉作为特定文学作品中本真性的标志。"波梅兰切夫转而攻击共产主义宣传的旗舰,如贝耶夫斯基粉饰 1950 年代集体农庄生活危机的电影《库班哥萨克》。"所以,在解冻前,"融雪的第一滴水,在斯大林去世后几个月就已经出现了"。①

被称为解冻的社会与文化现象,在赫鲁晓夫时期,始终与政治上的非斯大林化紧密联系在一起,即非斯大林化的程度决定文化解冻的程度,而且,文化解冻往往是赫鲁晓夫非斯大林化的组成部分,其过程充满矛盾。所谓解冻,即社会与文化的自由化,它源于作家爱伦堡 1954 年发表的中篇小说《解冻》。

苏共 20 大后,随着政治上的非斯大林化,"放松了对创作知识分子活动的控制,扩大了他们与西方的联系(解冻),激发了艺术创造的活力,促进了思想自由的发展"②。这种变化既表现在文化艺术领域,也表现在自然科学与人文社会科学领域。然而,苏联社会与文化方面发生的这些变化,也激起了新的矛盾,出现了接连不断的冲突,苏共的政策也因此像钟摆一样,不断地左右摆动,解冻的过程随着政策的摆动交替出现前进与停顿乃至后退的状态。文学界的《日瓦戈医生》事件与史学界的布尔扎罗夫事件是这种状态的典型反映。

1956 年初,作家帕斯捷尔纳克将书稿送交《新世界》杂志,杂志虽然感觉有风险,仍准备发表。4 月,《旗帜》杂志发表了该书的内容简介,帕斯捷尔纳克也收到该书的广告宣传材料,但《新世界》后来没有发表这部小说。5 月底,帕斯捷尔纳克将书稿交个一位意大利记者,1957 年在国

---

① Александр Шубин, *Диссиденты, неформалы и свобода в СССР*, Вече, с43 – 44.

② Ольштынский Л. И. и др, *Курс отечественной истории IX – XX веков*, М. : ИТРК, 2002.
  с452 – 453.

外出版,并在 1958 年获得诺贝尔文学奖。为此,小说和作者都受到了严厉的批判,作者还被作协开除。尽管塔斯社在 1958 年 12 月 2 日发布消息说,苏联政府将不会阻挠帕斯捷尔纳克前往国外领奖,帕斯捷尔纳克却在 12 月 6 日的《真理报》发表了一封信,表示一个作家能够获奖是令人高兴的,但他认为,"这是一个政治事件,是将导致'严重恶劣后果'的政治战役的信号"①。最终,帕斯捷尔纳克未领取奖金,不久之后去世。

布尔扎罗夫是《历史问题》主编,在苏共二十大前一个月即参加了一个小范围的对赫鲁晓夫秘密报告的讨论。在 1956 年 1 月的一次有 600 名历史学者参加的会议上,他直截了当地提出,要重新评价东欧各国和俄国的封建主义问题、俄国帝国主义的性质、苏联工业化与农业集体化问题、普列汉诺夫和列宁的问题等。他还指责党的历史学者至今不能摆脱联共(布)党史简明教程的结论。苏共二十大以后,布尔扎罗夫和《历史问题》编辑部组织了一系列研讨活动,这些研讨活动对苏共历史问题的讨论已经远远超出了赫鲁晓夫秘密报告的范围,到了赫鲁晓夫也不能容忍的程度。1957 年 3 月 7 日,苏共中央做出关于《历史问题》杂志的决议,布尔扎罗夫因为在历史学中偏离了列宁主义的党性原则,被决议点名批判。随后他被解除《历史问题》主编职务。"根除布尔扎罗夫主义的运动一直持续到 1960 年代末,通常被用于窒息'不同政见火花'的党性原则再次得到重申,而且还因为反对资产阶级意识形态而得到加强,在这种环境中,大多数历史学者重新回到苏联历史学的正统。"②

在苏共二十二大以后的新一轮非斯大林化中,文化界的解冻又向前迈出了更大的一步,其标志是从古拉格释放回家的索尔仁尼琴反映古拉格内生活的《伊凡·杰尼索维奇的一天》被批准出版。但过了几个月,赫鲁晓夫又向后退了一大步。

解冻之所以出现这种左右摇摆,其根本原因在于,苏联社会还没有

---

① Александр Шубин,Диссиденты,*неформалы и свобода в СССР*,Вече,c71.

② Edited by Polly Jones,*The Dilemmas of De-Stalinization*,Routledge,2006,p. 179.

为大幅度的转变做好准备,"当时开始的制度自由化的过程既没有得到社会应有的支持,也未能得到精英应有的支持"①。所以,解冻带来了新的矛盾。其对苏联文化发展的影响表现为,在苏共二十大以后,苏联文艺界的再次出现了类似于新经济政策时期对立,但这个对立并不是文艺流派的对立,而是政治主张的对立,自由主义色彩更浓的文艺界人士以特瓦尔多夫斯基主持的《新世界》为阵地,更多地坚持社会主义传统的文艺界人士以柯切托夫主持的《十月》杂志为阵地,形成苏联在苏共二十大以后直到 1960 年代末的两军对垒的局面。哪一派能够占据上风不是取决于谁能够推出更受社会欢迎的作品,而是取决于苏共中央的文化政策。这两个派别在苏联社会中都有自己的社会基础。这种文化对立现象的出现,实际上是苏联文化从苏共控制下的有限多元化走向真正的多元化的开始,也是后来苏联出现持不同政见运动的源流。如果对这种对立不采取行政手段,而是让双方通过自己的作品去竞争,苏联文化的转变也许会更平稳。

虽然苏联文化中的解冻是一个跌跌撞撞、不断经历放开与收紧的反复过程,但在这个过程中,苏联文化的变化仍然是非常明显的。

乡村生活与农民的心理、价值等在苏共二十大后成为众多苏联作家关注与书写的对象。与工业化时期的苏联文学描写农民如何接受现代化事物不同,新的苏联乡村文学更多地关注农民与农村在现代化背景下的意义和价值。这些新的农村题材的文艺作品,力求最真实地再现当代苏联农村的生活图景,有的已经接近自然主义的描写。在这些作品里,农民心理和文化的顽固持久性得到强调,而且展现出农民所具有的俄国特性并没有被革命改造多少。"乡村文学的作者们全都认为,俄国农村的文化与道德价值是解决现代苏联问题一个主要因素,他们认为,绝对需要保留民间传统。"②转向俄国乡村文化传统寻求解决现代苏联问题,

---

① Пыжиков А. В. ,*Хрущевская «оттепель»* , М. : ОЛМА - ПРЕСС, 2002,c1.

② Deming Brown, *Soviet Literature since Stalin*, Cambridge University Press, 1978, p. 220.

实际上可以看作斯拉夫派的某种现代体现,也是社会主义现实主义遭遇现代化困境的标志,正如在资本主义国家在进入现代以后,现实主义遭遇困境被现代主义取代一样。

为了突破这一困境,一些艺术家对如何表现社会主义现实主义所要求的宏大叙事,进行了新的探索。卡拉托佐夫的电影《雁南飞》就是这种探索的代表。《雁南飞》的时代背景是卫国战争,但全片并无激烈的战争场面,整个影片叙述的都是后方人民的艰苦生活,却没有传统的英雄形象。影片不但在苏联国内反响强烈,而且获得戛纳电影节金棕榈奖。这部影片广受欢迎的主要原因是,苏联观众需要对战争问题新的表述与思考,而《雁南飞》恰恰做到了这一点。当代俄罗斯文艺评论家也认为,在苏共二十大前,这样的影片拍不出来,但"《雁南飞》和《战舰波将金号》、《夏伯阳》都是伟大而深刻的影片,这些影片里的主角,关注的首先都是宏大思想的战场,轻视共产主义思想,是不可能理解这些电影的"①。

不过,无论赫鲁晓夫怎样左右摇摆,当时苏联文艺界的主流仍然是社会主义现实主义,但却已经明显地加入了人道主义的精神,大多数作家、艺术家的创作依然主要运用社会主义现实主义方法,其变化主要表现为,作品中多了对社会矛盾和人的关注与描写,苏联社会在作品中也不再是没有矛盾、没有阴暗面的人间天堂,党的干部也并不都是特殊材料制成的人,他们也有自己的焦虑,他们之中也有各种各样的官僚主义者、野心家、以权谋私者、吹牛拍马者等等。社会主义现实主义方法的这种变化,应该说更符合现实主义的要求,这也是为什么一些坚持社会主义现实主义的作家作品仍然受到大众欢迎的原因。

解冻年代的苏联距离十月革命已经 40 多年,距离二战结束已经将近 20 年,新的一代正在成人,他们中的许多人在和平年代而且在没有巨大社会动荡的环境中成长,加上物质条件的不断改善,其文化需要已经完全不同于新经济政策、工业化与二战年代的青年,社会的这种变化不

---

① Арсений Замостьянов, *Обретение жанра*, Знамя, 2001, № 10.

能不反映在文化需要上。因此,在斯大林时期已经出现的对娱乐文化的需要在解冻年代更加强烈,而苏联文艺界也回应了社会的这种需要,以纯粹消费为主的文艺作品在苏联出现而且迅速扩大自己的阵地,这类文艺作品的目的就是娱乐大众。作家阿达莫夫创作了《侦查员洛谢夫》系列侦探小说,塑造了一个苏联的福尔摩斯,他的每一部作品都成为畅销书。这是苏联社会即将进入消费社会的一个信号。消费社会的特征之一,就是将一切宏大叙事解构。消费社会中的人们最为关心的是日常生活,而不是宏大思想与远大理想。比如,在解冻年代,苏共妇女部的主要工作体现在:"第一,参与广泛的住房建设计划,第二,参与改善基本耐用消费品的生产与供应。"①这与斯大林时期动员妇女参与工业化的作用完全不同了。

解冻年代,苏联的科学技术与教育得到进一步发展。这个时期苏联科学发展最为出色的成就,是在人类历史上第一个成功地发射了地球人造卫星和载人宇宙飞船。此外,苏联还首先将核动力成功地运用于民用工业,造出了核动力破冰船。苏联的航空工业与航天工业在这个时期都处于世界先进水平。在弹道导弹研制方面也走在美国前面,这也是在1956年苏伊士危机期间苏联敢于对英法威胁使用导弹攻击的原因。社会科学研究虽然处于不断的摇摆中,但这主要集中于对苏共历史的研究,对于其他学科的研究,尽管也有各种束缚,与解冻前比,开放度还是大多了。一些曾经被停止的学科如社会学、国际关系、世界经济等学科都建立起来,一些新的学术刊物被创办,如《苏联历史》、《苏共历史问题》、《近代史与现代史》、《世界经济与国际关系》、《语言学问题》等等。苏联在这个时期的高等教育发展特别迅速。战前,苏联大学每届入学新生数为46万多人,1951—1956年间,每届入学的新生人数达到100万,1956—1960年间则增加到170万。高等教育的发展,改变了人口的文化

---

① Melanie Liic, Jeremy Smith, *Soviet State and Society Under Nikita Khrushchev*, Routledge 2009, p. 114.

结构,也改变了社会结构,苏联的社会主义文化实际上也就培养了自己的挑战者。

后工业社会中的苏联文化

"每个社会都设法建立一个意义系统,人们通过它来显示自己与世界的联系。"①苏联文化从无产阶级文化派到拉普派,再到社会主义现实主义,直到在解冻时期加入人道主义内容,实际上都是为了建立一个革命现代性的意义系统,在苏联人民与苏联社会主义建设中建立起意义联系,为实现苏联社会主义现代化的目标提供精神动力。但任何社会,不管其原来的文化基因如何,随着工业化的推进,原来的意义系统都将遭遇无法满足新的社会需要的挑战。观察世界现代化的历程可以发现,无论哪一种现代化道路,在走过工业化阶段以后,原有的意义系统都陷入了危机。苏联在勃列日涅夫时期,恰恰经历从工业化国家向高度工业化国家的转变,苏共的政策又鼓励了革命现代性的日常化转变,苏联文化随之发生变化,变化中的苏联文化与苏联自革命时期开始形成的革命文化或者说社会主义现实主义文化渐行渐远。

勃列日涅夫担任苏共总书记不久,世界就送给苏联文化一份大礼。1965 年,苏联作家肖洛霍夫获得诺贝尔文学奖。与 1958 年帕斯捷尔纳克获奖不一样,肖洛霍夫的作品自斯大林时代开始,就被苏共认为其作品是革命文化与社会主义文学的代表,曾经获得斯大林文学奖的肖洛霍夫获得诺贝尔奖,无疑成为勃列日涅夫时期苏联文化令人自豪的开端。

勃列日涅夫时期,苏联的科学研究得到进一步发展,其在世界上的地位也日益重要。到 1980 年,苏联拥有 140 万名科学工作者,占世界全部科学工作者的 1/4,其中科学博士与副博士 43.4 万人。到 1980 年,苏联有 500 名科学家被聘为外国科学院的院士,有 81 名科学家获得各类著名的国际科学奖,仅在物理学领域,苏联就有 7 名科学家获得过诺贝

---

① 丹尼尔·贝尔:《资本主义文化矛盾》,北京:三联书店 1989 年版,第 197 页。

尔物理学奖。与美国相比,苏联的总体科学实力仍有差距,但勃列日涅夫时期的苏联同样是一个科技超级大国。苏联解体后,西方专家估计,"主要集中在俄罗斯科学城的俄罗斯知识产权就值 4000 亿美元"①。这足以说明苏联科学家在勃列日涅夫时期技术发明数量之巨大。

苏联的社会科学研究也是在这一时期取得巨大成果的。在这一时期,苏联的经济学、社会学和人文科学研究都取得了苏联立国以来的最大成就。"正是在这一时期,苏联的历史学取得了引人注目的成就。这些成就之一,就是出版了卷帙浩繁的《苏联共产党历史》、《从古代到现代的苏联史》和《第二次世界大战史》。出版了革命史、内战史和卫国战争史百科全书。苏联历史学家在对古代和现代俄国历史的研究中也取得了巨大成就。"②当然,这些学术成果仍然不同程度地带有某种教条味。

苏联教育在勃列日涅夫时期的发展,使苏联的教育规模跃居世界第一。1980 年,苏联的普通中小学有学生 4430 万人,职业技术学校有学生 366 万人,中等专业学校有学生 461 万人。高等学校数量达到 883 所,在校生超过 500 万。教育的发展,提高了苏联人力资源的文化水平。在 1980 年,集体农庄庄员中受过高等和中等教育的比例为 63%,工人中的比例为 75%,经济管理部门的工作人员中,这个比例为 83%。

勃列日涅夫执政初期,苏联的文化政策没有发生根本性的变化,一些在赫鲁晓夫时期正在写作的非斯大林化的文艺作品或者学术研究成果得以继续出版。不过情况很快就发生了变化,出于政治稳定的目的,勃列日涅夫停止了赫鲁晓夫的非斯大林化。1965 年,纪念卫国战争胜利 20 周年,斯大林的形象出现在为庆祝胜利而拍摄的影片中,他对战争的领导也得到了充分的肯定。那些专门为非斯大林化写作的文学作品与历史学著作被禁止出版,如积极参与持不同政见运动的罗伊·麦德维杰夫的《让历史来审判》等。停止非斯大林化,并不意味着苏共的文化政策

---

① 罗伊·麦德维杰夫:《俄罗斯能走资本主义道路吗?》,北京:新华出版社 2000 年版,第 32 页。
② Киселев А. Ф.,Щагин Э. М.(ред.),*Новейшая история Отечества. XX век,Книга2*,М.:Владос,2002,c357.

回到斯大林时期,而是在对一些涉及苏共历史与苏联体制的题材设定禁区,在其他方面甚至比解冻时期更加开放,比如对创作形式与方法的探索。同时,斯大林时期被禁止出版、赫鲁晓夫时期也未开放的一些作家的作品在这个时期也都陆续出版,如布尔加科夫的《大师与玛格丽特》,以及曼德尔斯塔姆、阿赫玛托娃等人的作品。

苏联文化在这个时期出现的一个新品种,是二战时期的苏军统帅们纷纷出版了战争回忆录,如朱可夫的《回忆与思考》、什捷缅科的《战争年代的总参谋部》、华西列夫斯基的《毕生的事业》、巴格拉米扬的《战争是这样开始的》等等。这些战争回忆录对斯大林充满了赞扬之词,认为战争的胜利与斯大林的领导分不开,实际上起了为斯大林恢复名誉的作用,这也对后来文艺作品中斯大林形象的塑造产生了影响。

苏联在勃列日涅夫执政的最初十年,经历了城市化的迅速发展与社会结构的迅速变化。到 1980 年,苏联已经有 70％以上的居民生活在城市里。在 1950 年代末,城市居民 70％以上在工业、建筑业和交通运输业工作,属于传统的蓝领工人。到 1980 年,苏联 40％的城市居民从事专业技术工作,即属于白领工人,在工业等传统领域就业的城市居民开始迅速下降。虽然,由于苏共仍然将工业发展放在首位,但苏联实际已经进入后工业社会。苏联社会学家认为,从革命到 1970 年,苏联城市人口经历了三代人的变化:第一代出生于 1910 年代,在 1930 年代开始工作;第二代出生于 1930 年代,在 1950 年代开始工作;第三代出生于 1950 年代,在 1970 年代开始工作。这三代人中,每下一代城市居民中,从事体力劳动的人数都大幅度减少,每下一代的城市居民中,都会有 1/3 的人沿着社会与职业的阶梯向上流动几个台阶。[①] 第一代人经历了革命、内战、工业化和卫国战争,文化水平不高,所以,从无产阶级文化到社会主义现实主义的无论社会主义文化,能够满足他们的文化需要,并能够为他们提供意义系统;第二代人经历的是战后恢复与 1950—1960 年间的经济快

---

① Верт Н. ,*История советского государства. 1900－991*,Весь мир, 2008,c459.

速发展,纯正版的社会主义现实主义文化已经不能满足他们的需要,而解冻后苏联文化的发展恰好可以满足他们的需要,并仍然能够为他们提供意义系统;而第三代,当代俄罗斯学者亦称其为七十年代人,对文化有着全新的需要,这种需要是一种分散化的、多元化的需要。

苏联出现这些变化恰恰是国家现代化的必然产物,虽然国家的历史传统与国情会对国家的现代化道路产生决定性影响,但国家实现现代化以后,出现的问题却大体相同,类似文化转变在每一个国家都发生过。这是因为,文化水平的提高自然会增强人们对自我价值的期待和肯定,闲暇时间的增多使得人们有更多的时间去选择富于变化的活动,从事自己的业余爱好活动以及那些受社会尊重的活动。在这种社会环境中,革命与工业化时期形成的社会主义现实主义的宏大叙事,已经无法引起七十年代人的共鸣,也无法满足他们的文化需要。"对七十年代人来说,重要的是外在于宏大思想的家庭问题与职业问题。"[1]这是苏联革命现代性日常生活化的动因,也是它的结果,是苏联革命时期结束的真正标志。

与社会的这种变化相一致,"国家的文化生活仍然焕发出活力,表现出多样性"。在这个时期,"知识分子发生了分裂","按照对国家发展道路的不同理解,知识分子分裂成几个集团,在文化与意识形态领域的这些不同方向,进行着激烈的有时甚至是不妥协的争论"。[2] 知识分子的分裂中,形成了一种事实上的多元文化,当然,在这个多元文化中没有给反苏反共留出空间,社会主义现实主义也仍然被一些文学家坚持,而文艺表达形式的探索就更多了。

坚持传统的社会主义现实主义的文艺作品也仍然在继续出现,但这些作品对问题的认识已经落后于时代,因而不能满足社会需要。如柯切托夫的《你到底要什么?》,将苏联青年不再阅读法捷耶夫等作家的作品归因于西方文化的渗透,这种认识显然没有把握住问题的本质。

---

① Арсений Замостьянов,*Обретение жанра*,Знамя,2001,№ 10.

② Киселев А. Ф. , Щагин Э. М. (ред.),*Новейшая история Отечества. XX век, Книга2*,М. :Владос,2002,c361.

社会主义现实主义文艺在这一时期的一大变化是作品的主观化,即文艺作品更注重对个人、对内心世界的关注。如冈察尔的《你的朝霞》、邦达列夫的《选择》、《岸》和艾特马托夫的《一日长于百年》都属于这一类作品。这一时期文艺作品的一大特色,是对苏联出现的各种社会问题的反映。与过去不同的,是这些作品并不都给出解决问题的方案,因为这些问题在所有现代化国家无一例外地都遇到,而且无一例外地都无法解决。如青年人的颓废、物质主义盛行、婚姻危机、宗教复活等等,不断出现在苏联作家发表于1970—1980年代的作品中,并不断引起苏联社会的广泛关注与讨论。如作家利帕托夫的小说《伊戈尔·萨沃维奇》,从艺术角度看价值不高,但因为该书描写一个干部子弟在家人的安排下,一路顺风走上领导岗位却成为社会主义制度下的寄生者而引起了苏联社会的广泛关注,在报刊上进行了包括大量读者参与的持续两年的讨论。所以,在这个时期的苏联文艺作品,即使对美好事物的表现,也与过去差别极大,或者说,这些作品与经典的社会主义现实主义距离越来越远,而离普遍的人性越来越近,比如,电影《两个人的车站》、《办公室的故事》、《湖畔奏鸣曲》等等。文艺作品的这些变化,反映的恰恰是革命现代性日常化以后,社会所面临的新的矛盾。

后工业社会的特点之一,是文化成为真正的消费品,由于苏共仍然将文化作为社会主义建设的一部分,所以,苏联进入后工业社会后,商品化的文化没有马上形成绝对优势。但这一时期苏联的流行文化已经崭露头角,通俗小说在这一时期发展特别迅速,除了阿达莫夫的《侦查员洛谢夫》外,比库里的历史小说也是受到苏联人民欢迎的大众小说。流行音乐与其他来自西方的流行文化开始在苏联社会盛行,而对时尚的追求也成为苏联青年男女的一种生活方式,一部分青年的价值观在这个过程中逐步发生变化。

对于因为国家现代化与革命现代性日常生活化产生的新问题,苏共的理论不能给予充分的解释,已经分裂的苏联知识分子,按照各自对苏联出现问题的理解在作品中提出了自己的思考,从而形成了在社会主现实主义旗帜下能够被苏共接受的多元化文化。

回到俄国传统,是苏联这一时期文艺作品提出的一种主要选择。电影《莫斯科不相信眼泪》反映的就是这样一种主张。影片通过 1958 年全苏青年人蜂拥而至莫斯科,观看法国电影节放映的影片和 1970 年代青年人开始热衷于摇滚乐,表达了一种类似于俄国传统中的观念:俄国人过于迷恋西方特别是西方文化中那些肤浅的内容。给孩子取一个外国名字的时尚也受到含蓄的批评。至于影片充满的乐观主义,有苏共领导认为,这与《夏伯阳》是一致的,而实际上,"影片所充满的乐观主义,是陀思妥耶夫斯基和许多十九世纪俄国文学经典的乐观主义,这是一种主张人必须忍耐,必须经受苦难,然后在看起来已经没有希望的时候,发现了意义,发现了爱"。电影导演的目的之一,就是传递俄国的民族特性,"从观众的热烈反映来看,他获得了成功"。①

在 1970 年代的苏联文学,"出现了一个在世界上并无类似情况的流派","这个流派聚集在《我们同时代人》杂志","获得了乡土派的称号,尽管他们与现实的乡村并无联系"。② 乡土派是赫鲁晓夫时期乡村文学的继续与演变,却将乡村文学对乡村传统的怀念与苏联的现代化对立起来,而且加入了极端民族主义的元素。其代表者为拉斯普京和别罗夫。拉斯普京的成名作《告别马焦拉》描写了在苏联的现代化进程中,一个具有 300 年传统的村庄如何在抗争后淹没在水电站大坝的水下,"所有淹没在水库蓄水下的马焦拉的一切,代表着一个消失的黄金时代,也代表着衡量当下衰落的基准点"。别罗夫在《我们同时代人》发表的小说《一切在前》,本质上是一部反现代化的小说。"在某种意义上,这部小说牢牢地坚守乡村小说的传统,却不是将乡村理想化,而是将城市妖魔化。这部小说有着强烈的反犹太人情绪,对俄国的社会弊病,不仅归罪于城

---

① Edited by Anna Lawton, *The Red Screen: Politics, Society, Art in Soviet Cinema*, Routledge, 1992, p. 237 - 238.

② Дмитрий Быков, *Советская литература*, ПРОЗАиК, Москва, 2013, c395.

市生活方式,而且归罪于犹太人的'有害'影响。"①苏联在 1970 年代出现的乡土派,与社会主义现实主义已经没有任何关系了,在某种意义上,它可以说是社会主义的批判现实主义,即对苏联社会主义建设对传统造成破坏的批判。

还有一些知识分子,其主张不能被苏共容忍,其作品也无法在苏联的报刊发表或出版,而且,他们不愿意放弃自己的立场,于是在苏联形成了体制外的文化——持不同政见运动。

持不同政见运动与苏联社会中思想多元化的潜流

所谓持不同政见,即这个运动的参加者对苏联的政治、经济和社会制度持不同的政治见解,其本质实际上是苏联历史上曾经有过的反对派的新的表现形式,但他们从不将自己称为苏共的反对派,而是自称为持不同政见者。"在1950年代,苏联不存在公开的反对派,在1970年代已经有了。而且,苏联社会总是再生产着对制度持有敌意的人群。"现在的研究则发现,"在30年代已经出现了个别的地下小组,他们最初的尝试就是拒绝宣传"②。

1965 年底,苏共在实现了政权稳定之后,部分恢复斯大林的名誉,结束了赫鲁晓夫时期的政策,引起了反斯大林的知识分子的疑虑,而苏共和苏联政府重新采取的对持有不同见解的知识分子的压制乃至镇压措施,成为苏联持不同政见运动形成的直接推动力。

1965 年 9 月,苏联国家安全委员会(KGB)指控作家西利亚夫斯基和丹尼尔使用化名在国外出版"反苏"小说而逮捕了他们。对这两名作家的逮捕以及接下来的审判,引发了维护权利运动和持不同政见运动。"这个运动通过底层文化人士与文化知识精英的结合而形成。维护权利运动的参加者绝大多数是从年轻的共产主义者—理想主义者转变为革

---

① S. Cosgrove, *Russian Nationalism and the Politics of Soviet Literature*, Palgrave Macmillan, 2004,p. 21 - 23.

② Александр Шубин, *Диссиденты, неформалы и свобода в СССР*, Вече, c254.

命与政治强制的反对者"。他们认为,继续苏联的制度将不可能实现创造性的知识发展与道德净化。① 1965 年 12 月 5 日(苏联宪法日),一小群知识分子在莫斯科市中心的普希金广场举行集会示威活动。出现在集会上的有苏联的氢弹之父、科学家萨哈诺夫和著名作家索尔仁尼琴,一个在赫鲁晓夫下台前刚刚开始进行文学创作的作家、共青团的一位领导人也出现在集会现场。后来的历史学家都将这一天发生在普希金广场的抗议示威活动作为苏联持不同政见运动形成的标志。

1966 年 2 月 10—14 日,莫斯科州法院对这两名作家进行审判后分别判处西利亚夫斯基和丹尼尔 7 年和 5 年监禁。在同年 3 月召开的苏共二十三大会议上,勃列日涅夫正式提出要反对"抹黑"与"粉饰"现实这两种极端倾向。会上,索尔仁尼琴的作品包括在赫鲁晓夫时期发表的《伊凡·杰尼索维奇》受到公开批判。此后,对电影、剧院演出的剧目和文学创造的选题都进行了内部调整,对作者的高收入进行了限制,这给创作探索形成了新的困难。审查的强化,事实上使得那些能够经受时间考验的但被认为在政治上具有反苏倾向的作品无法出版或者发表。这引起那些在解冻时期已经感受到创作自由的作家与其他知识分子的不满。

于是,在 1960 年代晚期到 1970 年代初期,苏联的持不同政见运动以两种形式进行活动。在这个时期,苏联出现了"苏联人权委员会"、"苏联知识分子革命党"、"为恢复列宁主义而斗争联盟"、"为民主权利而斗争联盟"、"莫斯科赫尔辛基小组"等等。参加这些持不同政见组织活动的主要是科学家、艺术家、文学家等,同时,也有青年大学生、工人参加,甚至还有权势集团的个别成员和官员参与其中。"然而,这类持不同政见运动的参加者人数并不多,按照本身也是持不同政见者的作家估计,数量不超过 1 万人;而当代的历史学家估计,数量不超过 1 千人。"虽然持不同政见运动的人数不多,但由于有院士萨哈诺夫与作家索尔仁尼琴

---

① Андрей Зубов,*История России XX век. 1939 - 2007*,АСТ,Астрель,2010,c402.

参加，"他们的观点能够得到最完整和最全面的反映"①。而且，他们的国际声誉使得这类持不同政见运动具有国际影响，持不同政见者也经常将作品送到国外出版。持不同政见运动的另一种活动形式，是通过写作表达与苏共不同的各个方面的见解，其范围从对苏联历史事件的研究到对什么是社会主义的理论的重新阐释。参加者主要是从事研究的学者或者是作家，因为其作品不能公开出版，他们就自行印刷，然后再通过各种亲密的人际关系传播，如同学、同事、亲友或者是朋友，这就在苏联形成了被称为"萨米日达"的出版物（非正式出版物）。这些出版物有历史著作、理论著作等等。其中最为著名的代表人物是罗伊·麦德维杰夫和诺列斯·麦德维杰夫兄弟。这些出版物有的学术水平较高，理论也多有创新。非正式出版物的出现与在民间的交流意味着，"在苏联出现了与官方文化界限分明的地下文化"②。

苏联的持不同政见运动并无统一的思想理论基础，也无统一的行动，分散化与思想理论的多样性、目标的多样性是其最为突出的特点。虽然在 1960 年代末，"在后斯大林时期出现的持不同政见运动的主要流派，从完全分散的结构统一于'民主运动'之中，却仍然提出了三种意识形态：麦德维杰夫兄弟代表的'真正的马克思列宁主义'、萨哈诺夫为首的自由主义、索尔仁尼琴捍卫的'基督教思想'"③。除此之外，还有民主社会主义、无政府主义、社会自由主义、保守主义、社会爱国主义以及民族—爱国主义等思想流派。

在持不同政见运动之外，也出现了其他不同政见的思想者，但这些思想者从来没有在主观上将自己看作是持不同政见者。在当代俄罗斯享有盛誉的新欧亚主义者古米廖夫可以看作这类思想者的代表。古米廖夫是著名女诗人阿赫玛托娃的儿子，曾经被捕入狱，后来专门研究欧

---

① Киселев А. Ф. , Щагин Э. М. （ред.），*Новейшая история Отечества. XX век* , *Книга2* , М. ：Владос，2002，c363.

② Ратьковский И. С. , *Ходяков М. В. История Советской России* , Лань，2001，c328.

③ *Верт Н. История советского государства*. 1900 - 1991，Весь мир，2008，c464 - 465.

亚问题。1974 年,他为了超越苏联对民族与地理关系问题的僵化学术体系,写作了题为《民族起源与地球生物圈》的著作,但该书被禁止出版。"1979 年,他决定将书稿放在科技情报研究所,让那些希望读这本书的人能够复印该书,结果,这本书以这种方式印了 2000 册。"①类似古米廖夫的新的思想者,并不参加任何不同政见活动,他们所希望的就是将自己对世界、对俄国历史的思考传播给社会,这同样构成苏联社会中思想多元化的多彩图景。

持不同政见运动的出现,同样是苏联随工业化水平不断提高带来的社会变化的结果。1970 年代,苏联消费品供应不如西方发达国家丰富,却也进入了消费社会,但苏联的商品短缺问题却始终不能得到根本解决,疑问自然会产生。更多的闲暇时间,都使得苏联人越来越希望有更多的个人自由与个人空间,苏共虽然对社会的控制已经放松,却仍然不能满足人民的需要。同时,人民的需要也逐渐地多元化,需要的多元化必然要求思想的多元来满足,这是持不同政见运动出现的客观条件。苏联共产党却看不到,"科技革命已经从根本上改变了世界,需要新的能够将人民团结起来的有成效的理论",但苏共却被意识形态偶像弄得昏昏欲睡,继续坚持过去的立场,不愿意在已经变化的世界中革新自己的思想。②这使得苏共不能正确对待持不同政见运动提出的各种思想、理论,并从中汲取有益的成分来发展自己的理论,反而将其看做是敌对势力予以打击,这就进一步加剧了苏共的思想僵化。

由于将持不同政见运动看作对国家安全的巨大威胁,苏共采取了分化瓦解与镇压相结合的策略,限制不同政见者的活动范围,不断地批判其观点,将其代表人物逮捕、放逐到边缘地区,驱逐出境或者送进精神病院。这些措施压缩了持不同政见运动的活动空间,到 1970 年代末,苏联

---

① Marlene Laruelle, *Russian Eurasianism: An Ideology of Empire*, Woodrow Wilson Center Press, 2008, c54.

② Болдин В. И. , *Крушение пьедестала. Штрихи к портрету М. С. Горбачева*, М.: Республика, 1995, c424.

的持不同政见运动在国内基本陷入沉寂,其活动中心转移到国外。

苏联的持不同政见运动虽然陷入沉寂,但苏联社会思想多元的潜流并不会因此停止流动,正如官方允许出版的文学作品实际上已经偏离了社会主义现实主义规定的原则,出现了官方意识形态能够允许的相对过去的文学表现形式与内容的多元化一样。恰恰是因为苏联社会已经出现的社会思想的多元化,未能在恰当的时间得到准确的分析、研究,并采取正确的对策加以对待,当戈尔巴乔夫提出公开性的政策时,已经多元化的社会思想才会像火山喷发一样,以剧烈的思想爆发带来社会意识的剧烈动荡。

第三阶段
苏联解体后的曲折起伏

第七章　戈尔巴乔夫改革与苏联解体

1982 年 11 月勃列日涅夫逝世后,安德罗波夫接任苏共中央总书记后的行动,激起了苏联社会对进行社会主义改革的期待,使经济得到明显增长。安德罗波夫就任苏共中央总书记仅仅一年三个月就在 1984 年 2 月逝世,继任的契尔年科担任苏共中央总书记一年一个月后,于 1985 年 3 月逝世。三年内苏共三任总书记逝世,是苏共领导危机的集中表现。"社会已经厌倦了国家首脑的葬礼,将变革的希望寄托于走上苏共领导岗位的'第三代领导人'。"①"第三代领导人"的代表戈尔巴乔夫在期待变革的社会氛围中于 1985 年 3 月就任苏共中央总书记,苏联终于有了一个年轻的领导人,苏联社会主义的命运也由此发生了历史性转折。

作为"第三代领导人"代表的戈尔巴乔夫就任苏共中央总书记,满足了苏联人民的愿望。戈尔巴乔夫提出,必须进行与时代要求相一致的社会变革。虽然知道苏联经济要进行变革,但戈尔巴乔夫实际上并没有进行经济改革的蓝图,这与苏共在 1917 年刚建立政权时的情况非常相像。在苏共历任总书记中,戈尔巴乔夫是学历最高的,却是判断能力与行动

---

① Ольштынский Л. И. и др, *Курс отечественной истории IX - XX веков*, М. : ИТРК, 2002. с495.

能力最差的。与历任苏共总书记相比,他是唯一一个提出的行动目标最多,最终却一个目标也未实现的总书记,他进行的改革因此成为目标与结果完全相反的改革。

第一节　戈尔巴乔夫的经济改革及其后果

戈尔巴乔夫的经济改革与社会主义经济体制基础的瓦解

在担任苏共中央总书记以后,戈尔巴乔夫强调的是对国家发展的社会主义道路的忠诚。在 1985 年的一次讲话中,他明确表示:"许多人倾向于将市场作为我国经济的'救生艇',我们不需要任何'救生手段',我们有自己命运的航船:社会主义的航船。"①赶超美国也仍然是他的目标。所以,戈尔巴乔夫在经济领域首先采取的措施,是实施"加速战略"。加速战略试图通过科技进步和对苏联生产力的根本改造来提高经济的增长速度,它突出了科技进步的作用,其重点在增长而不是改革,"加速战略"注重的仍然是经济增长速度。"加速战略"被大张旗鼓地宣传了一阵,执行了一段时间后,"渐渐地,'加速'这个词不再被使用,而实际上,在 1986 年以后,国家的发展不但没有加速,反而日益陷入到危机之中"②。

在实施"加速战略"的同时,戈尔巴乔夫还开展了反酗酒运动。反酗酒运动并未达到目的,反而造成了经济与政治多方面的不良后果。反酗酒运动使得苏联政府在 3 年内损失了 670 亿卢布的税收。由于政府发布了禁酒令,国有企业禁止生产和销售酒类产品,在苏联早已存在的影子经济因此更加活跃,有组织的犯罪也因此突然大幅增加。反酗酒运动,"以行政强制措施消除民族几个世纪形成的传统,只能以破产告终,

---

① Киран Р. , *Продавшие социализм : Теневая экономика в СССР* , М. : Алгоритм, 2010. с78.

② Перепелицын А. , *И. История России*(*XII - XX вв*), Кавказская здравница, 2000, с499.

并引起消极后果。而整个国民经济继续按照旧的模式运行"①。

戈尔巴乔夫担任总书记两年后的 1987 年 6 月,苏共中央全会通过了《关于党的根本改革经济管理的任务》的决定,苏联新一轮经济改革终于开始了。新的改革方案并没有放弃中央对经济的控制,而是打算逐渐以更加民主化和分散化的经济计划与更大程度的市场作用相结合的体制替代原有的经济体制,其核心是最高苏维埃通过的《国营企业(公司)法》。该法律赋予企业充分的生产经营的自主权,特别是销售、采购、追逐利润和支配利润的权力。几年后,被称为戈尔巴乔夫改革"灰衣主教"的雅科夫列夫承认:"政府在实施企业法时犯了巨大的错误。"②正是这些错误不但导致苏联经济陷入危机,而且产生了严重的政治后果。

1987 年的经济改革方案存在多方面的缺陷:其一是,未能建立新的制度协调获得自主权的企业进行生产经营活动;其二是,赋予企业支配利润的权利,将引起企业的短期行为;其三是,由于未能同步建立新的税收体制,影响到政府的财政收入。

在实施企业法后不久,戈尔巴乔夫在 1988 年又推出了一项改革措施——制定并通过了《合作法》。这项改革的目的是通过劳动者建立合作企业,向市场提供产品和服务。该法律允许合作企业开饭馆、各类修理店、零售商店、批发贸易公司、银行以及生产小商品。合作企业的成员必须在企业中从事实际工作,非合作企业成员的资本不得进入。该法律作出的规定其动机自然是保持合作企业的社会主义性质。

按照《企业(公司)法》获得充分自主权的企业,一方面立即大幅提高员工收入,同时,还为了现在的盈利降低企业未来发展所需的投资;而生产消费品的企业为了追逐更高的利润转而生产高品质同时也是高价格的产品。企业的这三种行为导致的后果:一是,企业员工收入的增长高于消费品生产的增长,购买力的增长导致中高端产品的短缺更加严重。

---

① Пятецкий Л. М. , *История России. XX век* ,Московский лицей, 1996,c290.

② Голенков А. Н. , *Империя СССР. Народная сверхдержава* , М. : Эксмо: Алгоритм, 2010. c78.

企业放弃生产利润低的产品,低收入者所需的低端产品同样严重短缺。"日益突出的短缺对政治气氛产生了复杂影响,它使得国家从乐观主义的气氛转变为危机状态的气氛,从而使主张激进改革的鼓吹者更容易获得支持。"①二是,从 1988 年开始,对于推动经济增长极为重要的固定资产投资出现了 1921 年以后的首次下降,1988 年,苏联的固定资产投资下降 7.2%,1989 年又下降 6.7%。相应地,苏联 GNP 的增长速度在这两年也分别下降为 2.2% 和 1.5%,低于被戈尔巴乔夫称为"停滞时期"的勃列日涅夫时期的平均增长速度。三是,国家财政赤字大幅上升,1985年,政府财政赤字为 GDP 的 1.8%,到 1988 年已经上升到 9.2%。四是,因为企业领导人的选择不是基于专业能力,而是基于由政治体制改革引发的不断强化的民粹主义,导致企业经营状况恶化。在 1988 年,有 30%强的企业亏损,25% 的企业只有微利。"由于已经转向自主融资,失去了国家支持,这些企业就面临破产的危险与失业爆发的威胁。如何应对这些变故,无论是社会还是国家都没有任何准备。"②更为严重的是,与此同时开始的政治体制改革,使得原有领导体制崩溃,造成了整个国家经济秩序的破坏,1990 年苏联在和平时期第一次出现 GDP 下降 2% 的情况,1991 年则下降 10%。商店里已经空空如也,短缺愈加严重,这就使得苏联人民不但对苏共领导的改革彻底失望,也对苏共的领导能力和苏联社会主义经济体制彻底失望,并转而支持许诺能够解决苏联经济问题的激进改革派。

当苏联经济由于不当改革步入危机时,一个新的有产阶级也在这个改革中形成,并成为苏联经济危机的推手和瓦解苏联社会主义经济体制的关键性因素。

苏联新的有产阶级形成的途径是依据《合作法》兴起的合作社运动。

---

① David M. Kotz and Fred Weir, *Russia's Path from Gorbachev to Putin*, Routledge, 2007, p. 77.

② Э. М. Щагин, *Новейшая отечественная история. Том 2*, М.: Гуманитар, изд. центр ВЛАДОС, 2008. c409.

"合作社是行政体制的附庸,它依附于行政体制得到发展。"合作社需要从国营企业租赁资产,国营企业通过提高租金增加利润。由于难以获得原材料,"合作社就使用非法手段获得原材料,于是腐败迅速蔓延"①。合作运动中迅速致富的,正是苏联的权力精英——党政官僚和经济官僚。1991年以后俄罗斯顶级商业精英,17%来自于共青团,23%来自于苏联工业部门的各实业家(其中近一半来自工业部和委员会),14%来自苏联国家银行,8%来自苏联时期的精英家族。叶利钦时期著名的寡头霍多尔科夫斯基曾经是苏联共青团的官员,他在1987年参加到合作社运动中并挖到了第一桶金。他认为,俄罗斯的商界成功人士,"90%来自于过去的权势机构以及同权势机构关系密切的人"。1987年开始的经济改革,在苏联"产生了新资本家阶级和新的资本主义制度",这表明,"改革为党—国精英摇身一变为富有的大资本家打开了方便之门"。② 这些过去的苏联精英一旦成为有产者,他们关心的已经不是苏联社会主义的命运,而是个人的财产能否安全,以完善社会主义经济制度为目标的改革显然不合他们的心意。

　　瓦解苏联社会主义经济体制的第二个因素,是伴随戈尔巴乔夫经济改革进一步繁荣的早已在苏联存在的影子经济(第二经济)。"在1960年,第二经济占国家GDP总量的3.4%,1988年,这个比例达到20%。"影子经济破坏了经济秩序,加剧了苏联的经济危机。此外,"影子经济几乎同时完成了两件对于自身存在非常重要的任务,第一,强化了对社会主义的批评;第二,确立了对无所不能的金钱的强烈的崇拜。"打通所有执法环节是影子经济存在的前提,因此,腐败、违法和舞弊总是与影子经济相伴随行。"经济活动领域日益加剧的腐败和违法行为,引起了对苏联体制最大限度保障民众必需的物质福利的能力和成功管理社会主义

---

① Личман Б. В., *История России. Том 2*, Уральский государственный технический университет, 1995, c281.

② David M. Kotz and Fred Weir, *Russia's Path from Gorbachev to Putin*, Routledge, 2007, p. 116 - 124.

经济建设能力的巨大怀疑。"①当苏联党政机关的工作人员形成了对金钱的崇拜,当民众对苏联经济体制的有效性产生了巨大怀疑,苏联经济体制存在的社会基础就遭到了破坏。

当然,经济领域里的这些变化并不一定使整个苏联体制被改变,只要政治体制能够保持稳定,经济领域的变化就可以受到限制,但戈尔巴乔夫的政治改革消除了所有的限制,随着苏联在政治体制改革中陷入全面的政治社会动荡,苏联经济体制的基础被彻底瓦解。

第二节　戈尔巴乔夫的政治改革与苏联的解体

公开性的影响

对戈尔巴乔夫改革的结果产生最复杂影响的,是他提倡的"公开性"政策。公开性是沙俄晚期斯拉夫派倡导的一种非西方式的知识自由,以民众公开讨论公共事务为特征。斯拉夫派希望俄罗斯人民能够就自己关心的问题发表意见,又同时保留君主专制。戈尔巴乔夫从俄国历史中发掘出已经被遗忘的概念,目的是克服决策中的随意性和主观性。按照戈尔巴乔夫的理解,公开性意味着,"政策形成必须反映现实,考虑各个方面的意见","党必须学会克服在现实与党的政策之间存在的根深蒂固的矛盾"。② 所以,公开性政策的提出,强调的是对政策的公开讨论,允许不同意见的发表等。但后来的结果表明,公开性与戈尔巴乔夫的其他改革一样,不但没有达到政策设计与现实一致的目标,反而成为苏联解体的推动力。

起初,公开性按照戈尔巴乔夫设想的轨道运行。1986 年 10 月,苏联新闻媒体报道了苏联婴儿死亡率的统计数字,显示出比西方国家要高出

---

① Киран Р.，*Продавшие социализм：Теневая экономика в СССР*，М.：Алгоритм，2010. c48－53.

② Mark Sandle,*A Short History of Soviet Socialism*，UCL Press Limited，1999,p. 288.

3倍;报道还特别指出,自1970年代晚期,婴儿死亡率已经下降了。同时,新闻媒体开始报道,在企业发生的抗议活动和反酗酒运动带来的不良后果。实际上,公开报道这些消息,是来自顶层的压力,而不是来自草根的压力。总体而言,更具革新性的报道出现在中央而不是共和国的报纸上。

公开性并未止步于讨论公共话题,它很快转为对苏共前任领导人的评价。这在勃列日涅夫执政时期被戈尔巴乔夫指责为"停滞时期"后,苏联报刊发表的大量对勃列日涅夫及其执政的评论中被充分展示。这只是公开性一个短暂的被称为"非勃列日涅夫化"的插曲。在这个短暂的时期,勃列日涅夫被极度丑化,"这个名字变成了一种诅咒,勃列日涅夫的孙子安德烈说,与他们家有联系的人都被迫离开了工作岗位"。1988年的民意调查结果显示,对勃列日涅夫及其时期持否定评价的高达67%,成为苏共历任总书记中评价最低的。对戈尔巴乔夫持肯定评价的则高达60%以上。① 不过,在苏联解体后的俄罗斯进行的历次民意调查结果都显示,对勃列日涅夫及其执政时期的评价都远远高于对戈尔巴乔夫及其时期的评价。"对作为整体的俄罗斯人民来说,勃列日涅夫时期在某种程度上是一个黄金时期,而不是停滞时期。被西方普遍接受的停滞假设,只不过是戈尔巴乔夫用话语压倒俄罗斯人民生活现实感的体现"②。在苏联解体以后,主管苏共意识形态工作的雅科夫列夫承认:"在改革初期,我们不得不说谎,假装出于善意,捏造事实,除此之外别无选择。"③

紧接着,非勃列日涅夫化迅速演变为新一轮的非斯大林化。"而且,现在走得要远得多,所有事件都被重新审视和有选择性地进行研究。斯大林、斯大林主义和斯大林主义者在历史出版物、小说和电影中成为中

---

① Stephen White, *Gorbachev and After*, Cambridge university Press, p. 75,267.

② Edited by Edwin Bacon and Mark Sandle, *Brezhnev Reconsidered*, Palgrave Macmillan Ltd 2002, p. 6 - 7.

③ Соломенцев М. С. , *Зачистка в Политбюро*, М. : Эксмо: Алгоритм, 2011, c201.

心话题。作家、记者和出版家被称为'改革的建筑师'。"①文学成为非斯大林化的主要方式,不是因为苏联作家新创作了这类主题的作品,而是一批在赫鲁晓夫和勃列日涅夫时期创作而未能出版的作品被允许出版。这些作品中最有影响的是,雷巴科夫的《阿尔巴特街的儿女》、格罗斯曼的《生活与命运》、杜金采夫的《白衣人》、帕斯捷尔纳克的《日瓦戈医生》等。非斯大林化迅速演变为对斯大林模式的批判,"兵营社会主义"、"扭曲的社会主义"等概念被那些仍然坚持社会主义信念的理论家、作家用来批判斯大林。问题是,对斯大林乃至对斯大林模式的批判实际上是对苏联现行制度的批判,赫鲁晓夫的非斯大林化只是进行了政策调整并对斯大林时期处理各种问题方法的改变,1953—1985 年间的苏联,并未发生根本性的制度转变。于是,新一轮非斯大林化继续发展的必然结果只能是非列宁化,最终对整个苏联历史给予全盘否定。实际上,在格罗斯曼、特里丰诺夫、西里亚夫思基和阿克什诺夫的作品中,"传达给读者的印象是,从列宁一直延续到现在的苏维埃文明,没有什么值得保留的。这些作家或公开或含蓄地表示,他们所向往的更好生活的模式在自由的西方"②。以否定自身历史为主要内容的公开性,改变了苏联人首先是苏联精英对社会主义的信念,一位最高苏维埃代表说:"过去,我们相信我们拥有世界上最好的社会,现在年轻的一代认为,我们生活在世界上最糟糕的社会中。"③更多的人开始变得对政治冷漠。

当然,在苏联也存在另外的看法。1988 年 3 月 13 日,《苏维埃俄罗斯报》发表了列宁格勒工学院讲师安德列耶娃题为《我不能放弃原则》的来信,表达了对公开性的另一种看法。来信认为,对斯大林和斯大林主义的攻击正在否定祖国那些史无前例的伟业:工业化、文化革命和将一

---

① Жуков В . Ю , *Новейшая история россии* : 1985 – 2005 : Санкт - Петербург , 2006 , c37.

② P. Kenez , *A History of Soviet Union from The Beginning to The End* , Cambridge university Press , 2006 , p. 255.

③ Stephen Kull , *Burying Lenin The Revolution in Soviet Ideology and Foreign Policy* , Westview Press , 1992 , p. 22.

个落后的农业国发展为一个世界大国的成就。信中写到："无论斯大林在历史中的形象多么富有争议，多么复杂，他建设与保卫社会主义的真正作用或迟或早会得到客观的评价。"作者认为，公开性否定的不仅是斯大林主义，而且还有俄罗斯的民族自豪感，"真正的俄罗斯价值观正在丧失"。①

一封群众来信不管是个人见解，还是反映了社会中相当一部人的看法，当然不可能改变公开性的演变方向，反而激起了戈尔巴乔夫的强烈反弹。苏共中央宣传部专门组织了对这封来信的批判。这也说明，公开性并没有给苏联各种不同的政治观点和政治立场提供发表自己意见的空间，它实际上仍然是政权操纵的单方面言论自由。不过后来的历史证明，安德列耶娃的来信至少在一个根本问题上看到了公开性的消极后果，对苏联历史的全盘否定，瓦解了苏联在几十年时间内形成的苏联人民的国家认同。

在整个公开性时期，有一个引人关注的现象：在所有否定苏联历史的作品中，鲜有真正的历史学家的作品，即使风靡一时的历史出版物，也大多由作家和记者写作。历史学家在公开性早期也有许多争论，但大多限于论坛和会议。"这些争论大多非常激烈，但对于非专业人士来说，要理解这些争论隐含的内容，经常是非常困难的。因为，对于那些重大事件，争论参与者存在着不同的见解。""与作家和电影制片人相比，历史学家要谨慎得多。"②如果要分析其中的原因，很可能是因为历史学家还不能完全接触到对于历史研究必不可少的苏联历史档案。即使少数几个能够接触这些档案的，也是戈尔巴乔夫挑选出来为非斯大林化服务的历史学家。这些历史学家对档案的使用，如赫鲁晓夫一样，是有选择性的，而且有时也会编造所谓的事实。比如对贝利亚的指控，在苏联解体后，

① Андреева Н. А. , *Неподаренные принципы или Краткий курс истории перестройки* , Саранск，1993，c15 – 18.

② P. Kenez，*A History of Soviet Union from The Beginning to The End* , Cambridge university Press，2006，p. 256.

有许多都被历史学家所推翻。实际上,公开性时期苏联的历史出版物,对过去的揭露是片面的,但其逻辑却有足够的理由,即其目标并不是要对历史事件进行理性化的解释,而是以揭露过去的问题为现实政治服务。"没有人可以指望,整个过程能够做到客观与超然。"①

1989 年以后,苏联社会的主流思想已经不再关注在社会主义框架内完成改革任务的问题。"戈尔巴乔夫及其身边人缺乏取得实际成果的能力,在社会意识中被理解为苏联共产党与社会主义制度不具备自我完善的能力。"②于是,以社会民主主义或者民主社会主义替代苏联社会主义的思潮在苏共党内逐渐有了市场。戈尔巴乔夫则提出了人道的、民主的社会主义的构想,但他仍然没有思考,在苏联是否有条件实现这一目标。在苏联社会中,以自由资本主义替代苏联社会主义体制的呼声也日渐响亮,持这样观点的人虽然不多,却掌握了话语权,可以影响并主导社会意识的变化。如同苏联的经济改革一样,戈尔巴乔夫倡导的公开性不但未能达到预期的目标,反而瓦解了苏共执政与苏联体制的意识形态基础。然而,公开性对苏联的最为重大的影响,是它将潜藏于苏联社会中的各种形式的极端主义思潮激活,戈尔巴乔夫显然低估了公开性对一个具有帝国遗产的多民族国家的影响,恰恰是公开性激活了苏联境内的民族主义包括大俄罗斯民族主义,为苏联解体创造了条件。

民主化:苏共的分裂与社会政治对抗的形成

改革开始不久,戈尔巴乔夫就明确提出:恢复党内民主是党的主要目标。党要真正保持其先锋队作用,就必须推动和引导社会民主的发展,而要做到这一点党就需要首先在党内民主发展中作出榜样。党内生活的民主化被苏共领导人认为是整个改革成功的先决条件。

---

① David Marples, *Motherland Russia in the 20 Century*, Pearson Education Limited 2002, p. 279.

② Перепелицын А. И. ,*История России*(*XII - XX вв*), Кавказская здравница, 2000, c501.

在戈尔巴乔夫提出扩大党内民主后仅仅 10 个月,莫斯科市委书记叶利钦因为在政治局会议上两次当面对戈提出了批评(实际上是比较平和的批评),使得戈勃然大怒。当场进行反批评以后,戈组织了两次对叶利钦的批判,并撤销了叶的党内一切职务,将其打发到国家建委担任副主任。而且,他还私下向叶利钦建议,永远不要再重返政治舞台。戈尔巴乔夫对待叶利钦批评意见的举动充分说明他缺乏基本的民主素养,因为叶利钦对他的批判,其程度和语气都远远低于 60 多年前苏共党内各种反对派对列宁的批评。叶利钦遭此打击,"仍然相信(至少原则上相信)党的领导作用,并相信在苏共的领导下,人民将有美好未来"①。虽然叶利钦在会议上承认自己犯了错误,接受对他的批评,但他与戈尔巴乔夫却因此产生了无法消除的恩怨。后来的历史证明,这种恩怨成为苏共党内和苏联社会政治对抗形成的一个重要因素。因为,"叶利钦渴望进入戈尔巴乔夫的核心圈子。未能实现这个愿望使他的挫折感和怨恨日益强烈,在被戈尔巴乔夫撤销职务后,他的愤怒迅速增强。当局势翻转,叶利钦获得优势后,他对戈尔巴乔夫没有半点怜悯,而是公开采取报复"②。

为加快政治体制改革,1987 年 6 月的苏共中央全会决定召开苏共第十九次代表会议,并决定参加代表会议的代表通过秘密投票产生。在选举苏共第十九次代表会议代表的过程中,普通党员并没有尝试积极参与党代会代表的选举,竞选主要在党内精英中进行。选举竞争成为精英争夺的战场,党内形成政治派别进而演变为政治对抗就是个时间问题了。

苏共第十九次代表会议决定转向政治体制改革,政治体制改革同时在党内、苏联政权内和苏联社会中同时展开。

根据苏共中央的决定,从 1988 年开始,党内选举自下而上,差额选举在 1989 年 8 月到达州委一级。这样的改革将对苏共和苏联国家的统

① G W. Breslaur,*Gorbachev and Yeltsin as Leaders*, Cambridge University Press, 2002, p. 120.
② M Zlotnik, *Yeltsin and Gorbachev: The Politics of Confrontation*, Journal of Cold War Studies, Winter 2003.

一产生什么样的影响,戈尔巴乔夫与苏共其他领导人都没有思考过。历史证明,第十九次代表会议是苏共走向瓦解的直接转折点,苏共所有领导人都是这一转折的失败者。在这个转折中最大的获益者是已经被逐出政坛的叶利钦。差额选举和苏共第十九次代表会议不仅给叶利钦提供了重返政坛的机会,而且他还利用会议发言的机会在全国人民面前树立了受压制的改革家形象,由此获得了来自民间的大量支持,因为"俄罗斯人民总是同情为真理受难的人",更重要的是,"他是唯一一位与政权有个人恩怨,同时能够在足够高的层次上对无所不能的官僚制度提出挑战的人"。① 因此,叶利钦重返苏联政坛就为开始在苏共党内出现的反对派准备了领袖人物,"他决心为自己的政治复兴而战,也准备为自己对于苏联未来政治秩序的日益激进的观点而战。"②

苏共第十九次代表会议后,党内政治派别的形成已现端倪,即一些不满意选举结果的党员组成了党内的各种俱乐部。到 1989 年下半年,在苏共党内已经出现了至少八个具有自己政治目标的派别。苏共对派别活动视而不见的态度,鼓励了党内破坏既定制度的趋势,派别活动逐渐活跃,而"那个曾经以自己钢铁般统一而自豪的党现在开始逐渐裂为碎片"③。

苏共第十九次代表会议认为,苏联政治改革的全部任务就是将权力中心从党转移到苏维埃,实现"全部权力归苏维埃"。这是戈尔巴乔夫所有改革中最轻率的改革,因为苏维埃是一个立法机构,无论它拥有多少权力,也无法履行决策与执行机构的职能,这一改革是苏联陷入政治对抗与政治混乱,国家政权却无力解决任何实际问题的根源。

在苏联政治体制改革的高潮中,正式的政治反对派组织在莫斯科和

---

① 多布罗霍托夫编纂:《戈尔巴乔夫—叶利钦政治对抗 1500 天》,北京:新华出版社 1993 年版,第385 页。
② G. W. Breslaur, *Gorbachev and Yeltsin as Leaders*, Cambridge University Press, 2002, p. 121.
③ Gooding, *The XXVIII Congress of the CPSU in perspective*, Soviet Studies, 1991,2.

列宁格勒成立,他们宣布,将致力于推翻苏共和苏联的社会主义制度。此后,大批的非正式组织和反对派政党出现,而根据苏共第十九次代表会议决定举行的苏联人民代表选举则为反对派在政权机构内形成提供了机会。在 1989 年 3 月举行的人民代表差额选举中,许多党的领导干部未能当选。叶利钦本无竞选资格,但一位候选人将自己的名额让出,叶利钦成功当选为苏联人民代表。在第一次人代会期间,形成了名为"跨地区议员团"的反对派。它以叶利钦为首,包括几乎所有在人民代表选举中胜出的激进改革派成员。会议上,议员们争抢话筒发言,而且绝不允许反驳的情况说明,匆匆忙忙实现的民主更多的只具有形式,并不利于解决实际问题。

党内派别与其他反对派形成后,如果没有组织形式的障碍,按照其自身演变的逻辑或者规律,将迅速向"无原则的煽动"和日趋激烈的政治对抗转变。在这个演变过程中,一切以前所表达的誓言、承诺都会让位于获取斗争胜利的手段。1989 年的下半年,派别活动迅速演变为全面的政治对抗,这些政治对抗主要围绕政权的争夺。政治对抗的加剧,不但严重影响了正常的经济活动,而且无法在解决国家的紧迫问题上形成共识。

进入 1990 年,"苏联的政治经济危机已经蔓延到所有领域:生产与分配、国家机构、人的社会生活、世界观与文化、伦理与道德、联盟中央与各共和国的关系、民族间的关系等都陷入了危机"[1]。在苏联已经陷入全面危机的情况下,戈尔巴乔夫没有专注于解决危机,而是将政治体制改革继续推进。在 1990 年 3 月的非常人代会上,通过了取消宪法第六条(关于苏共领导地位的条款)的决议,同时,选举戈尔巴乔夫为苏联总统。非常人代会上,"实际发生的事情,立即被称为'苏共自杀':事实上没有建立新的政权体制,苏共就自我解除了权力。这也许可以同尼古拉二世

---

[1] Хасбулатов Р. И. , *Полураспад СССР. Как развалили сверхдержаву* , М. : Яуза‑пресс, 2011, c97.

放弃皇位相提并论。但在戈尔巴乔夫时期,国家既未陷入长期的世界战争,社会中也不存在不可调和的利益矛盾,更不存在'革命形势'"①。戈尔巴乔夫误认为,只要自己成为总统,就可以掌控苏联的改革进程,这又是一次一厢情愿、结果与目标完全相反的改革,因为这次改革在苏共已经分裂的情况下,创造了新的国家分裂的条件。

到1990年5月召开俄罗斯联邦人代会选举新的俄罗斯领导人时,苏共已经出现事实上的分裂并正在滑向瓦解的深渊。由于俄罗斯联邦在苏联举足轻重的地位,戈尔巴乔夫为保住对俄联邦的控制,亲临大会,对出席大会的苏共代表发表讲话。虽然叶利钦得到苏共党内民主派的支持,但当时这个派别的力量仍然有限,如果苏共代表按照中央的要求投票,叶利钦是无法获胜的。在关键时刻,叶利钦打出俄罗斯主权高于一切的旗号,导致200多名苏共代表违背党组织要求,临阵倒戈,投票支持叶利钦,从而使叶利钦获得了更有实际价值的权力。叶利钦获得俄联邦的最高权力,加快了苏共瓦解的速度,也开启了苏联解体的闸门。此前,苏共党内的政治派别主要通过宣传舆论和街头政治进行政治对抗,现在,通过叶利钦掌握的政治权力,这种对抗就引入到政权内部,形成中央与俄联邦的政权对抗。而叶利钦则利用自己的权力,将本派别的人任命为俄联邦政府各机关的负责人,还利用已经掌握的各种资源支持反对派的活动。苏共正式开始推进党内民主后不到两年,已经深陷全面而深重的组织危机之中,其严重程度在苏共历史上前所未有,而且,党内的政治对抗已经演变为政权对抗,思想、理念等等的争论虽然还在进行,却没有多大意义,权力争夺成为政治对抗的主线。

苏共在全面的政治、组织危机中迎来了第二十八次也是最后一次代表大会的召开,这次大会除了向全世界展示了苏共的分裂与虚弱外,没有任何实际意义。在大会前,苏共发布了新的纲领草案,苏共党内两大政治派别苏共民主派和苏共马克思主义派也分别发表了自己的纲领。

---

① Бобков В. Д. ,*Как готовили предателей*, М. :Эксмо:Алгоритм, 2011,c205.

会上的情形跟人民代表大会一样,也是不容人反驳,争抢麦克风发言。而来自地方单位和基层党组织代表的发言却说明,自 1988 年后大规模推进的苏共党内民主化,没有取得真正的实际效果,这些代表都是支持改革的,因此,他们有深深的挫败感。他们的挫败感来自于他们对党的政策和党的领袖的决策没有多大的影响。莫斯科市委书记普罗科菲耶夫观察到,戈尔巴乔夫从来就没有打算真正实现党的民主化。而党的积极分子和基层干部也发现,党的领导并未建立一个机制来听取或者他们从来就不打算听取党的积极分子和基层干部的意见。① 这说明戈尔巴乔夫的政治体制改革,更多地是一种形式,它并未解决党内民主发展的问题。在会议最后一天,叶利钦以抗议的姿态宣布退党,"对形成不再信任党的局面及后来党的瓦解起了巨大的作用"。大会通过了许多决议,但代表们都感觉,这些决议是没有生命力的,它们不会得到执行,不会有人为实现它们而斗争,也不会有人要求实现它们。②

苏共二十八大一结束,苏共的瓦解就开始加速。一年内,400 万党员离党而去。其中一些党员是因为发现加入苏共不再是实现个人梦想的条件而退党,更多人的则是因为对苏共的失望而离去。在退党潮中,更多的党内政治派别公开亮出了自己的旗帜。苏共在二十八大后实际上已经处于瓦解状态,不能发挥任何作用。像苏联这样的多民族大国,国家的统一在很大程度上依靠的首先是苏共的统一。一位立陶宛的老共产党员曾经向斯大林提出为什么在宪法中要写上共和国有退出苏联的权利,而这可能导致国家分裂,斯大林回答说:"统一的党的存在,就是为了避免这样的事情发生。"一位俄罗斯学者就此指出:"只要党的凝聚作用在,它就会避免国家的分裂。"③当苏共实际上已经处于瓦解状态,苏联的解体就不可避免了。

① Прокофьев Ю. А. , *До и после запрета КПСС*, М. : Алгоритм, Эксмо, 2005. c95, 225.
② Болдин В. И. , *Крушение пьедестала. Штрихи к портрету М. С. Горбачева*, М. : Республика, 1995, c363.
③ 安德烈·格拉乔夫:《戈尔巴乔夫之谜》,北京:中央编译出版社 2005 年版,第 212 页。

主权争夺战与苏联的解体

戈尔巴乔夫的公开性一开始就引发了潜藏于苏联社会之中的民族主义情绪,其表现为民族间的冲突。而戈尔巴乔夫推行的政治体制改革使得民族主义迅速在波罗的海沿岸国家和南高加索国家兴起,形成了声势浩大的人民阵线运动。但在 1989 年 3 月前,这些运动主要是民间运动。1989 年 3 月 26 日的人民代表选举,给了激进民族主义者进入国家政权的机会。在人民代表选举中,坚持苏联立场的候选人首先在波罗的海沿岸三国遭到严重失败,具有浓厚民族情绪的政治家、学者与社会活动家进入三国最高苏维埃。紧接着,立陶宛和爱沙尼亚共产党公开宣布支持人民阵线的活动。在 1989 年行将结束之际,立陶宛共产党召开第二十次非常代表大会,宣布退出苏共并宣布党的目标是实现立陶宛的国家独立。戈尔巴乔夫终于感到国家面临危险,他于 1990 年初亲赴立陶宛,试图阻止立共独立,却空手而归。立陶宛人则再接再厉,于 1990 年 3 月 11 日宣布正式独立,并宣布更改国旗和国歌。立陶宛人的行动立即产生了连锁反应,到 1990 年 5 月 12 日,波罗的海沿岸三国宣布联合起来进行争取独立的斗争。苏联自 1922 年建立以来,第一次真正面临国家分裂的危险。

虽然波罗的海沿岸三国宣布独立进一步激发了苏联境内的民族主义,特别是南高加索三国的民族主义,对苏联全局的影响还是有限的,因为这些共和国都是小国,无论人口还是经济实力都不足以动摇苏联作为一个统一国家的根基,而且,即使所有这六个共和国都独立,也不足以使苏联解体。促使苏联解体的决定性因素,是俄罗斯联邦对中央展开的主权争夺战。"紧随波罗的海共和国单方面宣布建立独立民族共和国的,是共和国的精英们开始逃离中央,这是中央被削弱的起因。"1990 年 6 月 12 日,俄罗斯发表国家主权宣言,宣布俄罗斯的法律高于一切,在苏联出现了双重政权。俄罗斯政权通过了一系列法律,并宣布限制苏联法律在俄罗斯联邦实施,"这个宣言发出了苏联解体的起跑令","它首先瓦解了国家的经济,接着瓦解了整个国家"。① 以俄罗斯联邦为榜样,乌兹别克、摩尔多瓦、乌克兰和白俄罗斯先后发布主权宣言。紧接着,俄联邦境内的卡累利阿、鞑靼、布里亚特、阿布哈兹等等也发布主权宣言。他们都宣布,隶属中央的在本共和国的企业属共和国所有。"1990 年,主权宣示的结果产生的,已经不仅是革新苏联的问题,而且还是苏联能否存在的问题。"②不同类型的主权大战,导致俄罗斯民族沙文主义组织的迅速发展,提出了"俄罗斯共和国联盟扩张"和"俄罗斯退出苏联"的问题。其根源在于,相当部分的俄罗斯精英和民众认为,俄罗斯资源丰富,文化和科技发达,如果摆脱了其他落后的共和国,将发展得更快更好。为了制约叶利钦而紧急建立的俄罗斯共产党,在俄罗斯人代会上同样投票赞成通过主权宣言。俄共中央书记库普佐夫表示:"通过主权宣言,这是俄联邦第一次人代会工作的主要成果。重要的是,这个原则性文件事实上得到俄罗斯全体人民的支持。"③

在 1990 年底,叶利钦决定在 1991 年俄罗斯将减少原来属于联盟的税收 1000 亿卢布,他还开始与其他加盟共和国谈判并签署双边经济协议,并先后与乌克兰、哈萨克和白俄罗斯签署了双边经济协议。叶利钦继而倡议签署四边协议,建立主权共和国联盟,然后邀请其他国家加入联盟。"因此,在 1990 年 12 月,已经进行了瓦解苏联的第一次尝试,不过显然没有成功。"但俄罗斯采取的经济措施则意味着,"俄联邦不仅走上了独立制定经济政策的道路,而且开始了对联盟中央的经济战"④。

在主权大战的浪潮中,联盟中央已经名存实亡。在这种情况下,戈尔巴乔夫只好一方面通过签署新联盟条约,一方面通过在全联盟范围内举行全民公决来决定苏联的未来。1991 年 3 月 17 日,举行了是否保留

---

① Костин А. Л,*Заговор Горбачева и Ельцина*,М.：Алгоритм,2010.c356,359.

② Перепелицын А. И.,*История России（XII－XX вв）*,Кавказская здравница,2000,c506.

③ Костин А. Л,*Заговор Горбачева и Ельцина*,М.：Алгоритм,2010.c359.

④ Островский А. В.,*Глупость или измена？Расследование гибели СССР*,М. Крымский мост,2011,c505－506.

苏联的全民公决。波罗的海沿岸三国和格鲁吉亚、亚美尼亚及摩尔多瓦抵制了全民公决。除这六国以外的其他共和国 80% 的公民参加公决投票,其中 76% 的人赞成保留联盟。引人注目的,是俄联邦在参与投票的九个共和国中投票率最低,赞成保留联盟的人的比例也在九国中排倒数第二。投票结果令戈尔巴乔夫十分满意,他依然认为只要大多数人同意,就能够防止苏联解体,其政治天真与幼稚,在世界政治史上十分罕见。全民公决结果出来之后,俄罗斯领导人加大了对联盟中央的指责,这说明,他们对全民公决的结果,特别是俄罗斯人民的投票结果有自己的理解。

为了挽回危局,俄共决定在 3 月 28 日召开的非常人代会上罢免叶利钦,叶利钦则希望人代会授予他总统的权力。本来俄共与亲叶利钦的力量对比大体平衡,双方准备达成妥协。在关键时刻,以俄共中央委员鲁茨科伊为首的 170 多名俄共代表再次临阵倒戈,转而支持叶利钦。力量对比发生了有利于叶利钦的根本变化,叶利钦抓住机遇提议在 6 月 12 日进行俄罗斯总统选举。非常人代会以绝对多数票通过叶利钦的提议。戈尔巴乔夫再尝党内分裂的苦果。

不断的失败并没使戈尔巴乔夫汲取教训,即现在能够挽回局势的唯一可能途径,是形成党内的统一行动。在俄罗斯第一次总统竞选中,苏共与俄共分别提出了自己的候选人。苏共与俄共力量的分散使得叶利钦的胜选基本没有悬念。1991 年 6 月 12 日,叶利钦以 57.3% 的绝对优势当选为俄罗斯首任总统。"叶利钦当选为俄联邦总统迅速改变了两个总统之间的力量对比,他们之间的矛盾达到沸点。"叶利钦最关心的是:"摆脱戈尔巴乔夫,必要时摆脱戈领导的国家。"①戈尔巴乔夫最关心的,是能否签署新联盟条约。

鉴于戈尔巴乔夫在保持联盟国家的统一,使国家摆脱经济、政治和民族危机方面毫无作为,以叶利钦替代戈尔巴乔夫出任苏联总统的设想

---

① Костин А. Л, *Заговор Горбачева и Ельцина*, М.：Алгоритм, 2010. c418.

被提出,苏联国家安全委员会(KGB)对外情报局长在苏联解体后写道:
"认为戈尔巴乔夫能够保持联盟的统一并使国家摆脱危机是不现实的。
不管是否喜欢叶利钦(我本人不喜欢他),委员会和我们所有人都倾向于
叶利钦。"KGB 主席克留奇科夫"不仅没有反对这种设想,而且提出要在
各个层次与俄罗斯政权发展接触"。"总理帕夫洛夫周围的人也考虑了
这一问题。"同时,KGB 等强力机关根据国内局势的不断恶化的情况,提
出了实行紧急状态的设想。克留奇科夫亲自前往白宫会见叶利钦,提出
了这些设想,双方建立起联系渠道。在 8 月 9—15 日期间,克留奇科夫
"与俄罗斯总统成功地达成了明确的协议"。① 这个协议是,"叶利钦将不
会积极地反对紧急状态委员会"②。

　　与此同时,经过激烈的讨价还价,7 月 29—30 日,戈尔巴乔夫与叶利
钦达成协议,决定在 8 月 20 日签署新联盟条约。如此重大的改变国家
政权的协议,是在秘密情况下,由戈尔巴乔夫、叶利钦和哈萨克斯坦总统
决定的。新联盟条约第二十三条的内容是,新联盟条约一旦签署立即生
效,1922 年建立苏联的条约就被废除。新的联盟将称为"主权国家联
盟"。戈尔巴乔夫原想一直保密到条约签署,造成既成事实,但《莫斯科
新闻》在 8 月 15 日发表了条约文本,"戈尔巴乔夫对发生泄密事件愤怒
不已,要求查明这一行动的'罪犯'"③。《独立报》发表文章指出:"8 月 20
日,在苏联领土上将出现两个联盟,旧的联盟与新的联盟。"④

　　鉴于 8 月 21 日将召开苏联人民代表大会,如果条约在 20 日签署,将
意味着苏联在 21 日已不复存在。8 月 18 日晚,苏联政府总理帕夫洛夫
和 KGB、国防部、内务部以及苏共、苏联政府的一些领导人与苏军主要将
领在 KGB 总部召开会议,决定成立国家紧急状态委员会,从 8 月 19 日

---

① Островский А. В. ，*Глупость или измена? Расследование гибели СССР*，М. Крымский мост，
2011，c563 – 567.

② Прокофьев Ю. А. ，*До и после запрета КПСС*，М. ：Алгоритм，Эксмо，2005. c276.

③ 弗・亚・克留奇科夫:《个人档案:1941—1994》,北京:东方出版社 2000 年版,第 512 页。

④ Островский А. В. ，*Глупость или измена? Расследование гибели СССР*，М. Крымский мост，
2011，c566.

起,在苏联部分地区实行为期 6 个月的紧急状态。国家紧急状态委员会成立后做的第一件事,是派总理帕夫洛夫与国防部长亚佐夫前往白宫会见叶利钦,就实施紧急状态进行磋商。因为帕夫洛夫突发急病被送往医院,紧急状态委员会未能与叶利钦进行面商,但紧急状态委员会一直与白宫保持着接触,"俄罗斯领导人的代表极力与国家紧急状态委员会圈内人士建立秘密联系","以寻求可接受的解决方案"。① 起初,叶利钦等俄联邦领导人极度紧张,害怕紧急状态委员会将对他们采取强硬措施,但实际上,紧急状态委员会根本就没有抓捕俄联邦领导人的方案。在与俄联邦领导人的接触中,"克留奇科夫明白,叶利钦与他周围的人已经开始组织反对紧急状态委员会的斗争"②。因为双方已经达成协议,紧急状态委员会根本就没有如果遭遇抵抗如何处理的预案,加上参与实施紧急状态准备工作的苏联空降兵副司令格拉乔夫突然倒戈,加入到叶利钦阵营,国家紧急状态委员会在实施紧急状态三天后就结束了。在苏联解体后,叶利钦表示,"他欺骗了克留奇科夫","不是我改变了主意,而是我欺骗了他"。③ 但叶利钦已经从紧急状态委员会的行动中获得了他所需要的一切,他将自己打扮成反抗紧急状态委员会的英雄,人气高涨到极点;他争取到苏军部分将领的支持,使他不再担心戈尔巴乔夫以武力对付他;在紧急状态委员会失败后,他将联盟中央的几乎所有权力抓到自己手中。而戈尔巴乔夫则是最大的失败者,当他返回莫斯科时,真正成了孤家寡人。"8·19"事件曾经被描绘得精彩绝伦,但实际上,"它是国家安全委员会首长与俄罗斯总统合作开的一场 PARTY。"④其真实情况至今仍然不能说已经完全清楚,但不管真实情况如何,"8·19 事件"后,任何保留苏联乃至保留任何形式的联盟都完全不可能了。

---

① 弗·亚·克留奇科夫:《个人档案:1941—1994》,东方出版社 2000 年版,第 557 页。

② Островский А. В. , *Глупость или измена? Расследование гибели СССР*, М. Крымский мост, 2011, c588.

③ Прокофьев Ю. А. , *До и после запрета КПСС*, М. : Алгоритм, Эксмо, 2005. c276.

④ Островский А. В. , *Глупость или измена? Расследование гибели СССР*, М. Крымский мост, 2011, c588.

1991 年 12 月 8 日，俄联邦总统叶利钦、乌克兰总统克拉夫丘克和白俄罗斯总统斯坦科维奇在明斯克郊区的别诺维尔进行秘密会晤后，决定签署退出苏联，成立独立国家联合体的协议。三国总统同时发表声明指出，作为国际法主体和地缘政治现实的苏联已不复存在。苏联的正式解体，应该从这一天算起，尽管戈尔巴乔夫在 17 天后才宣布辞去苏联总统一职。从 8 月 19 日开始，他已经不能被看作是总统了。在 8 月 19 日以后，他已经无法支配苏联境内的任何资源和任何政治力量。戈尔巴乔夫带着革新苏联的勃勃雄心登上苏联政治舞台，却以在形式上正式终结苏联的存在而结束政治生命，也许只有 1917 年 2 月的尼古拉二世可与之相比。

苏联的解体，意味着从 1917 年开始的俄国通过社会主义道路实现国家现代化努力的结束，在经过 70 多年的努力后，俄国—俄罗斯又一次走到了历史的十字路口。

第八章 从叶利钦到普京

1991 年 12 月 25 日,当苏联正式宣布结束存在时,俄罗斯再次站在了历史发展的十字路口。曾经满怀信心认为 10 月的选择已经一劳永逸地解决了国家发展道路的俄罗斯人民陷入了迷茫,但刚刚亲手结束了苏联存在的新俄罗斯的权力精英却真诚地相信自己已经为俄罗斯找到了民富国强的康庄大道,他们需要做的只有一件事:不惜代价,在极短的时间内为国家走上这条康庄大道扫清一切障碍。俄罗斯就在这种矛盾的思想状态下走上了激进改革之路。

第一节 叶利钦时期俄罗斯的经济与政治

在俄罗斯取代了苏联的国际法地位以后,叶利钦的注意力马上转移到通过激进经济改革尽可能快地在俄罗斯建立一个与西方完全一样的市场经济体制,并使俄罗斯重返资本主义世界体系,回归西方就是叶利钦为俄罗斯确定的终极目标。"巨大的世界经济体系业已实实在在地形成。70 年来,俄罗斯远离了世界文明","需要再一次急起直追,抓紧去做,拼死奋斗,为的是——跻身于世界各国之行列"。[①] 这是叶利钦的真实心声,反映了他急于融入西方、实现俄罗斯繁荣富强的紧迫感。这说明,叶利钦仍然是典型的力图以快速突击方式在极短时间内实现复杂目标的俄国风格,而且叶利钦在对改革目标进行选择时,对客观条件的估计更加不足。这就决定了,尽管叶利钦相信,他的选择符合世界文明的发展方向,在实践中却必定会带来巨大的破坏而难以达到目标,反而给实现预期目标制造了更多的障碍。

"休克疗法"与持续的经济危机

俄罗斯的改革方案在 1991 年末已经制定完毕。该方案由一批年轻的激进的自由主义经济学家提出改革的主要目标,在得到叶利钦首肯后,国际货币基金组织派往俄罗斯的专家组对方案的制定提出了自己的意见。这个改革方案被称为"休克疗法"。

所谓"休克疗法"强调的是改革的全面与深刻性,但它更加注重的是改革的快速性,即要求在短时间内完成所有的经济改革与经济转型任务,一步跨入市场经济,避免出现双轨制,"你不可能通过两次跳跃跨过一条壕沟"是俄罗斯激进改革家们的格言。"休克疗法"的另一个特点,是限制政府在经济改革中的作用,政府的作用仅限于"废除中央计划体制,将国有企业私有化,建立一个新的有利于市场和私人产权的法律框架"。"休克疗法"之所以限制政府的作用,原因在于,"信奉自由主义市场经济的理论家坚信,只要国家离开经济活动,市场经济就会自动兴起"[②]。这种信念充分反映了俄罗斯改革方案的制定者及其支持者对大国经济转型的复杂性和不确定性缺乏基本认识。

俄罗斯改革的目标是私有化、价格的自由化、宏观经济的稳定、全面

[①] 鲍里斯·叶利钦:《总统笔记》,北京:东方出版社 1995 年版,第 245 页。

[②] David M. Kotz and Fred Weir, *Russia's Path from Gorbachev to Putin*, Routledge, First published 2007, p. 155.

放开国内商品与资本市场。对于同时实现这些目标可能遇到的困难及带来的严重后果,改革的设计者与执行者包括叶利钦本人都缺乏最起码的认识,叶利钦为了安抚对即将进行的改革感到恐慌的俄罗斯人民,亲口许诺:"大家只会经历大约半年的困难。然后物价就将下降,消费品市场将货物充足。到 1992 年秋天前,经济会得到稳定,人民生活会逐步得到改善。"①正因为苏联解体而惊恐不安的俄罗斯人民接受了叶利钦的承诺,他们同意再忍受半年到一年,就像俄罗斯人民在历史上一样,他们再次没有多加考虑就轻信了政治家的美好许诺。

俄罗斯的经济改革首先从价格改革入手。1992 年 1 月 2 日,俄罗斯政府放开了 80% 零售商品的价格。与此前国际货币基金组织专家关于放开物价后一个月内物价可能上涨 70% 的预测不全不同,一个月内物价上涨了 3.5 倍,在整个 1992 年物价上涨了 2500%,投资下降 40%,GDP 比 1991 年下降 14.5%。俄罗斯由此陷入了持续的超级通货膨胀。到 1995 年,俄罗斯的消费品价格相当于 1991 年末的 1411 倍,相当于 1990 年末的 3668 倍。全面放开价格导致的超级通胀将绝大多数俄罗斯人民长期积累的为数不多的财富洗劫一空。②

1992 年,俄罗斯政府开始了经济的私有化。两年后,俄罗斯政府宣布他们的计划已经获得成功,因为有 10 万家企业已经转入私人手中。"但私有化并没有产生有效率的所有者,也没有产生能够赢利的企业。"相反,内部人(即苏联时期的企业经理)仍然用对过去陈规的忠诚通过共谋控制了全部大企业份额的 3/4。"这些内部所有人首要的和最大的兴趣,是确保他们对自己所在公司的控制,以便保住他们的职务。吸引投资或者扩大市场份额,对他们只不过是遥远的第二位的目标。"③这就使

---

① David M. Kotz and Fred Weir, *Russia's Path from Gorbachev to Putin*, Routledge, First published 2007, p. 161.

② А. Филиппов, *Новейшая история России, 1945—2006 гг.*, М.: Просвещение, 2007. с371.

③ Michael McFaul, *Russian need true reform*. Hoover Institution, Hoover Digest, 1998 No. 4.

得俄罗斯的两年私有化改革没有在俄罗斯造成一个竞争性的市场经济，而是造就了极少数的经济寡头。他们与叶利钦家族和政府官员通过共谋在很短时间内形成了一个既得利益集团。经济增长所需要的激励机制没有因为大规模的私有化而形成。在一小撮经济寡头暴富的同时，多数人陷入贫困，拖欠工资的情况十分普遍。"叶利钦实际上创造了一个典型的政治化的经济。用一种与宫廷政治相联系的并因此而获得财产所有权的个人化的与世袭的由官僚统治的经济取代了过去命令式的官僚化的经济。那些真正在经济上成功的企业对自己的产出却没有所有权，不得不被迫去行贿。"①私有化改革的这一结果决定了俄罗斯无法按照改革的时间表实现经济复苏，反而使俄罗斯经济从1992—1996年出现了长达5年的负增长，这个结果说明俄罗斯的经济改革实际上失败了。

到1999年，俄罗斯几乎所有的经济社会发展指标都显示，"休克疗法"给俄罗斯带来的是全面的灾难，其严重程度超过第二次世界大战对苏联的破坏。1998年俄罗斯的GDP总量仅为1989年的52%；经济大幅下降，导致居民贫困的普遍化。按照俄罗斯国家统计委员会公布的数据：1999年，俄罗斯农村居民的46.2%，城市居民的57.6%，人均收入低于维持生存所需要的水平，在富裕的莫斯科，这个比例是23.3%，而在贫困的图瓦，这个比例达到78.6%；与此同时，俄罗斯的人口指标也持续恶化，在和平年代，从1989年到2002年，俄罗斯人口减少了180万，如果不是同期有550万人移居俄罗斯（主要是从原苏联加盟共和国返回的俄罗斯人），俄罗斯人口的减少将达到700万以上；男性预期寿命从64.9岁下降到58.8岁，女性从74.2岁下降到72岁；在俄罗斯改革的最初8年，俄罗斯的犯罪率增加了将近一倍，从1990年每10万居民1240起上升到2000年的每10万人2028起。②

---

① Jerry F. Hough , *The Logic of Economic Reform in Russia* , Brookings Press, 2000, p. 91 - 92.

② Anne White, *Small-Town Russia : Postcommunist livelihoods and identities* , Routledge, 2004, pp. 18 - 42.

　　"休克疗法"对俄罗斯未来发展的最大危害,在于从根本上破坏了苏联曾经强大的工业和科学技术基础,"俄罗斯所有工业部门长期深刻的衰退导致了对经济的物质技术基础和干部基础的严重破坏"。从 1991 年到 1999 年,俄罗斯的科技工作者人数下降了 2.6 倍,而设备更新的资金投入下降更多。其原因在于,经济持续衰退引起大批科技工作者移居国外,无论是国家还是企业都不愿也没有能力进行大规模投资。所以,"改革摧毁了俄罗斯的科学实力—知识生产力,而这是国家发展最重要的要素之一,也是俄罗斯工业技术水平持续衰退和科技进步对生产的贡献不断下降的原因"①。其消极影响在叶利钦执政时代并没有充分表现出来,但在普京执政的第三个任期就充分表现出来了。

　　"休克疗法"未能实现预定的目标,其根本原因在于,叶利钦同 20 世纪所有从事变革的领导人一样,都是迷信某种他们自己都没有真正理解的学说,不经任何准备,以闪电般速度完成变革。叶利钦的"休克疗法"只不过是俄国旧传统在 20 世纪末的一次再现,其愿望、其方式乃至其口号和过程,连其结果都是完全符合俄罗斯传统的,是纯粹俄罗斯的:它总是先将光明未来的希望带给人民,然后又让他们陷入深深的失望和长久的等待中。

　　叶利钦执政九年交出的显然是俄国历史上最糟糕的经济增长成绩单,而且,在付出经济持续下降的惨重代价之后,俄罗斯并没有建立起一个充满活力的市场经济体制,反而形成了寡头与官僚紧密勾结控制经济活动,中小企业受到各种压制因而仍然缺乏活力的经济体制。在与世界经济的联系方面,"俄罗斯改革者融入世界经济和全球共同体的梦想实现了,但俄罗斯却再次成为西方的原料供应地"。这使得 20 世纪即将结束时的俄罗斯,在世界经济中的地位与 1913 年非常相似。"在 21 世纪来临之际,俄罗斯社会所有后苏维埃社会的特征,都具备边缘资本主义

---

① А. Гражданкин, С. Кара - Мурза, Белая книга России: 1950 - 2012 гг., Книжный дом 《Либроком》, 2003, с269.

的典型特点,其活动也服从于资本主义世界体系的逻辑。"①

超级总统制的形成与俄罗斯政治格局的变化

"休克疗法"导致的经济形势迅速恶化,使俄罗斯的政治形势恶化,到 1992 年底,反对"休克疗法"改革的群众游行日渐增多。在政权内部,俄罗斯最高苏维埃与总统之间曾经良好的合作关系由于人民代表们对"休克疗法"的批评越来越激烈逐步转变为政治对立和政治斗争。"总统与最高苏维埃之间的斗争主要是围绕改革方案的斗争,总统寻求经济的快速市场化,而立法机构则对其持审慎乃至敌视的态度。"②到 1992 年 12 月俄罗斯人代会召开时,在人代会中形成了数量上占绝对优势的反对派,而继续支持"休克疗法"的代表已下降到 20%。在这个时候,最高苏维埃主席哈斯布拉托夫也改变立场,站到反对派一边,最高苏维埃完全成为叶利钦改革方案的反对派,在 1992 年 12 月,它成功地迫使叶利钦所信赖的"休克疗法"的制定与执行者俄罗斯总理盖达尔下台。

在成功迫使盖达尔下台后,俄罗斯最高苏维埃又在 1993 年 3 月 10 日召开的俄罗斯第八次非常人代会上成功地否决了叶利钦提出的两大权力机关分权的法案和叶利钦坚持的在俄罗斯建立总统制的新宪法的原则,通过了最高苏维埃有权撤销总统令和对政府实行控制的法案,从而构成了最高苏维埃对总统和政府的强有力的法律制约。这也表明,最高苏维埃所追求的是在俄罗斯建立起议会制的民主制度,与叶利钦所追求的目标尖锐对立,于是,"对经济改革的方案的意见分歧转而引发了议会与总统之间的宪法危机"③。

在遭遇多次挫败之后,叶利钦开始反击。3 月 20 日,他通过电视台

---

① Кагарлицкий Б. Ю. , *Периферийная империя : циклы русской истории*. Алгоритм, Эксмо, 2009. c519 – 520.

② Micheal Burawoy, *The Economic Basis of Russia's Political Crisis*, New Left Review, March-April 1993.

③ Edited by Ronald Gorigor Suny, *Cambridge History of Russia : Twentieth Century*, Cambridge Press, 2007, p. 361.

宣布,他刚刚签署了一个命令,这个命令取消了最高苏维埃撤销总统令和通过与总统令相抵触的决议和法律的权力。但是,俄罗斯最高苏维埃、宪法法院院长、总检察长、俄罗斯副总统都对叶利钦的命令给予了谴责,副总统拒绝在命令上签字。两天后,宪法法院宣布该命令与俄罗斯宪法相抵触,叶利钦只好退却。最高苏维埃随即在 3 月 28 日发起对叶利钦的弹劾投票,但投票结果让叶利钦松了一口气,虽然有 66% 的代表投票同意弹劾叶利钦,却未达到需要的 75% 的票数。接下来,叶利钦在 4 月 25 日举行的关于对总统和政府的信任投票中取得胜利,并于 6 月 5 日召开了制宪会议通过在俄罗斯确立总统制的新宪法草案。

面对叶利钦的反击,反对派利用改革带来的新的困难,同时在议会和街头展开斗争,打击叶利钦依赖的激进改革派,动摇叶利钦的执政基础。叶利钦终于认识到代议制民主可能导致他正在推进的改革从此无法继续,国家将陷入永无止境的政治对抗中,他决定以非常手段结束俄罗斯又一次出现的"双重政权"并存的混乱局面。

1993 年 9 月 21 日,叶利钦发布《告俄罗斯人民书》,宣布解散人代会和最高苏维埃。最高苏维埃拒绝了叶利钦的命令,并通过决议终止叶利钦的总统职务,指定副总统鲁茨科伊暂行总统职权,议会所在地白宫再次成为抵抗中心。在对峙 10 天以后,经教会的调停,双方开始谈判,叶利钦也宣称不会诉诸武力。但在 10 月 4 日凌晨,按照叶利钦的命令,俄军炮击并攻入白宫,逮捕了所有在场的人,以枪炮给俄罗斯的代议制民主画上了句号。

对白宫的炮击和进攻造成大量人员伤亡,俄罗斯政府公布的死亡人数为 147 人,而反对派、民间组织、外国记者和俄罗斯学者根据各自的信息来源提供的死亡人数从 500 人到 5000 人不等,受伤人数则还要多得多。[①] 这无疑是俄罗斯现代化进程中的又一次悲剧,俄罗斯社会在对该事件的认识上再次发生分裂,在政治对抗中失败的哈斯布拉托夫多年后

---

① Островский А. В. , 1993. *Расстрел 《Белого дома》*, М. : Яуза, Эксмо, 2008. c472.

仍然坚信："在炮击议会后,叶利钦的克里姆宁宫获得了不受人民监督的'充分自由'来执行他们不受控制的、敌视人民的经济与社会政策。在腐败过程日益严重的同时,形成了一个与急剧膨胀的政治官僚集团紧密联系的寄生性的'有闲阶级'。这一切都是在戈尔巴乔夫时期和俄罗斯最高苏维埃时期所存在的民主运动荡然无存的情况下发生的。"①哈斯布拉托夫的认识不无道理,却充满了政治浪漫主义色彩,他仍然没有认识到,戈尔巴乔夫时期和最高苏维埃时期的民主运动是引发激烈政治对抗和高度社会动荡的根源。在这个问题上,叶利钦的见识显然更为高明、更符合当时俄罗斯的社会心理。所以,俄罗斯的"许多专家都认为叶利钦所采取的行动违法(按照法律条文总统犯的是属于国家政变的刑事罪),但由于相对多数公民对全民公决的支持,因而叶利钦的行为具有合法性"②。

叶利钦使用坦克炮弹废除了议会,就为在俄罗斯建立总统制扫清了道路。1993 年 12 月 12 日,在新的议会进行选举的同时,俄罗斯通过了加强总统权力和限制议会权力的新宪法。

新宪法赋予总统至高无上的广泛权力和特权。总统实际上集内政、外交、立法、行政和人事大权于一身,却不会受到任何实际的制约。按照新宪法的规定,总统拥有任命政府总理的权力,如果议会下院即国家杜马连续三次否决总统提名的总理人选,总统有权解散议会并组织一次新的议会选举。总统还拥有单方面颁布具有法律力量的命令,该命令只能在议会上院和下院通过了相应法律并由总统签发后才能够被废除。俄罗斯新宪法所建立的,"是一种超级总统制,在这个制度中,行政首长拥有远远超过其他任何国家机构和制度通过正式的或者非正式渠道获得的所有权力"③。所以,按照新宪法集中于叶利钦手中的权力高于苏联时

---

① Хасбулатов Р. И. , *Полураспад СССР. Как развалили сверхдержаву* , М. : Яуза‐пресс,2011. c8.

② А. Филиппов,*История России*: *1945 – 2008* , М. Просвещение, 2008, c383.

③ Henry E. Hall, *Why Not Parties in Russia*?, Cambridge University Press, 2006, p. 31.

期政治局的权力。俄罗斯的一切重大决策,只要叶利钦同意就可以付诸实施。

超级总统制的建立显然与民主派追求的西方式民主相去甚远,却与俄国的历史传统和俄罗斯的政治现实高度吻合。从沙俄到苏联时期,俄罗斯实行的一直是权力高度集中于个人的制度,个人化的集权制度在俄罗斯有深厚的政治与文化基础。无论是某个政治人物还是某种政治力量,都不可能在短期内消除其基础,遏制其惯性。在 1992—1993 年,发生在俄罗斯大地上的议会与总统之间的政治对抗,以主张总统集权的叶利钦大获全胜,恰恰再次验证了俄罗斯所具有的无政府主义、自由放纵和专制主义、国家至上共存的文化特征。这些特征决定了,一旦俄罗斯民族追求自由和民主,其结果就是各派政治力量之间你死我活的斗争,社会进入动荡;随着动荡的延续,人民又开始寻求秩序,这个时候他们希望出现的是一个能够恢复国家秩序的强权人物。经历了多年的治对抗与冲突带来的社会动荡后,大多数俄罗斯人转而寻求稳定的生活。一位自由派杜马议员在评论新宪法时表示,这个宪法提供给总统的权力太强大了,但他马上补充说:"当然,它仍然比以前的宪法好,因为它压缩了发生公开政治冲突的空间。"[1]叶利钦正是抓住了俄罗斯人民心理的新变化,以果断措施结束了以混乱为特征的政治浪漫主义时期,在俄罗斯初步恢复了政治秩序。

1992 年 12 月 12 日,俄罗斯进行了独立后的第一次按照新宪法规定的议会选举。按照新宪法的规定,俄罗斯议会分为下院(国家杜马)和上院(联邦委员会)。国家杜马代表的 50% 按照比例代表制从政党、社会团体和其他政治组织中选出,另外 50% 按照多数选举制从每个选区单选一名代表的方法产生,任何政党如果希望获得进入杜马的资格,必须在选举中赢得至少 5% 的选票。联邦委员会主要由地方行政长官组成。

解散最高苏维埃以后,叶利钦希望支持"休克疗法"的政治力量在议

---

[1] M. Stephen Fish, *Democracy Derailed in Russia*, Cambridge University Press, 2005, p. 291.

会选举中获得全胜,建立一个与总统保持高度一致的议会,保证他确定的改革能够顺利推进。选举结果却使叶利钦大失所望。民族主义的自由民主党成为最大的黑马,恢复活动时间不长的俄共一跃成为议会第三大党,而盖达尔领导的"俄罗斯选择"在按政党名单进行的选举中仅获得12%的选票。1993年议会选举的结果即表明了"休克疗法"不得人心,也表明自戈尔巴乔夫提出"公开性"、"民主化"开始形成的自由民主派主导俄罗斯政治的格局已经开始发生变化。

1995年进行的议会选举结果则意味着俄罗斯已经形成了左翼政治力量兴起,中派政治力量影响缩小,极端主义政党影响下降,自由民主派力量衰落的政治格局。

俄共是1995年选举的最大赢家,在杜马450个席位中,俄共及其盟友总共获得186个席位。亲叶利钦的由盖达尔的"俄罗斯选择"领衔的由多个自由民主派政党组成的"联合民主派"总共只获得3.9%的选票,未能进入国家杜马。日里洛夫斯基的"自由民主党"失去了过去的风光,所得选票仅为1993年选举的一半。而中派政治力量所得选票也有小幅下降。

自由民主派政党拥有远远超过俄共的资源,却在选举中全面失败,其原因除了他们推行的不得人心的"休克疗法",还在于自由民主派"未能在新的环境中建立起一个统一的政党,白白浪费了许多机会",而且,"在选举中,呈现四分五裂的状态"。①

俄共的胜利首先在于"休克疗法"失败导致的大批俄罗斯民众对倡导"休克疗法"的自由民主派的不满;同时还在于俄共在不利的环境中恢复了苏共留下的组织体系,成为俄罗斯唯一具有完备组织体系的政党,能够较其他政党更有效地开展党的活动;还有一个常常被忽视但却十分重要的因素是,在1993年全民公决和选举中,大多数左翼政党拒绝参与的情况下,"久加诺夫领导的共产党垄断了代表俄罗斯左翼反对派的权

---

① Marc Garcelon, *Revolutionary Passage*, Temple University Press, 2005, p. 301.

力,正是从这一刻开始,俄共不但成为俄罗斯最大的而且也成为俄罗斯唯一'严肃'的左翼党"[1]。

1995 年议会选举的结果充分显示了俄罗斯人对自由民主派所推行的改革的不满,选举结果本身不会改变俄罗斯的权力结构,但因为五个月后将进行俄罗斯成为真正独立国家以后的第一次总统选举,所以议会选举就具有总统选举预演的性质。俄共的胜利与"联合民主派"的全军覆灭,不仅使得俄罗斯的执政集团,也使得在"休克疗法"时期暴富的新贵第一次感到了真正的威胁,左翼政党则从议会选举的胜利中看到了取得政权的希望。议会选举一结束,俄罗斯的所有力量都开始了行动,以在 1996 年的总统选举中进行再次较量。

寡头、媒体、政权与 1996 年总统选举

1996 年 1 月的民意调查显示,对叶利钦的支持率只有 8%,对久加诺夫的支持率为 24%。[2] 此时距预定的总统大选日期已经只有 5 个月的时间,俄共似乎已胜券在握。面对不利形势,"叶利钦及其顾问认同了'不惜任何代价赢得胜利'的理念,无论是政治代价还是金融代价,都可以付出,同时不考虑法律规定是什么,也不顾及未来的长期后果是什么"。叶利钦决定借助新的超级富有的商界精英们来赢得选举,"他们使叶利钦能够避开所有的金融约束,还使叶利钦能够随意使用为竞选必不可少的新闻媒体"[3]。同时,叶利钦开始最大限度地使用自己掌握的行政权力来增加竞选获胜的筹码。

新的超级富有的商界精英即活跃于俄罗斯政商两界的经济与金融寡头。寡头这个概念在 1994 年前后开始在俄罗斯社会流行,意指拥有

① Boris Kagarlitsky, *Russia under Yeltsin and Putin: neo-liberal autocracy*, Pluto Press, 2005, P. 90.

② 罗伊·麦德维杰夫:《俄罗斯向何处去》,北京:新华出版社 2000 年版,第 307 页。

③ Joel M. Ostrow, Georgiy A. Satarov, and Irina M. Khakamada, *The consolidation of dictatorship in Russia: an inside view of the demise of democracy*, Praeger Security International, 2007. p. 56.

巨额财富又能在政界呼风唤雨的商界巨头。他们是巨型企业集团的主要所有人，与总统保持着密切联系。

1996 年 10 月，在俄罗斯几乎家喻户晓的寡头别列佐夫斯基透露，从 1996 年 2 月开始，他和另外六个商界巨头每周都要举行会议，他们与总统办公厅保持着密切的接触。另外六个寡头是霍多尔科夫斯基、斯摩凌斯基、弗里德曼、埃文、波塔宁和古辛斯基，他们控制了半个俄罗斯的财富，掌握着俄罗斯的主要银行和媒体。埃文曾经担任俄罗斯政府的外贸部长，认识一切有交往价值的人。波塔宁曾经担任俄政府副总理。别列佐夫斯基与叶利钦的亲信科尔扎科夫和女儿妮娜是好朋友，曾经送给妮娜两辆豪华轿车。在为叶利钦出版回忆录并给叶利钦带来了惊人收入后，他与叶利钦的关系更紧密了。后来他控制了俄罗斯航空公司，立即任命叶利钦的女婿担任该公司的 CEO。[①] 霍多尔科夫斯基很早就与叶利钦建立紧密关系，在 1993 年他采取了一个具有预见性的措施，要求叶利钦给他一个政府职务，结果他得到了能源部分管石油的副部长。两年后当国家将石油和天然气资源私有化时，他就处于一个非常有利的位置。所以，寡头与政权紧密交织在一起，两者之间形成了无法分割的相互依赖关系。

1996 年总统选举临近时，叶利钦与他的盟友发现，如果要想在竞选中获胜，他们急需大量的现金流来维持经济运行，还需要大量资金用来改善民生以暂时收买部分民心，这需要寡头们的鼎力相助；同时，为了击败势头正猛的俄共，还需要媒体——报纸、电视、广播和广告的支持，而这些媒体的绝大多数都控制在寡头手中。而寡头们也发现，如果俄共获胜，他们将面临他们非法获得的企业再国有化的噩梦，还面临对他们腐败的审判与政治复仇，这种前景显然是他们不能接受的。因此，当 1996 年总统选举来临之际，叶利钦政权与寡头都认识到两者之间在此时的利

---

① Anders Aslund, *Russia's capitalist revolution*, Peterson Institute for International Economics, 2007, p. 159.

益高度一致,他们应该而且必须联合起来,共同行动。恰恰是霍多尔科夫斯基提出了一个双方都在寻找的行动方案。霍多尔科夫斯基和波塔宁到克里姆林宫,向叶利钦提议借给政府所急需的大量资金,但条件是政府出让国家战略产业如石油天然气和钢铁企业的股权,这就是在俄罗斯引发激烈争论的"以借款换股权"的交易。但这笔交易最终成交,叶利钦政权获得了急需的现金,而寡头们又可以得到一笔国家的优质资产。

当霍多尔科夫斯基以实际行动解决叶利钦政权面临的第一个难题时,别列佐夫斯基则出面组织协调寡头们的行动,以解决叶利钦政权面临的第二个难题。在 1996 年 2 月达沃斯世界经济论坛召开期间,别列佐夫斯基召集前述其他六位寡头达成了后来才为世人所知的"达沃斯协议",按照该协议,七位俄罗斯最富有的寡头,"将他们之间的尖锐分歧(主要是因为争夺财产而发生的分歧)搁置一边,帮助叶利钦在六月的选举中再次当选"[1]。媒体对竞选活动起着至关重要的作用,俄罗斯两大全国性电视台——ORT 由别列佐夫斯基所控制,NTV 则为古辛斯基所拥有,叶利钦在竞选中对媒体的运用将不会存在任何困难。寡头们还决定,每周举行一次会议,并与总统办公厅保持密切接触,以协调行动,为叶利钦提供全面支持。

1996 年 3 月,总统竞选正式开始。寡头与政权共谋的效果充分显示出来,几乎所有的俄罗斯媒体都不顾一切地转向了叶利钦。在关于总统竞选的报道中,叶利钦独占了 75% 以上,其他所有竞选人加起来也无法与他相比。ORT 和 NTV 在第一轮和第二轮投票中都支持叶利钦。在竞选的关键时刻,NTV 总裁宣布加入叶利钦的竞选团队,电视评论员也会谈及有关久加诺夫的信息,但这些信息却被关于叶利钦的更密集的信息所压倒。[2]

为了保证叶利钦在电视竞选演说中能够给选民留下良好印象,公关

---

[1] Simon Pirani, *Change in Putin's Russia*, Pluto Press, 2010, p. 34.

[2] Sarah Oates, *Television, Democracy and Elections in Russia*, Routledge, 2007, p. 103.

专家提出了建议,叶利钦在竞选中需要消除或者减少对他的消极印象,"叶利钦的形象必须改变。第一,总统的体重要减少 20 磅,停止饮酒并开始经常到公共场所露面。第二,改变那些带来消极影响的政策","其中最突出的是拖欠工资"。① 专家的这些建议是针对叶利钦健康不佳,已经在选民中造成了他的身体状况可能使他难以胜任总统繁重工作的印象。

根据专家的建议,叶利钦开始精神抖擞地出现在各种公众场合。"竞选开始后的'新'叶利钦与竞选开始前的'老'叶利钦有着巨大的差别。所有人都看到,他在一天之内身体状态和行为举止将会发生的急剧变化。经过长途跋涉之后,他显得精疲力尽,满面病容,但仅仅过了三个小时,他又在舞台上随音乐起舞。"②叶利钦还在 4 月 1 日建立了一个政府委员会来负责解决工资拖欠问题。一些声名狼藉的地方政府官员被解职,包括政府副总理丘拜斯。同时,借助寡头提供的资金,叶利钦发出一系列总统令,做出一系列的承诺,如争取补发拖欠的工资和退休金,提高助学金和退休金,追加大量资金用于科学机构、中小学、大学和医院,开始对退休老人贬值的储蓄进行补偿等等。叶利钦采取的这些措施收到了立竿见影的效果,民意调查显示出对他的支持率稳步上升。

然而,尽管叶利钦及其盟友动用了俄共和其他候选人无法动用的资源,但在 6 月 16 日的选举投票中,叶利钦仍然未能顺利的第二次当选俄罗斯总统。6 月 16 日的投票结果显示,叶利钦获得 35.8％的选票,久加诺夫获得 32％的选票,其余选票被列别德等获得。虽然叶利钦得票排第一名,却是他实实在在的失败,也是选民对他执政五年绩效的否定,因为他所能动用的资源如果为其他候选人特别是久加诺夫使用,也许一轮投票就可以产生最终结果。

第一轮投票结果一出来,俄共和叶利钦立即开始了争夺选民的第二

---

① Edited by Ronald Gorigor Suny, *Cambridge History of Russia: Twentieth Century*, Cambridge Press, 2007, p. 369.

② Мухин Ю. И. , *Код Ельцина*, М.：Яуза, Прессcom, 2005, c21.

轮较量。鉴于寡头和媒体已经竭尽全力仍不能取得决定性胜利,叶利钦决定动用自己掌握的政权力量将在第一轮投票中获得 14％选票的列别德争取到自己的阵营。他任命列别德出任手握重权的国家安全委员会秘书一职。这一举措终于奏效,在 7 月 3 日举行的第二轮投票中,叶利钦获得 53.8％的选票,久加诺夫获得 40％的选票,叶利钦当选为俄罗斯第二任总统。

1996 年的选举再次证明,俄罗斯具有自己独特的文化,其政治发展将沿着自己独有的道路前进。"俄罗斯 1996 年选举破坏了许多自由和公正选举的前提,也破坏了国家的选举规则。"①这种情况如果发生在西欧和北美国家,法律将会自动发挥制裁作用,民众也会因此产生反感,对破坏规则的候选人将产生不利后果。在俄罗斯,破坏规则可以赢得选举,只能说明,支配多数俄罗斯人行为的仍然是根深蒂固的政治传统——对蔑视和破坏法规行为的宽容。

叶利钦在 1996 年选举中获胜,金融家们起了决定性作用。在第二轮投票中,叶利钦能够胜出,在于成功地将列别德的支持者吸引过来。寡头们和列别德是叶利钦第二次当选总统的功臣,所以,叶利钦成功当选后,他们理所当然地认为自己应该得到更多的回报。列别德野心勃勃又高傲自大,并显示出要当下届总统的意图,而叶利钦则一直在寻找值得信任的人选作为自己的继承人,既已成功当选,列别德就失去了利用价值,经过一番密谋,列别德仅仅上任四个月就被解职。别列佐夫斯基在竞选仍在进行时,就已经表明了自己的态度:"如果你们不明白,我们为什么要帮你们掌权,那我直截了当地告诉你们,就是要你们为我们的金钱服务,为资本服务。"②在叶利钦胜选后,别列佐夫斯基等寡头得到了

---

① J. M. Ostrow, G. A. Satarov, and I. M. Khakamada, *The consolidation of dictatorship in Russia:an inside view of the demise of democracy*, Praeger Security International, 2007. p. 55,279.

② Александр Коржаков, *Борис Ельцин: от рассвета до заката*, Издательство "Интербук". 1997. c360.

以极低价格收购国有资产和石油等战略资源的回报。俄罗斯进入了寡头与政权关系最为密切、寡头干政最为严重同时最肆无忌惮的时期,俄罗斯的政治腐败达到前所未有的程度。

1996 年总统选举充满了丑闻和违法行为,却不能认为选举毫无意义,因为"选举结束了俄罗斯发展的革命周期。俄罗斯接受了政权合法性与社会物质利益关系调整的新模式"。"所有政治力量都承认选举结果,说明他们都接受已经确定的游戏规则"。令人感兴趣的是,俄罗斯社会支持民主并参与其中,却不相信选举过程能够改善他们的生活,即他们并没有将民主与自己的物质利益联系起来,这显然是不利因素。然而,"积极因素在于,俄罗斯社会习惯了民主形式"①。这可能成为未来俄罗斯顺利发展,避免革命性反复的重要前提。

1998 年危机与叶利钦时期的结束

1997 年,俄罗斯在经历了连续六年的经济负增长之后,终于第一次实现了 0.4 %的增长。叶利钦及其盟友感到终于可以用经济绩效来证明自己改革方针的正确了。叶利钦政权的乐观也感染了外国专家们。国际货币基金组织主席斯坦利·菲舍尔就在一次关于俄罗斯经济形势的会议上宣布:"俄罗斯的经济改革正在进入一个没有多少悬念的时期,保证宏观经济稳定和创造一个市场经济的最重要的战斗已经取得胜利。"②

这种盲目的乐观主义使得俄罗斯政府不但忽略了东亚危机可能对俄罗斯造成影响,也忽略了俄罗斯经济中已经出现的,而且还在不断加剧的迅速发展的金融市场与不断衰落的实体经济之间的断裂。在国内外经济形势均处于十分严峻的形势下,叶利钦又用一个年轻的、具有商业头脑并支持自己改革方针、但对宏观经济什么也不懂的基里延科替换

① Шевцова Л. Ф. , *Режим Бориса Ельцина*, РОССПЭН, 1999, c270 - 279.

② Stanley Fischer, *The Russian Economy at the Start of* 1998, IMFNEWS, January 9, 1998.

了他认为在改革上缺乏作为的切尔诺梅尔金。

在 1998 年夏天,"迅速发展的金融市场与不断衰落的实体经济之间的断裂因为金融危机的爆发结束"①。面对危机,俄罗斯政府采取的所有救急措施都未能奏效。到了 8 月中旬,俄罗斯股市开始跳水,在这种情况下,俄罗斯金融只能要么货币贬值,要么债务违约,才能得到拯救。1998 年 8 月 17 日,俄罗斯政府同时采取了这两项措施。这样,俄罗斯政府违约拖欠国内债务达 700 亿美元,卢布很快就贬值 75%。此外,政府宣布债务违约暂停支付俄罗斯银行的外债,这实际上相当于全面冻结了银行账户。俄罗斯银行的那些普通储户们在银行的储蓄再次被洗劫,他们只能排成长队等候在银行外面,希望能够挽回自己的存款。随之而来的是再一次的超级通货膨胀,1998 年,俄罗斯的通货膨胀高达 85%。而股市与 1997 年 10 月的最高点相比,已经跌去 93%。就在 1998 年的夏天,俄罗斯的金融崩溃了,一位西方的投资银行家说:"他宁可吃核废料也不会再次到俄罗斯投资。"②

与"休克疗法"的主要受害者是工人阶级不同,"1998 年的危机毁灭了中产阶层并将寡头们置于金融崩溃的边缘"③。中产阶层长期以来一直是叶利钦政权的最主要的社会支持者,而没有寡头的鼎力相助,叶利钦不可能赢得 1996 年的大选。1998 年危机使这两个阶层也失去了对叶利钦的信任。由于这次金融危机的打击面太广,叶利钦已经不能指望任何社会阶层对他的支持。"在 1998 年金融崩溃时,民意调查显示,对叶利钦的支持率徘徊在 2%左右。而且人们以讽刺和嘲弄的口气谈论叶利钦。"④

---

① David M. Kotz and Fred Weir, *Russia's Path from Gorbachev to Putin*, Routledge, First published 2007, p. 243.

② Anders Aslund, *The Russia's Capitalist Revolution*, Peterson Institute for International Economics, 2007, p. 179.

③ Boris Kagarlitsky, *Russia under Yeltsin and Putin: neo-liberal autocracy*, Pluto Press, 2005, P. 208.

④ Шевцова Л. Ф., *Режим Бориса Ельцина*, РОССПЭН, 1999, c224.

在面临全面信任危机的情况下，叶利钦仍然竭尽全力，以图控制局面。但他已经没有任何有效控制局面的手段，因为他没有任何可以依靠的社会力量。在国家杜马中占据主导地位的以俄共为首的左翼政治力量决定利用这个有利条件扭转俄罗斯的改革方针。他们一再否决了叶利钦提出的总理人选，并宣布即使叶利钦解散议会，也绝不妥协。因为他们知道，即使杜马被解散并立即开始新的选举，他们也将大获全胜，叶利钦的支持者没有任何胜算。

内外交困之下，叶利钦只能选择妥协，被迫提名得到左翼政治力量支持的普里马科夫出任总理，俄共党员马斯柳科夫出任分管经济的第一副总理。这个由中左力量组成的政府在1998年10月19日一开始履职，普里马科夫就宣布，国家必须确定重振工业的条件和方向，并立即支付被拖欠的工资和退休金。马斯柳科夫则建议设立一个新的国家银行，为受到伤害的工业的恢复和发展提供信贷支持。普里马科夫还准备对寡头们展开调查，以消除寡头插手政府决策的现象，改变叶利钦时期形成的不利于市场竞争的政商关系。这意味着在实际意义上叶利钦时期已经结束，虽然叶利钦的总统任期还有一年半时间。

普里马科夫政府存在的时间并不长，但它所采取的稳定俄罗斯经济的政策却为后来俄罗斯经济改革方针的转变奠定了基础。普里马科夫政府并没有全盘否定1998年以前的改革所取得的积极成果，但它提出新的经济改革和实现经济增长的纲领却与1992—1998年的改革方针有根本性的变化，虽然新的改革纲领仍然是要实现经济的市场化，但其重点已经转变，加强俄罗斯工业部门的国际竞争力成为普里马科夫政府经济工作的重点。

新的方针很快见效，多年萎靡不振的俄罗斯工业出现了初步的繁荣。俄罗斯工业生产的产品开始在世界与国内市场显示出自己的竞争力，俄罗斯生产的钢铁批量销售到世界市场。随着俄罗斯经济形势的好转，普里马科夫的民意支持率不断上升，以绝对优势压倒了叶利钦。1999年4月的民意调查显示，赞成普里马科夫担任总统的人已经达到

64％,赞成叶利钦担任总统的只有 7％。而 90％的人反对叶利钦担任总统。① 如果让普里马科夫担任总理到 2000 年总统选举,那么普里马科夫胜选基本上没有悬念。

"对于叶利钦来说,让普里马科夫取代自己将意味着改革的失败。"② 所以,1999 年 5 月,没有提出任何理由,叶利钦解除了普里马科夫的总理职务,任命斯捷帕申担任政府总理。斯捷帕申担任总理三个月,就被叶利钦免职。从后来事态的演变来看,叶利钦此时挑选总理人选的标准是,这个人能否在 2000 年的总统选举中阻击普里马科夫和久加诺夫。当时俄罗斯政治形势的发展已经显示出 2000 年的总统选举胜选的非常可能是他们中的一人。如果普里马科夫胜选,寡头将会感到威胁;如果久加诺夫胜选,寡头、腐败官员和叶利钦家族都会感到威胁。因此,无论是寡头和官僚还是叶利钦家族都有足够的理由选择一个能保证大家安全的人出任总理并保证他在 2000 年的总统选举中能够获胜。

叶利钦最终选择了普京担任总理。这在当时是唯一能够被官僚、寡头都接受的人选,而且俄共对他也没有特别的反感。叶利钦选择他,是因为他被视为"叶利钦的效忠者",官僚接受他,是因为他本身就是官僚中的一员,寡头接受他是因为他与寡头特别是与别列佐夫斯基关系密切,普京能进入叶利钦的选择范围也与别列佐夫斯基的游说有关。

1999 年 12 月,叶利钦辞去俄罗斯总统职务,普京提前履行总统职责。叶利钦时期不但在实际上而且在名义上都正式结束。2002 年,戈尔巴乔夫说:"叶利钦担任总统八年,对于大多数俄罗斯人都是一场灾难","国家一切领域都处于混乱"③。这是无法否定的事实,这个事实直接影响到俄罗斯人对叶利钦的评价。2006 年进行的一次民意调查结果显示:

① 维克多.安德里亚诺夫、亚历山大.切尔尼亚克:《叶利钦传》,沈阳:辽宁人民出版社 2001 年版,第 803 页。
② Edited by Ronald Gorigor Suny, *Cambridge History of Russia: Twentieth Century*, Cambridge Press, 2007, p. 378.
③ David Marples, *Motherland Russia in the 20 Century*, Pearson Education Limited 2002, p. 315.

就其在俄罗斯历史上所起作用的评价,对叶利钦给予肯定评价的为25％,给予否定评价的为57％;而对于斯大林,给予肯定评价的为47％,给予否定评价的为29％。① 这个结果说明了俄罗斯人评价历史人物具有自己的标准,这个标准就是领导人的所作所为与国家兴衰的联系。

选择普京担任总理,是叶利钦做出的最后一个重大决策,无论对于俄罗斯国家还是对于叶利钦家族,这个决策也许是他所有决策中最为正确、最为重要的决策。普京保证了叶利钦家族的安全和富贵,却坚决地扭转了俄罗斯的改革方向,这显然出乎叶利钦的预料。更出乎叶利钦预料的,是普京一站稳脚跟,立即打击那些曾经帮助过自己的寡头,并结束了寡头干政的局面。而无论俄罗斯民众与国内各派政治力量,还是外国观察家,都从中认识到,叶利钦时期的确是全面结束了,其结束之快,也是叶利钦与所有其他人都没有预料到的。

第二节　普京与俄罗斯改革的新方向

当普京正式成为俄罗斯第二任总统时,他接过的是一个矛盾更为复杂的俄罗斯,经过八年的改革,"国家没有克服以前存在的许多矛盾,反而出现了新的矛盾,这些矛盾阻碍了国家向一个有效率的经济、福利国家和真正的民主制度的转变"②。普京就任总统之后,不得不面对这些复杂的矛盾并进行新的政策选择。虽然普京是叶利钦选择的继承人,但他与叶利钦却属于两类完全不同的政治家。他们的差别在于,第一,普京是一个现实主义者,他对俄罗斯面临矛盾的严重性及其根源的理解比叶利钦更为深刻,他认为:"国家忍耐力、生存能力和开展建设性工作的能力都达到了极限。"俄罗斯只能通过"渐进的谨慎的方式"实现自己的目标。第二,普京对俄罗斯发展的独特道路有着深刻的认识,不会迷信任

---

① А. Филиппов, *История России : 1945 - 2008*, М. Просвещение, 2008, c446、95.

② Бойков В. Э. , *Россия : десять лет реформирования*, Социологические исследования. 2001. No. 7.

何其他国家的经验和学说。他认为:"俄罗斯应该寻求自己的道路,拒绝'使用任何来自外国教科书的抽象模式和计划进行试验'。"而1992年开始的改革,则被普京认为是"对其他国家经验的机械复制"。① 第三,普京是一个爱国主义者和强国主义者,俄罗斯的国家利益是他制定政策的出发点,重建强大的俄罗斯是他追求的主要目标。尽管普京并不否定自由、民主等价值,但他不会以国家利益为代价来追求这些价值的实现。相反,如果对自由、民主等价值的追求将损害俄罗斯的国家利益,他一定会对这些价值的实现进行限制。客观形势与普京的个人特点相结合,决定了普京一旦开始行使总统权力,俄罗斯的改革方针和方向将发生根本性的转变。

俄罗斯经济改革方向的转变:建立新型政商关系

2000年3月,普京当选为俄罗斯总统后,立即要求相关专家根据他对俄罗斯发展的设想制定了《俄罗斯联邦到2010年的发展战略》(以下简称《发展战略》)的研究报告。

《发展战略》非常突出地强调:"保证所有的企业在法律面前一律平等,废除经济中的特权。""所有工商业活动都将受到同样规则的约束。"《发展战略》保证将为建立一个竞争性的市场经济创造条件。《发展战略》许诺,将关注在改革中承担了巨大灾难的弱势群体。②《发展战略》体现了一种新的改革思路,它的目标是要在俄罗斯建立起新的激励机制,这种激励机制将激励人们去从事合法的生产经营活动,而不是激励人们通过与政府官员的勾结来获得自己的利益,从而实现国家的经济增长。这说明,普京准备继续进行的改革,目的在于创造一个所有人都能够平等地进行市场竞争并通过自己的能力和努力获取利益的经济体制。为

---

① Richard Sakwa, *Putin: Russia's choice*, Routledge, 2008, p. 54.

② *Стратегия Развития Российской федераций до 2010 годо*, Москва, Фонда 《Центр стратегических разработок》, 2000г, c34.

达此目的,普京必须解决在叶利钦改革时期出现的新矛盾:经济改革并未建立起具有活力的竞争性市场经济,而是形成了独特的俄罗斯史无前例的"寡头资本主义制度"。[1]

在俄罗斯,所谓寡头,意指在私有化改革时期形成的大资本集团。寡头按照部门与地区原则形成,并遵循苏联时期资源配置的组织结构,在莫斯科和各个行政区域出现了联邦范围和地区性的寡头。寡头们控制了俄罗斯几乎全部的经济战略资源(拥有 90% 以上的石油天然气资源)和政治资源(控制了俄罗斯几乎所有主要的媒体),"没有寡头的批准,对任何资源都无法进行分配。"[2]寡头们拥有从国家攫取的巨额资本,富可敌国,但他们的资本并未投入到实体经济以扩大再生产,他们仍然主要依靠对国家资源的掠夺来积累资本,而他们不断增值的资本被大量偷运到国外,数额在 1500 亿至 3500 亿美元之间。寡头们寄生于羸弱的俄罗斯经济,并实际上掠夺了俄罗斯。

在 1996 年总统选举中,寡头与政权实现了紧密结合与相互渗透,在俄罗斯形成了"听命于富豪的政权","在这种类型的国家制度中,寡头们不仅拥有经济权力,而且还拥有巨大的政治影响"。[3] 寡头在 1996 总统选举后,在继续掠夺俄罗斯经济的同时,还大规模进入已经衰落的社会领域,破坏了国家的执法能力,也破坏了国家对公民履行职责的能力。通过提供资金和各个方面的帮助,确保叶利钦总统的政治生涯的安全,寡头们为自己的活动找到了最为可靠同时对实现自己的财富目标最强有力的庇护者。在叶利钦的庇护下,寡头们得到了自彼得大帝以来俄国商人从未获得过的荣耀,但他们的野心绝不限于得到政权的庇护,相反,他们还想直接控制政权,在 1998 年,寡头们也的确实现了这一目标。

---

[1] Меньшиков, *Наш капитализм: между олигархическим и бюрократическим*, Свободная мысль, №9, 2005 г.

[2] Симон Кордонский. ,*Ресурсное государство*, Москва: Regnum, 2007. С35.

[3] Крыштановская, *Трансформация бизнес - элиты России*, Социологические исследования. 2002. № 8.

"寡头不但控制了国家的现金流动,而且国家重大政治问题的解决亦为他们所掌控,甚至国家最高层干部的任命也要征求少数商界代表的意见。"[1]这种扭曲的政商关系,破坏了市场竞争环境,压抑了市场活力,妨碍了企业竞争力的形成,最终阻碍了俄罗斯的经济增长,也削弱了国家处理经济社会问题的能力。当普京在 2000 年 5 月正式就任俄罗斯总统时,他无法回避的主要矛盾之一,就是如何处理政权与寡头的关系,即建立符合市场经济发展要求的政商关系。

普京依靠情报机关等强力部门的官员组成了新的被称为"强人政府"的新政府,他与新政府的成员认为,叶利钦的私有化改革是俄罗斯的灾难,将国家战略资源石油天然气储备出售给私人是一种发疯的行为。当普京了解到国家仅控制了 4% 的石油后,私下抱怨道,世界上任何一个自重的国家都不会处于这样一种境地。2000 年 1 月,普京宣布,寡头不要再期待从他那里获得任何特殊待遇,他与商界巨头的关系就如同他与小面包房和小修鞋铺店主的关系一样。2000 年 7 月,普京召见了主要的寡头们,向他们解释了新的游戏规则。普京说,只要他们不插手政治,他就不会干涉他们的商业活动,也不会改变使他们成为富人的私有化的结果。这就意味着他们不应该资助任何政党,也不应该谋求个人的政治权利。[2] 普京对寡头们提出的要求,实际上限制了寡头们的活动范围,取消了他们过去曾经拥有的行动自由,缩小并将最终消除寡头们对政治决策过程的直接影响。普京的目的很明确,为了实现自己的战略目标,必须首先建立符合市场竞争要求的政商关系,以形成基于规则的正常的市场竞争环境,激发各类企业的活力,为俄罗斯的经济增长提供动力。

通过确立新的游戏规则,普京强加给寡头们一份非正式的"社会契约",即他们如果希望保住自己的财富,继续从事商业活动,就必须守法

---

[1] Крыштановская, *Бизнес-элита и олигархи: итоги десятилетия*, Мир России. 2002. Т. 11. No. 4.

[2] Martin Sixsmith, *Putin's Oil: The Yukos Affair and the Struggle for Russia*, The Continuum International Publishing Group Inc., 2010, pp. 45 – 46.

经营,按章纳税并远离政治活动。在此基础上,普京通过对寡头们进行选择性打击,迫使寡头们最终接受了新的游戏规则。首先受到打击的,是对新的游戏规则表示蔑视并热衷于政治活动的媒体大亨古辛斯基和别列佐夫斯基。为避免刑事犯罪的指控,两人流亡国外,他们拥有的媒体被国家接管。随后,1996 年参与"达沃斯协议"的波塔宁等人遭到检察机关传讯或调查。但俄罗斯最富有的寡头、占俄罗斯石油年产量 26％的尤科斯石油公司总裁霍多尔科夫斯基却公开对抗新的游戏规则,他似乎认为自己可以建立强有力的政治权力基础,他和尤科斯公司的一些高管成为国内几个反对党的主要金融支持者。借助于金钱诱惑,他成功地同多达 100 位杜马议员建立起紧密联系,这些议员随时准备支持他的一切要求。他还挫败了政府对石油公司增税和加强环境约束的努力。① 由于国际油价从 1999 年开始成倍上涨,尤科斯的财富急剧膨胀,霍多尔科夫斯基对抗新游戏规则的行动也逐渐升级,普京确立的新的游戏规则可能因此成为一纸空文。对霍多尔科夫斯基的打击终于降临,他于 2003 年 10 月 23 日被捕,2005 年 3 月 31 日因犯欺诈、侵吞国家财产和逃税被判刑 9 年。尤科斯事件显示出普京政府建立新型政商关系,限制寡头行动,拒绝将经济与政治寡头化的决心,所有寡头都感受到了这一点。

普京采取的措施收到了双重成效:

第一,新的政商关系在俄罗斯开始出现。各类商会的作用显著上升,大资本建立了"俄罗斯实业与企业家联盟",作为转变政府实践制度化的形式,普京定期与该联盟主席团举行会议。为中小企业服务的组织建立起来,借助这些组织,他们的意见可以及时得到反馈。"旧的非正式的政商关系让位于新创造的政商关系制度,这种制度具有政商关系非政治化的特点,并减少了商界内部的冲突。"② 新的政商关系的出现为形成规范的竞争性市场环境创造了先决条件。同时,普京继续推进经济改

---

① Marshall I. Goldman, *Petrostate：Putin，Power，and the New Russia*，Oxford University Press，2008，p. 113.

② Richard Sakwa, *Putin：Russia's choice*，Routledge，2008，p. 257.

革,一系列旨在使俄罗斯的市场环境"文明化"和提高公司治理水平的法规得到通过,这些立法给俄罗斯商业活动带来了秩序与稳定。

第二,国家重新获得了对石油天然气等战略资源的控制,也因此获得了国际油价继续成倍上涨带来的巨额收入,使得俄罗斯政府有了足够的资金来解决社会福利、国防建设、偿还外债等等问题,同时可以将更多的资金投入到基础设施建设和工业部门。

从普里马科夫开始到普京执政最终完成的改革方向的转变,终于为俄罗斯带来期待已久的经济持续较快增长与社会发展的恢复。1999—2008年,俄罗斯取得了连续9年平均年增长7%以上的经济成就,到2008年,俄罗斯GDP总量恢复到改革前的水平,人均GDP达到6800美元,略低于1989年的水平;资本市场总值从2000年的400亿美元上升到2008年的3500亿美元,2007年吸引外国直接投资520亿美元;外债从1998年相当于GDP的130%下降到2006年的18%,2006年外汇储备达到2680亿元,仅次于中国和日本,居世界第三位。经济增长为社会问题的解决提供了物质基础,2000—2008年,俄罗斯的贫困率从35%下降到10%,低于2008年法国13.7%的贫困率;2000—2007年,人均月工资收入从139美元提高到529美元。① 虽然收入差距在不断扩大,但大多数俄罗斯人的生活水平重新进入不断提高的时期,他们由此真正认识到改革的意义,这就使俄罗斯重新形成改革的社会基础。

政治改革的转向:重建垂直政权与可控民主的形成

普京在第二次当选为总统之后的一次新闻访谈中谈到自己在第一任期的主要成就时表示:"毫无疑问是加强了国家政权。"②普京自认为取得的成就反映出他不能不解决的在叶利钦改革时期出现的另一个新矛

---

① Simon Pirani, *Change in Putin's Russia*: *Power*, *Money and People*, Pluto Press, 2010, pp. 45,89 - 99,139.

② Edited by Alex Pravda, *Leading Russia*: *Putin in Perspective*, Oxford University Press, 2005,p. 75.

盾——弱国家。当普京通过确立新的游戏规则限制寡头时,他还必须加强国家建设,使国家具备履行自己职能的能力,否则,他无力击败寡头的抵制与对抗,而他接手的俄罗斯国家却缺乏这些能力。

俄罗斯弱国家的形成起源于叶利钦与最高苏维埃斗争时期,为了取得斗争的胜利,叶利钦对地区政治和经济精英做出了巨大让步,这保证了叶利钦在斗争中处于优势地位。当俄罗斯民众因为"休克疗法"的后果在为生存而挣扎时,由于叶利钦的让步,"组成俄罗斯联邦的许多共和国和地区转变成为半独立的或者新封建的政治实体"。整个国家的政权结构向分散化方向发展。由于地方分离主义不断得到强化,出现了事实上将俄罗斯转变为邦联的趋势,地区公开表示对联邦法律的蔑视并经常违反联邦法律却不会受到惩罚。虽然俄罗斯建立了超级总统制,总统可以随意罢免总理和部长,但他在地区毫无权威可言,"实际上,总统的权威仅限于莫斯科市区"。随着寡头干政的深入,"俄罗斯完全失去了中央权威","但权力的分散化和国家失去中央权威却制造出民主的幻觉,这种幻觉通过媒体的宣传进一步强化:缺乏能力的国家最符合公共利益"。当普京第一次正式履职时,"一个在所有的政治理论和政治实践中已知的政权结构中最糟糕的政权结构已经在俄罗斯形成"。①

这样的国家只能成为普京转变经济改革方向,实现既定战略目标的政治障碍。普京就职后在政治改革方面所能采取的措施也因此只能是强化国家政权与政治体制的稳定,"目标明确地恢复遭到破坏的垂直政权,并借助其巩固对国家的实际控制"②。

普京是一个冷静的现实主义者,他与戈尔巴乔夫和叶利钦的巨大差别之一,就是他不会为了获得虚幻的名声与赞誉无视俄罗斯的历史传统与现实条件。他对俄罗斯面临的历史上早已出现过而现实中更加严峻

---

① Andranik Migranyan,*What is 'Putinism'?*, Russia in Affairs, April-June. 2004.

② Галкин А, *У развилки. К второй годовщине президентства В. Путина*, Общественные науки и современность. 2002. No. 2.

的政治困境的理解,远远超过自斯大林去世后的所有苏联与俄罗斯领导人。像俄罗斯这样的国家,如果要实现国家的现代化,其前提条件是国家的统一与秩序,这就要求国家政权具有超强的整合能力,而这种超强的整合能力只能源于国家对具有战略意义的经济和政治资源的控制与政治权力的集中化,对此,普京显然有着清醒认识。因此,2000年总统竞选仍在进行时,普京就表示:"俄罗斯从一开始就建立了高度集中化的国家,这是俄罗斯遗传密码的一部分,是俄罗斯的传统,也是俄罗斯人民的心态。"①在当选为总统后,普京进一步强调,中央政权与地方政权之间争夺权力的竞争具有毁灭性,他宣布:"俄罗斯需要一个强大的国家,我们必须拥有一个强大的国家。"②

2000年5月13日,普京就任总统后不到一个星期就签署总统令,决定将组成俄罗斯联邦的89个行政区域(共和国、州与边疆区)划分为七大联邦行政区。这构成普京将要建设的垂直政权的主要组成部分,其构想显然来自彼得大帝在1708年将俄国划分为八大行政区并向每个行政区委派总督的历史经验。按照总统令,联邦总统向每个联邦大区派遣一名总统全权代表,他直接隶属于总统并向总统负责。设立联邦大区并由总统任命全权代表,削弱了地区行政乃至立法机构的权力,而且间接地将原属地区的一部分权力转移到中央。

四天以后,普京向国家杜马提交了一份法律草案,该法案主要内容是,剥夺178名地方行政长官联邦委员会议员的资格。因为地方行政长官作为联邦委员会议员,一身兼具执法和制定自己应该执行的法律的职能,违反权力分开的原则,也与联邦宪法相抵触。这一法律直接剥夺了地方行政长官作为联邦议员所享有的豁免权,也间接地使他们丧失了由地方政治领导人向国家政治领导人发展的机会,因而遭到地方行政长官的抵制,联邦委员会在6月30日以绝对多数驳回了普京提

---

① David M. Kotz and Fred Weir, *Russia's Path from Gorbachev to Putin*, Routledge, First published 2007, pp. 277.

② Brian D. Taylor, *State Building in Putin's Russia*, Cambridge University Press, 2011, p. 1.

出的法案。普京加强中央权威,建立垂直政权的努力遭遇第一次挫折。在坚持主要原则不动摇的前提下,普京对法案某些无关大局的问题进行了修改。杜马在 7 月 18 日通过该法律,普京成功地剥夺了地方行政长官在联邦委员会的权力。与此同时,普京还成功地使国家杜马通过了一项法案,该法案授予总统在地方行政长官出现违法行为时撤除其职务的权力,同时授权国家杜马解散地方立法机构的权力。普利莫尔斯克州长纳德雷田科成为总统新获得新权力后的第一个牺牲品,在滥用权力 10 年后,他于 2001 年 1 月 5 日被解除州长职务。俄罗斯宪法法院在 2002 年 4 月 4 日批准了总统解除地方行政长官职务和国家杜马解散地方立法机构的权力。而在此前的 2000 年 6 月 7 日,宪法法院通过了一项决议,终止联邦境内大多数共和国在苏联解体前后宣布的主权,宪法法院明确宣布:"俄罗斯联邦宪法不允许任何类型的国家主权超越联邦主权","各联邦主体并不拥有属于俄罗斯联邦的主权"。宪法法院还进一步明确,只有联邦政府拥有建立法庭和确定司法程序的权力。[1] 在主权宣示的 1990—1991 年曾经向共和国倾斜的权力杠杆,在 10 年后重新回归中央。这意味着俄罗斯再次进入由弱国家向强大国家转变的新周期。

　　2004 年 9 月 13 日,普京提出了新的举措:由总统提名地方行政长官人选,由地方立法机构予以批准,取消选举产生地方行政首长的制度。12 月 3 日,杜马通过了普京提出的关于地方行政首长选举的新法案。按照新法律,在地方行政首长任期届满前 35 天,总统将向地方议会提名候选人,地方议会须在两周内做出决定。如果地方议会两次否决总统的提名,总统可以解散议会并指定一名临时行政首长。这是普京第二次就任总统之后进行的最重要的政治改革,"改革不仅从根本上改变了俄罗斯联邦中央政权与地方政权的关系,而且改变了联邦的全部政治体制"。通过这次改革,原属地方的主要政治资源转到中央手中,所以,这次改革

---

[1] Richard Sakwa, *Putin：Russia's choice*，Routledge，2008，p. 199.

的另一个显而易见的目标是,"在新的政治结构框架内形成地方精英集团"①。

新法律的实施,意味着普京恢复遭到破坏的垂直政权的目标最终实现,中央政权的权威和执行能力显著增强,普京也成为名副其实的超级总统。他不但拥有宪法和其他法律赋予的比叶利钦更广泛的权力,也拥有执行这些权力的制度、机构和能力等政治资源。"实际上,超级总统制的管理形式基本依赖于政权的垂直化,政权垂直化的资源则是公民对国家领导人的高度信任。"②这使得他的执政绩效与叶利钦形成巨大反差:叶利钦的构想几乎都没有达到预期目标,而普京提出的构想,基本都达到了预期的目标。这其中的原因除了普京的目标更具可行性外,至关重要的是,普京治下的俄罗斯比叶利钦治下的俄罗斯具备更强的国家能力。

普京的这些改革无一例外地受到了反对派批评,他在政党制度方面的改革使他受到了更多的批评。从 1995 年到 2001 年,国家杜马内部的各委员会主席职务的分配,都是由杜马第一大党俄共党团与其他杜马党团按照"一揽子协议"进行分配。由于俄共在杜马议员中占据多数,杜马中半数委员会主席和议长职务都由俄共党员担任,而且俄共是政府不妥协的反对派。在普京指定的专家小组制定的《俄罗斯联邦到 2010 年的发展战略》提交杜马后,受到俄共党团的激烈批评。于是,过去的"一揽子协议"被废除,并重新确定杜马各委员会的主席。结果,俄共失去了大多数委员会的领导职务。俄共以召回自己议员表示抗议,但普京对俄共进行分化,担任杜马主席和两个议会委员会主席的俄共党员拒绝执行党的决议,普京成功地在没有自己政党的情况下,建立起一个多数议员有望支持自己改革方案的议会。

在改变了议会内部力量对比以后,普京建议制定俄联邦政党法。由

---

① Чирикова , *Путинские реформы и позиционирование региональных элит в России*. Мир России. 2006. No 1.

② Ю. Дорожкин, *Актуальные проблемы модернизации политической системы России*,Власть 10 за 2012г.

于缺乏法律机制,作为反映社会群体利益的政党,除了俄共之外,其形成和行动都缺乏社会群体的信任和支持,这些政党的活动主要借助大众传媒,与社会基本没有形成互动,而且政党数量太多。2001 年,杜马通过了《政党法》。2003 年 7 月 14 日,《政党法》进行修订,新版的《政党法》为政党参与杜马选举设定了党员数量门框。"在政治改革中,具有重要意义的,是联邦《政党法》的制定,该法律将政党党员的最低数量提高到 5 万人。"①

据俄罗斯司法部长对《政党法》实际效果的评价,它起到了政治力量集中的作用:在《政党法》生效前的 2001 年末,俄罗斯有 199 个全俄社会政治组织(58 个政党,36 个政治组织和 105 个政治运动),到 2004 年,继续活动的还有 46 个,其中包括"统一俄罗斯"党。②

统一俄罗斯党由普京提议,由"统一"和"祖国—全俄罗斯"合并组成。从 1991 年 6 月第一次俄罗斯总统选举开始,到普京就任总统,俄罗斯总统的产生都不是基于政党竞争,而是个人竞争。同时,现有政党的政治功能仅仅表现在带有政治浪漫主义色彩的政治对立乃至政治对抗。这种情况,无法保证俄罗斯政治朝着健康的方向发展。但历史演变总是具有惯性,当俄罗斯人民已经对政治浪漫主义不感兴趣时,俄罗斯已经存在的政党,特别是自由主义政党,仍然停留在 1980 年代末到 1990 年代的政治浪漫主义时期,白白浪费大量时间与宝贵的建设性资源。恰恰是俄罗斯其他政党不妥协的政治立场与脱离民众,给统一俄罗斯党的建立和迅速发展,提供了有利的条件。

统一俄罗斯党建党之初,吸引了大部分地方行政长官加入,同时,在俄罗斯地方建立起党的分支机构和大量的基层组织,在建党后的短时间内就吸收了近 70 万草根党员。这就使得统一俄罗斯党的性质难以判断,它既被看作是"政权党",也被看作是温和版的苏共。到 2012 年,统

---

① Андрей Зубов,*История России век*. 1939 - 2007,АСТ,Астрель,2010,c623.
② Жуков В . Ю ,*Новейшая история россии*:1985 – 2005,Санкт - Петербург,2006,c137 - 138.

一俄罗斯党已经拥有党员 200 多万,取代俄共成为俄罗斯第一大政党。

统一俄罗斯党没有明确的意识形态,它建党初期的口号是"统一的俄罗斯,强大的俄罗斯",但恰恰是将俄罗斯的国家统一和强大作为党的纲领,"反映了社会绝大多数人的利益,并与'左''右'极端立场区别开来"。统一俄罗斯党的党员结构,为普京的政治改革提供了双重保障,"在新世纪,统一俄罗斯党在恢复'垂直政权'中发挥了重要作用,大批地方行政首长成为其推动者"①。拥有远远超过其他政党的草根党员,统一俄罗斯党在 2003 年的杜马选举中大获全胜,它的议会党团加上它联合的独立代表,共有 325 人(占议员总数的三分之二强),同时,自由主义反对党第一次未能进入国家杜马,左翼的俄共在杜马中席位下降到仅占 12% 的席位"。《政党法》"加强了对国家选举的控制功能,也就帮助加强了统一俄罗斯党的地位"②。在此后的两次杜马选举中,自由主义反对党再无机会进入国家杜马,被彻底边缘化,俄共也从此不能再对政权构成真正的挑战。自从统一俄罗斯党建立,国家杜马就成为一个政党的、实际上忠于总统的杜马。普京得以顺利地将自己所有改革设想转变为实际行动,而不会在杜马遇到实质性挑战,这也是普京的目标能够基本实现的主要原因。

当然,普京为此付出的个人代价是,他被俄罗斯国内所有反对派和一些媒体与学者以及所有西方媒体视为威权主义者并遭到猛烈批评,他的改革被认为是破坏了民主。但一些俄罗斯学者认为,普京建立的新体制,既不是民主制,也不是威权主义,而是兼具这两种制度的特点。他们将其称为"可控民主"或"威权民主",也有学者称其为"民主制的仿制品",并且认为,"总体而言,2006 年来临之际,俄罗斯类型的民主仿制模式基本形成"。③

---

① Э. М. Щагин, *Новейшая отечественная история. Том 2*, М. : Гуманитар, изд. центр ВЛАДОС, 2008. c500.

② Андрей Зубов,*История России век. 1939 - 2007*, АСТ, Астрель, 2010,c623.

③ С. Лаврентьев, Р. Латыпов *Гражданская корпорация как форма политической активности российского общества*, Власть12 за 2012 г.

普京似乎并不在意将他称为威权主义者,而且明显很欣赏"可控民主"这个概念,认为这恰恰是现阶段俄罗斯需要并能保证俄罗斯推进现代化的政治体制,他明确表示:"俄罗斯应该沿着市场经济、国家调节和可控民主的道路前进。"①俄罗斯人民和它的领袖能否创造本国版本的民主制,需要时间来证明,而这个过程可能需要花费几十年的时间。

可控的多元化:普京治下的媒体与社会思潮

普京就任总统以后的几乎所有举措都充满了争议,特别是西方媒体几乎对普京的每一项新的改革措施都持批判态度,而普京对俄罗斯媒体采取的措施,则受到西方媒体最为猛烈的批判,即使在俄罗斯国内,也是反对声不断。

普京在 2000 年 3 月宣誓就任俄罗斯总统后首先采取的新的措施之一,就是针对俄罗斯媒体的。2000 年 9 月,俄罗斯国家安全会议批准了《俄联邦信息安全条例》,紧随这个条例的,是一系列限制大众媒体行动的媒体规范法规,如 2002 年颁布的《反极端主义法》。该法律的第 11 条规定:"禁止通过大众媒体传播极端主义的材料。"在 2006 年经过修改的《反极端主义法》将极端主义的定义范围进一步扩大到:"针对担任俄联邦国家职务和担任联邦主体国家职务的个人的诽谤被视为极端主义行动。"英国学者戴维·莱因认为,由于该法律内在的含糊性,使得对极端主义的判断存在随意性,而政府也可以随时出于政治目的使用该法律惩罚某些媒体。"无论如何,官方能够以违反《反极端主义法》对媒体进行警告。"例如,《独立报》因为刊登了与车臣叛军首领的访谈而受到警告。2007 年 4 月,颇受欢迎的《报纸》网,也由于发表了对被取缔的民族布尔什维克领导人的访谈受到警告。②

---

① Рой Медведев,*Владимир Путин*,Молодая гвардия,2007,c292.
② Edited by Stephen White, *Media*, *Culture and Society in Putin's Russia*, Palgrave Macmillan,2008,p. 184.

但一些俄罗斯学者却持有不同看法。在普京就任总统前不久，俄罗斯学者利西奇金等刚出版了《第三次世界大战：信息心理战》，提出了媒体与信息战之间的联系问题，引起俄总统办公厅的重视。这也许是普京担任总统后制定《反极端主义法》的起因。这时俄罗斯正在进行与车臣的新的战争，而第一次车臣战争，俄军的失败在很大程度上也是信息战的失败。当时，正是媒体发布的信息极大地影响了俄罗斯民众对战争的态度。在第二次车臣战争开始后，同样的问题再次出现，"所有在莫斯科的亲车臣和亲西方的报纸、广播和电视都采取了行动"。"大量的谎言和虚假报道不仅充斥着西方的报纸和杂志，也充斥着俄罗斯相当部分的大众媒体"。[1] 第二次车臣战争一开始，俄罗斯领导人的主要目的之一，"就是打赢信息战，总的来所，不能不承认，这一次国家和军队领导人在这方面做得相当成功"[2]。

除了制定《反极端主义法》和其他一些相关法律，普京针对媒体的第二个举措，就是将几乎所有节目覆盖全俄范围的电视台通过各种方式逐渐国有化。对媒体大亨古辛斯基和别列佐夫斯基的打击，迫使他们逃亡海外，国家通过不同方式，将原属他们的媒体国有化。在2002年，俄罗斯 TVS 接管了独立电视第六频道。TVS 由私有化的实际执行者、后来的寡头丘拜斯等所有。仅仅过了一年，俄联邦新闻主管部门以 TVS 的资金问题为理由，停止了该电视台播送节目。几天后，一个得到国家支持的电视频道取代了 TVS。但是，这里出现了法律程序问题，有权力停止 TVS 节目播放的，应该是法庭。到2004年，所有的全国性电视节目的播放都已经处于国有机构的控制下。俄联邦的反对派对于普京将电视台置于政府的有效控制下特别愤怒，他们认为："普京和他的团队，完全不是为了打击电视寡头，而是为了消灭理解我们行为的观念多样性，

---

① Рой Медведев, *Владимир Путин*, Молодая гвардия, 2007, с134.

② Edited by Stephen White, *Media, Culture and Society in Putin's Russia*, Palgrave Macmillan, 2008, p. 185.

即为了消灭言论自由。"①

　　普京在第一个总统任期内对俄罗斯的大众传播媒体进行了重新组合：电视和广播都是国家所有，其领导人和主要的节目制作人都是忠于政府或者依靠政府的人，这就保证了电视节目在政治上与政府保持基本一致；报纸和期刊除了因为发布不当信息会受到警告外，俄联邦政府并未给予更多的限制；对于互联网，俄联邦政府的限制也非常有限。从普京针对不同媒体形式采取的不同举措来看，不能说普京在俄罗斯完全消灭了言论自由，准确地说，应该是控制着新闻自由。实际上，普京建立的俄罗斯媒体管理体制，同样是一个非常特殊的体制："它在支持多样性的同时，也限制多样性。因此可以将其称为可控的多元化。""可控的多元化与民主制的区别在于，在民主制下也存在确定的边界，而在可控多元化制度性，这个边界的形成与改变缺乏制度性程序。"②实际上，在普京治下，俄罗斯的独立报纸得到了迅猛发展，2001 年俄罗斯注册的报纸为 16930 种，到 2006 年就已经增加到 26558 种，增加了 8000 多种。特色期刊从 10239 种增加到 19503 种，增加了 9000 多种。

　　普京针对不同形式的媒体采取的不同举措，很可能是因为不同形式的媒体对民众的影响不同。俄罗斯民众接受信息的途径也具有俄国特色，即电视是俄罗斯民众接受信息的最为主要的途径。98％的俄罗斯人观看电视，66％的人阅读报纸，53％的人听广播，38％的人阅读期刊。虽然俄罗斯人当中阅读报纸的人比例极高，但俄罗斯的全国性报纸发行量已经急剧下降，地方性报纸占据了大部分市场。期刊中发行量高的都是生活类、时尚类杂志，文学和政论类期刊的发行量与公开性时期比都下降 95％以上。俄罗斯人对互联网的使用率较低，全俄罗斯只有 11％的

---

① Лимонов Э. В. Путин, *Семь ударов по России*, М.：Алгоритм, 2012. c189.
② Балзер, Х., *Управляемый плюрализм В. Путина*, Общественные науки и современность, 2004. № 2.

人使用互联网,在农村使用互联网的仅 2%,在大城市也仅为 15%。[1] 控制电视节目的播放,又放开报纸等媒体,使得普京能够有效地将他的观念和意图传送到几乎俄罗斯的每一个角落,却将反对派的声音限制在一个较小的范围内。俄罗斯媒体生态的变化,达到了制止极端主义思潮传播的目的,也增强了普京和统一俄罗斯党的政治竞争力。

伴随俄罗斯经济恢复和发展,政治逐步稳定与媒体生态的变化,俄罗斯人彻底告别了政治浪漫主义,俄罗斯社会对一系列问题的认识发生了又一次较大幅度的转变,众多似乎已经有了定论的问题又被重新讨论,俄罗斯的主流社会思潮也发生了根本性转变。

2011 年末到 2012 年初,俄罗斯科学院社会学研究所就过去 20 年俄罗斯人民对改革的理解进行了调查。结果显示,在 1991—2011 年间,俄罗斯人民对苏联改革以来发生的重大事件的认识有了根本性变化。在 2011 年俄罗斯人民对于 1991 年的"8·19 事件",肯定叶利钦行动的下降到 41%,而否定的上升到 35%;对苏联解体,持否定意见的为 73%,持肯定意见的为 14%;对"休克疗法",肯定的为 19%,否定的为 66%;对解散最高苏维埃,肯定的为 23%,否定的为 37%;对 1993 年宪法,肯定的为 44%,否定的为 17%;对于 1996 年总统选举,肯定的为 24%,否定的为 59%;对于 1998 年金融危机,肯定的为 2%,否定的为 91%;对叶利钦在 1999 年末辞去总统职务,肯定的为 77%,否定的为 11%;对普京在 2000 年当选为俄罗斯总统,肯定的为 82%,否定的为 10%。该调查报告还指出:"正是金融危机导向了先是普里马科夫政府,然后是普京政府的形成,这两个政府被社会理解为对 1990 年代改革的建设性替代方案。"[2] 2011 年俄罗斯社会对国家重大事件的评价,说明在俄罗斯人民的认识中,从戈尔巴乔夫到叶利钦时期的改革带来的基本都是消极的影响,社

---

[1] Pietilainen,*Media Use in Putin's Russia*,Journal of Communist Studies and Transition Politics,September 2008.

[2] Под ред. М. Горшкова,Р. Крумма,Петухова. *Двадцать лет реформ глазами россиян*,М. Весь Мир,2011,c43.

会认识的这种变化,不能不带来主流社会思潮的变化。

从戈尔巴乔夫推行公开性开始,自由主义逐渐排挤社会主义思想,最终占据主流社会思潮的位置,并成为执政精英寻求俄罗斯现代化道路的理论基础。"休克疗法"和私有化改革带来的持续经济危机,寡头与政权的勾结和自由主义者一如既往地对寡头的支持,使自由主义声誉扫地,但还没有被彻底边缘化。普京的所有改革措施在很大程度上恰恰与自由主义提倡的基本原理相悖,却取得了成功,使俄罗斯摆脱了持续的危机和社会动荡,因此,到普京第二个任期时,自由主义已经彻底失去了对社会的影响力。在自由主义被边缘化的过程中,社会主义的影响重新增加。民族主义在公开性时期兴起,至今一直是最为强大的社会思潮。所有秉持其他思想的政治力量,为增强政治影响力,都不能不借用民族主义的概念理论。2001 年的社会调查的结果已经说明了民族主义的影响,有 71％的受调查者认为:"俄罗斯属于'欧亚文明',西方模式不适用于俄罗斯。"只有 13％的受调查者认为,俄罗斯是欧洲文明和西方的一部分。[①] 2011 年调查结果则显示,49％的人认为,西方国家希望削弱俄罗斯,认为西方对俄罗斯命运并不关心的占 27％,认为西方国家想要帮助俄罗斯的仅有 8％。[②] 对俄罗斯独特性的认识与对西方国家意图的普遍怀疑,是民族主义持续发挥影响的结果。

当俄罗斯社会对戈尔巴乔夫改革以来的主要重大事件持基本否定态度时,对苏联历史的重新认识就随之而来。这次的重新认识没有官方背景,所以,更加客观也更加理性。对苏联历史进行了重新研究研究,出版了数以百计的著作,这些著作使用过去未公开的档案,肯定了苏联社会主义现代化的成就,其中有的著作成为畅销书,发行量达数十万册。曾经被否定的斯大林和勃列日涅夫,得到了更多的肯定性评价,勃列日

[①] Loughlin, A. , *"Risk Westward Turn?"Putin's 9 - 11Script and Ordinary Russians*, Europe-Asia Studies January 2004.

[②] Под ред. М. Горшкова, Р. Крумма, Петухова. *Двадцать лет реформ глазами россиян*: М. Весь Мир, 2011, с191.

涅夫时期甚至被称为黄金时期。

与此同时,在俄罗斯民间重新出现了亲斯大林情感。在斯大林去世50周年时,俄罗斯的多家报刊发表了文章,其中不乏赞誉之词。到2013年斯大林去世60周年时,这种情感似乎更加强烈。俄罗斯社会调查机构列瓦达进行的民意调查结果显示,42%的受访者认为斯大林是对世界历史产生最大影响的领导者,而在公开性时期对斯大林持肯定评价的只有12%。[1] 由于普京的改革以坚持秩序和稳定以前提,因此,无论对普京的行动给予肯定还是否定评价的各方人士,都自觉不自觉地将普京与斯大林联系起来。对于普京转变俄罗斯经济政治改革的方向,自由主义反对派认为这是"重新苏维埃化",斯大林将为普京感到自豪。[2] 2013年8月23日,当普京来到伏尔加格勒参加斯大林格勒保卫战打响71周年纪念活动时,一位二战老兵说:"他是个不多见的人物,还不大像斯大林,但是快了。"[3]来自世界各斯拉夫国家的25万人参加了集会。亲斯大林情感的复活,说明支配俄罗斯民众历史观的,仍然是对国家领导人与国家强大之间联系的认识,是能否实现社会的稳定、秩序与国家强大,这与一百年以前的俄国社会相比,并未发生根本变化,其对俄罗斯未来现代化历程的影响不能忽略。

---

[1] Maria Lipman, *Stalin Lives*, Foreign Policy, March 1, 2013.

[2] Victor Davdoff, *Why Stalin Would Be Proud of Putin*, The Moscow Time, May 13, 2013.

[3] Simon Shuster, *The world According to Vladimir Putin*, Time, September 16, 2013.

第九章 俄罗斯未来的发展

2013 年的俄罗斯是世界所有国家中最为特殊的国家,在经过 1999—2008 年的较为快速发展后,它被列为"金砖国家"之一,俄罗斯也接受了这个现实。从 1913 年到 2013 年俄罗斯的百年现代化历程来看,这种国际地位实际上并不是俄罗斯的荣耀,无论在 1963 年还是在 1983 年,国际社会和苏联都不会将苏联的现代化水平与中国、巴西和印度相提并论。从昔日的超级大国转变为金砖国家,实际上是俄罗斯重回资本主义世界体系成为边缘国家的体现,2013 年的俄罗斯与 1913 年的俄罗斯非常相似,而且它仍然在继续寻找能够使国家实现对先进国家赶超的途径,但其所处的内外环境却已经完全不同于 1913 年了。

第一节 俄罗斯的政治难题与俄罗斯的政治发展

从 2000 年开始,俄罗斯解决了许多从戈尔巴乔夫时期遗留下来在叶利钦时期严重恶化的一些政治难题,但另外一些政治难题,经普京的前两个总统任期和梅德韦杰夫,到普京的第三个总统任期,却一直没有解决,而普京的改革在解决问题的同时也制造了新的问题。

俄罗斯政治上面临的第一大难题是政治腐败。按照透明国际发布的 2012 年世界各国廉洁指数,俄罗斯在 180 个国家中排第 133 名,处于腐败最严重国家行列,在其他三个金砖国家比,排名分别落后 64—39位。俄罗斯的腐败始于叶利钦的私有化改革时期,在 1996 年后达到高潮。俄联邦政府认真对待腐败问题是在普京就任总统后,但真正地开始反腐败,是在 2003 年 9 月普京建立了"隶属于俄联邦总统的反腐败委员会"才形成反腐败的机构。尽管采取了各种措施,2000—2012 年间,俄罗斯的腐败仍然继续蔓延。

国家杜马议员伊柳辛认为,腐败日益严重,"普京负有直接的责任","许多领域的腐败都以总统领导形成的扭曲的制度为基础,联邦政权结构和管理不是遵循办事效率原则,而是遵循熟人关系、个人效忠、阿谀奉承和裙带关系原则"。[①] 这个分析显然是有道理的,而且切中要害。在普京为重建垂直政权对政权结构进行改革后,"从 2000 年起,国家和市政公务员的数量增加了一倍半,他们中的许多人(甚至是不知不觉地)落入了腐败的网络"[②]。

除此之外,俄罗斯的腐败也有其经济基础。"21 世纪初,在俄罗斯的现实条件下形成的新的生产关系与制度只能是国家资本主义制度。当然,国家资本主义制度存在巨大的危险与缺陷,其中包括官僚主义与腐败的危险。在当代俄罗斯由于不存在历史形成的阶级和阶层,主要的执政阶级由官员组成。又由于缺乏代表不同阶级与阶层的有影响力的政党,国家的掌权者基本不受监督。"[③]所以,俄罗斯的腐败实际是其独特的发展道路带来的独特的社会结构、政治结构与政权结构的产物,与其他国家不具有可比性。而且,俄罗斯社会对腐败的看法也较为独特。"需要特别强调的是,腐败现象的长期性在很大程度上是因为公众对腐败认识的二元性。一方面,社会理解腐败具有致命性,公众将其视为消极现

[①] Илюхин В. И. , *Путин. Правда, которую лучше не знать* , М. : Алгоритм, 2011. c33,36.

[②] Охотский Е. В. , *Коррупция: сущность, меры противодействия* , С оциологические исследования. 2009. № 9.

[③] Рой Медведев,*Владимир Путин* , Молодая гвардия, 2007,c244.

象,梦想有一天能够摆脱它。另一方面,许多公民已经心甘情愿地接受了腐败现象,并认为,腐败没有太大危害。相反,腐败已经变成某种熟悉而普遍的事物,并被看作理所当然。最普遍的观点是,即使将所有的官员都由另外一批人代替,情况也不会发生实质性改变。腐败被看作是现实生活不可分割一部分,几乎等同于某种社会规范。"①

俄罗斯现行的经济、政治体制和社会对腐败的独特态度,决定了俄罗斯在未来的发展道路上注定将始终被腐败问题所困扰,它将在多达程度上影响俄罗斯未来的发展,俄罗斯是否会因为腐败成为一个失败国家,都是难以回答的问题。

俄罗斯未来政治发展将面临的第二个难题是,俄罗斯已经形成的可控民主将如何满足俄罗斯人民的意愿并成为一个有效率的制度。俄罗斯在政治形式上已经采用了西方式自由民主制度,这个制度建立之初,虽然有许多政党,但当时的政党处于高度碎片化的状态,非党政客拥有比政党更多的资源,在选举中起到了主要作用。在普京时期,统一俄罗斯党一党独大,使得俄罗斯自 2003 年以后的所有选举,无论是总统选举还是杜马选举,基本上都没有悬念。统一俄罗斯一党独大局面的形成,保证了俄罗斯的政治社会稳定,促进了经济发展,消除了将大量时间和资源浪费在党争的现象。但无论是叶利钦时期还是普京时期,俄罗斯的民主制度并没有使俄罗斯人民真正感觉到这是一个民有、民治、民享的制度。俄罗斯社会学家的调查显示:"俄罗斯人对在俄罗斯已经建立的民主制度最主要的抱怨是,它缺乏效率。俄罗斯人的抱怨所涉及的首先是那些应该表达和保护人民利益的机构。""调查数据显示,俄罗斯人最不信任的,是政党、司法机关、警察、国家杜马、媒体(包括纸媒体和电子媒体)和社会服务机构。""最信任的是各级政权:总统、政府和州长。"调查结果还显示,只有 28％的俄罗斯人对"民主制运行的方式"表示满意,

---

① Охотский Е. В., *Коррупция: сущность, мерыпротиводействия*, Социологические исследования. 2009. No 9.

78％的人表示不满意。"俄罗斯人坚信,俄罗斯版的民主制与市场经济远非完善,他们还坚信,俄罗斯的民主化进程明显已处于'停滞状态',发现自己正陷入某种恶性循环。由于缺乏来自大众和精英的支持,新民主制的各项制度就不可能变得有效率。因为在大多数人看来这些制度无助于解决社会面对的问题,它是无效率的,从而无法获得支持,也因此失去了合法性。"①可控民主的形成实际上与俄罗斯的国情特别是俄罗斯的社会心理变化高度契合,未来不太可能发生根本性变化,如何提高其效率,不仅将影响俄罗斯民众对这个制度的支持,而且也将影响到俄罗斯的经济发展。

俄罗斯已经形成的统一俄罗斯党独大,未来很可能在俄罗斯形成类似于日本战后自民党长期垄断政权的局面。这种局面对于俄罗斯的政治发展具有有利因素,同样也会带来挑战。统一俄罗斯一党独大依靠的首先是普京的个人影响力,其次是"统一俄罗斯对'行政资源'的运用:在媒体空间的绝对统治地位,对金融工具的控制和对司法机关的影响"②。构成统一俄罗斯一党独大的这两个基础,将会在未来给俄罗斯政治发展带来挑战:普京之后统一俄罗斯还能否一党独大? 在普京就任总统之前,统一俄罗斯的前身"统一"和"祖国—全俄罗斯"在总统和杜马选举中都不敌俄共,说明普京对于统一俄罗斯一党独大具有决定性意义。这反映出俄罗斯政治实际上仍然带有强烈的个人化政治的色彩。个人化政治具有多方面的危害:"它破坏了政治代表机会的平等,削弱了政治竞争,还会对基于不同利益的协调来制定重大决策遇到困难。"③尽管存在这样的挑战,统一俄罗斯一党独大的局面不太可能被改变,因为曾经是俄罗斯第一大政党的俄共,在发生多次党内分裂后,其党员人数与社会

① Горшков, *Российский менталитет в социолог ическомизмерении*, Социологические исследования. 2008. No6.

② Андрей Зубов, *История России век*. 1939 - 2007, АСТ, Астрель, 2010, c640.

③ Михаил Краснов, *Персоналистский режим в России*, М. : Фонд 《Либеральная миссия》, 2006. c8.

影响力均大大下降,已无力构成对统一俄罗斯的有力挑战。俄罗斯其他政党包括在 1993 年杜马选举中大出风头的自由民主党,在杜马选举中都是比较勉强地获得进入杜马的资格,其领导人要问鼎总统,基本上不存在可能性。俄罗斯未来非常可能形成类似于日本自民党一党独大,连续执政四十多年、其他政党扮演政治配角的政治格局。

俄罗斯政治发展的最大难题在于,自 1985 年戈尔巴乔夫改革开始到现在,在放弃原有理论之后并没有形成俄罗斯自己的政治理论。"自由主义西方派尽管总是吵吵嚷嚷地存在于首都知识界,却没有能力独立地从民众的不满中获得优势。这表明,自由主义模仿者在理论上太过深奥,太过脱离民众。""此外,精英主义的个人主义意识形态对建立政党和政治运动也不合适。""同样,社会民主主义也不适于引入俄罗斯。"既然外来的理论不能解决问题,就只能转向俄国历史来获取灵感。彼得大帝因此成为选择的对象,但"他的政府与当今时代相距太过遥远","尽管进行了某些向斯大林回归的尝试,但其形象总会引起太多的争议"。卡内基莫斯科中心组织编撰的《俄罗斯 2020:发展方案》认为:"从政治观点看,列宁的形象具有四个方面的优势。第一,他无可争议的在国家建设方面取得了成功,使俄罗斯帝国摆脱了失败的深渊、外国干涉和地方分离主义。""第二,列宁扫除了曾经挡在维特伯爵改革道路上的障碍,并将改革继续进行。""第三,列宁事实上解决了西方派与斯拉夫派之间的争论,即他将这两者综合起来。""第四,民族英雄应该是坚决的富有远见的领袖。"而列宁就是这样的领袖。"我们预测:胜利者只可能是,以不同方式认识到列宁主义潜力的政治力量。"[①]

俄罗斯未来的经济发展

1999—2008 年间,俄罗斯经济保持了 10 年较快速度增长,这使得俄

[①] М. Липман и Н. , *Петрова под ред.* , *Россия‐2020*: *Сценарии развития* , Моск. Центр Карнеги. 2012,с56‐57.

罗斯政府和专家都认为,俄罗斯已经完成了经济改革任务,俄罗斯经济有望继续保持增长并重返世界经济强国的行列。但 2009 年,在世界经济危机的影响下,俄罗斯经济下降 7.2%,2010 年俄罗斯经济仅增长 2.4%。2009 年俄罗斯经济出现较大负增长,已经暴露出俄罗斯经济增长方式存在的问题,但并未引起俄罗斯政府与专家们的重视。相反,在俄罗斯专家中,对俄罗斯经济前景总体持乐观态度。俄罗斯专家估计,在克服了经济危机的影响之后,俄罗斯经济增长速度将高于世界经济增长速度,2012—2016 年间,保守估计,俄罗斯经济年均增长速度将达到 4%—4.5%,乐观估计,将达到 6%。[①] 然而,在克服经济危机以后,俄罗斯经济并未达到预期增长速度,2011 年,俄罗斯经济增长 4.2%,2012 年仅增长 3.4%,比保守估计的增长速度还低。2013 年 1—3 季度,俄罗斯经济的增长速度分别为 1.6%、1.9 和 1.2%,大大低于俄政府和专家的预期。对于经济发展的长期远景,在 2013 年春季,俄罗斯政府估计,到 2030 年,可保持 4.3% 的年平均增长速度。在 2013 年 9 月,俄罗斯政府对未来长期经济增长前景重新进行研究后,"2013—2030 年间的增长速度被下调了 1.5 个百分点,即年平均增长 2.8%,而不是 4.3%,低于世界经济增长速度。到 2030 年,俄罗斯的 GDP 在世界 GDP 总量中比重将从 2012 年 4% 下降到 3.4%"。"高等经济学院发展中心的 21 名专家一致认为,未来 10 年,俄罗斯的增长速度将低于 3%,仅仅在不久前,这个速度都被认为是危险的低速度"。[②]

俄罗斯经济从连续 10 年保持近 7% 的年平均增长速度到突然严重失速的转变,其实并不奇怪,俄罗斯已经完成了向市场经济的体制转变,其经济体制的市场化程度显然要大大高于中国和印度,所以,俄罗斯经济增长速度的突然大幅下降,不能再归咎于体制约束了经济增长的动力。既然俄罗斯已经有了一个市场经济体制,却不能保持经济的持续高

---

① Д Р Белоусов, К В Михайленко, А Ю Апокин, *Сценарные оценки основных параметров долгосрочного развития российской экономики*, Форсайт. 2010. Т. 4. No 1.

② Ольга Кувшинова, *Россия готовится к десяти тощим годам*, Ведомостей, 07. 11. 2013.

速增长,说明市场经济体制仅仅是经济持续高速增长的必要条件,但还不是充分条件,充分条件还包括经济增长方式、国家的基础工业能力(从原材料开采到产品设计、制造与零部件的配套能力)、国家的科技潜力与科技进步对经济的贡献率、国民的劳动态度、投资环境、基础设施建设等等。认为只要建立市场经济体制就能立刻实现经济发展的飞跃,甚至可以在短期内进入发达国家行列,是不切实际的,而叶利钦及其经济顾问的最大问题恰恰是不切实际。他们在俄罗斯以激进的休克疗法建立市场经济体制,为国家的经济发展创造了必要条件,却破坏了经济发展的充分条件,如国家的基础工业能力和国家的科技潜力,同时又未能建立起有效率的政治体制,提高行政效率,俄罗斯的投资环境对投资者的吸引力远不如其他金砖国家。

1985年苏联开始改革的目的之一,就是为了建立一个能够回应新技术革命的经济体制,在新技术革命中继续实现赶超目标。从1985年苏联开始改革到2013年,经历了从苏联到俄罗斯的剧变,28年过去了,俄罗斯在任何一个高新技术产业中都没有形成自己的竞争力。这并不是苏联与俄罗斯缺乏相应的技术基础,而是剧烈的政治斗争与社会动荡耗费了大量宝贵时间,等到俄罗斯终于稳定下来,开始认真思考经济增长问题时,当年基础工业能力与技术水平比苏联落后得多的中国、印度分别在不同高技术产业中形成了国际竞争力,并加强了国家的科技实力。而俄罗斯在剧烈动荡中失去宝贵时间的同时,也削弱了国家的基础工业能力与国家的科技潜力。

苏联时期形成的科技潜力在改革中因为三个原因被削弱:一、苏联解体后俄罗斯开始出现的一轮又一轮的学术移民潮,按照俄罗斯安全委员会的数据,从苏联解体的1991年到2000年,有20多万名俄罗斯科学家离开俄罗斯移民其他国家。在学术移民潮中,甚至出现了科学研究机构全体人员整体移居外国的情况,"在1990年代初期,俄罗斯科学院的几个生物实验室整体移居国外。在以色列和美国一些大学中数学系的专家全部由来自俄罗斯的科学家组成"。"在激进改革年代,俄罗斯丧失了它的相当大部分的科学潜力,特别是失去了那些最优秀的专家"。①
二、相比于苏联时期,俄罗斯队科学研究的投入大幅减少。2003 年,俄罗
斯的科研经费投入仅为 12 亿美元,而美国高达 2800 亿美元,中国为 380
多亿美元。俄罗斯的科学研究水平因此被进一步削弱。如果说俄罗斯
还有一些学科保持世界先进水平,也是苏联留下的遗产。三、俄罗斯改
革的矛盾性质对社会价值观产生重大影响,科学工作的声望在俄罗斯社
会中大幅度下降。"社会的价值取向转向了立即获得个人成功,却损害
了教育、科学与文化、提高专业能力、以创造性劳动获得成功与社会威望
等永恒的人类基本价值。"②社会价值观的转变使得报考自然科学与技术
科学的青年人数量不断减少,而腐败侵入教育与科技领域也对俄罗斯的
科技进步造成了不良后果。

科学技术潜力被极大削弱的消极后果就是俄罗斯工业技术水平的
下降,其对经济的直接影响,是俄罗斯的经济结构失调甚至比苏联时期
的经济失调更严重。

在世界大国中,俄罗斯的最大优势是其拥有的及其丰富的自然资
源,特别是石油资源。普京就任总统后,为了加快经济发展,在打击寡头
的同时,也进行了经济增长方式转变,"2001—2002 年之交,俄罗斯从面
向国内的经济增长转变为原料出口型的经济增长。"俄罗斯在 2000—
2008 年间的经济增长在一定程度上是其转变经济增长方式促成的,俄罗
斯在 2009 年以后经济增长速度大幅下滑,也是经济增长方式转变的结
果。2000 年,国家原油价格徘徊于每桶 20 美元以下已近 20 年,从 2003
年开始,国际原油价格一直呈现成倍上涨的趋势,到 2008 年 7 月达到每
桶 147.5 美元的高点,相比于 2000 年初,国际石油价格上涨 7 倍。这使
得俄罗斯资源出口型的经济增长方式获得巨大收益,俄罗斯在此期间的
原油和天然气出口量也大幅上涨。"俄罗斯 GDP 的一半依靠资源工业

---

① Tatiana Naumova, *Academic Emigration from Russia*, Russian Politics and Law, January -
February 2005.

② Жуков В. Ю, *Новейшая история россии*: 1985 - 2005, Санкт - Петербург, 2006, c173.

部门的出口和其他贸易实现。""原料出口的增长和石油价格上涨对俄罗斯 GDP 增长的贡献率达到 60%。"①但俄罗斯学者在 2009 年危机前已经看到了这种经济增长方式潜藏的不良后果是：导致国家制造业的衰落,从而使进口替代战略无法实施,而且国家整体经济依赖于其出口商品的价格波动;结构转型失去激励,导致经济结构的退化,经济对高油价的依赖使得经济可能因石油价格下降而崩溃;对高等教育需求的下降,因为矿产资源开采等工业部门是典型的对学历和技术能力要求不高的部门,原料部门在经济中占据统治地位,降低了对更高级教育的需求,这将产生长期的危险后果。②

仅仅过了一年,上述不良后果就充分表现出来。所以,尽管俄罗斯已经建立了市场经济体制,但其发展方式和原料工业主导的经济结构却不能保证经济的持续较高速度发展。"俄罗斯经济存在严重的结构问题,它降低了国家经济政策的效率。"③

俄罗斯经济遭遇新的难题与世界经济的新变化,促使俄罗斯政府和学者重新思考其发展战略和发展方式。新的发展战略被提出来,以技术变革和制度变革相结合为基础,实现俄罗斯经济的现代化被作为未来的发展方案提出来。"在未来 12—15 年间,创新发展的方式逐渐占据主导地位,以高技术为基础改造国家所有的经济部门,包括原材料工业部门。俄罗斯的经济增长要以战略创新和资源结合为保障,改造为能够生产具有高度竞争力、最终为国内和世界市场所需要的产品。""实施这个战略需要俄罗斯经济的技术、制度、干部和组织管理基础的根本现代化。""中国的经验证明,国家在落后经济体的现代化中发挥着决定性的作用。没

---

① Белоусов А. Р., *Долгосрочные тренды российской экономики. Сценарии экономического развития России до 2020 года*, Центр макроэкономического анализа и краткосрочного прогнозирования, 2005, С8.

② V. Mau, *Strengths and Weaknesses of the Russian Economy*, Russia in Global Affairs, January-March. 2007.

③ Игорь Иванович Шувалов, *Россия на пути модернизации*, Экономическая политика. 2010. No 1.

有国家的积极作用,俄罗斯的经济与俄罗斯的现代化将是不可能的。令人遗憾的是,目前国家的作用是非常消极的。""没有国家的支持,农业、机器制造业的结构调整和为提高经济在 21 实际的竞争力实现向创新发展的转变都是不可能的。"①

从理论上讲,这些新的发展战略更符合 21 世纪世界经济格局的变化对经济增长的要求,如果俄罗斯能够转变发展方式,进行结构调整,其经济增长重回年均 4% 或者以上的速度也并非不可能。不过俄罗斯新的经济发展战略也面临严峻的挑战,即由超级大国重新成为资本主义世界体系的边缘国家,实际使俄罗斯面临非常不利的国际市场环境,俄罗斯之所以选择资源出口型增长方式,在某种程度上也是不得已的选择。由于俄罗斯在 1985 年以后有将近 15 年的时间不能集中精力于经济发展,使得重回世界体系的俄罗斯在国际分工中,在制造业的任何一个层次都不具备强大竞争力。在高端制造业的所有产业部门,除了军事工业,俄罗斯无法与西欧国家、美国和日本竞争,在中端和低端制造业领域,俄罗斯无法与中国等其他金砖国家竞争。这就是为什么到目前为止,除了军事工业,俄罗斯没有出现一家在世界市场上具有强大竞争力的制造业企业,俄罗斯的制造业也无法向世界各国提供受欢迎的工业产品的原因。俄罗斯能否改变在国际分工中以提供资源、进口制造业产品的地位,取决于它能否真正实施新的发展战略,调整经济结构,转变经济增长方式。

结合俄国—苏联—俄罗斯经济发展的历史经验和俄罗斯经济政治社会现状,考虑到世界经济的未来发展与变化,俄罗斯未来的经济发展有三种可能:

一、一切照旧。即国际经济形势包括国际石油价格都保持不变,俄罗斯政府的所有经济政策也维持不变,经济结构也继续资源工业部门独大,俄罗斯经济只能在未来维持低于 3% 的年经济增长速度,那么,虽然

---

① Иванова Н. И. отв. ред, *Модернизация российской экономики*, М. ИМЭМО, 2010, c233 - 234.

在未来俄罗斯可以依靠资源达到人均更高的收入,但却无法进入发达国家行列,只能成为海湾石油国家那样的、有着极高的人均GDP,但仍然是处于世界体系边缘的国家。

二、好运再次降临。即国际石油价格和其他资源价格突然再次大幅上涨,利用油价再次上涨带来额外收入,解决科技研发的欠债,加大对科学技术研究的投入,并利用有利时机转变经济结构,俄罗斯也有可能因此获得新的国际竞争力。

三、对经济进行根本性改造。即真正将新的国家发展战略迅速落实,形成国家新的科技潜力,进而形成国家新的经济竞争力。这样才能保证俄罗斯经济未来的持续较高速度增长,从而保证在2030年前使俄罗斯成为世界经济强国之一。

在上述三种可能性中,最终将出现那种可能,取决于俄罗斯领导人,也取决于俄罗斯人民是否能够形成共识。

第二部分

捷克现代化:依附条件下的国家发展

第一章　捷克国家的起源与早期工业化

一、胡斯运动:捷克民族意识的萌发

现代化的载体是民族国家,民族国家是人类社会发展到资本主义阶段的历史产物。马克斯·韦伯指出,新教伦理产生资本主义,"只有它(新教)创造了宗教的动机,恰好在世俗之内的'职业'中,去致力谋求救赎,……方法上合理化地履行职业"①。新教是16世纪初马丁·路德宗教改革后各宗派的共同称谓,马丁·路德宗教改革又是从何而来?"胡斯的活动在中世纪与宗教改革时代之间起了桥梁的作用,是100年后路德发起的宗教改革运动的先声。"②胡斯运动既是宗教改革的先声,也是捷克民族国家的先导。民族认同是民族国家形成的前提,民族国家是主权国家。捷克现代化的特殊之处,在于民族认同并未直接造就民族国家,捷克现代化的物质载体——工业化恰恰先于民族国家而出现。

研究捷克现代化模式,胡斯运动是不可绕过的。因为,胡斯运动预置了捷克现代化的前提与路径。

---

① 马克斯·韦伯:《经济与社会》,北京:商务印书馆,1998年版,上卷,第701页。
②《不列颠百科全书》(国际中文版·修订版)第8卷,北京:中国大百科全书出版社2007年版,第266页。

从"神甫"中经"宗教改革家"、"宗教异端",最终成为捷克的"民族英雄",胡斯称谓的历史性演进,反映了捷克民族逐渐形成的历史进程。

大约 1369 年,胡斯出生于捷克南部胡斯涅兹地区一个贫苦农民家庭。1391 年,他进入布拉格大学攻读神学,在教堂唱诗班维持生计。1394 年毕业,两年后获得文学硕士学位,留校任教。1401 年,他当选文学系主任,同年被任命为神甫。1402 年,胡斯在布拉格任教区长兼伯利恒教堂宣士。他鼓励信众过基督徒的生活,宣教道:"至公正的审判者要常在你面前,好使你既不有意让义人受苦,也不有意奉承不义之人。"[1]在布道时,胡斯使用捷克语而不是拉丁语,受到民众的广泛欢迎。

1400 年前后,英格兰神学家威克利夫的神学著作流布到布拉格。[2] 威克利夫的作品在布拉格大学引起广泛的争论,大学当局将威克利夫的 45 篇文章定为异端。教会将胡斯划归为威克利夫学说的支持者加以谴责,胡斯对所受指控十分愤慨:"我常常不断自言自语,不久前,尊贵的教皇陛下就任后,立定规则,我一伺发现行政管理的过失,立即向您汇报。"但是,"如今,这项规则迫使我表白:与人通奸的神甫或犯有其他罪行的神甫何竟自由出入,未曾受到严格的管教……那些谦卑的神甫……以虔诚之心,为您尽忠尽责,也无贪婪之心,但为上帝的缘故,不求报酬,劳苦地宣传福音——却被作为异教徒……,因宣传福音饱受流放之苦?"[3]然而,胡斯的申辩是徒劳的。1411 年,布拉格大主教将胡斯开除教籍。1412 年 12 月,波西米亚国王卢森堡王朝的瓦茨拉夫四世[4]将胡斯驱逐

---

[1] Hus, *Letter 1*: *The Letters of John Hus*, p. 2,转引自转引自埃文斯:《异端简史》,北京大学出版社 2008 年版,第 103 页。

[2] 亦有学者认为威克利夫的作品在 1390 年已传到布拉格。参见埃文斯《异端简史》,北京大学出版社 2008 年版,第 105 页。

[3] Hus, *The Letters to John Hus*: *Letter 7*, *to Archbishop Zbynek*, Matthew Spinka *trans.*, Manchester: Manchester University Press, 1972, p. 22,转引自埃文斯:《异端简史》,北京大学出版社 2008 年版,第 151 页。

[4] 其父是神圣罗马帝国皇帝兼波西米亚国王查理四世(Charles IV),1378—1419 年为波西米亚国王(King of Bohemia),1376—1400 年为罗马人国王(King of the Romans),1373—1378 年为勃兰登堡选帝侯(Elector of Brandenburg)。

出布拉格。1414 年 11 月,胡斯被召至康斯坦茨会议(即天主教第十六次普世会议,1414—1418 年)。1415 年 7 月 6 日,胡斯拒绝放弃自己的信仰,遂被判处死刑,在康斯坦茨城门前的火刑架上烧死。

终其一生,胡斯针砭教会和神职人员的各种腐败现象,维护基督教信仰的神圣性,保持教会纯洁性。但是,教会宣称:"约翰·胡斯执迷不悟,在布拉格城的学校里,并公开布道时,传讲威克利夫的错误观念,并为之辩护。"对此,胡斯始终予以否认。①

胡斯离开布拉格后,来到了波西米亚南部(捷克中世纪前期称波西米亚),住在友人的城堡中。在"隐居"的两年期间潜心写作,其中最重要的著述是《论教会》(De ecclesia)。在这本书中,他明确论述教义。对胡斯而言,现世的教会已经处在以教皇和红衣主教为代表的基督者的控制之下,他不是"废除"教会,而是寻找"真教会"。他认为,如果真教会仅仅是由选民组成的话,那么这个教会就是基督隐藏的身体,没有瑕疵,也没有皱纹,是不可见的。因此,现世中以教皇为首脑的教会已不再是真教会。教会对于宗教改革者,一贯置于死地而后快。火刑焚烧了胡斯的肉身,同时引燃了捷克民族国家认同的星星之火。捷克地区骑士和贵族抗议判处胡斯火刑,表示愿意庇护因宗教信仰受迫害的人们。胡斯的"蹈火"为捷克的民族认同提供了一个人格符号载体。如今,胡斯逝世的 7 月 6 日被定为胡斯日,是捷克的公共假期。虽然捷克的天主教信徒要远多于胡斯派信徒(Hussites),但胡斯仍然被认为是国家英雄。

1417 年,教皇马丁五世批准康斯坦茨会议关于镇压捷克异端的决议,号召十字军讨伐胡斯派信徒。波西米亚国王瓦茨拉夫四世严厉打击胡斯运动。1419 年,瓦茨拉夫四世强迫胡斯派信徒辞去神职,胡斯派信徒被逐出议会,让位于反胡斯运动的天主教耶稣会信徒。同年 7 月,胡斯派信徒要求释放被捕人员,遭到拒绝后,冲进议会,把一些反胡斯派的

---

① Spinka, *John Hus at Council of Constance*, p. 160, 转引自埃文斯:《异端简史》, 北京大学出版社 2008 年版, 第 108 页。

议员拉到广场上烧死。布拉格的反抗运动得到了捷克全境的胡斯派信徒的响应。不久,约4万名群众集结在波西米亚南部的塔波尔山举行宗教仪式,后在此建立新城塔波尔作为根据地。年底,瓦茨拉夫四世卒,其同父异母的弟弟西吉斯蒙德继位,称罗马及匈牙利国王,于1420年公布教皇马丁五世的通谕,宣布发动十字军,征讨胡斯派。由布拉格等城市的市政当局和波西米亚主要军事力量组成的胡斯派联盟,宣布废黜西吉斯蒙德,击退了十字军对布拉格的两次进攻。在随后数十年里,历次十字军对胡斯派的征讨,均以失败告终。1431年,教会不得不对胡斯派做出让步,和谈随即开始。经过双方漫长的讨价还价,1436年,双方达成"布拉格共同协定":胡斯派信徒大多恢复了教籍;波希米亚教会名义上属于罗马教皇;帝国皇帝西吉斯蒙德被接受为波希米亚王。

1420—1431年,胡斯派内部的两大派系——圣杯派和塔波尔派挫败了五次十字军进攻。但随着运动的发展,由于两大派系的主张和理念的对立,终于决裂。温和派以布拉格为中心,主要代表中小贵族和上层市民的利益。由于他们主张在圣餐礼中平民信徒和教士一样,不但可以领饼,同时也有权用圣杯领酒,故称饼酒同领派或圣杯派。圣杯派于1420年提出"布拉格四条款":第一,传教自由;第二,圣餐采用两种形式;第三,神职人员绝财,教会财产充公;第四,惩罚重大罪人。他们主张捷克独立,建立胡斯派自己的教会,在宗教礼仪中用捷克语代替拉丁语。激进派即塔波尔派,主要由农民、手工业者和城市贫民组成。他们主张建立没有特权阶级的自由教会公社,没收地主的土地,取消农奴封建义务,废除封建等级特权,建立民族自治的共和国。1433年,教会接受圣杯派的部分主张后,圣杯派便着手与教会媾和。圣杯派与塔波尔派的分裂已成为定局。但是,捷克民族认同日益增强,表现为在神圣罗马帝国范畴内反抗德意志统治的斗争。

二、民族认同:反抗德意志统治的斗争

从14世纪中叶开始,捷克不仅有发达的手工业、麻织业、呢绒业以及采矿业,对外贸易也十分兴盛。[1]　由于居欧洲要冲的地缘位置,捷克成了教会和封建诸侯竞相争夺的对象。在诸多势力中,以德意志在捷克的影响最大,反对德意志人的斗争标志着捷克民族自觉的觉醒和民族国家意识的萌发。德意志人控制着捷克的教会,教会占有大量土地,通过征收什一税、出卖教职和"赎罪券"等手法压榨和掠夺捷克人。1437 年,捷克出现一本宣传民族主义的名为《波西米亚历史述略——愿忠实的波西米亚人引为借鉴》的小册子,写道:"波西米亚人千万要提高警惕,严加防范,绝不能再受德国人的统治;因为波西米亚的历史已经证明,德意志民族是波西米亚人和斯拉夫人最凶悍的敌人。"[2]

随着卢森堡王朝的垮台,哈布斯堡王朝重新夺取神圣罗马帝国的帝位。1526 年,统治波西米亚的雅盖洛王朝路易二世[3]与奥斯曼军队在莫哈奇激战中阵亡,奥斯曼势力深入到中欧。哈布斯堡王朝的斐迪南一世(Ferdinand I)[4]借机与雅盖洛王朝联姻,击退奥斯曼军队,顺理成章地获取波西米亚。同时,他还成为波西米亚王国境内的摩拉维亚和西里西亚的世袭统治者。斐迪南一世致力于在哈布斯堡王朝全部领土上树立君主权威,建立新的王朝机构和加强中央集权。在波西米亚地方贵族的反抗下,斐迪南一世建立统一的最高会议、实行单一货币和统一赋税的计划受到挫败,维也纳还是极大地扩充了王朝的权限。尽管享有一定程度的自治,捷克仍被纳入哈布斯堡王朝的版图。

1609 年,捷克国会发表声明,如果神圣罗马帝国皇帝不保证捷克人的政治和宗教权利,捷克人就不承认他为国王。然而,1617 年神圣罗马

---

[1] 刘明翰:《欧洲文艺复兴史·宗教卷》,北京:人民出版社 2008 年版,第 45 页。

[2] 转引自考茨基:《近代社会主义的先驱》(第 1 卷),北京:商务印书馆 1989 年版,第 319 页。

[3] 1516—1526 年同时也为匈牙利国王(King of Hungary)。

[4] 1521—1564 年为奥地利大公(Archduke of Austria),1526—1564 年分别任波西米亚国王(King of Bohemia)、匈牙利国王(King of Hungary)和克罗地亚国王(King of Croatia),1558—1564 年任神圣罗马帝国皇帝,1531—1564 年为罗马人皇帝(King of the Romans),1556—1564 年为意大利国王(King of Italy),1558—1564 年为神圣罗马帝国皇帝(Holy Roman Emperor)。

帝国皇帝马蒂亚斯①任命狂热的天主教教徒斐迪南二世②为捷克国王，信奉新教的捷克人拒绝承认并向皇帝提出抗议，但皇帝诬称新教教徒是暴民。同年，波西米亚天主教会违反神圣罗马帝国皇帝鲁道夫二世③关于宗教自由的保证，关闭布罗乌莫夫和赫罗布两城公民所建的新教教堂。1618 年 5 月 23 日，新教权利保卫官在布拉格召开新教教徒大会，公审帝国摄政维特拉法塔和马蒂尼茨，认定他们有罪，把他们和秘书从哈拉德坎尼(布拉格堡)的窗户扔了出去。这就是著名的"掷出窗外事件"。被掷出窗外者虽未受重伤，但这一事件是捷克人反抗哈布斯堡王朝起义的导火索，也是欧洲历史上著名的三十年战争(1618—1648 年)的起点。

三十年战争经历了四个阶段(1618—1624 年捷克起义阶段、1625—1629 年丹麦干涉阶段、1630—1635 年瑞典入侵阶段和 1636—1648 年法国参战阶段)。最后，签订《威斯特伐利亚和约》，正式结束了三十年战争。随之诞生了欧洲民族国家的国际关系格局：西班牙失去尼德兰及其在西欧的主导地位，法国成为强国，瑞典控制了波罗的海，荷兰被承认为独立国家。神圣罗马帝国的成员被授予充分主权。神圣罗马帝国各邦邦君的领土主权得到国际法的承认。皇帝和帝国会议昔日的权力几乎被大约 300 个诸侯的权力所取代，瑞典和法国作为和平的保证国，获得了干涉帝国内部事务的权力。

---

① 1608—1619 年同时任摩拉维亚国王(Margrave of Moravia)、克罗地亚国王(King of Croatia)、匈牙利国王(King of Hungary)、奥地利大公(Archduke of Austria)和上奥地利大公(Archduke of Further Austria)，1611—1619 年为波西米亚国王(King of Bohemia)，1612—1618 年为罗马人皇帝(King of the Romans)。

② 1619—1623 年为上奥地利大公(Archduke of Further Austria)，1619—1637 年为奥地利大公(Archduke of Austria)，1590—1637 年为内奥地利大公(Archduke of Inner Austria)，1618—1637 年为匈牙利国王(King of Hungary)，1618—1637 年为罗马人皇帝(King of the Romans)，1619—1637 年为神圣罗马帝国皇帝(Holy Roman Emperor)。

③ 1576—1608 年分别任匈牙利国王(King of Hungary)、克罗地亚国王(King of Croatia)、奥地利大公(Archduke of Austria)和摩拉维亚侯爵(Margrave of Moravia)，1576—1611 年为波西米亚国王(King of Bohemia)，1575—1612 年为罗马人皇帝(King of the Romans)，1576—1612 年为神圣罗马帝国皇帝(Holy Roman Emperor)，1598 年、1600—1605 年为特兰西瓦尼亚王公(Prince of Transylvania)，1603—1611 年为皮翁比诺王公(Prince of Piombino)。

　　三十年战争前五年,交战方是捷克新教同盟与斐迪南二世的军队,
是捷克人民为实现民族独立、建立民族国家而进行的战争。1619 年,捷
克军队一度攻到维也纳附近。斐迪南二世借助天主教同盟,1620 年在
布拉格附近的白山战役中打败捷克军队,捷克由封君邦国降为哈布斯堡
王朝治下的一个省。捷克贵族阶级在政治上失去原有的权势,在经济上
被剥夺了大部分的地产。波西米亚一半以上的庄园被没收,分给了在战
争中兴起的德意志贵族、外族雇佣军军官和异族亡命徒。17 世纪末,只
有不到 20%的捷克贵族出于宗教原因忠于哈布斯堡王室而得以存续,绝
大多数贵族是外族血统,有意大利人、德意志人、奥地利人、斯洛文尼亚
人、瓦隆人、洛林人和爱尔兰人。① 三十年战争诞生了国际法意义上的欧
洲民族国家体系,却使捷克的民族国家夭折于襁褓之中。从此,捷克民
族国家幻化成海市蜃楼,但这不妨碍捷克地区在哈布斯堡版图内发展现
代化。捷克现代化模式的特质由此形成,工业化先于民族国家。

三、开明专制启动捷克的现代化

　　18 世纪中后期,依托哈布斯堡王朝的"开明专制",捷克启动现代化
进程。进入 18 世纪,哈布斯堡王朝囊括了从比利时到波斯尼亚、从意大
利北部到西里西亚的辽阔区域。幅员辽阔的帝国,列强环伺觊觎。1733
年,波兰王位继承战争爆发,法国、西班牙军队进攻哈布斯堡帝国,英国
和普鲁士作壁上观,帝国在各条战线上节节败退。1735 年 10 月,维也纳
被迫与法国、西班牙议和,失去那不勒斯和西西里等地。1737 年,哈布斯
堡王朝与土耳其爆发战争,连遭败绩,1739 年 9 月,订立《贝尔格莱德和
约》,将包括贝尔格莱德在内的塞尔维亚、波斯尼亚之一部和小瓦拉几亚
划归土耳其,以多瑙河和沙伏河为界。这使得哈布斯堡帝国在巴尔干地
区威望扫地。1740 年,查理六世去世,普鲁士、法国不承认其长女玛利
亚·特雷西亚的继承权,挑起两次西里西亚战争。虽然玛利亚·特雷西

---

① 佩里·安德森:《绝对主义国家的系谱》,上海人民出版社 2001 年版,第 325—327 页。

亚统治了波希米亚的大部分地区,1743 年在布拉格加冕为女皇,但在西里西亚高度工业化的地区中,除捷欣、奥帕瓦和克尔诺夫外,都割让给了普鲁士。此后,普鲁士日益强大,成为哈布斯堡帝国的主要对手。七年战争中,哈布斯堡帝国为夺回富庶的西里西亚同普鲁士进行战争,亦败多胜少。1763 年,双方无力再战,签署了《胡贝图斯堡和约》,普鲁士依然保持对西里西亚的占有。

面对内外交困的局面,哈布斯堡统治集团深感改革刻不容缓。在玛利亚·特雷西亚和其子约瑟夫二世统治时期,母子锐意改革,实行开明专制。由于 18 世纪启蒙运动的影响,玛利亚·特雷西亚和约瑟夫对波希米亚的行政统治体现了高效率、合理化的特点,他们抑制贵族特权和领主权力,通过帝国政府机构实行统治。同时,进行改革,在宗教方面淡化"反宗教改革"的残暴性,允许世俗社会的进步。"开明专制"为捷克启动现代化奠定了制度基础。

工商业:发展制造业,在流通领域豁免国内通行税和关税等税收,刺激工业与贸易发展。失去西里西亚纺织工业基地后,哈布斯堡王朝寻找纺织工业的替代产地,波希米亚成为首选。在此之前,捷克的亚麻布、棉布以及棉织品已经输出到海外市场,此时纺织业生产部门更加繁荣。波希米亚的手工工场采用的是工资劳动的形式,而不是徭役劳动,在生产过程中使用简单的机器,实行有一定计划的分工,因此生产发展较快。波希米亚发掘晶体矿,玻璃制造业发展起来。到 18 世纪上半叶,波希米亚玻璃取代了威尼斯玻璃在国际市场的地位。此后,波希米亚玻璃制造业享誉世界。18 世纪末,波希米亚玻璃制造业衰退,玻璃输出受影响。不久,波希米亚北部发现晶体矿,玻璃制造业进入新的发展阶段。

玛利亚·特雷西亚和约瑟夫二世开明专制统治时期,多措并举促进工商业发展。玛利亚·特雷西亚设立补助金制度和贸易保护壁垒,鼓励西里西亚的纺织工业迁往波希米亚,对其他工业部类也有类似的鼓励政策,尤其是奢侈品工业。同时,削弱行会特权。1775 年,奥地利-波希米亚的内部关税被废除。约瑟夫执政后,继续推行玛利亚·特雷西亚的关税壁垒政策。1784年,他对多种商品强征禁止性关税,解散行会,同时允许个人(包括犹太人)创业致富。

宗教:玛利亚·特雷西亚和约瑟夫都是虔诚的天主教徒,尽管玛利亚·特雷西亚对新教教徒和犹太人抱有偏见,但倡导推行宗教改革措施,这些措施包括未满24岁不得加入教士团、审查帝国境内教士与罗马教廷的联系、取消神职人员的免税特权,1751年剥夺了耶稣会士对出版审查委员会的控制权。

1781年,约瑟夫颁布宽容特许令,规定帝国内所有非天主教(新教派、希腊正教)徒与天主教徒平等,保证居民的信仰自由,非天主教徒可以拥有自己的教会,可以自由举行宗教仪式等。宽容法令"标志着奥地利宗教政策的一个新时代的开始,这个时代最终将导致一切被承认的宗教团体享有完全的平等权利"[①]。针对犹太人的宽容法令1781年在波希米亚、1782年在摩拉维亚、1783年在匈牙利、1789年在加里西亚实施,犹太人可以从事贸易、工业等方面活动,可以进入高等学校学习,歧视性的服装规定和限定居住区的规定被废止。尽管仍有不尽人意之处,帝国境内的犹太人仍认为这项法令是一个重大进步,但是保守派为约瑟夫取了一个"犹太人的国王"绰号,这也反映出欧洲根深蒂固的反犹情结。

约瑟夫取缔其成员仅仅过着隐修生活而不从事教养儿童、教育青年、医治和护理病人的修道院,大约有700个,占哈布斯堡境内修道院的1/3。幸存下来的修道院与境外教会的联系受到制约,修道院的豁免权被取消。约瑟夫重新规划教区体系,为方便信众,建立了许多新的教堂。从1783年开始,由国立总神学院负责培养教士,为国家培育出有一定职业水准和文化水平的教士,这些教士领取固定的工资。宗教游行、朝圣进香受到限制,许多宗教节日被取消,宗教兄弟会被解散,民间各种陈规陋习被禁止,宗教仪式的程序也被严格规定(如祭坛上的蜡烛数等)。最激进的是对葬礼仪式的改革,以布口袋代替棺材。约瑟夫主张教会应服

[①] 埃里希·策尔纳:《奥地利史》,北京:商务印书馆1981年版,第412页。

从国家,"教皇是道德问题的权威,而不是教会法问题或者国家问题的权威"①。教会人员同国家官吏一样受君主的控制,教皇的指示应由君主批准。这些措施招致教皇反对,教皇亲赴维也纳同约瑟夫谈判,无果而返。

科学与教育:玛利亚·特雷西亚奖掖科学与教育,1746 年,成立特雷西亚学院。1749 年,盖哈德·凡·斯维滕对维也纳大学进行改革。1751年,维也纳新城建立军事学校;1754 年,成立培养外交官的东方学院;1760 年,设立帝国教育委员会。1773 年,教皇克莱芒十四世解散耶稣会,哈布斯堡王朝没收耶稣会的财产,并用其创办了包括初等义务教育、中等教育及师范学校在内的教育体制。这一世俗教育体系,虽然遭到了贵族和农民的抵制(农民更想让孩子在土地劳动),但还是取得了相当的成果。学校"课程设置强调社会责任、社会纪律和工作伦理,以及如何让学生运用理性来理解问题,而不是死记硬背"②。玛利亚·特雷西亚使教育体系国有化和德意志化,削弱了耶稣会的控制,使教育重心从神学转向了科学。1780 年,帝国境内大约有 6 000 多所学校。

四、捷克现代化的初始特征

开明专制对捷克地区的现代化起到正反两方面的作用:一方面,进一步削减了波希米亚贵族特权,导致贵族的德意志化,德语的主导地位压制了捷克民族文化;另一方面,宗教宽容、社会和教育改革,促进了经济发展,增强了社会流动性。许多贵族转租自己的土地,将所得利润投资到纺织、煤炭和玻璃制造等工业企业中。捷克农民可以自由地离开土地,搬到城市和制造中心,城镇数量因此不断增加。教育普及使得捷克地区入学比例增加,大学教育质量提高,捷克知识分子开始形成。波希米亚的人口增加近四倍,摩拉维亚地区也出现类似的增长。客观地说,开明专制为捷克民族的复兴做了准备,特别是促进了捷克地区的经济现

---

① 埃·普里斯特尔:《奥地利简史》,北京:三联书店 1972 年版,第 535 页。
② 史蒂芬·贝莱尔:《奥地利史》,北京:中国大百科全书出版社 2009 年版,第 86 页。

代化——工业化,捷克成为哈布斯堡帝国境内工业化程度最高的地区。19 世纪,哈布斯堡王朝在政治上已成为欧洲反动势力的堡垒,但是捷克经济社会发展则较为迅猛。

农业:播种面积扩大,产量提高,农具完善。农作物种类增多,特别是甜菜栽种面积迅速增长,催生出制糖业。玉米的大量播种,为畜牧业提供了大量的饲料。烟草的广泛种植,促进了烟草工业的发展。农业生产率的提高,打破了三圃制的封建生产经营方式。"从 18 世纪末期起,生产率高得多的不间断的土地播种方式,即各种谷物、饲料植物和根茎植物定期轮换开始逐渐传入,并取代了落后的三圃制。"①

工业:19 世纪 30 年代,捷克地区工业化兴起,工业各部门的分工加强,手工业生产向机器工业大生产过渡,大批工厂出现。公路和铁路的兴建,蒸汽机车和汽船的使用,促进了地区间交流,提高了物流效率。1791 年,欧洲第一个工业博览会在布拉格举办,这标志着捷克地区的工业化跃居当时世界前列。

城市化:18 世纪末和 19 世纪上半叶捷克经济的发展,对当时的社会结构产生重要影响。工业化使大量农村人口涌入城市,创造出许多新城市,布拉格是捷克地区最大的和工业化程度最高的城市,其次是利贝雷茨城。这一时期,捷克地区的人口也有明显的增长。"在 1780—1840 年间,捷克地方的人口(包括摩拉维亚在内)增长了 60% 以上,达到六百万之众。"②工业化产生新的社会阶级——无产阶级和资产阶级。这一时期,封建主阶级与农民和市民之间的冲突不断,农民集体反抗封建主的斗争此起彼伏。同时,由于资本家肆无忌惮地降低工人们的工资,随意解雇工人,引发了大规模的工人罢工和群众示威。1844 年,布拉格和利贝雷茨无产阶级反抗资产阶级的斗争达到高潮。但是,"那时工业无产阶级的力量还是薄弱的、无组织的,并且缺乏阶级觉悟。他们的阶级斗

---

① 瓦·胡萨:《捷克斯洛伐克历史》,北京:东方出版社 1988 年版,第 106 页。
② 弗朗蒂舍克·卡夫卡:《捷克斯洛伐克史纲》,北京:三联书店 1973 年版,第 88 页。

争具有愤怒和反抗的盲目自发性质,没有自觉的政治领导"①。

民族文化复兴:虽然捷克地区现代化不断发展,但付出巨大的代价——民族国家迟迟得不到实现。在开明专制条件下,捷克人民在哈布斯堡帝国与民族国家独立之间,走出异变的现代化道路:一方面,借助哈布斯堡帝国推动捷克地区经济社会成长;另一方面,在哈布斯堡帝国范畴内,构建捷克民族国家的合法性言说。"19 世纪中期,中东欧国家普遍处于民族觉醒时期,它们的口号是'祖国和进步',开始具有独立和现代化意识。"②哈布斯堡帝国对捷克民族的语言、教育、习俗和宗教信仰进行同化,大大激发了捷克人的民族意识。捷克语言改革者、历史学家、诗人等把复兴捷克民族文化作为民族解放的前提,他们撰写本民族的历史书籍,创办用本民族语言授课的世俗学校,提升本民族语言的地位,出版赞美民族精神的文学作品。"他们的目的是唤起民众的民族意识、民族自豪感、民族自信,将对现实的不满转化成为恢复到历史辉煌时期努力的动力。"③

1784 年,捷克皇家科学协会在布拉格成立,捷克英才辈出。语言学家约瑟夫·多布罗夫斯基(? —1829 年)完善了捷克语语法,为现代捷克语文法奠定了基础。同时,多布罗夫斯基宣扬斯拉夫文化,促进捷克民族复兴。约瑟夫·容曼(? —1847 年)在其所编的捷德词典里搜集新旧捷克语的丰富词汇。捷克历史学家弗朗蒂舍克·帕拉茨基(1798—1876 年)在其名著《波希米亚和摩拉维亚的捷克民族史》中,阐明捷克民族历史的意义。著名解剖学家和生理学家、布拉格查理大学教授约瑟夫·普罗察兹卡(1749—1820 年)所著的多卷生理学手册,在 19 世纪初就已经被译成欧洲多国文字。细胞学理论的奠基者、生物学和生理学专家杨·伊万格里斯塔·普尔基涅(1787—1869 年)享有国际盛誉。捷克民族文化复兴运动在社会生活各个领域不断深入,文学艺术作为时代的一面镜

---

① 瓦·胡萨:《捷克斯洛伐克历史》,北京:东方出版社 1988 年版,第 112 页。

② 李丹琳:《匈牙利》,北京:社会科学文献出版社 2006 年版,第 53 页。

③ Peter. F. Sugar, *Eastern European Nationalism*, *politics and Religion*, p. 5.

子,生动地反映了当时捷克地区的社会生活。文学、诗歌、戏剧等方面的众多作品在唤醒捷克人的民族意识,恢复和发扬捷克民族精神方面,发挥了不可替代的作用。

捷克在建筑、雕塑、绘画、音乐等领域也取得了令世人瞩目的成就,涌现出众多天才人物和享有世界盛誉的作品。位于布拉格伏尔塔瓦河畔的布拉格民族剧院的落成,"不仅使捷克戏剧音乐艺术发展进入了一个新的繁荣时期,而且也是捷克民族复兴的重要标志,集中体现了捷克人民争取民族独立的炽热感情"[1]。捷克民族试图从历史、文化等方面找到其存在合法性的证据,"具有无比的意识形态和政治的重要性"[2]。捷克民族文化复兴运动,对于形成捷克民族国家起到了不可替代的作用。

民族独立运动:1845年,捷克小资产阶级在弗里奇(1802—1868年)的领导下,成立名为"列比里"的激进革命团体,"该组织不仅主张废除封建专制和贵族特权,而且要求民族独立"[3]。1846年,捷克资产阶级在布拉格成立政治组织"市民会",主张通过妥协和改良的方式来扩大捷克的自治权限。1848年,法国二月革命爆发后,捷克地区革命运动风起云涌。"列比里"号召人民武装起来,争取各项民主权利,召开全捷克的统一议会,取消检查制度,提高工资等。6月,布拉格组建以弗里奇为首的军事小组,发动武装起义,学生、工人、市民等起义者筑起街垒,同奥地利军队展开浴血奋战。但是,捷克封建贵族和资产阶级害怕发生无产阶级和农民革命,他们站在哈布斯堡王朝反动势力一边,血腥镇压革命运动,导致1848年6月布拉格起义失败,捷克民族抗争运动陷入低潮。

1866年,哈布斯堡王朝与普鲁士的战争爆发。哈布斯堡王朝试图求得议会中的反对派捷克和匈牙利议员的支持。匈牙利议员们要求成立自治政府,实现民族自由,如果他们的要求得不到满足的话,匈牙利就拒

---

[1] 汝信等:《斯拉夫文明》,福州:福建教育出版社2008年版,第288页。
[2] 安德森:《想象的共同体:民族主义的起源与散布》,上海人民出版社2005年版,第66页。
[3] 孔寒冰:《东欧史》,上海人民出版社2010年版,第112—113页。

绝提供任何形式的支援。捷克议员们再次沿袭布拉格六月起义的做法,表示效忠哈布斯堡王朝,捷克资产阶级再一次丧失独立的机会。普奥战争导致奥地利被逐出普鲁士主导的德意志联邦,哈布斯堡王朝不得不满足匈牙利议员们的要求。1867 年,帝国被分成两部分,以来塔河为界,以西为奥地利,以东为匈牙利,形成为二元制奥匈帝国,捷克地区在奥地利的领土范围内,斯洛伐克则属于匈牙利。匈牙利的要求得到满足,捷克却一无所获。"二元体制的建立,以及在这个体制中德意志资产阶级在来塔河以西所有奥地利地方居于统治地位,意味着捷克资产阶级政策及其努力投靠封建主义的失败。"①

第一次世界大战中,奥匈帝国与德国结成同盟国,与英法俄"协约国"作战。捷克资产阶级政党领袖们各自寻找靠山,多数捷克政客选择支持维也纳政府,他们相信德奥同盟会取得胜利。由克拉马什博士领导的一部分捷克资产阶级则公开站到沙皇俄国一边。许多捷克和斯洛伐克人在参加奥军开到前线的时候,自愿投向俄军成为俘虏,他们希望同俄国人一起攻打哈布斯堡帝国。资产阶级的另一部分投靠英国、法国、意大利和美国。工人阶级则站在社会革命和民族解放运动的前列,举行游行、示威、罢工。

1917 年,俄国十月社会主义革命,颁布和平法令,宣布所有民族都享有自决权,极大地促进了捷克人民争取民族解放的斗争。捷克各地工农运动风起云涌,人民群众要求建立起一个统一的捷克和斯洛伐克民族国家,士兵反战示威此起彼伏。1918 年 5 月,一个斯洛伐克军团和一个捷克军团分别在李马夫斯卡-索伯塔和伦堡起义,奥匈帝国的各条战线都开始崩溃,捷克民族国家呼之欲出。

---

① 弗朗蒂舍克·卡夫卡:《捷克斯洛伐克史纲》,北京:三联书店 1973 年版,第 109 页。

第二章　第一共和国：发达的现代化与夭折的民族国家

第一次世界大战进入尾声,捷克资产阶级夺取民族解放运动的领导权,制止捷克向社会主义革命方向发展。1918 年 7 月,不顾捷克人民的反对,由资产阶级操纵的民族委员会开始履行最高民族权力机关的职能。奥匈帝国投降后,民族委员会同维也纳政府达成协议,立即接收了政权。1918 年 10 月 30 日,捷克同斯洛伐克合并,建立捷克斯洛伐克共和国,亦称"第一共和国"①,马萨里克(1918—1935 年在位)担任第一任总统。

第一节　捷克现代化走向发达阶段

工业化:19 世纪下半叶,捷克的工业化已取得决定性的进展,捷克机器制造业超过纺织工业,进入工业化繁荣阶段。工业的迅速发展使人口增长较快,城市进一步扩容。1890 年,捷克人口增长到大约 900 万,城市人口激增。1867—1873 年繁荣时期,银行业发展迅速。1869 年创立了"工艺银行",是捷克历史上第一个银行,随后银行和股份公司大量涌现。

---

① 郭小凌等:《中欧各国》,北京语言文化大学出版社 1998 年版,第 257 页。

对外贸易迅速发展,捷克的工业产品在世界市场上大受欢迎,进口贸易激增。在铁路、采矿业、冶金业和机器制造业中,外国资本发挥重要作用。由于国内商业和对外贸易的发展,哈布斯堡帝国西半部与匈牙利之间的关税障碍废除,帝国境内统一的关税区域形成。1876 年,奥匈帝国实行统一的米制度量衡。

1874 年,维也纳股票交易的破产引发了全面的经济危机,这是一场席卷资本主义世界体系的大规模经济危机。危机一直持续到 1879 年,捷克工业遭受沉重的打击。农业陷入困境,同时银行信贷也受到冲击。危机过后,捷克经济继续发展。

20 世纪初,捷克开始第二次工业化,在生产过程中使用自动化工具和应用化学方法,捷克成为欧洲机器工业生产最发达的国家之一,电车、电厂设备以及电气技术向整个欧洲输出。这一时期,捷克工业产量占奥匈帝国工业总产量的 60% 以上。

1910 年,捷克地区人口超过 1 000 万,其中从事农业的只有 1/3,大多数从事工业、商业和运输业。捷克资本开始向东欧和东南欧国家输出,捷克资产阶级大力支持奥匈帝国对外侵略扩张。捷克工艺银行在维也纳、切尔诺维策和的里雅斯特设立分支机构,成为全欧性银行。这一时期捷克地区已基本实现工业化。

文化教育:1868—1869 年法律规定,捷克实行八年义务教育制,捷克文盲数为欧洲最低。1890 年,创设捷克文理学院。捷克涌现出大量杰出的文艺作品,诗歌达到了很高的水平。约瑟夫·瓦茨拉夫·斯拉戴克和雅罗斯拉夫·弗尔赫利茨基,既是诗人又是优秀的翻译家,他们把外国的作品译成本国文字,大大促进了捷克文学与世界文学的交融。捷克建筑师约瑟夫·杰蒂克和年轻一代的艺术家们设计并建造了布拉格国立剧院,剧院舞台上面铭刻着"民族自己的风格"铭文。米考拉什·阿莱什通过对捷克人民生活的描绘,用艺术形式表达争取民族独立的决心和斯拉夫民族对捷克人民的深切同情。除诗歌、戏剧、艺术方面成就斐然之外,19 世纪捷克音乐继承 18 世纪古典音乐的传统并有惊人的进步,表现出强烈的民族认同感。贝德里赫·斯美塔那创作八部歌颂祖国、歌唱自然与生活的民族歌剧。安托宁·德沃夏克使捷克音乐享誉国际,他的交响曲作品《新世界》、《伦敦曲》、大合唱曲和其他作品,成为国际顶级音乐会的保留曲目。

第一共和国的建立:第一次世界大战后,由于没有残余的军阀、贵族寡头和民粹主义领袖,加之中产阶级居于社会中坚,捷克斯洛伐克第一共和国甫一面世,就建成了当时欧洲民主制度完备的政治体制。战前民族独立运动的"三驾马车",成为第一共和国领导核心。父亲为斯洛伐克人、母亲为捷克人的马萨里克众望所归地当选为第一共和国的第一任总统,捷克人贝奈斯任外交部长,斯洛伐克人什特凡尼克任国防部长。"捷克斯洛伐克共和国的建立标志着捷克和斯洛伐克民族生活中的一个巨大进展。"①到第二次世界大战爆发前,捷克斯洛伐克经济社会发展水平与英国、法国、德国不相上下,是当时世界最发达的十个资本主义国家之一。

建国初期,建立临时国民议会,选出包括所有政党的联合政府,捷克金融资本的代表克拉玛什博士担任政府首脑。鉴于工人和农民的革命情绪,资产阶级政府实行土地改革,从大地产所有者手里收回 1 000 万英亩土地。

资产阶级政党在 1919 年 6 月的市议会选举中被击败,社会党获得多数。右翼社会民主党人弗拉斯提米尔·图沙受命组织新政府。这个政府背离人民对它的期望,没有满足工人阶级实行关键性工业部门国有化的要求,继续执行以前的政策。直到 1920 年初,政府才把宪法草案提交议会审议,国民议会通过捷克斯洛伐克的第一部宪法。宪法规定三权分立的原则,这部宪法"在许多方面堪称民主的典范"②。1920 年 4 月,举行第一次国民议会选举,社会党获胜。

---

① 弗朗蒂舍克·卡夫卡:《捷克斯洛伐克史纲》,北京:三联书店 1973 年版,第 132 页。
② 艾伦·帕默尔:《夹缝中的六国》,北京:商务印书馆 1997 年版,第 231 页。

捷克斯洛伐克社会民主党左翼,宣布拥护共产国际,并且在1920年9月召开代表大会,组建了独立政党,社会民主党内的许多成员参加进来。资产阶级同社会民主党右翼勾结起来,采取限制社会民主党左翼的措施。1920年12月初,奉马萨里克总统之命,警察占领左翼社会民主党总部,用武力镇压工人的总罢工,数百名工人代表被逮捕,并被判处徒刑。捷克斯洛伐克政府继续依靠法国,推行极端反苏政策。

工人阶级从这次失败的教训中认识到,必须建立马克思主义政党。捷克斯洛伐克共产党于1921年5月成立,加入共产国际。在反对生活费用昂贵、生活水平下降的罢工斗争中,共产党的影响越来越大。在1925年的议会选举中,捷共成为第二大党。

在经济上,捷克斯洛伐克共和国承袭了奥匈帝国80%的采煤业和75%的工业区。第一次世界大战结束初期,捷克斯洛伐克面临严重的经济问题。由于奥匈帝国解体,工业品输出市场丧失大半,加之贸易壁垒的影响,捷克斯洛伐克生产萧条,失业大军激增,工人工资收入不断下降,人民生活日趋恶化。捷克斯洛伐克政府采取一系列措施。第一项措施是实行股份"归化"。虽然独立后的捷克斯洛伐克共和国继承了奥匈帝国75%的工业,但控股公司主要在奥地利。股份"归化",就是把控股权收归捷克资产阶级。"归化"使大量资本集中到捷克银行,特别是工艺银行。工艺银行因此成为捷克最大的金融集团。第二项措施是1919年币制改革。币制改革使捷克斯洛伐克的货币同日益贬值的奥地利货币脱钩,同时实行高度紧缩的金融政策,遏制输入性通货膨胀。第三项措施是实行土地改革。

第一次世界大战后,捷克斯洛伐克工业有了很大的发展,特别是军火工业发展处于欧洲先进行列;机械工业尤其是汽车生产突飞猛进;轻工业出现许多大型企业。在工业企业中,80%的资本集中在25个康采恩手中,工业企业越来越受到金融资本的控制,金融寡头对政府影响很大。与工业相比,农业相对滞后,从1927年起就处于危机状态。伴随着资本主义世界经济繁荣的是争夺世界市场的斗争,从而加深了资本主义列强之间的矛盾。第一次世界大战的战败国德国逐渐恢复起来，德意志复仇主义严重威胁着捷克斯洛伐克共和国的安全，德国工业产品逐渐挤占捷克斯洛伐克在东南欧的市场。捷克斯洛伐克不得不廉价倾销，这严重损害了捷克劳动人民的利益，劳动强度提高，工资降低，生活水平每况愈下。

第一共和国危机与终结：1929—1933 年资本主义世界经济危机，国际局势发生深刻变化。苏联是这次危机中唯一没有受到波及的国家，威信大大提高。1933 年德国纳粹党党魁希特勒上台执政，大大增加了欧洲的不稳定因素。捷克斯洛伐克力图改善同苏联之间的关系，1934 年 6 月，正式承认苏联。与其他资本主义国家相比，这次经济危机对捷克的打击更为惨重。曾在对外贸易中占第一位的纺织工业，在危机中一蹶不振，导致捷克斯洛伐克对外贸易的衰落，所有输出品工业部门生产停滞下来。经济危机大大了降低人民群众的生活水平，上百万工人失业，在岗工人的工资降到最低水平，农民和手工业者更是受到毁灭性的打击。人民贫困，国家动荡，捷克斯洛伐克社会各种矛盾随之尖锐起来。

右翼社会民主党重新参加政府，带有法西斯色彩的联合政府于 1932 年建立，实行限制议会的权力、限制出版自由并没收共产党的报刊等反民主措施。捷克斯洛伐克共产党反对限制人民民主自由权利，组织工人进行罢工，规模最大的一次是 1932 年波希米亚北部矿工罢工。德国法西斯上台后，共产党团结一切进步力量，呼吁捷克斯洛伐克群众组成人民战线，为维护民主权利而斗争，坚决反对法西斯主义。1935 年底，马萨里克总统因病辞职。捷克斯洛伐克共产党在工人和农民中做了大量工作，坚决支持民主派候选人贝奈斯，最终贝奈斯当选为捷克斯洛伐克第二任总统。

捷克斯洛伐克地处欧洲大陆腹地，历史上是德意志势力的禁脔，捷克斯洛伐克民族虽属西斯拉夫人，偏偏与英法交好。捷克斯洛伐克一战后联合立国，得益于当时美国总统伍德罗·威尔逊倡导的十四点和平计划中"允许奥匈帝国境内各民族自治"的规定。捷克斯洛伐克第一共和国在精神气质、制度结构和民众偏好上，更接近英法美，而不是德国和苏联。尽管经济现代化达到当时发达国家水准，但是地缘政治环境导致第一共和国夭折。第一共和国建国 20 年的时间，与捷克民族千年历史相比较而言，太过短暂。由于工业化以来，在欧洲中部地区，捷克经济现代化成就斐然，然而这种成就的取得并非依托于民族国家。捷克民族争取民族独立、国家主权的自主要求与经济成长的外向性、外附性兼容并行。第一共和国与第二次世界大战后历史的演进显示，捷克摆脱外部控制的努力并未取得成功，伴随着现代化路径的转换，从英法模式转变到苏联模式。

捷克斯洛伐克面临黑云压城的国际环境，希特勒公开要求修改《凡尔赛和约》，捷克斯洛伐克政府为了保护领土主权，1935 年 5 月同苏联签订互助条约。英法等国只想利用德国来反对苏联，对其侵略行为实行绥靖政策。1938 年 3 月，德国占领奥地利，矛头直指捷克斯洛伐克。捷克斯洛伐克政府慑于希特勒的军事威胁和英法的巨大压力，未经议会讨论，贝奈斯总统决定妥协。9 月底，在没有捷克斯洛伐克代表参加的情况下，英、法、德、意在慕尼黑召开会议，以牺牲捷克斯洛伐克为代价谋求相互勾结与妥协。德国利用"苏台德德意志党"为侵略工具，向捷克斯洛伐克施加政治军事压力，迫使捷克斯洛伐克接受慕尼黑会议的协定。慕尼黑会议之后，捷克斯洛伐克的政治形势急剧法西斯化。1938 年 10 月，农民党领袖贝伦组建法西斯性质政府，取缔共产党，将其余的各个政党合并为国家社会党。同年 11 月 19 日，捷克斯洛伐克议会通过关于斯洛伐克自治的法律，向斯洛伐克议会和政府移交部分立法权和行政权。同年 10—11 月，德军占领了苏台德地区。1939 年 3 月，希特勒建立所谓"波希米亚和摩拉维亚保护国"，吞并捷克斯洛伐克全部领土。

1939 年 9 月 1 日，第二次世界大战爆发，捷克斯洛伐克承受了巨大的民族牺牲，国家发展受到灾难性的影响。德国占领当局实行野蛮统治，对捷克斯洛伐克经济文化生活实行德意志化，大工业被德国垄断组织吞并，农业羸弱不堪。大资产阶级和大地产所有者是傀儡政府的主要依靠力量，工人阶级和中小农民是反法西斯的主力，以克里门特·哥特瓦尔德为首的捷共中央委员会留居莫斯科，组成民族解放战线，在国内开展抵抗运动。在英国，成立以贝奈斯总统为首的临时政府，得到西方各国的承认。"从大的方面看，捷克斯洛伐克的抵抗运动和波兰的相似，也可以分成共产党领导的和流亡政府领导的两部分，它们也在不同程度上依托着苏联和英国，它们之间龃龉和冲突同样映射着苏联和西欧盟国的复杂关系。"①

1941 年 6 月 22 日，纳粹德国闪击苏联，苏德战争爆发。苏联加入世界反法西斯阵营，与英法站在同一战线抗击法西斯。捷克斯洛伐克伦敦流亡政府转变了对苏联的态度，1941 年 7 月，《苏捷互助条约》签订。1943 年 1 月底，苏军赢得斯大林格勒战役的胜利，极大地鼓舞了捷克斯洛伐克抵抗运动。1943 年，捷克斯洛伐克境内成立第一支游击队。傀儡政府越来越不得人心，苏军击败德国、解放中欧指日可待。伦敦流亡政府迫于形势，于 1943 年 12 月 12 日签订《苏维埃社会主义共和国联盟与捷克斯洛伐克共和国友好互助和战后合作条约》。该条约共六款，其主旨是"为了在战后协助维护和平并防备德国的新侵略，以及为了保证两国间永久的友好和战后的和平合作"②。这个文件表明，伦敦临时政府"把捷克斯洛伐克的国际政治地位置于靠拢苏联的基础上"③。1945 年春，伦敦临时政府代表前往莫斯科，同捷共领导人就建立新政府和改变战后国内政治关系谈判。伦敦临时政府同捷共在支持国内武装游击战争，解放后国家实施的经济和社会措施等方面达成一致。

为了配合苏军的进攻，捷克斯洛伐克人民抵抗运动风起云涌，他们破坏德军交通线，骚扰纳粹的后方。1944 年 8 月，斯洛伐克爆发了反法西斯武装起义，10 月苏联红军进入捷克斯洛伐克境内。贝奈斯流亡政府、社会民主党、人民党、斯洛伐克民主党，同捷共一起，按平分席位的原

---

① 孔寒冰：《东欧史》，上海人民出版社 2010 年版，第 245 页。
② 同上书，第 248 页。
③ 弗朗蒂舍克·卡夫卡：《捷克斯洛伐克史纲》，北京：三联书店 1973 年版，第 175 页。

则,在斯洛伐克的科希策城达成战后组建临时国民议会和民族阵线联合政府的协议,即《科希策政府纲领》。"从性质和作用上看,这是一个民族民主革命的纲领,也是为新的人民民主国家奠定基础的纲领。"①不久,捷克斯洛伐克民族阵线政府在科希策成立,社会民主党左派领袖兹德涅克·费林格出任政府总理,共产党主席克里门特·哥特瓦尔德担任第一副总理。

1945 年 5 月 5 日,布拉格爆发起义。苏军从东南和西北方向攻入布拉格,彻底粉碎了德军的顽抗,解放布拉格,捷克斯洛伐克也随即宣告全国解放,捷克斯洛伐克反法西斯运动取得胜利。解放者——苏联红军的坦克,不仅打垮了负隅顽抗的德国法西斯军队,同时为捷克带来了苏联模式。

文化:第一共和国时期,捷克斯洛伐克科学文化有了新发展。捷克语成为官方语言(在斯洛伐克,斯洛伐克语是官方语言),民族文化发扬光大。捷克斯洛伐克形成完备的国民教育体系,除初等、中等、高等教育外,还兴办职业学校,以满足社会发展对人才的需要。随着天主教势力的日渐萎缩,教会对学校的影响日趋减少,促进了教育的世俗化和民族文化的复兴。

"无线电广播的出现、电影的拍摄和放映、出版社的创建、许多城镇图书馆的建立,对从整体上提高全民族的文化素质,繁荣自然科学、社会科学研究事业具有重要的意义。"②在文学方面,一些深受马克思主义影响的作家走上文坛,产生重要影响。这一时期的文学作品往往具有鲜明的阶级性,抨击不平等的社会制度。第二次世界大战爆发前后,随着苏联文学在捷克斯洛伐克的广泛传播,社会主义现实主义文学的影响不断加强。伏契克的《绞刑架下的报告》1945 年在捷克出版后,被译成 80 多种文字,成为世界文学宝库的珍品。惨遭法西斯杀害的万拉丘是捷克斯

---

① 孔寒冰:《东欧史》,上海人民出版社 2010 年版,第 251 页。
② 汝信等:《斯拉夫文明》,福州:福建教育出版社 2008 年版,第 292 页。

洛伐克著名的进步作家,为了鼓励捷克斯洛伐克人民反抗法西斯主义的斗志,创作了《捷克民族历史图画》。

在第一共和国时期,除文学、诗歌外,捷克斯洛伐克的绘画艺术、建筑艺术、雕塑和音乐也有很大的发展,产生了一批有才华的艺术家,不仅在当时,而且对后来造型艺术和音乐的发展,都有深远的影响。这一时期的绘画作品都表现出强烈的现实主义倾向。马克斯·什瓦宾斯基的作品《八月的中午》、《森林之神》、《丰收》等享誉欧洲画坛,特别是其彩色玻璃画《最后的审判》堪称艺术精品。这一时期出现了一批优秀的作曲家、演奏家和指挥家。捷克和斯洛伐克的民歌和民间舞蹈深入人心。在著名的捷克作曲家维杰斯拉夫·诺瓦克的作品中,既保留了 19 世纪捷克音乐的优良传统,又汲取了印象主义等流派的长处,成为这一时期捷克音乐的代表性人物之一。

第三章　苏联模式的建构与解构

一、苏联模式的确立

政治:第二次世界大战后,捷克斯洛伐克社会政治生活发生深刻变化。1945 年 4 月初,捷克共产党、天主教民主党、国家社会党、社会民主党和斯洛伐克民主党组成联合政府。贝奈斯任总统,社会民主党人费林格(1891—1976 年)任总理,共产党人哥特瓦尔德、西罗基和两个无党派人士担任副总理。1946 年 5 月,捷克斯洛伐克举行战后第一次议会选举,共产党获得 35% 的选票,成为议会中第一大党。[1] 同年 6 月举行的制宪会议选举中,贝奈斯任总统,哥特瓦尔德被授权建立联合政府,这个联合政府一直存在到 1948 年 2 月。

联合政府中的一些党派对共产党缺乏信任,对共产党领导的联合政府缺少信心,对捷克斯洛伐克的未来缺失信念。联合政府原决定派观察员出席 1947 年 7 月在巴黎召开的美国援助欧洲复兴的"马歇尔计划"会议,但是苏联反对东欧国家接受"马歇尔计划",捷克政府不得不取消参

---

[1] Ivan F. Berend, *Central and Eastern Europe 1944—1993*, Cambridge University Press, 1999, p. 18.

会。苏联政府为了防范西方通过"马歇尔计划"渗透东欧,向捷克提供必要的援助。7 月上旬,捷克政府同苏联签订了长期贸易协定。根据协定,苏联将供应捷一些过去从西方国家进口的重要原材料,并应允 1948 年年内供应捷 20 万吨小麦和 20 万吨饲料,以帮助解决由于旱灾造成的经济困难。但是,参加联合政府的其他党派和一些民众并不愿放弃"马歇尔计划"的援助。1948 年 2 月 20 日,参加联合政府的国家社会党、社会民主党、斯洛伐克人民党坚持接受美国"马歇尔计划",而与捷共尖锐对立,三党的 12 名部长向贝奈斯总统提出辞职。他们事先与贝奈斯总统达成默契,欲采取以退为进的策略搞垮哥特瓦尔德政府。由于多数部长留任,阴谋受挫。1948 年 2 月 21 日,捷共在布拉格古城广场召集 10 万人群众大会,将政府危机的真相公诸于众。捷共领导的内务部公安部队搜查三党总部,宣称破获了资产阶级武装暴乱的计划。捷共迅速动员和武装 1.5 万名工人民兵,配合公安部队维持公共秩序。22 日,工会召开全国代表大会,坚决支持政府,要求将反动分子从政府和各级民族委员会中清洗出去,建立新的民族阵线,会后举行大规模游行示威。2 月 24日中午,全国 250 万人举行一小时的总罢工,要求贝奈斯接受资产阶级部长辞职,从新的民族阵线中推举新的部长来接任。2 月 25 日下午,贝奈斯被迫批准 12 名资产阶级部长的辞呈,同时批准了捷共提出的新政府名单。"在 24 名政府成员中,12 人来自捷共,4 人来自社会民主党,国家社会党、人民党和无党派各两名,斯洛伐克民主党、自由党各 1 名。比起上一届政府的人员构成,捷共增加 3 名,社会民主党增加一名,三个资产阶级政党各减少两人。"①史称"二月危机",这一危机以捷克斯洛伐克共产党掌权为终结。这再一次印证了捷克现代化的特质,即民族国家主权不完整,很难独立自主地决定本国命运,不是东风压倒西风,就是西风压倒东风。这与捷克民族的集体性格有关,捷克人民对于民族独立与国家主权的认知是诗性的。正如 1984 年诺贝尔文学奖获得者、捷克著名

---

① 孔寒冰:《东欧史》,上海人民出版社 2010 年版,第 294 页。

诗人塞弗尔特(1901—1986年)所作《故乡之歌》吟咏的:

> 她像细瓷花瓶中的鲜花一样美丽,
>
> 我的祖国、我的故乡;
>
> 她像细瓷花瓶中的鲜花一样美丽,
>
> 又像你刚刚切开的、
>
> 香甜可口的面包瓤。

> 尽管你一百次地感到失望和沮丧,
>
> 你还是回到了祖国的怀抱;
>
> 尽管你一百次地感到失望和沮丧,
>
> 你还是回到了富饶、美丽的故乡,
>
> 回到像采石场上的春天一样贫穷的故乡。

> 她像细瓷花瓶中的鲜花一样美丽,
>
> 她也像自身的过失那么深沉,
>
> 她便是我们无法忘记的祖国!
>
> 当生命的最后一刻来临,
>
> 我们将长眠在她那苦涩的泥土之中。①

1948年5月9日,捷克斯洛伐克制宪国民议会通过新宪法,史称"五九宪法"。"'五九宪法'使捷克斯洛伐克共和国实行人民民主和建设社会主义,建立一个斯拉夫民族即捷克人和斯洛伐克人均享有平等权利的统一国家的事实,得以用法律形式固定下来。"②6月7日,贝奈斯辞去总统职务,国民议会选举哥特瓦尔德为共和国总统,以安托宁·萨波托茨

---

① 何雷译,http: // www.cnpoet.com/ waiguo / jk /002. htm
② 弗朗蒂舍克·卡夫卡:《捷克斯洛伐克史纲》,北京:三联书店1973年版,第193页。

基为总理组成新政府。6月27日,捷克斯洛伐克共产党与清除右派领导人的社会民主党合并,仍称捷克斯洛伐克共产党。随后,捷共在全国征集党员。截至11月,党员人数达到250万,占全国人口的18%。苏联模式的政治基础得以确立。重组的捷克斯洛伐克共产党严格遵循苏共模式,实行民主集中制,被称为"工人总统"的哥特瓦尔德同时担任捷共领袖,集党政军最高权力于一身。1948年夏季,斯大林与南斯拉夫共产党领袖铁托发生意见分歧,导致苏共与南共决裂。斯大林粗暴地破坏党际关系和国家关系准则,将南斯拉夫共产党开除出1947年成立的共产党情报局,并在东欧社会主义阵营各国共产党清洗所谓"铁托分子"。对于各国共产党内不同意斯大林做法的领导,残酷斗争,无情打击,极大地破坏了党内民主和人民民主,极大地影响了东欧社会主义阵营各国的经济社会发展。哥特瓦尔德被昵称为"摩拉维亚的斯大林",秉承莫斯科的旨意,制造了"斯兰斯基反党反国家阴谋中心案"等一系列冤、假、错案,把以捷共总书记斯兰斯基为首的14名党政领导人和高级干部打成反党叛国集团。斯兰斯基等11人被判死刑,其余3人被判无期徒刑。斯兰斯基是捷克斯洛伐克共产党的创始人之一,地位仅次于总统哥特瓦尔德,二战后担任捷共总书记。他是莫斯科路线的积极追随者,在清洗"铁托分子"的初期阶段,不遗余力地深挖隐匿在各个角落里的"铁托分子",并把他们交给苏联和捷克斯洛伐克的秘密警察,深得斯大林和贝利亚的信任。但是,斯兰斯基威胁到了哥特瓦尔德的领袖地位,这是惯于"一言堂"的哥特瓦尔德无法接受的。因而,卖力捕捉"铁托分子"的斯兰斯基总书记,却在1952年12月被以托洛茨基分子、铁托分子、犹太复国主义分子等罪名送上了绞刑架。哥特瓦尔德清除斯兰斯基集团后,压制不同声音,独断专行,紧跟斯大林,把捷克斯洛伐克完全带入苏联模式之中。1953年3月5日,斯大林逝世。哥特瓦尔德赴莫斯科参加斯大林的葬礼,突发急症,于1953年3月14日病逝。

　　1953年9月,捷共中央主席团成员、政府副总理诺沃提尼当选为捷共中央第一书记。1957年11月,诺沃提尼当选为捷克斯洛伐克共和国总统,并担任捷民族阵线中央委员会主席,从而成为党和国家的最高领导人。诺沃提尼是苏联模式忠实的拥护者与积极的实践者,紧跟苏联,亦步亦趋,唯恐走样。1956 年 2 月,诺沃提尼参加苏共二十大,听取赫鲁晓夫揭批斯大林的"秘密报告",回国后,照葫芦画瓢。3 月 31 日,他在捷共中央全会所作的报告中对哥特瓦尔德大加抨击,指责哥特瓦尔德大搞"个人崇拜",错误地把"属于党和人民的功绩"据为己有。这表明,面对苏联模式,从哥特瓦尔德到诺沃提尼的捷共领袖丧失了独立思考和科学认知,盲目地围着莫斯科的指挥棒转。诺沃提尼按照苏联模式,大力强化计划经济体制,极大地禁锢了捷克经济的良性发展能力。

经济:第二次世界大战后,捷克斯洛伐克满目疮痍、百废待兴,国民经济处于崩溃的边缘。捷克斯洛伐克工业在东欧国家中是最发达的,主要掌控在大资产阶级手中,他们与国际资本有着千丝万缕的联系。1945年秋,民族阵线政府根据《科希策纲领》,没收法西斯分子、纳粹德国的帮凶、投敌分子的财产,削弱了大资产阶级在国家经济生活中的地位,对有关国计民生的重要行业实行国有化。1945 年 10 月 28 日,政府对银行、保险公司、矿山和钢铁等大工业实行国有化,将 50％以上的工业收归国有。这一举措遭到民族阵线中资产阶级代表的反对,但得到工人阶级的支持。当时,"依法实行国有化的部门包括了拥有 75 万多名职工的三千个重要工厂。这意味着 60％以上的职工已正式转入社会主义工业部门。"①钢铁、采矿、动力企业的全面国有化,操纵全国 2/3 以上工业的大资产阶级被剥夺了,从经济基础上确立了苏联模式。

1946 年 6 月,捷共领导的联合政府向国民议会提出恢复国民经济的两年计划,该计划于 1947 年 1 月 1 日开始执行,主要是恢复发展经济、医治战争创伤、提高人民生活水平,使斯洛伐克经济赶上捷克。同时,实行土地改革,将 170 多万公顷的农田分给 17 万个小农和雇农。随后,宣布新的农业纲领,建议将所有超过 50 公顷的大庄园进行分配,实行统一的

---

① 陈广嗣等:《捷克》,北京:社会科学文献出版社 2005 年版,第 77 页。

农业税,对所有可能用来进行投机的土地赎买,制定有关劳动农民的国民保险法等。资产阶级囿于自身利益,阻挠、破坏两年计划的实施,1947年7月,国民议会在广大农民群众的压力下,通过修改土地法的法令,进一步打击大地主。

布拉格"二月危机"后,新的民族阵线政府于1948年2月28日召开了农民委员会代表大会,在农村继续进行土地改革,依法对50公顷以上的所有大地主的土地进行分配。大会还表示支持工厂委员会代表大会的所有决议,在工业企业各部门进一步实行国有化,从公共生活中清洗附逆法西斯分子,改造农民统一联合会,使其成为劳动农民利益的真正代言人。布拉格"二月危机"以工人阶级的胜利而告终,捷克斯洛伐克沿着苏联模式一路前行。

二、苏联模式从凯歌行进到举步维艰

经济:由于良好的工业基础,捷克斯洛伐克战后经济恢复与发展在东欧社会主义国家中一直居于前列。捷克斯洛伐克在1949年开始大规模社会主义建设。第一个五年计划(1949—1953年)期间,工业平均每年增长14％,国民经济总值平均每年递增15％以上,其中机械、化工、轻工业等部门都达到或超过历史最高水平。按照苏联模式建立起来的经济结构,在战后国民经济恢复时期发挥了积极作用。但是,由于照搬苏联经验,片面高速发展重工业,第一个五年计划期间农业生产年增长率仅为3.2％,市场供应十分紧张,国民经济比例失调,制约工业优势进一步发挥。高度集中的计划经济体制逐渐不适应经济社会发展的要求,弊端日现。首先,国民经济管理高度依赖中央下达的指令,广大劳动群众被排斥于经济社会管理之外。其次,干部队伍中官僚主义作风逐渐滋长,人浮于事,会议成灾,公文泛滥,效率低下,工艺水平停滞,技术落后,削弱产品竞争的能力。再次,捷克斯洛伐克对外贸易的70％以上是同苏联和经互会国家进行的,苏向捷出售石油、铁砂矿和谷物等初级产品,购买捷出产的机器和其他制成品。由于价格是苏联单方面规定的,捷克斯洛伐克在贸易中处于不利地位。苏联一直阻挠捷克斯洛伐克同西方国家的经济来往,捷克斯洛伐克人民要求进行经济改革的呼声日益强烈。捷共固守苏联模式,漠视经济规律和人民呼声,继续强化计划经济体制。

1956 年 6 月,捷共通过实行第二个五年计划(1956—1960 年)的指示。1957 年 9 月 30 日至 10 月 2 日,捷共中央全会讨论第二个五年计划指示的执行情况,通过了第二个五年计划基本任务的决议,强调这一五年计划的目标是建成社会主义的物质基础。1958 年 10 月,捷克斯洛伐克国民议会通过第二个五年计划法案。根据该法案,1960 年同 1955 年相比,工业生产增长 54.4%,农业生产增长 27%,个人消费至少提高33%。1960 年,上述计划数量指标基本完成,诺沃提尼在捷共中央七月全会上作了题为"争取捷克斯洛伐克社会主义共和国进一步繁荣"的报告。全会宣称,社会主义已在捷克斯洛伐克取得完全胜利,即将开始的1961—1965 年第三个五年计划是为逐步向共产主义过渡创造物质和文化基础的计划。1960 年,捷克斯洛伐克通过新宪法,改国名为捷克斯洛伐克社会主义共和国(CSSR)。诺沃提尼提出"我们这一代将生活在共产主义"的口号。捷克斯洛伐克流传的一则政治笑话说,捷克斯洛伐克社会主义共和国(CSSR)等于一个捷克人(C)加两个斯洛伐克人(SS)加一个俄国人(R)。

1956 年 6 月,捷共全国代表会议决定成立改革委员会,由国家计划委员会主席领导。改革委员会制定出《关于计划和财政管理的新体制》的改革方案,提出改革的原则和步骤,引发党内外的广泛讨论。1958 年2 月,捷共中央全会制定《提高国民经济管理体制的经济效能的原则》等文件。1959 年,全国试行"新体制"改革。主要内容包括:第一,减少管理层次,取消中央各专业部与企业之间的总管理局,把全国 1 417 个工业企业改组成 383 个由各部直接领导的生产单位;第二,取消总产值指标,代之以劳动生产率指标和其他一些指标;第三,在计划工作方面,中央工作的重点放在远景目标的规划上面,给生产单位一定的生产经营自主权,特别是投资方面的自主权,如年度计划可由企业根据国家计划的指令性任务来具体编制；第四，实行普遍的奖励制度，从物质利益上对企业和职工进行刺激。① 这些改革效果不甚理想，未从根本上触动苏联模式。到20世纪60年代中期，捷克斯洛伐克经济陷入严重困难，生产停滞，市场供求关系严重失衡，许多大型基本建设项目无法完成，财政赤字高达50多亿克朗（合6亿多美元），工厂倒闭，工人失业，多次发生罢工。

政治：20世纪50年代初，苏联派大批"安全专家"到捷克斯洛伐克，直接插手1951—1953年捷克斯洛伐克的反"铁托主义"和"民族主义"的大清洗，造成大量冤假错案，"受迫害者近10万人，被清洗的党员达82万余人"②。捷共总书记斯兰斯基和斯洛伐克共产党第一书记胡萨克都是其中的受害者，"1949年捷共九大选出的中央委员，到1954年十大时，45.3%被清洗"③。"捷共中央书记以至州委第一书记的人选都要得到莫斯科的认可和批准。捷克斯洛伐克军队的关键部门都安插了苏联军官，军队的部署乃至通讯密码，苏联军官也全部掌握。"④诺沃提尼依仗苏联的支持，集党政大权于一身，大搞个人崇拜，培植个人势力，压制党内民主，破坏集体领导。诺沃提尼积极推行亲苏政策，"在1954年捷共十大上竟宣布将'一五'计划延长到1956年，以便使捷克斯洛伐克第二个五年计划与苏联的'六五'计划（1956—1960年）同步，力图将捷经济纳入苏联经济轨道"⑤。捷共在处理捷克与斯洛伐克两个民族的关系上也存在诸多不妥之处。

1956年，苏共二十大召开，特别是赫鲁晓夫对斯大林个人迷信的批判，为东欧各国探索符合本国国情的社会主义道路揭开了序幕。苏南关系改善，波兹南事件和匈牙利事件相继爆发，触发了捷克斯洛伐克人民要求变革的意愿。苏联公开承认社会主义各国之间独立平等、互不侵犯

---

① 中国社会科学院苏联东欧研究所：《捷克斯洛伐克关于政治与经济体制的重要文献选编》，1986年版，第100页。

② 王斯德等：《世界当代史：1945—2000》，北京：高等教育出版社2008年版，第131页。

③ 同上书，第132页。

④ 姜琦：《姜琦文集》，上海：华东师范大学出版社2009年版，第121页。

⑤ 王斯德等：《世界当代史：1945—2000》，北京：高等教育出版社2008年版，第132页。

等原则,而且尊重社会主义阵营各国探索适合本国国情的社会主义道路。国内外形势变化与党内外不满情绪的日益高涨,迫使诺沃提尼等捷共领导人采取了一系列调整性措施。

1956 年 3 月捷共中央全会,迫于形势,诺沃提尼不得不提出发扬党内民主与人民民主,成立"复查斯兰斯基案件委员会"。由于诺沃提尼的阻挠,重新审查斯兰斯基案件的工作在波、匈事件后中止,诺沃提尼把要求重新审查冤假错案的人称作"宗派主义者"。[①] 1957 年 2 月,捷共中央重申斯兰斯基为"反党集团"的罪魁。苏共二十二大后,1962 年捷共十二大决定重新审查以往的政治案件。1963 年 6 月,捷共中央宣布恢复胡萨克等人的党籍,同年,最高法院撤销了对斯兰斯基的判决。

1957 年 11 月,在莫斯科召开国际共产党工人党代表会议,发表莫斯科宣言,强调对所谓以民族特点为借口的修正主义的批判,捷克斯洛伐克的改革夭折。1958 年 6 月,捷共十一大提出高速度发展工业经济和合并中小农庄、建立大型农庄。1960 年 7 月,捷共全国代表会议讨论并通过第三个五年计划(1961—1965)草案,提出为向共产主义过渡创造物质和文化基础,制定一系列高指标。由于指标定得过高,在具体实施过程中难以落实,造成国民经济比例关系新的严重失调,工业发展速度下降。在 1962—1963 年期间,捷克斯洛伐克"国民收入、支出、生产力甚至连就业率都在下降,这些都反映出了日益严重的经济危机。国民收入的增长指数从 1961 年的 6.77% 降到 1962 年的 2.17%,1964 年的 0.89%"[②]。"三五"计划被迫暂停执行。面对经济困难,诺沃提尼等又将困难归罪于改革。1962 年,捷共十二大彻底否定了 20 世纪 50 年代后期的改革,全面恢复到以前的管理体制上去。

中断改革,进一步加剧了国民经济的恶化和社会矛盾的尖锐,加之南斯拉夫的企业自治改革令经济高速发展,使得改革的呼声越来越高。

---

① 转引自沈志华《冷战时期苏联与东欧的关系》,北京大学出版社 2006 年版,第 172 页。
② Grzegorz Ekiert, *The State Against Society*, Princeton University Press, 1996, p. 132.

诺沃提尼等捷共领导人决定在不触动原有体制的情况下重新进行改革。1963年,成立国家计划委员会主席奥塔·希克领导的经济改革委员会,该委员会与各部平级并且受中央直接领导,有很大权力。1964年1月,该委员会制定《关于完善国民经济计划管理的原则草案》,主张扩大企业生产经营自主权,更多地利用市场机制,"用方向性的计划代替指令性的计划,扩大企业在生产和投资方面的决定权;逐步向市场经济机制过渡;企业收入,包括职工的收入必须同市场上实现的经济成果联系起来;利改税,企业利润总额中用于投资的比例由国家统一规定,但在比例限度内如何具体使用则由企业自己掌握。"[1]20世纪60年代中期,在思想文化领域中实行比较宽松的政策,放宽对报刊的审查。政治上普遍给大清洗中的受害者平反,恢复名誉。

民族矛盾日益尖锐,斯洛伐克族要求扩大民族自治权,实行联邦制,但1960年宪法取消了斯洛伐克的民族自治权,激起斯洛伐克人的不满,诺沃提尼指责联邦制是"资产阶级民族主义"、"假民主主义"的残余。[2]经济、政治上的种种问题使社会各阶层对现状的不满日益增加,要求进行改革的呼声也越来越强烈,同时捷克斯洛伐克领导集团内部出现严重分歧,党内矛盾趋于激化。

三、从"布拉格之春"到两族分家

"布拉格之春":党内改革派与保守派的斗争日益尖锐,改革派主张摆脱苏联模式,他们将矛头对准诺沃提尼,提出进行政治改革。诺沃提尼等保守派对改革持否定态度,极力加强对各方面的控制。在1967年10月底召开的一次中央委员会会议上,当时身为斯洛伐克共产党书记的亚历山大·杜布切克要求改革党的组织结构,提出党政应该分开。一些中央委员要求诺沃提尼辞职,诺沃提尼则求助苏联驻捷大使契尔沃年

---

① 李忠杰:《社会主义改革史》,北京:春秋出版社1988年版,第423页。
② 王斯德等:《世界当代史:1945—2000》,北京:高等教育出版社2008年版,第133页。

科,通过他于 12 月 8 日将苏共中央总书记勃列日涅夫请到捷克斯洛伐克。由于捷共党内大多数人的抵制,勃列日涅夫企图进行干预的计划失败。飞回莫斯科前,他只好留下一句:"同志们,这是你们捷克斯洛伐克内部的事。苏共和苏联不会干涉你们的内政。"① 1968 年 1 月初,捷共中央做出了两项重大决定:一是将中央第一书记和共和国总统这两个职务分开,诺沃提尼辞去中央第一书记的职务,只担任共和国总统;二是选举杜布切克为捷共中央第一书记。② 3 月 21 日,诺沃提尼又被迫辞去共和国总统和捷共中央主席团委员的职务,由著名反法西斯战士斯沃博达将军继任总统。同时,党政领导阶层中一些保守派也纷纷辞职。至此,在捷克斯洛伐克党和政府内,以杜布切克第一书记为代表的改革派取得领导地位,"布拉格之春"拉开了帷幕。

杜布切克提出"走捷克斯洛伐克的社会主义道路",建设"具有人道主义面貌的社会主义"的口号。1968 年 3 月 28 日到 4 月 4 日,捷共中央全会通过实行全面改革的《捷克斯洛伐克共产党行动纲领》(以下简称《行动纲领》),宣布走捷克斯洛伐克自己的社会主义道路。全会改组中央领导机构,将一批支持改革的人充实到领导核心中去,并为冤案彻底平反。

捷共中央四中全会公布《行动纲领》,提出国家和社会生活各个领域的改革要求和主张。纲领指出:"我们要创造性地运用马克思主义理论和国际工人运动的经验,开辟和试验新的道路,赋予社会主义发展以新的形式。"充分发扬社会主义民主,坚持社会主义法治,保障宪法规定的人民的基本权利和实现党领导下的新闻和言论自由;强调共产党的领导作用,反对以党的组织代替政府机构、经济机构和其他社会组织;重视知识分子和干部培养,把政治和业务能力强的人提拔到重要岗位上,使干部更换制度化;重视国家政治体制中民族阵线的作

---

① 塔德·舒尔茨:《"布拉格之春"前后》,北京:新华出版社 1983 年版,第 354—355 页。
② 孔寒冰:《东欧史》,上海人民出版社 2010 年版,第 378 页。

用;国家体制的改革中贯彻民族平等原则,实行捷克和斯洛伐克两个共和国的联邦制,满足斯洛伐克对自治权力的要求。切实推进经济体制改革,扩大企业的自主权,恢复市场的积极作用,主要用税收、利润、价格等手段指导生产;建立职工委员会;取消对外贸易的垄断经营,允许农业生产自由和个体经营。在对外政策上,坚持独立自主的立场,在尊重主权完整、平等协商和坚持国际主义的基础上发展同苏联及其他社会主义国家间的关系,对发达资本主义国家奉行和平共处的政策,同一切国家发展友好互助的关系,尤其要执行更加积极的欧洲政策,发展互利关系,保障欧洲大陆的集体安全。《行动纲领》提出,改革是综合性改革,不仅要克服政治经济体制的弊端,在内政外交方面追求独立自主,而且要冲破苏联模式,摆脱苏联的束缚,探索符合捷克斯洛伐克国情的社会主义现代化道路。

《行动纲领》公布后,轰轰烈烈的全面改革在捷克斯洛伐克展开。改革在 1968 年 5—6 月期间达到了高潮,捷克斯洛伐克广大共产党员、知识分子和人民群众以空前的积极性投身于改革,人民积极要求加入捷共,许多人把自己的金银首饰捐献出来支持改革。

"布拉格之春"超出了苏联所能容忍的底线,引起了苏联领导集团的不安。1968 年 3 月 23 日,在民主德国的德累斯顿召开苏联、波兰、民主德国、匈牙利和保加利亚等国参加的多国首脑会议。从此次会议直到 8 月军事干预为止,除罗马尼亚外的华约五个成员国多次就捷克斯洛伐克的局势举行会谈。在会上,除匈牙利之外的四国代表团一致认为"布拉格之春"是反革命的先兆,最终将使共产党丧失领导地位。捷克斯洛伐克代表团为了取得苏联和其他社会主义国家的谅解和支持,声明改革加强了共产党的领导,得到绝大多数国民的拥护,强调捷克斯洛伐克的改革对其他社会主义国家也有好处,然而并没有得到与会各国的理解。1968 年 3 月 5 日,苏共总书记勃列日涅夫在苏共中央政治局会议上说:"社会主义在捷克斯洛伐克社会主义共和国正走向崩溃。那里的人们要求摆脱苏联的束缚。"5 月 15 日,勃列日涅夫在苏共中央政治局会议上为"布拉格之春"定性:"局势是严重的,这类似于匈牙利事件。"①捷克斯洛伐克的改革在劫难逃,"布拉格之春"危在旦夕。

　　苏联担心捷克斯洛伐克的改革运动会引起东欧各国的连锁反应,造成整个东欧社会主义阵营的分崩离析,进而影响到苏联的加盟共和国。捷克斯洛伐克特殊的地理位置在苏联的欧洲战略中占有举足轻重的地位,苏联担心捷克斯洛伐克失去控制。苏联抓住捷克斯洛伐克舆论上的片言只语,大做文章,无限上纲上线,指责"布拉格之春"离经叛道,是"三反之春"——反苏、反共、反社会主义。苏联以捷克斯洛伐克报刊中出现的某些带有"自由化"言论和对苏联的公开批评为借口,指责捷克斯洛伐克改革运动是"反苏的","越出了社会主义民主的范围",这是受捷共四中全会出现的"非马克思主义和非社会主义观点的影响"。②

　　为了阻止捷克斯洛伐克偏离苏联的轨道,1968年5月3日,苏联召唤杜布切克到莫斯科,逼迫其改变政策。同年5月17日,苏联国防部长格列奇科元帅率领军事代表团来到捷克斯洛伐克,以"苏捷友好"和共同防御联邦德国为由,提出派一个师的苏联军队驻扎在捷克斯洛伐克西部边境的要求。这一要求遭到捷克斯洛伐克的拒绝。格列奇科又以华沙条约的名义在捷克斯洛伐克境内举行了一次小规模"参谋人员训练"的军事演习,有意拖延参演苏军的撤出,还进驻许多军事要地。

　　苏联的压制激起了捷克斯洛伐克人民的强烈不满。1968年6月27日,由瓦楚利克起草的《两千字宣言》在捷克斯洛伐克的《自由议论报》上刊登,宣言号召人民按自己的首创精神和决定行事,加速各方面的改革。宣言提醒人民注意"任何来自外部的干预",呼吁在必要时用武力支持政府。宣言内容与《行动纲领》并无多少变动,在人民群众中引起了强烈反响,苏联则视这一宣言为"反革命的号召书",③谴责"反革命势力"正在捷

---

① 谢·谢曼诺夫著、孙静萱译、赵秋长校:《勃列日涅夫传》,北京:东方出版社2010年版,第166页。

② 塔德·舒尔茨著、张振第、丛林译:《"布拉格之春"前后》,北京:新华出版社1983年版,第441页。

③ 徐天新等:《世界通史》(当代卷),北京:人民出版社1997年版,第283—284页。

国内蔓延。

7 月 14 日,苏联、波兰、匈牙利、保加利亚和民主德国等华约五国在华沙举行会议,讨论捷克斯洛伐克局势。五国领导人还分别致信杜布切克,要求捷克斯洛伐克领导人参加。捷共中央经过讨论,谢绝了"邀请"。7 月 15 日,苏、波、匈、保、民主德国五国向捷克斯洛伐克发出联名信,以强硬的口吻威胁说:"我们不能坐视敌对势力把你们的国家推离社会主义的道路并且引起捷克斯洛伐克脱离社会主义大家庭的危险。这已经不仅是你们一国的事情了。这是我们参加华沙条约所有国家的共同事务。"①捷共中央复信逐一驳斥了联名信的观点,答复说:"我们有充分理由说明捷克斯洛伐克没有所谓的反革命局势,社会主义制度也没有受到迫在眉睫的威胁。我们也没有看出捷克斯洛伐克外交政策有根本的变化,也不存在将我们国家从社会主义联盟中分裂出去的威胁。"②"实际上,联名信是在苏共中央的精心组织和一手策划下出笼的,它毫不掩饰地对捷克斯洛伐克党和政府直接施加压力,清楚地表明苏联试图粗暴地干涉捷克斯洛伐克的内政,践踏捷克斯洛伐克的主权和独立,为以苏联为首的华约五国武装入侵捷克斯洛伐克埋下了伏笔。"③

为缓解日趋紧张的局势,捷共中央同意举行双方会谈。7 月 29 日至8 月 1 日,以勃列日涅夫、柯西金为首的苏共中央代表团和以杜布切克、切尔尼克为首的捷共中央代表团在捷克斯洛伐克东部距苏联只有 3 公里的切尔纳举行会谈。在此期间,苏共领导人继续对捷方施加强大的压力,指责捷克"背叛了国际主义事业",要求捷克斯洛伐克按苏联的要求改组领导机构,试图迫使捷克放弃改革的立场。捷共代表团据理力争,双方唇枪舌剑,互不相让。双方决定于 8 月 3 日在斯洛伐克首府布拉迪斯拉发举行捷克斯洛伐克与华约五国领导人的联席会议,就有关事宜继续商谈。8 月 3 日,苏、捷、波、保、匈、民主德国六国会谈因分歧太大,没

---

① The Warsaw Letter, *The Prague Spring* 1968, Navratil, July14—15, 1968, p. 235.
② Ibid., pp. 243 - 244.
③ 章前明:《当代国际关系》,杭州:浙江人民出版社 2006 年版,第 238 页。

有达成任何协议。苏联主导发表一个联合声明,强调不允许任何势力离间社会主义国家,破坏社会主义阵营,重申"保护苏联和东欧各国人民取得的成果是所有社会主义国家的共同国际主义义务"。捷克代表要求加上"同时要尊重各国主权和民族独立",被苏联等国断然拒绝。武装侵捷已箭在弦上,不可避免。

1968 年 8 月 20 日 23 时,苏联纠集波兰、保加利亚、民主德国、匈牙利共 25 万大军从东、南、北和东北四面入侵捷克。由于力量对比悬殊并且又是突然袭击,华约五国几乎在一夜之间就控制了包括布拉格在内的捷克斯洛伐克大部分领土。出兵之后,华约五国政府公布了一份《对捷克斯洛伐克人民军的呼吁书》,它声称受捷克斯洛伐克党和国家领导人的邀请,来保护捷克斯洛伐克的社会主义事业。8 月 21 日凌晨 1 时左右,捷共中央主席团立即广播《告捷克斯洛伐克社会主义共和国全国人民书》,宣布苏联等五国军队已越过捷克斯洛伐克边界,这是在党政领导人一无所知的情况下发生的,因此这一行动"违反了社会主义国家之间关系的基本原则,破坏了国际法的基本准则"。在华约五国入侵之时,捷共中央正在开会讨论党的第十四次代表大会的筹备工作。主席团未下令武装部队保卫国土,同时呼吁共和国的全国公民保持平静,不要抵抗正在开来的武装军队。

21 日晨,苏军冲进捷共中央大楼,劫持了杜布切克等捷共领导人并用飞机将其押送至莫斯科,同时要求捷总统斯沃博达组织"工农革命政府",遭到斯沃博达的拒绝。同一天,苏联塔斯社公布苏联、保加利亚、匈牙利、波兰和民主德国等五国的联合声明,称苏联及其盟国应捷克斯洛伐克的请求,给予其"紧急援助,包括武装部队的支持在内",因为"反革命势力威胁着捷克斯洛伐克的社会主义制度,影响到苏联及其他社会主义国家的切身利益"。与此同时,塔斯社授权发表声明,公然宣称五国出兵占领捷克斯洛伐克"完全符合社会主义兄弟国家间缔结的同盟条约规定的各国有权单独或集体进行自卫的原则"。①

---

① 塔德·舒尔茨:《"布拉格之春"前后》,北京:新华出版社 1983 年版,第 441 页。

1968年11月,勃列日涅夫在波兰统一工人党代表大会上提出"有限主权论":"当一个国家的社会主义事业遭到危险、对整个社会主义大家庭的安全构成威胁的时候,这就不再仅仅是那个国家人民的问题,而变成所有社会主义国家关心的问题,就有必要提供军事援助,采取军事行动。"①"有限主权论"的目的就是为苏联对其他社会主义国家推行控制、干涉政策提供理论依据,将社会主义大家庭纳入苏联与美国争夺世界霸权的战略轨道。

1968年8月22日,捷共第十四次非常代表大会在切卡德工厂大礼堂秘密开幕。这次非常代表大会选出了一个由27人组成的中央主席团和由144人组成的中央委员会,杜布切克、斯姆尔科夫斯基、切尔尼克等被苏军劫持的捷共领导人均入选新的中央主席团。与此同时,捷克斯洛伐克人民响应捷共非常代表大会的号召,同苏军展开不屈不挠的斗争。8月23日,捷克斯洛伐克全体劳动人民举行了一小时的总罢工,严正抗议苏军的暴行。"在国际上,苏联的侵略行径亦遭到了世界舆论的普遍谴责,中国、阿尔巴尼亚、南斯拉夫、罗马尼亚等社会主义国家纷纷发表声明,强烈要求苏联等国迅速从捷克斯洛伐克撤军,让捷克斯洛伐克人民在不受外来干涉的情况下独立自主地处理内部事务。"②

为了扭转被动局面,苏联放弃在捷克斯洛伐克组织一个亲苏傀儡政府的幻想,转而通过谈判,迫使捷共就范。8月23—26日,捷苏两国领导人举行了多次会谈。捷方参加人员除被"邀请"来的斯沃博达外,还有被劫持到莫斯科的杜布切克、切尔尼克。苏方出席的有苏共中央总书记勃列日涅夫、部长会议主席柯西金、最高苏维埃主席团主席波德戈尔内等。双方围绕捷克斯洛伐克局势展开激烈的争论,苏联方面对捷共中央试图冲破苏联模式、摆脱苏联控制的改革政策表示强烈的不满,苏方认为出兵是为制止反革命活动而提供的"国际主义援助",要求捷共宣布"十四

① 肖月等:《简明国际关系史》(1945—2002),北京:世界知识出版社2003年版,第124页。
② 章前明:《当代国际关系》,杭州:浙江人民出版社2006年版,第240页。

大"是非法的。捷方则强烈要求五国必须首先撤军,在此基础上捷克斯洛伐克的改革可以考虑社会主义阵营各国的共同利益,但要以《行动纲领》为基础制定方针路线。鉴于苏联的军事压力和捷克斯洛伐克国内形势,捷克斯洛伐克做出重大让步,双方于 8 月 26 日在莫斯科签署《苏捷会谈公报》。在公报中,苏共中央在国际社会的强大压力下,承认以杜布切克为首的捷共中央,但其扼杀捷克斯洛伐克改革进程的立场并未改变。捷克斯洛伐克则被迫承认苏联等五国是在"帝国主义加紧策划反对社会主义国家的阴谋"的情况下才采取行动的,并宣布五国军队待捷克斯洛伐克国内"局势正常化"后撤离。同时捷克斯洛伐克将继续坚持社会主义道路,发展和加强同苏联及整个社会主义大家庭各国的友好关系,以提高防御性的华沙条约的效力。公报激起捷克斯洛伐克人民的无比愤怒,布拉格人民连续举行游行示威。10 月 16 日,苏捷在布拉格签订《苏维埃社会主义共和国联盟政府和捷克斯洛伐克社会主义共和国政府关于苏联军队暂时留驻捷克斯洛伐克社会主义共和国境内的条件的条约》,该条约使苏军占领合法化。来自克里姆林宫的严寒摧折了"布拉格之春",但冬天来了,春天还会远吗? 19 世纪伟大的捷克诗人聂鲁达的诗句预示着未来:

> 即使雷鸣电闪,筋骨寒彻,
>
> 尽管多少世纪以来,我们遭受过多少苦难。
>
> 我们仍然要前进……①

正常化:"布拉格之春"被镇压以后,捷克斯洛伐克开始"正常化"进程,各个方面全面复归到苏联模式。在政治上,改革派被清洗,亲苏派执掌政权。1969 年 1 月,在苏联的直接干预下,斯姆尔科夫斯基被解除国民议会主席职务,不久又被解除一切职务并开除出捷共中央。1969 年 4 月,根据苏联的授意,杜布切克下台,1970 年又被开除党籍并被发配到边

---

① 塔德·舒尔茨:《"布拉格之春"前后》,北京:新华出版社 1983 年版,第 692 页。

远的国家森林管理局工作。1970 年 6 月,切尔尼克被解除政府总理职务,并被开除党籍。反对杜布切克改革的胡萨克在苏联支持下掌握捷克斯洛伐克的党政军大权,全面否定"布拉格之春",大肆迫害拥护和支持改革的广大党员干部。通过谈话和党证更换,大批所谓"右倾机会主义分子"和"消极党员"被清除出党,在 150 万党员中近 1/3 的党员遭到清洗。"在被清洗的党员中,有 4 名捷共中央书记,10 个州委第一书记中的 9 名,59 名县委第一书记。1/3 的中央、州委和县委委员。"①遭到清洗的党员的亲属、子女也受到株连,导致直接遭受迫害的人数超过全国总人口的 1/10。在经济方面,恢复高度集中统一的计划经济管理体制,扩大中央指令性指标,生产经营决定权和投资权重新集中到中央,改变销售制和税收制。数万人逃到了西方,数十万人被从党内和原来的工作岗位上肃清下来。在胡萨克"正常化"时代,大学教授、记者、编辑、律师、艺术家被迫从事蓝领工人的工作。这是继 20 世纪 50 年代大清洗之后,对捷克斯洛伐克科技文化的又一大摧残,是捷克和斯洛伐克民族及整个国家遭遇的又一巨大灾难。随着"布拉格之春"的凋谢,东欧社会主义国家的改革运动再次跌入低谷。"然而历史却有其自己的道路和自己的逻辑。对捷克斯洛伐克来说,1968 年所预示的东西跟克里姆林宫教条主义者理解的完全不同。1968 年激起的希望是入侵及其长期的戏剧性后果所消灭不了的。当黑暗再次降临捷克人和斯洛伐克人的土地上的时候,希望看来仍然存在。"②

　　捷克斯洛伐克被迫回到高度集中统一的计划经济体制,陷入严重的经济危机和深刻的政治危机。以胡萨克为首的捷共中央在彻底否定 1968 年"布拉格之春"改革的同时,也否定了改革政策本身。经济增长缓慢,甚至出现了负增长。20 世纪 80 年代,捷克斯洛伐克国民经济陷入困境,人民生活水平下降,经济发展乏力,引起人民群众的强烈不满。"东

---

① 刘天白:《我在金色的布拉格》,北京:中国青年出版社 2008 年版,第 123 页。
② 塔德·舒尔茨:《"布拉格之春"前后》,北京:新华出版社 1983 年版,第 692 页。

欧各国的经济增长在 70 年代中期达到极限,此后开始大幅度下滑,1973—1987 年的年经济增长率从 3.9% 下滑到了 1.9%,到 1988 年几乎停滞不前甚至负增长。以 1988 年官方公布的 GDP 增长率为例,捷克斯洛伐克是 2.2%。"[①]随着经济增长速度放慢,"短缺经济"特征更为明显。特别是在 20 世纪 70 年代中期以后,捷克斯洛伐克社会福利遇到很大的困难,生产资料和生活资料供给匮乏的现象更为突出,凭票的分配方式都难以维持。价格改革导致严重的通货膨胀,使得普通劳动者生活状况进一步恶化,对经济体制乃至社会主义制度失去了信心。捷克斯洛伐克同社会主义阵营的贸易困难重重。一方面在同苏联的贸易中越来越处于不利的地位,财富源源不断地流入苏联;另一方面,由于经互会相对封闭,捷克斯洛伐克的商品无法顺利地进入西方市场,缺乏竞争力。

深刻的政治危机主要表现在两方面:一方面,出现反对派组织。"布拉格之春"之后,胡萨克、雅克什等人在保卫社会主义成果的"口号"下,在长达 20 年的时间里拒不为受害者平反,这种长期的高压政策造成了人民与政府的对立,社会政治生活极不正常。人民群众对社会主义制度和共产党的领导极为冷漠,而一些在"正常化"期间受到迫害的知识分子和被开除的共产党员,则逐渐形成政治团体,其中最为著名的是"七七宪章"。"七七宪章"是 1977 年初签署的一份要求保障人权和基本自由、同政府对话的文件,后来成为反动派社会运动的名称。"正常化"后的捷克斯洛伐克,不可能重新评价 1968 年事件,而"七七宪章"运动就成为对苏联出兵镇压"布拉格之春"的一种隐晦的抗议,因此得到许多人的同情和支持。随后,许多反对派组织在捷克斯洛伐克境内陆续出现,如由 1968 年后遭清洗的捷共领导人和党员组成的社会主义复兴俱乐部、独立记者协会、马萨里克协会等。另一方面,共产党内部分歧严重。在 1986 年 12 月召开的中央全会上,雅克什当选为总书记,胡萨克被迫下台,这次全会通过了综合改革机制的决议。1988 年 2 月,雅克什接任联邦民族阵线主

① 孔寒冰:《东欧史》,上海人民出版社 2010 年版,第 436 页。

席一职。同年 10 月，什特劳加尔被解除了政府总理职务，拉吉斯拉夫·阿达麦茨组建新政府。这些重大的人事变化表明，捷克斯洛伐克党和国家最高领导层中保守派一统天下的局面开始被打破，温和派的力量在逐渐增大。

剧变与分家：20 世纪 80 年代国际形势也发生了重大变化，1985 年 3 月，戈尔巴乔夫任苏共中央总书记，开启苏联改革进程。戈尔巴乔夫提出要反思历史，尊重东欧各国独立探索适合本国发展的道路。在此基础上，戈尔巴乔夫默许东欧各国摆脱苏联模式。与此同时，西方对东欧社会主义国家推行"和平演变"战略，利用资金、媒介等方面的优势，推动东欧社会主义国家向多党议会制和市场经济方向发展。

告别苏联模式：进入 20 世纪 80 年代之后，捷克斯洛伐克国民经济恶化，人民生活水平下降，人民对苏联模式和苏联控制的不满情绪日益高涨。1988 年 8 月、10 月和 12 月，在"布拉格之春"和苏联侵捷 20 周年、捷克斯洛伐克独立 70 周年和联合国人权宣言 40 周年暨世界人权日，布拉格连续爆发了大规模的示威集会和抗议活动。参加活动的人们要求重新评价 1968 年事件，要求苏联军队从捷克斯洛伐克撤出，取消新闻检查，尊重人权，呼吁民主和自由。

1989 年，捷克斯洛伐克的游行示威更加频繁。"七七宪章"和"社会主义复兴俱乐部"等反对派组织要求为"布拉格之春"平反，多次组织大规模的抗议示威活动，公开向当局挑战。1 月，纪念布拉格查理大学哲学系学生杨·帕拉赫抗议苏军入侵自焚身亡 20 周年之际，反对派在布拉格组织数万人举行持续一周的游行示威。数百名示威者被逮捕入狱，"七七宪章"运动领导人哈维尔也因此被逮捕。6 月，"七七宪章"等反对派组织发表《几句话》宣言，要求"为 1968 年事件平反，承认反对派的合法地位并同它们进行平等对话，释放政治犯，实行新闻言论自由"①。捷克斯洛伐克当局拒绝反对派的要求，把《几句话》宣言看作是"反改革、反

① 　孔寒冰：《东欧史》，上海人民出版社 2010 年版，第 462 页。

党、反社会主义的反革命纲领"①。8月21日,布拉格爆发数万人的示威游行,示威群众要求宣布苏联入侵非法和为"布拉格之春"平反,高呼"自由万岁"、"杜布切克万岁"等口号,遭到镇压。与此同时,苏联报纸连续发表文章,承认1968年出兵捷克斯洛伐克是"干涉内政",破坏捷克斯洛伐克的"民主革新进程"。另外,波兰、匈牙利等华约成员国也对1968年出兵侵捷表示遗憾。但是,捷共领导人一再坚持其强硬立场,不愿对1968年事件做出重新评价,这极大地伤害了捷克斯洛伐克人民的感情,人民群众对捷共彻底失望。

1989年11月17日,为纪念捷克斯洛伐克大学生反法西斯斗争50周年,近4万名大学生在布拉格高校学生组织及全国青联的组织下举行集会并示威游行。学生游行队伍离开指定的集会地点,试图向市中心的瓦茨拉夫广场进发,途中遭到警察拦截。在冲突中,100多名学生被打伤,许多学生被捕。

"11·17"事件发生后,在全国引起了巨大的震动。大学生继续进行示威游行,同时为了配合大学生,布拉格的工人进行了两个小时的总罢工。布拉格剧院宣布支持大学生的行动,打开剧场大门,把剧场变成讲坛。11月19日,"七七宪章"、社会复兴俱乐部等12个反对派组织的两百多名代表在布拉格召开会议,成立了一个松散的政治组织——"公民论坛"。该组织向捷克斯洛伐克政府提出:"'布拉格之春'负有责任的人下台,结束捷共一党的统治,进行自由选举和实行政治多元化。"②在"公民论坛"组织的号召下,11月20日,20多万布拉格学生、工人、市民和部分警察在瓦茨拉夫广场举行游行示威。"捷共中央书记处成员、社会主义青年团中央委员会主席莫霍里塔也参加了瓦茨拉夫广场的示威活动,公开表示站在学生一边,谴责警察对学生施用暴力,要求进行彻底改革和对话。"③

---

① 转引自王瑜《东欧共产党:倒下的多米诺骨牌》,北京:红旗出版社,2005年版,第27页。
② 孔寒冰:《东欧史》,上海人民出版社2010年版,第462页。
③ 黎家勇:《冷战时期的国际关系》,南昌:江西出版集团2008年版,第417页。

面对捷克人民群众和反对派的强大压力,捷克斯洛伐克党和政府通过发表电视讲话、举行会谈等方式寻求摆脱危机的途径,但均不奏效。11月24日,捷共中央召开全会,以雅克什总书记为首的中央主席团和书记处集体辞职,卡雷尔·乌尔班内克继任捷共总书记,主张以政治方式解决社会危机。全会通过决议,"对1989年11月17日事件表示遗憾",承认"干预是政治错误"。但是,反对派并未满足于捷克斯洛伐克党和政府的让步。11月26日,在"公民论坛"的组织下,布拉格提纳广场50万人举行集会和游行示威,宣布27日实行全国总罢工。杜布切克在集会上发表讲话,要求捷共现任领导人为"1968年事件"平反,还要求苏联、民主德国、保加利亚等国家就1968年武装侵捷问题道歉。为了缓解日益紧张的局势,捷共中央非常全会于当日召开,解除群众反映强烈的领导人的职务,明确提出要与"公民论坛"对话,并表示要建立广泛的政治联盟。同时,乌尔班内克在向公众的电视讲话中表示:"捷共愿走一条新路,对人民说真话,不脱离群众,同所有愿意合作的人进行协商,包括1968年离开和不得不离开党的人。"①

11月28日,捷克斯洛伐克政府同"公民论坛"的代表就如何解决社会危机进行两轮协商,双方就在12月3日前组成多党联合政府,修改宪法中关于捷共领导作用的条款,进行自由选举和实行多党议会民主制,重新评价"布拉格之春"和谴责苏联侵捷等问题达成协议。根据这些协议,11月29日,捷克斯洛伐克联邦议会两院批准宪法修改案,取消关于捷共领导作用的条款。11月30日,捷共中央主席团决定成立一个重新评价"1968年事件"的专门小组。12月1日,明确表示1968年华约五国出兵捷克斯洛伐克是没有根据的和错误的。12月3日,阿达麦茨总理宣布改组政府,吸收5个非捷共人士入阁。"公民论坛"等反对派不满足于政府的局部改组,发表声明说,"新政府没有发生根本性的变化",不符合

---

① 中共中央党校国际共运研究所:《苏联东欧风云录》,北京:中共中央党校出版社1990年版,第290页。

修改过的宪法中取消共产党领导作用的规定,以此为由在 12 月 4 日再次发动 20 多万群众举行游行示威,要求阿达麦茨彻底改组政府,胡萨克总统在 12 月 10 日之前必须下台,否则将于 12 月 11 日再次举行全国总罢工。

12 月 6 日,阿达麦茨表示,政府不能在罢工和示威的压力下工作,并于 7 日辞去总理职务。12 月 10 日,经过与其他党派协商,以捷共党员马里安·恰尔法为总理的"民族谅解"政府宣布成立。在这届政府的 21 名成员中,捷共党员占 10 人,其余 11 人来自于其他党派和无党派,捷共成为政府中的少数派。随后,胡萨克辞去总统职务。12 月 15 日,捷共中央主席团决定停止捷共在国家关键部门的活动。12 月 22 日,捷克斯洛伐克各派政治力量举行圆桌会议,一致同意分别提名"公民论坛"代表哈维尔和"布拉格之春"领导人杜布切克为共和国总统和联邦议会主席候选人。28 日和 29 日,捷克斯洛伐克联邦议会根据圆桌会议达成的协议,分别选举杜布切克和哈维尔为联邦议会主席和共和国总统。1990 年 1 月 18 日政府总理恰尔法宣布退出捷共。11 月 17 日事件后短短一个多月,捷共失去了执政地位。

1990 年 3 月 29 日,联邦议会决定,将原国名"捷克斯洛伐克社会主义共和国"改名为"捷克斯洛伐克联邦共和国",4 月 20 日,又改名为"捷克和斯洛伐克联邦共和国",同时修改国徽。6 月,捷克斯洛伐克举行了 40 年来首次多党制议会选举,参加竞选的政党有 23 个,结果"公民论坛"和公众反暴力组织大获全胜,获得了 300 个议席中的 170 个议席,捷共只获得 47 个议席,居第二位。新议会继续选举杜布切克为新联邦议会主席。6 月 27 日,组建以"公民论坛"为首的联合政府,恰尔法继任总理。在新政府中,捷共被完全排除出去,沦为在野党。11 月 16 日,联邦议会通过没收捷共财产的法律,要求捷共从 1991 年 1 月 1 日起将动产和不动产、现金、档案材料全部上缴国家。

捷克与斯洛伐克和平分家:1991 年 1 月,联邦政府推出激进的经济改革措施,冲击经济相对落后的斯洛伐克地区,失业率飙升,激化了捷克与斯洛伐克的民族矛盾。1992 年 6 月大选中新获胜的执政联盟两大党——捷克公民民主党和争取民主斯洛伐克运动就联邦组阁问题举行了几轮谈判,均无结果。6 月 20 日,两党领导人同意捷克和斯洛伐克一分为二。7 月 17 日,斯洛伐克民族议会宣布了《主权宣言》。同日,联邦总统哈维尔辞职。11 月 25 日,联邦议会以一票的优势通过《捷克和斯洛伐克联邦共和国终止法》。1993 年 1 月 1 日,捷克和斯洛伐克联邦共和国各自独立,形成了捷克和斯洛伐克两个主权平等的国家。捷克与斯洛伐克的分离,被称为"天鹅绒分离"。著名作家哈维尔当选为新独立的捷克共和国总统,至 2003 年卸任。

在哈维尔总统的领导下,捷克开始全面融入欧盟的历史进程,以西北欧福利国家为模板。1995 年,哈佛大学教授萨克斯建议捷克总理克劳斯学习"亚洲虎",削减社会保障开支,以国家资本主义促进经济起飞。克劳斯断然拒绝这种"亚洲思想",称社会党式的高税收、高福利政策体现了"欧洲文明",改变这种社会政策并使之"降低到那些亚洲国家的水平"是不能允许的。①

捷克斯洛伐克于 1991 年由计划经济向市场经济转轨,经济一度严重衰退,经过十多年的努力,市场经济框架基本建成。1993 年 1 月 1 日,捷克成为独立的共和国。自 1994 年起,捷克经济逐步好转,当年国内生产总值(GDP)增长 4%。1995 年和 1996 年,经济转轨进一步深化,私有化已基本完成。经济立法不断健全和完善,国民经济各个部门都呈现不同程度的复苏。

1995 年,GDP 同比增长 4.8%。1996 年 GDP 按 1994 年不变价格计算为 13 860 亿克朗(约合 513 亿美元),比上年增长 4.8%,人均 GDP 5 051 美元。1996 年与上年同期相比,工业生产总值增长 6.8%,捷克外汇储备增至 1996 年底的 161 亿美元。1998 年以前,捷失业率和通胀率

---

① 金雁、秦晖:《十年沧桑——东欧诸国的经济社会转轨与思想变迁》,上海:三联书店 2004 年版,第 122 页。

保持较低水平,1996 年失业率为 3.5%,通胀率为 8.8%。1999 年 GDP 同比增长 1.2%,失业率增长到 9.37%,通胀率减少到 2.1%。2001 年捷克经济增长率为 2.6%。2002 年外汇储备为 244.75 亿美元;外债为262.81 亿美元;GDP 同比增长 1.5%,达 698.68 亿美元,人均 GDP 为6788.6 美元;失业率为 9.8%,通货膨胀率为 1.8%。2003 年外汇储备为 267.95 亿美元;外债为 348.61 亿美元;GDP 同比增长 3.1%,达769.06 亿美元,人均 GDP 为 7 538 美元;失业率为 10.3%,通货膨胀率为 0.1%。2004 年,经济增长 4.4%,GDP 为 1 070 亿美元,外债总额 453亿美元,平均工资约合 659 美元,外汇储备为 248 亿美元,失业率为9.5%,通货膨胀率达到 2.8%。

捷克工业产业结构是按大中型企业(100 人以上的企业)的产值统计的:能源性原料开采占整个工业的 6.2%,其他矿物原料开采占 0.3%,电、天然气和水的制造及输送占 7.5%,加工工业占 86%,钢铁和钢铁产品加工占 19.04%,食品加工占 17.58%,车辆制造占 10.14%,机械和设备占 8.78%,化学和制药占 6.77%,煤炭、原油加工占 6.14%,电器和光学仪器占 5.85%,纺织品和服装工业占 5.63%,造纸、印刷和出版业占5.40%,玻璃、陶瓷和建筑材料占 5.32%,橡胶和塑料工业占 2.89%,木材加工工业占 1.73%,皮革加工占 1.50%,其他未分类的加工工业产品占 3.24%。捷克机械制造工业在世界市场具有较强的竞争力。据欧盟有关机构的研究,捷克机械制造工业的竞争力在欧洲排在前 5 位,在世界排在前 15 位。在工业部门中,纺织业、航空、汽车、环保和食品加工工业更为突出。捷克的机械制造以各种机床、动力设备、船舶、汽车、电力机车、轧钢设备、军工、轻纺为主,化学、玻璃工业比较发达,纺织、制鞋、啤酒酿造均闻名于世,工业基础雄厚。第二次世界大战后,原有工业结构发生改变,重点发展钢铁、重型机械工业。1999 年,工业在国民生产总值中的比重占 40%。捷克是啤酒生产和消费大国,其出口的主要对象是斯洛伐克、波兰、德国、奥地利和美国。1996 年啤酒总产量达 18.3 亿升。1999 年捷克人均啤酒消费量达到 161.1 升,比啤酒消费大国德国多 30

升。按人均啤酒消费量计,捷克连续 7 年位居世界榜首。

2004 年 5 月 1 日,捷克正式加入欧盟,2007 年 12 月 21 日成为申根公约成员国。这又一次印证了捷克现代化的特质,在摆脱苏联模式和苏联控制后,捷克融入了一个史无前例的、后民族国家形态的联合体——欧盟。

第三部分

波兰现代化：从失国到转型

第一章　波兰民族国家的生成与解体

第一节　民族国家的生成

基督教化：波兰位于中欧东北部，北濒波罗的海，西与德国接壤，南与捷克和斯洛伐克为邻，东衔乌克兰和白俄罗斯，东北部既与立陶宛接壤，又含有俄罗斯飞地——加里宁格勒州（原东普鲁士）。地理环境是波兰现代化的自然给定，波兰与周遭互动的历史，使得波兰通向现代化之路异常艰难、曲折。波兰人是西斯拉夫民族，但其文化类型属于天主教拉丁文化而并非东邻的东正教斯拉夫文化，固守天主教而非南邻、西邻的新教，据 2004 年数据，波兰 94％的人口为天主教教徒。天主教对于波兰民族的形成具有特殊意义。波兰民族一经基督教化就与罗马天主教携手至今。罗马教皇约翰·保罗二世（1920—2005 年，1978—2005 年罗马教皇）就是波兰人，原名卡罗尔·沃伊蒂瓦，1958 年任克拉科夫教区大主教，1967 年 7 月任红衣主教，1978 年 10 月 16 日当选为罗马教廷第 264 任教皇，是 457 年来第一位非意大利籍教皇。

波兰基督教化始于公元 10 世纪中期，梅什科一世于 965 年与波希米亚博莱斯瓦夫一世的女儿杜布拉娃结婚，并于次年带领宫廷人员按照拉丁仪式接受来自波西米亚的神职人员的洗礼,皈依基督教,教皇同时确认其公爵的头衔。由此,波兰自上而下逐步皈依基督教。拒绝拜占庭的东正教,转而接受来自罗马的基督教,是波兰所处地缘政治区位造成的结果。梅什科一世皈依罗马基督教,有着实用战略考虑。

首先,波兰不可避免地与神圣罗马帝国发生接触和冲突,而神圣罗马帝国认为,消灭异教、异端是基督教诸王与生俱来的使命。梅什科一世认为,与其被迫皈依基督教,不如主动皈依。皈依后,梅什科一世消除了神圣罗马帝国对其发动征伐的可能性,神圣罗马帝国则利用皈依基督教的波兰遏制帝国东部地区诸侯不断膨胀的实力和野心。980年,梅什科一世又迎娶了神圣罗马帝国北部马克的狄特里希之女奥德,与帝国结成更为紧密的政治关系。

其次,基督教符合波兰统治者自身的利益需求。皈依基督教前的波兰还处于自然崇拜的原始宗教阶段,"波兰斯拉夫人信仰火神,特别信仰太阳神。此外还信仰雷神、风神。他们崇拜祖先,认为人死后灵魂不灭。他们在固定的时间和地点祭祀神灵和祖先,希望保佑他们来年五谷丰登,人畜平安"①。放弃原始宗教信仰是清除社会组织的部落建制、建立集中化的政治权威和等级制度的前提条件。世俗权力与基督教相结合,为统治者加强自身政权的合法性和延续性披上了神圣的宗教外衣。同时,教会成为仅次于波兰君主的地产拥有者,而一个分裂的波兰不符合教会的利益。波兰教会更倾向于维护波兰的统一,从而将自己的利益最大化。

为了保持自身领地的独立性,避免臣服于968年新划出的帝国北部马克大主教区马格德堡,梅什科一世从隶属于雷根斯堡巴伐利亚主教区的波西米亚接受基督教,并于968年在波兹南建立主教区,隶属于罗马教廷。公元1000年,神圣罗马帝国皇帝奥托三世与梅什科一世之子鲍莱斯瓦夫一世,在当时的波兰首都格涅兹诺会面,前者将鲍莱斯瓦夫一

---

① 刘祖熙:《波兰通史》,北京:商务印书馆2006年版,第10页。

世统治下的波兰视为协助其将斯拉夫族群基督教化的盟友,同意在格涅兹诺建立大主教区,并在克拉科夫、弗罗茨瓦夫和科沃布热克建立三个主教区。[①] 波兰从此脱离神圣罗马帝国范畴,走上既不同于德意志、也不同于俄罗斯的历史路径。

罗马教会在波兰的传教为当地带来拉丁语和基督教文化,拉丁语成为波兰的官方语言,这是波兰向更为先进的文明体系转变的标志。波兰这一时期的关键词汇几乎都来自于拉丁语或日耳曼语,如波兰语表示"国王"之意的"krol",来源于查理曼的拉丁文名字"Carolus";波兰语表示"封地"之意的"tan",来源于日耳曼语的"lehen"一词;但还有一些古老的词汇被保留了下来,如波兰语中表示"武士领导者"之意的"wojewoda",指的是部落军事酋长,这个词语被保留下来直至中世纪演变成一个正式的头衔。

宗教改革运动高峰期,罗马教廷把反对宗教改革的重任交给耶稣会。1564 年,耶稣会在波兰建立第一个分支组织。17 世纪中期,波兰已经有 40 个耶稣会分支组织,拥有近 1 000 名会员。[②] 在此期间,耶稣会掌控着波兰的教育机构,这使得基督教信仰通过教育得以巩固,在波兰的民众中确立了至高无上的地位。与此同时,波兰卷入多场战争,基督教的影响力在战争中得到进一步强化,1655 年 11—12 月的明山圣保罗修道院保卫战就是典型例证。传说,由于修道院内收藏了黑色的圣母像,圣母玛利亚奇迹般地介入了战斗并保护修道院不受战火的蹂躏。这次带有浓重宗教色彩的胜利团结了波兰各阶层人士,投入反抗瑞典军队的战争中。尽管 14—17 世纪波兰王权不断衰微,但教会威信并没有减退,政局的不稳反而使基督教变成了人们对国家统一的精神寄托。波兰弥赛亚主义在这一时期产生,它认为"波兰不只是反对伊斯兰主义的堡垒,而且是向东方传播基督文明,照亮东方黑暗的火把"[③]。在波兰亡国

---

① 刘祖熙:《波兰通史》,北京:商务印书馆 2006 年版,第 13 页。
② 同上书,第 93 页。
③ 刘祖熙:《论波兰传统文化的特征》,载《世界历史》2004 年 02 期。

期间,波兰教会充当起"影子政府",担当起传承波兰文化的重任。

贵族政体:14—15世纪,波兰贵族势力不断膨胀,形成贵族政体。重建的皮亚斯特王朝统治者卡齐米日三世,扩大城市自治权,1337—1346年进行币制改革,稳定物价。他建立以德意志法为裁判依据的最高法庭,禁止波兰城市去德意志境内的马德堡法院上诉;1339年,波兰与匈牙利结盟;在通过多年的战争后,波兰于1343年与条顿骑士团缔结《永久和平条约》,收回库亚维亚,作为交换,将波莫瑞东部割让给了骑士团;波兰与立陶宛大公国和加里奇公国爆发冲突,1340年至1350年间还入侵并占领了一些富庶的罗斯小公国;1364年,建立克拉克夫大学。卡齐米日三世将王国视作男性世袭财产,一直努力延续自己的血脉。但是,四次失败的婚姻并未给他带来男性继承人。他在1370年11月5日去世之前,将波兰一分为二,分别留给了他的外孙卡兹克和外甥匈牙利安茹王朝的路易,立卡兹克为王位继承人。但是,国王的决定并不符合波兰贵族和教会的利益。卡齐米日三世去世后,波兰贵族宣布不承认卡齐米日三世遗嘱的合法性,通过桑多梅日城市法庭宣布其无效,推举身在异邦的路易为国王,而将路易的封地多布任公国作为补偿,给予卡兹克。

路易对波兰的统治完全依赖母亲——卡齐米日三世的姐姐埃尔日别塔。作为波兰贵族支持他继承王位的前提条件,路易于1355年签署《布达特权法令》(*the privilege of Buda*),宣布免除贵族和神职人员在日后开征的所有新税。身体孱弱的路易未能生育男性子嗣,而这对波兰贵族们来说则是一件喜事。为了获得波兰贵族对他女儿继承权的确认,路易于1374年签署《科希策特许令》(*the privilege of Kosice*),将耕种骑士和贵族土地的公民税收永久性地降低至2格罗什,承诺日后若有战事将对出征的骑士支付酬劳。[1] 1381年,此特许令适用范围扩展到神职人员。

---

[1] Jerzy Lukowski and Hubert Zawadzki, *A Concise History of Poland*, second edition, Cambridge University Press, 2006, p. 36.

1384 年 10 月 15 日,路易 10 岁的女儿雅德维加(1384—1386 年为波兰女王)被加冕为国王,1386 年嫁给了立陶宛大公亚盖罗(1386—1434 年为波兰国王)。亚盖罗成为波兰的统治者并皈依基督教。波兰-立陶宛王国是一个等级君主制国家,波兰贵族成功地确立了一个原则——国王必须由贵族选举产生,从而确立了波兰的贵族政体。

亚盖罗在 1410 年的格伦瓦尔德战役中击败条顿骑士团,骑士团从此一蹶不振。在第二次《托伦和约》(the Second Peace of Torun)中,骑士团统治的普鲁士变成了波兰的一块封地,其团长作为封臣向波兰国王效忠。为了确保自己后代的继承权,亚盖罗于 1425 年在《布热希奇特许状》(Privilege of Brzesc)中确立了贵族免遭任意逮捕的原则。其子卡齐米日四世(1447—1492 年为波兰国王),在十三年战争中,为获得贵族在军费问题上的经济支持,于 1454 年授予贵族《涅沙瓦特许状》(Privilege of Nieszawa),规定各地乡绅贵族定期召开议会,未经议会同意,不得征召军队和征收税款。卡齐米日四世之子——杨·奥尔布拉赫特(1492—1501 年为波兰国王)统治时期,贵族议会规模进一步扩大,于 1492 年成立了全国议会"瑟姆"(Sejm),分为众议院和元老院两院,前者由地方议会选举产生的代表组成,后者由僧俗两界显贵组成。1505 年,通过"无新"(nihil novi)宪法,剥夺了国王立法权,大臣的权力也受到严格的限制。尽管国王保留随时召开等级会议的权力,但王权的衰落已不可避免。这部宪法终结了等级君主制,正式确立贵族民主制。

纵观波兰 14—15 世纪的历史进程,贵族权力不断上升,而国王权力节节下降,这是经济社会发展的必然结果。14 世纪得益于农业经济的发展,波兰达到文化和政治发展的高峰。15 世纪,波兰-立陶宛的联合焕发出勃勃生机。由于贵族势力日益坐大,王权不得不向贵族势力妥协。国王被迫与贵族分享权力,对中央权力的分割出让成了国王换取贵族支持的交易形式,该形式愈演愈烈,形成贵族政体。而这一时段正是西欧民族国家在绝对主义君主制主导下勃兴的历史阶段,在政治制度领域,民族国家首先表现为君主的专制与主权战胜了贵族的自治与分权,而波兰则背道而驰,在最需要君主集权制度的时候,却出现了贵族民主制度。这就使得波兰无法集中力量与环伺的君主集权国家抗衡,亡国是这种制度设计的必然结果。

再版农奴制:从 15 世纪晚期开始,波兰的农奴制卷土重来。这是波兰在经济领域的背道而驰之举,这时的西欧在农业领域已经开始废除封建主义生产关系,逐步实现资本主义化。波兰贵族却把既得利益固化,置历史发展的大势于不顾,不合时宜地重拾封建主义生产关系并将其推向极致。在波兰与条顿骑士团的战争中,波兰贵族获得了包括司法权在内的诸多特权,封建自营地面积迅猛增长,在通往波罗的海的河流航道的沿岸地区特别密集。由于贵族土地资源丰富而劳动力资源匮乏,特别是几百年前波兰农民就取得了人身自由,于是贵族推动农奴制复归。1496 年,《彼得库夫法案》(Statues of Piotrkow)明令禁止农业劳动力离开村庄,每年每个村庄只能有一个农民离开村庄。在波兰历史上,该法令第一次正式将农民束缚在土地之上,禁止城镇接纳他们。1501 年、1503 年、1510 年与 1511 年,连续颁布法令强化对农民人身自由的约束性措施。1520 年的封建捐法令规定,波兰农奴(wloka)每周要服多达 6 天的劳役。① 从此,波兰农民的地位迅速下降。1574 年,贵族获得了对自己农奴的正式"生杀大权"(jus vitae et necis),允许在法律范围内处死农奴。②恩格斯把易北河以东地域土地制度的这种变化,称为"再版农奴制"——"农奴制重新复活了,再版了"。③

16 世纪,波兰农民的农奴化与出口农业的扩大化是同步的。西欧人口的增长以及价格革命所带来的通货膨胀,使西欧的粮食供给依赖于从东欧大量进口。16 世纪后半叶,波兰粮食输出量翻了一番。在 1550 年至 1629 年的谷物交易繁荣时期,西欧的通货膨胀使波兰贵族地主阶级从贸易中获得暴利。作为易北河以东的粮食生产大国,波兰在 16 世纪

---

①② R. F. Leslie, *The Polish Question. London*, Historical Association Pamphlet, 1964, p. 4.
③《马克思恩格斯全集》,第 35 卷,北京:人民出版社 1956 年版,第 124 页。

初每年出口量约为 2 万吨裸麦。在 100 年之后上升了 8 倍,1618 年则达到了 17 万吨。[1] 同一时期,通过松德海峡的船只数量由年均 1 300 艘增加到 5 000 艘。[2]

波兰贵族通过"再版农奴制"赚取巨额利润,然而这些收益没有用于再生产性投资,更没有资本主义化,大多数贵族对贸易、运输等没有兴趣,只对全欧洲的商人争相前往他们的领地和庄园感到心满意足。尽管波兰是欧洲的粮仓,但农业生产技术仍十分落后,人均产量很低。粮食出口的增长得益于波兰-立陶宛联合国家向东南边界地区的扩张,是单纯依靠农奴耕种的土地面积的扩大而非依靠在原有土地上的精耕细作而实现的。波兰土地贵族利用膨胀的经济实力,推行遏制城市政策。16 世纪早期,贵族们通过了城镇制造业实行最高限价的法令。1565 年,外国商人被授予特权,当时波兰的商人群体主要以德意志人、犹太人和亚美尼亚人等为主,尽管如此,波兰贵族仍不遗余力地削弱本土商人阶层。虽然出口贸易的发展促使部分贵族进入城市生活之中,但城市的市政自治受到贵族的压制。发展手工业和商业、贸易的机遇也遭到贵族的剥夺。波兰逐渐形成单一的农业经济结构,工业品从西欧进口。

依靠"再版农奴制"获得巨额财富的波兰贵族,明显不同于欧洲其他国家的贵族。波兰贵族没有明确的分封等级制度,氏族的关系网络在波兰社会中长期存在。纹章学彰显了波兰贵族的特质,"不论职位大小,波兰贵族都能共享一整套纹章,因为贵族间的地位是平等的"[3]。氏族在农村地区仍然保留着亲缘和庇护网络,由此产生人数相对众多的贵族阶级。16 世纪波兰大约有 70 万贵族,占人口总数的 7%—8%,并且没有区

---

[1] H. Kamen, *The Iron Century*, *Social Change in Europe*, *1550－1660*, London, 1971, p. 221.

[2] J. H. Parry, *Transport and Trade Routes*, *Cambridge Economic History of Europe*, Vol. IV, 1967, p. 170.

[3] S. 斯莱特:《纹章插图百科》,汕头大学出版社 2009 年,第 220 页。

分不同等级的头衔,①这种贵族便是乡绅贵族。

1569 年,波兰与立陶宛签订《卢布林联合条约》(*Union of Lublin*),将两个王国融为一个政治实体(即波兰共和国,Rzeczpospolita Polska,史称"第一共和国"),被波兰贵族文化和制度同化后的立陶宛乡绅阶层获得了与波兰乡绅相同的特权。这种贵族内部法律的平等现象,在近代早期欧洲其他地区是从来没有出现过的。但不可否认的是,随着波兰-立陶宛联合王朝对东南部地区的征服,在波兰这些法律名义上平等的贵族中,还是出现了一些欧洲最大的土地贵族。他们领有分布在白俄罗斯、乌克兰、立陶宛的广大土地。尽管这种经济实力悬殊的事实与法律的平等意识间一直存在着矛盾,但在价格革命中,波兰贵族比其他集团受益更多。中世纪末期,西欧出现严重的社会危机。德意志陷入宗教改革的混乱之中,瑞典还是一个小国,俄罗斯尽管有所扩张但还不稳定,奥斯曼土耳其则将主要目标放在匈牙利和奥地利,波兰有摩尔多瓦作为缓冲区,虽然克里木鞑靼人经常在东南部进行袭扰,但只是区域性的问题。波兰贵族没有建立中央集权和常规军事力量的需求,乡绅作为军事力量似乎可保国家无虞。波兰贵族阶级把 16 世纪描述为"黄金时代"。"再版农奴制"带来的丰厚收益使波兰乡绅贵族不思进取,沉溺于盲目乐观之中。

第二节　民族国家消亡

契约国王:波兰贵族为了维护既得利益,将波兰王权作为挂牌出售的商品,以此换取自身利益的最大化。1572 年,亚盖罗王朝的统治者西格蒙德·奥古斯特(1548—1572 年为波兰国王)去世,王位空缺,波兰贵族趁机为王位举行了一次国际性拍卖。1573 年,四万乡绅在华沙集会,

---

① Andrzej Zajaczkowski, *Cadres Structurels de la Noblesse*, Annales ESC, January-February, 1968, p. 88.

选举法兰西安茹的亨利（1573—1574 年为波兰国王）为国王。[1] 亨利心猿意马，只是将波兰作为暂时栖身之地，时刻觊觎其兄查理九世（1560—1574 年为法国国王）的法国王冠。1574 年 6 月 18 日晚，查理九世去世四天后，亨利从波兰出走，返回法国。他在波兰贵族的胁迫下，颁行《亨利条例》（*Henrician Articles*）。该条例明确规定波兰君主之位为非世袭性，君主之权为非独占性，不得任意罢免文武官员，不得任意扩充定员 3 000 人的军队，每两年召开一次议会，并在议会上经讨论做出重要的政治、财政决策。这实际上剥夺了国王的治权。同时，君主与贵族间的国会协定（*Pacta Conventa*），确立国王契约的规则，即波兰国王在即位时必须签署一个写明具体内容的、有约束力的国王义务协议。这些协议明示波兰国王的权力受到严格的限制，只要国王违反其中任何一项，废黜国王就是合法的。《亨利条例》使波兰成为贵族共和国，而国王只是契约国王，有名无实。

16 世纪，波兰不存在对专制王权的崇拜和依赖，而是洋溢着对贵族共和国的赞美之声。尽管巴雷托（1576—1586 年为波兰国王）亲王和"士兵国王"索别斯基（1674—1696 年为波兰国王）曾带领波兰成功地对外扩张和抗击外敌，但是波兰王权从未有过实质性的强化，一切试图加强王权的尝试最终都被强大的贵族群体消弭于无形。每一次强化王权的尝试，都反而使王权进一步削弱。

17 世纪，乌克兰哥萨克起义此起彼伏，沉重地打击了波兰，瑞典人的入侵又使波兰陷入民族危机之中，粮食的滞销和产量的下降使波兰贵族的经济实力一落千丈。在文化层面上，为了逃避残酷的现实，乡绅贵族们陷入一种集体"失范"[2]的状态之中。城市文明逐渐消退，取而代之的

---

[1] Jerzy Lukowski and Hubert Zawadzki, *A Concise History of Poland*, second edition, Cambridge University Press, 2006, p. 84.

[2] "失范"的概念最早由涂尔干（Durkheim）在《社会分工论》和《自杀论》中界定，后来由罗伯特·K. 莫顿（Robert K. Merton）在 Social Structure and Anomie 中有所发展，用来指结构的不一致，特别是价值观和其他社会结构元素之间的不一致。

是对臆想中的萨尔马提亚人祖先的狂热崇拜,妄称波兰是上帝的选民,反对国王与改革,保卫波兰共和国和基督教文明是波兰人神圣的使命;对天主教信仰越来越偏执,反宗教改革情绪愈发激烈。把国家的不幸归咎于"异端",把新教徒看作是"内部的敌人"。乌克兰哥萨克起义和瑞典人的入侵,把共和国那看似坚固的脆弱外壳击得粉碎。波兰贵族集团一蹶不振,普遍陷入自暴自弃的消极状态。消极的心态的政治后果,是在17世纪中期达到顶峰的无政府主义,其表现形式便是"自由否决权"(liberum veto)。顾名思义,"自由否决权"就是只要有一个议员在国会上投否决票,议案就不能通过。1652年,一名议员在国会第一次使用了自由否决权,从此以后,对自由否决权的使用日益频繁,并扩展到省级议会。国家的行政权由于对王权的限制而无所作为,自由否决权又使立法权形同虚设。而波兰之所以没有在这种毫无秩序可言的混乱状态下解体,则是由于中东部权贵势力在动乱中得到加强,才勉强维持住波兰在形式上的统一。由于他们拥有在罗塞尼亚和白俄罗斯由农奴耕种的大面积土地,在实力上压倒西部陷入混乱之中的乡绅贵族,形成了大土地贵族集团。这就迫使乡绅阶级形成一种庇护体系的组织架构。东部显贵们相互之间竞争,经常使用"自由否决权"。与"自由否决权"对应的制度被称作"会盟"(confederation),这种法律设计允许贵族集团武装声讨政府。1665年至1666年期间,大贵族卢波米尔斯基(?—1699年)起兵造反,成功阻止了国王杨·卡齐米日(1648—1668年为波兰国王)推举继承人的尝试,并罢黜国王。这预示着更大的混乱即将到来。

17世纪是波兰的混乱时期,贵族的"自由否决权"使波兰蹈入无政府主义的泥淖,无力自拔。虚弱的王权,混乱的政局,国家秩序荡然无存,相对于同时期普鲁士、瑞典和俄罗斯的崛起,波兰未来的命运已如俎上鱼肉,在18世纪终被俄、普、奥三国瓜分。复国是波兰现代化的前提,没有民族独立,就没有波兰的现代化。贵族的"自由否决权"以异化的形态,超前预示了现代化民族国家的制度建制——代议制民主。在波兰复国的漫长、曲折的历史进程中,实现民主与争取独立如影随形,交织纠缠,最终争取独立压倒了实现民主。

民族国家消亡:17世纪末,波兰在政治上愈发依赖于俄罗斯的强权,在18世纪初被迫屈服于沙皇俄国的霸权。1696年,波兰国王索别斯基在华沙郊外的维兰诺夫宫逝世,波兰王位由俄罗斯支持的来自萨克森韦丁家族的腓特烈·奥古斯特二世继承。在其统治期间,波兰被迫卷入了与瑞典长达21年之久的第三次北方战争。1704年,瑞典国王查理十二世占领波兰,强迫波兰议会罢黜奥古斯特二世,另立本土继承者斯坦尼斯拉斯·列斯津斯基为国王。这引起波兰贵族的分裂,东部大贵族倾向于瑞典,而西部的乡绅贵族则倾向于萨克森和俄罗斯。1709年7月,在波尔塔瓦战役中,俄国击败瑞典,奥古斯特二世返回波兰复位。奥古斯特二世在1713年至1714年借助萨克森军队扩大王权,波兰贵族组成武装反对联盟,并请求俄罗斯的军事干涉。奥古斯特二世在俄罗斯的军事压力下,被迫于1716年11月签署《华沙条约》。根据条约,波兰军队人数固定为2.4万人,而萨克森在波兰的军队仅限于1 200人的国王私人卫队;行政机关中的德意志籍官员被遣返回国。[1] 这是第一共和国历史上国王最后一次加强王权的尝试,俄罗斯从此开始主导波兰。波兰贵族为了避免萨克森与波兰联合王朝的出现,避免强有力的王权出现,宁愿接受俄罗斯的"保护"。

与此同时,西欧启蒙思想传入波兰。1733年,奥古斯特二世逝世。虽然法国极力支持波兰本土的列斯津斯基继位(列斯津斯基的女儿于1726年成为法国国王的妻子),但最终还是由俄罗斯和普鲁士支持的萨克森继承人奥古斯特三世继承波兰王位。尽管他性格软弱,但这也正是俄罗斯和普鲁士支持他的理由。在其平庸无为的统治期间,波兰恢复了些许生机。

救亡图存的改革:彼亚斯特会(Piarists)的教士斯坦尼斯瓦夫·康纳

---

① Jerzy Lukowski and Hubert Zawadzki, *A Concise History of Poland*, second edition, Cambridge University Press, 2006, p. 109.

斯基在 1761 年至 1763 年间撰写《实现有效议会的方法》(*On the means to efficacious councils*)一文,呼吁建立一个能够有效制定法律、决定政策的强大议会,取代维护贵族特权的守护型议会。[①] 虽然他遭到绝大多数贵族的强烈反对,但还是得到了一个强大家族的欣赏,这就是查尔托雷斯基家族。这个家族是古老的立陶宛贵族,在奥古斯特二世统治时期通过联姻成为了王室的保护人。查尔托雷斯基的外甥——斯坦尼斯瓦夫·波尼亚托夫斯基,是俄罗斯女皇叶卡捷琳娜二世的情夫。查尔托雷斯基认识到,要挽救波兰的危局,首先要重建波兰政体,即建立绝对主义君主制。

1763 年 10 月,奥古斯特三世在德累斯顿去世。而俄罗斯单独出面为波兰安排王位继承人选。1764 年 9 月,斯坦尼斯瓦夫·波尼亚托夫斯基在俄国女皇叶卡捷琳娜二世的支持下当选为波兰国王。这位受过启蒙思想熏陶的国王,立志成为一名改革者。波尼亚托夫斯基追求的是"开明专制",在波兰建立一个"开明共和国"。他启用安德烈·扎莫伊斯基为总理,踌躇满志地开始改革。

1764—1766 年,根据扎莫伊斯基提出的改革纲领,波兰开始改革。内容包括:悬置自由否决权,实行少数服从多数的议会表决原则;整顿财政,废除私人关税;扩充军队,建立培养军事人才的骑士学校;发展工商业,改善城市地位等。[②]

尽管波尼亚托夫斯基雄心勃勃,可叶卡捷琳娜二世并不以为然,只是将他作为一个玩偶,玩弄于股掌之中。叶卡捷琳娜二世不能接受悬置自由否决权,更不允许废除。俄国大使在她的授意下对波兰改革发出警告,除非波兰议会完全保留自由否决制,否则俄罗斯军队将把华沙夷为平地。波兰国王和内阁屈服,改革不了了之。

三次瓜分:由于波尼亚托夫斯基国王致力于改革,重建波兰,触碰

---

① Jerzy Lukowski and Hubert Zawadzki, *A Concise History of Poland*, second edition, Cambridge University Press, 2006, p. 112.

② 刘祖熙:《波兰通史》,北京:商务印书馆 2006 年版,第 144 页。

了贵族的既得利益,引起贵族对改革的愤恨,并将国王视为敌人。
1767 年,波兰出现由贵族组成的"巴尔会盟"(Confederation of Bar),提
出展开宗教圣战,独尊罗马天主教,反对信奉东正教的俄罗斯和波兰
的新教徒。法国和土耳其为了掣肘俄罗斯,支持这支力量。经过四年
的鏖战,会盟军被强大的俄罗斯军队击败。俄、普、奥三国达成解决方
案,即是对波兰的第一次瓜分。1772 年 8 月 5 日,三国签署瓜分条约。
霍亨索伦王朝普鲁士获得西普鲁士,哈布斯堡王朝奥地利获得加里西
亚,罗曼诺夫王朝俄罗斯夺去白俄罗斯大部分。波兰丧失了 30% 的领
土和 35% 的人口。

第一次瓜分后,波兰贵族集团意识到只有改革,才能救亡图存,但又
担心改革损害其既得利益。于是,波尼亚托夫斯基国王为了救亡图存,
推进改革,继续向贵族们妥协。1788—1791 年,在普鲁士鼓动下,波兰议
会通过新的改革提案,制定《五三宪法》,提出废除议会自由否决权和选
王制。俄罗斯认为这是一种挑衅行为,招致其 1792 年的军事惩罚,接踵
而来的是第二次瓜分。

1793 年,波兰被俄、普两国瓜分,丧失残余领土的 60%,人口减至
400 万。[1] 俄罗斯获得乌克兰的全部,普鲁士吞并波兹南地区。1794 年,
塔代乌什·科希丘什科将军发动起义。科希丘什科曾在法国留学,深受
启蒙思想的影响,参加过北美独立战争,是美国荣誉公民并荣升为将军。
起义爆发后,许多贵族投身进来,市民和农民踊跃参加。后起义被绞杀。
1795 年 1 月 3 日,俄、普、奥三国签署第三次瓜分波兰协议,波兰民族国
家消亡。

从 18 世纪 90 年代中期开始,俄、普、奥三国对治下的波兰领土采取
了截然不同的政策。俄罗斯由于缺乏普鲁士那样精密复杂的官僚统治
机器,无法在占领区实行彻底的俄罗斯化政策。当地的乡绅保留了许多

---

[1] Jean W. Seddlar, *East central Europe in Middle Ages*, *1000 - 1500*, University of Washington Press, 1994, p. 283.

社会和法律的特权,波兰学校继续存在,从 16 世纪开始实行的立陶宛法律体系继续施行。俄罗斯强化波兰的农奴制,客观上使波兰地主阶层获益匪浅。普鲁士在占领区引入中央集权的管理体系和普鲁士法律体系,贵族的特权得以保留,但农奴因普鲁士法律的引入而得到一定程度上的保护。在文教方面,波兰的中学体系在很大程度上被废除,德语教学得到推广。柏林银行向波兰地主提供信贷业务服务,使得波罗的海港口的粮食出口商人获得可观的利润,从一定程度上缓解了波兰贵族的怨恨情绪,但许多资产到期未还贷落入德意志人之手。这使得普鲁士占领区的波兰民族抗争运动主要集中在文化和经济领域。在奥地利占领区,波兰贵族被迫按照奥地利模式重新划分等级,成为有着不同等级头衔的阶层。波兰原有的学校体系遭到遗弃,审查机构被引入到文化领域。奥地利通过减轻劳役和授予财产,使得农奴阶级对帝国的向心力得以加强。三个帝国分别对旧日波兰的三个部分,实行不同的治理策略,这使得波兰地区间的差异进一步拉大。

第三节　波兰复国的曲折演进

1798 年,亨里克·东布罗夫斯基将军在法国组建波兰军团。1801年,法国与奥地利、俄罗斯缔约。波兰军团主力编入新成立的伦巴第国家军队。一部分波兰部队被解散,而另一部分被编进入法国军队。令波兰人失望的是,拿破仑将 5 000 名波兰军人派往海地,镇压黑奴起义。法兰西共和国褪去耀眼的光环,致使许多流亡者返回波兰。

对法兰西感到幻灭的波兰人,尤其是波兰贵族精英阶层,将希望寄托到 1801 年 3 月登基的俄国沙皇亚历山大一世身上。因为他曾谴责过祖母叶卡捷琳娜二世的波兰政策,公开宣称自己秉承"自由主义"理念。波兰贵族仿佛看到了波兰复国的希望,转而将民族独立的希望寄托于沙皇。他们将亚历山大一世看作是创建正义和道德的欧洲新秩序的改革者,期望通过波兰与俄国的联合而达成光荣的和解,使波兰得以复兴。

查尔托雷斯基家族的达姆·查尔托雷斯基是亚历山大一世的密友,曾到俄国去收回其家族的财产,并接受亚历山大的邀请,任维尔诺学区督学的职位。他主持了维尔诺大学的改革,使其成为波兰俄占区波兰语学校的重镇。在政治方面,查尔托雷斯基希望沙皇俄国与普鲁士在日后发生冲突,并在沙俄获胜的前提下,将普鲁士占领下的波兰地区与俄国占领下的波兰地区合并,重新建立一个波兰国家。这种幻想被拿破仑击碎了。1806 年 11 月 28 日,法军占领华沙。几周后,拿破仑在波兰民众的欢呼声中进入华沙。1807 年,在拿破仑与沙皇亚历山大一世进行谈判之后,决定将普鲁士在第二次和第三次瓜分中所得到的波兰领土合并,成立华沙公国,指定来自萨克森韦丁王室的继承人腓特烈·奥古斯特为国王。1809 年法奥战争,奥地利战败,奥地利被迫将其在瓜分波兰中获得的一半土地,转交华沙公国。拿破仑为华沙公国带来以《拿破仑法典》为蓝本的宪法:废除农奴制;法律面前人人平等;允许离婚;恢复两院制的全国议会和地方议会。拿破仑首次将非贵族的阶层纳入议会之内,他们可以参加选举,参加全国议会并担任公职。华沙公国为拿破仑提供 2 万名士兵,跟随他参加征服西班牙的战争,另有 10 万波兰人在 1812 年与拿破仑一起进入俄国境内作战。1815 年,随着拿破仑的彻底失败,华沙公国消失,取而代之的是由俄国沙皇兼任国王的波兰王国。

尽管波兰民族国家消亡,但波兰文化却凸显出来,以弗里德里克·弗朗索瓦·肖邦和亚当·密茨凯维奇为代表的波兰艺术家,成为标举波兰民族文化的旗手。尽管波兰民族国家不复存在,但是 19 世纪波兰民族文化却流光溢彩、熠熠生辉。

拿破仑战争期间波兰军事传统复兴,使波兰走上武装复国的道路。1830 年 11 月 29 日,波兰王国军队军官地下革命组织发动起义,起义军在第二天傍晚便攻占了整个华沙市。1831 年 1 月 19 日,波兰议会废黜俄国沙皇尼古拉一世兼任的波兰国王,宣布波兰独立。在 12 万俄军的镇压下,历时 10 个月的十一月起义失败。沙俄政府取消波兰王国的自治,将波兰军队编入俄军,没收起义者的财产和土地,强征赔款。波兰没有屈服,1846 年 2 月,波兰革命者发动针对俄、普、奥的总起义,但只有克拉科夫的起义得以发动,建立国民政府,发表《告波兰人民书》。这场起义只坚持了 39 天,便被俄、普、奥三国联军共同镇压了下去。1863 年,波兰民族发动规模最大、持续最久的起义。这次起义由左翼的"红党"(Reds)领导,在 1863 年 1 月 22 日夜发动。是夜,波兰起义者向 10 万驻波俄军发动了 30 多次袭击,由于俄军强力镇压,被迫转为游击战。这次起义一直坚持到 1864 年 8 月才被沙皇俄国镇压下去。起义领袖杨·东布罗夫斯基逃往法国,后来参加了巴黎公社的武装起义。这次起义失败后,沙皇取消波兰王国,将其彻底并入俄罗斯,成为俄罗斯帝国的边区,由沙皇委派总督直接统治。沙皇政府成立"波兰王国事务委员会",取缔一切与"波兰"有关的事物,甚至禁用波兰语。

由于独特的历史-地缘区位,中世纪早期,波兰民族认同萌发了,并基于此,建立了封建主义民族国家。这早于中欧大多数民族,但是波兰没有把握住中世纪末期的历史机遇,没有像处于现代化第一波的西欧国家那样,从封建贵族主权分割共享状态转变为绝对主义君主制主权国家,在需要以民族国家为载体推进现代化的历史性时刻,波兰民族国家却消亡了。贵族民主制是三次瓜分亡国前波兰国家的特质,民主是波兰封建贵族的特权,波兰封建贵族为了维护自己的特权,葬送了波兰民族独立和民族国家。波兰现代化面临着复国和建立强有力的主权国家的双重任务,加之波兰特殊的地缘政治区位,使得 20 世纪波兰的现代化进程波澜壮阔,曲折起伏。一百多年的复国运动锻造出波兰人民捍卫民族独立的炽烈情感,两次世界大战后分别建立的波兰国家又都是欧洲国际关系战略格局大调整、大改组、大分化的产物,波兰国家的主权程度不同地受到欧洲国际关系的战略结构的制约,也就是说,波兰探求独立自主的现代化之路,荆棘丛生,艰难坎坷。

第四节　护国性现代化模式:"萨纳齐"及其终结

第一次世界大战结束,既终结了瓜分波兰的三个帝国,也使波兰复国水到渠成。1918 年 11 月,波兰共和国建立,史称"第二共和国"。

　　鉴于亡国的历史教训,第二共和国推行护国性现代化模式。1918 年底,波兰第二共和国的地理范围只包括原来的俄占区和加里西亚西部地区,而且边界尚未划定。时任波兰国家元首的毕苏斯基提出恢复 1772 年第一次瓜分前的"历史边界"口号,主张立陶宛、白俄罗斯、乌克兰和波兰组成联邦制国家,组成从波罗的海至黑海的"海间联邦"。毕苏斯基认为,波兰西部边界是欧洲列强意志的结果,而东部的边界则需波兰通过自身努力得到。此时,苏维埃俄国正处于内战之中,无暇顾及波兰对其领土的要求。1919 年 7 月,波兰占领兹勃鲁奇河以西的西乌克兰地区,与苏俄直接对峙。通过与苏俄、立陶宛、乌克兰的冲突后,波兰控制整个乌克兰西部,并向基辅进军。1920 年,苏俄红军在图哈切夫斯基的率领下展开反击,一路攻至华沙城下。1920 年 8 月 15 日,苏军发起的华沙战役失败。1921 年 3 月 18 日,波兰和苏俄在里加签订和约,规定西白俄罗斯和西乌克兰并入波兰版图。《加里和约》所确定的波苏边界一直保持到 1939 年。

　　波兰的西部边界,在 1919 年 6 月 28 日签订的《凡尔赛合约》中被部分确定,承认波兹南归波兰所有。在上加里西亚地区,经过数次居民起义后,波兰与德国于 1922 年在日内瓦签约,确认两国在此地的边界划分。1920 年 7 月,瓦尔米亚的 5 个乡和马祖尔的 3 个乡被划入波兰版图。1920 年,在经历过数次流血冲突之后,波兰与捷克在斯巴会议上确定了双方的边界。

　　波兰之所以在边界问题上与如此多的国家发生冲突甚至不惜开战,源于对第一共和国的追怀和继承,毕苏斯基自谕为第一共和国的继承者。

　　立宪:1921 年 3 月,波兰颁布宪法,史称"三月宪法"。这部宪法确立了公民的民主权利;制定了广泛的福利政策;规定波兰实行三权分立原则,立法权属于由参众两院组成的议会,行政权由总统和政府掌握,司法权归独立的法院。为了避免集军队统帅与共和国总统于一身的毕苏斯基权力过大,宪法对总统权力做出了限制。尽管"三月宪法"被欧洲舆论界赞誉为当时欧洲资本主义国家中比较民主的一部宪法,但还是存在缺陷。它规定的议会政府体系太过繁复,当时的议会由至少 18 个政党组成,宪法规定议会不只拥有全部立法权,而且决定政府的组成。政府在得不到议会多数支持的情况下,必须提交辞呈。这一制度设计导致不稳定的联合政府,成为第二共和国时期波兰政体极不稳定的症结所在。

重建:由于长期的瓜分状态,波兰的三个部分存在各自不同的政治经济模式。经济方面,西部地区经济发展程度较高,西里西亚的采矿业和重工业较发达,而东部地区则以较落后的农业为主。从总体上来看,波兰第二共和国是一个以农业为主的工业欠发达国家。在第一次世界大战中,波兰经济遭到严重破坏,农田荒废,工人失业,粮食供给不足。为了摆脱经济困境,波兰从 1919 年 7 月起实行土地改革,这对于 1/3 田地都是小于 2 公顷的小农经济而言,[①]意义非常重大,农业生产由此逐步恢复。1924 年,波兰进行财政改革,建立波兰中央银行,发行新货币,用兹罗提代替马克。财政改革稳定了物价,提高劳动者的实际工资,减少了国家财政赤字。建立国民教育体系和国家军队。第二共和国境内的少数民族表现出强烈的民族主义情绪,乌克兰民族主义者在 20 世纪 20 年代初发动了反抗波兰的地下战争,白俄罗斯人也有不认同波兰国家的倾向,德意志人则从 1921 年开始大批离开波兰。民族问题一直困扰着波兰第二共和国。

威权政体:资本主义议会民主政体在波兰第二共和国严重水土不服,威权政体(Authoritarianism)应运而生。"威权政体"是一个政治学概念,指的是在民主的外壳下,以威权的手段取得政权、治理国家的一种形式。这种形式既不同于民主政体,也有别于独裁政体,既有某些

---

① Jerzy Lukowski and Hubert Zawadzki, *A Concise History of Poland*, second edition, Cambridge University Press, 2006, p. 233.

民主的成分，又有集权的强制，是处于民主政体与极权政体之间的一种非民主、非极权的政体形式。其特点是强化政府的权威，政府运用强制性手段，进行社会动员与社会规制。毕苏斯基无法接受《三月宪法》，认为这部宪法是导致波兰消亡的贵族民主制的翻版。波兰的威权政体就是"萨纳齐"（Sanacja），意为"健全化"。1926 年 5 月，毕苏斯基发动政变，其政权被称作"萨纳齐"政权。毕苏斯基将政变行动的代号命名为"萨纳齐"，意指要使波兰的国家体制恢复健康。"萨纳齐"政权不是法西斯政权，它是军人掌权的资产阶级专政，没有像法西斯那样消灭议会制、废除宪法、取缔一切党派活动，而是保留议会民主制、多党制以及宪法。

波兰出现"萨纳齐"威权政体，其主要原因有以下几点：

第一，在第二共和国的人口结构中，少数民族约占人口总数的33％，其中乌克兰人占 14％，犹太人占 7.8％，白俄罗斯人占 3.9％，德意志人占 3.8％，立陶宛人、俄罗斯人和捷克人占 1％。按照宗教划分，波兰人信奉罗马天主教，乌克兰人、白俄罗斯人信奉东正教和东仪天主教，犹太人信奉犹太教，德意志人信奉福音主义新教。[①] 多民族、多信仰导致波兰社会不稳定，毕苏斯基用铁腕政策来解决民族问题。1930 年 9 月，毕苏斯基政府派出大批军警前往乌克兰和白俄罗斯，镇压民族主义运动。乌克兰的民族主义抵抗组织"乌克兰军事组织"和"乌克兰民族主义者组织"遭到残酷镇压，民族主义文化团体被解散，少数民族学校被关闭，少数民族文物遭到破坏，民族主义活动家遭到逮捕和杀害。

第二，波兰第二共和国议会制度的弊端，导致共和国时常处于瘫痪状态。第二共和国的议会有 18 个党派，不同的党派代表不同的利益集团，来自三个地区的党派存在着巨大的差异，这使得议会决策机制陷于瘫痪，流血暴力事件时有发生。国家民主党在 1921 年 6 月推翻中左派

---

① 刘祖熙：《波兰通史》，北京：商务印书馆 2006 年版，第 362 页。

组成的联合政府。而一个月之后,他们竞选总统失败,这使得一些极端分子恼羞成怒。一名国家民主党的狂热分子暗杀刚当选、尚未就职的总统。波兰人民受够了这种议会民主政体的折腾,期盼一个稳定且有效的政府。

第三,资本主义经济危机使得波兰大受到打击,人民生活水平直线下降,民众对议会民主制政府失去信心,渴求稳定的强大政府。受资本主义世界经济危机影响,波兰陷入恶性通货膨胀,1923 年 6 月至 12 月期间,波兰马克对美元的汇率从 7.1 万比 1 狂跌至 430 万比 1。① 波兰政府实行紧缩的金融政策,进行货币改革,但与德国进行的"关税战争"又将波兰经济拖入泥潭。1925 年,"赫耶拿-彼亚斯特"联合政府贪污腐败。所有这些都为毕苏斯基重登政治舞台创造了机会,毕苏斯基"萨纳齐"政权呼之欲出。

约瑟夫·毕苏斯基生于 1867 年,出身于立陶宛大公国贵族世家,家乡位于俄占区什文乔尼斯自治区。少年时期曾在维尔纽斯的俄罗斯学校学习,与兄弟们一起在母亲的教导下学习波兰历史和波兰文学,而这是俄罗斯当局所不允许的。在乌克兰哈尔科夫大学学习医学期间,毕苏斯基因参与其兄策划的刺杀沙皇亚力山大三世的计划而被判流放西伯利亚五年。1892 年,毕苏斯基刑满释放,返回波兰。1893 年,他加入波兰社会党(PPS)。1895 年,他成为社会党领导人。毕苏斯基将社会主义思想与民族主义思想结合起来,为后来实行威权政体奠定了思想基础。1900 年 2 月,沙俄当局逮捕毕苏斯基,将其囚禁于华沙城堡。1901 年,他逃到奥匈帝国的加里西亚,领导社会党同沙皇俄国进行武装斗争,争取波兰的独立。第一次世界大战使毕苏斯基看到波兰独立的希望,在奥地利当局的允许下,他建立了一支独立的波兰军事力量,配合奥地利对俄国作战。毕苏斯基在作战之时,进行波兰独立的宣传工作,引起奥匈

---

① Jerzy Lukowski and Hubert Zawadzki, *A Concise History of Poland*, second edition, Cambridge University Press, 2006, p. 238.

帝国当局的警觉。1917年,维也纳当局要求毕苏斯基宣誓效忠帝国遭拒,把他关押在马格德堡监狱中,直到1918年11月同盟国战败,才被释放归国。毕苏斯基的经历,使他成为波兰的民族英雄,获得了波兰人民广泛的支持。

毕苏斯基对议会民主制不以为然,认为议会民主制在波兰只能带来混乱,导致国家虚弱,波兰的强大必须由强大的政府来缔造。

毕苏斯基的施政分为两个阶段。第一阶段:1926—1928年,"萨纳齐"政权过渡阶段。毕苏斯基在卡齐米日·巴尔泰尔教授组建的新政府中出任军政部长一职,1926年8月2日,他操纵议会,修改1921年共和国宪法。宪法修正案强化总统的权力,削弱议会的权力,总统有权解散议会两院,规定总统在议会休会期间或根据专门法律,有权颁布法令,但需经议会追认。1926年8月,毕苏斯基的密友莫希齐茨基担任总统,发布法令,设置军队总监和总司令一职,总司令不对议会和政府负责,只对总统负责。这两个职务均由毕苏斯基担任。毕苏斯基还在军队和政府中清除反对派,扩大支持者队伍。经济方面,萨纳齐政权大量引入英美资本,以贷款的形式,借助外国资本发展本国经济。1926—1928年间,波兰工业生产增加41%,1928年的煤产量达到1913年的4 100万吨的水平。工业有了较大发展,格丁尼亚钢铁建设工程展开,上西里西亚与格丁尼亚之间铺设铁路。1928年,工人的失业率降低到两次大战之间时期的最低水平,登记失业的人数为126 400人。政府实行土地改革。1925年,拍卖128 000公顷的地主土地,1926年、1927年和1928年,分别增加到210 000公顷、245 000公顷和228 000公顷。工农业发展使波兰的社会矛盾得以缓和,萨纳齐政权得以巩固。

第二阶段:从1929—1935年。1928年议会选举中左翼政党的获胜,使毕苏斯基大为光火。政治方面,1929年4月,建立以军官卡齐米日·西维塔尔斯基为首的政府,毕苏斯基仍任军政部长。14名部长中,有6名是军官,他们都是毕苏斯基的亲信,史称这届政府为"上校政府"。1930年4月成立第二届"上校政府"。面对议会中左翼联盟的挑战,1930年8月25日,毕苏斯基亲自接任总理一职,宣布在11月举行新的议会选举。9月9日夜,他下令逮捕反对派领导人,并将其关进布列斯特要塞军队监狱。毕苏斯基集团在11月的议会选举中胜出。经济方面,20世纪30年代初的资本主义世界经济大萧条给波兰造成重创,1932年工业生产下降到1929年的54%,煤产量从1928年的4 860万吨降到1932年的2 880万吨,钢产量由1928年的140万吨降到1932年的56万吨。1933年,将近1/3的产业工人失业,失业工人只有20%能够拿到补助。农产品的价格下降导致农民破产。"萨纳齐"政府实行通货紧缩政策,试图稳定货币,加紧对司法部门、地方政府和学术机构的政治控制。宗教方面,由于经济的萧条和政府的独裁,民众寻求宗教上的解脱。波兰天主教的道德威信空前提高,天主教机构迅速发展,天主教工会成员数量超过世俗工会。学校引入宗教教育,受过良好高等教育的神父进入大学授课。天主教会缓解了社会压力,强化了波兰民众的虔敬之心。

1935年,"萨纳齐"政府推出新宪法,强调国家至上,授予总统巨大的权力,议会权力大为削弱。选举法将议员人数减半,授权政府当局挑选议会候选人。毕苏斯基没有坐上总统宝座。1935年5月12日,毕苏斯基去世。他的死使"萨纳齐政"权失去了轴心,分裂成两派:一派以莫希齐茨基和著名经济学家克维特科夫斯基为首,强调效率至上和专家治国;另一派以斯米格韦为首,带有军人专政和威权主义色彩。1936年,两派达成妥协,组成以斯克瓦德科将军为首的看守政府,这届政府一直持续到1939年第二次世界大战爆发。

1936年,波兰政府实施"四年国家投资计划",在维斯瓦河与桑河之间人口密集的战略安全区域建立中央工业区、水电站、飞机场、橡胶厂、汽车厂、化工厂,以及在斯塔洛瓦-沃拉的新工业中心,计划在1942年将波兰军队全部现代化,1954年实现波兰交通、农业以及教育的现代化。1938年,波兰工业产量和实际工业收入已经远远超过1928年的总量;人均收入与西班牙相当;文盲率从33%下降到15%;死亡率下降一半。

1939 年 9 月 1 日,纳粹德国闪击波兰,第二次世界大战爆发,希特勒法西斯军队摧毁了波兰第二共和国。纳粹德国占领波兰,实施令人发指的法西斯统治,暴虐惨绝人寰。德国占领期间,波兰牺牲 600 万人口。1944 年的夏季起义被德军镇压,希特勒疯狂叫嚣要把华沙从地球上抹去,波兰首都沦为废墟,回到"石器时代"。第二次世界大战,波兰是东欧牺牲最惨重的国家。

第二章　苏联模式下的国家发展

第一节　通向苏联模式的曲折道路

1945 年初,苏联红军击垮德国法西斯军队,解放波兰全境,新波兰诞生了。1945 年 6 月 28 日,波兰民族统一临时政府成立,新政府由 21 名成员组成:波兰工人党 7 名,波兰社会党 6 名,农民党 6 名(其中 4 名属米克拉伊奇克集团),民主党 2 名,政府总理是爱·奥苏布卡-莫拉夫斯基,副总理是瓦·哥穆尔卡(从 1945 年 11 月起兼任收复地区部部长)和斯·米克拉伊奇克(兼任农业和土改部部长)。[①] 临时政府一方面体现了战后波兰复杂的政治局面,另一方面也反映出苏联关于波兰未来走向的构想。

1944 年,苏联与在伦敦的波兰流亡政府关系恶化,当时国际舆论认为苏联会完全抛开流亡政府,把一个"傀儡政权"用刺刀强加给波兰。英国首相丘吉尔就是这一舆论的代言人。他在 1944 年 3 月 7 日致斯大林的信中,希望苏联不要关闭同伦敦波兰流亡政府签订协议的大门,建议

---

① 刘祖熙:《波兰通史》,北京:商务印书馆 2006 年版,第 461 页。

苏联红军到达寇松线时,征得波兰流亡政府的同意后,再进入波兰领土。暗示用武力不可能征服"全世界善良的意志所支持者的力量"。在这种情况下,澄清苏联对波兰问题的意图,就显得非常重要。为此,莫洛托夫和斯大林先后会见波兰裔美籍活动家奥斯卡·兰格教授和天主教神父奥尔列曼斯基。莫洛托夫谈到组建波兰新政府时,兰格认为,组成这样政府并不难,这只是个"技术性问题","但是,波兰人民接不接受是个更重要的问题。坦率地说,切不可这个政府被视为'苏联的傀儡政府'"。他说,在美国和英国"有一些人认为,苏联并不力求将波兰并入苏联,而是想建立一个有名无实的独立的波兰,主宰波兰的是苏联的傀儡政府。麻烦在于波兰无论建立什么样的临时政府,都是在红军占领波兰时建立的。回到捷克斯洛伐克的是来自伦敦的贝奈斯,而回到波兰的人则是与红军在一起,可能有人会议论他们说:这是'傀儡'"①。兰格提出,相对好一点的办法是吸收伦敦政府的一些成员参加新的政府,例如米克拉伊奇克。他认为像米克拉伊奇克这样的人,虽然"'不是举足轻重的人物,但是这样做能解决国际问题',否则就会授人以柄。'假如能和米克拉伊奇克达成一致意见,那么成立波兰政府的问题就解决了;这样的话人们就会说这不是苏联的傀儡政府。'莫洛托夫表示,'苏联领导人对兰格的建议持肯定态度,而且他们认为,他这一建议作为基础是有益的'"②。米克拉伊奇克不满意自己的职务,试图改变政府人员结构。

波兰解放不意味着以民族国家为载体的现代化路径的明晰,相反,对于这一根本性问题,波兰工人党与伦敦流亡政府的立场南辕北辙。伦敦流亡政府试图恢复战前的资本主义现代化模式,而这是根本不可能的。战后波兰已经别无选择,只能融入苏联模式。波兰工人党为了提高群众的觉悟和孤立流亡政府人士,决定在 1947 年议会选举前举行一次全民公决。1946 年 4 月 27 日,全国人民代表会议颁布 1946 年 6 月 30

---

① 姆拉什科主编:《俄罗斯档案文件中的东欧,1944—1953 年》,第 1 卷,莫斯科 1997 年,第 23 页。

② 吴伟:《苏联与"波兰问题"(1939—1945)》,北京:世界知识出版社 2002 年版,第 280 页。

日举行全民公决的法令。每个公民将对下面三个问题做出回答："同意"或"不同意"。这三个问题是：一、你是不是同意取消参议院？二、你是不是同意在未来的宪法里写上土地改革和国民经济基本部门国有化所建立的经济制度,同时保留私营企业的合法权利？三、你是不是同意把波兰国家的西部边界定在波罗的海、奥德河和乌日茨-尼斯河？在全民公决前,组成民主阵线的四个政党(波兰工人党、波兰社会党、波兰农民党和民主党)开展了声势浩大的宣传运动,要求人民群众表示三个"同意"。全国各地举行拥护人民民主制度的群众大会和各种集会。1945 年 6 月9 日,波兰农民党发生第一次分裂,组建波兰农民党"新解放"派别。"新解放"号召党员支持人民民主制度,在全国投票中写上三个"同意"。波兰农民党则号召党员在第一个问题上投反对票。劳动党要求党员根据自己的意愿进行投票。反对派要求他们的支持者写上两个或三个"不同意"。在 1946 年 6 月 30 日的全民公决中,有投票权的 13 604 451 人,参加投票的有 11 857 986 人,占投票总数的 85.3%,其中有效票数 11 530 531张。对第一问题回答"同意"的有 7 844 522 人,占总数的 68.2%;对第二个问题回答"同意"的有 8 896 105 人,占总数的 77.1%;对第三个问题回答"同意"的有 10 534 697 人,占总数 91.4%。[①] 1947 年 1 月 19 日,波兰人民以饱满的政治热情参加解放后的第一次议会选举,有 89.9% 的选民参加了这次选举。以波兰工人党为首的民主阵线获得选民总数的 80.1% 的选票,444 个议席总数中得到 394 个议席;波兰农民党获得 10.3%的选票和 28 个议席;劳动党获得 4.7% 的选票和 7 个议席;其他社会社团(包括天主教会)获得 1.4% 的选票和 3 个议席。[②] 1947 年 2 月 4 日,议会选举农民党领袖瓦·柯瓦尔斯基为议会议长,议会选举工人党领导人鲍·贝鲁特为共和国总统,制定《关于波兰共和国最高机构的体制和活动范围的基本法规》,简称"小宪法"。7 月 2 日,议会批准恢复国民经

---

① 约·布什科:《波兰史(1864—1948)》,1978 年华沙版,第 520 页。
② 同上书,第 522 页。

济的三年计划(1947—1949)。1947 年 10 月,波兰农民党领导人米克拉伊奇克出走西欧,后在美国定居。

新的疆界是波兰融入苏联模式的合法性支撑,也是波兰新国家的合法性界定。波兰东部边界问题在 1945 年 2 月 4—11 日的雅尔塔会议上得到确认,罗斯福和丘吉尔同意以寇松线为波兰东部的边界线。波兰西部边境的划界陷入纷争,1945 年 7 月 17 日至 8 月 2 日的波茨坦会议着重讨论这个问题,以鲍·贝鲁特为首的波兰代表团应邀与会。斯大林重申以奥德河和西尼斯河为波兰的西部边界,贝鲁特向美英两国首脑和外交部长提交备忘录,强调波兰政府对于以奥德河和西尼斯河为波兰的西部边界的态度。由于斯大林坚持这一边界线,三国首脑最终达成一致意见。1950 年 7 月,波兰人民共和国同德意志民主共和国缔结了确认波兰西部边界的条约。1970 年 12 月,波兰人民共和国同德意志联邦共和国缔结了同样的条约。

新波兰学习苏联,实行土地改革。"1946 年 9 月 6 日颁布了实行土地改革的法令。根据这个法令,德国、德国公民和波奸的土地和房屋、牲畜、农具等财产以及耕地面积超过 50 万公顷以上的地主土地都被没收,其主要部分由土地改革委员会在农民群众参与下分给农业工人、无地和少地的农民以及一部分中农。获得土地的农民必须在 10—20 年间向国家缴纳相当于一年土地平均收获量的现金,国家用这笔资金发放农业贷款和兴修水利或发展农业生产的其他措施。……土地改革的补充法令,将土地改革推广到维斯瓦河以西的地区。"[①]"经过两个阶段的土地改革,共没收了 610 万公顷的地主土地,约有 110 万农户分到了土地,其中814 000 户是新建的,254 000 户中小农扩大了土地。农户的平均耕地为5.4 公顷,在收复区为 7.9 公顷。"[②]工业企业国有化也同步进行。1946年 1 月 3 日,波兰通过关于国民经济基本部门国有化的法令。法令规

---

① 孔寒冰:《东欧史》,上海人民出版社 2010 年版,第 285 页。
② 约·布什科:《波兰史(1864—1948)》,1978 年华沙版,第 505 页。

定,对原属德国和投靠德国的波兰企业,不论国有的还是私人的,无偿地实行国有化;对雇佣50名以上工人的企业或者雇工不足50人的对国家经济生活有重要意义的企业,通过购买的方式进行国有化。

1945年12月5日至13日,波兰工人党在华沙召开第一次代表大会,一部分代表主张照搬苏联模式,这种主张遭到多数代表的反对。多数代表认为,目前波兰的政权不是苏维埃政权,而是人民民主政权,应当通过波兰自己的道路走向社会主义。爱·奥哈布指出:"对于我们来说,通向社会主义的波兰道路不是一句空话,如果我们真正希望,我们就不能按照别人的模式前进,我们必须沿着波兰的特殊道路前进。……我们面临的不是作为当前任务的社会主义问题。我们应该把注意力集中在当前任务上。"①哥穆尔卡指出:"我在政治报告中已经指出,目前我国具有人民国家的性质,最重要的任务是坚持地沿着人民民主的路线走下去。"②但是,多数的意见没有被采纳。

波兰是第二次世界大战中损失最严重的国家之一,600万人死亡,国民财产损失占国家总财产的38%,工业企业的破坏程度高达60%—70%,农业损失达到35%,文化财产的损失为43%,学校和科研机构的破坏率达到60%,城市破坏率更高达75%。照搬苏联模式,有利于迅速恢复战争创伤,有利于发挥工人阶级的积极性和创造性。1947年7月,工人党党员、矿工普斯特罗夫斯基向煤矿工人发出开展劳动竞赛的倡议,得到波兰工人阶级的热烈响应。普斯特罗夫斯基每年以超过二至三倍的定额完成自己的生产任务,为波兰工人阶级树立了榜样。1947年,工业生产超额完成5%,比1946年增长33%;农业生产比1946年增长8%。1948年工业生产超额完成14%,比1947年增长37%,比第二次世界大战前增长40%,按人均计算,比战前增加1倍。

截至1949年11月1日,波兰战后恢复的三年计划提前两个月完成。

---

① 耶日·雅盖沃:《通向社会主义的波兰道路》,1982年华沙版,第121页。
② 同上书,第118页。

"1949 年的工业生产比 1948 年增长了 22％,工业总产值超过战前 48％,按人均计算为战前的 1.5 倍。工业的高速发展与高投资是相辅相成的,3 年内工业投资占总投资的比重:1947 年 35.4％,1948 年 36.2％,1949 年 40.3％。高投资同时带来了高就业,3 年内工业就业人口从 124 万增加到 180 万,为战前的 1 倍。三年计划只有农业总产量没有达到战前水平,为战前的 92％,但按人均计算,则超过战前 27％,国民收入比战前提高 25％。"①

　　三年计划期间,波兰文化教育发展迅猛。"1945—1946 学年,学龄儿童的入学率为 93.6％,1949—1950 学年,入学率达到 96.7％。小学生总数为 335 万,中学生总数为 22 万。在此期间,各类职业学校的学生人数从 17 万增加到 53 万,大学生人数从 56 000 增加到 116 000。除了恢复原有的 44 所高校以外,还新创办了许多高校,其中有弗罗茨瓦夫大学、罗兹大学、卢布林大学等,波兰大学增加到 66 所。图书馆从 1947 年的 934 个增加到 1949 年的 3 883 个。各种专业图书馆从 535 个增加到 851 个。图书发行量比战前增加 1 倍,1949 年共发行 7 290 万册。"②

　　1948 年 6 月,波兰工人党召开中央全会,决定与波兰社会党合并。合并后的波兰统一工人党围绕现代化的取向发生了重大分歧,贝鲁特指责哥穆尔卡在这次全会上所作的关于波兰工人运动传统的报告是"对资产阶级民主主义和改良主义的传统的重大让步"③。苏联倡议建立的"共产党和工人党情报局"是这一事件的导火索。1947 年夏季,斯大林会见哥穆尔卡,提出由几个共产党和工人党创办一种情况通报性质的刊物,交流经验、互通情况、探讨各个党所面临的问题,哥穆尔卡对此也没有提出异议。1947 年 10 月 5 日,东欧各国代表来华沙参加会议,哥穆尔卡听了联共(布)中央书记丹诺夫的报告后恍然大悟:斯大林的目的不是创办

---

① 瓦·古拉:《波兰人民共和国(1944—1974)》,1976 年华沙版,第 282—284 页。
② 刘祖熙:《波兰通史》,北京:商务印书馆 2006 年版,第 474 页。
③ 杨·普塔辛斯基:《三次转折中的第一次转折或关于哥穆尔卡的秩事》,1984 年华沙版,第 95 页。

一个刊物,而是成立一个国际共产主义运动协调机构——情报局。"哥穆尔卡觉得自己好像当头挨了一棒,十分失望,因为他被斯大林捉弄了"①。哥穆尔卡坚决反对成立情报局,在苏南冲突中,对于南共的态度温和,这触怒了苏联。1949 年 11 月 11—13 日,波兰统一工人党举行三中全会,哥穆尔卡参加这次会议。贝鲁特作了题为《警惕性》的报告,再次指责哥穆尔卡犯了"右倾投降主义错误"。会议还指责哥穆尔卡在波兰西部边界问题上"不相信苏联"。三中全会上撤销了哥穆尔卡的波兰统一工人党中央委员资格,不久又吊销了他的党证,波兰完全纳入苏联模式之中。

经济文教:实施六年计划,优先发展重工业。"此过程明显分为三个阶段:1950 年,1951—1953 年,1954—1955 年。第一阶段执行得比较好,工业生产超额 7.4%完成计划,产值比 1949 年增加 30.8%。1950 年的投资比 1949 年增长 38%。这一阶段之所以超额完成计划,在很大程度上是三年计划投资的结果,计划中的失误还没有暴露出来。第二阶段由于对重工业(首先是国防工业)的投资过多,对轻工业和农业的投资相应减少,国民经济出现了严重的不平衡。在这三年里,国民收入只增加45%,而积累则增加 161%。1953 年的投资总额为 658 亿兹罗提,比1949 年增加 1 倍多。积累增长的速度为国民收入增长速度的 3 倍多。由于人口的自然增长和工业就业人口的猛增,职工的实际工资增加很少或没有增加,一部分职工的实际工资反而有所减少。第三阶段由于朝鲜战争的结束,国际形势趋于缓和,波兰统一工人党中央也做了一定的调节,工业生产平均增长速度降为 11%,其中生产资料的生产增长12.3%,消费资料的生产增长 10.4%。这两年对农业的投资增加到 10.3%和13.5%。1954 年农业生产比 1953 年增长 9%,比 1949 年增长 13%。"②"1955 年,在波兰的国民收入中,工业占 44%,而农业只占 27%;国民收

---

① 杨·普塔辛斯基:《三次转折中的第一次转折或关于哥穆尔卡的秩事》,1984 年华沙版,第82 页。
② 刘祖熙:《波兰通史》,北京:商务印书馆 2006 年版,第 482—484 页。

入比 1938 年增长 1.7％,但是,在国民收入中(包括农业生产、消费品生产)和职工的实际工资方面的增长还没有完成计划;农业生产只比 1949年增长 13％。这一年大部分职工的实际工资都没有提高,只有重工业和国防工业职工的工资稍有提高。"①强制性集体化措施及其反复,导致农业一直是薄弱环节。"工业化的这种进程,通常落后于极端封闭的知识分子小群体在政治和意识形态方面所提出的要求与愿望,但却先于广大阶层在文化与政治领域中开始实现现代化的过程。"②六年计划期间,文化教育得到很大的发展。高等学校增加到 76 所,在校人数达到 158 000人。高等学校的教师从 1948—1949 学年的 3 000 人增加到 1955—1956学年的 16 618 人,其中教授和副教授有 4 118 人。

政治:1951 年 5 月 26 日,立法议会成立以贝鲁特为首的宪法起草委员会,1952 年 7 月 22 日颁布了《波兰人民共和国宪法》。"此宪法以 1936年苏联宪法为为蓝本,带有明显的苏联印记,不符合波兰历史传统。"③"波兰政治局成立了一个专门的委员会,从事国家安全工作,委员会的主席是贝鲁特,负责人是贝尔曼和拉德凯维奇,他们无视波兰宪法,凌驾在任何政权之上,以莫须有的罪名逮捕了一批在民族解放运动中做出贡献的原人民近卫军、原人民军、原农民营和原国家军的官兵,审讯并迫害他们。在干部工作中实行宗派主义的政策,选拔干部任人唯亲,很多优秀干部受到不信任和怀疑。在个人崇拜的气氛下,党内关系和党群关系比较紧张。"④波兰宪法赋予议会广泛的监督权力,但是由于权力高度集中于党,议会对政府的监督权形同虚设。第一届议会任期期间(1952 年 11月 20 日到 1956 年 11 月 20 日),议会的立法活动很薄弱。这一届议会制定通过 42 个法律,而其中 31 个是在 1956 年通过的。第二届、第三届和第四届议会分别通过了 174、93、60 个法律。波兰统一工人党同统一农

---

① 刘祖熙:《波兰通史》,北京:商务印书馆 2006 年版,第 484 页。
② 艾森斯塔德:《现代化:抗拒与变迁》,北京:中国人民大学出版社 1988 年版,第 84 页。
③ 刘祖熙:《波兰通史》,北京:商务印书馆 2006 年版,第 485 页。
④ 同上书,第 487—488 页。

民党和民主党的平等协商原则遭到破坏,民族阵线名存实亡。"1953 年
3 月 5 日,斯大林逝世。1954 年召开的波兰统一工人党第二次代表大
会,提出了集体领导原则和党内生活民主化。在这次会议上,贝鲁特当
选为党中央第一书记。他辞去了部长会议主席的职务,由西伦凯维兹接
任。但是,党内生活和国家的政治生活没有发生根本的变化。"①

第二节　苏联模式与波兰特质的纠结

　　波兹南事件是波兰人民对照搬苏联模式的第一次抗争。1956 年 2 月,
苏联共产党第二十次代表大会揭开了批判斯大林个人崇拜的盖子,在苏联
和整个社会主义阵营中都产生极大的反响与震荡。在波兰,"1956 年 6 月
28 日,波兹南采盖尔斯基工厂的工人因领导没有调整不合理的劳动定额和
工资制度上街游行。9 小时左右,在城堡广场及其附近聚集了几万人。愤
怒的工人冲进监狱,释放了犯人,占领了武器库,又进攻法院、检察院大楼
以及公安厅的办公楼。工人同警察发生冲突。波兹南市当局无力控制局
面。中央派国防部副部长斯·波普瓦夫斯基将军率军队赶往波兹南恢复
秩序。下午 5 时,全市秩序恢复。6 月 30 日傍晚,军队撤出。在波兹南事
件中,有 55 人丧生,500 人受伤,在受伤的人中又有 19 人死亡。"②稳定局
势,恢复党在人民群众中的威信,带领党迅速摆脱困境,哥穆尔卡是不二
人选。哥穆尔卡临危受命,重新回到波兰党的领导岗位。

　　改革:哥穆尔卡主导的改革在经济领域,主要是"下放中央权力,实
行非集权化,扩大地方自主权和企业自主权。1956 年 12 月 1 日,议会建
立经济委员会,由波兰统一党中央委员、享誉世界的经济学家奥斯卡·
兰格教授领导,提出波兰护国性改革的中心思想是中央计划同地方管理
相结合,在中央计划的领导下,实行工人自治和农村合作自治。在价格
问题上,坚持尊重价值规律,但价格主要由国家来规定,使经济规律为社

---

① 刘祖熙:《波兰通史》,北京:商务印书馆 2006 年版,第 488 页。
② 同上书,第 492—493 页。

会主义经济服务"①。具体措施：一、建立工人委员会，使企业职工参与对企业的管理，提高全体职工的生产积极性。具体职能为：制定企业的生产计划；确定企业的发展方向；监督企业行政，对企业行政做出评价，交上级机关审核；对企业的结构和规章制度的改变提出意见；对企业的分配提出意见；规定劳动定额、工资等级和奖励办法。二、设置企业基金，用来鼓励劳动集体，资金一部用来发放奖金、建筑住宅、托儿所或维修职工住房。法令规定，以货币形式分配给集体的那部分基金，不得超过全部工资的 8.5%。三、对国营农场的改革。首先削减指令性计划指标，国家只规定下列指标：商品产值的增长、种马和种畜的生产任务、国家投资的数额、工业基金的数额、国家补贴的最高限额，以及化肥和农机等生产资料的配给量；其次，为了使计划更好地适应自然的生产周期，把原来实行的日历年度（1 月 1 日至 12 月 31 日）改为经济年度（7 月 1 日至第二年的 6 月 30 日）。1958 年 1 月，国家对国营农场实行新的补贴制度，称之为客观补贴，即国家对不是由于国家农场的主观因素造成的生产成本增加的补贴，或对农产品价格的补贴。四、政府对供应企业的奖励制度改革。限制奖金在整个工资中的比重，设立奖励基金，它可以占基本基金的 10%—25%，发放给职工个人的奖金不得超过基本工资的 30%—35%。奖励基金分为两大部分：一部分是给领导干部的奖金，另一部分是给企业职工的奖金。② 五、农业政策方面。1957 年 1 月 9 日波兰统一工人党中央委员会和统一农民党最高委员会共同发布了指导方针，主张可以通过各种形式的互助和各种形式的农民联合，以及个体农民的自由发展来提高农业生产。指出城乡之间与工农之间关系应该建立在不断发展的合同订购基础之上，不断扩大农村的销售市场和通过国家以经济手段加以调节的市场交换。决定土地可以自由买卖，但规定种植业户不得超过 15 公顷的土地，而畜牧业户不得超过 20 公顷的土地。还规定减

---

① 刘邦义：《哥穆尔卡评传》，北京：中共中央党校出版社 1995 年版，第 207—208 页。
② 同上书，第 209—210 页。

轻农业的负担:取消牛奶的义务销售,削减粮食义务交换量的 1/3,同时提高粮食交换的义务价格(提高 1 倍);降低大农户土地税的累进率,从 48% 降为 40%;主张解散那些通过行政命令建立而造成混乱、经济效益不好的农业生产合作社,并建立诸如农业小组这样的农业组织。共计解散了 80% 的农业生产合作社。在广大农村普遍建立了农民自治组织——农业小组。这种农业小组的作用类似城市的工人委员会。1957 年时共有 11 600 个农业小组,391 000 成员,1960 年为 23 100 个农业小组,803 000 成员。①

哥穆尔卡执政时期的三个五年计划(1956—1970),大致分为两个阶段:第一个阶段为 1956 年至 1960 年,第二个阶段为 1961 年至 1970 年。第一阶段,第一个五年计划所规定的各项指标:国民收入增长 46%,职工实际工资增长 23%,农业生产增长 23%,工业生产增长 49.6%。五年计划的总投资额为 4 172 亿兹罗提,超过三年计划和六年计划之和(3 930 亿兹罗提)。② 第一个五年计划也可分为两个阶段:1956 年至 1958 年为前一阶段,这一时期工业生产每年以 9% 的速度稳步增长,轻工业产品的增长速度也大大加快,两大部类的增长速度趋于平衡。当时,众多工业项目已经陆续投产,开始生产市场所需要的商品。正是有了这样的条件,尽管工业投资规模没有显著增加,但生产却得到很大的发展。五年计划的头三年的平均投资增长率为 6% 左右(整个五年计划的增长率为 9% 左右)。由于缩小投资在可分配国民收入中所占的比重,用于消费部分的国民收入增加,使第一阶段的实际工资增长约为 25%。后一阶段形势发生变化,六年计划的项目大多完成,加之就业压力逐步加大,同时还要巩固外贸支付的平衡,诸多要素造成投资增加,产业结构发生变化。工业两大部类的平衡性发生变化,1959 年第一部类的产值增长 33%(1958 年为 9%),第二部类仅增长 5%(1958 年为 11%)。1956 年至

---

① 贝农·迪梅克:《波兰统一工人党简史(1956—1970)》,1987 年华沙版,第 91 页。
② 安·耶杰尔斯基、巴·佩兹:《人民波兰经济史》,1980 年华沙版,第 160 页。

1957 年的消费基金年增长率为 11％,实际收入增长 14％左右,而 1958 年至 1966 年间仅仅增长 3.2％,实际收入增长约 3.5％。尽管如此,第一个五年计划同第二个五年计划和第三个五年计划相比,所提出的各项指标完成得比较好,人民生活水平也得到显著的提高。工业生产增长 59.6％,超额完成 10％的任务,煤的产量突破 1 亿吨,钢的产量达到 668 万吨,农业生产增长 20％,职工实际工资平均增长 23％。职工住房达到 60 万套以上,是六年计划时的两倍,医生人数到 1960 年达到 29 万人,中学生人数在 1960 年达到 39 万人。[①]

后两个五年计划呈现明显下滑,职工实际工资增长速度不断下降,最后陷于停顿状态,实际积累的支出却不断增加。第二个五年计划期间,投资增长速度加快,用于重工业基础设施的投资显著加大,光是燃料和电力的投资就占投资总额的 32％,还不包括化工和有色金属的开采。1965 年,燃料工业的投资占工业投资总额的 21％,电力工业占 11％,化工业占 12％。1960 年至 1965 年,从工业产品结构看,第一部类产品明显比第二部类产品增长速度快很多,前者增长 55％,后者只增长了 37％。这些项目投资大、周期长,抑制消费产品生产。这一阶段,年平均消费增长率为约 5％,按人均计算只有 3％—4％,并且实际工资的增长率很低,实际工资年增长率只有 1.5％左右,其中 1962 年增长率为 0.4％,而 1965 年为零。第二个五年计划绝大部分没有完成规定的指标。生产资料的生产比 1960 年增长 59.9％,而计划为 57.2％;国民收入增长 35.2％,而计划为 40.6％;职工的实际工资增长 8％,而计划为 23％;消费资料的增长为 37％,而计划是 44％;农业生产增长 14.5％,而计划为 22％。农业生产落后的一个重要原因是 1962—1964 年连续三年歉收,尤其 1962 年是战后歉收最严重的一年,另一个原因是以牺牲个体小农为代价,片面强调发展集体经济。由于农产品和大众消费品的不足,出现市场供应紧张和日用消费品匮乏的情况,群众不满情绪日益增

---

① 王逸舟、苏绍志:《波兰危机》,成都:四川人民出版社 1988 年版,第 134—136 页。

长。第三个五年计划仍然是递减趋势,国民收入虽然增长 3.4%,但增长的趋势缓慢。国民收入头三年增长率为 7%,后两年为 4%。同国民收入比,分配性国民收入增长幅度更小,5 年只增长 3.2%。同时,投资额增长速度却很快,平均增长 9.2%。消费增长速度更糟,1966 年至 1968 年消费的年增长率为 4%,到 1969 年至 1970 年消费增长率为2.5%,实际工资增长率从 1966—1967 年的 2.6% 减少到 1968—1969 年的 1.5%,到 1970 年竟是零。尽管 1969 年投资额降为 6.9%,甚至 1970 年降到 2.3%,但经济社会危机仍无法避免。

与此同时,居民生活状况进一步恶化。1965 年每 1 000 对新婚夫妇能分到 853 套住房,到 1970 年每 1 000 对新婚夫妇只能分到 693 套住房。① 第三个五年计划中规定的指标除工业生产和投资任务超额完成外,其余都没达到规定指标。农业方面,1970 年农业生产比 1965 年增长 9.5%,而计划为 17%,导致食品和肉类供应日趋紧张,成为 1970 年"十二月事件"的经济根源。波兰经济学家 M. 米夏克指出:"总起来说,60 年代经济遭到挫折的根源在于没有采取坚定的一贯政策进行经济改革。十月转折之后,在经济政策中曾出现过的建设性因素逐渐失去了自己的势头,因而导致经营效果下降,在消费领域也出现了种种消极现象。这就是发生 1970 年 12 月沿海地区悲剧性事件的根本原因。"②

哥穆尔卡改革先成功、后失败,究其根由,哥穆尔卡意识到了苏联模式的弊端,但是又无意或无力彻底摆脱。苏联模式是高度集中统一的计划经济体制,既是经济体制,也是政治体制,更是社会体制,国家取代社会,国家集权于党,党集权于中央,中央由政治局领导,总书记负总责。如此,自下而上,层层递进,集权于顶层。苏联模式的特质是政治集中化、社会单位化、农业集体化、工业国营化、金融国有化、科教文卫国家化、国家整体化和运行机制指令化,不受客观经济规律和人类社会发展

---

① 王逸舟、苏绍志:《波兰危机》,成都:四川人民出版社 1988 年版,第 137—139 页。
② M. 米夏克:"波兰经济发展的光明面和阴暗面",[波兰]《问题与资料》杂志 1986 年 26 期。

规律的限制,政治先行,把经济社会发展高度政治化和意识形态化,用政治权力取代劳动能力和创造能力,极大地窒息了物质财富和精神财富的增值潜力。一方面,经济社会发展的成果用政治权力分配,通过权力垄断经济社会发展的收益,使得实体财富创造者处于被分配的状态;另一方面,经济社会发展的成本被分摊到财富创造者而不是分配者的身上。哥穆尔卡改革局部松动了苏联模式的刚性,并未突破,仍然囿于苏联模式的架构,无法根本解决苏联模式带来的危机,只能有限度地缓解或迟滞危机的爆发。其结果适得其反,用制造新的、更大的问题去解决当下的问题,使得问题层累叠加,积重难返,走向初衷的反面,哥穆尔卡改革夭折是命中注定的。

　　哥穆尔卡作为维护波兰民族利益的卓越代表重返政权中枢,结果却因站到民族情感的对立面而黯然下台。1968 年 1 月,华沙民族剧院重新上演 19 世纪伟大爱国诗人密茨凯维奇的反俄诗剧《先人祭》。《先人祭》的上演,轰动华沙,每场演出座无虚席。台上演员朗诵反俄台词:"我深知莫斯科鬼子的恩赐是什么货色:坏蛋们只是摘下我的脚镣手铐,我的灵魂却会被他们钉得更牢";"莫斯科给我们派来的全都是些公驴、白痴和特务",台下观众一起朗诵,全场热烈鼓掌、大声欢呼。① 波兰著名哲学家沙夫指出:"波兰人对俄国和俄国人有一种特殊的'过敏症'。……正如多少世纪以来共同生活中非常不平静的邻居的关系一样,他们之间的相互关系受这种历史的支配。波兰有一个半世纪是被瓜分的,这是波兰受俄国的民族压迫时期,同时也是不断起义反对压迫者的时期,从 18 世纪末开始,平均每一代人都举行过一次起义。波兰的大部分古典文学和几乎全部浪漫主义诗歌都凝结着对俄国压迫者的仇恨。现在,在学校里就讲授这种文学。……有一件事情可能会起到积极作用,这就是红军把波兰从纳粹手中解放了出来,这是可以用来改变波兰人态度的一张王

---

① 塔德·舒尔茨:《"布拉格之春"前后》,北京:新华出版社 1983 年版,第 419 页。

牌,但有一个条件,就是不能伤害他们的民族自尊心。"①苏联驻波大使认为,《先人祭》是"反苏的低劣演出",向波兰政府提出抗议。苏联领导人致电波兰,要求马上停止演出。1968年1月16日,哥穆尔卡下令禁演。3月8日,华沙大学的学生占领校舍,要求再演《先人祭》,集会者通过抗议政府剥夺人民"保卫民族独立传统权利"的决议。政府派出警力,对学生进行暴力镇压。波兰执政党站到了民族情感和群众情绪的对立面,"十二年前曾经以一个伟大的爱国主义的共产党领袖的姿态启发过波兰人思想的哥穆尔卡,在3月19日的广播和电视讲话中说:'华沙和其他城市高等学校的青年学生中的大多数是受了敌视社会主义的势力的欺骗和蒙蔽。'"②3月30日,波兰政府停办华沙大学经济学、哲学、社会学、心理学等七个人文社会科学学系,大学生要重新申请入学。历时近一个月的知识分子和大学生抗议示威运动被压制下去。1968年11月,波兰统一工人党五大在指示提纲中说,这是一次"社会主义敌人力图使一部分知识分子和大学生反对党和人民国家"的反革命活动。③哥穆尔卡政权失去了伦理合法性,丧失了波兰人民的认同,垮台只是时间问题。

哥穆尔卡的多舛命运,是苏联模式与波兰特质纠结的人格化写照。这不仅是哥穆尔卡的个人悲剧,也是东欧苏联模式的悲剧。1970年12月12日,波兰政府决定从13日提高食品价格,其中肉和肉食品提价17.6%,面粉提价16%,牛奶提价8%,奶制品提价25%,鱼提价11.7%。④大多数的食品和商品不同程度地提价。14日,格但斯克造船厂工人罢工并走上街头要求物价下调,遭到政府拒绝后,他们到北方造船厂、工业大学和广播电台,呼吁支持、参加他们的罢工。大批市民参加到游行队伍中,政府出动警察镇压,暴力冲突不断上升,造成几十人死

---

① Business portal on economy, investments and politics in Poland, http://www.polishmarket. com/Poland_Basic_Data.shtml.

② 塔德·舒尔茨:《"布拉格之春"前后》,北京:新华出版社1983年版,第420页。

③ 孔寒冰:《东欧史》,上海人民出版社2010年版,第368页。

④ 刘祖熙:《波兰通史》,北京:商务印书馆2006年版,第515页。

亡,几百人受伤。19 日,格但斯克罢工结束,其他地区还持持了一段时间。直到 1971 年 2 月,波兰统一工人党政治局和政府联席会议决定从 3 月 1 日起恢复上涨前的价格水平,这样各地罢工游行才真正停止。这次罢工造成的直接损失,格但斯克沿海地区为 1.05 亿兹罗提,什切青为 3 亿兹罗提。这是对苏联模式的反讽。苏联模式宣称消灭资本主义国家的经济危机与通货膨胀,是低物价、高福利的"工人阶级祖国"。波兰工人阶级不堪忍受物价飞涨,起来抗议"工人阶级祖国"的政府。哥穆尔卡领导波兰社会主义现代化建设十余年,到头来既没有消灭经济危机,也没有消灭通货膨胀,反而在工人阶级的抗议浪潮中黯然下台。

"十二月事件"以后,波兰统一工人党五届七中全会选出新的领导集体,哥穆尔卡被免职,爱德华·盖莱克担任党中央第一书记。爱德华·盖莱克(1913—2001 年)与贝鲁特、奥哈布和哥穆尔卡等前任领导人比较起来,完全不一样。哥穆尔卡和奥哈布都出生在加里西亚地区,贝鲁特出生在卢布林地区,加里西亚和卢布林地区均属波兰的经济、文化落后地区。盖莱克出生在卡托维兹,是社会主义波兰历史上第一位来自波兰西部地区的党的领导人,也是在西欧侨居 22 年的波兰共产党领袖。与前任领导人相比,他是在完全不同的经济和文化环境背景下成长起来的。科尔邦斯基教授曾对盖莱克做出这样的评价:"他给波兰的政治生活带来了新的、带有个人标记的、明快的作风,同哥穆尔卡的冷酷、迟钝的作风形成鲜明的对比。"[1]盖莱克首要的是稳定国内局势,改善人民生活。为此,波兰统一工人党成立特别委员会,1971 年 2 月,向中央委员会提交题为《对 12 月事件的评价和从中得出的结论》文件。文件指出:"沿海地区各城市中发生的事情,从其实质来说,具有工人的特征,工人是事件的主要参与者。这些行动的基础是,对物质状况和社会福利条件的不满,因此,其矛头是针对党和政府的经济政策和社会福利政策中的某些

---

[1] Business portal on economy, investments and politics in Poland,http://www. polishmarket. com/Poland_Basic_Data. shtml.

问题。在传单和各种口号中，占主导地位的是，福利和经济要求，以及人事和政治要求。其次是对行政机关，尤其是对工会工作的尖锐的评判。"①在五届八中全会上，盖莱克指出党的领导人对"十二月事件"起因和性质的判断有误："形势的悲剧在于不理解事件的特点，特别是不理解它的原因，把沿海地区所发生的事件的根源，也就是说存在的紧张局势的根源，归结为反社会主义分子的活动，甚至对当时存在的局势做出了这样的评价，即这一事件具有反革命性质，所持的这种立场不仅是错误的，而且其后果是灾难性的。"②盖莱克时期，文化政策的开放度也较高，非官方出版物大行其道，"切斯瓦夫·米沃什、维托尔德·贡布洛维奇和莱斯泽克·科瓦可夫斯基这些流亡作家的作品，以及像奥威尔这样当时仍然遭禁的国外作品的译本得见天日。在波兰作家的违法出版物中，最为杰出的就是塔杜施·孔维茨基的《小启示录》，书中用调侃而又发人深省的讽刺手法描述了波兰人民的生活"③。

1971 年 12 月 6—11 日，波兰统一工人党第六次代表大会制定第四个五年计划的指标：国民收入增长 38%— 39%，即从 1970 年的 7 560 亿兹罗提增加到 1975 年的 10 450 亿兹罗提，工业生产增长 48%—50%，农业生产增长 18%—21%，实际工资增长 17%—18%，对工业的投资增长 53%，达 14 000 亿兹罗提，其中消费品工业要增加一倍，就业人数要增加 200 万。④ 大会提出发展纲领是高投资、高速度、高消费，即"三高方针"。"三高方针"在开始实施阶段效果明显，1971—1973 年，由于工人和农民生产积极性的提高，加上风调雨顺，农业丰收，第四个五年计划的前三年计划实行得特别好。前三年计划执行得特别好的外部因素是世界市场上有利于波兰的行情。同 1970 年相比，1971 年和 1972 年波兰贸易条件的指数分别是 104.3 和 106.2。贸易顺差使波兰有可能扩大消费品的进口和提高人民的生活水平。在这三年里，实际工资增长 24%，每年平均

---

①② 孔寒冰：《东欧史》，上海人民出版社 2010 年版，第 371 页。
③ 耶日·卢克瓦斯基、赫伯特·扎瓦德斯基：《波兰史》，北京：东方出版社 2011 年版，第 292 页。
④ 刘祖熙：《波兰通史》，北京：商务印书馆 2006 年版，第 521 页。

增长 7.6％，比上个五年计划增长近 3 倍。国民收入依次增长 8％、10％、9.5％，三年共增长近 1/3。① 随着前三年计划的成功，波兰统一工人党进一步提高六项指标："国民收入为 55％，工业生产为 66％，农业生产为25.5％，实际工资为 38％，投资总额为 79％，出口额为 102％。第四个五年计划最终完成的指标为：国民收入增长了 62％，年增长 10％，工业生产增长了 73％，年增长 10.4％，农业增长了 33％，年增长 3.7％，实际工资增长了 40.9％，出口增长了 66.4％，就业职工增加了 230 万。"②

　　20 世纪 70 年代中期，国际形势风云变幻。第一次石油危机时期，资本主义世界经济滞涨，波兰经济过分依赖西方的资金、技术和资本主义世界市场，盲目追求"三高"，加之国内农业歉收，商品供应紧张，导致1976 年 6 月事件，"哥穆尔卡的悲剧"又上演了。1976 年 6 月，雅罗谢维奇政府决定大幅度提高食品的价格。其中，肉、肉制品和鱼价格提价69％，黄油提价 60％，糖提价 1 倍。24 日，雅罗谢维奇在议会上作了关于提高基本食品零售价格的报告。报告刊出后，立即引起广大民众的反对。25 日，拉多姆市瓦尔泰尔将军机械厂的工人首先举行罢工。随着规模不断扩大，一些示威者开始冲击省委并放火把它烧毁。在与警察的冲突中，两人被打死。华沙郊区乌尔苏斯拖拉机厂和其他十几个省的许多工厂也都有工人举行罢工和游行。为了避免事态进一步扩大，波兰党和政府撤销了涨价的决定，从 7 月起实行凭票供应制度。③

　　"六月事件"只是得到一定程度的缓解，并没有得到实质性解决，民间组织与政府分庭抗礼。1976 年 9 月，知识分子雅采克·库龙、亚当·米赫尼克等人组建了"保卫工人委员会"。1977 年 3 月，法学家和历史学家莱舍克·莫楚尔斯基组织了"保卫人权和工人权运动"。1978 年，格但斯克等沿海工业城市出现了自由工会组织。其中，格但斯克自由工会的领导人就是瓦文萨。④波兰社会矛盾已经达到了临界点，苏联模式潜力

①②刘祖熙等：《波兰战后的三次危机》，北京：世界知识出版社 1992 年版，第 138 页。
③④孔寒冰：《东欧史》，上海人民出版社 2010 年版，第 373 页。

枯竭,境况堪忧。

第三节 苏联模式的终结

1980 年 9 月 5—6 日,波兰统一工人党举行八届六中全会,解除爱德华·盖莱克第一书记和政治局委员的职务,选举斯塔尼斯瓦夫·卡尼亚为第一书记,选举卡·巴尔齐科夫斯基、安·扎宾斯基为政治局委员。党的领导人更迭,并未缓解波兰的爆炸性局面。1981 年 10 月 16—18日,波兰统一工人党举行九届四中全会,卡尼亚辞去了中央第一书记的职务,选举国防部长雅鲁泽尔斯基将军为中央第一书记。鉴于苏联威胁出兵平定波兰社会动乱,雅鲁泽尔斯基先发制人,采取非常手段,宣布波兰进入战时状态,取缔"团结工会"等反政府组织。同时,雅鲁泽尔斯基进行经济改革,政府制定了 1986—1990 年经济发展战略,计划在五年内,国民收入增长 16%—19%,工业产值增长 16%,农业产值增长 10%。在新政府执政的头三年里,国民收入继续增长:1985 年 3.4%,1986 年5%,1987 年 2%。通货膨胀率从 1982 年的 104% 降到 1985 年的 15% 和1986 年的 17.5%,1987 年又上升到 26%。[①] 雅鲁泽尔斯基急于求成,匆忙进入经济改革的第二阶段。1987 年 4 月,公布《第二阶段经济改革问题提纲》。"保证国有企业真正自主,为私营企业的发展创造良好的条件,整顿价格体系,完善工资和社会保障体系,改变中央的计划工作,减少各级管理机构的数量等等。"[②]但是,改革的结果却适得其反,"扩大企业自主权后,很多企业为了追求自身的利益,不顾社会和国家利益,擅自提高物价和工资,使物价、工资轮番上涨,很快出现了投资失控、消费失控、物价失控、工资失控等严重问题,毁坏了改革形象。特别是在 1988年价格改革失败后,经济情况进一步恶化,外债达到 390 亿美元,通货膨胀率为 70%—80%。1988 年物价水平比 1987 年同期提高 74.9%,人民

---

① 刘祖熙:《波兰通史》,北京:商务印书馆 2006 年版,第 542 页。
② 孔寒冰:《东欧史》,上海人民出版社 2010 年版,第 450 页。

实际生活水平大幅度下降。"①如此局面导致波兰统一工人党的威信降至谷底,而"团结工会"的威信骤然上升。

进入到 20 世纪 80 年代,波兰人民对苏联模式彻底丧失了信心。1984 年,波兰社会科学院对格但斯克大学一至三年级的大学生进行了一次抽样调查,在回答"应实行何种社会制度"的问题时,赞成社会主义的占 47.5%,赞成资本主义的占 3.5%;在回答如何看待"波兰目前的社会制度"时,仅有 9.8%的人认为这是社会主义制度,48%的人认为这不是自己理想的社会制度,25%的人认为是与社会主义没有多少共同之处的社会制度,4.9%的人认为是极权制度,5.1%的人认为是共有的资本主义制度;在回答"波兰社会政治现实中需要如何改变"时,72.8%的人要求更换干部,42.3%的人认为要改革政治制度,46.2%的人认为要实行多党制,57.3%的人主张扩大社会对政权的监督,39.8%的人主张扩大立法机关的权限和作用,21.4%的人要求国家独立,还有 59.8%的人认为将国有企业改为私有制,波兰的经济将会好转;在回答"调查者的近期目标是什么的问题"时,有 0.3%的人把反对共产主义作为自己的近期目标。②

"团结工会"的崛起:波兰统一工人党的执政地位被"团结工会"取代,标志着苏联模式的终结。1980 年 8 月 16 日,时年 37 岁的格但斯克列宁造船厂电工莱赫·瓦文萨组织成立厂际罢工委员会。次日,罢工委员会提出组织独立工会、罢工自由以及言论自由等 21 条要求。罢工委员会得到反对派和许多社会精英的帮助和支持。8 月 26 日,罢工蔓延到重工业基地西里西亚,政府同罢工委员会谈判。8 月底,政府与罢工委员会达成协议,同意罢工委员会成立独立工会。9 月 17 日,工会领导人投票决定成立全国性工会,命名为"团结工会"。仅三个月的时间,团结工会会员数就发展到 800 万,是当时波兰成年人口的 1/3;一年之后,会员

① 丁维陵:《东欧剧变启示录》,长春:吉林人民出版社 1992 年版,第 11 页。
② 王逸舟、苏绍志:《波兰危机》,成都:四川人民出版社 1988 年版,第 354—355 页。

就超过 1 000 万人。① 同时,团结工会不仅得到了罗马教皇的支持,也得到了西方国家的支持。团结工会"正在逐步演变成一场大众社会运动,它旨在实现政治生活的民主化、消除中央控制的计划经济、实现企业自主经营"②。1981 年 3 月 27 日,团结工会领导了一场全国性罢工,罢工持续整整四个小时。

团结工会不仅是一支新兴社会力量,而且也是统一工人党的瓦解力量。"300 万名党员,有大约三分之一脱离统一工人党的领导,甚至有 70 万党员加入团结工会。"③团结工会在纲领中宣称,他们的追求没有仅仅停留在面包层面,他们追求正义、民主、真理、合法性、人性尊严、信念自由以及共和国改革。团结工会走上波兰政治舞台,宣告了苏联模式在政治合法性与公共伦理上的破产。瓦文萨是产业工人,团结工会的主体也是产业工人。团结工会要求结束波兰统一工人党一党专政,这是工人阶级要求工人阶级的先锋队和政治代表——波兰统一工人党下台。这说明,波兰统一工人党在政治上已经无法取得工人阶级的信任和授权,已经蜕变为既得利益集团,势必被工人阶级和波兰人民抛弃。

为了维护政权、避免苏联出兵干预,1981 年 12 月 13 日,雅鲁泽尔斯基将军宣布戒严,建立救国军事委员会(Wojskowa Rada Ocalenia Narodowego),镇压团结工会,团结工会领导人被捕,次年 10 月 8 日被正式取缔。团结工会转入地下继续存在,在波兰社会的每一个角落发展新的成员。④ 1988 年,波兰经济到了崩溃的边缘,状况比 8 年前还要糟糕,工人们发动两次大规模罢工,政府镇压罢工。8 月 21 日,始于西里西亚煤矿的大规模政治性罢工在全国蔓延开来,政府意识到镇压已经不能解决问题。军管后,波兰立即遭到西方全面的集体制裁。这令波兰经济雪

---

①② Jerzy Lukowski, Hubert Zawadzki, *A Concise History of Poland*, Cambridge University Press, 2nd edition 2006, p. 311.

③ Ibid., p. 312.

④ Padraic Kenney, *The burdens of freedom*: *Eastern Europe since* 1989, Fernwood Publishing Ltd, 2006, p. 6.

上加霜,只能依靠苏联和东欧社会主义国家输血,惨淡维持。

1988年,美苏首脑在华盛顿会晤,应苏联的提议,重点讨论中欧问题,尤其是波兰问题。苏联希望美国来拯救波兰经济,美国政府提出拯救波兰经济的政治条件,即波兰必须取消军管,恢复团结工会的合法地位,实行全面变革。1988年7月,苏联领导人戈尔巴乔夫访问波兰,对雅鲁泽尔斯基大加赞赏。雅鲁泽尔斯基抓住这个时机,提出团结工会合法化的问题。戈尔巴乔夫没有反对,并让雅鲁泽尔斯基就此问题上交一份报告。[①] 美国副总统布什也在同年访问波兰,并会见瓦文萨。布什许诺,在1989年1月取消对波兰的所有制裁。作为回应,波兰政府取消对美国之音和自由欧洲之音电台的干扰。

1988年8月31日,时任波兰内政部长的基什恰克与瓦文萨举行会谈,谈判到10月破裂。无论是波兰统一工人党内部,还是团结工会内部都存在反对和谈的力量。波兰主教发挥积极作用,进行多方斡旋,雅鲁泽尔斯基和瓦文萨分别以辞职相威胁,瓦文萨在10月份成立100人的公民委员会(Komitet Obywatelski)协助谈判,保证谈判顺利进行。1989年1月,波兰统一工人党召开十届十中全会,通过《关于政治多元化和工会多元化的立场》决议。

1989年2月6日,历史性和谈在华沙揭开帷幕。参加和谈的有统一工人党、团结工会、波兰罗马天主教、统一农民党、民主党、全波工协等多个党派组织,共有57人参加。会议主要讨论:加薪和物价指数问题、多元化选举问题、限制总统权力问题、未来的众议院和参议院权限问题和反对党取得大众传媒的路径问题等。瓦文萨到全国各地巡回演讲,进行宣传鼓动。

4月5日,和谈终于达成共识,签署四份文件,分别是《关于政治改革问题的立场》、《关于社会和经济政策以及体制改革问题的立场》、《关于

---

① Andrzej Korbonski, "*East Central Europe on the eve of the changeover: the case of Poland* ," inCommunist and Post-Communist Studies 32 (1999), p. 146.

工会多元化问题的立场》和最后议定书。会议决定摒弃苏联模式,走议会民主制道路,实现立法、行政和司法三权分立;实行总统制和议会两院制;转变经济模式,走市场经济道路。会议重申团结工会的合法化地位。会议决定,当年 7 月份进行一次半自由的议会选举,并为即将到来的议会选举制定新的选举法,对波兰的宪法做几处修正。修正宪法旨在建立一个制衡机制,保证未来四年政治上的平衡,避免政局动荡。修改选举法①,实行代议制民主,引进竞争机制。② 总统和参议院得以恢复,③总统由参议院和众议院共同选出,参议院则在全民自由选举的基础上选举产生。总统和参议院都可以对众议院行使否决权。众议院的席位除波兰统一工人党及其联盟占有 299 个(占总数的 65％)席位外,剩下的 161 个(占总数的 35％)席位则实行民主选举,新成立的团结工联公民委员会(Komitet Obywatelski "Solidarno sc")也可以参加竞选这些自由席位。虽然选举法的修改有维护统一工人党统治地位的倾向,但也为团结工会和波兰其他党派参与政治生活提供了合法的平台。

统一工人党和团结工会一致认为实现全面民主至少要花费四年时

---

① (1)为了选举,国家被划分为 108 个选区,每个选区视人口情况而定可以分到 2—5 个席位,425 名代表要从地区层面选举出来。(2)剩下的 35 个(宪法规定议会由 460 名代表组成)名额由所谓的国家候选人名单上的人填补。这些候选人名单由共产党及其联盟中最显赫的领导群体组成。他们也邀请了团结工会领导人加入候选人行列,但是被团结工会拒绝了。当然,成功当选还有一个必须具备的前提条件:候选人必须在全国的投票中获得超过 50％的有效选票。(3)地区的席位被提前分配给选举的集体参与者。每名选举者可以有 3—6 个投票机会,并规定了其中 1 票必须投给国家候选人,另外 2—5 票投给地区议席。同时,选举者不能在不同竞争党派之间投票,而应选择在一个特定党内的不同候选人之间投票,或者投给无党派人士。(4)新建立的参议院实行完全自由的选举,允许来自各个党派的毫无束缚的完全自由的竞争。参议院的选举席位没有按照人口划分,而是按照地域划分的。在波兰的 49 个省中,每个省分配了 2—3 个席位。(5)总统由众议院和参议院组合而成的国民大会选举产生,有效票数超过 50％则可当选。(参看 Krzysztof Jasiewicz, "Dead ends and new beginnings: the quest for a procedural republic in Poland,"in *Communist and Post-Communist Studies* 33 (2000) , pp. 104 – 105)

② Krzysztof Jasiewicz, Dead ends and new beginnings: the quest for a procedural republic in Poland, in *Communist and Post-Communist Studies* 33 (2000) , p. 105.

③ 参议院的设立,是为了制衡总统的权力。团结工会通过在参议院获得大多数的席位,就可以阻止任何旨在限制其影响的法律改变。

间,因此双方考虑一个更具操作性的行动方案。波兰统一工人党保证三四年之内实现经济社会的民主化改革,而团结工会则保证在四年内,支持统一工人党的领导,保持有利于改革的稳定的社会环境。4月7日,波兰议会通过《宪法修正案》、《议会选举法》、《参议院选举法》、《个体农民法》和《工会法修正案》等六部法案。

议会选举赢得席位(1989年6月4日和6月18日)①

政党/团体	议会		参议院	
	第一轮	第二轮	第一轮	第二轮
波兰统一工人党(PZPR)	2	171	—	—
农民联合党(ZSL)	3	73	—	—
民主党派(SD)	—	27	—	—
天主教和政府的合作组织(PAX)	—	19	—	—
基督教社会联盟(UChS)	—	8	—	—
波兰天主教社会联盟(PZKS)	—	5	—	—
团结工会	160	1	92	7
无党派人士	—	—	—	1

1989年6月4日,举行全民半自由选举。团结工会支持的公民委员会几乎囊括了所有参议院的席位(100个中的99个)以及众议院所有的自由席位。而政府支持的候选人中,超过议会保留席位所需要的50%有效得票率的仅有2人。② 众议院出现33个空额,而宪法规定,众议院由460位代表组成。雅鲁泽尔斯基完全可以取消这次选举,统一工人党内部也出现宣布选举结果无效的呼声。雅鲁泽尔斯基不为所动,宣布选举

---

① Krzysztof Jasiewicz, "Dead ends and new beginnings: the quest for a procedural republic in Poland,"in *Communist and Post-Communist Studies* 33 (2000), p. 107.

② 值得注意的是其他候选人的得票率接近临界值,最低的得票率为37.8%,大多数都在45%—50%之间。(参看 Krzysztof Jasiewicz, Dead ends and new beginnings: the quest for a procedural republic in Poland, in *Communist and Post-Communist Studies* 33 (2000), p. 106.)

结果有效。

7 月 3 日,戈尔巴乔夫的特使声明波兰可以自行决定政府组织形式。[①] 雅鲁泽尔斯基作为唯一候选人竞选总统,于 7 月 19 日以 49.63% (544 票中的 270 票)得票率当选为波兰共和国总统。[②] 10 天后,他辞去波兰统一工人党第一书记的职务。雅鲁泽尔斯基选择团结工会活动家塔·马佐维耶茨基担任总理。9 月 12 日,马佐维耶茨基及其内阁履职。统一工人党的联盟党——农民团结和民主党站到了团结工会一边。马佐维耶茨基成为东欧社会主义国家的第一位非共产党员总理,学术界把这次大选作为波兰第三共和国诞生的标志。

---

① Jerzy Lukowski, Hubert Zawadzki, *A Concise History of Poland*, Cambridge University Press, 2nd edition 2006, pp. 317 - 318.

② 团结工会中有人投弃权票,再加上有人缺席选举,雅鲁泽尔斯基顺利当选为总统。

第三章　社会民主主义尝试

第一节　迈向代议制民主的政治转型

1989 年 12 月 29 日,议会对宪法第二次修订。波兰重新命名为"波兰共和国",国徽恢复为戴王冠的白鹰,确定波兰共和国为"民主法治国家",是为"波兰第三共和国"。波兰统一工人党的领导地位被取消,与苏联及其他社会主义国家的结盟也从宪法里面删除。同时,通过从计划经济向市场经济转变的决议。

1990 年内阁改组,由统一工人党人担任的国防部长和内务部长被团结工会成员所取代。5 月举行完全自由的地方选举,团结工会委员会所支持的候选者获得全胜。至此,团结工会在波兰的政治影响力已远远超过统一工人党。

1990 年 9 月 27 日,议会通过《总统选举法》,规定总统由普遍、直接、秘密、和平的方式选举产生。获得 10 万公民的签名支持,年满 35 岁的公民皆可参加总统竞选,获得 50% 以上选票的候选人即当选为总统。如在第一轮选举中没有一个候选人获 50% 以上选票,进行第二轮投票,由票数最多的两名候选人进行竞选,获多数票者即当选为总统。[①] 11 月 25 日总统选举提前举行,6 名总统候选人中,有两名来自团结工会——马佐维耶茨基和瓦文萨。1 670 万公民参加选举,参选率为 60.6%。但由于第一轮无人得票率超过 50%,进行第二轮选举。瓦文萨以 74.3% 的得票率在第二轮选举中获胜,当选为波兰总统。

总统选举(1990 年 11 月 25 日和 12 月 9 日)[②]

候选人	党派	第一轮(%)	第二轮(%)
罗·巴尔托什奇(Roman Bartoszcze)	波兰农民党	7.2	—
弗·齐莫谢维奇(Włodzimierz Cimoszewicz)	社会民主党	9.2	—
塔·马佐维耶茨基(Tadeusz Mazowiecki)	无党派人士	18.1	—
莱·莫楚儿斯基(Leszek Moczulski)	独立波兰联盟	2.5	—
斯·蒂明斯基(Stanisław Tyminski)	无党派人士	23.1	25.8
莱·瓦文萨(Lech Wałesa)	团结工会	40.0	74.3

值得注意的是,"瓦文萨没有从即将离任的雅鲁泽尔斯基手中领受共和国印章,而选择了从雷·卡乔罗夫斯基(Ryszard Kaczorowski)手中领受。雷·卡乔罗夫斯基是波兰最后一位流亡总统,专程来到华沙移交共和国印章……这个移交仪式,象征着第三共和国和战前第二共和国的正统接班人建立起了合法的联系。波兰流亡政府完成历史使命,并随后自动宣告解体"[③]。随后,长期流亡在西方的波兰人陆续回国。

瓦文萨当选总统,团结工会却分裂了,频繁上演瓦文萨所说的"上层

---

① 刘祖熙:《波兰通史》,北京:商务印书馆 2006 版,第 559 页。

② Krzysztof Jasiewicz, "Dead ends and new beginnings: the quest for a procedural republic in Poland,"in *Communist and Post-Communist Studies* 33 (2000), *p.* 108(原表格注明的马佐维耶茨基为无党派人士,根据笔者掌握的资料改为团结工会。)

③ Jerzy Lukowski, Hubert Zawadzki, *A Concise History of Poland*, Cambridge University Press, 2nd edition 2006, p. 321.

战争"。7月28日,议会通过政党法,规定15人联名在华沙省法院注册即可成为合法政党,小党派如"雨后春笋"般在波兰涌现。截至1990年10月30日,波兰已有154个政党。1991年,团结工会分裂为若干相互敌对的工会组织、民粹主义政党和民族主义天主教集团。①

1990年1月,波兰统一工人党召开第十一次代表大会,通过《关于波兰统一工人党停止活动的决议》。1月27日,波兰统一工人党自行解散。1月28日,波兰共和国社会民主党(简称"社民党")宣告成立,它基本上继承了原波兰统一工人党从中央到地方的组织机构,领导班子大多来自前执政党中的少壮派,年轻而又不缺乏经验,领导人大多是专家和务实主义者,都接受过良好的教育,社民党主席克瓦希涅夫斯基是经济学家。会上通过《波兰共和国社会民主党宣言》和党章,其宗旨是实现社会民主主义,最高价值是实现社会公正和自由平等,维护公民权利和劳动人民的团结一致。社民党保证致力于加强波兰的国家独立、捍卫波兰主权、促进民族谅解。社民党明确支持多党制议会民主制度,遵循议会斗争的基本规则。社民党积极发展社区组织,建立2 587个支部,遍及全国49个省。经过两年的时间,其成员就从2万发展到6万。社民党虽脱胎于原统一工人党,但是其性质已经转变为西欧意义上的社会民主党。

社民党作为左派势力中最有影响力的党派,在1990年的总统选举之前,其领导人克瓦希涅夫斯基提出成立民主左翼联盟的倡议。1991年7月16日,民主左派联盟(SLD)终于成立,包括波兰社会民主党同工会全波协商会议、波兰共产主义者联盟"无产阶级"、波兰社会主义青年联盟、波兰社会党、民主妇联、波兰绿党等19个政党和社会团体。此后,这一联盟逐步发展为由33个政党和团体组成的强大政治力量。社民党发表社会政治纲领——《民主与公正》,阐明自己的政治立场。其基本政治立场与团结工会一致,支持社会的民主化改革,支持从苏联模式向西欧

---

① Jerzy Lukowski, Hubert Zawadzki, *A Concise History of Poland*, Cambridge University Press, 2nd edition 2006, p. 320.

社会民主主义转变。经济政策方面,在波兰实行市场经济制度,强调转轨过程不能追求速度、急于求成或者走过于极端化道路,而应该从波兰实际出发,走一条保证国内稳定的温和改革之路。社会政策方面,该党认为经济转轨不能以牺牲大多数人的利益为代价,尤其强调不能把社会转型成本转嫁到底层民众身上,应尽量均衡社会转型成本,健全完善社会福利制度,切实保障中下层民众利益。

1991年10月,波兰举行选举,共有111个党派参加了选举,其中29个党派赢得议会席位。民主联盟虽然赢得了议会中最多的席位,但是没有相对的优势。在没有政党获得稳定多数的情况下,只能组建短暂的联合政府,这是波兰政局动荡的根源。政府成员大多是当年团结工会的专家顾问或支持团结工会的知识分子,其社会基础是工人阶级,议会成员多数也是团结工会活动家。经济体制转轨,必然与工人阶级发生利益相冲突,冲突得不到妥善解决,议会通过不信任案,逼迫政府下台。马佐维耶茨基、别莱茨基、奥尔舍夫斯基、苏霍茨卡四届政府由团结工会送上台,又被团结工会赶下台。[①]

第二节　新自由主义主导经济转轨

20世纪80年代末,波兰经济千疮百孔:通货膨胀率持续升高,1989年8月为39.5%,10月上升为54.8%,到年末竟超过2 000%;财政赤字为49亿兹罗提,占GDP的8%,兹罗提的信誉度急剧下降,黑市兹罗提的交换汇率比官方高出8倍,金融秩序紊乱;轻重工业比例严重失调,生活用品供应不足,人民生活水平急剧下降。

"像所有1989年发生在中欧和东欧的重大政治突破那样,波兰的政治突破也创建了一个特殊的思想氛围并缔结为了公共利益而行事的共同条款……特殊时代的初期,正是出台一些执行起来比较困难的政策的

---

① 秦晖:从复国到转轨:波兰的坎坷历程,http://www.nanfangdaily.com.cn/nfzm/200812040139.asp

最佳时期,这个时期的政策更容易为人们所接受。"①波兰人民愿意勒紧裤腰带,迎接严酷的改革,因为领导改革的政府是波兰人民自己选择的合法政府,而不是外来的力量强加给波兰人民的政府。②他们心中充满了对新政府的期盼与信任,相信痛苦都是短暂的。

1989年,时任副总理兼财政部长的巴尔采罗维奇组织波兰和西方经济学者的团队,设计经济改革方案。他接受美国经济学家杰弗里·萨克斯的新自由主义市场经济政策建议,采取"休克疗法"。③1990年1月,一揽子计划出台。该计划旨在对波兰经济作根本的体制性变革,着力解决三个方面问题:保持宏观经济稳定、实现微观经济自由化以及深化制度变革。主要包括:放开价格机制和私人经营权;改革外贸体制;适时调整宏观经济政策,维持社会稳定;修订商业法;提升私有化效率。④波兰颁布《私有化法》,为私有化提供法律上的依据。波兰政府成立国库部,专门负责经济私有化。

1989—1993年波兰国营和私有企业雇佣工人比(%)⑤

		1989	1990	1991	1992	1993
国营部门		53	50	44	41	40
农业私营部门		23	25	26	26	26
非农业私营部门	包括合作社	24	25	30	33	34
	扣除合作社	10	14	19	26	30
总就业人数(百万)		17.6	16.5	15.9	15.9	15.7

数据来源:波兰国家统计局各年度统计年鉴。

---

① Robert E. Kennedy," A Tale of Two Economies:Economic Restructuring in Post-Socialist Poland,"in *World Development*, Vol. 25, No. 6,1997, p. 844.

② Andrzej Korbonski, Conclusion, in *Communist and Post-Communist Studies* 33 (2000), p. 148.

③ 由于该经济改革是由巴尔采罗维奇领导的,所以也被称为"巴尔采罗维奇方案"。这个方案也被看做是"华盛顿共识"的一种实质性运用,它与"华盛顿共识"的核心追求都是稳定化、自由化和私有化。

④ Robert E. Kennedy,"A Tale of Two Economies:Economic Restructuring in Post-Socialist Poland," in *World Development*, Vol. 25, No. 6, 1997, p. 844.

⑤ Mark Kramer, "Polish Workers and the Post-communist Transition, 1989–1993," in *Communist and Post-Communist Studies* Vol. 28. No. 1, p. 79.

1989 年前,波兰实行高度集中统一的计划经济模式,国家控制超过 80％的社会生产总值和 70％以上的劳动者。1988 年,波兰从事农业的劳动力占 27.8％,从事工业的占 32.2％,从事建筑业的占 7.9％,服务业的占 32％,而此时瑞典分别占 5.0％、22.7％、6.0％、66.4％。物价与市场供需状况无关,由国家规定。至少有一半以上的商品销售是受价格管制的,包括食品、住房等人们生活中最重要的商品。市场调节的缺位导致"经济结构严重失衡,轻工业严重滞后于重工业,产业集中程度过高;大量资金流向非经济领域;物资短缺现象十分普遍"[1]。当时,波兰的制造业和建筑业分别占 GDP 的 45％和 11％。1989 年,波兰共有 4 992 家企业,但社会总产值的 50％来源于其中的 141 家企业,只占企业总数的 2.8％。

波兰经济转轨,主要采取以下几个方面措施:

(1) 改变所有制结构,实行国有企业私有化,[2]充分引进市场机制。国有企业也要充分接受市场的挑战,那些常年盈利较低或者是没有盈利的国有企业可以通过破产处理。(2) 改革价格机制,实现市场自由定价。1990 年初,取消价格体制的所有限制,市场定价的范围覆盖 90％以上的商品。[3] (3) 改革财政,力争预算平衡。波兰政府通过削减对面包、肉类等的补贴,降低财政支出;通过提高酒类价格、增加商品和企业的税收等途径,增加财政收入,降低财政赤字。(4) 开辟资本市场,吸引外资,实行外贸体制改革,引进兹罗提内部互换机制。允许外国企业和私人在波兰投资,废除国家在国际贸易中的垄断权,所有企业实行统一关税。(5) 金融改革,对贷款额度实行限制政策,取消国有企业信贷的优先权,利率与通货膨胀率挂钩。禁止中央银行为财政预算赤字进行融资。(6) 改革税收制度。取消对私有企业的特殊税收,所有企业实行统一税收,营造公

---

[1] Robert E. Kennedy," A Tale of Two Economies: Economic Restructuring in Post-Socialist Poland, "in *World Development*, Vol. 25, No. 6, 1997, p. 843.

[2] 共有三种形式:国企直接私有化、把国企卖给私人经营、私营部门的有机增长。

[3] 当时未放开价格竞争机制的是能源和房产。

平竞争氛围。对国有企业征收超额税(popiwek tax)，[1]限制工资上涨，阻止恶性通货膨胀。

1985—1994 年波兰选择性消费品拥有数量(每 100 户)[2]

品目	1985	1990	1992	1994
汽车	27.2	33.2	41.4	49.0
彩色电视机	23.1	67.1	91.4	96.9
视频盒式录像机	—	20.1	53.4	68.0
洗衣机	38.7	63.5	69.7	73.4

资料来源：波兰国家统计局社区调查统计年鉴，1994，第 228 页。

波兰经济改革的主要设计师巴尔采罗维奇指出："改革过程更强调为合同和产权建造一个透明的法律基础，私有化过程并没有产生新的掠夺性的资本主义的寡头。"[3]

波兰财政状况及相关数据(1989—1997 年)[4]

	预算赤字/盈余 (−/+)		通胀率 (PPI年度变化%)	货币增长 (M$_0$年度变化%)	工业产量 (年度变化%)
	(10^6 zl)	(%GDP)			
1989	−888	−7.5	653.0	474.5	34.7
1990	+1681	+3.0	192.9	160.6	−37.6
1991	−3097	−3.8	35.7	31.8	−22.6
1992	−6914	−6.0	31.4	34.6	15.4

---

[1] Short for "Podatek od ponadnormatywnych wypłat at wynagrodzeń" in Polish, the same as "Super-normative wages tax" in English.

[2] Mark Kramer, "Polish Workers and the Post-communist Transition, 1989 - 1993," in *Communist and Post-Communist Studies* Vol. 28. No. 1, 1995, p. 103.

[3] 安迪斯·麦迪森：《世界千年经济史》，北京大学出版社，2003 年版，第 153 页。华盛顿共识的提出者约翰·威廉姆森(John Williamson)强调，确保在没有财富集中的情况下实现私有化，关注私有化实现方式，不要盲目追求私有化速度。

[4] Christopher J. Green, Mark J. Holmes, "Tadeusz Kowalski, Poland: a successful transition to budget sustainability? ", *in Emerging Markets Review* 2 (2001), p. 169.

续表

	预算赤字/盈余 (－/＋)		通胀率 (PPI 年度变化%)	货币增长 (M₀ 年度变化%)	工业产量 (年度变化%)
	$(10^6 zl)$	(%GDP)			
1993	－4389	－2.8	37.8	17.8	0.0
1994	－5740	－2.6	27.9	22.9	13.3
1995	－7448	－2.4	19.0	44.6	0.3
1996	－9167	－2.4	11.2	20.6	4.4
1997	－5904	－1.3	11.3	23.7	10.1

数据来源:波兰国家统计局统计公报,波兰中央银行通讯报告,达布罗夫斯基(Dabrowski 1996);国际金融统计数据。

苏联解体前,波兰已是国际货币基金组织成员国。西方国家对波兰经济转轨给予大力的财政支持,美国提供货币稳定基金 10 亿美元。哈佛大学经济学教授萨克斯不仅为波兰争取贷款,还呼吁西方国家支持波兰改革。资本主义世界金融财团给予波兰缓期偿还债务或者减免债务的特殊待遇。欧盟国家为波兰提供全面支持。瓦文萨任命克尔泽斯托夫·斯库比斯泽夫斯基为外交部长。斯库比斯泽夫斯基是无党派人士、国际法权威,在国内外都享有很高的威望,他奠定了波兰加入北约和进入欧盟的基础。波兰迅疾地投入西方的怀抱。

波兰新自由主义经济改革初期,通货膨胀率得到控制。通货膨胀率从 1989 年的 653.0%降到 1990 年的 192.9%,而且呈继续下降态势,到 1992 年降到 31.4%。商品短缺、排队和票证完全消失。GDP 增长率在 1990 年虽然下降,但是很快回升,到 1993 年时已达到 3.5%,是欧洲增长率最高的国家。波兰是东欧转型国家中,经济恢复所用时间最短的国家。1989 年财政赤字达到政府支出的 20%,而半年之后实现"扭亏为盈",盈余达到了 GDP 的约 3%。1991 年、1992 年,波兰分别吸收外国直接投资1.17 亿美元和 2.84 亿美元,在东欧集团,波兰是仅次于匈牙利、居第二位的吸引外资的国家。同时,出口额大幅增加,从 1989 年逆差转为 1990 年 40 亿美元顺差,外汇储备增加到 40 亿美元。外贸体制的改革虽然引起兹罗提的大幅度贬值,但是黑市交易断绝,汇率重新统一并保持稳定。兹罗提坚挺起来,重新成为信用货币。私有化改革虽然受到工人委员会的阻挠,但国营和私营企业所占比重仍出现逆转,到 1993 年,波兰超过 50％的产量都是来自私营企业,①雇佣大约 56％的劳动力。1989 年,波兰有 813 500 个个体工商户;到 1993 年猛增了 966 700 个。波兰工业增长主要由私营经济贡献,1989 年私营企业工业增长率为 22％,虽然 1990 年下滑,但之后一直呈增长态势,到 1993 年达到 50％。从下表中,可以看到工业增长率一直处于比较低靡的状态,1989 年为 0.5％,到 1993 年才达到 8.3％的增长率,且 1990 和 1991 年都处于负增长的状态。到 1992 年年中,3 000 家大型国有企业的大部分在新的环境下做出重大调整。②

波兰 GDP、人口和人均 GDP 变化情况(1990—1999)③

	GDP (百万 1990 年国际元)	人口 (千人)	人均 GDP (1990 年国际元)	人均 GDP 增长率(％)
1990	194920	38109	5115	—
1991	181245	38242	4739	−7.4
1992	185958	38359	4848	2.3
1993	192298	38456	5018	3.4
1994	202934	38537	5266	4.7
1995	217060	38590	5625	6.4
1996	230188	38611	5962	5.7
1997	245841	38615	6366	6.3
1998	258220	38607	6688	5.1
1999	258549	38609	6697	0.1

---

① 1989 年波兰有 37 247 家私营公司,到 1993 年发展到了 74 893 家。

② 参看 Mark Kramer, "Polish Workers and the Post-communist Transition, 1989 - 1993, "in *Communist and Post-Communist Studies* Vol. 28. No. 1 , p. 72.

③ 参看安迪斯·麦迪森《世界千年经济史》,北京大学出版社 2003 年版,第 334—335 页,其中人均 GDP 增长率为笔者根据表中数据计算而得。

1989—1993 年的经济政策基本上是以新自由主义学说为基础,存在很多方面的局限性。宏观经济在 1990 年上半年出现上涨,下半年便出现滑坡。财政收入从 1990 年的 3.5% 的盈余到 1991 年猛然逆转为 5.6% 的赤字,外贸也从 1990 年的 47.94 亿美元顺差变为 1993 年的 46.91 亿美元逆差,刚稳定下来的兹罗提不断贬值,1990 年的兹罗提与美元的汇率为 9 500,到 1993 年贬值为 21 000。1991 年 GDP 仍旧处于负增长,人均 GDP 相对于 1990 年也下降 7.4 个百分点。1990 年失业率为 6.3%,1993 年增加到 9.4%,其中 1/3 失业者为 18—24 岁的青年,在 49 个省中有 13 个省失业率超过 20%。由于通货膨胀,工人实际工资明显下降,1990 年工资下降 30.2%。尽管政府采取了一些措施,1993 年工人工资实际增长水平仍旧处于负增长状态,超过 40% 的波兰家庭生活在最低水平线之下。1992 年 7 月社会调查表明,只有 5% 的工人认为波兰国内状况很好,然而有 77% 的工人认为差或者是很差。

1990—2008 年波兰 GDP 实际和预期增长率(%)[1]

年份	1990	1991	1992	1993	1994	1995	1996	1997	1998	1999
实际	−11.6	−7.3	2.3	3.5	5.2	7	6.2	7.1	5	4.5
预期	−3.1	2	5.5	5.5	5.2	7	6.2	7.1	6.7	6.7
年份	2000	2001	2002	2003	2004	2005	2006	2007	2008	
实际	4.2	1.1	1.4	3.8	5.3	3.5	6.1	6.5	4.8	
预期	6.7	6.7	6.7	6.7	5.4	6	7	7		

"休克疗法"导致经济滑坡,工人阶级和社会中下层群众实际利益和利益预期俱受损,引发了广泛的抗议,1990 年共发生 250 次罢工,115 687 人参加,造成 159 016 个工作日的损失,[2]抗议事件有

---

[1] Grzegorz W. Kolodko, "A two-thirds of success. Poland's post-communist transformation 1989 - 2009," in *Communist and Post-Communist Studies* 42 (2009), p. 340.

[2] Mark Kramer, "Polish Workers and the Post-communist Transition, 1989 - 1993," in *Communist and Post-Communist Studies* Vol. 28. No. 1, p. 91.

314 起。① 据统计,1989—1993 年,共发生 1 476 起抗议事件。参加抗
议者包括工人、农民、学生、商人、教师、医生、公务员等,其中工会表现
最为活跃。在此期间,成立 5000 个新的工会②,其中 200 个是全国性
的。③ 一个职工最多可能参加 10 个以上的工会。"工会吓跑投资者"是
波兰转型期的突出现象。波兰国有大企业的私有化方案往往反复修订
也不为工会所接受,产权改革过程步履维艰。④ 最突出的例子就是煤矿
企业转制,关闭煤矿和裁员因屡遭集体抗议而阻断。政府不得不给经营
不善的煤矿企业划拨补助金。集体抗议逐渐变成民众参加公众生活的
重要形式,并且制度化,成为"市民和国家交流的合法化的工具"⑤。

　　波兰经济转轨陷入困局,主要原因:首先,改革之初波兰没有国有资
产整体处置方案,私有化进程仓促启动,加之波兰工会力量强大,产业部
类间的私有化不均衡,以私有化进程为区隔,形成了两类产业组团。⑥ 其
次,由于政府完全退出经济领域,在市场逐利性诱导下,一些投资见效慢

---

① 抗议有三种形式:第一种是和平的非暴力抗议,包括:示威、游行、集会、封锁道路、占领公
　共建筑、象征性的抵制和绝食性罢工。第二种是"罢工威胁":仅仅是一种罢工警告或者停
　工的威胁。第三种就是工人的真正罢工。这些策略中,抗议占 17%,最终政府或者工厂让
　步率为 47%;威胁罢工占 11%,雇主让步率 84%;罢工占 13%,雇主让步率 86%。抗议有
　助于维护劳工团结、建立联盟,建立团体认同感。(数据来源参看 Grzegorz Ekiert and Jan
　Kubik, *Collective Protest in Post-Communist Poland*, 1989 - 1993: *a Research Report*, in
　Communist and Post-Communist Studies, Vol. 31, No. 2, 1998, pp. 91 - 117)
② 波兰的工会是以区域或者行业界定的。
③ Maryjane Osa, "Contention and Democracy: Labor Protest in Poland, 1989 - 1993," in
　Communist and Post-Communist Studies, Vol. 31, No. 1, 1998, p. 33.
④ 秦晖:从复国到转轨:波兰的坎坷历程, http://www. nanfangdaily. com. cn/nfzm/
　200812040139. asp
⑤ Grzegorz Ekiert and Jan Kubik, *Collective Protest in Post-Communist Poland*, 1989 - 1993:
　a Research Report, in *Communist and Post-Communist Studies*, Vol. 31, No. 2, 1998, pp.
　91 - 117.
⑥ 第一组:木材和制品业、轻工业、食品加工业、建筑业(非住房)、房地产业、外贸业,这一组私
　有化程度较高。另外一组是林业企业、采矿业、燃料动力业、冶金业、电力业、化学业、矿藏
　业、运输业、通讯业以及银行保险和金融业,私有化较为艰难。(参看 Roberte Kennedy, " A
　Tale of Two Economies: Economic Restructuring in Post-Socialist Poland," in *World
　Development*, Vol. 25, No. 6., 1997, pp. 841 - 865)

的基础产业和部门筹集不到充足资金,发展严重滞后,这既不利于经济的长远发展,又导致经济发展比例失衡;只有一些效益较好的企业被收购,效益较差的企业无人问津,成为政府的财政负担,每年国家都要为维持这些企业的运转和工人的生计支付大量的补贴金。失业率持续上升,政府财政困难进一步加大,政府发放的失业补助金占到劳工总预算基金的 90%。因此,政府用在重新培训、求职指导、启动金贷款、雇主补贴和公共工程等促进生产力持续发展领域的资金就极度匮乏,从而形成了一种失业与补助之间的恶性循环。再次,改革产生了悖论——原本最支持改革的工人成为经济转型成本的最主要承担者。国有企业私有化,对于工人阶级来说,意味着剥夺国有企业提供的住房、医疗保健、日托甚至每日膳食等福利。[1]

团结工会的最大支持者是工人,实行私有化改革必然要触及工人的切身利益。1989 年 10 月,波兰议会通过团结工会主导的临时社会保障措施,包括:(1)新的总体的失业人员保障计划;(2)针对穷人的公共援助系统;(3)由于裁员,扩大提前退休的范围;(4)建立新的养老金制度。[2] 这与 1952 年波兰宪法规定的公民享有免费教育、免费医疗和国家社会保障的权利相比,有很大差距。例如对公费医疗制度的改革,政府以财力匮乏为由,1989—1993 年个人公费医疗平均支出从110 美元下降到 76 美元,政府还削减食物、能源和运输等方面的补贴。福利锐减加上通货膨胀,大量平民生活水平沦落到贫困线之下,抗议浪潮风起云涌。

---

[1] Preston Keat, Fallen heroes: explaining the failure of the Gdansk shipyard, and the successful early reform strategies in Szczecin and Gdynia, in *Communist and Post-Communist Studies* 36 (2003), p. 211.

[2] Tomasz Inglot, "The Politics of Social Policy Reform in Post-Communist Poland: Government Responses to the Social Insurance Crisis During 1989-1993," in *Communist and Post-Communist Studies* Vol. 28, No. 3, 1995, p. 364.

波兰抗议事件数量(按类别)①

	1989	1990	1991	1992	1993	总数
单一抗议事件	246	261	235	256	203	1201
	78.3%	85.3%	80.5%	81.5%	81.2%	81.4%
系列抗议事件	41	27	17	17	6	108
	13.1%	8.8%	5.8%	5.4%	2.4%	7.3%
抗议运动	27	18	40	41	41	167
	8.6%	5.9%	13.7%	13.1%	16.4%	11.3%
抗议事件总数	314	306	292	314	250	1476

　　波兰外交政策是通过加入欧盟和北约,融入西欧,对俄罗斯保持距离与警惕。1989—1992年波兰的对外关系主要以改善与邻国的关系为主。在苏联解体之前,波兰就积极加强与苏联加盟共和国的联系。1991年11月,波兰第一个承认乌克兰独立。波德关系也取得极大进展。1990年10月中旬,在讨论德国重新统一的"4＋2"会议结束后,波德签订条约,并确认了两国之间的奥德-尼斯边界。1991年6月17日,两国签订合约,宣布历史和解、睦邻友好、开放合作。波兰与苏联的关系微妙而复杂。1990年4月13日,苏联塔斯社发表声明,正式承认卡廷森林惨案中被害的波兰军官为苏联内务部所杀。1991年4月,戈尔巴乔夫承认苏联政府对卡廷大屠杀负有的重大责任。1993年8月,俄罗斯联邦总统叶利钦访问华沙,以个人名义为卡廷惨案和苏联对波兰人民的其他压迫道歉,他向波兰政府移交了1940年发生在斯塔罗别里斯克和奥斯塔什科夫的两起屠杀波兰人事件的档案资料。同年,波俄签署修建一条贯穿波兰的主要天然气管道以及俄罗斯向波兰供应天然气的合约,苏联时期进

---

① Grzegorz Ekiert and Jan Kubik,"Collective Protest in Post-Communist Poland, 1989 - 1993: a Research Report,"in *Communist and Post-Communist Studies*, Vol. 31, No. 2, 1998, p. 96.

驻波兰的军队全部撤离波兰。[①] 但是此后,波俄关系急转直下,双方抵牾不断。

与此同时,波兰积极靠拢西方。波兰政府声明,要"通过迅捷和灵巧地把波兰纳入西欧经济和政治一体化发展的轨道,超越落后的历史,成为发达国家的平等合作伙伴"[②]。1989 年,波兰与欧盟建立外交关系。1990 年 9 月至 1991 年 12 月,波兰与欧盟经过八轮艰难的谈判,签订《欧洲协定》。1991 年 6 月,经济互助委员会解体。7 月 1 日,《华沙条约》缔约国在布拉格做出结束华沙条约组织活动的决定,《华沙公约》失效。1991 年 9 月,波兰总理访问美国,宣布波兰申请加入北约。次年 10 月,波兰总理访问布鲁塞尔北约组织总部,再次重申加入北约的决心。1992 年 9 月 11 日,波兰提出加入欧洲经济共同体的申请。1991 年 2 月 15 日,波兰总统莱·瓦文萨、捷克斯洛伐克总统瓦·哈韦尔和匈牙利总理约·安托尔在匈牙利布达佩斯附近的维谢格拉德会晤,就三国合作和欧洲一体化问题发表宣言,建立维谢格拉德集团,确定四个主要目标:(1) 全面恢复每个国家的独立、民主和自由;(2) 全面废弃集权体制下的经济和精神结构;(3) 建立议会民主和现代法治国家,尊重人权和基本自由;(4) 全面融入欧洲政治、经济、安全和法律秩序。同年 10 月 5—6 日,三国领导人在波兰克拉科夫会晤,就三国加入北约问题交换看法。11 月 30 日,三国领导人在华沙举行会谈,探讨加入欧盟和建立维谢格拉德集团国家自由贸易区问题。波兰分别同两国签订了睦邻友好合约。1993 年 6 月,欧盟理事会在哥本哈根首脑会议上为包括波兰在内的中东欧国家制定入盟的总体框架,要求这些国家赞同和支持欧盟政治、经济和货币联盟的目标,实现政治民主化、经济市场化、国家法治化等,贯彻欧盟的共同外交和安全政策。

---

① 1990 年,苏联仍有 56 000 军人、600 架飞机和 200 架坦克驻留在波兰。

② Sarah Meiklejohn Terry, "Poland's foreign policy since 1989: the challenges of independence", in *Communist and Post-Communist Studies* 33 (2000), p. 11.

波兰转轨初期,"建立一个完善的市场经济体制和机构被低估了"①。1993 年是波兰转轨的分水岭,这一年举行了第二次议会选举,针对政治、经济和社会福利政策等方面做出相应的改革,初步建立起比较完善的制度体系。这一年也是波兰外交政策的分水岭,维谢格拉德集团停止存在,波兰进一步靠拢北约和欧盟。

第三节　社会民主主义模式的确立

1993 年 9 月 19 日,波兰提前举行第二次议会大选。新的选举法规定,得票未超过 5％以上的政党和 8％以上的政党联盟不能获得议席,并且增加选区数量,采用顿特法(D' Hondt system)②,许多小党被拒之门外,大的政党和政党联盟则从中受益。

1993 年 9 月 19 日议会选举③

政党	票数	有效票(%)	席位数	席位(%)
民主左翼联盟(SLD)	2 815 169	20.4	171	37.2
波兰农民党(PSL)	2 142 367	15.4	132	28.7
民盟(UD)	1 460 957	10.6	74	16.1
独立波兰同盟(KPN)	746 653	5.4	16	3.5
非政党集团(BBWR)	746 653	5.4	16	3.5
日耳曼少数民族党	96 678	0.7	4	0.9
祖国联盟	878 445	6.4	—	—
团结工会	676 653	4.9	—	—

① Grzegorz W. Kolodko, "A two-thirds of success. Poland's post-communist transformation 1989–2009,"in *Communist and Post-Communist Studies* 42 (2009), p. 327.

② 顿特法是比例代表制的一种,它是一种为党的代表比例名单分配议席的最高平均数法。该方法以比利时数学家维克多·顿特(Victor D'Hondt)的名字命名。这种方法有利于实力较强的政党,小政党则被清出局。

③ Krzysztof Jasiewicz,"Dead ends and new beginnings:the quest for a procedural republic in Poland,"in *Communist and Post-Communist Studies* 33 (2000), p. 111

续表

政党	票数	有效票(%)	席位数	席位(%)
中间联盟(PC)	609973	4.4	—	—
自由民主国会(KLD)	550578	4.0	—	—
现实政治联盟(UPR)	438559	3.2	—	—
自卫党	383967	2.8	—	—
X党	377480	2.7	—	—
共和国联盟(KdR)	371923	2.7	—	—
农民同盟(PL)	327085	2.4	—	—

此次选举共有 1 442 万公民参加投票,出人意料的是团结工会因为有效得票率(4.9%)没有超过 5%,而无缘议会。只有 5 个政党和 1 个联盟顺利进入了议会,民主左翼联盟成为议会第一大党,获得有效选票率为 20.41%,赢得了 37.2%(171 个)议会席位;居于第二的是其盟友波兰农民党,分别为 15.4% 和 28.7%。在参议院 100 个席位中,民主左翼联盟获得 37 席。在 21 名政府成员中,波兰农民党 7 名,民主左翼联盟 6 名,亲民主左翼联盟和波兰农民党的无党派人士 6 名,劳动联盟 1 名(后转入民主左翼联盟),支持改革无党派联盟 1 名。10 月,议会中最具实力的两派——民主左翼联盟和波兰农民党组成左翼联合政府。除了波兰农民党这一强大盟友,民主左翼联盟还得到波兰全国最大的工会——波兰全国工会联合会的支持,这次选举中获得的 171 个席位中有 61 个席位就是来自该工会。

1993 年 3 月,波兰社会民主党第二次代表大会,主张建立一个公正、民主、安全的波兰,提出以调整经济、增加社会保障、减少失业、改善人民生活为主要内容的竞选纲领,以及"波兰需要一个好管家"等一系列平民化的竞选口号,深得民心。[①] 他们不仅表明将实行新的政治经济政策,改

---

① 王志连,姬文刚:《波兰左翼政党发展演变探析》,载《当代世界与社会主义》(双月刊)2006 年第 6 期。

变人民群众生活现状,还根植于民主和多元化的欧洲。"他们不想仅仅被当做后共产主义政党,而是想被视为合法的欧洲社会民主党。"[1]20世纪90年代,左翼联盟强调欧盟与波兰社会民主的相似性,这自然地强化了其亲欧政策。[2]

查理大学的弗拉基米尔·皮诺切克曾对波兰的经济做过十分形象的比喻:波兰的社会主义经济就像到达了一座小山的顶峰,它需要去攀援另一座更高的山峰。但是在这座山峰之间,有一个又大又深的峡谷,因此,他们必须从这座小山上下来,才能登上另一座更高的山峰。也就是说,必须要打破过去旧的经济体制,创建一个新的经济体制。"休克疗法"引领波兰人一路狂奔到了山底,艰辛地越过峡谷,到达西边山脚。这时,波兰人已经疲惫不堪,很多人都在奔跑的途中付出惨重的代价,"伤势"很重,需要及时疗养和休息。上山比下山需要耗费更多的"体力",急行军是行不通的,只有掌握好合适的行军速度,才能保证行军的持久性,也不至于使太多人掉队。瓦文萨后来意识到了这个问题,在回答法国《世界报》提问时,他承认波兰在改革中犯了错误,大量人口失业,机器停转,如果波兰的经济改革起步能放缓一点,至少有一半的失业者是不会失业的。

左翼联盟致力于建立强有力的社会市场经济体制,把国家对经济的有效干预和市场的基础性资源配置作用有机地结合起来,实现所有制的多元化和权利的平等。在经济发展的同时,国家公共权力机构必须承担社会福利责任,尽量保证社会转型成本的平均分配,切实保障弱势群体

---

① Marta Rabikowska, "The ghosts of the past: 20 years after the fall of communism in Europe,"in *Communist and Post-Communist Studies* 42 (2009), p. 174. 当时的社会民主党并没有得到西方社会党的认可,也没有取得与西方社会党的联系。社民党执政后,努力践行自己的承诺,在执政期间,取得了辉煌的成绩,也最终赢得了认同。1996年,社会党国际终于认可了其合法性地位,正式接纳波兰社会民主党。

② Karolina Zioło,"From internationalism to the European Union: An ideological change in the Polish post-communist party?" in *Communist and Post-Communist Studies* 42 (2009), p. 263.

的利益,缓和社会矛盾。"新自由主义的经典教条被基于经济理性的务实做法所取代"①,左翼政府以提高微观经济效率和国民收入最大化为目标,根据实际情况的变化及时调整政策,把更多的资金用于发展上,把国有部门推到市场竞争之中;基于劳动生产率的提高,征税点也随之提高,税收率降低,企业家的税收从 40% 降到 32%,直接减少 20% 的税收。

1994 年 6 月,针对"休克疗法"带来的失业人口大量增加、人民生活水平降低等问题,波兰政府制定中期(1994—1997 年)经济发展计划——波兰策略,主要强化社会方面的改革。左翼联盟没有遵循国际货币基金组织所推荐的快速私有化政策,而是采取稳健的渐进式转轨政策,在社会福利、就业、失业救济、医疗保障、教育等方面实施积极的举措,解决人民群众的实际困难,阻止贫富差距进一步扩大,赢得民众对改革的支持,为波兰的经济发展提供一个稳定和谐的社会环境。在社会福利方面,政府全面提高弱势群体的补贴,上调养老金和工资的最低标准。政府根据通货膨胀率,对于物价上涨保值。② 左翼政府把福利制度法律化,通过立法程序固定下来。1994 年,波兰政府增加对包括国有和私营在内的企业社会福利资助,减少企业负担,降低企业破产率,防止更多的工人失业,同时增加防止企业破产保证金。政府实施积极的就业政策,通过增加住房、交通、电信和能源等公共设施的建设,提供更多就业岗位。政府发放小额贷款,鼓励私人创业,自主创业,有效地缓解就业压力。医疗方面,1994 年,波兰卫生和社会保险部制定《保险战略》,规定医疗保险制度是普遍性、义务性与社会承担相结合,国家给予必要的补贴。医保基金由国家、社会和个人共同承担。国家主要负责扩建保健设施、培养医务人

---

① Grzegorz W. Kolodko, "A two-thirds of success. Poland's post-communist transformation 1989 - 2009," in *Communist and Post-Communist Studies* 42 (2009), p. 327.

② 1995 年前对退休金采取了两种保值办法,一种以相当于在职职工工资增长率 4/5 的速度增加退休金发放额度,另一种是逐步提高退休金基数的指数,使之从 93% 逐步达到 100%。1995 年之后,在这两种保值方法的基础上,还增加了根据通货膨胀率进行物价上涨保值的方法。

员、实施全国性保健预防计划,为卫生保健主管部门日常活动提供资金和为医疗保险事业提供必要的补助。领取医疗保险金的人员根据实际情况,分为不同等级和类别。[1] 经济越窘困的群体,国家和社会承当的医疗费用就越多。

转轨以来波兰工业生产和累计出口增长率(%)[2]

项目	1990—1993	1994—1997	1998—2001	2002—2005	2006—2008
工业生产增长率	−7.7	10.8	4.1	6.7	12.4
累计出口增长率	29.4	72.8	30.7	64.4	—

通过左翼政府实施的一系列措施,波兰经济有了起色。失业率从1993年的16.4%(290万人)下降到1997年的10.9%(190万人)。通货膨胀率下降2/3,从1993年的37.6%降到了1997年的13.2%。政府财政赤字从1993年的88.7%,下降到1997年的44%。GDP迅速增长,1993年增长率为3.5%,四年期间保持着持续的增长态势,到1997年达到7.1%。[3] 人均GDP也上升3个百分点,从1993年的5 018美元上升到了1997年的6 366美元。左翼执政的1993—1997年,GDP实际增长率与GDP预期基本保持一致,工业增长率从1993年的持平到1997年提升10.1个百分点。从一个连续发展的时期来看,1994—1997年工业生产增长率比上个时期提高18.5个百分点,累计出口增长率也为前一个时期的2.48倍。1996年以后,波兰吸引外资的速度已超过捷克、匈牙利。1996年和1997年,波兰分别吸引外资27.49亿美元和30.44亿美

[1] 主要有以下几个类别:享受公费医疗的人员、在职职工、领取退休金者、失业者、领取固定社会救济者以及农民、个体经营者和私人业主。

[2] Grzegorz W. Kolodko, "A two-thirds of success. Poland's post-communist transformation 1989 - 2009," in *Communist and Post-Communist Studies* 42 (2009), pp. 325 - 351.

[3] 数据来源参看 Grzegorz W. Kolodko, "A two-thirds of success. Poland's post-communist transformation 1989 - 2009," in *Communist and Post-Communist Studies* 42 (2009), pp. 325 - 351.

元,而同期捷克只有13.88亿美元和12.75亿美元,匈牙利只有19.86亿美元和21.0亿美元。从1994年开始,波兰经济中的资本更新速度加快,投资增长成为拉动经济增长的主要因素。投资消费也趋于活跃,在1993—1996年间,私人消费连续增长5.2%、4.3%、4.5%、8.7%,固定资产投资分别增长2.9%、9.2%、18.5%、20.6%。1990—1994年波兰的消费者价格指数年平均变化率为42.9%(5个中欧国家平均值为42.4%),1994—1998年为15.5%(5个中欧国家平均值为11.5%)。[1] 贫富之间的差距没有进一步拉大,基尼系数接近0.33,加权平均值为0.29。

1995年11月5日,波兰举行第二次总统选举,共有1 820万人参加投票,投票率为64.7%。团结工会的瓦文萨和社民党主席克瓦希涅夫斯基是最受关注的两位候选人。两人都承诺将延续市场经济为导向的经济政策,宣称积极申请加入欧盟。社会民主党主席克瓦希涅夫斯基在第二轮选举中,以比瓦文萨高出3.4个百分点的微弱优势当选波兰总统。这时,波兰的总统、总理和议会都掌握在了民主左翼联盟手中,形成了所谓的"红三角"。

1997年4月2日,国民大会以451票赞同、40票反对和6票弃权的结果通过波兰共和国宪法,随后进行公民投票,43%的公民参加投票,赞成票为52.7%。7月16日,总统克瓦希涅夫斯基正式签署宪法。三个月后,宪法正式生效。宪法序言强调尊重不同的信仰,全民团结起来为了共同的波兰而奋斗,为了伟大祖国的今天和明天而奋斗,并且要和海外的同胞一起分享。宪法把波兰定义为市民社会而不是民族国家,[2]在

---

[1] 安迪斯·麦迪森:《世界千年经济史》,北京大学出版社2003年版,第151页。

[2] 当然,宪法对市民属性的强调,引起了很多人尤其是右翼的反对,他们认为这部宪法损害了真正的波兰人民的利益,例如:宪法规定所有波兰共和国的公民都享有管理波兰事务的权利(即使是才加入波兰国籍不久的外来民也不例外)。这遭到了激烈的反对,他们引用大主教维辛斯基的"国家不会永远存在,只有家庭和民族才是永恒的"来反对这一新的宪法规定,并指责该宪法具有反民族和反波兰性以及新的威权主义和去民族化倾向。(参见 Geneviève Zubrzycki, *The crosses of Auschwitz: nationalism and religion in post-communist Poland*, The University of Chicago Press, 2006, p. 89)请参看后面将提到的法律与公正党所颁布的新宪法序言,正式对这一思想最契合的反应。

宪法第 35 条明确规定保证少数民族的权利，禁止歧视和带有种族仇恨的组织蔓延。宪法主要内容：(1) 波兰是民主法治国家，所有国家机关必须在宪法规定的范围内执行权力；(2) 波兰政府一分为四：由众议院和参议院领导的立法部门、总理领导的行政部门、主要负责外交的总统府和完全独立的司法部门；(3) 通过保障传统的个人自由和政治权利构建自由民主社会的框架；(4) 通过保障自由的市场经济活动建立自由市场经济的基础；(5) 公民有获得安全和卫生工作环境的权利、获得社会提供的初级卫生保障金的权利、接受教育和有权知道环境状况和政府采取的保护措施的权利；(6) 从源头上维系波兰民族的认同性，尤其要加强同海外波兰同胞文化上的联系。波兰新宪法根植于波兰悠久的宪法史，一直可以追溯到 16 世纪，甚至更远。[1] 引人注目的是，波兰宪法第一次在国内法律程序范围内，规定国家法和超国家法的一般规则。[2] 宪法第九条明确规定："波兰共和国应尊重国际法的约束力。"对总统的权力做进一步的限制，规定总统仍可执行签订外交文件的权力，但是一些重要的外交文件必须经过议会的批准。

由于政府福利支出的增加，财政负担进一步加重，发展资金严重不足，影响到经济的可持续发展，进而影响到财政收入，财政的可持续性破灭。失业率高企，社会不满情绪弥漫。1997 年发生罕见的水灾，左翼政府灾难处置能力令民众失望；左翼政府联盟内部出现严重分歧，农民党甚至提出对总理的不信任案。1997 年 9 月，第三次议会选举，右翼势力"团结选举行动联盟"以 33.83％得票率，成为议会第一大党，组阁执政。民主左翼联盟得票率虽比 1993 年还高近 7 个百分点，但是失去继续执政的机会。

---

① Daniel H. Cole, *Pland's 1997 Constitution in Its Historical Context*, 1998，p. 76.

② 参看 http://ssrn.com/abstract= 1158145

2008—2011 波兰经济:年度变化①

	2008	2009	2010	2011(预测)
GDP 增长率(%)	5.1	1.7	3.6	4.0
人均 GDP(美元)	12 839	10 982	8 969	—
出口(10 亿美元)	163.5	137.3	137.3	180.8
进口(10 亿美元)	187.4	141.5	142.8	193.7
进出口平衡(10 亿美元)	23.9	4.2	5.5	12.9
消费价格指数(CPI)(%)	4.2	3.5	2.5	3.5
生产者物价指数(PPI)(%)	2.2	3.4	1.8	3.0
失业率(已登记)(%)	9.5	12.1	11.7	10.9
汇率(美元/兹罗提)	2.96	2.85	2.96	2.90

资料来源:波兰市场回顾(Polish Market Review),2011 年 1 月

1998—2001 年右翼政府执政期间,波兰经济出现下滑,GDP 增长率从 1997 年第二季度的 7.5% 下降到 2001 年第四季度的 0.2%。1997 年财政赤字占 GDP 的 3.2%,1999 年财政赤字猛增,上升到 7.4%。1994—1997 年期间减少的 100 万失业人口,又反弹回来。2001 年议会选举,无论是新自由主义的自由联盟(UW),还是民粹主义的团结选举行动(AWS),都没有获得超过 5% 的选票,无缘议会。左翼在 1997 年选举失败后,进行重组。1999 年 12 月,以社会民主党为中心的民主左派联盟解散,代之而起的是一个更加紧密团结的左派联盟党,提出把波兰建设成一个公正、平衡和持久的国家的政纲。2001 年议会选举,左翼重新上台执政。他们延续务实政策,把主要精力放在经济发展上,波兰经济重新被拉回到向前发展的轨道上。在这个时期内,工业生产总值增加 6.7%,外贸出口增加 64.4%。到 2003 年中期,GDP 增长 4 个百分点,2004 年第一季度增长 7 个百分点。大型国有企业私有化改革在这个阶

---

① Business portal on economy, investments and politics in Poland, http://www.polishmarket. com/Poland_Basic_Data.shtml. 表中货币单位原为欧元,均由笔者以 2010 年欧元和美元比率(1.35)换算为美元。

段加速,导致失业率居高不下。由于这个阶段是波兰申请进入欧盟的关键时期,欧盟规定成员国财政赤字不能超过 GDP 的 5％,波兰政府不得不紧缩财政开支,福利支出大幅度减少。大量失业人口、福利减少和人民群众生活水平下降,罢工浪潮风起云涌,政府贪污腐败,丑闻不断,左翼执政联盟内部争权夺利、分崩离析。2004 年,贝尔卡临时政府取代左翼政府。人民群众对临时政府同样不满意。2005 年 3 月,社会调查显示,74％的波兰人认为当时的局势很糟糕。①

　　2005 年,举行新一轮议会选举,总统选举和议会选举重合。9 月议会选举投票率为 40.5％,为有史以来的最低点。最终 6 个党派进入议会,两个右翼党派派法律公正党(PiS)和公民纲领党(PO)分别以26.99％(49 席)和 24.14％(34 席)赢得议会最多的席位。左翼联盟得票率仅为11.3％,比 2001 年下降近 30 个百分点。经过两轮总统选举,法律公正党的卡钦斯基以 54.04％得票率当选为总统。2001 年新组建的党派法律公正党②以法律和秩序为旗帜,反对腐败,强调波兰需要一个以传统价值观为基础的强有力的中央集权政府,是典型的保守主义政党。法律公正党致力于建立与"第三国共和国"区别开来的"第四共和国",强调强化总统权力,建立真相与防腐委员会和反腐机构,彻底改革司法系统。他们宣称,"第四共和国"是一场新的道德革命的开端,这个开端抹去波兰统一工人党的残余以及团结工会和前政府在圆桌会议上签订的可耻协议。法律公正党把主要精力放在反对腐败和反对共产主义上,把经济发展置于次要地位。他们对欧洲的一体化进程持消极态度,是软欧洲怀疑论者(soft eurosceptic),反对欧洲联邦。法律公正党基本理念与大多数波兰人相去甚远,两年后,公民纲领党在提前举行的议会选举中,以

---

① Frances Millard, "The 2005 parliamentary and presidential elections in Poland," in *Electoral Studies* 26 (2007), p. 212.

② 2001 年,法律公正党由卡钦斯基兄弟建立。该党派的核心部分由前团结选举行动的一部分和基督教民主中心协议党组成。法律公正党与以前的团结工会完全不同,不再是"工会政治",而转变为了一般条件下的政党政治,摆脱了之前被工会送上台又推下台的悖论,相对来说有利于议会的稳定。也是波兰政党逐渐成熟的一个方面。

41.5％的得票率上台执政。[1]

外交政策上,1994 年波兰应邀参加"北约和平伙伴计划",1995 年波兰成为欧盟联系国,1996 年波兰被接纳进"世界经济合作与发展组织",1997 年 7 月欧盟委员会的"2000 年行动计划"把波兰列入欧盟谈判国家之列。北约 16 国马德里首脑会议也在同年把波兰列入首批加入北约的东欧国家。1999 年,波兰总统亚历山大·克瓦希涅夫斯基在总统宫正式签署加入北约的条约。2003 年,波兰全民公投,76.8％的人支持波兰加入欧盟。[2] 2004 年 5 月 1 日,波兰正式成为欧盟成员国。波兰国内几乎所有报纸都用大字标题写着"波兰重返西方世界"。波兰加入欧盟后,很多波兰裔以色列人都申请了波兰护照。2010 年,以卡钦斯基总统的遇难为分水岭,波兰的外交战略悄然转向,由过度亲近美国向"回归欧洲"转变。

波兰人类发展指数(1990—2004)[3]

年份	HDI	HDI 比较(1992—96[d])	世界排名
1990	0.807	—	43
1991[a]	n. d.	—	n. d.
1992	0.815	0.765	49
1993	0.875[b]	0.781	56
1994	0.864	0.786	58
1995	0.883	0.796	52
1996	0.886	0.801	44
1997	0.809[c]	—	44
1998	0.818	—	44

---

[1] 2007 年的选举,法律公正党虽然最终失败了,但是相对于 2005 年来说,他们的得票率却增加了 4 个百分点,支持人数从 3 186 000 增加到了 5 183 000,几乎增加了 200 万的支持者。

[2] Jerzy Lukowski, Hubert Zawadzki, *A Concise History of Poland*, *Cambridge University Press*, 2nd edition 2006, p. 334.

[3] 转引自 Grzegorz W. Kolodko, "A two-thirds of success. Poland's post-communist transformation 1989 - 2009," in *Communist and Post-Communist Studies* 42 (2009), p. 336.

续表

年份	HDI	HDI 比较(1992—96^d)	世界排名
1999	0.823	—	38
2000	0.848	—	37
2001	0.841	—	35
2002	0.850	—	37
2003	0.858	—	36
2004	0.862	—	37

a:表示无数据

b:从 1993 年开始 HDI 计算方法改变

c:从 1997 年开始 HDI 计算方法又有改变

d:1992—1996 年的数据是根据联合国开发计划署 1997 年确定的方法计算的,使用这个方法可以在 1992—2004 的时间范围内进行对比。

资料来源:联合国开发计划署人类发展报告,1992—2007

波兰从 20 世纪 90 年代初开始,由新自由主义启动、落脚到社会民主主义的全面转型,是波兰现代化进程的新阶段。社会民主主义在不触动私有制的前提下,最大限度地提升居民的生活质量和公民的社会参与。1990 年,波兰只有 1/3 的家庭有私家车,2006 年这个数字翻一番;1993 年,73％波兰人感觉生活拮据,2006 年这个数据大约下降 40 个百分点。波兰经济结构经也发生巨大的变化。2000 年,农业占国内生产总值的 4％,工业占 36％,服务业上升到 60％。① 波兰在加入欧盟后,经济一直保持着稳定的发展态势。2004—2006 年,欧盟投入波兰 17 293.1百万美元,而欧盟投入匈牙利、捷克、斯洛伐克的资金仅为总共 10 241.02百万美元。② 2011 年,波兰的经济自由化指数③为 64.1,在全球排第 68

---

① Economic Indicators — Poland,http://earthtrends. wri. org/pdf_library/country_profiles/eco_cou_616. pdf

② David Miguel Pereira Cartaxo, "Lessons learned from Portugal and Poland's integration into EU and their application into the case of the western balkans,"in *Analytica's Yearbook of Interns* 2006,2008,p. 21.

③ 经济自由包括:经商自由、投资自由、贸易自由、金融自由、财政自由、财产权、政府支出、廉洁度、货币自由和劳动自由。

位,这个分数比上一年提高 0.9 个百分点,反映出在投资自由、个人财产和廉洁从政方面有巨大的改善。这个分数在欧洲 43 个国家中排名第 31 位,高于世界平均水平。[①] 2008 年国际金融危机爆发,席卷全球,欧洲经济更是危机重重,深陷衰退之中。2009 年,波兰经济增长率虽然只有 1.7%,但它是唯一经受住危机考验,经济没有下滑的欧洲国家。兹罗提与美元的兑换率保持比较稳定的状态,反映出波兰国内经济的稳定性,1990—2008 年 19 个波兰经济年年均增长率达到 5.5%。波兰前副总理兼财政部长哥泽克·科勒德克说:"波兰的成功得益于对华盛顿共识教条的明确拒绝。"[②]

波兰政治参与度调查:2003[③]

活动	%	活动	%
如果下周举行议会选举,是否投票	49.9	给政党或者民间组织捐钱	7.5
和其他人一起作为自愿者解决一些问题	18.7	与媒体接触	6.2
鼓励朋友投票	18.3	参加示威游行	5.7
签名请愿	17.6	参加罢工	5.4
参加政治集会	11.0	个人与政治家/官方联系以解决问题	5.1
和政治家联系,提出自己的看法	10.2	加入政党或民间组织(不是工会)	4.4
出于政治活道德原因,避免购买某些产品	9.7	在政党或公民组织的选举中毛遂自荐	4.3
加入工会	7.6	在运动中贴标签/牌	3.5
和国家机构联系,谈论某些问题	7.5	参加非法抗议活动	1.9

当然波兰经济还存在很多问题,巨额财政赤字,影响经济可持续发

---

① 2011 Index of economic freedom:Poland. http://www. heritage. org/index/country/Poland

② Grzegorz W. Kolodko, "A two-thirds of success. Poland's post-communist transformation 1989 – 2009," in *Communist and Post-Communist Studies* 42 (2009) ,p. 329.

③ Hubert Tworzecki, "A disaffected new democracy? Identities, institutions and civic engagement in post-communist Poland, "in *Communist and Post-Communist Studies* 41 (2008), p. 53.

展;居高不下的失业率是社会发展的痼疾,2010 年仍有 12.1％的失业率;波兰人民生活水平的提高受到很大的制约。据欧盟统计局(Eurostat)的数据,2005 年欧盟国家财政用于福利支出平均为 27.8％,波兰为 19.6％。[1] 2003 年,劳动基金给提前退休的人发放 50 亿兹罗提,失业员工发放 50 亿兹罗提,而只剩下 13 亿兹罗提来活跃劳动市场。[2]这种补贴方式,导致恶性经济循环。提高工人素质,减少失业率才是治本之道。波兰整体经济虽然有所发展,但贫困率仍居高不下。1987—1988 年,波兰贫困率仅为 6,此时中欧国家(包括捷克共和国、匈牙利、斯洛伐克、斯洛文尼亚和波兰)的平均贫困率为 1.4;1993—1995 年波兰贫困率上升为 20,而中欧国家平均为 12;[3] 2008 年,波兰仍有 12.3％的家庭生活在最低水平线之下,18.1％仍停留在贫困线上。波兰的人类发展指数的世界排名从 1990 年的 43 名,上升到 2004 年的 37 名。但波兰人的主观幸福指数(Subjective Well-Being index)排位偏低,仅为 197,和克罗地亚一起并列世界第 198—199 位,介于伊朗(200)与韩国(193)之间。

　　进入 21 世纪,随着公民社会不断成熟,波兰人对政治参与由转型初期热烈的投入转为理性的淡漠,对政治生活保持理智的距离。波兰民众对政治的信任度偏低。2004 年,欧洲社会调查机构,实地抽查结果显示:波兰人民对政党的信任度为 3,对议会的信任度为 7,对政治家的信任度为 3,总体政治信任度达到 13,为欧洲国家中对政府机构信任度最低的国家。政治参与度的总分为 36,欧洲国家中仅比爱沙尼亚、斯洛文尼亚、匈牙利和葡萄牙稍高。另外,选民投票取向的波动性很大,2001—2005年多次选举,大概有 40％的选民放弃对以前政党的支持,转而选择新的政党。波兰现代化模式的整体历史样貌,还需经过时间的积淀,才能全面揭示出来。

---

① Klaus Schubert, Simon Hegelich and Ursula Bazant, *The Handbook of European Welfare Systems*, Taylor & Francis e-Library, 2010, p. 379.

② Ibid. , p. 388.

③ 安迪斯·麦迪森:《世界千年经济史》,北京大学出版社 2003 年版,第 150 页。

参考文献

一、中文参考文献

《不列颠百科全书》(国际中文版),1994 年版。

《共产党情报局会议文件》,人民出版社,1954 年版。

《苏联共产党中央委员会和苏联部长会议关于农业问题的决议》,人民出版社,1957 年版。

《苏联中央 3 月全会速记记录(1965 年版 3 月 24—26 日)》,世界知识出版社,1966 年版。

《苏联资本主义复辟纪事——赫鲁晓夫和勃列日涅夫的"经济改革"》,中国社会科学院经济研究所苏联经济问题研究组、北京科学仪器厂工人理论组编译,三联出版社,1978 年版。

《中国大百科全书》,中国大百科全书出版社,2009 年版。

A·H·雅科夫列夫主编:《1958 年版 12 月中央全会速记记录》,李方仲等译,人民出版社,2008 年版。

B·T·琼图洛夫等编:《苏联经济史》,郑彪等译,吉林大学出版社,1998 年版。

M·杜冈—巴拉诺夫斯基:《政治经济学原理》,商务印书馆,1989 年版。

S·斯莱特:《纹章插图百科》,王心洁等译,汕头大学出版社,2009 年版。

阿·切尔尼亚耶夫:《在戈尔巴乔夫身边六年版》,徐葵等译,世界知识出版社,2001 年版。

阿基莫娃:《狄德罗传》,赵永穆译,三联书店,1984 年版。

埃·普里斯特尔:《奥地利简史》,陶梁等译,三联书店,1972 年版。

埃里希·策尔纳:《奥地利史》,李澍泖等译,商务印书馆,1981 年版。

埃文斯:《异端简史》,李瑞萍译,北京大学出版社,2008年版。

艾伦·帕默尔:《夹缝中的六国》,于亚伦等译,商务印书馆,1997年版。

艾米尔·路德维希:《德国人》,杨成绪等译,三联书店1991年版。

艾森斯塔德:《现代化:抗拒与变迁》,张旅平等译,中国人民大学出版社,1988年版。

安·安·葛洛米柯主编:《和平共处——苏联对外政策的列宁主义方针》,中国科学院语言研究所资料组译,三联书店,1965年版。

安德森:《想象的共同体:民族主义的起源与散布》,吴叡人译,上海人民出版社,2005年版。

安迪斯·麦迪森:《世界千年版经济史》,武晓鹰等译,北京大学出版社,2003年版。

巴枯宁:《巴枯宁言论》,毕修勺等译,三联书店,1978年版。

巴枯宁:《国家制度和无政府状态》,马骧聪等译,商务印书馆,1982年版。

北京大学世界现代化进程研究中心:《现代化研究》(第1辑),商务印书馆,2002年版。

比利:《狄德罗传》,张本译,商务印书馆,1995年版。

别尔嘉耶夫:《俄罗斯的命运》,汪剑钊译,云南人民出版社,1999年版。

别尔嘉耶夫:《俄罗斯思想》,雷永生等译,三联书店,1995年版。

波克罗夫斯基:《俄国历史概要》,贝璋衡等译,三联书店,1978年版。

波梁斯基:《苏联国民经济史讲义》,秦文允译,三联书店,1964年版。

《勃列日涅夫言论》,上海人民出版社编译室编译,1976年版。

布莱克:《比较现代化》,杨豫等译,上海译文出版社,1996年版。

布莱克:《日本和俄国的现代化》,周师铭等译,商务印书馆,1983年版。

布罗代尔:《15到18世纪物质、文明、经济和资本主义》,顾良等译,三联书店,1993年版。

陈广嗣等:《捷克》,社会科学文献出版社,2005年版。

陈启能等:《书写历史》,上海三联书店,2003年版,第1辑。

陈启能等:《苏联大清洗内幕》,社会科学文献出版社,1988年版。

陈启能等主编:《书写历史》,上海三联书店,2003年版。

陈之骅主编:《勃列日涅夫时期的苏联》,中国社会科学出版社,1998年版。

《邓小平文选》,人民出版社,1993年版。

丁建弘:《德国通史简编》,人民出版社,1991年版。

丁建弘等:《普鲁士的精神和文化》,浙江人民出版社,1993年版。

丁维陵:《东欧剧变启示录》,吉林人民出版社,1992年版。

弗朗蒂舍克·卡夫卡:《捷克斯洛伐克史纲》,叶林译,三联书店出,1973年版。

福禄培尔:《人的教育》,孙祖复译,人民教育出版社,1991年版。

歌德:《浮士德》,董问樵译,复旦大学出版社,1982年版。

格·阿·阿尔巴托夫:《苏联政治内幕:知情者的见证》,徐葵等译,新华出版社,1998年版。

葛新生:《赫鲁晓夫传》,世界知识出版社,1997年版。

郭小凌等:《中欧各国》,北京:北京语言文化大学出版社,1998年版。

国际共运史研究室编译:《俄国民粹派文选》,人民出版社,1983年版。

汉肯:《控制论与社会》,商务印书馆,1984年版。

何梓:《普列汉诺夫哲学思想述评》,中山大学出版社,1987年版。

赫鲁晓夫:《赫鲁晓夫回忆录》,张岱云等译,东方出版社,1988年版。

赫鲁晓夫:《赫鲁晓夫言论》,世界知识出版社,1965年版。

赫鲁晓夫:《苏联共产党中央委员会向党的第二十次代表的总结报告》,人民出版社,1956年版。

黑格尔:《法哲学原理》,范扬等译,商务印书馆,1982年版。

黑格尔:《历史哲学》,王造时译,上海世纪出版集团,2001年版。

亨利·特鲁瓦亚:《彼得大帝传》,张全先译,世界知识出版社,1983年版。

亨廷顿:《变化社会中的政治秩序》,王冠华等译,三联书店,1989年版。

胡克:《历史中的英雄》,王清彬译,上海人民出版社,1987年版。

华勒斯坦:《历史资本主义》,路爱国等译,社会科学文献出版社,1999年版。

华西列夫斯基:《毕生的事业》,柯雄译,三联书店,1977年版。

霍尔:《弗洛伊德心理学入门》,陈维正译,商务印书馆,1986年版。

霍克海默:《启蒙辩证法》,曹卫东译,重庆出版社,1990年版。

吉·麦克盖根:《文化民粹主义》,桂万先译,南京大学出版社,2001年版。

吉登斯:《现代性的后果》,田禾译,译林出版社,2000年版。

姜琦:《姜琦文集》,华东师范大学出版社,2009年版。

蒋相泽:《世界通史资料选辑》,商务印书馆,1964年版。

金雁、秦晖:《十年版沧桑——东欧诸国的经济社会转轨与思想变迁》,上海三联书店,2004年版。

考茨基:《近代社会主义的先驱》,韦建桦译,商务印书馆,1989年版。

孔寒冰:《东欧史》,上海人民出版社,2010年版。

孔寒冰:《东欧史》,上海人民出版社,2010年版。

黎家勇:《冷战时期的国际关系》,江西出版集团,2008年版。

李丹琳:《匈牙利》,社会科学文献出版社,2006年版。

李忠杰:《社会主义改革史》,春秋出版社,1988年版。

梁士琴科:《苏联国民经济史》,中国人民大学编译室译,人民出版社,1959年版。

列·姆列钦:《历届克格勃主席的命运》,李惠生等译,新华出版社,2001年版。

列宁:《列宁全集》,人民出版社,中共中央马克思恩格斯列宁斯大林著作编译局编译,中文第 2 版。

《列宁选集》,人民出版社,中共中央马克思恩格斯列宁斯大林著作编译局编译,中文第 2 版。

林赛:《新编剑桥世界近代史》,中国社会科学院世界历史研究所组译,中国社会科学出版社,1999 年版。

刘邦义:《哥穆尔卡评传》,中共中央党校出版社,1995 年版。

刘明翰:《欧洲文艺复兴史·宗教卷》,北京:人民出版社,2008 年版。

刘天白:《我在金色的布拉格》,中国青年版出版社,2008 年版。

刘祖熙:《波兰通史》,商务印书馆,2006 年版。

刘祖熙:《改革与革命》,北京大学出版社,2001 年版。

刘祖熙等著:《波兰战后的三次危机》,世界知识出版社,1992 年版。

陆南泉、姜长斌、徐葵、李静杰主编:《苏联兴亡史论》,人民出版社,2002 年版。

陆南泉等:《苏联国民经济发展七十年版》,机械工业出版社,1988 年版。

陆南泉等:《苏联真相——对 101 个重要问题的思考》,新华出版社,2010 年版。

罗·麦德维杰夫:《俄罗斯往何处去》,徐葵等译,新华出版社,2000 年版。

罗·麦德维杰夫:《论社会主义民主》,史正苏译,商务印书馆,1981 年版。

罗·麦德维杰夫:《论苏联的持不同政见者》,刘明等译,群众出版社,1984 年版。

罗莎·卢森堡:《论俄国革命·书信集》,殷叙彝译,贵州人民出版社,2001 年版。

罗素:《社会改造原理》,张师竹译,上海人民出版社,1987 年版。

洛赫:《德国史》,北大历史系世界近现代史教研室译,三联书店,1976 年版。

马克思、恩格斯:《马克思恩格斯〈资本论〉书信集》,中共中央马克思恩格斯列宁斯大林著作编译局译,人民出版社,1976 年版。

马克思、恩格斯:《马克思恩格斯全集》,中共中央马克思恩格斯列宁斯大林著作编译局译,人民出版社,1956 年版。

马克思、恩格斯:《马克思恩格斯选集》,中共中央马克思恩格斯列宁斯大林著作编译局译,人民出版社,1995 年版。

马克思:《十八世纪欧洲外交史内幕》,人民出版社,1979 年版。

马克斯·韦伯:《经济与社会》,林荣远译,商务印书馆,1998 年版。

麦德维杰夫:《让历史来审判:斯大林主义的起源与后果》,赵询等译,人民出版社,1981 年版。

麦吉尔·哈特、安东尼奥·奈格里:《帝国——全球化的政治秩序》,杨建国等译,江苏人民出版社,2003 年版。

梅格纳德·德赛:《马克思的复仇——资本主义的复苏和苏联集权社会主义的灭亡》,汪澄清译,中国人民大学出版社,2005 年版。

米·谢·戈尔巴乔夫:《苏共中央委员会向党的第二十七次代表大会提出的政治报告》,邓本中等译,新闻出版社,1986 年版。

米·谢·戈尔巴乔夫:《戈尔巴乔夫关于改革的讲话》,苏群译,人民出版社,1987年版。

米·谢·戈尔巴乔夫:《戈尔巴乔夫言论选集》,苏群译,人民出版社,1987年版。

米·谢·戈尔巴乔夫:《改革与新思维》,苏群等译,新华出版社,1987年版。

米·谢·戈尔巴乔夫:《戈尔巴乔夫回忆录》,述弢等译,社会科学文献出版社,2003年版。

尼·布宁、余纪元:《西方哲学英汉对照辞典》,人民出版社,2001年版。

尼·赫鲁晓夫:《没有武器的世界——没有战争的世界》,陈世民译,世界知识出版社,1960年版。

尼·谢·赫鲁晓夫、维·维达利:《赫鲁晓夫的秘密报告·苏共"二十大"日记》,王德树等译,华夏出版社,1989年版。

诺索夫:《苏联简史》,武汉大学外语系译,三联书店,1977年版。

帕甫连科:《彼得大帝传》,斯庸译,三联书店,1982年版。

潘克拉托娃主编:《苏联通史》,莫斯科外文书局,1955年版。

佩里·安德森:《绝对主义国家的系谱》,刘北城等译,上海人民出版社,2001年版。

平森:《德国近现代史》,范德一等译,商务印书馆,1987年版。

普列汉诺夫:《俄国社会思想史》,孙静工译,商务印书馆,1996年版。

普列汉诺夫:《阶级斗争学说的最初阶段》,柳明等译,三联书店,1965年版。

普列汉诺夫:《论一元论历史观之发展》,博古译,三联书店,1973年版。

普列汉诺夫:《普列汉诺夫机会主义文选》,虚容译选,三联书店,1973年版。

普列汉诺夫:《我们的意见分歧》,刘若水译,人民出版社,1955年版。

普列汉诺夫:《无政府主义和社会主义》,王荫庭译,三联书店,1980年版。

普列汉诺夫:《在祖国的一年》,王荫庭等译,三联书店,1980年版。

钱乘旦等:《世界现代化进程》,南京大学出版社,1997年版。

钱乘旦等:《走向现代国家之路》,四川人民出版社,1987年版。

琼图洛夫:《苏联经济史》,郑彪等译,吉林大学出版社,1988年版。

丘耶夫:《莫洛托夫访谈录》,军事科学院外国军事研究部译,吉林人民出版社,1992年版。

汝信等:《斯拉夫文明》,福建教育出版社,2008年版。

沙莲香:《社会心理学》,中国人民大学出版社,1987年版。

社科院苏东所:《捷克斯洛伐克关于政治与经济体制的重要文献选编》,1986年版。

沈志华、于沛等:《苏联共产党九十三年——1898至1991年苏共历史大事实录》,当代中国出版社,1993年版。

沈志华:《冷战时期苏联与东欧的关系》,北京大学出版社,2006年版。

沈志华：《苏联历史档案选编》，社会科学文献出版社，2002年版。

沈志华：《一个大国的崛起与崩溃——苏联历史专题研究(1917—1991)》，社会科学文献出版社，2009年版。

沈志华执行总主编、叶书宗主编：《苏联历史档案选编》，社会科学文献出版社，2002年版。

沈志华主编：《一个大国的崛起与崩溃——苏联历史专题研究(1917—1991)》，社会科学文献出版社，2009年版。

沈志华总主编：《苏联历史档案选编》，社会科学文献出版社，2002年版。

史蒂芬·贝莱尔：《奥地利史》，黄艳红译，中国大百科全书出版社，2009年版。

《斯大林全集》，中共中央马克思恩格斯列宁斯大林著作编译局译，人民出版社，1954年版。

《斯大林文集》，中共中央马克思恩格斯列宁斯大林著作编译局译，人民出版社，1985年版。

《斯大林文选》，中共中央马克思恩格斯列宁斯大林著作编译局译，人民出版社，1962年版。

《斯大林选集》，中共中央马克思恩格斯列宁斯大林著作编译局译，人民出版社，1979年版。

斯米尔诺夫：《十七至十八世纪俄国农民战争》，张书生译，人民出版社，1983年版。

斯塔夫里阿诺斯：《全球通史1500年版以后的世界》，吴象婴等译，上海社会科学院出版社，1992年版。

苏联科学院：《俄国文化史纲》，张开等译，商务印书馆，1994年版。

苏联科学院：《苏联各民族的哲学与社会政治思想史纲》，周邦立译，科学出版社，1959年版。

苏联科学院：《英法德俄历史》，商务印书馆，1972年版。

苏群编译：《苏联共产党第二十八次代表大会主要问价资料汇编》，人民出版社，1991年版。

苏群编译：《苏联共产党第二十次代表大会文件汇编》，人民出版社，1956年版。

孙成木：《俄国通史简编》，人民出版社，1986年版。

塔德·舒尔茨：《"布拉格之春"前后》，张振第等译，新华出版社，1983年版。

特鲁瓦亚：《彼得大帝》，齐宗华等译，世界知识出版社，1983年版。

瓦·胡萨：《捷克斯洛伐克历史》，陈广嗣译，东方出版社，1988年版。

瓦利舍夫斯基：《俄国女皇——叶卡捷林娜二世传》，姜其煌等译，上海译文出版社，1982年版。

王斯德等：《世界当代史：1945—2000》，高等教育出版社，2008年版。

王逸舟、苏绍志：《波兰危机》，四川人民出版社，1988年版。

王瑜:《东欧共产党:倒下的多米诺骨牌》,红旗出版社,2005年版。

维特:《末代沙皇尼古拉二世》,张开译,新华出版社,1985年版。

沃尔夫冈·拉昂哈德著,陈恕林译:《是一次新革命的前夕吗?——关于苏联共产主义的研究》,商务印书馆,1980年版。

沃尔科戈塔夫:《斯大林:胜利与悲剧》,张慕良译,世界知识出版社,2005年版。

吴伟:《苏联与"波兰问题"(1939—1945)》,世界知识出版社,2002年版。

肖月等:《简明国际关系史》,世界知识出版社,2003年版。

邢广程:《苏联高层决策70年——从列宁到戈尔巴乔夫》,世界知识出版社,1998年版。

徐隆彬:《赫鲁晓夫执政史》,山东大学出版社,2002年版。

徐天新等:《世界通史》(当代卷),人民出版社,1997年版。

亚历山大·阿德勒等:《苏联和我们》,王林尽等译,湖南人民出版社,1982年版。

姚海:《俄罗斯文化之路》,浙江人民出版社,1992年版。

耶日·卢克瓦斯基、赫伯特·扎瓦德斯基:《波兰史》,常程译,东方出版社,2011年版。

泽齐娜:《俄罗斯文化史》,上海译文出版社,1999年版。

张建华:《激荡百年版的俄罗斯——20世纪俄国史读本》,人民出版社,2010年版。

张建华:《激荡百年的俄罗斯——20世纪俄国史读本》,人民出版社,2010年版。

章前明:《当代国际关系》,浙江人民出版社,2006年版。

张伟垣、曹长盛、杨阴滋主编:《苏联兴亡和社会主义前景》,新华出版社,1998年版。

中共中央党校国际共运研究所:《苏联东欧风云录》,中共中央党校出版社,1990年版。

中国人民大学出版社编:《苏联共产党和苏联政府经济问题决议汇编》,中国人民大学出版社,1987年版。

中国人民大学出版社编:《苏联共产党和苏联政府经济问题决议汇编》,中国人民大学出版社,1987年版。

中南军政委员会土地改革委员会编:《苏联共产党第19次代表大会文件汇编》,人民出版社,1955年版。

朱可夫:《朱可夫元帅回忆录》,军事科学院外军部译,中国对外翻译出版公司,1985年版。

二、外文参考文献

A. Blumberg:*Great Leaders*,*Great Tyrants*?, Greenwood Press, 1995.

A. Cohen:*Russian Imperialism*, Praeger, 1996.

A. Kahan: *The Cost of "Westernization" in Russia*, in *Slavic Review*, 1966[1].

Andrzej Korbonski: *East Central Europe on the eve of the changeover: the case of Poland*, in *Communist and Post-Communist Studies*, 32 (1999).

Andrzej Zajaczkowski: *Cadres Structurels de la Noblesse*, in *Annales ESC*, January-February, 1968.

Behrens: *Society Government*, *Enlightenment*, Harper Publisher, 1985.

Business portal on economy, investments and politics in Poland, http://www.polishmarket. com/Poland_Basic_Data. shtml.

Christopher J. Green, Mark J. Holmes: *Tadeusz Kowalski*, *Poland: a successful transition to budget sustainability?*, in *Emerging Markets Review*, 2 (2001).

D. Saunders: *Russia in the Age of Reaction and Reform 1801 - 1881*, Longman, 1994.

Daniel H. Cole: *Pland's 1997 Constitution in Its Historical Context*, 1998.

David Miguel Pereira Cartaxo: *Lessons Learned from Portugal and Poland's Integration into EU and their Application into the Case of the Western Balkans*, in *Analytica's Yearbook of Interns 2006*, 2008.

Dennis P. Hupghick and Harold E. Cox: *The Palgrave Concise Atlas of Eastern Europe*, Palgrave MacMillan, 2011.

Dmytryshyn: *A History of Russia*, Praeger-Hall, 1977.

Duffy: Czars, *Facts On File*, 1995.

G. Freeze ed. , *Russia: A History*, Oxford, 1997.

G. P. Gooch: *Catherine the Great*, London: Longman,1954.

Geneviève Zubrzycki: *The Crosses of Auschwitz: Nationalism and Religion in Post-communist Poland*, The University of Chicago Press, 2006.

Grzegorz Ekiert and Jan Kubik: *Collective Protest in Post-Communist Poland*, *1989 - 1993: a Research Report*, in *Communist and Post-Communist Studies*, Vol. 31, No. 2, 1998.

Grzegorz Ekiert: *The State Against Society*, Princeton University Press, 1996.

Grzegorz W. Kolodko, *A two-thirds of success*, *Poland's post-communist transformation 1989 - 2009*, in *Communist and Post-Communist Studies*, 42 (2009)

H. Kamen: *The Iron Century*, *Social Change in Europe*, *1550 - 1660*, London, 1971.

Hubert Tworzecki: *A disaffected new democracy? Identities, institutions and civic engagement in post-communist Poland*, in *Communist and Post-Communist*

Studies, 41 (2008).

Ivan F. Berend: *Central and Eastern Europe 1944 - 1993*, Cambridge University Press, 1999.

J. H. Parry: Transport and Trade Routes, Cambridge Economic History of Europe, Vol. IV, 1967.

Jean W. Seddlar: *East central Europe in Middle Ages, 1000 - 1500*, University of Washington Press, 1994.

Jerzy Lukowski and Hubert Zawadzki: *A Concise History of Poland*, second edition, Cambridge University Press, 2006.

Karolina Ziolo: *From internationalism to the European Union: An ideological change in the Polish post-communist party*, in *Communist and Post-Communist Studies*, 42 (2009)

Klaus Schubert: *Simon Hegelich and Ursula Bazant: The Handbook of European Welfare Systems*, Taylor & Francis e-Library, 2010.

Krzysztof Jasiewicz: *Dead ends and new beginnings: the quest for a procedural republic in Poland*, in *Communist and Post-Communist Studies*, 33 (2000)

L. Kochan: *The Making of Modern Russia*, Penguin, 1983.

Lech Garlicki: *Ma ł gorzata Masternak-Kubiak and Krzysztof Wójtowicz*, *Poland*, http://ssrn. com/abstract= 1158145.

M. Dziewanoski: *A History of Soviet Union*, Prentice-Hall, 1985.

M. Lewin: *Russian Peasants and Soviet Power*, London, 1968.

Mark Kramer, *Polish Workers and the Post-communist Transition, 1989 - 1993*, in *Communist and Post-Communist Studies*, Vol. 28. No. 1, 1995.

Marta Rabikowska: *The ghosts of the past: 20 years after the fall of communism in Europe*, in *Communist and Post-Communist Studies*, 42 (2009).

Maryjane Osa: *Contention and Democracy: Labor Protest in Poland, 1989 - 1993*, in *Communist and Post-Communist Studies*, Vol. 31, No. 1, 1998.

N. Vakar: *The Taproot of Soviet Society*, New York, 1961.

Padraic Kenney: *The Burdens of Freedom: Eastern Europe since 1989*, Fernwood Publishing Ltd, 2006.

Preston Keat: *Fallen heroes: explaining the failure of the Gdansk shipyard, and the successful early reform strategies in Szczecin and Gdynia*, in *Communist and Post-Communist Studies*, 36 (2003).

R. E. MacMaster: *Danilevski: A Russian Totalitarian Philosopher*, Cambridge, 1967.

R. F. Leslie: *The Polish Question*, London, Historical Association Pamphlet,

1964.

Riasanovsky: *A History of Russia*, Oxford University Press, 1977.

Robert E. Kennedy: *A Tale of Two Economies: Economic Restructuring in Post-Socialist Poland*, in *World Development*, Vol. 25, No. 6, 1997.

Sarah Meiklejohn Terry: *Poland's foreign policy since 1989 : the challenges of independence*, in *Communist and Post-Communist Studies*, 33 (2000).

Sɫawomir Kozieɫ, Monika Ɫopuszanska, Alicja Szklarska, Anna Lipowicz: *The negative health consequences of unemployment: The case of Poland*, in *Economics and Human Biology*, 8 (2010).

T. Shanin: *Russia as Developing Soviety*, London, 1985.

Temperley: *Frederic the Great and Kaisser Joseph*, London, 1912.

Thackery: *Events That Change the World in the 18th-Century*, Greenwood Press, 1999.

The Warsaw Letter, *The Prague Spring 1968*, *Navratil*, July14—15, *1968*.

Tiryakian, E. A. : *Introduction*, in *International Sociology*, *2001 (3)*.

Tomasz Inglot: *The Politics of Social Policy Reform in Post-Communist Poland :Government Responses to the Social Insurance Crisis During 1989 - 1993*, in *Communist and Post-Communist Studies*, Vol. 28, No. 3, 1995.

Trans. by M. Budberg: *The Memories of Catherine the Great*, New York: Macmillan, 1955.

Vernadsky: *A History of Russia*, Yale, 1961.

Vernadsky: *A Source book for Russian History*, Yale, 1972.

Vucinich: *The Peasant in 19th-Century Russia*, Stanford University Press, 1993.

W. E. Mose: *Alexander II and the Modernization of Russia*, Tauris Co. Ltd. , 1992.

Лаврентий Берия. 1953: *Стенограмма июльского пленума ЦК КПСС идр. Документы.*

Трагедия советской деревни. Т. 2.

Четырнадцатый съезд Российской Коммунистической Партии (болъшевиков). *Бюллетень.*

后 记

　　本书写作分工如下:导论、第一部分之第一阶段,王云龙著;第二部分第一稿,胡鹏、马海英著;第三部分第一稿,余雄飞、崔雨、冯雪著;第二、第三部分第二稿,陈吉庆著。以上部分由王云龙统稿、定稿。第一部分之第二阶段、第三阶段,刘长江著。

凤凰文库书目

一、马克思主义研究系列

《走进马克思》 孙伯鍨 张一兵 主编

《回到马克思:经济学语境中的哲学话语》 张一兵 著

《当代视野中的马克思》 任平 著

《回到列宁:关于"哲学笔记"的一种后文本学解读》 张一兵 著

《回到恩格斯:文本、理论和解读政治学》 胡大平 著

《国外毛泽东学研究》 尚庆飞 著

《重释历史唯物主义》 段忠桥 著

《资本主义理解史》(6卷) 张一兵 主编

《阶级、文化与民族传统:爱德华·P. 汤普森的历史唯物主义思想研究》 张亮 著

《形而上学的批判与拯救》 谢永康 著

《21世纪的马克思主义哲学创新:马克思主义哲学中国化与中国化马克思主义哲学》
李景源 主编

《科学发展观与和谐社会建设》 李景源 吴元梁 主编

《科学发展观:现代性与哲学视域》 姜建成 著

《西方左翼论当代西方社会结构的演变》 周穗明 王玫 等著

《历史唯物主义的政治哲学向度》 张文喜 著

《信息时代的社会历史观》 孙伟平 著

《从斯密到马克思:经济哲学方法的历史性阐释》 唐正东 著

《构建和谐社会的政治哲学阐释》 欧阳英 著

《正义之后:马克思恩格斯正义观研究》 王广 著

《后马克思主义思想史》 [英]斯图亚特·西姆 著 吕增奎 陈红 译

《后马克思主义与文化研究:理论、政治与介入》 [英]保罗·鲍曼 著 黄晓武 译

《市民社会的乌托邦:马克思主义的社会历史哲学阐释》 王浩斌 著

《唯物史观与人的发展理论》 陈新夏 著

《西方马克思主义与苏联:1917年以来的批评理论和争论概览》 [荷]马歇尔·范·林登 著
周穗明 译 翁寒松 校

《物与无:物化逻辑与虚无主义》 刘森林 著

二、政治学前沿系列

《公共性的再生产:多中心治理的合作机制建构》 孔繁斌 著

《合法性的争夺:政治记忆的多重刻写》 王海洲 著

《民主的不满:美国在寻求一种公共哲学》 [美]迈克尔·桑德尔 著 曾纪茂 译

《权力:一种激进的观点》 [英]斯蒂芬·卢克斯 著 彭斌 译

《正义与非正义战争:通过历史实例的道德论证》 [美]迈克尔·沃尔泽 著 任辉献 译

《自由主义与现代社会》 [英]理查德·贝拉米 著 毛兴贵 等译

《左与右:政治区分的意义》 [意]诺贝托·博比奥 著 陈高华 译

《自由主义中立性及其批评者》 [美]布鲁斯·阿克曼 等著 应奇 编

《公民身份与社会阶级》 [英]T. H. 马歇尔 等著 郭忠华 刘训练 编

《当代社会契约论》 [美]约翰·罗尔斯 等著 包利民 编

《马克思与诺齐克之间》 [英]G. A. 柯亨 等著 吕增奎 编

《美德伦理与道德要求》 [英]欧若拉·奥尼尔 等著 徐向东 编

《宪政与民主》 [英]约瑟夫·拉兹 等著 佟德志 编

《自由多元主义的实践》 [美]威廉·盖尔斯敦 著 佟德志 苏宝俊 译

《国家与市场:全球经济的兴起》 [美]赫尔曼·M. 施瓦茨 著 徐佳 译

《税收政治学:一种比较的视角》 [美]盖伊·彼得斯 著 郭为桂 黄宁莺 译

《控制国家:从古雅典至今的宪政史》 [美]斯科特·戈登 著 应奇 陈丽微 孟军 李勇 译

《社会正义原则》 [英]戴维·米勒 著 应奇 译

《现代政治意识形态》 [澳]安德鲁·文森特 著 袁久红 译

《新社会主义》 [加拿大]艾伦·伍德 著 尚庆飞 译

《政治的回归》 [英]尚塔尔·墨菲 著 王恒 臧佩洪 译

《自由多元主义》 [美]威廉·盖尔斯敦 著 佟德志 庞金友 译

《政治哲学导论》 [英]亚当·斯威夫特 著 佘江涛 译

《重新思考自由主义》 [英]理查德·贝拉米 著 王萍 傅广生 周春鹏 译

《自由主义的两张面孔》 [英]约翰·格雷 著 顾爱彬 李瑞华 译

《自由主义与价值多元论》 [英]乔治·克劳德 著 应奇 译

《帝国:全球化的政治秩序》 [美]麦克尔·哈特 [意]安东尼奥·奈格里 著 杨建国 范一亭 译

《反对自由主义》 [美]约翰·凯克斯 著 应奇 译

《政治思想导读》 [英]彼得·斯特克 大卫·韦戈尔 著 舒小昀 李霞 赵勇 译

《现代欧洲的战争与社会变迁:大转型再探》 [英]桑德拉·哈尔琳 著 唐皇凤 武小凯 译

《道德原则与政治义务》 [美]约翰·西蒙斯 著 郭为桂 李艳丽 译

《政治经济学理论》 [美]詹姆斯·卡波拉索 戴维·莱文 著 刘骥 等译

《民主国家的自主性》 [英]埃里克·A. 诺德林格 著 孙荣飞 等译

《强社会与弱国家:第三世界的国家社会关系及国家能力》 [英]乔·米格德尔 著 张长东 译

《驾驭经济:英国与法国国家干预的政治学》 [美]彼得·霍尔 著 刘骥 刘娟凤 叶静 译

《社会契约论》 [英]迈克尔·莱斯诺夫 著 刘训练 等译

《共和主义:一种关于自由与政府的理论》 [澳]菲利普·佩蒂特 著 刘训练 译

《至上的美德:平等的理论与实践》 [美]罗纳德·德沃金 著 冯克利 译

《原则问题》 [美]罗纳德·德沃金 著 张国清 译

《社会正义论》 [英]布莱恩·巴利 著 曹海军 译

《马克思与西方政治思想传统》 [美]汉娜·阿伦特 著 孙传钊 译

《作为公道的正义》 [英]布莱恩·巴利 著 曹海军 允春喜 译

《古今自由主义》 [美]列奥·施特劳斯 著 马志娟 译

《公平原则与政治义务》 [美]乔治·格劳斯科 著 毛兴贵 译

《谁统治:一个美国城市的民主和权力》 [美]罗伯特·A. 达尔 著 范春辉 等译

《论伦理精神》 张康之 著

《人权与帝国:世界主义的政治哲学》 [英]科斯塔斯·杜兹纳 著 辛亨复 译

《阐释和社会批判》 [美]迈克尔·沃尔泽 著 任辉献 段鸣玉 译

《全球时代的民族国家:吉登斯讲演录》 [英]安东尼·吉登斯 著 郭忠华 编

《当代政治哲学名著导读》 应奇 主编

《拉克劳与墨菲:激进民主想象》 [美]安娜·M. 史密斯 著 付琼 译

《英国新左派思想家》 张亮 编

《第一代英国新左派》 [英]迈克尔·肯尼 著 李永新 陈剑 译

《转向帝国:英法帝国自由主义的兴起》 [美]珍妮弗·皮茨 著 金毅 许鸿艳 译

《论战争》 [美]迈克尔·沃尔泽 著 任辉献 段鸣玉 译

《现代性的谱系》 张凤阳 著

《近代中国民主观念之生成与流变:一项观念史的考察》 闾小波 著

《阿伦特与现代性的挑战》 [美]塞瑞娜·潘琳 著 张云龙 译

《政治人:政治的社会基础》 [美]西摩·马丁·李普塞特 著 郭为桂 林娜 译

《社会中的国家:国家与社会如何相互改变与相互构成》 [美]乔尔·S.米格代尔 著 李杨 郭一聪 译 张长东 校

《伦理、文化与社会主义:英国新左派早期思想读本》 张亮 熊婴 编

三、纯粹哲学系列

《哲学作为创造性的智慧:叶秀山西方哲学论集(1998—2002)》 叶秀山 著

《真理与自由:康德哲学的存在论阐释》 黄裕生 著

《走向精神科学之路:狄尔泰哲学思想研究》 谢地坤 著

《从胡塞尔到德里达》 尚杰 著

《海德格尔与存在论历史的解构:〈现象学的基本问题〉引论》 宋继杰 著

《康德的信仰:康德的自由、自然和上帝理念批判》 赵广明 著

《宗教与哲学的相遇:奥古斯丁与托马斯·阿奎那的基督教哲学研究》 黄裕生 著

《理念与神:柏拉图的理念思想及其神学意义》 赵广明 著

《时间性:自身与他者——从胡塞尔、海德格尔到列维纳斯》 王恒 著

《意志及其解脱之路:叔本华哲学思想研究》 黄文前 著

《真理之光:费希特与海德格尔论 SEIN》 李文堂 著

《归隐之路:20 世纪法国哲学的踪迹》 尚杰 著

《胡塞尔直观概念的起源:以意向性为线索的早期文本研究》 陈志远 著

《幽灵之舞:德里达与现象学》 方向红 著

《形而上学与社会希望:罗蒂哲学研究》 陈亚军 著

《福柯的主体解构之旅:从知识考古学到"人之死"》 刘永谋 著

《中西智慧的贯通:叶秀山中国哲学文化论集》 叶秀山 著

《学与思的轮回:叶秀山 2003—2007 年最新论文集》 叶秀山 著

《返回爱与自由的生活世界:纯粹民间文学关键词的哲学阐释》 户晓辉 著

《心的秩序:一种现象学心学研究的可能性》 倪梁康 著

《生命与信仰:克尔凯郭尔假名写作时期基督教哲学思想研究》 王齐 著

《时间与永恒:论海德格尔哲学中的时间问题》 黄裕生 著

《道路之思:海德格尔的"存在论差异"思想》 张柯 著

《启蒙与自由:叶秀山论康德》 叶秀山 著

《自由、心灵与时间:奥古斯丁心灵转向问题的文本学研究》 张荣 著

《回归原创之思:"象思维"视野下的中国智慧》 王树人 著

四、宗教研究系列

《汉译佛教经典哲学研究》(上下卷) 杜继文 著

《中国佛教通史》(15 卷) 赖永海 主编

《中国禅宗通史》 杜继文 魏道儒 著

《佛教史》 杜继文 主编

《道教史》 卿希泰 唐大潮 著

《基督教史》 王美秀 段琦 等著

《伊斯兰教史》 金宜久 主编

《中国律宗通史》 王建光 著

《中国唯识宗通史》 杨维中 著

《中国净土宗通史》 陈扬炯 著

《中国天台宗通史》 潘桂明 吴忠伟 著

《中国三论宗通史》 董群 著

《中国华严宗通史》 魏道儒 著

《中国佛教思想史稿》(3卷) 潘桂明 著

《禅与老庄》 徐小跃 著

《中国佛性论》 赖永海 著

《禅宗早期思想的形成与发展》 洪修平 著

《基督教思想史》 [美]胡斯都·L. 冈察雷斯 著 陈泽民 孙汉书 司徒桐 莫如喜 陆俊杰 译

《圣经历史哲学》(上下卷) 赵敦华 著

《禅宗早期思想的形成与发展》 洪修平 著

《如来藏与中国佛教》 杨维中 著

五、人文与社会系列

《环境与历史:美国和南非驯化自然的比较》 [美]威廉·贝纳特 彼得·科茨 著 包茂红 译

《阿伦特为什么重要》 [美]伊丽莎白·扬-布鲁尔 著 刘北成 刘小鸥 译

《现代性的哲学话语》 [德]于尔根·哈贝马斯 著 曹卫东 等译

《追寻美德:伦理理论研究》 [美]A. 麦金太尔 著 宋继杰 译

《现代社会中的法律》 [美]R. M. 昂格尔 著 吴玉章 周汉华 译

《知识分子与大众:文学知识界的傲慢与偏见,1880—1939》 [英]约翰·凯里 著 吴庆宏 译

《自我的根源:现代认同的形成》 [加拿大]查尔斯·泰勒 著 韩震 等译

《社会行动的结构》 [美]塔尔科特·帕森斯 著 张明德 夏遇南 彭刚 译

《文化的解释》 [美]克利福德·格尔茨 著 韩莉 译

《以色列与启示:秩序与历史(卷1)》 [美]埃里克·沃格林 著 霍伟岸 叶颖 译

《城邦的世界:秩序与历史(卷2)》 [美]埃里克·沃格林 著 陈周旺 译

《战争与和平的权利:从格劳秀斯到康德的政治思想与国际秩序》 [美]理查德·塔克 著 罗炯 等译

《人类与自然世界:1500—1800 年间英国观念的变化》 [英]基思·托马斯 著 宋丽丽 译

《男性气概》 [美]哈维·C. 曼斯菲尔德 著 刘玮 译

《黑格尔》 [加拿大]查尔斯·泰勒 著 张国清 朱进东 译

《社会理论和社会结构》 [美]罗伯特·K. 默顿 著 唐少杰 齐心 等译

《个体的社会》 [德]诺贝特·埃利亚斯 著 翟三江 陆兴华 译

《象征交换与死亡》 [法]让·波德里亚著 车槿山 译

《实践感》 [法]皮埃尔·布迪厄 著 蒋梓骅 译

《关于马基雅维里的思考》 [美]利奥·施特劳斯 著 申彤 译

《正义诸领域:为多元主义与平等一辩》 [美]迈克尔·沃尔泽 著 褚松燕 译

《传统的发明》 [英]E. 霍布斯鲍姆 T. 兰格 著 顾杭 庞冠群 译

《元史学:十九世纪欧洲的历史想象》 [美]海登·怀特 著 陈新 译

《卢梭问题》 [德]恩斯特·卡西勒 著　王春华 译

《自足语义学:为语义最简论和言语行为多元论辩护》 [挪威]赫尔曼·开普兰
　　[美]厄尼·利珀尔 著　周允程 译

《历史主义的兴起》 [德]弗里德里希·梅尼克 著　陆月宏 译

《权威的概念》 [法]亚历山大·科耶夫 著　姜志辉 译

六、海外中国研究系列

《帝国的隐喻:中国民间宗教》 [英]王斯福 著　赵旭东 译

《王弼〈老子注〉研究》 [德]瓦格纳 著　杨立华 译

《章学诚思想与生平研究》 [美]倪德卫 著　杨立华 译

《中国与达尔文》 [美]詹姆斯·里夫 著　钟永强 译

《千年末世之乱:1813 年八卦教起义》 [美]韩书瑞 著　陈仲丹 译

《中华帝国后期的欲望与小说叙述》 黄卫总 著　张蕴爽 译

《私人领域的变形:唐宋诗词中的园林与玩好》 [美]王晓山 著　文韬 译

《六朝精神史研究》 [日]吉川忠夫 著　王启发 译

《中国社会史》 [法]谢和耐 著　黄建华 黄迅余 译

《大分流:欧洲、中国及现代世界经济的发展》 [美]彭慕兰 著　史建云 译

《近代中国的知识分子与文明》 [日]佐藤慎一 著　刘岳兵 译

《转变的中国:历史变迁与欧洲经验的局限》 [美]王国斌 著　李伯重 连玲玲 译

《中国近代思维的挫折》 [日]岛田虔次 著　甘万萍 译

《为权力祈祷》 [加拿大]卜正民 著　张华 译

《洪业:清朝开国史》 [美]魏斐德 著　陈苏镇 薄小莹 译

《儒教与道教》 [德]马克斯·韦伯 著　洪天富 译

《革命与历史:中国马克思主义历史学的起源,1919—1937》 [美]德里克 著　翁贺凯 译

《中华帝国的法律》 [美]D.布朗 等著　朱勇 译

《文化、权力与国家》 [美]杜赞奇 著　王福明 译

《中国的亚洲内陆边疆》 [美]拉铁摩尔 著　唐晓峰 译

《古代中国的思想世界》 [美]史华兹 著　程钢 译　刘东 校

《中国近代经济史研究:明末海关财政与通商口岸市场圈》 [日]滨下武志 著　高淑娟 孙彬 译

《中国美学问题》 [美]苏源熙 著　卞东坡 译　张强强 朱霞欢 校

《翻译的传说:构建中国新女性形象》 胡缨 著　龙瑜宬 彭珊珊 译

《〈诗经〉原意研究》 [日]家井真 著　陆越 译

《缠足:"金莲崇拜"盛极而衰的演变》 [美]高彦颐 著　苗延威 译

《从民族国家中拯救历史:民族主义话语与中国现代史研究》 [美]杜赞奇 著　王宪明 高继美
　　李海燕 李点 译

《传统中国日常生活中的协商:中古契约研究》 [美]韩森 著　鲁西奇 译

《欧几里得在中国:汉译〈几何原本〉的源流与影响》 [荷]安国风 著　纪志刚 郑诚 郑方磊 译

《毁灭的种子:二战及战后的国民党中国》 [美]易劳逸 著　王建朗 王贤知 贾维 译

《理解农民中国:社会科学哲学的案例研究》 [美]李丹 著　张天虹 张胜波 译

《18 世纪的中国社会》 [美]韩书瑞 罗友枝 著　陈仲丹 译

《开放的帝国:1600 年的中国历史》 [美]韩森 著　梁侃 邹劲风 译

《中国人的幸福观》 [德]鲍吾刚 著　严蓓雯 韩雪临 伍德祖 译

《明代乡村纠纷与秩序》 [日]中岛乐章 著　郭万平 高飞 译

《朱熹的思维世界》 [美]田浩 著

《礼物、关系学与国家:中国人际关系与主体建构》 杨美慧 著 赵旭东 孙珉 译 张跃宏 校

《美国的中国形象:1931—1949》 [美]克里斯托弗·杰斯普森 著 姜智芹 译

《清代内河水运史研究》 [日]松浦章 著 董科 译

《中国的经济革命:20世纪的乡村工业》 [日]顾琳 著 王玉茹 张玮 李进霞 译

《明清时代东亚海域的文化交流》 [日]松浦章 著 郑洁西 译

《皇帝和祖宗:华南的国家与宗族》 科大卫 著 卜永坚 译

《中国善书研究》 [日]酒井忠夫 著 刘岳兵 何莺莺 孙雪梅 译

《大萧条时期的中国:市场、国家与世界经济》 [日]城山智子 著 孟凡礼 尚国敏 译

《虎、米、丝、泥:帝制晚期华南的环境与经济》 [美]马立博 著 王玉茹 译

《矢志不渝:明清时期的贞女现象》 [美]卢苇菁 著 秦立彦 译

《山东叛乱:1774年的王伦起义》 [美]韩书瑞 著 刘平 唐雁超 译

《一江黑水:中国未来的环境挑战》 [美]易明 著 姜智芹 译

《施剑翘复仇案:民国时期公众同情的兴起与影响》 [美]林郁沁 著 陈湘静 译

《工程国家:民国时期(1927 - 1937)的淮河治理及国家建设》 [美]戴维·艾伦·佩兹 著
　　姜智芹 译

《西学东渐与中国事情》 [日]增田涉 著 周启乾 译

《铁泪图:19世纪中国对于饥馑的文化反应》 [美]艾志端 著 曹曦 译

《危险的边疆:游牧帝国与中国》 [美]巴菲尔德 著 袁剑 译

《华北的暴力与恐慌:义和团运动前夕基督教传播和社会冲突》 [德]狄德满 著 崔华杰 译

《历史宝筏:过去、西方与中国的妇女问题》 [美]季家珍 著 杨可 译

《姐妹们与陌生人:上海棉纱厂女工,1919—1949》 [美]艾米莉·洪尼格 著 韩慈 译

《银线:19世纪的世界与中国》 林满红 著 詹庆华 林满红 译

《寻求中国民主》 [澳]冯兆基 著 刘悦斌 徐硍 著

《中国乡村的基督教:1860—1900 江西省的冲突与适应》 [美]史维东 著 吴薇 译

《认知变异:反思人类心智的统一性与多样性》 [英]G.E.R.劳埃德 著 池志培 译

《假想的满大人:同情、现代性与中国疼痛》 [美]韩瑞 著 袁剑 译

《男性特质论:中国的社会与性别》 [澳]雷金庆 著 [澳]刘婷 译

《中国的捐纳制度与社会》 伍跃 著

《文书行政的汉帝国》 [日]富谷至 著 刘恒武 孔李波 译

《城市里的陌生人:中国流动人口的空间、权力与社会网络的重构》 [美]张骊 著 袁长庚 译

《重读中国女性生命故事》 游鉴明 胡缨 季家珍 主编

《跨太平洋位移:20世纪美国文学中的民族志、翻译和文本间旅行》 黄运特 著 陈倩 译

七、历史研究系列

《中国近代通史》(10卷) 张海鹏 主编

《极端的年代》 [英]艾瑞克·霍布斯鲍姆 著 马凡 等译

《漫长的20世纪》 [意]杰奥瓦尼·阿瑞基 著 姚乃强 译

《在传统与变革之间:英国文化模式溯源》 钱乘旦 陈晓律 著

《世界现代化历程》(10卷) 钱乘旦 主编

《近代以来日本的中国观》(6卷) 杨栋梁 主编

《中华民族凝聚力的形成与发展》 卢勋 杨保隆 等著

《明治维新》 [英]威廉·G.比斯利 著 张光 汤金旭 译

《在垂死皇帝的王国:世纪末的日本》 [美]诺玛·菲尔德 著　曾霞 译
《戊戌政变的台前幕后》 马勇 著
《战后东北亚主要国家间领土纠纷与国际关系研究》 李凡 著

八、当代思想前沿系列

《世纪末的维也纳》 [美]卡尔·休斯克 著　李锋 译
《莎士比亚的政治》 [美]阿兰·布鲁姆 哈瑞·雅法 著　潘望 译
《邪恶》 [英]玛丽·米奇利 著　陆月宏 译
《知识分子都到哪里去了:对抗 21 世纪的庸人主义》 [英]弗兰克·富里迪 著　戴从容 译
《资本主义文化矛盾》 [美]丹尼尔·贝尔 著　严蓓雯 译
《流动的恐惧》 [英]齐格蒙特·鲍曼 著　谷蕾 杨超 等译
《流动的生活》 [英]齐格蒙特·鲍曼 著　徐朝友 译
《流动的时代:生活于充满不确定性的年代》 [英]齐格蒙特·鲍曼 著　谷蕾　武媛媛 译
《未来的形而上学》 [美]爱莲心 著　余日昌 译
《感受与形式》 [美]苏珊·朗格 著　高艳萍 译
《资本主义及其经济学:一种批判的历史》 [美]道格拉斯·多德 著　熊婴 译　刘思云 校

九、教育理论研究系列

《教育研究方法导论》 [美]梅雷迪斯·D.高尔等 著　许庆豫等 译
《教育基础》 [美]阿伦·奥恩斯坦 著　杨树兵等 译
《教育伦理学》 贾馥茗 著
《认知心理学》 [美]罗伯特·L.索尔索 著　何华等 译
《现代心理学史》 [美]杜安·P.舒尔茨 著　叶浩生等 译
《学校法学》 [美]米歇尔·W.拉莫特 著　许庆豫等 译

十、艺术理论研究系列

《另类准则:直面 20 世纪艺术》 [美]列奥·施坦伯格 著　沈语冰 刘凡 谷光曙 译
《弗莱艺术批评文选》 [英]罗杰·弗莱 著　沈语冰 译
《当代艺术的主题:1980 年以后的视觉艺术》 [美]简·罗伯森 克雷格·迈克丹尼尔 著　匡晓 译
《艺术与物性:论文与评论集》 [美]迈克尔·弗雷德 著　张晓剑 沈语冰 译
《现代生活的画像:马奈及其追随者艺术中的巴黎》 [英]T.J.克拉克 著　沈语冰 诸葛沂 译
《自我与图像》 [英]艾美利亚·琼斯 著　刘凡 谷光曙 译
《艺术社会学》 [英]维多利亚·D.亚历山大 著　章浩 沈杨 译